Vorwort

Auf 12 Forschungsreisen seit 1961, von meist 3–4 Monaten Länge habe ich die Tropen lieben gelernt, weiß um die Schönheit der Natur, aber auch um die Härte der Lebensbedingungen. Reisen führten mich in Südamerika nach Brasilien (3x) und Venezuela, in Afrika nach Nigeria, Kenia und Mali, in Asien nach Indien und Sri Lanka (3x). Am längsten war ich in Zentral-, Nord- und Ostaustralien (3x). In Kurzaufenthalten konnte ich einen Eindruck von Singapur, Hongkong, Bombay und Kalkutta, Brisbane, Rio, Brasilia, Manaus, Lagos, Nairobi gewinnen. Die Kenntnisse unterschiedlicher Länder und Landschaften ermöglichen mir vielfältige Vergleiche, für mich die wesentlichste Methode der Geographie. Neben den Analysen sind damit ferner Grundlagen für Synthesen gegeben, woraus sich aber auch dieser Versuch der Gesamtdarstellung von Natur- und Kulturgeographie ergeben hat. Beziehungen zwischen beiden sind in der Geographie lange Zeit vernachlässigt worden, werden aber durch angewandte Fragestellungen zunehmend wichtiger. Der rasche „Welt-Umbau“ erfordert ein drittes „Entdeckungs“-Zeitalter von den Geographen, denn diese können Natur-Voraussetzungen, ererbte Traditionen und moderne Erfordernisse in der Synthese untersuchen und so nicht nur zu einer vertieften Kenntnis der Entwicklungsländer führen, sondern auch Grundlagen für eine Fernplanung oder Entwicklungsmöglichkeiten erarbeiten (Büdel 1970). Auch Ehlers (1996) plädiert dafür, die regionale Diversität des Großraums/der Zivilisation nach Natur und Kultur zu erfassen. Zunehmend zeigt sich sowohl bei angewandten Forschungen als auch vor allem in der englischsprachigen Kulturgeographie eine stärkere Berücksichtigung indigener Kenntnisse, etwa in ökologischen Fragen oder beim Anbau. Eine „Abkehr von westlichen Weltbildern und die Wiederentdeckung indigener Wissens- und Normsysteme sowie die Wiedergeburt des Historischen als Teil von Sinnstiftungen und Selbstverständnissen“ sollten die geographischen Studien leiten (ebd.).

Diese Reisen wurden fast alle von der Deutschen Forschungsgemeinschaft unterstützt, wofür ich sehr dankbar bin. Mein Dank gilt den vielen Menschen, die mir in Übersee geholfen haben, Kollegen, die mich auf Reisen unterstützten, insbesondere dem leider zu früh verstorbenen Dr. Heinz Späth. Dank gebührt dem Geographischen Institut der Universität zu Köln, den Studierenden, Kollegen und MitarbeiterInnen, die die Forschungen mitgetragen und durch Diskussionen bereichert haben. Für konkrete Hilfe danke ich besonders Herrn Kartograph ing.grad. P. Cuber, der die Abbildungen anfertigte. Mein ganz besonderer Dank gilt meinen Freunden Dr. Gisela und Hermann Freudenberg, die das Manuskript ganz bzw. teilweise gelesen haben und mir wertvolle Hinweise, Korrekturen und Anregungen gegeben haben. Mein Kollege und Freund Prof. Dr. J. Kubiniok machte sich die Mühe, den physisch-geographischen Teil durchzusehen. Schließlich danke ich dem Verlag Borntraeger, insbesondere Herrn Dr. Nägele nicht nur für die Herausgabe dieses Buches, sondern für viele Jahre fruchtbarer und stets erfreulicher Zusammenarbeit.

Dieses Buch wendet sich an Studenten, Lehrer, Schüler von Leistungskursen und interessierte Laien. Es wird daher sehr ausführlich zitiert, um weiterführende Literatur zu nennen.

Ferner wird versucht, eine geographische Gesamtdarstellung zu geben. Bei dem heute üblichen exemplarischen Unterricht geht häufig der Zusammenhang verloren und auch die Fähigkeit zur Einordnung in den Raum, in übergeordnete und randliche Phänomene. Meine eigenen Forschungen liegen auf naturgeographischem Gebiet. Wenn die Kulturgeographie ebenfalls behandelt wird, so erscheint mir dieses wichtig auch in Hinsicht auf einen allgemeinen Leserkreis. Ausführungen über die Beziehungen von Natur und Mensch und vor allem über eigenständige Entwicklungen in den Tropen sollten wir nicht anderen Wissenschaften oder den Journalisten überlassen. Andererseits gibt es seit der Darstellung von GOUROU (1957) meines Wissens keine allgemeine Anthropogeographie der Tropen. Das ist nicht verwunderlich, denn es ändern sich Bevölkerung und Wirtschaft in großer Geschwindigkeit und zunehmend entwickeln die einzelnen Länder individuelle Züge. Mein Interesse an diesen Zweigen der Geographie, die behandelte Literatur stammt fast ausschließlich aus meiner eigenen Bibliothek, und Beobachtungen dazu fanden ihren Niederschlag eher in der Lehre als in zwei eigenen Publikationen.

Vieles ist für die Tropen typisch und generell anders als in den Außertropen. Am Beginn eines jeden Kapitels werden die Hauptphänomene als Charakteristika herausgestellt, bevor sie im einzelnen und mit Variationen beschrieben werden. Generell wissen wir noch sehr viel weniger über die Tropen als über die Außertropen. Wenn in diesem Buch allgemeine Aussagen gemacht werden, so sehe ich sie als weitgehend gesichert an. Einzelbeispiele können dagegen nur einen Trend anzeigen. Sie wurden aufgenommen, sofern nicht ein Sonderfall evident ist. Da der ‚Tropenwald', die Bodenfruchtbarkeit und Klimaänderungen derzeit im Vordergrund des öffentlichen Interesses stehen, werden sie umfangreicher abgehandelt und diskutiert. Bei den Abbildungen habe ich versucht, Wiederholungen zu Atlanten, Hand- und Schulbüchern zu vermeiden. Diese sollten daher, etwa beim Klima, den Bodenschätzen etc. als Ergänzung herangezogen werden. Nach Möglichkeit werden Zahlen genannt, obwohl Messungen in der Physiogeographie bislang, abgesehen von der Klimatologie, noch nicht in ausreichender Zahl vorhanden sind. Statistische Angaben sind oft sehr unsicher (11.4.3, 12.2, 14.2), sie können aber Größenordnungen angeben und Vergleiche ermöglichen, was durchaus auch ältere Statistiken erlauben.

Wilhelmsfeld, Juni 1998 HANNA BREMER

Inhaltsverzeichnis

1 Einleitung

Von der undurchdringlichen grünen Hölle bis zum weißen Sandstrand mit Palmen vor blauem Meer reichen die Vorstellungen von den Tropen. Gefahren im Urwald, eine Vielzahl bekannter und unbekannter Krankheiten prägen ebenso wie beliebte Urlaubsziele mit sicherem Sonnenwetter die Reisevorstellungen. All dieses ist richtig, aber es sind die Extreme. Bedenkt man, wie weit diese Vorstellungen auseinanderklaffen, so liegt dazwischen eine große Fülle der Erscheinungen.

Die Grenzen der Tropen kann man sehr unterschiedlich bestimmen, am einfachsten nimmt man die beiden Wendekreise. Das Landgebiet zwischen ihnen beträgt 52 Mio. km^2, etwas mehr als ein Drittel der Landfläche der Erde (HADLEY & LANLY 1983). Der nördliche Wendekreis verläuft aber mitten durch die Sahara – die Wüsten werden jedoch in dieser Darstellung der Tropen nicht einbezogen. Andererseits reichen in Süd- und Ostasien tropische Bedingungen über den Wendekreis hinaus. Beim Klima kann man die warmen, sommerfeuchten Niederschlagsgebiete als Tropen bezeichnen, beim Boden die Gebiete mit Oxisolen, Ultisolen und Alfisolen als zonale Bildungen, bei der Vegetation die Trockensavanne mit einschließen. Daraus ergeben sich jeweils andere Grenzen, insgesamt ein breiter Grenzraum.

Da die Tropen etwa 36 Prozent der Landoberfläche ausmachen, wenn man die Klimazonen zusammenrechnet (nach HUPFER 1991, 227/8), ist leicht vorstellbar, daß sie in sich sehr verschieden sind. Das gilt nicht nur für das, was der Mensch aus diesen Ländern gemacht hat, sondern auch für die Natur. Die „Tropen" gibt es eigentlich nur für den aus großer Entfernung blickenden Europäer oder Nordamerikaner. TREWARTHA hat schon 1961 auf Klimaanomalien aufmerksam gemacht. Ein Hauptgegensatz zu den gemäßigten Breiten ist das Fehlen eines Eiszeithiatus. Die Klimaänderungen des Pleistozäns bestanden zwar auch in einer – wahrscheinlich geringeren – Abkühlung, vor allem aber in einer Änderung der Niederschläge. Die Auswirkungen auf Relief, Boden und Vegetation zeichnen sich erst undeutlich ab. Kulturgeographisch heben sich die Tropen von den Außertropen ab, aber auch untereinander sind die „Kulturerdteile" (KOLB 1962) verschieden.

Methoden, Ableitungen und Regeln sind in der Geographie ebenso wie in den anderen Forschungsrichtungen, die sich mit den Tropen befassen, in den Außertropen entwickelt worden. Da mindestens die älteren Kollegen an den Universitäten der tropischen Länder fast alle in Übersee studiert haben, beginnt man erst langsam den eigenen Charakter tropischer Phänomene zu erkennen. Es ist außerdem sehr schwer, sich von einer wertenden Beurteilung freizuhalten, die durch die eigene außertropische soziokulturelle und ökologische Erfahrung, wenn auch nur unterschwellig beeinflußt ist. Für Deutsche kommt hinzu, daß hier nur sehr wenig Kenntnis vom täglichen Leben in den Tropen besteht. Nach Abgabe der Kolonien am Ende des 1.Weltkriegs blieben nur wenige Deutsche in den Tropen, bzw. die Verbindungen nach Deutschland brachen ab. In der Nazizeit waren Reisen in das Ausland fast völlig verboten, sie nahmen nach dem 2.Weltkrieg erst langsam, seit 1970 rapide wieder zu. Die heutigen, weit verbreiteten Ansichten und Kenntnisse kommen aus dem Ferntourismus, den anrührenden Tierfilmen und den Schreckensbildern der Kriege im Fernsehen.

Alles dieses fließt in emotionale Beurteilungen ein, die durch zwei Grundströmungen gekennzeichnet sind: eine romantische Verklärung der Natur, besonders des Urwaldes und des „guten Wilden", und im Gegensatz dazu eine aus der Kolonialzeit stammende Einschätzung der Einheimischen als primitiv, denen man vorschreiben muß, was sie zu tun haben. OSTERHAMMEL (1995, 112f.) sieht drei Grundelemente des kolonialistischen Denkens: die Konstruktion von inferiorer „Andersartigkeit", der Sendungsglaube und die Vormundschaftspflicht sowie die Utopie der Nicht-Politik (die Utopie eines politikfreien Verwaltens). Nach Erlangung der Unabhängigkeit in den meisten Staaten wurden Beurteilungen unter den meist anklagenden Gesichtspunkten des Kolonialismus erweitert und differenziert durch die Dependenztheorie. „Am Anfang stand das Bemühen, spezifische Ausprägungen abhängiger Entwicklung zu erkunden..." was aber in der Diskussion verengt wurde auf „denunziatorische Behauptungen über Fremdkapital und Auslandshilfe, auf externe Verursachungen, auf Ausbeutung und Marginalisierung ..." (SANDNER 1985, 351).

Diese Darstellung mag sehr hart klingen, aber es sei erinnert an die so oft geäußerten Vorstellungen, die Böden der immerfeuchten Tropen seien unfruchtbar, der tropische Regenwald werde durch die Brandrodung vernichtet, was beides nicht zutrifft, wie unten (11.3, 13.8.3) ausführlich diskutiert wird. Wenn man generell die Tropen als „ökologisch benachteiligt" bezeichnet, wird damit nicht auch der Stab über die Anstrengungen unzähliger Menschen gebrochen? Ist nicht in dem Ausdruck ‚Dritte Welt' auch ein imperialistischer Zug enthalten? Viele Staaten sind seit nun bald einem halben Jahrhundert unabhängig, ist dann nicht ein Verweis auf ein ‚koloniales Erbe' als Ursache für Mängel zugleich auch ein Zweifel an der Mündigkeit und Selbständigkeit der neuen Staaten? Damit soll nicht verkannt werden, daß in der Entwicklungshilfe und in internationalen Institutionen engagierter und kompetenter Beistand geleistet wird und worden ist. Auch die Forschung hat von den zahlreichen Gutachten profitiert, die Bewertungen enthalten müssen, da sie oft Grundlage für finanzielle Zuweisungen sind. Es ist nicht verwunderlich, wenn solche Bewertungen dann auch in Darstellungen wie etwa der „Umwelt und Entwicklung in den Tropen" (MANSHARD & MÄCKEL 1995) einfließen. Mein Bemühen war darauf gerichtet, Bewertungen möglichst zu vermeiden. Statt dessen möchte ich möglichst viele Beobachtungen darlegen. Dabei werden wohl drei Grundüberzeugungen deutlich: 1) es gibt wenig gesicherte Erkenntnisse über die Geographie der Tropen, 2) viele Phänomene sind eigenständig und dürfen nicht mit außertropischen Kriterien gewertet werden, 3) die Entwicklung der Kulturlandschaft erfolgt in einem sehr schnellen Tempo. Wenn auch nicht ausgesprochen, so steht doch hinter allem der Gedanke an die Menschen in den Tropen. Einen Anstieg der mittleren Lebenserwartung sehe ich als Fortschritt, nicht weil damit ein paar mehr Lebensjahre gegeben sind, sondern weil weniger Hunger, Krankheit, Krieg und Not darin beinhaltet sind.

2 Klima

2.1 Charakteristika

Das Klima ist durch jahreszeitlich gleichbleibend hohe Temperaturen (Mittelwert im Tiefland um 27°) gekennzeichnet. Die Niederschläge betragen im Flachland in den immerfeuchten Tropen am Äquator 1600–2000 mm im Jahr und nehmen zu den Randtropen hin ab. Es sind durch hohe Einstrahlung bedingte Konvektionsregen, meist nur relativ kurze, aber heftige Schauer. Am Äquator noch ziemlich gleichmäßig über die Monate verteilt, sind die Niederschläge zu den Randtropen hin auf eine immer kürzere Regenzeit beschränkt. Es gibt in den Tropen nicht Sommer und Winter, also keine Jahreszeiten der Wärme folgend, sondern sie sind durch den Niederschlag bestimmt: Regenzeit und Trockenzeit.

Trotz der konvektiven Komponente werden die Niederschläge von großräumigen Luftmassenbewegungen beeinflußt, von der Verlagerung der Passate mit dem Sonnenstand, von monsunalen Strömungen. Das Konvergieren solcher Luftmassen verstärkt das Aufsteigen der Luft durch Konvektion. Klimatisch bedingte Katastrophen sind Dürren in den Randtropen, Wirbelstürme polwärts von 8° Breite, Überschwemmungen besonders in den Monsungebieten.

2.2 Einleitung

Die moderne Klimaforschung sucht vor allem die Energiebilanz zu erfassen und die damit verbundenen Luftbewegungen, woraus dann die Erscheinungen an der Oberfläche abgeleitet werden. Die Modelle werden zunehmend verfeinert, sie sollen auch den Einfluß des Menschen auf Klimaänderungen erfassen. Diese Forschungen werden heute weitgehend von Meteorologen und Geophysikern betrieben. Von geographischer Seite hat JACOBEIT (1989) eine neue Darstellung der Luftbewegung in den Tropen gegeben.

Im folgenden Text werden dagegen die Erscheinungen an der Erdoberfläche beschrieben, die ich zum Verständnis anderer geographischer Phänomene für wichtig halte. Wenn dabei einfache Erklärungen erwähnt werden, ist damit die Komplexität der Ursachen sicher nicht erfaßt, aber ein erster Einstieg wird angeboten. Neuere Klimabeschreibungen sind für die Tropen mit Ausnahme von NIEUWOLT (1969) in größerem Umfang von Geographen kaum gemacht worden. Zahlreich sind dagegen Arbeiten zur Erfassung von Klimaparametern im Zusammenhang mit ökologischen Fragestellungen (vor allem LAUER seit 1952, und sein Schüler FRANKENBERG). Allerdings ist das Gebiet der Bioklimatologie kaum behandelt worden.

2.3 Strahlung

Motor des Wetters und des Klimas ist die Strahlung. Sie ist in den Tropen sehr hoch und im Jahresmittel positiv, so daß Energie an die Außertropen abgegeben wird. Die hohe Einstrahlung hat zwei Gründe: Da die Strahlen um die Mittagszeit senkrecht oder fast senkrecht auffallen, erhält eine Flächeneinheit eine größere Strahlungsmenge als eine gleichgroße Fläche bei schrägem Lichteinfall (Abb. 2.1). Zum anderen ist bei senkrechtem Strahlungseinfall der Weg durch die Atmosphäre kürzer, so daß weniger Strahlung absorbiert, reflektiert oder gestreut wird. Natürlich fallen auch in den Tropen morgens und abends die Strahlen schräg ein, doch ist diese Zeit relativ kurz.

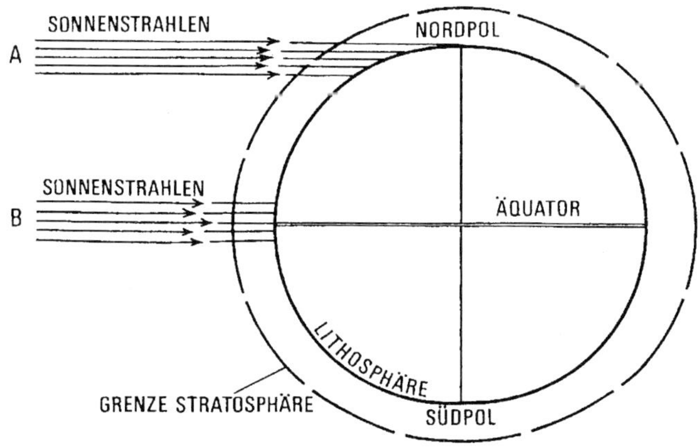

Abb. 2.1. Bei schrägem Einfallen der Sonnenstrahlen (A) erhält die Erdoberfläche weniger Energie als bei senkrechtem Auftreffen (B). Einmal ist die bestrahlte Fläche größer, zum anderen ist der Weg durch die Atmosphäre länger, so daß ein größerer Anteil der Strahlung gestreut, reflektiert und absorbiert wird.

Die Sonne steht zwar nur 12 Stunden am Himmel, aber sie beschreibt dabei einen Halbkreis, der im Zenit oder in dessen Nähe kulminiert (Abb. 2.2). In den Außertropen ist im Sommer (vom 21.3. bis 23.9.) der Bogenabschnitt der scheinbaren Bewegung der Sonne länger, aber er ist gegen die Beobachtungsebene flacher geneigt. Daraus folgt für die Tropen eine relativ höhere Strahlungsintensität selbst in den Morgen- und Abendstunden sowie auch ein sehr viel schnelleres Einsetzen der Dämmerung und Dunkelheit als in den Außertropen. Selten dauert der Übergang vom Tag zur Nacht länger als eine halbe Stunde. Jahraus jahrein ist der Tag 12 Stunden lang. Die Schwankung beträgt zwischen 11½ und 12½ Stunden (Abb. 2.3). Der Einfallswinkel der Strahlen zur Mittagszeit ändert sich am Äquator relativ wenig. Daraus erklärt sich die generell gesehen gleichförmige Temperatur über das Jahr. Die Schwankungen zwischen Tag und Nacht sind größer als die des Jahres. TROLL (1943) stellte daher das Tageszeitenklima der Tropen dem Jahreszeitenklima der Außertropen gegenüber. Dieses bezieht sich vor allem auf Strahlung und Temperatur, ausgeprägte Jahreszeiten ergeben sich in den Tropen durch den Niederschlag.

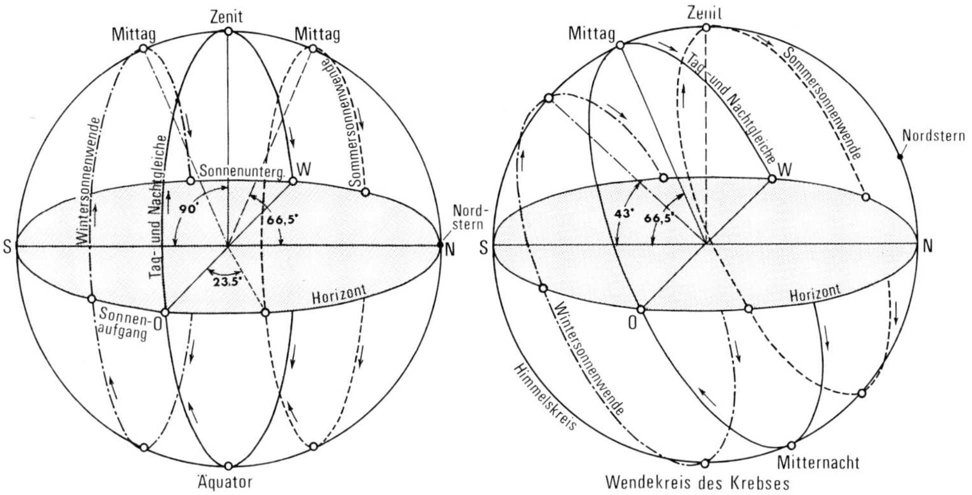

Abb. 2.2. Wir sehen die Erde als flache Scheibe, wo die Sonne im Osten aufgeht, im Westen untergeht (gedachter Beobachtungspunkt in der Mitte der Ellipse). Der Bogen über dieser Scheibe ist der scheinbare Gang der Sonne. Sie kulminiert am Äquator während der Äquinoktien (Tag- und Nachtgleiche am 21.3. und 23.9.) mittags um 12 Uhr im Zenit. Zur Sommer- und Wintersonnenwende erscheint sie unter einem Winkel von 66½°, was für den Betrachter noch als nahezu senkrecht erscheint. Tag- und Nachtbogen sind etwa gleich lang, Tages- und Nachtlänge betragen jeweils 12 Stunden.
Am Wendekreis des Krebses steht die Sonne nur am 21.6., zur Sommersonnenwende im Zenit. Der Tag ist dann dort etwa 13 Stunden und 20 Minuten lang. Zur Wintersonnenwende erreicht die Sonne mittags dort nur 43°, sie steht nur 10 Stunden und 40 Minuten am Himmel. Je flacher der Bogen der scheinbaren Sonnenbewegung geneigt ist, desto länger dauert die Dämmerung. Am Äquator beträgt sie nur etwa eine halbe Stunde. Nach: Strahler 1960, 72/73.

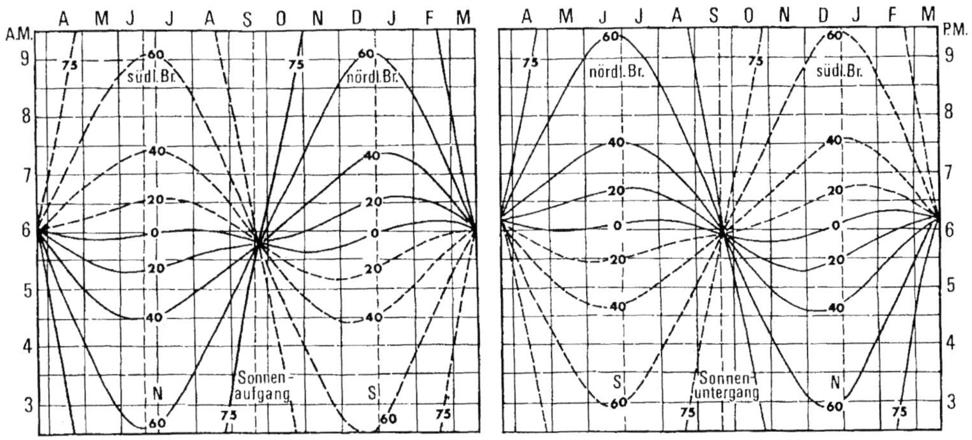

Abb. 2.3. Je weiter man sich vom Äquator entfernt, desto größer werden die Unterschiede in der Tages- und Nachtlänge im Laufe der Jahreszeiten. Am Nordpol schließlich herrscht während des Sommerhalbjahres nur der Tag, vom 23.9. bis 21.3. nur die Nacht. Am Äquator ist der Tag jahraus, jahrein um 12 Stunden lang. Vereinfacht nach: Strahler 1960, 77.

2.4 Temperaturen

Die Tropen sind bis in große Höhen hinein frostfrei. 27°–28° sollte man sich als einen Mittelwert für das Tiefland merken, der für die Monate, aber ebenso für das Jahr gilt (Abb. 2.4). Die Jahresamplitude, die Schwankungen zwischen den Monatsmittelwerten, beträgt in den inneren Tropen 3°–4°, sie nimmt zu den Randtropen bis auf 15° zu. Hier können auch höhere Mittelwerte auftreten. Die höchsten Temperaturen der Welt werden aber in den Wüsten erreicht. In den inneren Tropen betragen die mittleren Tagesschwankungen meist auch nur 6°–8°, so daß am Tage die höchsten Temperaturen in den frühen Nachmittagsstunden auf 32°–33° ansteigen, was durchaus an einem Sommertag bei uns erreicht oder gar überschritten werden kann. Unangenehmer ist es, wenn die Temperaturen nachts nicht unter 25° fallen und erst am frühen Morgen 21°–23° eintreten. Aber der Mensch paßt sich im Laufe weniger Monate an die gleichmäßigen Temperaturen an. Er empfindet eine leichte Schwankung dann schon als Abkühlung. Unter den Einheimischen sind Erkältungskrankheiten recht häufig. Im westlichen Amazonasgebiet kann ein Kaltluftvorstoß, geleitet durch die Anden, weit nach Norden vordringen. So ein „friagem" bringt eine Abkühlung von über 10°, und tritt vor allem im Mai und Juni auf.

Wenn wir uns den Randtropen nähern, nehmen die Temperaturunterschiede zwischen den einzelnen Monaten zu. Im Sommer werden 30° und mehr als Monatsmittel erreicht, im Winter dagegen nur 18° (Grenze der Tropen nach Köppen), die Jahresschwankungen betragen selten mehr als 12–15°. Als absolutes Maximum wurden in Bilma (Abb. 2.4) 49° gemessen, als Minimum -3°. Das mittlere Maximum beträgt dort im Juni 43°, das mittlere Minimum im Januar 7°. Aber selbst in den Randtropen sind die mittleren Tagesschwankungen höher als die Jahresschwankungen. Sie können bis zu 15° bis 18° betragen. In den Randtropen können insbesondere die Maxima höhere Werte als in den inneren Tropen annehmen, was an der geringen Bewölkung in den Trockenmonaten liegt. Die höchsten Werte werden oft vor dem Sonnenhöchststand am Ende der Trockenzeit oder zum Beginn der Regenzeit erreicht (Abb. 2.4, Moundou, Ndjemena, Madras). Im Laufe der Regenzeit mindern nicht nur die Wolken die Einstrahlung, sondern es wird auch Wärme für die Verdunstung verbraucht. Typisch ist zum Beispiel das höchste Monatsmittel der Temperatur im Mai/Juni im nördlichen Vorderindien, weshalb Conrad (1936) vom indischen Typ der Temperatur sprach.

Diese Jahreszeit mit den steigenden Temperaturen am Ende der Trockenzeit, oft auch dem Staub und Rauch, ist in den wechselfeuchten Tropen die unangenehmste. In Indien, wo der beginnende Monsun Feuchte mitbringt, ist es zudem schwül. In Westafrika reicht dann der Passat, „der Harmattan", sehr weit südlich. Er hat, da er weit über Land geflossen ist, eine extrem austrocknende Wirkung. Wenn er bis zur Guineaküste vordringt, nimmt er dort die

---

Abb. 2.4. Die Klimadiagramme zeigen die Temperatur- und Niederschlagskurven jeweils von Januar bis Dezember, auf der Südhalbkugel von Juli bis Juni. Sie sind nach der Methode von Walter (1955) aufgestellt worden, aus dem Klimaatlas von Walter & Lieth (1967) entnommen, sowie nach Daten von Müller (1979) konstruiert worden. Eine Einheit auf der Abszisse entspricht 10 °C bzw. 20 mm Niederschlag – über 100 mm ist der Maßstab der Niederschläge um 1:10 reduziert = schwarze Signatur. Wo die Niederschläge über der Temperaturkurve liegen, ist die Feuchte für die Vegetation ausreichend (= senkrecht schraffiert), darunter liegen mit gepunkteter Signatur die Trockenmonate. Die Temperaturkurven zeigen bei den Stationen nahe des Äquators einen fast waagerechten Verlauf, also Isothermie, d.h. gleichbleibende Temperaturen im Jahresablauf.

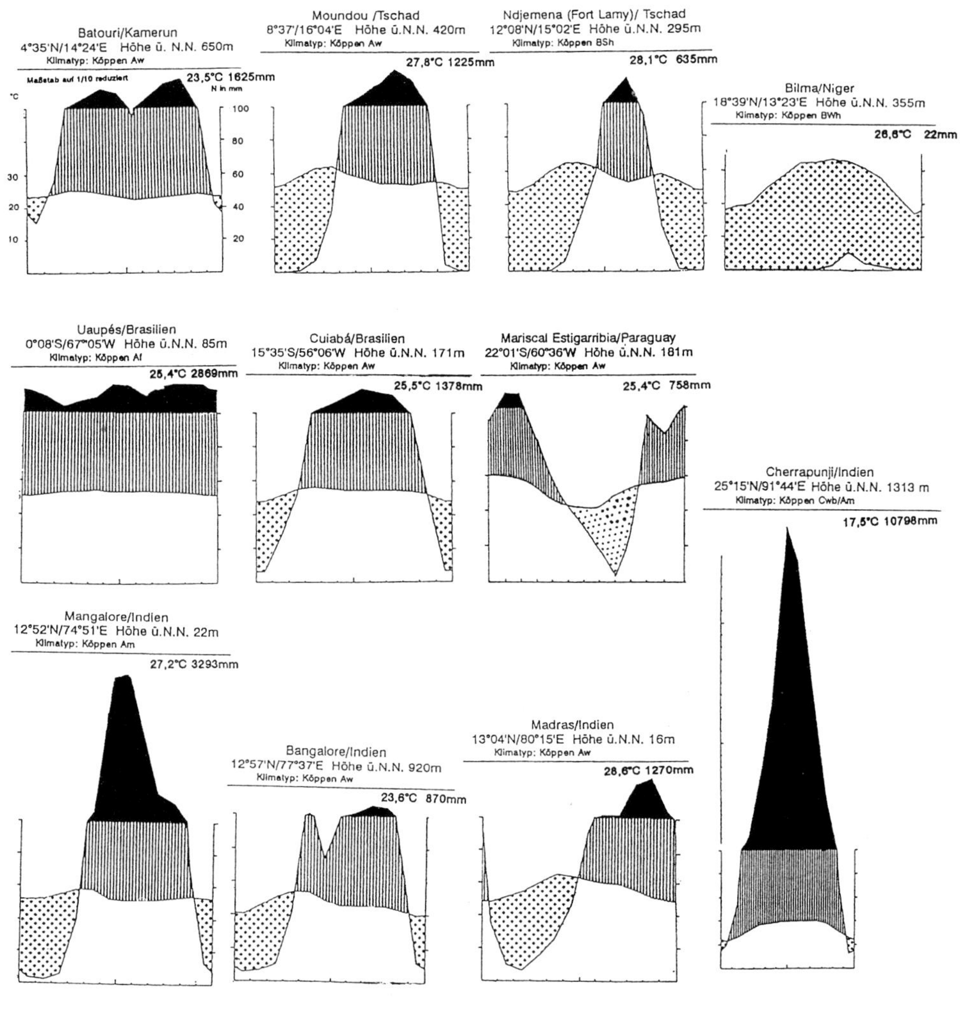

Die obere Reihe bietet ein N-S-Profil durch Westafrika, wobei deutlich wird, daß mit zunehmender geographischer Breite die Niederschläge weniger werden. Nahe des Äquators ist zur Zeit der Wintersonnenwende ein Trockenmonat ausgebildet, in Ndjemena in 12° Breite sind es schon acht, Bilma hat vollarides Klima. Die Regenzeit ist vor allem durch kurze, heftige Regen gekennzeichnet. Die Stationen in Südamerika bieten ebenfalls einen Längsschnitt, der dem in Westafrika mit der Abnahme der Niederschläge mit zunehmender geographischer Breite ähnelt. Südamerika zeigt aber durch die Anden eine stärkere West-Ost-Gliederung. So reichen Wüsten auf der Westseite des Kontinents bis in 5° Breite (vgl. Abb. 2.9).
Die indischen Stationen sind durch das Monsunklima, die generell höheren Niederschläge des Sommermonsuns geprägt. Bei Mangalore und Cherrapunji weisen sie infolge des Aufsteigens der Luftmassen an den Westghats bzw. am Himalaya die Extremwerte auf. Madras erhält die Niederschläge im Herbst und Winter durch den Wintermonsum, wenn die ITC sich noch nicht weit auf die Südhalbkugel verlagert hat. Bangalore im zentralen Dekan, ebenso wie die anderen beiden indischen Stationen um 13° Breite gelegen, hat aufgrund seiner Lage geringere Niederschläge. Sie sind aber noch immer höher als in ähnlicher Breite in Nordafrika. Sie sind etwas in den Herbst verschoben, da die höheren Westghats einen stärkeren Regenschatten bedingen als die Ostghats.

Schwüle, weshalb er dort als „Doktor“ bezeichnet wird. Generell erscheint mir die Schwüle in den Tropen weniger gravierend zu sein als an „Tropentagen“ (=Tagesmaximum über 30°) in Mitteleuropa, was vielleicht mit der stärkeren vertikalen Luftbewegung in den Tropen zusammenhängt. In den wechselfeuchten Tropen kann allerdings bei stärkerer horizontaler Luftbewegung und Zufuhr von Feuchte ebenso wie im Inneren des Regenwaldes bei stockender Luft die Schwüle beachtlich sein (vgl. Werte der Luftfeuchte in Abb. 2.10).

2.5 Niederschläge

Die Tropen haben also keinen Sommer und Winter, sondern Regen- und Trockenzeit (Abb. 2.4). Selbst in den inneren Tropen, wo jeder Monat ausreichend Regen erhält, gibt es Zeiten stärkeren Niederschlags und Tage, oft auch mehrere hintereinander, ohne Regen. Nach LEDGER (1964) sind in Westafrika selbst bei 2500–3000 mm Jahresniederschlag weniger als 200 Regentage im Jahr zu verzeichnen. Uaupes (Abb. 2.4) hat 223 Regentage, Manaus mit 1900 mm Jahresniederschlag 171 Tage (MÜLLER 1979, 245). In aller Regel sind es kurze, heftige Schauer, die zehn Minuten bis zwei Stunden dauern und oft mit Gewittern verbunden sind. Es sind also Regen von hoher Intensität. Ebenso schnell, wie der Himmel sich bezogen hat, klärt er wieder auf. Aber es gibt auch Gebiete, wo eine Wolkendecke sich über längere Zeit entwikkelt, das sind Gebiete, in denen der Monsun einen Einfluß ausübt oder wo die Luft durch Erhebungen zusätzlich zum Aufsteigen gezwungen wird. Vor allem in diesen Gebieten kann es gegen Ende der Regenzeit, wenn auch selten, zu einem länger andauernden feinen Regen, der unserem Landregen ähnelt, kommen.

An heißen, feuchten Tagen baut sich eine Schwüle auf, jedoch ist es oft nach dem Regen angenehm frisch, es sei denn, eine noch sehr hohe Temperatur sorgt für eine starke Verdunstung. Meist kommen die Regen in den späten Nachmittagsstunden, der Eintritt kann sich aber bis in die Nacht verschieben. Stationen, deren Niederschläge so regelmäßig sind, daß man sich vor oder nach dem Regen verabredet, wie man in Belem an der Amazonasmündung sagt, sind aber selten.

Der Charakter und die Regelmäßigkeit des Niederschlags deuten bereits auf die Ursache: Durch die hohe Einstrahlung wird eine starke Konvektion ausgelöst, so daß sich Gewittertürme von bis zu 10 km Höhe aufbauen. Sie sind im Umriß meist scharf begrenzt und haben oft einen Durchmesser von nur einigen Kilometern. Die zeitliche Verteilung der Niederschläge und die Unregelmäßigkeiten zeigen aber, daß die Konvektion nicht allein für die Regen verantwortlich ist. An sich sollte man bei reinen Konvektionsregen besonders starke Niederschläge nach dem Höchststand der Sonne – etwa um einen Monat verzögert – erwarten, also am Äquator zweimal im Jahr, aber es gibt nur wenig Stationen mit doppeltem Maximum. Bei weiterer Entfernung vom Äquator folgen die Sonnendurchgänge so dicht aufeinander, daß die Regenzeiten zusammenfallen. Meist steigern sich die Niederschläge langsam bis zur Hauptregenzeit, in der etwa 150–250 mm im Monat fallen, und nehmen ebenso langsam wieder ab.

Die Stationen auf Abbildung 2.4 sind besonders nach diesen Regelhaftigkeiten ausgesucht, sie zeigen dennoch kleine Abweichungen, wie in Batouri drei (nach KOEPPEN), einen Trockenmonat (nach WALTER), wenn die Sonne im südlichen Wendekreis steht. Die trockeneren Monate in Uaupes sind im September/Oktober deutlicher ausgeprägt als im April. Bei der Station in Paraguay ist das Maximum zum Februar/März verschoben, in Bangalore ist im Juni die Regenzeit weniger ausgeprägt. Die drei ersten indischen Stationen liegen in gleicher Breite, die unterschiedliche Höhe der Niederschläge ist durch den Monsun, diese kontinentweite

Luftströmung, bedingt. Der Sommermonsun von Südwesten ist als tropische Strömung in den Niederschlägen viel ergiebiger als der Wintermonsun – eigentlich ein Passat.

Das Vorherrschen der Starkregen kann man durch die Kurve des maximalen Wasserdampfgehaltes (Taupunkt) verstehen, die bei hohen Temperaturen steiler ansteigt. Zwischen 10° und 15° beträgt die Differenz des Wasserdampfgehaltes am Taupunkt 3,4 g/m³, zwischen 30° und 35° 9,2 g/m³. Entsprechend sind die Niederschlagsmengen bei höheren Temperaturen bei gleicher Zeiteinheit höher, sie hängen aber auch von der Andauer ab. Bei höheren Temperaturen wird der Taupunkt rasch über- und unterschritten, was durch starke Konvektion, Aufsteigen der Luft und schnelle Abkühlung erfolgen kann. Damit ergeben sich relativ kurze Schlagregen. Landregen können in den Tropen nur dann entstehen, wenn immer wieder Feuchte zugeführt wird und die Konvektion gering ist.

Ähnlich kann man die Schwüle verstehen: Man versucht sie durch ein Verhältnis von relativer Luftfeuchte und Temperatur zu erfassen. Erstere wechselt wegen der Kurve des maximalen Wasserdampfgehaltes zeitlich gesehen in den Tropen schneller als in den Außertropen. Das zeigt sich auch daran, daß die mittleren Werte für die Luftfeuchtigkeit an vielen Stationen um 80% liegen, das bedeutet an den häufigen Regentagen eine Tagesschwankung von 60 bis 100%. Das gilt für freie Flächen ebenso wie für das obere Stockwerk des Regenwaldes (s.u. Abb. 2.10). Außerdem sorgt die Konvektion für einen schnellen lokalen Luftaustausch, der in den Außertropen oft auch an Sommer- oder Tropentagen durch die Luftschichtung behindert wird. Wenn über den Städten eine Dunstglocke hängt, ist allerdings auch in den Tropen die Schwüle schwer erträglich. Über die Wirkungen der Konvektion auf das Bioklima bestehen aber wohl noch wenig Untersuchungen. Schließlich befördert die Einstrahlung nicht nur die Konvektion sondern auch die Verdunstung an der Haut und bewirkt damit dort eine Abkühlung. Es genügt daher nicht, die Schwüle nur durch Temperatur und relative Luftfeuchte erfassen zu wollen (SCHARLAU 1952), obwohl zumeist nur dafür stündliche Messungen vorliegen (TROLL 1969).

2.6 Luftmassen und Winde

Es gibt nur sehr wenige Stationen am Äquator oder in dessen Nähe, die ein doppeltes Maximum der Niederschläge aufgrund der Konvektion aufweisen. Es sind vielmehr Luftmassen, deren Grenzen und Strömungen in größerer Höhe, die einen zusätzlichen Einfluß ausüben. Bei Winden und Luftdruckwirbeln ist allerdings ein physikalisches Gesetz zu beachten: In der Nähe des Äquators tendiert die Corioliskraft gegen Null. Zyklonen haben daher nur eine sehr kurze Lebensdauer. Die Zone beiderseits der Tropen wird daher auch als Kalmen (calm = ruhig) bezeichnet, ein Ausdruck, der aus der Segelschiffszeit stammt. Tropische Wirbelstürme können erst jenseits von 8° Breite, meist sogar erst 10° Breite entstehen.

An den Grenzen der großen Luftmassen wird das Aufsteigen der Luft infolge der Konvektion dynamisch verstärkt. Das gilt insbesondere, wenn diese Luftmassen zusammenprallen. Das Zusammentreffen wird als ITC (innertropische Konvergenz) bezeichnet (Abb. 2.5). Dadurch, daß die Luft aufsteigt, wird sie abgekühlt und meist auch abgeregnet. Es konvergieren der Nordost- und der Südost-Passat oder einer bzw. beide Passate an einer tropischen Luftmasse. Im letzteren Fall ist die ITC gespalten. In den äquatorialen Breiten können außerdem in der tropischen Luft noch wellenartige Bewegungen entstehen, die zum Rand der Tropen hin Höhentröge ausbilden.

Die Passate sind zwar die stetigsten Winde, die wir auf der Welt kennen, aber auch sie wehen gelegentlich mit verminderter Stärke oder setzen über einem Gebiet ganz aus. Ebenso

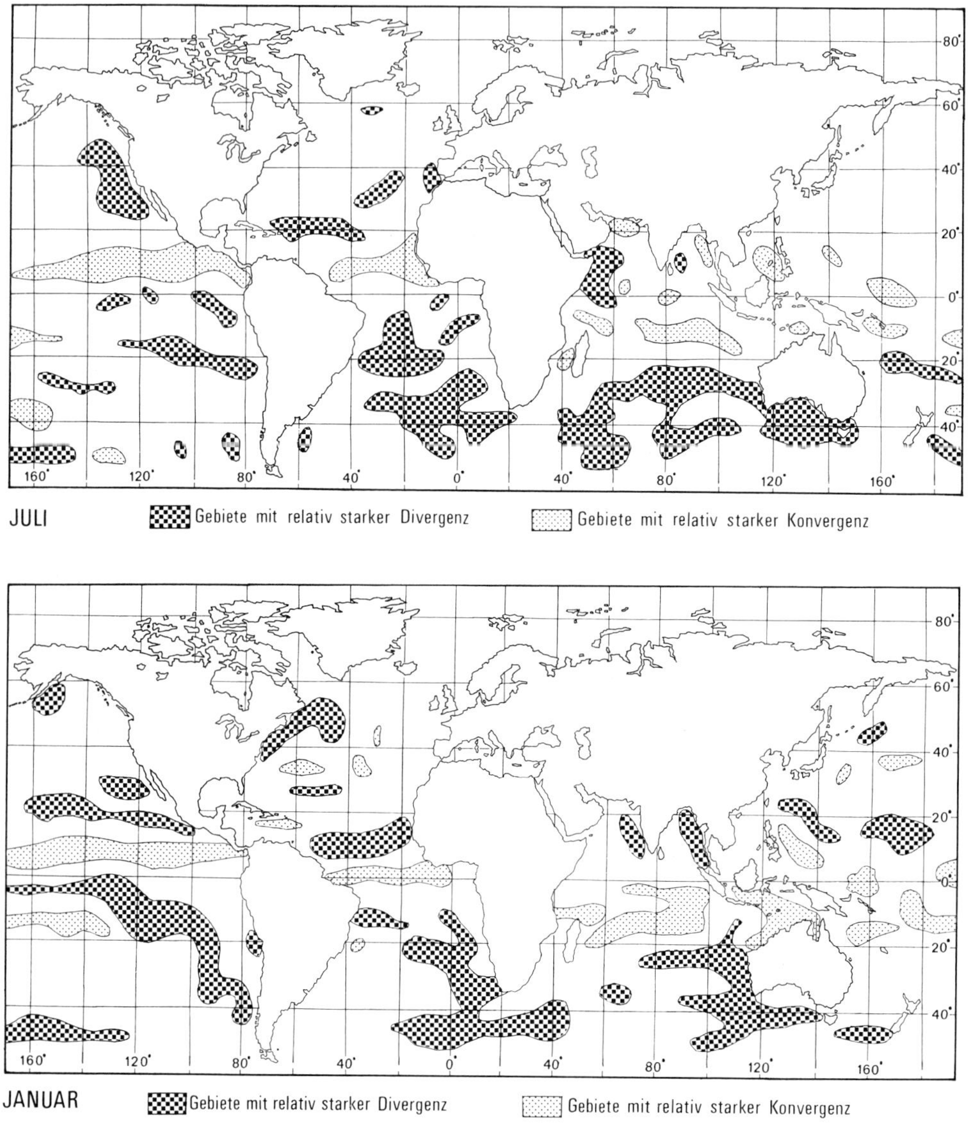

Abb. 2.5. Gebiete relativ starker Konvergenz von Luftmassen liegen im Juli auf dem östlichen Pazifik und Atlantik in etwa 10° Breite (ITC). Durch den Südwestmonsun sind sie über dem indischen Ozean im Juli stark aufgelöst. Die ITC ist über dem Pazifik in eine nördliche und eine südliche Zone aufgespalten. Die Divergenzgebiete sind vorwiegend an die subtropischen Hochdruckgebiete gebunden und über den Ostseiten der Ozeane, den Passatgebieten, stärker ausgebildet. Generell sind sie auf der Südhalbkugel mit dem größeren Anteil der Ozeane stärker als auf der Nordhalbkugel. Die Zeichnungen verdeutlichen einerseits die Verschiebungen in der zonalen Anordnung der Luftmassen, zum anderen wird hier vielleicht besonders klar, daß alle Klimakarten statistische Mittel darstellen. ITC und Passate sind zwar vorherrschende, aber keineswegs immer und überall in gleicher Breite auftretende Phänomene. Auch sind sie nicht immer gleich stark entwickelt. Vereinfacht nach Trewartha 1968, 100.

ist daher die ITC keine konstante Linie, sondern baut sich immer wieder auf. Hier liegt wohl die Hauptursache für die oben (2.6) angedeuteten Unregelmäßigkeiten. Die Passate entstehen als absteigende Luftbewegung aus dem Ostquadranten der subtropischen Hochdruckzellen oder aus einer tropischen Ostströmung in der Höhe. Sie erreichen ihre größte Stärke über den Meeren, wo die Reibung gering ist. Da die Passate von höheren in niedere Breiten wehen, sind es divergierende Winde, denn der Umfang der Breitenkreise nimmt ja mit Annäherung an den Äquator zu. Die Divergenz verstärkt das Absteigen, wobei sich die Luft erwärmt und mithin trocken ist. Nur wo der Passat über das Meer streicht und an Küsten und Gebirgen aufsteigt, bringt er Regen.

Innertropische Luftmassen mit starker Konvektion bauen sich vor allem über den Kontinenten auf. Die ITC liegt daher über den Meeren meist relativ dicht am Äquator, während sie über den Kontinenten polwärts ausbiegt. Am deutlichsten wird dieses über der großen asiatischen Landmasse, wo durch die große Heizfläche des Hochlands von Tibet die ITC sich bis Mittelchina verlagert und den Sommermonsun als starke Strömung aus Südwest nach sich zieht (Abb. 2.6). Weniger ausgeprägt ist die Ausbuchtung über Südamerika, wo sich die ITC auch von West nach Ost vorschiebt, wobei in manchen Jahren der Osten des Kontinentes nicht erreicht wird, so daß die gefürchteten Dürren Nordost-Brasiliens entstehen (vgl. die Variabilität der Niederschläge, Abb. 2.8).

Eine wenig hochreichende, häufig aussetzende und nur schwache Strömung sind die äquatorialen Westwinde. Sie bilden sich innerhalb der Kalmen und wurden von MEINARDUS (1893) aus der äquatorialen Westdrift, dem äquatorialen Gegenstrom, abgeleitet, später durch Windmessungen bestätigt. Besonders relevant ist das El Niño- Phänomen. Alle 10–15 Jahre wird der äquatoriale Gegenstrom so stark, daß er an der Küste Südamerikas nach Süden abgelenkt wird. Die warme Strömung in die Gebiete relativ kalten Wassers bringt großes Fischsterben. Wichtiger sind aber die heftigen Niederschläge, die in den Küstengebieten von Peru zu großen Überschwemmungen führen können. Dieses Phänomen tritt meist um die Weihnachtszeit (El Niño = das Christkind) auf. In El Niño-Jahren gibt es aber auch weit entfernt in den Tropen Unregelmäßigkeiten, wie etwa die Dürre von 1983/84 im östlichen Borneo (s.u. 2.10, WHITMORE 1993, 147f.), Ernteausfälle in Simbabwe (s.u. Abb. 13.2). Mit dem El Niño Phäno-

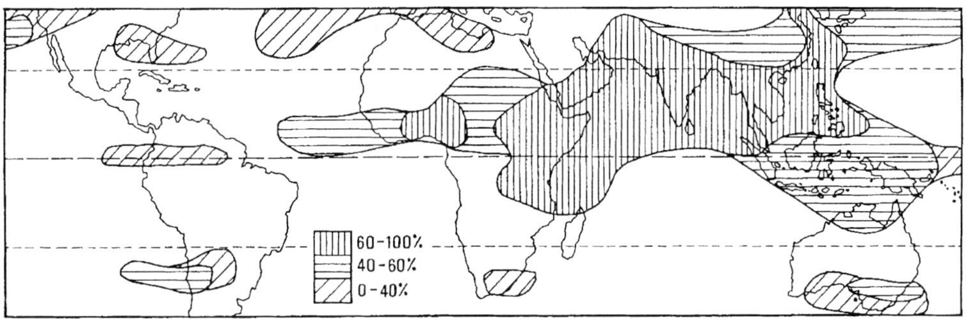

Abb. 2.6. Definiert man einen jahreszeitlichen Wechsel der Winde von mindestens 120° als Monsun, sind die Kontinente in unterschiedlich starkem Maße davon betroffen. Dargestellt ist die prozentuale Häufigkeit der Winde im jeweils vorherrschenden Oktanten. Eine sehr deutliche Erscheinung ist der Monsun in Südasien und Ostafrika, sowie in einem Teil Westafrikas, Lateinamerika sowie Australien kennen dagegen kaum einen jahreszeitlichen Wechsel der Windrichtungen. Aus: READING et al. 1995, 34, nach FLOHN, BARRY & CHORLEY.

men sind Southern Oscillations (südliche Oszillationen), großräumige Luftdruckschwingungen, verbunden, die tiefen Luftdruck über Indonesien und Hochdruck über dem SE Pazifik verstärken. Verkürzt spricht man daher heute vom ENSO-Phänomen.

Innertropische Konvektion, Passate und ITC sind Phänomene, deren Verbreitung mehr oder minder den Breitenkreisen parallel verläuft. Sie folgen also dem planetarischen Wandel nach LAUTENSACH (1952). Es fehlt in den Tropen der Gegensatz maritim-kontinental, wie er in Eurasien oder Nordamerika so deutlich ausgeprägt ist. Ebenso ist der Unterschied zentral-peripher klimatologisch wenig deutlich ausgebildet. In beiden Fällen sind allerdings die unmittelbaren Küstengebiete bis 3–5 km landeinwärts ausgenommen, da hier lokale Land- und Seewinde ausgebildet sein können. Auch kann man die Passatküsten als maritim beeinflußt bezeichnen.

2.7 Niederschlagsmengen und -verteilung

Wenn auch im allgemeinen die Regenzeit mit dem Höchststand der Sonne verbunden ist, d.h. 1–2 Monate danach eintritt, zeigt eine detaillierte Betrachtung Abweichungen. Das gilt selbst für Ostafrika (Abb. 2.7), wo nördlich des Äquators in Westafrika die zonale Anordnung noch am besten ausgebildet ist. Irregulär ist das Fehlen eines doppelten Maximums in den äquatorialen Breiten, sowie die unterschiedlichen Gesamtmengen nördlich und südlich davon, zum anderen das Eintreten des Maximums in Relation zum Sonnenhöchststand in den Breiten von 5°–20° N.

Extrem hohe Niederschläge sind an manchen Gebirgen zu beobachten. Einmal sind es die Passate, die an der Küste oder an Gebirgen aufsteigen, zum anderen die mit der Verlagerung der ITC wandernden Luftströmungen. Am bekanntesten ist das schon erwähnte Auftreffen des Südwest-Monsuns an den Westghats und am Himalaya in Assam (Abb. 2.4, Mangalore, Cherrapunji). 5000–6000 mm Jahresniederschlag im ersten und über 10 m im zweiten Fall

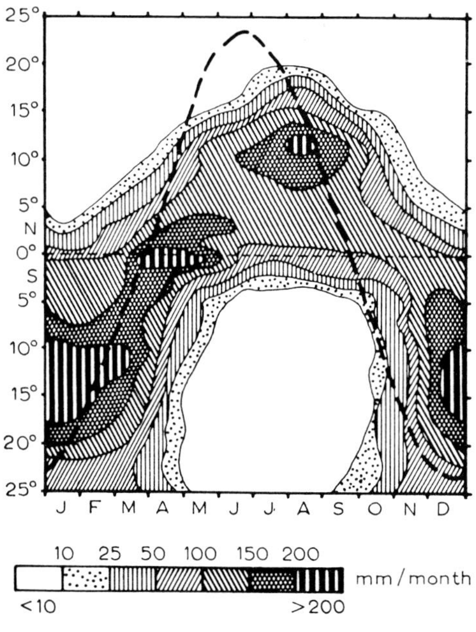

Abb. 2.7. Die monatliche Verteilung der Niederschlagsmengen in einem Längsschnitt in Ostafrika (32° E) und der Zenitstand der Sonne (gerissene Linie). Generell sollten die Konvektionsregen etwa einen Monat nach dem Höchststand der Sonne voll ausgebildet sein, aber die geringere Menge und Ausdehnung, sowie die Verzögerungen auf der Nordhalbkugel zeigen den Einfluß von Luftströmungen. Dieses ist einmal der Passat, der auf der Nordhalbkugel über Land kommt, bzw. küstenparallel fließt, während er im Süden über den Ozean streicht und schräg oder senkrecht auftrifft. Zum anderen liegt im Südsommer ein kleines Tief über Südafrika, während die Winde aus dem Tief über Vorderasien im Nordsommer keine Feuchte nach Ostafrika bringen. Nach: LAUER 1989, 27.

werden hier gemessen. Eine Weströmung in Afrika, nördlich des Äquators, zeigt sich ebenfalls an höheren Werten am Kamerunberg und ist selbst noch am Westrand Äthiopiens zu erkennen. Auch der nördlichste Teil der Anden in Kolumbien erhält von Westen hohe Niederschläge.

Im allgemeinen sind aber in den Tropen 3000 mm Jahresniederschlag als hoch zu bezeichnen. 1600 mm Jahresniederschlagsmenge kann man als Grenze der inneren Tropen (Af-Klima nach KOEPPEN 1931) bzw. des Regenwaldes ansehen, wenn die Niederschläge relativ gleichmäßig verteilt sind. Das gilt für Teile des Amazonasgebietes sowie des Kongogebietes. Treten jedoch ein oder zwei Trockenmonate auf, sind höhere Niederschlagsmengen erforderlich, um einen tropischen Regenwald zu unterstützen. Wenn einige wenige Bäume, und zwar besondere Arten, ihr Laub abwerfen, so spricht man auch von einem Monsunwald, dem Am-Klima nach KOEPPEN. Dieses ist dadurch definiert, daß in einem Monat weniger als 60 mm Niederschlag fallen. Bei mehreren trockenen Monaten haben wir ein Aw-Klima, ein wintertrockenes (= w) Klima. Die Klimawerte stimmen aber an diesen Grenzen nicht immer mit der Vegetation überein (s.u. 7.4).

In aller Regel ist mit der Abnahme der Menge der Jahresniederschläge auch eine Zunahme der Trockenmonate verbunden (Abb. 2.7). Dieses liegt daran, daß die ITC sich nur langsam über den Kontinenten vorschiebt. Entsprechend setzen die Regen nur verzögert ein. In Westafrika erreicht sie meist nur 15° Breite. Ist in den Luftmassen keine genügende Feuchte vorhanden, bringt auch das Aufsteigen keinen Niederschlag. Wird dagegen Feuchte zugeführt, was für die Monsungebiete in Vorderindien gilt, steigt die Schwüle an, nimmt die Spannung zu, kommt es zum „break of the season“ oder „the burst of the monsoon“. Dieses ist oft mit sehr heftigen Gewittern, in Nordindien eventuell auch mit starken Überschwemmungen verbunden (eine sehr gute Schilderung gibt BROOMFIELD in dem Roman „Der große Regen“). Der erste Regenmonat hat in Monsungebieten manchmal über 300 mm Niederschlag, die folgenden zeigen geringere Werte. Dabei ist allerdings zu bedenken, daß der Eintritt des Monsuns sich in einzelnen Jahren um 4–6 Wochen verschieben kann, das statistische Mittel also auch für den ersten Regenmonat geringer sein kann.

Während in Monsungebieten auch bei geringen Jahresniederschlägen von nur 300–500 mm eine deutliche Regenzeit ausgeprägt ist, gilt dieses nicht für alle Gebiete. Etwa ab 300 mm Jahresniederschlag sind die Regen oft nicht mehr streng saisonal, sondern ergeben sich durch einzelne Luftmassenvorstöße aus tropischen oder außertropischen Gebieten. Hierfür ist der von Norden und Süden offene australische Kontinent typisch. Ferner sind die Niederschläge weniger zuverlässig, je geringer die mittlere Jahresmenge wird. Das gilt sowohl für die Schwankungen der Menge von Jahr zu Jahr als auch für den Beginn der Regenzeit. Diese Variabilität, d.h. die mittleren Abweichungen vom Mittelwert, kann bis zu 40% betragen (Abb. 2.8).

2.8 Sondererscheinungen in Küstengebieten, auf Inseln und Halbinseln

Verhältnismäßig kleinräumig sind Sondererscheinungen am Rand der Kontinente. Direkt an der Küste ist vielfach ein Land-Seewind-System ausgebildet, das insbesondere in den Abendstunden eine angenehme, abkühlende Brise bringt. Von größerer Erstreckung sind zwei Phänomene, die auch einen deutlichen West-Ost-Gegensatz aufweisen: die Passatküsten und die tropischen Küstenwüsten bzw. Trockengebiete. Wirbelstürme erfassen vor allem Inseln und Küsten (s.u. 2.10).

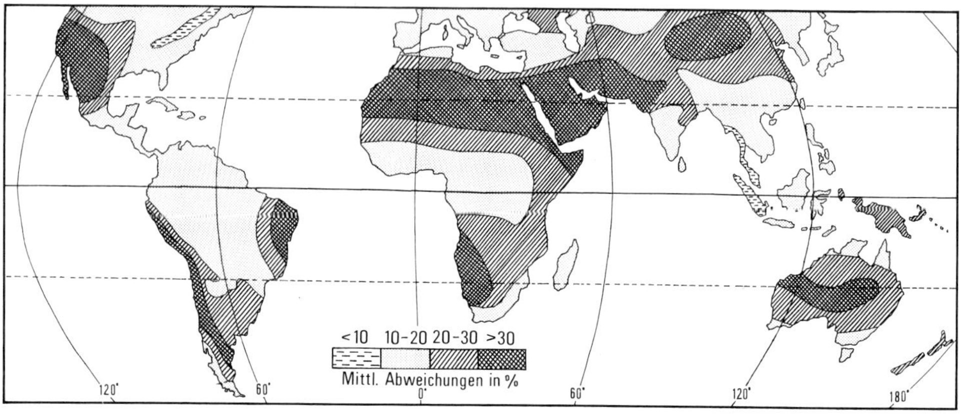

Abb. 2.8. Die mittlere Abweichung der Jahresniederschlagsmenge in %. Eine Variabilität von 30% im Mittel schließt Einzelwerte ein, die über 50%, im Extrem über 100% größer oder kleiner als der mittlere Jahresniederschlag sind. Sehr deutlich wird die zunehmende Variabilität zu den trockneren Gebieten hin. Verheerend sind Dürren in Gebieten mit relativ dichter Besiedlung, vor allem in Nordindien, Nordost-Brasilien und dem Sudan. Nach: Blüthgen 1964, 208.

Die Passatküsten zeigen dort, wo der Wind längere Strecken über das Meer geflossen ist und dann zum Aufsteigen gezwungen wird, höhere Niederschläge als Landgebiete in gleicher Breite. Am wichtigsten ist dieses Phänomen beim Nordost-Monsun, den man dynamisch als Passat auffassen kann. Er ist im Winter in Südostasien wirksam (Schilderung u.a. Nieuwoldt 1967), wenn die ITC auf der Südhalbkugel liegt und der Passat auf der Nordhalbkugel kräftiger ausgebildet ist. Doch müssen hier wohl noch weitere Ursachen eine Rolle spielen, da der Nordost-Wintermonsun nicht nur weitverbreitet ist, sondern auch relativ hohe Niederschläge bringt. Es treten wohl lokal umlaufende Winde mit Niederschlägen auf, die sich durch den Gegensatz von Land und Meer bilden. Das gilt besonders für die südostasiatische und die mittelamerikanische Inselwelt. Besonders typisch ist der Passat ferner für die Ostküste Queenslands und für Brasilien nördlich von Rio. Je nachdem, wann er am stetigsten und kräftigsten ist, ergibt sich ein Maximum der Niederschläge. So ist an der Küste Brasiliens und Floridas ein Wintermaximum (meist in den höheren Breiten), also ein As-Klima zu beobachten.

Regelhaft für die Passatküsten ist der schnelle räumliche Wechsel in der Menge der Niederschläge. Er erklärt sich zumeist durch die Richtung der Küste und damit den Winkel des Auftreffens des Windes. Weht der Passat küstenparallel, so hat er über dem Meer eine höhere Geschwindigkeit als über dem Land, so daß die dort liegende Luft absteigt. Diese Reibungsdivergenz bedingt Trockenheit. Diese Phänomene sind besonders gut an der Nordküste Venezuelas und der Ostküste Afrikas nördlich des Äquators zu beobachten. Verläuft weiter landeinwärts ein Gebirge quer zum Passat, so kann es zu einem erneuten Aufsteigen kommen. Dieses gilt besonders für Inseln und Halbinseln. Die mittelamerikanische Inselwelt ebenso wie die südostasiatische wird durch diese Passatniederschläge gekennzeichnet. In Südostasien ist zudem im Sommer der Südwest-Monsun prägend. Dort gibt es daher verhältnismäßig viele Stationen, die ein zweifaches Maximum der Niederschläge aufweisen. Oft ist aber selbst auf diesen Inseln ein Luv- und Leegegensatz in der Niederschlagsmenge zu beobachten, der für die mittelamerikanischen Inseln und die dortige Landbrücke kennzeichnend ist.

Trockengebiete in der Nähe des Äquators liegen an der Westküste Südamerikas, am Horn von Afrika und wie erwähnt in Nordostbrasilien. Das subtropische Hoch ist auf dem Südpazifik besonders gut ausgeprägt und liegt relativ dicht vor der Küste Südamerikas. Die „braven Westwinde" (der aus der Segelschiffszeit stammende Name zeigt ihre Stetigkeit an) sorgen für eine Stabilisierung und für einen nach Norden abbiegenden sehr stetigen, kräftigen Meeresstrom – den Humboldt-Strom. Mit seinem kühlen Wasser vor der Küste wirkt er zusätzlich stabilisierend auf das Hoch. Vorhandene überschüssige Luftfeuchte wird zur Kondensation gebracht. Daher ist hier Nebel sehr häufig, oft kommt es auch zu Niederschlägen. Durch den Wind kann der Nebel auf das Land getragen werden und eine eigene Vegetation (Garua) ernähren. Die Küstenwüsten reichen in Südamerika besonders weit äquatorwärts, bis 5° südlicher Breite (Abb. 2.9). In ähnlicher Form ist dieses Phänomen auch an der Westküste Afrikas südlich des Äquators zu beobachten, doch reicht hier das Trockengebiet nur bis etwa 10° Breite (TREWARTHA 1961, 26). Die Trockenheit Ostafrikas hingegen erklärt sich weitgehend durch den sehr kräftigen SW-Monsun, der entweder küstenparallel oder ablandig ist. Die Reibungsdivergenz wird durch den Abstieg der Luft vom Hochland von Äthiopien her noch verstärkt. Auch der Nordost-Passat bzw. Monsun weht weithin küstenparallel. Kenia und Tansania zeigen für die Breite ebenfalls ein relativ trockenes Klima.

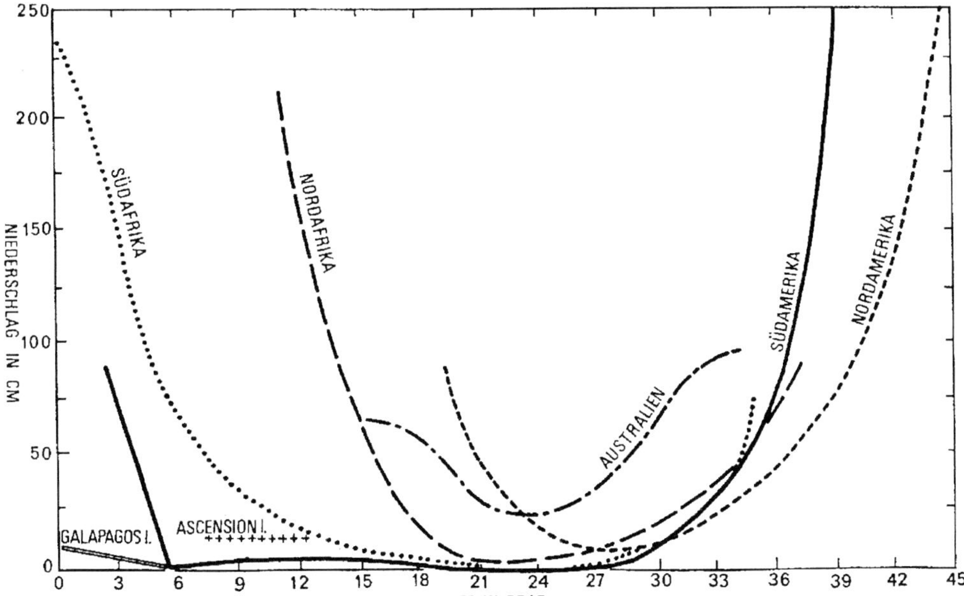

Abb. 2.9. Jahresniederschläge in fünf Küstenwüsten tropischer/subtropischer Breiten auf der Westseite der Kontinente. Um die Wendekreise herum sind auf allen Kontinenten geringe Niederschläge zu verzeichnen. Das gilt nicht nur für die Küsten, sondern auch für das Landesinnere. Dieses ist durch das subtropische Hoch bedingt. Besonders weit äquatorwärts reicht die Küstenwüste in Südamerika, da durch die Konfiguration des Kontinentes der kalte Humboldt Strom weit nordwärts gelangt. Über dem kalten Wasser ist das Hochdruckgebiet besonders stabil, eventuelle feuchte Luftmassen regnen sich meist dort schon ab. Nordafrika, Australien und das westliche Mittelamerika werden kaum von Meeresströmungen erreicht, kaltes Auftriebswasser ist räumlich begrenzter. Nach: TREWARTHA 1961, 26.

2.9 Mikroklima

Bei dem hohen Sonnenstand und den scheinbaren Sonnendurchgängen durch den Zenit ist ein Gegensatz zwischen Nord- und Südseite, zwischen Sonnen- und Schattenseite etwa eines Tales in den Tropen nicht oder kaum ausgebildet. Auch spielt die Neigung des Hanges eine relativ geringe Rolle. Große Unterschiede sind aber im tropischen Regenwald in der Vertikalen festzustellen. Am Boden herrscht eine fast gleichbleibende Temperatur und Luftfeuchte (Abb. 2.10). Nur dort, wo Sonnenstrahlen hinkommen, ergeben sich größere Schwankungen – im angeführten Beispiel in 18 m Höhe. Hier ist die Umsatzfläche der Strahlung. Am Boden selbst beträgt der Lichteinfall häufig nur noch 1–2%, über die Hälfte davon sind kleine Sonnenflecken. CHAZDON & FETCHER (1984) haben das Licht in Bodennähe im Tiefland-Regenwald an der atlantischen Seite Costa Ricas (4000 mm Jahresniederschlag) gemessen. Im Vergleich zu einer Rodung zeigte eine 400 m² Lücke 30–35% des Lichteinfalls, eine 200 m² Lücke nur noch 9%, der geschlossene Wald nur 1–2% des Lichteinfalls einer Fläche ohne Vegetation. Das Licht ist im Wald grünlich, da die Anteile zwischen den Wellenlängen von orange bis rot durch die Photosynthese absorbiert werden (WHITMORE 1993, 126). In der Dunkelheit des geschlossenen Regenwaldes ist daher der Bodenwuchs sehr dürftig. Viele Feuchtwälder sind also relativ gut durchgängig. Der abweisende dichte Charakter des Regenwaldes ergibt sich von den Flüssen und Wegen her gesehen, da der Lichteinfall dort die niedere Vegetation begünstigt. Die Dunkelheit im Wald erschwert allerdings sehr die Orientierung beim Fußmarsch – man muß unbedingt Zeichen machen.

Für den Niederschlag hat man bei der Dichte der Vegetation in den Regenwäldern ursprünglich eine hohe Interception und damit Verdunstung aus den oberen Baumkronen ange-

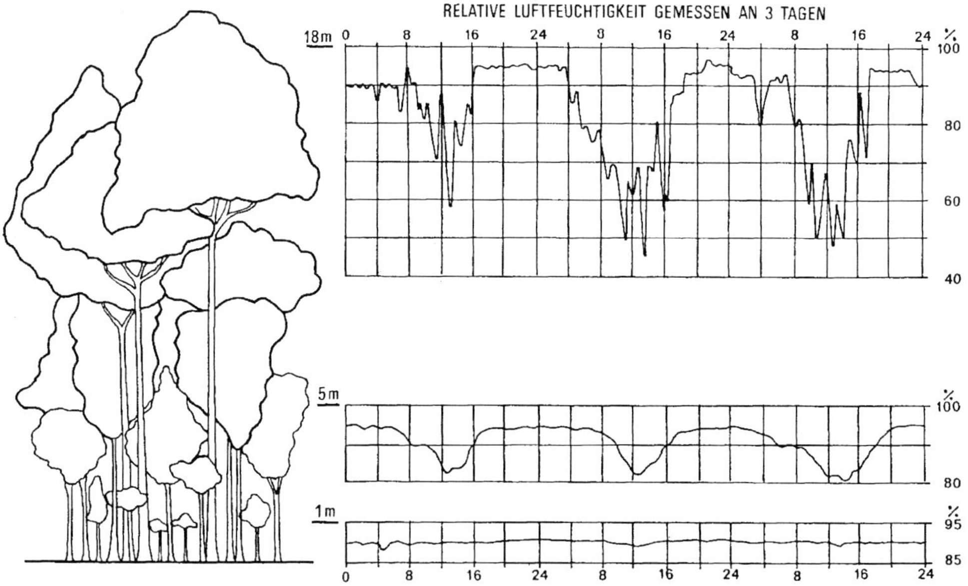

Abb. 2.10. Die relative Luftfeuchte im Regenwald von Tjibodas in Westjava in 1500 m Höhe zeigt die Unterschiede zwischen den Werten in Bodennähe, die gleichbleibend um 90% betragen, und in den Kronen mit Werten von 50–95% entsprechend der Tagestemperatur. Vereinfacht nach: FABER aus WALTER 1964, 90

nommen. Zusammen erreicht die Evapotranspiration rund 50% des Niederschlags, zu vier Fünfteln wird sie aber von der Transpiration geliefert, so daß die direkte Verdunstung nur etwa 10% des Niederschlags ausmacht. Die folglich relativ geringe Interception liegt an der glatten Oberfläche vieler Blätter, die häufig noch Träufelspitzen haben. Der Tropfwasser-Niederschlag ist also hoch. HUTJES et al. (1990) berichten, daß im Tai-Wald der Elfenbeinküste nur 9% Interception gemessen wurden und nur 3% Stammabfluß. Der weit überwiegende Teil fällt also als Tropfwasser zu Boden, wobei die aufgestellten Regenmesser auf kurze Distanz bis zu 34% voneinander abwichen. Als Ursachen für die geringere Interception als in den gemäßigten Breiten nennen sie nicht nur die Träufelspitzen, sondern auch die relativ kurze Zeit der Niederschläge. Da zudem oft die Niederschläge nachmittags und abends erfolgen, ist die Verdunstung herabgesetzt, weil der Dampfdruck hoch ist. Das von der Vegetation aufgefangene Wasser hat daher relativ viel Zeit, um zum Boden zu gelangen.

Sehr große Unterschiede ergeben sich bei Lichtungen im Regenwald nicht nur für den Lichteinfall (WHITMORE 1993, 126f.). Die Temperaturamplituden sind höher als im Wald, im Boden in 1 cm Tiefe ergeben sich 3°–10° höhere Maxima und 1°–2° tiefere Minima. Die Lufttemperatur liegt 2°–5° höher. Die Tankverdunstung ist sechsfach höher (GHUMAN & LAL 1987). Sie fanden 12–32% Interception in einem Tiefland-Regenwald in Südnigeria nahe Benin City mit 2350 mm Jahresniederschlag. Die mittlere Dichte der Bäume beträgt über 1200/ha. Das Maximum der Bodentemperatur in 1 cm Tiefe lag an heiteren Tagen auf der 30 ha großen Rodung mit 37° um 10° höher als im Wald. Die Temperaturschwankung des Tages betrug in der Rodung 15° an der Oberfläche, im Mittel waren in 50 cm Tiefe die Temperaturen ausgeglichen. Sie betrugen im Freiland 28°, im Wald 25°. Da im allgemeinen eine ausgeglichene Bodentemperatur der mittleren Jahrestemperatur der Luft entspricht, ergeben sich hier auf kleinem Raum 3° Unterschied in der Jahresmitteltemperatur, ein sehr hoher Wert. Diese Änderungen sind aber sehr abhängig von der Größe der Lichtung und damit der Einstrahlung und der Möglichkeit des Luftaustausches. Diese räumlichen Varianzen des Mikroklimas sind wohl größer als entsprechende in den Außertropen.

2.10 Klimatische Hazards – Naturkatastrophen

Tropische Wirbelstürme entwickeln sich über warmen Meeresteilen (> 27°), insbesondere bei Temperaturgegensätzen (Abb. 2.11). Diese Tiefdruckgebiete haben einen Durchmesser von wenigen hundert Kilometern, daher ergeben sich sehr starke Winde (> 17 m/s). Solche „Orkane" sind mit hohen Niederschlägen verbunden. Die Hurrikans der Karibik richten nicht nur auf den Inseln große Schäden an, sondern ziehen oft auch auf den nordamerikanischen Kontinent. Die Taifune SE-Asiens sind ebenso gefürchtet wie die „cycloons" im Golf von Bengalen. Ostqueensland und Madagaskar werden ebenfalls, wenn auch nicht so häufig, von solchen schweren Wirbelstürmen betroffen. An sich haben diese sehr schnell drehenden Wirbel einen nur relativ geringen Durchmesser von unter 100 km, aber sie hinterlassen auf ihrer Zugbahn enorme Schäden. Zu der zerstörerischen Kraft des Windes treten häufig Überschwemmungen hinzu. Diese können an der Küste durch extrem hohen Wellengang entstehen, im Auge des Sturms kann das Wasser bis zu 6 m aufsteigen. Im Landesinneren bringen die Sturzregen Hochwasser. Hohe Niederschlagsintensität bedeutet im allgemeinen sehr hoher Abfluß, der auch rasch einsetzt, weil der Porenraum im Boden schnell vom Wasser aufgefüllt wird und der weiter fallende Regen an der Oberfläche oder auf einem dichteren Bodenhorizont (interflow, s.u.) abfließt. Die höchsten Werte für einen Starkregen sind wohl in Baguio bei

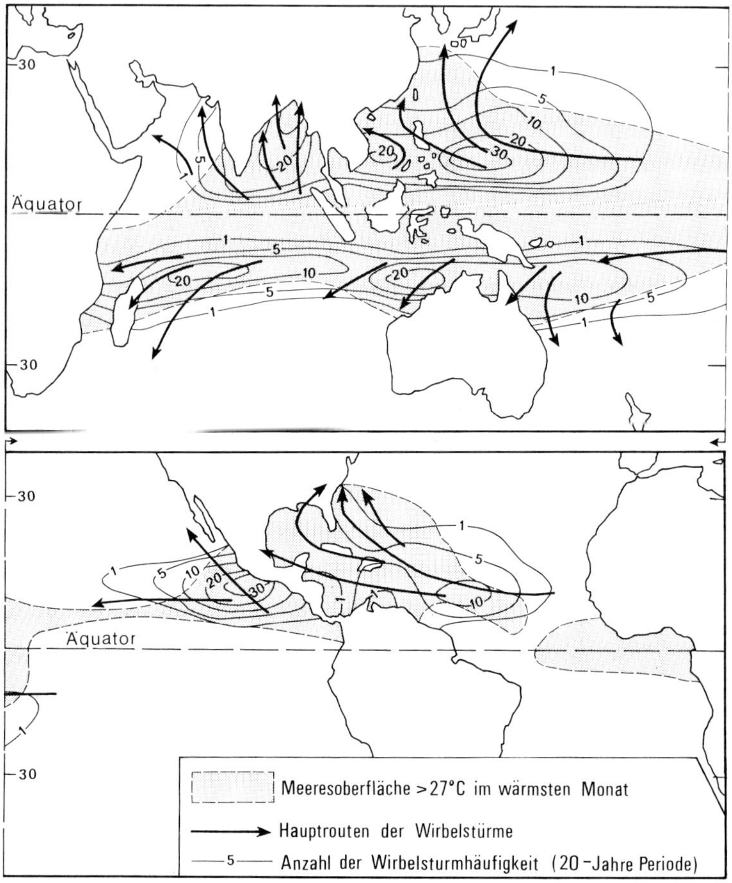

Abb. 2.11. Die Verbreitung und Häufigkeit von Wirbelstürmen zeigt ein deutliches Schwergewicht über dem südostasiatischen Raum. Wenn die karibischen Wirbelstürme bekannter sind als diejenigen vor der Westküste Nordamerikas, so liegt das an ihrem häufigeren Übertritt auf das Land. Die äquatorialen Breiten sind nicht von diesen tropischen Zyklonen betroffen. In Afrika und Südamerika sind selbst die Breiten über 8° hinaus weitgehend frei davon. Nach: READING et al. 1995, 32, Breiten ergänzt.

Manila auf den Philippinen mit 1168 mm an einem Tag (BLÜTHGEN 1964, 208) gemessen worden. Hoch ist auch der Wert für Brisbane mit 465 mm und Rochambeau in Französisch Guayana mit 596 mm (nach MÜLLER 1979, 315, 240). Dieses sind aber Ausnahmen, im allgemeinen bedeuten 300 mm pro Tag schon eine hohe Intensität, da immer Stunden ohne oder mit nur leichtem Regen dazwischen auftreten. Bei uns bringen bereits 100 mm an einem Tag große Überschwemmungen, denn es ist ja die Menge, die sonst in einem regenreichen Monat fällt.

Wirbelstürme treten wie gesagt erst jenseits von 8° Breite auf. Die Zone um den Äquator kennt, soweit sie von tropischem Regenwald bestanden ist, wohl kaum Naturkatastrophen. Aufgrund der hohen Luftfeuchte sind Brände, außer auf Borneo, selten. Hierfür müssen besondere Bedingungen gegeben sein wie zum Beispiel extrem verarmte Böden, da hier die Zersetzung der Streu stark verzögert wird, unter Umständen die Vegetation auch xeromorphe Züge aufweist. Das gilt zum Beispiel für kleine Areale bei San Carlos de Rio Negro, wo durch C^{14} auf 6000 Jahre datierte Kohlereste auf Brände hinweisen, die wohl vor der Besiedlung stattfanden (Sanford et al. 1985, vgl. auch Proctor 1985, 402), vielleicht sind sie mit einer kurzen Trockenphase verbunden. In Feuchtwäldern außerhalb der äquatorialen Zone können Wirbelstürme größere Lichtungen reißen. Die umgerissenen Bäume und aufkommende Kletter- und Schlingpflanzen können bei längerer Trockenheit verdorren und als Brennmaterial für größere Brände dienen.

Nach ungewöhnlich langer Trockenheit in Kalimantan und Sabah (Borneo) – von Juli 1982 bis April 1983 fielen dort nur 32% der 1820 mm Niederschläge (Whitmore 1993, 147) –, entstanden mehrere Monate dauernde Brände, wobei zusammen 5 Mio. ha Wald zerstört wurden. In Sabah waren 85%, in Kalimantan etwa ein Drittel des Bestandes ausgeholzt worden, so daß viel totes Holz als Brennmaterial vorhanden war. Nach Goldammer & Seibert (1990) wurden von Ost-Kalimantan 0,8 Mio. km^2 Primärwald erfaßt, 1,4 Mio. km^2 Wald, in dem Holz geschlagen wurde, 0,75 Mio. km^2 Sekundärwald, besonders in der Nachbarschaft von Siedlungen, und 0,55 Mio. km^2 Torf-Sumpfwald, wo der Grundwasserstand um 1–2 m abgesunken war. Auf Ost-Borneo scheint solche Trockenheit im Zusammenhang mit extremen El-Niño-Phänomenen wiederholt, z.B. im Herbst 1997 (s.u. 2.10) aufzutreten. Goldammer & Seibert (1990, 12f.) berichten von C^{14} datierten Holzkohlen, die 17.510 BP, aber auch 1280–350 BP Alter hatten. Hinzu kommen die besonderen edaphischen Bedingungen, verarmte, podsolige Böden oder bei Torf im Untergrund ein langes Schwelen.

Handelt es sich bei den bisher geschilderten Phänomenen um Hazards im engeren Sinne, so sind die eigentlichen Naturkatastrophen die immer wieder auftretenden Dürren in den wechselfeuchten Gebieten, da sie sich auf die Landnutzung auswirken. Der trocknere Teil der Savannen ist durch natürliche und angelegte Brände gekennzeichnet. Kellman (1984) zeigt am Beispiel der Mountain Pine Ridge Savanne in Belize, daß ein Zusammenhang zwischen geringer Bodenfruchtbarkeit und der Häufigkeit von Bränden als Naturerscheinung besteht. Sie nehmen ab, wenn bei besseren Böden eine geschlossene Baum- und Strauchdecke gewachsen ist. Etwa alle 18 Jahre, schätzte Hutchinson (1977, nach Kellman 1984, 158), brennt es in den Gebieten der Savanne, wo der Mensch nicht eingreift.

Andere Naturkatastrophen wie Erdbeben, Erdrutsche und Vulkanausbrüche werden unten behandelt (4.4). Besonders katastrophal ist ein Zusammentreffen von unterschiedlichen Hazards wie etwa ein Starkregen nach einem aschereichen Vulkanausbruch, der zerstörerische Schlammströme (Lahars) hervorbringt. Durch Wirbelstürme ausgelöst können hohe Windwellen an den Küsten verheerend wirken, die höchsten Wellen werden aber durch untermeerische Seebeben ausgelöst, dieses ist aber eine recht seltene Gefahr. Solche Tsunamis treten wohl vor allem im Nordpazifik auf.

3 Hydrogeographie

3.1 Charakteristika

Die immerfeuchten Tropen haben die höchsten Niederschläge auf der Welt und folglich auch die höchsten Abflußmengen. Während der Abfluß in den feuchten Tropen relativ gleichmäßig verteilt ist, die Flüsse perennieren, setzt der periodische Abfluß in den wechselfeuchten Tropen ein bis zwei Monate nach Beginn der Regenzeit ein und hält etwas länger als diese an. In den immerfeuchten Tropen gibt es die höchsten Abflußfaktoren der Welt, im Mittel fließen 45%–50% des Niederschlages ab, bei Bergländern oder Gebirgen bis 65% und mehr. In den wechselfeuchten Tropen ist hingegen die Verdunstung sehr stark, der Abflußfaktor beträgt nur 30%–5% (bei weitem Ausufern).

Niederschlag, Abfluß und Verdunstung sind in den Tropen ebenso miteinander verbunden wie in den Außertropen, sie zeigen im einzelnen aber andere Regelhaftigkeiten. Da die Niederschläge vorwiegend als Starkregen fallen, entsteht auf kleinen Flächen ein schneller Abfluß. Große Flüsse haben meist ein zusammengesetztes Regime, was in den Außertropen nur bei größerem Gebirgsanteil der Fall ist. In den Tropen führt aber der große Gegensatz zwischen dem immerfeuchten und dem wechselfeuchten Teil zu komplexen Regimen, wenn das Einzugsgebiet an beiden Klimazonen Anteil hat. Die aktuelle Verdunstung nimmt von den inneren Tropen zu den Randtropen hin ab, da nicht ganzjährig Wasser zur Verfügung steht. Die potentielle Verdunstung ist im immerfeuchten Gebiet etwa gleich der aktuellen, sie steigt zu den Trockengebieten auf theoretische Werte bis 5000 mm an, was ein hohes Verdunstungspotential etwa für die Vegetation anzeigt.

Die Entstehung des Abflusses ist vor allem durch Interflow, Pipeflow, Grundwasserabfluß bedingt. Oberflächenabfluß, Rinnenspülung, Splash und Schichtfluten erreichen unter natürlichen Bedingungen meist nicht den Fluß. Das Wasser im Boden bewegt sich, mindestens teilweise, schneller als in den Außertropen, vor allem die Bodenfeuchte schwankt daher stärker. Auch in den immerfeuchten Tropen kann es zu Wassermangel für die Vegetation kommen, ein Absterben infolge Trockenheit tritt aber wohl nur sehr selten ein. In wechselfeuchten Gebieten wird dagegen in jedem Jahr der permanente Welkepunkt überschritten. Bei den Gräsern sterben wegen der nicht so tief reichenden Wurzeln die oberirdischen Teile ab. Nur Bäume holen aus größerer Tiefe das Wasser, was besonders für die Nähe der Flußbetten (Galeriewälder) gilt.

Die großen Grundwasserträger der Außertropen, die glazialen und periglazialen Ablagerungen fehlen in den Tropen. Infolge der Porosität des Verwitterungsmantels und der tiefen Verwitterung besonders entlang von Klüften sind aber selbst im Kristallin die Grundwasserverhältnisse vielfach nicht so ungünstig wie in den Außertropen. Die Wassernutzung bringt in den Tropen große Probleme, da das Oberflächenwasser meist Krankheitskeime enthält. Reservoire haben Auswirkungen nicht nur auf die Wasserführung sondern auch die Wasserqualität, sowie die Ufergebiete. Der besondere Charakter der Flüsse zeigt sich nicht nur in der Geomorphologie, sondern auch im Abflußverhalten und der stark wechselnden Last.

3.2 Einleitung

Bei den hohen Niederschlägen erwartet man in den feuchten Tropen ein sehr feuchtes Milieu – hohe Luftfeuchte, feuchter Boden, viele Quellen, Naßstellen und kleine Bäche. Erstaunlicherweise trifft dieses nur sehr bedingt zu. Hohe Luftfeuchte tritt noch am häufigsten auf, alle anderen Phänomene sind meist nur kurzzeitig während und nach dem Regen ausgebildet. Dieses deutet bereits darauf hin, daß der Wasserhaushalt in den Tropen mindestens einige prinzipiell andere Charakteristika hat als in den Außertropen.

3.3 Wasserhaushalt

Der Wasserhaushalt wird durch die Gleichung N=A+V+R–B bestimmt. Der Niederschlag (N) teilt sich auf in den Abfluß (A), die Verdunstung (V), die Rücklage (R) und den Aufbrauch (B). Diese Gleichung gilt für das Wasserjahr insgesamt. Die Faktoren Niederschlag und Abfluß sind relativ leicht meßbar und werden für ein Einzugsgebiet bestimmt, wobei der Niederschlag zwischen Meßstationen interpoliert wird. Der Gebietsniederschlag wird dann gemittelt. Da die Niederschläge durch den konvektiven Charakter meist scharf begrenzt sind, kann ein Unterschied im Jahresmittel zwischen benachbarten Stationen entstehen. Bei ebenem Gelände kann man in den immerfeuchten Tropen wohl davon ausgehen, daß die Werte räumlich wenig differieren, weil sich die Starkregenzentren verschieben und damit überlappen, was bei den selteneren Niederschlägen der Randtropen weniger der Fall sein dürfte. Aber selbst bei höheren Niederschlägen können in einem Bergland benachbarte Stationen wie bei Kericho in Kenia bei einem Jahresniederschlag von 2000 mm Unterschiede bis zu 300 mm aufweisen (Edwards & Blackie 1981). Dabei wechselt in einzelnen Jahren die Station, die den meisten Niederschlag erhält, obwohl generell der Wald gegenüber den Teeplantagen einen höheren Durchschnitt hat. Dieses sind aber wohl extreme Verhältnisse, die durch das Relief und den nahegelegenen Lake Victoria mit beeinflußt sein dürften.

Der Abfluß wird an einer festgelegten Stelle eines Baches oder Flusses über das Jahr hin gemessen bzw. aus Wasserständen interpoliert. Der Abfluß kann auf die Fläche umgerechnet werden, so daß man als fiktiven Wert die Abflußspende (in $l/s/km^2$, oft für ein Hochwasser) oder die Abflußhöhe (in mm für das Jahr) erhält. Bei der Abflußspende können sich auch bei gleichem Relief und Niederschlag aufgrund der Bodenverhältnisse kleinräumig größere Unterschiede ergeben, während die Abflußhöhe mit dem Gebietsniederschlag vergleichbar ist. Bei kleinen bis mittelgroßen Einzugsgebieten ist das Relief für den Gebietsniederschlag der wichtigste Varianzfaktor, für die Abflußhöhe der Boden, die Vegetationsbedeckung und das Gefälle.

Zeigen schon die Faktoren Niederschlag und Abfluß eine Verallgemeinerung, die um so stärker wird, je größer das Einzugsgebiet ist, so gilt dieses um so mehr für die Verdunstung. Es ist sicher leicht einzusehen, daß sie bei der dichten und unterschiedlich strukturierten Vegetation im tropischen Regenwald, aber auch in den Savannen, nicht direkt meßbar ist. Die Verdunstung von einer freien Wasserfläche, die sogenannte Tankverdunstung, ist wegen der bei unterschiedlicher Vegetationsbedeckung wohl größeren räumlichen Schwankungen des Mikroklimas in den Tropen (s.o. 2.8) im Vergleich mit den Außertropen weniger aussagekräftig. So gemessene Werte sind aber ebenso wie nach Erfahrungswerten abgeschätzte bzw. nach Formeln errechnete Werte der potentiellen Verdunstung wichtig für die Bewässerung und die Wasserwirtschaft allgemein. Der sicherste Wert der aktuellen Verdunstung ist das Jahresmittel, das sich aus der Wasserhaushaltsgleichung ergibt. Es kann nach den Werten der Tankverdunstung prozentual auf die einzelnen Monate aufgeteilt werden.

Rücklage und Aufbrauch in der Jahresbilanz des Wasserhaushalts betreffen in den Außertropen vor allem den Grundwasserhaushalt. Sie werden am Ende der Vegetationsperiode bestimmt, wenn die Auffüllung des Grundwassers noch nicht begonnen hat bzw. gering ist. Das Wasserjahr beginnt also in Deutschland am 1. November. In den immerfeuchten Tropen herrscht aber keine Vegetationsruhe, das Grundwasser schwankt sehr wenig. Verdunstung und Abfluß sind vielmehr recht eng an den Niederschlag gekoppelt (Abb. 3.1). In den wechselfeuchten Tropen wird naturgemäß das Grundwasser in der Regenzeit aufgefüllt, was dort aber mit der Vegetationsperiode zusammenfällt. Da Rücklage und Aufbrauch für einzelne Monate kaum meßbar sind, kann man die Wasserhaushaltsgleichung nur für das Jahr anwenden. Ein so einheitliches Datum wie bei uns läßt sich für die Tropen naturgemäß nicht festlegen. In den

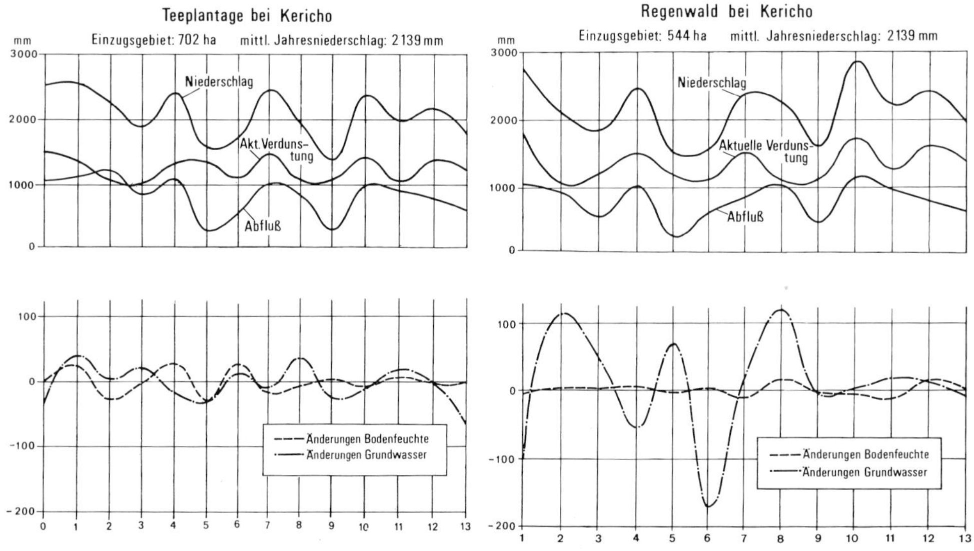

Abb. 3.1. Die Untersuchungen des Wasserhaushalts für 13 Jahre bei Kericho (0° 21' S, 35° 20' E, 2073 m, östlich vom Nordende des Lake Victoria) von Edwards & Blackie (1981) zeigen starke Schwankungen des Niederschlags. Die Abflußkurve hat etwas geringere Ausschläge, am geringsten sind die der Verdunstung. Die Kurve der Verdunstungswerte folgt derjenigen der Niederschläge ziemlich genau. Bei höheren Niederschlägen verdunstet mehr Interceptionswasser, bei geringeren Niederschlägen ist die Transpiration eingeschränkt, im Wald wird Bodenfeuchte aufgebraucht. Der Abfluß reagiert dagegen beim Anstieg bzw. beim Abfallen manchmal etwas verzögert. Die Bodenfeuchte in den um 6 m tiefen Böden im Wald zeigt relativ große Änderungen (unterschiedlicher Maßstab), die zumeist gegenüber dem Niederschlag um ein Jahr verzögert sind. Das Grundwasser bleibt dagegen fast gleich. In der Teeplantage sind die Niederschläge fast ebenso hoch wie im Wald, der Abfluß schwankt etwas stärker, die Verdunstung der niederen Teebüsche ist deutlich geringer. Auffallend wenig ändert sich die Bodenfeuchte.

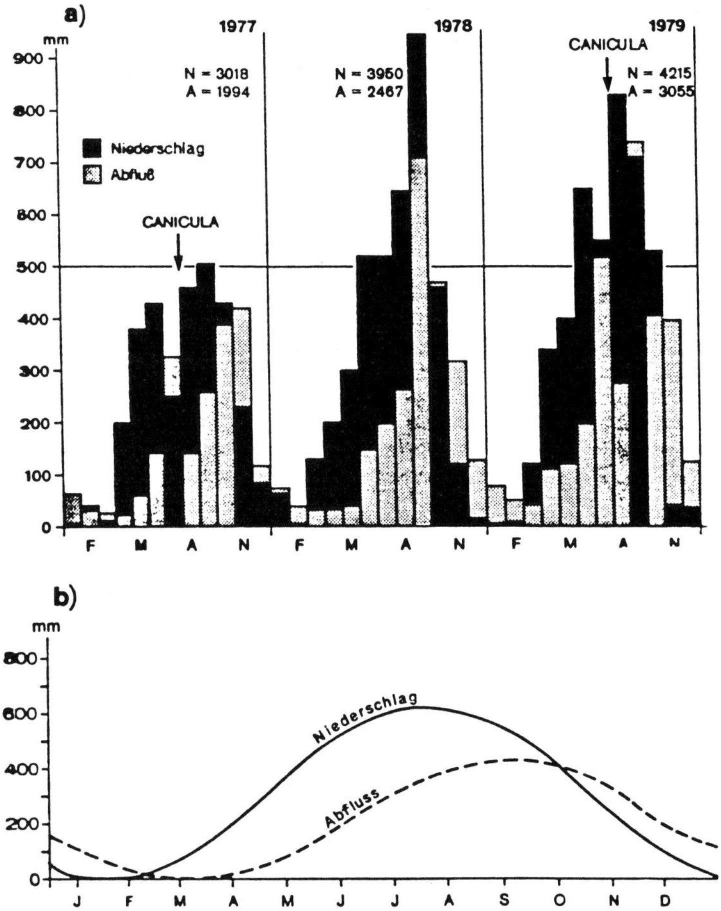

Abb. 3.2. Niederschlag und Abfluß des oberen Rio Huehuetan, SW Mexiko, pazifische Abdachung der Sierra Madre, Kaffeeanbaugebiet. Das Einzugsgebiet von 260 km^2 hat maximal 2510 m Höhendifferenz. Bei einem mittleren Gebietsniederschlag von 3824 mm im Jahr beträgt der Abflußbeiwert (A:N) 0,7, bzw. der Abflußfaktor 70%. Trotz des hohen und eigentlich zu erwartenden schnellen Abflusses ist eine Phasenverschiebung des Abflusses von 1,5 Monaten zu erkennen, was RICHTER (1987, 133) auf die zum Teil sehr tiefgründige Verwitterungsdekke zurückführt, deren Poren zu Beginn der Regenzeit aufgefüllt werden, die sich bei abnehmenden Niederschlägen noch weiter entleeren (vgl. dazu Abb. 5.11). Das gilt wohl ebenso für Verwitterungstaschen.
Im Vergleich zu Abb. 3.1 erfolgt in diesem größeren Einzugsgebiet also eine höhere Speicherung, was wohl vor allem durch die dreimonatige Trockenzeit bedingt ist. Aus der Speicherung resultiert eine Dämpfung der Abflußkurven. Neben den lokalen Steuerungsfaktoren wie Niederschlagsverteilung, Relief, Boden, Untergrund, Vegetation und Landnutzung gilt generell, daß mit zunehmender Größe des Einzugsgebietes der Abfluß ausgeglichener ist. Auffallend ist auch hier die relativ geringe Schwankung der Verdunstung von 1000 mm im Trockenjahr bis nur 1500 mm im feuchten Jahr. Diese Werte ähneln denen von Kericho. Aus: RICHTER 1987, 134.

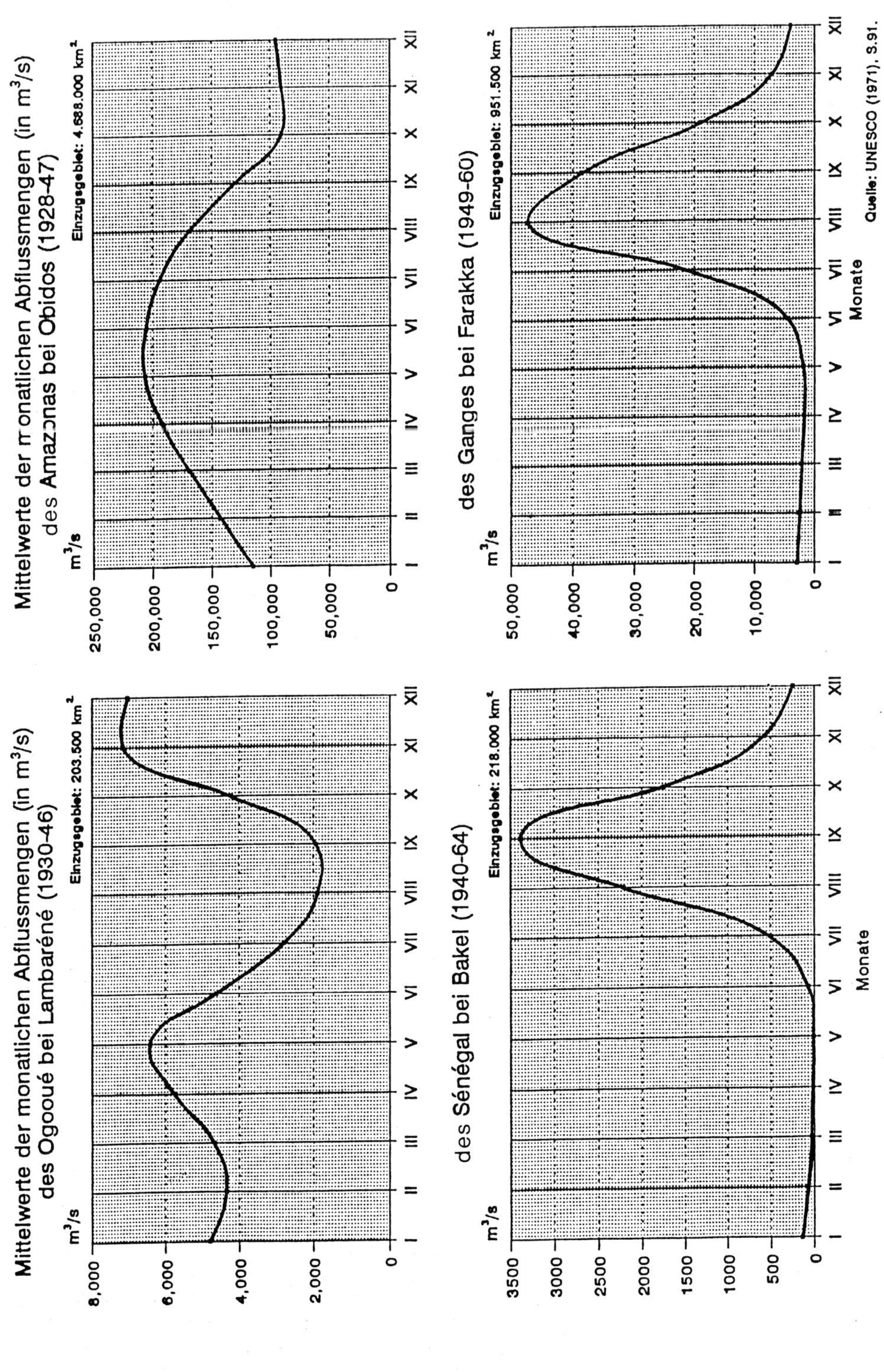
Mittelwerte der monatlichen Abflussmengen (in m³/s)
des Ogooué bei Lambaréné (1930-46)
Einzugsgebiet: 203.500 km²
des Sénégal bei Bakel (1940-64)
Einzugsgebiet: 218.000 km²
Mittelwerte der monatlichen Abflussmengen (in m³/s)
des Amazonas bei Obidos (1928-47)
Einzugsgebiet: 4.688.000 km²
des Ganges bei Farakka (1949-60)
Einzugsgebiet: 951.500 km²
m³/s
Monate
I II III IV V VI VII VIII IX X XI XII
Quelle: UNESCO (1971), S.91.

inneren Tropen könnte man das Ende einer jährlich wiederkehrenden trocknercn Zcit (im Gegensatz zu der Trockenzeit der Savannen) als Ende des Wasserjahres ansehen. In den wechselfeuchten Tropen könnte man das Ende der Trockenzeit für das Ende des Wasserjahres wählen. Dieses tritt regional unterschiedlich ein, abgesehen davon, daß von Jahr zu Jahr größere Verschiebungen als in den Außertropen gegeben sind. Je mehr wir uns den Randtropen nähern, desto kürzer wird die Regenzeit, und wegen der geringen Wassermenge sind Rücklage und Aufbrauch auf wenige Monate beschränkt, aber gerade hier von besonderer Bedeutung.

Bei den schon erwähnten Messungen bei Kericho in Kenia (Edwards & Blackie 1981) – im Mittel 2011 mm Niederschlag, kein Trockenmonat, Dezember und Januar 90 bis 100 mm, Maximum im Mai 282 mm Niederschlag – wurden auch die Änderung der Bodenfeuchte, des Grundwassers und der Abfluß gemessen, die aktuelle Verdunstung wurde abgeleitet (Abb. 3.1). Während im Boden des Waldes bis über 5% (maximal 118 mm Rücklage, Abgabe maximal 122 mm), meist aber weniger (20–50 mm) des Niederschlags gespeichert sein können, sind anscheinend die Grundwasseränderungen sehr gering (3–16 mm). In der Teeplantage schwanken beide wenig. In einem hundertmal größeren Einzugsgebiet in SW Mexiko sind dagegen die Speicherungen im Boden- und Grundwasser größer (Abb. 3.2), was wohl vor allem an der wenn auch kurzen Trockenzeit liegt.

3.4 Abfluß

Den perennierenden Flüssen der immerfeuchten Tropen stehen die periodischen Flüsse der wechselfeuchten Gebiete und die episodisch abkommenden der trockensten Teile der Tropen gegenüber (Abb. 3.3). Je mehr wir uns den Randtropen nähern, desto kürzere Zeit fließen die Flüsse, desto geringer wird die jährliche Abflußmenge. Das gilt auch für den prozentualen Anteil vom Niederschlag. Selbst große Flüsse wie der Senegal können beinahe trockenfallen, der Ganges zeigt eine ausgeprägte Periodizität. Der riesige Amazonas schwankt dagegen nur wenig.

Abb. 3.3. Abflußkurven aus vorherrschend jeweils immerfeuchten (oben) bzw. wechselfeuchten Gebieten für je einen großen und einen kleineren Fluß. Der Ogooué ist ein Regenwaldfluß in Zentralafrika am Äquator nahe der Küste. Er hat ein zweifaches Maximum entsprechend der zweigipfligen Regenzeit (Maximum im März/April und Oktober/November, Jahresniederschlagsmenge um 2000 mm). Juni bis August sind Trockenmonate mit Niederschlägen unter 60 mm, aber bei der Größe des Flusses erfolgt kein Versiegen. Die Schwankungen sind größer als 1:3. Der obere Senegal kommt aus dem Bergland von Futa Djalon mit auch recht hohen Niederschlägen (1000–2000 mm), die Regenzeit dauert von April bis Oktober. Zunächst muß jedoch bei diesem periodischen Klima die Bodenfeuchte und das Grundwasser aufgefüllt werden, bevor der Fluß ansteigt und im Oktober sein Maximum erreicht. Ebenso schnell wie er ansteigt, fällt er auch wieder.
Der Amazonas, der größte Strom der Erde, hat ein ausgeglichenes Regime. Bei Obidos, über 80 km vom Meer entfernt, wird schon die Tidegrenze erreicht. Er schwankt nur um etwas mehr als 1:2. Das Maximum im Mai/Juni erklärt sich durch die großen Zuflüsse von Süden, wo in den Monaten November bis April die Regenzeit herrscht. Bevor sich aber die Flüsse füllen, und das Wasser in den Amazonas kommt, vergehen über drei Monate. Der Ganges erreicht im Maximum weniger als ein Viertel der Abflußmenge des Amazonas. Er zeigt eine sehr ausgeprägte Periodizität des Abflusses, bedingt durch den regenreichen Sommermonsun. Das Ansteigen beginnt im Juni, wofür die Schneeschmelze im Himalaya verantwortlich ist. Der Fluß reagiert auf die im Juni einsetzende Monsunzeit mit dem Maximum des Abflusses im August.

In den immerfeuchten Tropen ist ein Abflußfaktor von 45%–50% häufig. Das ist das Verhältnis von Abflußhöhe zu Niederschlagshöhe, das bei uns 30%–35% beträgt. In den wechselfeuchten Tropen werden von größeren Flüssen selten mehr als 25% erreicht, was an dem relativ stärkeren Aufbrauch durch die Verdunstung liegt. Bei sehr flachen Gebieten und weitem Ausufern der Flüsse kann der Abfluß auf 5%–15% zurückgehen. Das ist durch die starke direkte Verdunstung von den großen Wasserflächen sowie die länger andauernde Versickerung und damit Erhöhung der Bodenfeuchte und Transpiration in den Überschwemmungsgebieten bedingt. Der Niger verliert in seinem Binnendelta sogar Wasser – von 1545 m^3/s bei Koulikoro bleiben im Jahresmittel nur 1146 m^3/s bei Mopti. Der Logone führt bei Lai 544 m^3/s und 320 km abwärts bei Logone-Birni 402 m^3/s (LEDGER 1964, 83). Im Gegensatz dazu stehen Flüsse mit hohem Gebirgsanteil, wie etwa der Irawadi mit einem Abflußfaktor von 66%. Hier wird das Wasser in den engen Tälern nicht nur zusammengehalten, sondern fließt aufgrund des Gefälles schnell ab, beides mindert die Verdunstung. In der ariden Zone kann man Abflußhöhe und Abflußfaktor nicht sinnvoll angeben, da der Fluß im eigenen Bett an unterschiedlichen Stellen versiegt, sich also die Bezugsgröße Einzugsgebiet jeweils ändert. Über die Anteile der einzelnen Komponenten am Abfluß: Grundwasser, Interflow, Oberflächenabfluß ist noch relativ wenig bekannt. Sicher variiert die Zusammensetzung zonal als auch regional und lokal vor allem nach Relief, Boden und Vegetation (s.u. Abb. 11.6).

3.5 Oberflächenabfluß

Der Oberflächenabfluß ist in Form der Schichtfluten oder des flächenhaften Abflusses lange Zeit überschätzt worden (vgl. schon BREMER 1967). Detaillierte Beobachtungen und genaue Messungen zeigen, daß unter natürlichen Bedingungen der Oberflächenabfluß kaum mehr als 5%–10% des Gesamtabflusses ausmacht. In aller Regel ist er auf lehmig/tonige Böden beschränkt. Nach Messungen im Regenwald bei Rio de Janeiro erreichte der Oberflächenabfluß dort auch bei Starkregen kaum den Fluß (COELHO NETTO 1987). Es lassen sich zwei Arten des Oberflächenabflusses unterscheiden: Der Abfluß, der aus dem Niederschlag selbst entsteht (Horton flow). Er erfolgt meist nur auf kleinen Arealen in unmittelbarer Nähe von Bächen und Flüssen. Zum anderen kann in der Nähe der Abflußlinien der Interflow (s.u. 3.7) an die Oberfläche kommen und sich hier ausbreiten. Ebenso kann ein Abfluß von freien Felsflächen, etwa bei Inselbergen an deren Fuß, eine kleine Fläche überschütten. Das gilt auch dann, wenn sich der Abfluß auf dem Inselberg in einer Rinne oder Gesteinsspalte gesammelt hat.

Von einem 26 ha großen Einzugsgebiet nahe der Küste in Queensland bei Babinda mit Hängen von 19° Neigung berichten GILMOUR & BONELL (1979) von einem sehr hohen Anteil des Oberflächenabflusses (saturation overland flow). Der Boden ist ein gelb/brauner Ton und bei den sehr hohen Niederschlägen von über 4000 mm/Jahr auch meist übersättigt. Allerdings wird der Interflow nicht scharf abgetrennt, aber die an der Oberfläche angebrachten Meßwannen hatten zumeist sehr viel höhere Wassermengen als diejenigen in 25 cm Tiefe (BONELL & GILMOUR 1978). In 50–100 cm Tiefe haben manche Niederschläge überhaupt keinen Eintrag gebracht. Als Ursache des hohen Oberflächenabflusses sehen die Autoren die hohen Niederschlagsintensitäten an. Ausdrücklich betonen sie (1979), daß die Streu den Oberflächenabfluß im Regenwald nicht verhindere. Von einem kleinen Einzugsgebiet im Regenwald des zentralen Java, Niederschläge 4770 mm/a, berichtet BRUIJNZEEL (1983), daß selbst nach Niederschlägen mit Intensitäten von 200 mm/h kein Horton Oberflächenabfluß zu beobachten war, dieser vielmehr nur auf Wegen oder anderen verdichteten Oberflächen auftritt.

Natürlich führt ein hoher Oberflächenabfluß zu einem sehr schnellen Reagieren der Bäche auf den Starkregen. Das gilt aber fast ebenso für den Interflow. Insgesamt sind größere Abflußmengen wohl nur bei sehr tonigen Böden und übersättigtem Bodenwasserhaushalt zu erwarten. KESEL (1977) führt die Zunahme des Oberflächenabflusses von der Rupununi Savanne zum Regenwald in Guyana auf die höheren Niederschlagsmengen im Wald (über 3600 mm) und ihre höhere Intensität zurück, sowie auf Unterschiede der Böden, deren Rauhigkeit in der Savanne (Steinpflaster) für stärkere Versickerung sorge. Die mittleren Werte für den Abfluß unterscheiden sich nur wenig, aber die maximalen liegen im Regenwald um ein Drittel höher. Bei sehr hohen Niederschlagsintensitäten wird also die Infiltrationskapazität übertroffen. Es läßt sich aber kaum ein genereller Wert für die Niederschlagsintensität angeben, bei der dieses erfolgt, da Bodenfeuchte, Bodentextur, Hangneigung und Vegetation ebenfalls den Abfluß steuern.

Ein flächenhafter Abfluß kann außerdem auf sehr breiten Spülflächen entstehen, wie etwa im Newcastle Waters im australischen Nordterritorium. Überschwemmungen können vor allem in den semihumiden Gebieten sehr große Flächen einnehmen. Der Abfluß ist hier meist sehr langsam. Pfannen, in Australien flood-outs, in Amerika playas, kennzeichnend für semiaride bis aride Gebiete, sind je nach Klima jedes Jahr oder nur episodisch überflutet. In diesen Gebieten wird sowohl abgetragen als auch aufgeschüttet, in der Gesamtbilanz über mehrere Jahre wird wohl abgelagert. Man sollte in diesen Fällen nicht von Schichtfluten sprechen, da diese als morphologischer Begriff mit Abtragung verbunden sind.

3.6 Quantenförmiger Abfluß, Splash

Räumlich sehr begrenzt sind die im folgenden geschilderten Bewegungen, bei denen das Wasser meist nach kurzer Zeit versickert. Ein Abfluß, der flächenhaft wirkt, erfolgt in kleinen Rinnen. Sie sind unter Umständen nur 1–20 cm breit und können ein mehr oder minder dichtes Geflecht bilden. Ich habe sie trotz Suchens relativ selten beobachtet: einmal an einem etwa 20° geneigten Hang in Nigeria unter Savanne, zum anderen an einem 25° Hang an den Westghats unter Regenwald nach Abheben der Laubschicht sowie nach einem Starkregen an einem Inselbergfuß in Zentralaustralien. Voraussetzung scheint ein sehr starker Regen zu sein, ein wenige Zentimeter mächtiger sandiger Oberboden, unterlagert von einem dichteren Boden, der weiteres Wasser nicht aufnimmt. Verspült werden Sandkörner. Nach abwärts sammelt sich das Wasser entweder in kleinsten Bächen, oder es versickert.

Abspülungserscheinungen sieht man außerdem an Termitenbauten. Hier ist es wohl vor allem die Energie der aufprallenden Regentropfen, der Splash, der die Partikel lockert. Dieser Vorgang ist auch auf freien Flächen, insbesondere an Hängen wirksam. Beobachten kann man es an freigespülten Wurzeln bzw. etwas erhöhten Grashorsten. Der Splash wirkt auf den Boden dort, wo dieser nicht von der Vegetation geschützt ist. Das ist in den Savannen bei den vorherrschenden Horstgräsern in den Zwischenräumen gegeben, insbesondere wenn das Gras, sei es durch Blitzschlag oder vom Menschen angezündet, abgebrannt ist. STRÖMQUIST (1981) berichtet von einer Methode der Abtragsmessung im semiariden, zentralen Tansania, wo unter einer Akazie im Vergleich zur Umgebung weniger abgespült wird. Durch die Jahresringe des Baumes kann eine Alterseinordnung erfolgen. Offenbar mindert der Baum vor allem den Splash.

Oberflächenabfluß, Rinnenspülung und Splash bedingen insgesamt einen Transport zu den Tiefenlinien, der sehr langsam in einzelnen Etappen erfolgt. Daher sprach BÜDEL (1977) auch von quantenförmigen Vorgängen. Sie sind für den Materialtransport wichtiger als für den Abfluß.

3.7 Interflow und Pipeflow (Röhrenabfluß)

Der Interflow entwickelt sich etwa eine halbe bis zwei Stunden nach dem Einsetzen des Niederschlags. Das Wasser versickert auch bei Starkregen sehr schnell, wird aber von einer etwas dichteren Bodenschicht oder einem bereits gesättigten Horizont aufgehalten und bewegt sich relativ rasch mit 1–2 m/min seitwärts zur Tiefenlinie. So wird eine Abflußspitze im Bach bewirkt, die nach dem Aufhören des Regens sehr schnell wieder abfällt (Abb. 3.4). Ein geringer Abfluß, der möglicherweise aus dem erhöhten Grundwasser oder einem Zwischenhori-

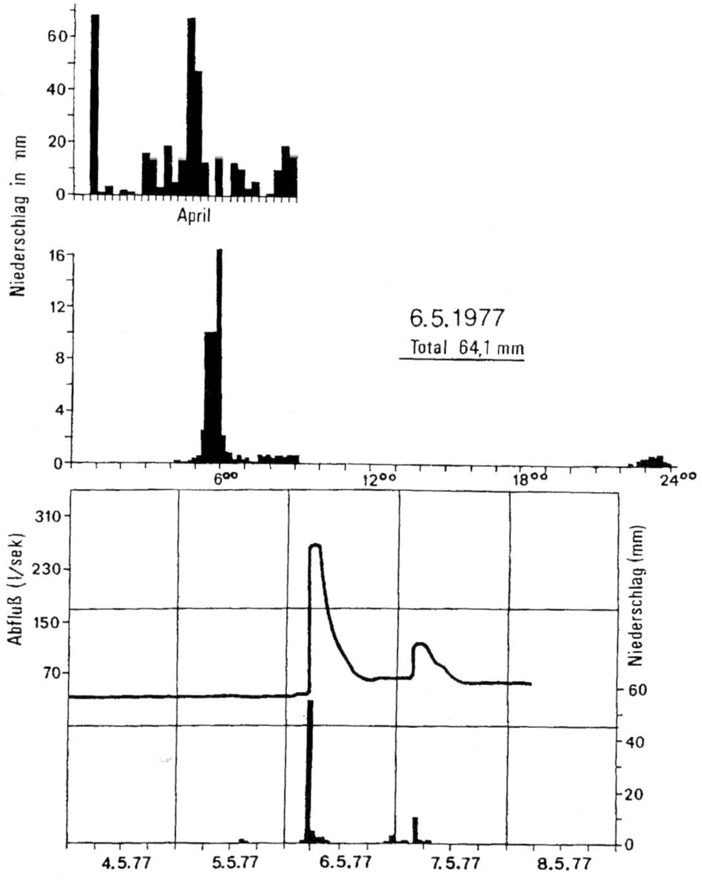

Abb. 3.4. In einem kleinen Hangabschnitt (25 x 50 m), 26 km östlich von Manaus, im Übergang der terra firme zum Überschwemmungsgebiet (unterlagernd Sedimente der Serie Barreiras) wurde der Niederschlag von März bis Mai 1977 gemessen. Einzelne Tage mit hohen Intensitäten und Mengen des Niederschlags bis über 60 mm wechseln mit trockenen Tagen oder solchen mit geringen Regenfällen. Das zweite Diagramm zeigt die Konzentration des Niederschlags auf wenige Stunden am 6.5.1977. Der Abfluß im Vorfluter steigt trotz der vorhergehenden relativ trockenen Zeit sehr schnell an, der abfallende Ast der Hochwasserkurve ist etwas flacher. Am nächsten Tag bringt ein nur geringer Niederschlag einen, wenn auch kleinen Anstieg, da der Boden noch durchfeuchtet ist. Nach Nortcliff & Thornes 1978, 252. Beides zeigt die gegenüber den Außertropen höhere Bedeutung des Interflow.

zont gespeist wird, dauert noch mehrere Stunden (bei kleinem Einzugsgebiet) bis einige Tage (bei einem mittelgroßen Einzugsgebiet).

Den Interflow kann man sich mehr schichtförmig vorstellen. Wahrscheinlich sind dadurch viele der Stonelines zu erklären. Das ist eine Reihung von einzelnen Steinen, die in etwa 1 m Tiefe parallel zur Oberfläche erfolgt ist. Sie kann aus einigen wenigen Steinen, aber auch aus einer dichteren Packung bestehen. Interflow und Stoneline sind selbstverstärkende Vorgänge, da in dem Steinhorizont ein besonders schneller Interflow erfolgt, der mehr Feinpartikel abführt. Auch Stonelines, die durch Aufschüttung oder Bioturbation entstanden sind, haben einen hohen Interflow.

Beim Pipeflow ist dagegen der subterrane Abfluß auf einzelne Linien konzentriert, die ebenfalls deutlich über dem Grundwasser liegen und nur nach hohen Niederschlagsmengen Wasser liefern. Hier hat die subterrane Ausspülung zu Röhren mit einem Durchmesser von bis zu 20–30 cm geführt. Pipes wurden sowohl aus Regenwaldgebieten (Bremer 1973, Löffler 1974a) als auch aus Savannen (Mäckel 1976) geschildert.

Sowohl Pipeflow als auch Interflow sind schwer meßbar und oft auch nur schwer zu beobachten. Es ist noch nicht bekannt, wie weit sie verbreitet sind: Sie können sowohl in Sedimenten als auch in autochthonen Böden auftreten, da diese häufig mehr Grobporen (s.u. 6.5) aufweisen als in den Außertropen. Wahrscheinlich ist der Interflow im immerfeuchten Gebiet weit verbreitet. Das sehr schnelle Reagieren der Bäche auf den Niederschlag wird heute als „quickflow“ bezeichnet. Es ist früher nach Vorstellungen aus den Außertropen wohl auch als Folge eines starken Oberflächenabflusses gedeutet worden, was aber nicht zutrifft.

3.8 Bodenfeuchte

Die Bodenfeuchte kann als Dampfdruck gemessen werden. Bei 1/1000 at ist der Boden übersättigt, die Wasserbewegung folgt der Schwerkraft. Dieser Zustand ist aber relativ selten, eigentlich nur kurzzeitig bei Starkregen gegeben. Das äußert sich darin, daß die Böden in den Tropen nur selten vernäßt sind. Sie sind daher trotz ihres tonig-lehmigen Charakters selten klebrig oder rutschig. Hiervon ausgenommen sind allerdings einige schwarze Böden in den Savannen, nämlich dann, wenn sie einen hohen Montmorillonit-Gehalt (s.u. 6.4) haben. Diese können so stark haften, daß jeder Verkehr, auch mit dem Geländewagen, unmöglich wird. Bei 1/3 at wird die Feldkapazität erreicht, d.h. die Bodenteilchen sind mit Haftwasser und Interstitialwasser umgeben. Weiteres Wasser wird langsam drainiert. Es folgt in der Regel der Schwerkraft zum Grundwasser.

Bei 15 at (pF 4.2 = Logarithmus der Wasserspannung in cm Wassersäule) wird der permanente Welkepunkt erreicht, die Pflanzen sterben ab. Das scheint aber selbst in den Savannen nicht zu erfolgen, vielmehr verdorren nur die oberirdischen transpirierenden Teile der Pflanzen. Manche Gräser treiben bereits vor dem Einsetzen der Regenzeit, wenn auch langsam, wieder aus. Baumwurzeln sind in der Lage, so viel Wasser aus der Tiefe herauszuholen, daß die Trockenruhe überstanden wird. Das gilt besonders in der Nähe von Bachbetten, auch trockenfallenden, so daß die Galeriewälder der Savannen viele immergrüne Bäume aufweisen. Der permanente Welkepunkt kann in Ausnahmefällen selbst in den immerfeuchten Tropen erreicht werden, wie dieses 1982 in Ostborneo geschah. Whitmore (1993) meint jedenfalls, daß die Vernichtung der Wälder nur zum Teil durch Feuer (2.10; 8.6) geschah, zum Teil durch Vertrocknen.

Wie bereits beim Interflow und Pipeflow ausgeführt, ist die Wasserbewegung im Boden offenbar schneller als in den Außertropen. Das gilt wohl im allgemeinen auch für die Infiltration bzw. die Versickerung. Ursache dafür ist der größere Anteil an Grobporen und die Stabilität vieler dieser Poren.

3.9 Grundwasser

Der wesentlichste Unterschied zu den Außertropen ist das Fehlen umfangreicher glazialer und periglazialer Ablagerungen, die in Mitteleuropa die großen Grundwasserspeicher darstellen. Das Grundwasser in den Tropen tritt vor allem in den Flüssen zutage. Seen sind in erster Linie in Senkungs- und in fluvialen Ablagerungsgebieten zu finden. Depressionen mit Wasser, durch subterrane Materialabfuhr entstanden, sind dagegen seltener. Brunnen sind in den immerfeuchten Tropen seltener als man denken sollte, vielfach wurde und wird in ländlichen Gebieten von den Frauen das Wasser aus dem Fluß geholt. Für große Städte werden oft Talsperren gebaut, um eine gesicherte Wasserversorgung zu gewährleisten. Eine Erklärung ist nicht leicht. Wegen der tiefgründigen Verwitterung und vor allem wegen ihrer unregelmäßigen Basisfläche ist wohl das Aufspüren größerer Grundwasserkörper mit genügendem Zulauf zum Brunnen nicht einfach. Entsprechend ist die Tiefe des Wassers im Brunnen sehr unterschiedlich, der Wasserspiegel liegt aber meist nicht tiefer als 10 m. Bei größerer Tiefe ist wohl der Zulauf zu langsam, so daß man kaum tiefe Brunnen anlegt.

In den wechselfeuchten Tropen sind dagegen in den letzten Jahren viele Brunnen entstanden. In Indien sollen inzwischen 35 Mio. Brunnen bestehen (Dijon 1985, 7). In Gebieten, wo die Flüsse versiegen, ist dieses eine relativ sichere Wasserversorgung. Auch die sonst gebräuchlichen Tanks, kleine Stauteiche in flachen Spülmulden, können austrocknen. Außerdem können sie nur bei wenig durchlässigem Boden angelegt werden. Vor allem verschmutzen sie sehr leicht. Möglicherweise ist in den Savannen in Gebieten die Verwitterungsfront regelmäßiger, jedenfalls liegt sie meistens näher an der Oberfläche (s.u. 6.3), das Grundwasser ist also leichter aufzuspüren als in den immerfeuchten Tropen. Bei gekappten Verwitterungsprofilen ist Grundwasser entlang von Klüften in anstehenden kristallinen Gesteinen nutzbar. Der Wasserspiegel in den Brunnen kann von 10 m bis zu 30–50 m, im Grundgebirge auch 60–80 m Tiefe betragen. Darüber hinaus werden selten Brunnen angelegt. Die Qualität des Wassers aus Brunnen im Grundgebirge ist sehr wechselnd, was einerseits am jeweiligen Verwitterungszustand liegt, zum anderen an der Wasserbewegung. Bei Jahresniederschlägen von 600–1000 mm hat das Wasser 500–3000 mg/l Mineralstoffe, bei Niederschlägen über 1000 mm wegen des Verdünnungseffekts nur unter 500 mg/l (Dijon 1985, 9).

Im Grundgebirge liefern die Brunnen in den Tropen 1–5 m^3/h (Dijon 1985, 3), das sind 0,3–1,4 l/s, eine Schüttung, wie sie einem mäßig liefernden Brunnen in Lockermaterial bei uns entspricht. Im Kristallin werden bei uns wegen der geringen Schüttung kaum Brunnen angelegt. In den Tropen kommt also mehr Wasser aus kristallinen Gesteinen als in den Außertropen, im Maximum 10–20 m^3/h, ja bis 70 m^3/h. Das liegt an der stärkeren Verwitterung entlang von Klüften. Noch nicht geklärt ist, wo eine tiefgründige Vergrusung (s.u. 6.3) auftritt, die gute Voraussetzungen für Grundwasser haben sollte. Schichtgesteine, insbesondere Sandsteine, können bei guter Durchlässigkeit auch in den Tropen Wasserträger sein, wie es Herrmann (1968) von Ostnigeria berichtet.

Relativ wenig ist über Grundwasserbewegung bekannt. In den feuchten Tropen scheint ein Grundwasserabfluß bei Bächen mit einem Einzugsgebiet von etwa 1–3 km^2 vorhanden zu sein, wie man aus der Dichte perennierender Bäche erschließen kann. Das deutet in Anbetracht der tonig-lehmigen Böden auf eine schnellere Bewegung als etwa in Lößböden Mitteleuropas. Der Grund wäre wiederum in den Grobporen und im stabilen Bodengefüge zu suchen. In den wechselfeuchten Tropen sind je nach der Jahresmenge der Niederschläge und dem anstehenden Gestein 5–15 km^2 (1500 mm Niederschlag) bis zu 100 km^2 (800 mm Niederschlag) für einen Grundwasserabfluß notwendig. Dieser sammelt sich langsam durch eine linienhafte Grundwasserbewegung unter Bächen, Nebenflüssen und dem Hauptfluß. Bei all diesen Werten handelt es sich um sehr grobe Schätzungen – sie sollen nur eine Vorstellung von der Größenordnung geben. Außerdem variieren sie selbstverständlich nach Ausgangsgestein und Bodenbeschaffenheit.

Unterhalb einer Jahresmenge von 500 mm Niederschlag dürfte Grundwasser nur noch in einzelnen Taschen anzutreffen sein und nur linienhaft zirkulieren. Fast immer, und das gilt selbst für vollaride Gebiete, findet sich Grundwasser unter den Flußbetten. Es tritt in den Kolken zutage, die sich unterhalb oder vor einer Felsschwelle gebildet haben. Sie zeigen oft eine relativ geringe Wasserstandsschwankung von 1–3 m im Laufe des Jahres. Brunnen in den wechselfeuchten Gebieten schwanken ebenfalls meist nur wenig, können aber in größerer Entfernung von den Flüssen bis zu 10 m und mehr bei langer Trockenzeit abfallen. Hierin äußerst sich die Bewegung des Grundwassers zu den Flüssen hin und ein eventueller Aufbrauch durch die Saugwirkung tiefreichender Baumwurzeln.

Natürlich hängt die Grundwasserbewegung auch in starkem Maße vom Relief ab, vor allem wie stark die Flüsse eingetieft sind. Das gilt besonders für die feuchteren Gebiete. Je tiefer die Lage des Baches, desto eher wird das Grundwasser angeschnitten. Im trockneren Teil der wechselfeuchten Tropen und in der semiariden bis ariden Zone ist dieses weniger wichtig, da sich das Grundwasser ohnehin vorwiegend nur unter den Flußbetten befindet.

Sehr weite Wasserbewegung über 1000 km hinweg sind aus dem großen artesischen Bekken in Ostaustralien bekannt. Von den Gebirgen der Zentralsahara wandert Wasser bis in Oasen in Ägypten (Margat & Saad 1984). Über einen Grundwasserstrom nach Süden ist bislang noch nichts bekannt. Bei sehr geringen Wandergeschwindigkeiten kann das Wasser (O_3-bestimmt) mehrere tausend Jahre alt sein. Es kann daher aus einer feuchteren Zeit stammen. Bei der Nutzung solcher Reserven ist daher nicht gesichert, ob sie im Liefergebiet in genügendem Maße wieder aufgefüllt werden. Einige der artesischen Brunnen in Queensland haben in der Schüttung nachgelassen bzw. sind versiegt. Das ist aber eher auf Übernutzung zurückzuführen, denn das artesische Becken wird auch heute durch Versickerung im ostaustralischen Scheidegebirge gespeist.

3.10 Verdunstung

Die Gesamtverdunstung (Evapotranspiration, zusammengezogen aus Evaporation = Verdunstung von Oberflächen und Transpiration = Verdunstung der Lebewesen) setzt sich aus der Evaporation von freien Oberflächen – darunter auch allen Wasserflächen sowie dem von der Interception aufgefangenen Wasser – und der Transpiration der Vegetation, Fauna und Menschen zusammen (Abb. 3.5). Die Gesamtverdunstung ist sehr differenziert und daher kaum meßbar, sondern nur indirekt aus der Wasserbilanz abzuleiten.

Die Oberflächenverdunstung ist in den Tropen geringer als man bei der dichten Vegetation und damit den großen Flächen der Blätter pro Grundfläche erwarten sollte. Die Interception beträgt nur 9–10% (Hutjes et al. 1990, Shuttleworth 1988, Proctor 1989, 411), während

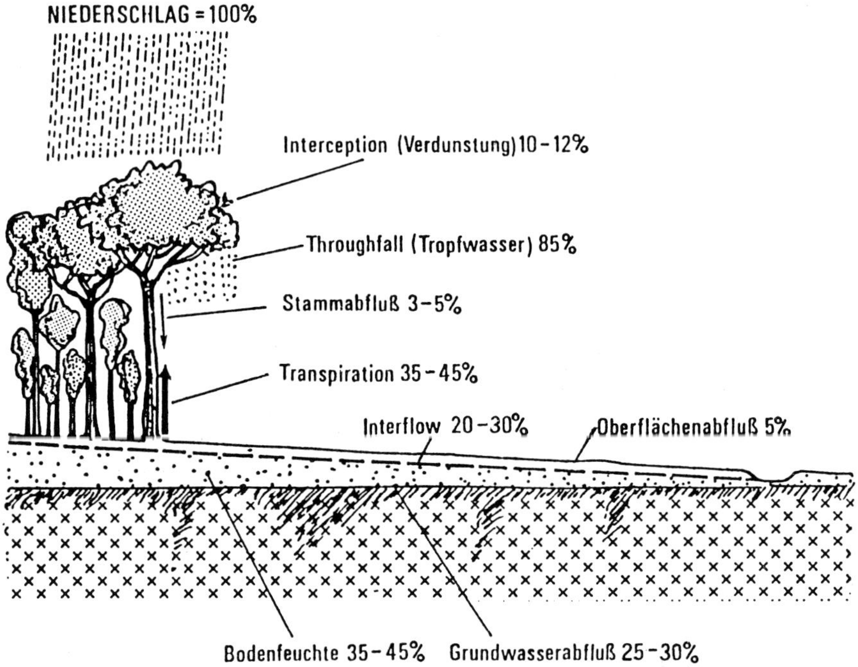

Abb. 3.5. Dieses Schema stellt die Aufteilung des Niederschlags auf die einzelnen Komponenten des Wasserhaushalts dar. Vom Niederschlag werden in den Baumkronen etwa 10–12% abgefangen und verdunsten direkt. Der Hauptteil erreicht aber als Tropfwasser den Boden, wo er versickert. Ebenso versickert der Stammabfluß. Beide füllen Bodenfeuchte und Grundwasser auf. Hieraus holen einerseits die Pflanzen ihr Wasser, die Transpiration beträgt 35–45%, das entspricht im Jahresmittel etwa der Bodenfeuchte. Zum anderen fließen 40–50% des Niederschlags ab, wobei sich der Abfluß aufteilt in einen geringen Anteil an der Oberfläche und etwa gleich hohe Anteile vom Interflow und Grundwasser. Naturgemäß variieren diese Zahlen mit der Höhe des Niederschlags, der Dichte der Vegetation sowie der Durchlässigkeit des Bodens.

bei uns in dichten Beständen bis zu 40% des Niederschlags auf der Oberfläche hängenbleiben. Das liegt zum einen an dem Starkregencharakter der tropischen Niederschläge, zum anderen an der schnellen Ableitung des Wassers durch glatte Blattoberflächen etc. (s.u. 7.5.3). Jordan & Heuveldorp (1981) berichten sogar von einem regenreichen Jahr in San Carlos de Rio Negro (3664 mm) von nur 5% Interception. Bei natürlicher Vegetation werden im Regenwald also über 80% der Verdunstung durch die Transpiration geleistet, je nach der Ausdehnung von freien Wasserflächen. Bei Passatsteigungsregen allerdings, die eine relativ geringe Intensität haben, berichtet Scatena (1990) aus Puerto Rico von fast 40% Interception. Die Werte variieren außerdem je nach der Vegetation.

Der Stammabfluß ist gering, in den genannten Messungen beträgt er weniger als 3–5%. Der Hauptteil des Regens – im allgemeinen über 80% – erreicht also den Boden als Tropfwasser (throughfall) und versickert dort. Etwas weniger als die Hälfte wird durch die Wurzeln der Pflanzen wieder herausgeholt und durch die Transpiration der Luft zurückgegeben. Etwa die Hälfte des Niederschlags (Abflußfaktoren 45–50%) werden über Interflow und/oder Grundwasser dem Abfluß zugeführt.

Der aktuellen Verdunstung steht die potentielle Verdunstung gegenüber. Hier geht man davon aus, daß genügend Wasser für die Verdunstung vorhanden ist. Daher setzt man manchmal die Verdunstung, die man in einem Tank von 2 m Durchmesser mißt, mit der potentiellen Verdunstung gleich. Es hat sich aber gezeigt, daß bei dichter Vegetation die Verdunstung durchaus höher ist. Meistens wird die potentielle Verdunstung nach Formeln berechnet, die in erster Linie die Temperatur berücksichtigen. Aber auch die Luftfeuchte, der Wind, die Verteilung der Niederschläge sind Einflußfaktoren. Die potentielle Verdunstung ist ein fiktiver Wert. Er ist wichtig für die Wasserwirtschaft, insbesondere die Bewässerung.

Edwards & Blackie (1981) berichten, daß mit steigendem Niederschlag die aktuelle Verdunstung sich der potentiellen Verdunstung nähert. Das gilt für Niederschläge um 2000 mm im Jahresmittel. Mit Abnahme der Niederschläge nimmt die potentielle Verdunstung zu. Bei 800–1000 mm Niederschlag beträgt sie 1500–2000 mm und steigt in vollariden Gebieten auf Werte bis zu 5000 mm/Jahr. Solche Werte werden aber selbst in Oasen nicht erreicht, da sowohl Pflanzen als auch freie Wasserflächen einen Verdunstungsschutz ausbilden.

Eine interessante Frage ist bisher noch wenig untersucht worden: Wie hoch kann die aktuelle Verdunstung im Regenwald ansteigen, oder wird ab einer bestimmten Summe das weitere Wasser zum Abfluß gebracht? Shuttleworth (1988) hat bei Manaus auch die monatliche Evapotranspiration gemessen, die erstaunlich wenig um 100 mm/Monat schwankt, obwohl die Niederschläge in dem zweijährigen Meßraum von 52 mm bis 484 mm/Monat reichten. Gegenüber der berechneten potentiellen Evapotranspiration aus verschiedenen gemessenen Parametern ergaben sich positive Abweichungen bis zu 10% in feuchten Monaten und 10% negative in trockenen. 90% der aufgenommenen Strahlungsenergie wird bei der Evapotranspiration verbraucht.

Die Messungen von Edwards & Blackie (1981) zeigen, daß selbst in regenreichen Jahren, wo statt der im Mittel 2100 mm bis zu 2800 mm Niederschlag fallen, im Boden ein Feuchtedefizit bestehen kann. Bei einem Defizit des Wassers im Boden ist die Transpiration wohl herabgesetzt, d.h. in diesem Wald könnte noch mehr verdunsten. Die Verdunstungswerte schwanken zwischen 1800 und 1050 mm stärker als in der Teeplantage und im Bambusgebiet, wo die Verdunstung auch in regenreichen Jahren unter 1500 mm/Jahr bleibt. In Südwest Mexiko beträgt die Verdunstung selbst bei Niederschlägen über 4000 mm nur 1200 mm (s.o. Abb. 3.2), im vorhergehenden Jahr bei etwas geringeren Niederschlägen 1500 mm. Natürlich hängt die Verdunstung auch von der relativen Feuchte ab. Doch sind die Werte ähnlich wie die bei Manaus gemessenen. Vielleicht ist bei 15–1800 mm/Jahr ein Grenzwert der aktuellen Verdunstung erreicht, möglicherweise in Abhängigkeit von der Strahlungsenergie. Darüber hinaus wird im Wald bei 2500–3000 mm und höheren Jahresniederschlägen eine Steigerung und Beschleunigung des Abflusses erfolgen, wodurch das Wasser der Verdunstung entzogen wird. Über 3000 mm hinausgehende Niederschlagssummen treten fast nur dann auf, wenn zusätzlich zu den konvektiven und advektiven Einflüssen ein Steigungseffekt vorhanden ist, also an Berg- und Gebirgshängen. Hier sind wegen des schnellen und geschlossenen Abflusses ohnehin höhere Abflußfaktoren zu erwarten, so daß die Frage nach einer oberen Grenze für die aktuelle Verdunstung schwer zu entscheiden ist.

3.11 Wasserqualität

80% der Krankheiten in den Tropen sind durch schlechtes Wasser bedingt. Das Wasser in den Tropen kann sowohl bei schnellem Fließen als auch bei Ruhe Krankheitskeime aufweisen. Im ersteren sind vor allem Würmer und ihre Larven verbreitet – an Wurmkrankheiten können bis zu 80% der Bevölkerung leiden. Weitere Krankheiten, die durch das Wasser übertragen werden bzw. deren Keime zur Fortpflanzung das Wasser benötigen, sind: Malaria, Amöbenruhr, Bilharzia. Es ist also auf jeden Fall notwendig, das Trinkwasser aufzubereiten. Dieses geschieht heute in den großen Städten, das gilt selbst für die Zapfstellen in den Armenvierteln.

3.12 Wassernutzung, -versorgung und -entsorgung

Der größte Anteil, nämlich 70%–80% des Brauchwassers der Welt wird für die Bewässerung verwendet (Lindh 1990). Davon sind im Mittel nur 40% effektiv, d.h. es entstehen hohe Verluste durch Verdunstung bei der Zuleitung, der Durchspülung des Bodens und der Ableitung. 200.000–300.000 ha Bewässerungsland soll jedes Jahr durch Versalzung verloren gehen. Diese tritt ein, wenn zu wenig Wasser wieder abgeführt wird und infolge starker Verdunstung das Bodenwasser aufsteigt und dadurch Mineralstoffe im Oberboden angereichert werden. Diese Flächen liegen vor allem in den Subtropen, wo das Wachstum der Feldfrüchte mindestens zum Teil nach der Regenzeit erfolgt, während in den Sommerregengebieten der Tropen Wachstumsperiode und Niederschläge zusammenfallen, so daß eine bessere Durchspülung des Bodens gegeben ist. Außerdem ist die potentielle Verdunstung geringer, da dann die Luftfeuchte höher ist.

Etwa 21% des Brauchwassers dient der Industrie, doch ist dieses Wasser, vor allem dasjenige, das zur Kühlung gebraucht wird, im hohen Grade rückgewinnbar (Shiklomanov 1990). Für die Wasserversorgung von Siedlungen sind auf der Welt 6,1% des Brauchwassers oder 300 km^3/a aufzubringen. Der Gesamtverbrauch an Wasser 1990 von 4130 km^3/a soll sich bis zum Jahr 2000 auf 5190 km^3/a steigern, was etwa 11,6% der Ressourcen ausmacht. 6,5%, also mehr als die Hälfte, seien nicht wieder auffangbar, sondern verdunsten. Diese Werte erscheinen niedrig, aber sie täuschen darüber hinweg, daß die Ressourcen sehr ungleich verteilt sind. Große Flüsse liegen in den immerfeuchten Tropen und in den gemäßigten-subpolaren Breiten. Die Savannen und noch mehr die semiariden bis ariden Gebiete haben immer von Natur aus Wassermangel. Ein Optimum der Wasserverfügbarkeit sei in den Tropen gegeben, wenn die potentielle Verdunstung die Niederschläge um nicht mehr als 400 mm übersteigt (Shiklomanov 1990, 37).

In den humiden Tropen soll heute für 75% der Städte eine annehmbare Wasserversorgung gegeben sein, für 50% bestehen sanitäre Anlagen. Auf dem Land sind die entsprechenden Zahlen 33% und 13% (Gladwell & Bonell 1990). In Bangkok konnten sich 1990 knapp 80% der Bevölkerung aus den öffentlichen Wasserleitungen versorgen, 6% nutzten Brunnen (Kraas 1997a). Insbesondere hat die Industrie eigene Brunnen, was billiger ist als die öffentliche Wasserversorgung. Dadurch wurde in manchen Stadtteilen das Grundwasser abgesenkt, woraus Bodensackungen und eine erhöhte Überschwemmungsgefahr resultierten. Mit der in fast allen tropischen Städten steigenden Bevölkerung werden sich die Probleme der städtischen Wasserversorgung in den nächsten Jahren verstärken. Bei älteren Anlagen, insbesondere den Leitungen, ist eine Erneuerung notwendig, da sie vielfach undicht geworden sind, was nicht zuletzt an dem oft sauren Charakter des Wassers und der damit gegebenen Aggressivität liegt. In Bangkok gehen derzeit 43% des Wassers aus dem Leitungsnetz verloren (ebd. 177). In Manila werden die Verluste, die auch durch irreguläre Anzapfungen bedingt sind, auf 30–45% geschätzt (Kolb 1978, 81).

Vielfach wird die Wasserversorgung der Städte in den Tropen aus Reservoiren geleistet. Dieses Wasser ist zumeist sauber bzw. kann aufbereitet werden. Das gilt nicht für Flüsse, auch heute noch die Hauptwasserquelle für die ländliche Versorgung. Im immerfeuchten Gebiet werden etwa in Südnigeria auch Tümpel in den Talauen angelegt. HERRMANN (1967) hat geschätzt, daß dort pro versorgter Person zwei Stunden mit Wasserholen verloren gehen. Naturgemäß ist dann der Wasserverbrauch auf 10–15 l/d beschränkt. Auf dem Land ergeben sich langsam ebenfalls Verbesserungen, zunächst der Versorgung, während die Entsorgung nachhinkt. In einem kleinen Ort nördlich von Cuiaba (Brasilien) mit 5000 Einwohnern werden 44% der Haushalte aus einem zentralen Netz, 34% aus eigenen Brunnen versorgt, der Rest der Bevölkerung holt das Wasser direkt aus dem Fluß oder sammelt den Niederschlag. Nur 42% der Haushalte verfügen über eine Sickergrube (GUTBERLET 1995, 200).

In den wechselfeuchten Gebieten Südasiens und Australiens sind häufig Erddämme in flachen Spülmulden angelegt worden, die unterschiedlich große Wasserkörper aufstauen, die bis zur nächsten Regenzeit vorhalten sollen. Während in Australien diese „Tanks“ nur als Viehtränken dienen, wird in Indien dieses Wasser als Trinkwasser und für den häuslichen Gebrauch verwendet. Im Tank wird gewaschen, und die Tiere werden getränkt. Das gebrauchte Wasser bleibt für abwärts gelegene Felder übrig. Eine sehr hochstehende Kultur der Tankwirtschaft mit Ableitung des Wassers auf Felder war im frühen Mittelalter in Sri Lanka entwickelt. Reste davon sind erhalten und werden heute noch benutzt.

Die Entsorgung des Wassers besteht oft in einer ungeordneten Ableitung. In den großen Städten sind am Rand der Straßen oft Gräben ausgehoben, die bei Starkregen das Wasser abführen sollen. Manchmal sind sie durch Abfälle verstopft. In den wechselfeuchten Klimaten können sie gelegentlich, wenn sie zugleich das Abwasser aufnehmen, das zum größten Teil allerdings wohl aus überlaufenden Sickergruben stammt, unbeschreiblich stinken. Ohnehin wundert man sich, warum in diesen Klimaten mit der geringen Möglichkeit eines Brauchwasser-Kreislaufes so wenig Seuchen ausbrechen. Vielleicht ist die extreme Austrocknung hier hilfreich.

3.13 Flüsse

3.13.1 Abflußverhalten

Prinzipielle Unterschiede sind in den Tropen im Vergleich zu den Außertropen nicht nur im Wasserhaushalt in bezug auf die Flüsse beim Abflußfaktor gegeben, sondern auch in der jahreszeitlichen Schwankung sowie im Hochwasser. Der wesentlichste Unterschied besteht zwischen den immerfeuchten Gebieten und den semihumiden Tropen, wo die Flüsse jahreszeitlich extrem schwanken (s.o. Abb. 3.3). Während in den gemäßigten Breiten größere Flüsse meistens das Hochwasser im Verhältnis zum Mittel- und Niedrigwasser kappen, die Jahresabflußkurve dämpfen, verhalten sich in den Tropen größere Flüsse sehr unterschiedlich, da das Einzugsgebiet meist Zuflüsse aus der semihumiden Klimazone enthält. Der Amazonas schwankt in seinen Wasserständen um 10 m. Naturgemäß hängt das Ansteigen auch von der Breite des Flusses und seines Überschwemmungsgebietes ab, wo der Kongo bis 7 km breit wird, hat er nur geringe Änderungen des Wasserstandes.

Es ist auch eine Frage der Größe des Einzugsgebietes, ob Flüsse perennierend oder episodisch abkommen. Bei kleinen Bächen kann man sogar im Regenwald von einer Art episodischem Fließen sprechen. Dieses deutet auf zwei Arten der Abflußentstehung. Die kleinen Bäche fließen kurzzeitig nach Beginn des Starkregens und versiegen nach Stunden oder ein bis zwei Tagen, ein hoher Anteil kommt aus dem Interflow (s.o. und Abb. 3.4. u. 3.5). Für die größeren Bäche und Flüsse – wohl ab 1 km^2 Größe des Einzugsgebietes – sammelt sich das

Wasser langsamer, sie reagieren erst bei mehreren Niederschlägen mit einem meist langsameren Ansteigen, aber einem länger über Tage oder Wochen anhaltenden hohen Abfluß. Sie werden aus den kleinen Flüssen und aus dem Grundwasser gespeist.

Entsprechend der Länge der Regenzeit ist in den wechselfeuchten Tropen die Abflußzeit eingeschränkt. Ist in dem feuchteren Teil dieser Zone noch ein perennierender Abfluß gegeben, wobei dieser aber oft in der Trockenzeit nur noch aus einem Rinnsal besteht, so ist bereits bei einer nur sechsmonatigen Regenzeit auch der Abfluß auf ein halbes Jahr, oft sogar weniger beschränkt. Das Einsetzen des Fließens ist dabei um mindestens einen Monat nach dem Beginn der Regenzeit verzögert, aber nach dem Aufhören des Regens können die Flüsse noch ein bis zwei Monate fließen. Außerdem wird in den wechselfeuchten Tropen das Abflußverhalten durch die Bodenstruktur bestimmt. In Queensland bei relativ sandigen Oberböden rechnet man damit, daß ein Abfluß erst einsetzt, nachdem 200 mm Niederschlag die Bodenfeuchte ergänzt haben und die subterranen Abflußbahnen wieder aufgefüllt sind. In Westafrika, im Gebiet zwischen 1000–2000 mm Niederschlag, fallen die Regen umfangreicher erst ab Juni/Juli, ein Abfluß beginnt oft erst im September, wenn die Bodenfeuchte aufgefüllt ist, wobei eine dichtere Vegetation die Versickerung begünstigt (Ledger 1964, 84).

Kleinere und selbst mittelgroße Flüsse zeigen in der Savanne auch in der Regenzeit starke Schwankungen des Abflusses. Vor der Auffüllung der Bodenfeuchte wird nur ein mäßiger Abfluß gebildet, aber bei guter Durchfeuchtung des Bodens können Abflußspitzen entstehen (Abb. 3.6), die rasch aufeinander folgen. Im Laufe der Regenzeit steigt der Grundwasserab-

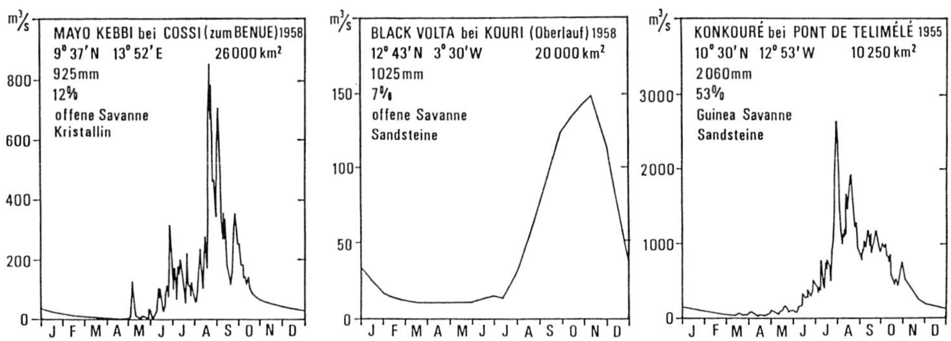

Abb. 3.6. Mittlere tägliche Abflußkurven von Flüssen in Westafrika nach Ledger (1964, 84). Der Mayo Kebbi bei Cossi (9° 37' N, 13° 52' E) hat ein Einzugsgebiet von 26.000 km². Er fließt zum Benue. Sein Einzugsgebiet hat etwa 925 mm Niederschlag, wovon 12% abfließen. Dieses Kristallingebiet trägt eine offene Savanne. Der Anteil des oberflächennahen Abflusses muß relativ hoch sein, da bereits bei den ersten Regen ein Abfluß einsetzt, er ist aber noch gering. Der Grundwasserabfluß beginnt erst gegen Ende Juni und ist Mitte Oktober weitgehend beendet. Vergleichbar groß ist das Einzugsgebiet des Schwarzen Voltas (jetzt Mouhoun) bei Kouri (12° 43' N, 3° 30' W) mit 20.000 km². Der Niederschlag beträgt 1025 mm, von dem nur 7% abfließen. Dieses Sandsteingebiet trägt eine offene Savanne. Hier im Oberlauf ist eine sehr breite Überschwemmungsfläche ausgebildet, woraus sich der ausgeglichene Abflußgang erklärt, sowie die Verzögerung des Anstiegs im Juli und des Abfallens im November. Der Konkouré mit 10.250 km² erhält 2060 mm Niederschlag, von dem 53% abfließen. Auch hier handelt es sich um ein Sandsteingebiet, in dem Guinea-Savanne (Regenwald mit laubabwerfenden Arten) ausgebildet ist. Dieses Sandsteingebiet kann offensichtlich ebenso wie beim Schwarzen Volta zunächst Wasser speichern, wodurch auch der Grundwasserabfluß länger anhält als beim Mayo Kebbi, dem dieser Fluß aber in den kurzzeitigen Schwankungen gleicht.

fluß (base flow) kontinuierlich an. Da der Niederschlag vor allem in den Savannen sehr konzentriert fällt, d.h. auch an mehreren Tagen nacheinander Starkregen erfolgen, danach regenarme oder trockene Tage eintreten, haben die Flüsse oft mehr Spitzen in den Abflußkurven als in den feuchten Tropen, wo die Starkregen etwas stärker verteilt sind und sich die Abflüsse daher eher überlagern. Zum anderen können Verdichtungen im Boden sowie schüttere Vegetation einen stärkeren oberflächennahen Abfluß bedingen. Ausnahmen gibt es auch in den Savannen, wie etwa den Schwarzen Volta, der in seinem Oberlauf ein breites Ausuferungsgebiet hat. Relativ ausgeglichen ist ferner der Abfluß bei sehr breiten Spülflächen, wie etwa Newcastle Waters im australischen Nordterritorium, wo auf einer Breite von einigen hundert Metern ein sehr langsamer Abfluß für ein bis zwei Monate erfolgen kann.

Hochwasser kann in den Savannen meist ab der Mitte der Regenzeit entstehen, wenn ungewöhnlich starke Niederschläge an aufeinanderfolgenden Tagen fallen. Es ist die Intensität der Niederschläge, die dort zu Hochwasser führt, im Regenwald ist es der Umfang. Für Westafrika nennt LEDGER (1964, 86f.) für Einzugsgebiete von 10.000 km^2 Hochwasserabflußspenden von 70–150 l/s/km^2 in flachen Gebieten, von 300 l/s/km^2 im Bergland. Das ist im Weltmaßstab wenig. Wenn man Hochwasser wie üblich durch eine beginnende Ausuferung definiert, ist dieses in den für die Tropen so typischen Flächen (s.u. 5.5) häufig und setzt rasch ein, also schon bei relativ geringem Abfluß. Kleine Einzugsgebiete von 25 km^2 können allerdings Abflußspenden des 10-Jahres-Hochwassers von 400–10.000 l/s/km^2 haben (LEDGER 1964). Eine Aufstellung nach Jahresniederschlägen zeigt, daß bei dieser Größe des Einzugsgebietes vor allem die Undurchlässigkeit des Bodens hohe Werte bedingt, aber auch fehlende Vegetation einen hohen Abfluß ermöglicht, bzw. im Regenwald und der Baumsavanne die geringsten Werte auftreten. Im Vergleich zu den Außertropen sind also die Hochwasser im Regenwald gedämpfter, in den Savannen bei kleinen bis mittleren Einzugsgebieten, ähnlich wie bei uns ein Sommerhochwasser, schnell ansteigend und abfallend.

3.13.2 Flüsse als Transporteure

Die von den Flüssen zu transportierende Last in Form von gelösten Stoffen, Schweb und Bodenfracht variiert in den Tropen mehr als in jedem anderen Klima. Im Amazonasgebiet ist es vielleicht am deutlichsten an den Weißwasser-, Schwarzwasser- und Klarwasserflüssen (SIOLI 1950, 1983; s. auch Abb. 3.7). Die Weißwasserflüsse, hervorragendster Vertreter ist der Amazonas – insbesondere sein oberer Teil, der Solimões –, führen viele Schwebstoffe und Gelöstes mit sich. Ihr Wasser hat eine sehr geringe Sichttiefe, es ist fischreich mit vielen Arten. Der Gehalt an gelösten Stoffen soll sowohl im Mittel- als auch im Unterlauf dem Weltmittel ähnlich sein (FURCH et al. 1982). Die elektrische Leitfähigkeit, ein Summenparameter für den Ionengehalt, beträgt allerdings nur 60% des Weltwertes (JUNK & FURCH 1985).

Die Schwarzwasserflüsse – außer dem großen Rio Negro, an dem Manaus liegt, gibt es viele kleine Flüsse mit diesem Namen, oder sie heißen Rio Preto – erhalten ihre schwarze Farbe von Humusstoffen, die aus dem Boden ausgewaschen wurden (KLINGE 1976a). Im Extremfall führt dieses zur Bildung tiefer Sande, einer Quarzsplitanreicherung oder zu Podsolen (bis 10 m Tiefe), die fleckenweise im Einzugsgebiet, manchmal auch streifenförmig entlang eines Baches auftreten. Die Schwarzwasserflüsse haben eine Sichttiefe von mehreren Metern. Die Fischpopulation ist geringer und vor allem artenärmer, es gibt sehr wenig Insekten. Der Rio Negro hat von den Kationen nur noch 1–10% des Weltmittels, Waldbäche sind noch stärker verarmt. Besonders auffallend ist der geringe Kalzium-Gehalt (FURCH et al. 1982). Immerhin zeigen alle Flüsse höhere Werte als das Regenwasser (ebd.) – außer den Waldbä-

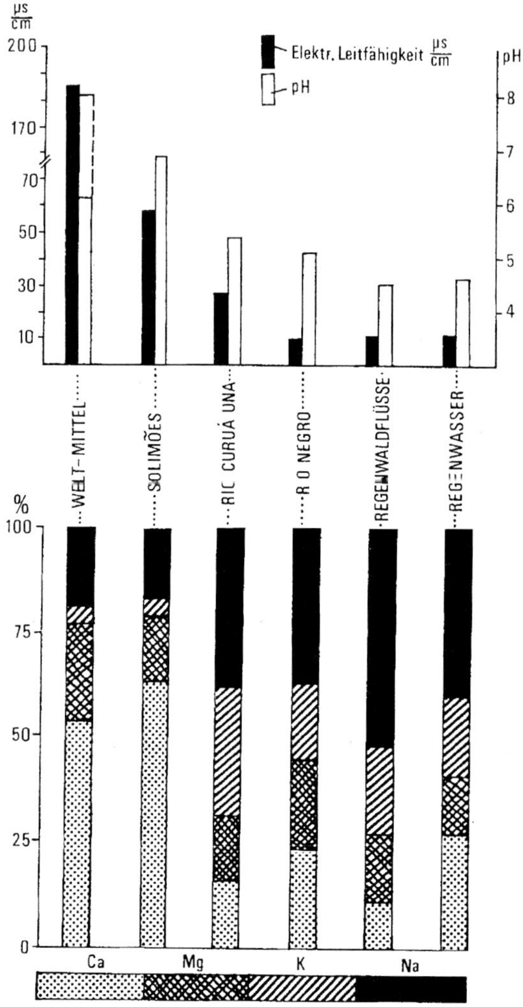

Abb. 3.7. Die Darstellung der Leitfähigkeit, Summenparameter für den Ionengehalt, im Amazonas-Gebiet zeigt, daß der Weißwasserfluß, der Solimões, etwa 60% des Weltmittels erreicht, der Rio Negro als Schwarzwasserfluß ebenso wie die Waldbäche und das Regenwasser nur 5–8% des Weltmittels aufweisen. Die pH-Werte verhalten sich entsprechend, während der Solimões noch neutrales Wasser hat, liegen alle anderen Werte im sauren Bereich. Die Aufteilung des Gelösten in die wesentlichen alkalischen und erdalkalischen Bestandteile zeigt beim Solimões ähnliche Werte wie im Weltmittel, auffallend ist für die Schwarz- und Klarwasserbäche sowie das Regenwasser der geringe Gehalt an Kalzium und der relativ höhere Gehalt an Kalium und Natrium. Aus: JUNK & FURCH 1985, 13.

chen beim Kalzium. Es gelangen also aus dem Einzugsgebiet Stoffe in den Abfluß. Das heißt aber auch, daß der Regenwald selbst in diesen verarmten Ökosystemen nicht nur in einem geschlossenen Kreislauf lebt, dieser vielmehr durch Neuaufnahme – wahrscheinlich vor allem aus dem Verwitterungsmantel – aufgefüllt werden muß.

Zwischen Weiß-und Schwarzwasser stehen die Klarwasserflüsse, die aus den savannenbedeckten Hochländern südlich des Amazonas kommen. Sie haben eine sehr gute Sichttiefe, im allgemeinen haben sie mäßig viel gelöste Stoffe. In der Gran Sabana, im Süden Venezuelas, fanden wir allerdings Klarwasserbäche, die extrem wenig gelöste Stoffe aufwiesen (Abb. 3.8).

Das Verbreitungsmuster dieser Flußtypen ist zwar in groben Zügen, aber noch nicht im Detail bekannt. SIOLI (1967) erwähnt, daß Bäche im brasilianischen Schild zwischen Regenzeit und Trockenzeit den Charakter wechseln können. Auch können verschiedene Flußtypen im gleichen Großraum auftreten. FITTKAU (1971) stellte vor allem Reliefenergie und Untergrund als steuernde Faktoren heraus. Der Rio Branco in Roraima fließt aber in einem sehr flachen Gebiet.

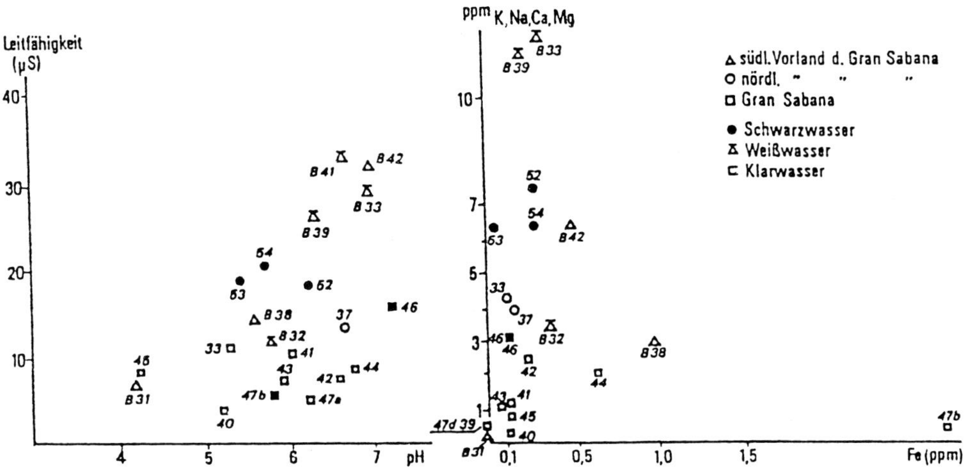

Abb. 3.8. zeigt die Leitfähigkeit und Wasserstoffionen-Konzentration (links) sowie die Alkali-, Erdalkali- und Eisenanteile von analysierten Wässern des Guayana-Schildes (Gran Sabana und Vorländer). Auf der Gran Sabana (Proben 39, 40, 41, 43, 45) tauchen Klarwasser auf, die noch geringere Werte aufweisen als die Klarwasser des brasilianischen Schildes. Sie liegen noch unter den Schwarzwässern. Die Gran Sabana ist nicht nur vom Ausgangsgestein her sehr dürftig ausgestattet, sondern stellt auch eines der ältesten Reliefs der Erde (wahrscheinlich Prä-Gondwana) dar. Die Verwitterung ist außerordentlich weit fortgeschritten. Nur dort, wo das Wasser lange im Boden zirkuliert, kann Wald wachsen (s.u. Abb. 11.3), insbesondere dort, wo das Wasser auch in Kontakt mit den Doleritgängen gestanden hat, die den Sandsteinen zwischengeschaltet sind. Von den Niederschlägen her gesehen, die fast durchgängig über 2000 mm liegen, sollte das gesamte Gebiet Regenwald tragen. Aus: Bremer & Schnütgen 1984, 37.

Schwarzwasserflüsse kann man in unruhigem Relief finden. So habe ich (Bremer 1973) das Alter der Reliefentwicklung und damit der Landschaftsgenese als Erklärung vorgeschlagen. Aus alten, verarmten Böden werden nur geringe Nährstoffe geliefert, bzw. können kaum Ionen ausgeschwemmt werden. Das sind Schwarzwassergebiete. Bei starker subterraner Abfuhr und Abspülung werden die Flüsse zu Weißwassern. So kann man den Unterschied von Rio Negro und Rio Branco nördlich von Manaus verstehen, denn in beiden Einzugsgebieten steht Granit an. Abb. 3.9 zeigt unterschiedliche Flüsse im Granit in verschiedenen Klimazonen und damit bei verschiedener Verwitterung und Wasserbewegung im Boden. Generell sind die Werte für die Belastung in den Tropen sehr viel geringer als in den trockenen Randtropen und den Außertropen. Dieses widerspricht scheinbar der höheren Verwitterungsintensität in den Tropen, womit eine erhöhte Freisetzung der Ionen zu erwarten ist. Entscheidend sind aber zwei Punkte: Einmal der Verdünnungseffekt bei schneller Bodenwasserbewegung (s.o. 3.7, 3.8), zum anderen die Fragen, wieviel Wasser bei tiefgründigen Verwitterungsprofilen von der Verwitterungsfront in die Flüsse gelangt, wie viele Stoffe werden von den Wurzeln der dichten Vegetation herausgefiltert.

Nortcliff et al. (1979) haben ein interessantes Modell in bezug auf kleine Flüsse im Regenwald entwickelt: Die gelösten Stoffe finden sich wie der Satz in einer Tasse vorwiegend im unteren Teil des Bodens und werden vom Interflow nicht erfaßt (Abb. 3.10). In Roraima gibt es geschlossene Depressionen auf Wasserscheiden – Formen der subterranen Materialabfuhr (Bremer 1973, s.u.). Nach Reiss (1973) hat ihr Wasser eine Leitfähigkeit von nur 4,5–5,4 μS, ein

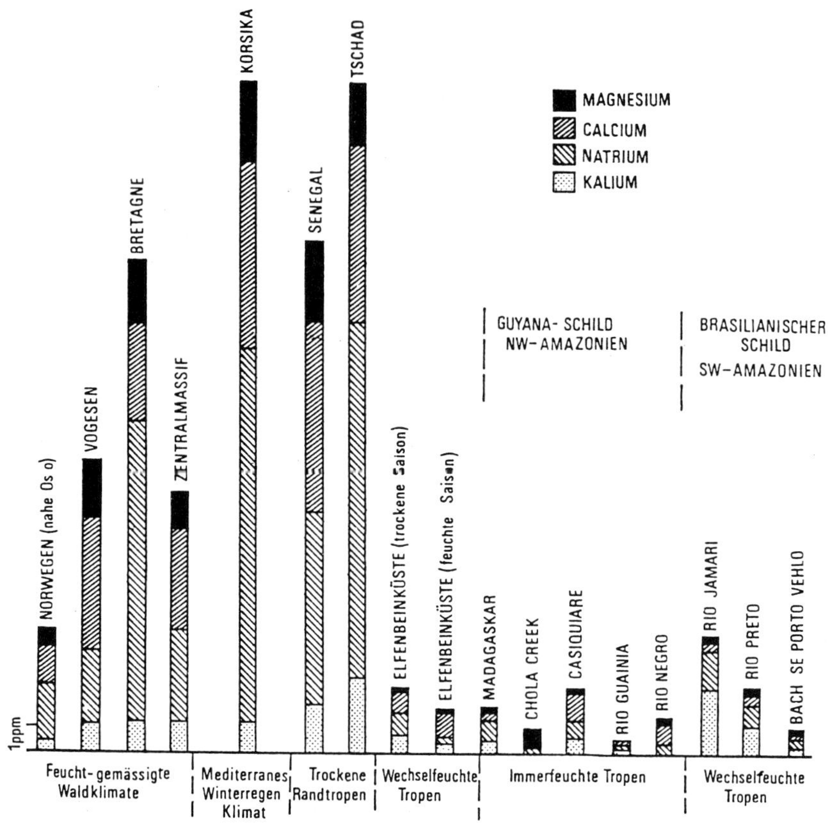

Abb. 3.9. Wasserqualität in Granitgebieten in verschiedenen Klimazonen, Werte zum Teil nach TARDY (1971), aus BREMER & SCHNÜTGEN (1987, 37). Generell ist in den feuchten Tropen ein sehr viel geringerer Gehalt an Gelöstem zu verzeichnen als in den trockenen Randtropen oder den mediterranen Winterregenklimaten. Auch die gemäßigten Gebiete weisen höhere Werte auf. Allerdings ist bei der Bewertung zu bedenken, daß in den feuchten Tropen ein höherer Abfluß eine Verdünnung bewirkt.

benachbartes Grundwasser zeigte dagegen 36,5 µS. Das entspricht dem „Tassenmodell". Rio Branco und Rio Uraricoera in Roraima zeigen auch mehr als 10 ppm an gelösten Salzen (Abb. 3.8, Abb. 11.11). Dieser Wert wurde in der Trockenzeit gemessen, ohnehin kann man in diesem Gebiet mit starker subterraner Abfuhr einen höheren Grundwasseranteil am Abfluß annehmen.

Der Schweb, also im Wasserkörper bewegte feste Bestandteile, vor allem Schluff und Feinsand, zeigen sehr unterschiedliche Werte zwischen den geschilderten Wassertypen. In nennenswertem Maße tritt er in den Weißwasserflüssen auf, allerdings unter natürlichen Bedingungen auch nur zu einem kleinen Bruchteil von dem, was heute gemessen wird. Vielleicht weniger im Regenwald, sicher aber in starkem Maße in den Savannen sind die Werte durch die Bodenerosion erhöht worden. Je nach Eingriff des Menschen, Größe des Einzugsgebietes, Bodenausstattung kann man mit einem Faktor 2 bis 1000 für die Steigerung rechnen. Heutige Meßwerte sind daher nicht allzu aussagekräftig für natürliche Bedingungen, aber wertvoll für die Wasserwirtschaft. Schwer meßbar ist die Bodenfracht. Sie besteht in den

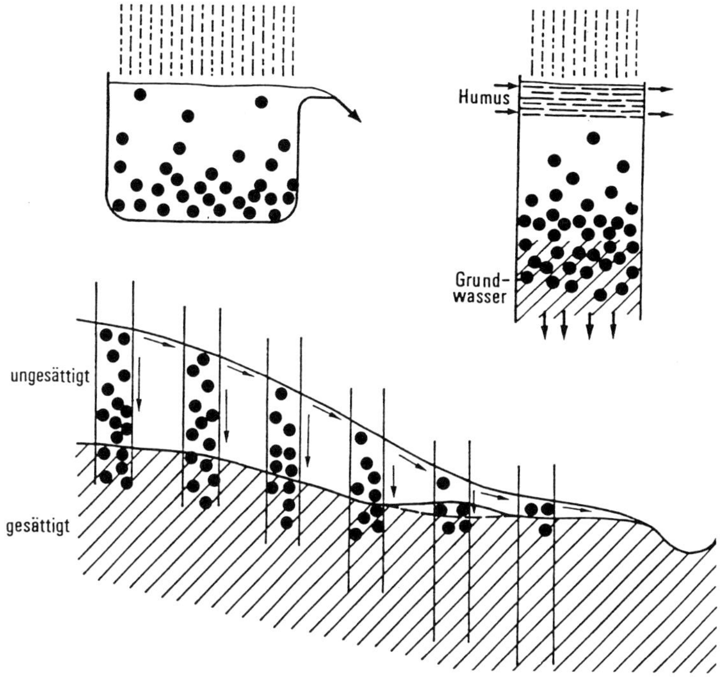

Abb. 3.10. Die Vorstellung von Nortcliff & Thornes (1979, Fig. 1, S. 559) beinhaltet, daß die Hauptwasserbewegung im Boden als Interflow in größerem Abstand von der Verwitterungsfront erfolgt. Während im Grundwasser verhältnismäßig viele Stoffe gelöst sind, nimmt die Ionendichte nach oben hin ab. Da der Interflow über die Hälfte des Abflusses ausmachen kann, sind die Flußwässer weniger reich an Ionen als die tieferen Teile des Bodenwassers und des Grundwassers. Die Versorgung der Pflanzen mit Nährstoffen kann also günstiger sein, als die Oberflächenwässer anzeigen. Auch filtern die Pflanzenwurzeln sicher besonders in den oberen Horizonten des Bodens verfügbare Ionen heraus, was zu der Verarmung des oberflächennahen Bodenwassers beiträgt.

Tropen weitgehend aus Sand. Im allgemeinen geht man davon aus, daß sie nicht mehr als 10% der Gesamtfracht ausmacht.

3.14 Seen und Sümpfe

Ebenso wie überall auf der Welt gibt es tektonisch bedingte Seen in den Tropen. Die größten liegen in den ostafrikanischen Gräben, sie erreichen aber nicht die Ausdehnung glazialer Seen in den Außertropen. Der tiefste mit 1435 m ist der Tanganjika, nach dem Baikalsee der zweittiefste der Welt. Flache Seen in den Gräben können durch vulkanische Emanationen salzhaltig sein, am bekanntesten ist der Natronsee, dessen Name schon auf Salz verweist. In großen tektonischen Senken liegen relativ flache Seen wie der Tschad-See in Afrika, der Lake Eyre in Australien. Die Vielzahl kleiner Seen findet sich in den Überschwemmungsgebieten, vor allem bei aufschüttenden Flüssen. Viele sind am Verlanden, so daß der Übergang zu Sümpfen fließend ist. Zahlreiche kleine Seen gibt es in flachen Gebieten Südafrikas (Shaw 1988). Sie sind wohl zum Teil mehrphasig entstanden (s.u. 5.4).

Tektonisch bedingt, d.h. in großen Senkungsgebieten, liegen die riesigen Sumpfgebiete der Tropen. Es sind dieses das Pantanal in Südamerika, der Punjab in Vorderindien, die Sümpfe im Kongo-Gebiet. Große Ablagerungsgebiete entlang von Flüssen, in denen sich der Fluß verzweigt, werden als Binnendelta bezeichnet. Diese liegen in Afrika am Niger, am Weißen Nil der Sudd, die Okawango-Sümpfe. Sie sind in dieser Ausdehnung und Form in anderen Kontinenten nicht anzutreffen. Das liegt wohl an der geologischen Struktur der Becken und Schwellen, die in Afrika besonders ausgeprägt ist. Wie in einem Delta am Meer verzweigt sich hier der Hauptstrom in mehrere Arme. Es sind Gebiete starker Aufschüttung, die zudem von Fremdlingsflüssen gespeist werden, die im Binnendelta viel Wasser durch Verdunstung und Versickerung verlieren. Versumpfte Überschwemmungsgebiete, die die Flüsse begleiten, finden sich in mehr oder minder großer Ausdehnung überall. Die Llanos am Orinoko, die Varzea am Amazonas, der Sindh am Indus, die Gezira am Nil sind wohl die bekanntesten. Große Sumpfgebiete ziehen sich außerdem an Küsten entlang. Sie sind besonders in Hinterindien und Indonesien verbreitet. Sie fehlen weitgehend entlang von Steilküsten wie im Westen Südamerikas und bei ausgeprägten Randschwellen wie in Afrika und Ostaustralien, wo Sümpfe im allgemeinen auf Flußmündungsgebiete beschränkt sind.

Alle diese Seen und Sümpfe erhalten Zulauf von Fluß- oder Meerwasser und werden nur zum Teil vom Grundwasser getragen. Reine Grundwasserseen wie sie in den ehemals vergletscherten Gebieten, insbesondere denen der subarktische Inlandvereisung sowie in den Permafrostgebieten so zahlreich sind, fehlen weitgehend in den Tropen. Eine wohl nur in den Tropen auftretende Sonderform sind Seen in Hohlformen auf Wasserscheiden, die durch subterrane Abfuhr (s.u. 5.4) von Material entstanden sind. Sie sind aber nicht sehr weit verbreitet. Sehr selten tritt das Grundwasser in Form von Quellen in den Tropen zutage.

Die Wüsten sollen hier zwar nicht dargestellt werden, aber abflußlose (arheische) Gebiete und solche mit Binnenentwässerung (endorheische) sind innerhalb der Wendekreise insbesondere in Afrika und Australien weit verbreitet (Abb. 3.11). Aus der Lage der Gebiete wird bereits deutlich, daß es sich um den Rand der Tropen handelt, wo nur noch geringe Niederschläge fallen. Das Wasserdargebot ist zu gering, um bei der hohen Verdunstung einen durchgehenden Abfluß entstehen zu lassen, der das Meer erreichen würde. Eine Binnenentwässerung wird sich vor allem dann halten, wenn sich in einer tektonischen Senke ein großer See bildet, wodurch die Verdunstungsfläche vergrößert wird, also der Abfluß vermindert wird. Das ist in Afrika besonders gegeben und wird am Beispiel des Tschad Beckens deutlich.

Ein zweiter Grund für Binnenentwässerung oder „Abflußlosigkeit“ sind sehr durchlässige Böden oder Substrate. Das gilt besonders für fossile oder subrezente Dünengebiete, wie etwa in Nord- und Zentralaustralien und im Sudan. Leichte Verspülungen können aber auch dort vor allem in den Dünenkorridoren erfolgen. Doch verbleibt das Wasser sehr schnell in kleinen Pfützen, temporär überfluteten kleinen Flächen (flood-outs in Australien), größeren Pfannen und Endseen.

Es gibt keine genaue Abgrenzung zwischen Abflußlosigkeit und Binnenentwässerung. In Australien spricht man daher von „uncoordinated drainage“ im Gegensatz zur „coordinated drainage“ wo ein verzweigtes Flußnetz mit vielen Nebenflüssen das Wasser zum Hauptfluß bringt, der es zum Meer führt.

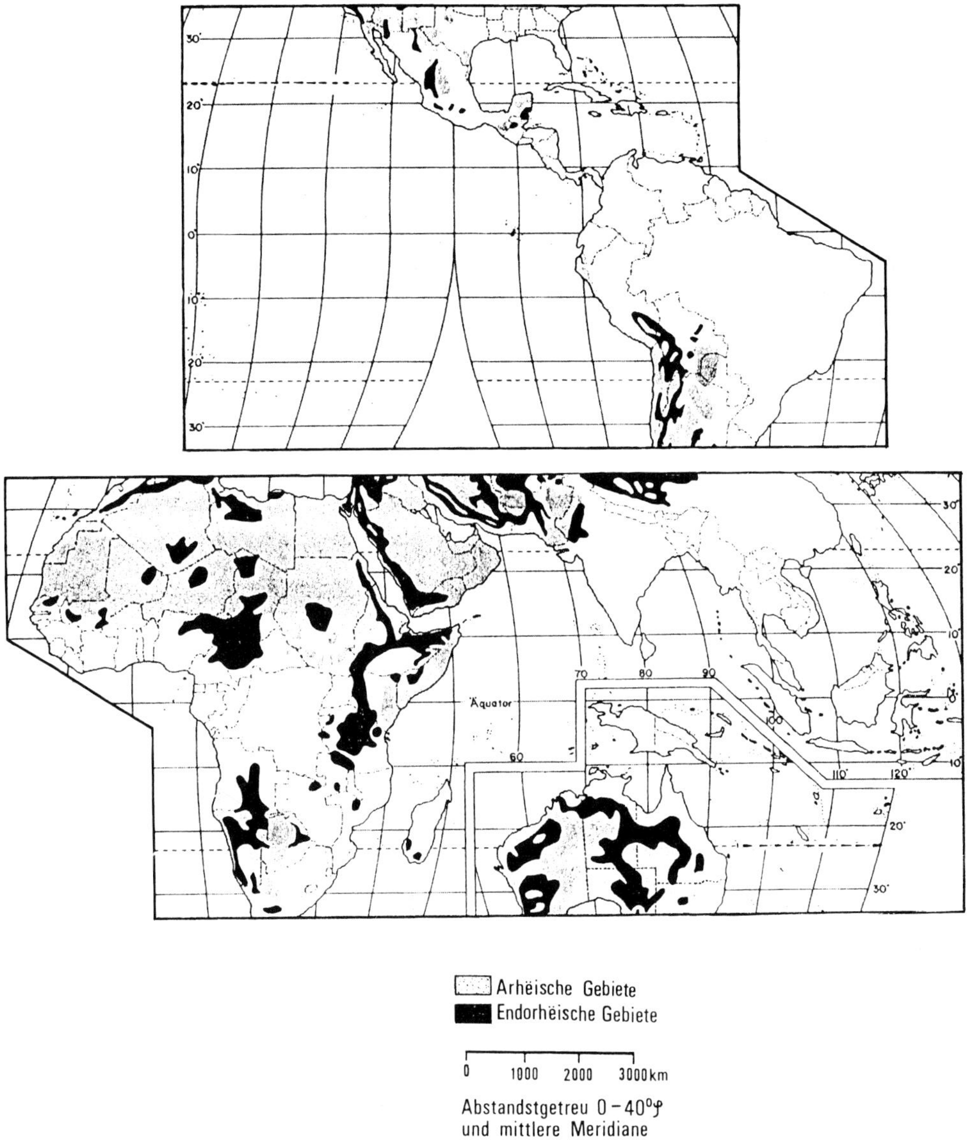

Abb. 3.11. Arheische Gebiete haben nur temporäre bzw. nur sehr kurze Abflußlinien. Sie entstehen bei den sehr seltenen stärkeren Regenfällen und werden danach vor allem durch Windarbeit umgestaltet oder wieder ausgelöscht. Endorheische Gebiete haben Flußbetten, die in Pfannen (meist trocken liegend) oder Endseen enden. Diese sind in der Bilanz von Niederschlag, Zufluß, Verdunstung und Versickerung mehr oder minder versalzen. Die flacheren können auch in der Ausdehnung stark wechseln. In beiden Gebieten reicht der Abfluß nicht aus, um das Meer zu erreichen. Damit werden durch fließendes Wasser keine Stoffe aus dem Gebiet herausgetragen. Dieses kann höchstens der Wind erreichen, da aber auch dessen Wirkung vor allem im äquatornahen Teil dieser Gebiete relativ gering ist, kann die Abtragung keinen größeren Umfang einnehmen. Oft finden sich daher sehr alte Böden, die aus einer feuchteren Zeit stammen und die infolge einer damals intensiveren Verwitterung wenig Mineralstoffe aufweisen. Abb. aus: Snead 1980, 133.

4 Untergrundverhältnisse

4.1 Charakteristika

Die geologische Entwicklung in den Tropen ist nicht grundsätzlich anders als in den Außertropen. Aber in den Auswirkungen bzw. im Einfluß auf andere Geofaktoren zeigen sich Unterschiede. Stärker als in den Außertropen unterscheiden sich junge und alte Landschaften, letztere sind weiter verbreitet. Junge Landschaften haben in der Regel ein höheres natürliches Potential für die Landnutzung. Bodenschätze sind vor allem bei einer geologischen Entwicklung hohen Alters mit langer Heraushebung und Abtragung wie in den Schildgebieten zu finden.

Alter, Ausmaß und Geschwindigkeit der Heraushebung haben neben dem Klima Einfluß auf den Umfang der Abtragung. Im Gegensatz zu den Außertropen kann bei sehr schneller Heraushebung ein Abreißen der Denudation erfolgen, so daß Hochplateaus wenig angegriffen werden. Sie haben daher oft sehr tiefe, alte Verwitterungsdecken. Auch bei schneller, geringer Heraushebung eventuell verbunden mit Klimawechsel können vorzeitliche, meist ausgelaugte Verwitterungsdecken lange erhalten bleiben. In Ablagerungsgebieten beeinflussen Tektonik und Meeresspiegelbewegungen die Ausdehnung der Überschwemmungsgebiete und/oder der versumpften Areale. Aufgrund räumlich unterschiedlicher Hebung können Ablagerungsgebiete zeitlich gestaffelt sein, wobei die jüngeren meist die fruchtbareren sind.

4.2 Einleitung

In der geologischen Entwicklung und damit der Verbreitung der Gesteine unterscheiden sich die Tropen nicht von den Außertropen. Auch Plattendrift und die dadurch bedingte Tektonik sowie der Vulkanismus erfassen die gesamte Erde. Da geologische und tektonische Darstellungen leicht zu greifen sind, fast jeder Atlas Karten der Geologie und Verbreitung der Bodenschätze aufweist, kann hier darauf verwiesen werden. Vielmehr sollen für andere Geofaktoren wichtige Grundlagen dargelegt werden. Das sind im wesentlichen drei Aspekte: die geologische Entwicklung in ihrer Bedeutung für die Landschaftsgeschichte und den Landschaftshaushalt, die Verbreitung von Ressourcen und geologische Hazards, vor allem Erdbeben und Vulkanausbrüche.

Den Hauptunterschied kann man in den geologisch jungen Gebieten und den Gondwana-Kontinenten sehen. Erstere sind in den Tropen die Gebirgszüge an der Westseite Süd- und Mittelamerikas, die Gebirge der Insulinde und Hinterindiens sowie junge Vulkangebiete. Hohe Reliefenergie bedingt oft eine Unzugänglichkeit, große absolute Höhen sind siedlungsfeindlich mit Ausnahme von Hochplateaus. Zu den Gondwana-Kontinenten gehören die großen Schilde mit den intrakratonen Becken sowie die großen Senkungsräume. Insgesamt nehmen sie ein Mehrfaches der Fläche der geologisch jungen Gebiete ein. Vorherrschend sind Abtragungs- und Ablagerungsflächen, wobei Ausmaß und Alter der Heraushebung über die Zerschneidung und das Alter der Landschaftsentwicklung und damit über das natürliche Potential bestimmen.

4.3 Geologische Entwicklung und Landschaftsgeschichte

4.3.1 Schilde und intrakratone Becken

Weitaus der größte Teil der Tropen wird von den Schildgebieten (Kratonen) eingenommen (Abb. 4.1). Sie bestehen aus präkambrischen Kernen mit meist kristallinen Gesteinen, die von Gebieten mit präkambrischen und/oder paläozoischen Sedimentgesteinen umgeben sind oder inselartig überlagert werden. Die kristallinen Gesteine sind reich an Ganglagerstätten. Sie unterliegen seit sehr langer Zeit einer Heraushebung und damit der Verwitterung und Abtragung, ausgedehnte Flächen, oft überragt von Inselbergen und Inselgebirgen, sowie ausgelaugte Böden sind kennzeichnend. Da aber an der Verwitterungsfront weiter Minerale umgewandelt werden, kann das zirkulierende Grundwasser Nährstoffe in begrenztem Umfang mit sich führen.

Eine Sonderstellung nehmen präkambrische Sedimentgesteine ein, die über dem Kristallin liegen. Dazu zählen Teile des Guayana-Hochlandes in Südamerika, das Arnhemland-Plateau in Nordaustralien, das Aravalli-Gebirge im nördlichen Dekan, einige der höchstgelegenen kleinen Flächenreste in Südafrika (King 1962). Auf den Tafelbergen der Gran Sabana (Tepuis) im Süden Venezuelas zeugt ein sehr tiefer Sandsteinkarst (Karren bis 50 m tief) von einer außerordentlich langen Zeit der Verwitterung. Auf dem quarzitischen Arnhemland-Plateau ist der Karst weniger tiefgründig, was sowohl durch das Gestein als auch eine spätere Heraushebung bedingt sein kann. In beiden Gebieten sind die Böden extrem verarmt, so daß die Vegetation viel dürftiger ist, als es den Niederschlägen entsprechen würde. Hochgelegene kristalline Blöcke wie die Nilgiris und Palni Hills in Vorderindien, die wohl ähnlich alt sind, haben günstigere Verhältnisse. Besonders an Hängen und in kleinen Becken und Tälern kann die Bodennutzung intensiv sein. Ober- und unterirdische Stoffwanderungen dürften dafür verantwortlich sein (s.u. 6.6).

Innerhalb der Schilde gibt es eine tektonische Großgliederung durch die intrakratonen Becken, Gebiete, die meist langsam abgesunken sind und sich mit recht vollständigen, bis über 10 km mächtigen Sedimentfolgen aus dem Paläozoikum und Mesozoikum gefüllt haben. Besonders deutlich ist die Becken- und Schwellenstruktur in Afrika ausgeprägt. Große Becken in den Schilden sind das Westsahara-, das Tschad-, das Ostsahara-, das Kongo-, das Victoria- und das Kalahari-Becken in Afrika, das Canning-, das Officer-Becken, der Ngalia- und der Amadeus-Trog in Australien sowie die Amazonas-Senke und das Parnaiba-São Francisco- und das Paraná-Becken in Südamerika. Nur die afrikanischen Becken und die Amazonas-Senke haben umfangreichere tertiäre und quartäre Ablagerungen, die relativ wenig verfestigt sind. Sie sind sehr gute Wasserträger, aber aufgrund ihres meist sandigen Charakters wenig fruchtbar, mit Ausnahme der rezenten Überschwemmungsgebiete.

In den anderen Becken stehen paläozoische/mesozoische Sedimentgesteine an, die entweder mehr oder minder stark zerschnittene Tafelländer bilden, wie zum Beispiel das Kimberley-Plateau, oder ausgedehnte Flachländer, wie in Zentralafrika. In beiden Fällen sind die Böden meist von mäßiger Qualität. Kalkplateaus können zusätzlich noch tief verkarstet sein. Dann sind sie nicht nur sehr unzugänglich, sondern auch wenig nutzbar, da sie edaphisch trocken sind.

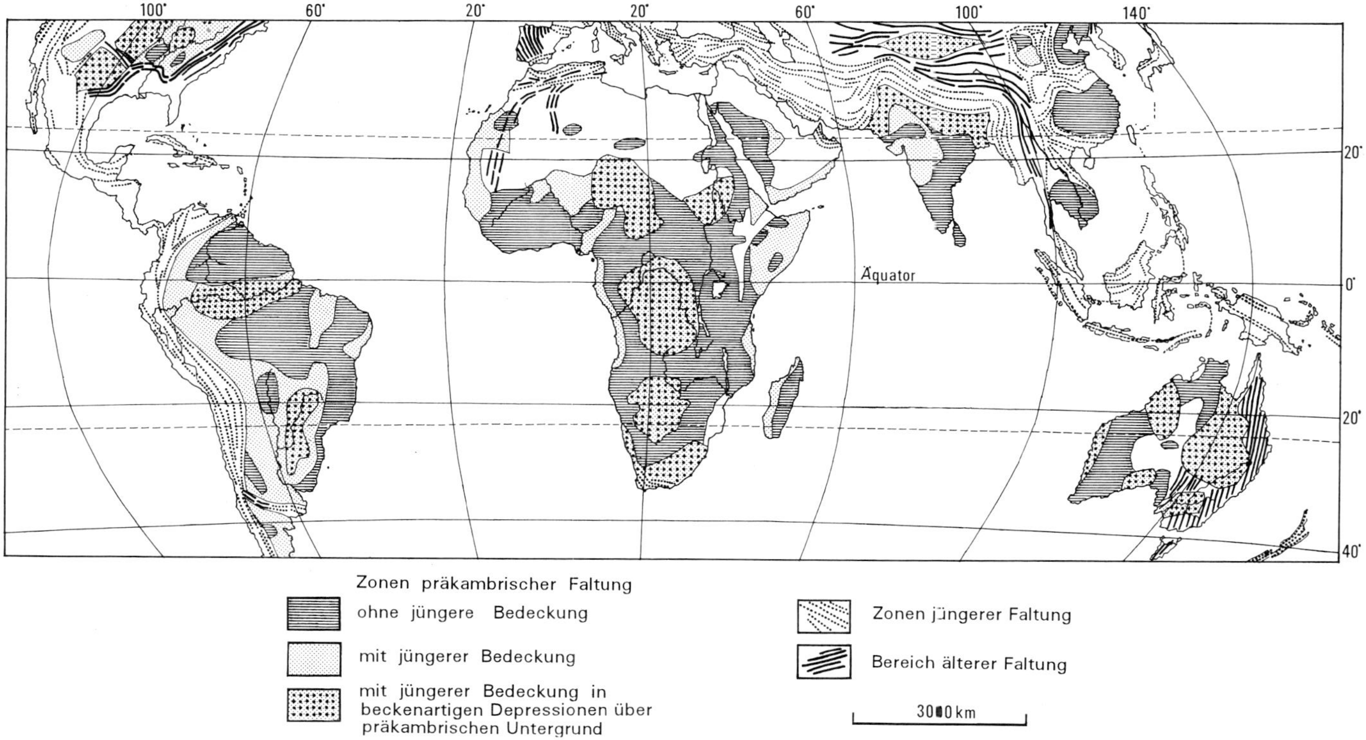

Abb. 4.1. Die Gebiete präkambrischer Faltung sind die Schilde, gegliedert sind sie durch die intrakratonen Becken. Sie werden von randlichen Ablagerungsräumen begleitet. Die Schilde sind von Ganglagerstätten durchsetzt. Sekundäre Lagerstätten von Erzen sind aber oft durch Verwitterung entstanden, wie etwa die großen Eisenerzvorkommen in Westaustralien oder Brasilien. Die kristallinen Gesteine der Schilde sind ein günstiges Ausgangsmaterial für die Bodenbildung. Bei alter Reliefentwicklung sind die Böden allerdings ausgelaugt. Das natürliche Potential der Becken wird vom Alter und bei einer Heraushebung von der Zerschneidung der Ablagerungen bzw. der Sedimentgesteine beeinflußt. Bodenschätze, außer Wasser und Eisen, sind bei kontinentalen Ablagerungen meist nur in geringem Umfang zu erwarten. Marine Kalke, ein günstigeres Ausgangsgestein für Böden, sind eher in den Randgebieten der Schilde verbreitet. Nach: BEDERKE & WUNDERLICH 1968, 10.

Zusammenfassend läßt sich sagen: In den Schildgebieten ist einerseits die unterschiedliche Verbreitung der Gesteine ein Steuerungsfaktor für das natürliche Potential, zum anderen kontrollieren Ausmaß und Alter der Heraushebung die Landschaftsentwicklung. Hochgelegene alte geologische Einheiten zeigen ein geringes natürliches Potential. In den Becken entscheidet eine postsedimentäre Hebung oder eine anhaltende Senkung über Abtragung und Eintiefung in immer schmaleren Streifen oder weitere Verschüttung. Entsprechend ist die Verbreitung der Gesteine bzw. der Lockersedimente sehr unterschiedlich. Ältere, zerschnittene Sedimentgesteine haben ein meist geringeres Potential, jüngere Aufschüttungen können fruchtbarere Böden liefern.

4.3.2 Senkungsgebiete

Die größten Senken liegen im Vorland junger Gebirge. Dazu zählen in den Tropen die Vorlandsenke in den Anden, ein im tropischen Anteil vergleichsweise nicht sehr tiefgründiger Sedimentationsraum, in dem wohl schon seit dem Spättertiär vielfach eine leichte Zertalung herrscht. Die aus den Anden kommenden Flüsse, mit Ausnahme des Ucayali, queren die Vorlandsenke auf kurzem Wege – auch dieses Ausdruck der leichten Heraushebung und Schrägstellung des Gebietes. Am Äquator kommt sogar der kristalline Sockel zutage. Die große Vorlandsenke des Himalaja, die fast ganz vom Ganges/Brahmaputra durchflossen wird, liegt zwar außerhalb der Tropen, weist aber durch den Monsun viele tropische Züge auf. Unterschiedlich stark absinkende Schollen gestalten diesen Raum ebenfalls uneinheitlich. Generell sind aber im Vergleich die fruchtbaren Aufschüttungsgebiete viel ausgedehnter.

Große Senken liegen ferner an Grenzen oder zwischen tektonischen Einheiten. Man kann den Amazonas-Trog auch als eine Senke zwischen dem Guayana und Brasilianischem Block ansehen. Der Niger-Benue-Trog ist relativ schmal, das Senkungsgebiet am Horn von Afrika ausgedehnter. Flachlagernde Sandsteine und tonige Schichten des Mesozoikums füllen das große Artesische Becken mit dem Carpentaria-Becken in Australien. Sie weisen ebenso wie Amadeus-Trog und Ngalia-Trog tiefgründige Verwitterungsdecken auf. Im tropischen Asien sind das Indus-Becken mit seinen jungen Ablagerungen und Hinterindien mit den vorherrschend mesozoischen Sedimentgesteinen zu nennen. Daneben finden sich ausgedehnte neogene Ablagerungen in Thailand und Kambodscha, während in Myanmar (Burma) neben dem Mesozoikum vor allem tertiäre Sedimente vorkommen, sowie das Alluvium entlang des Irawadi.

Größere Ablagerungsräume sind ferner die Schelfgebiete, wobei in den Tropen der südostasiatische Schelf besonders weit ausgedehnt ist. An ältere Kerne angrenzend sind Teile solcher Ablagerungsräume herausgehoben. Sie haben meist wenig verfestigte Sandsteine, Kalke und Tonschiefer, wie etwa in Ostjava, Sumatra, auf Borneo und in Neuguinea. Ähnliches gilt auch für die mittelamerikanischen Inseln. Madagaskar hingegen hat mesozoische Sedimentgesteine. Schelfgebiete und ehemalige Schelfgebiete können Energierohstoffe als Bodenschätze aufweisen. Da diese vor allem bei der Kohle aus paralischen Vorkommen bestehen, liegen sie meist am Rand der Becken oder in kleinen Senken im Gebirge. Stark gefaltete Kohle, durch Verwerfungen verstellt und in großer Tiefe liegend, wie etwa das Ruhrkarbon, ist bislang in den Tropen kaum bekannt und wird nicht abgebaut. Erdöl, das aus marinen Faulschlämmen entsteht, ist mit den großen Lagerstätten zum großen Teil an die Thetis gebunden (Abb. 4.2).

Von geringerer Größe sind die Ablagerungsräume der großen Gräben, die überwiegend kontinentale Sedimente, meist Sand, Ton, gelegentlich auch salzhaltige sowie vulkanische Ablagerungen in schnellem Wechsel aufweisen. Die großen ostafrikanischen Gräben ebenso

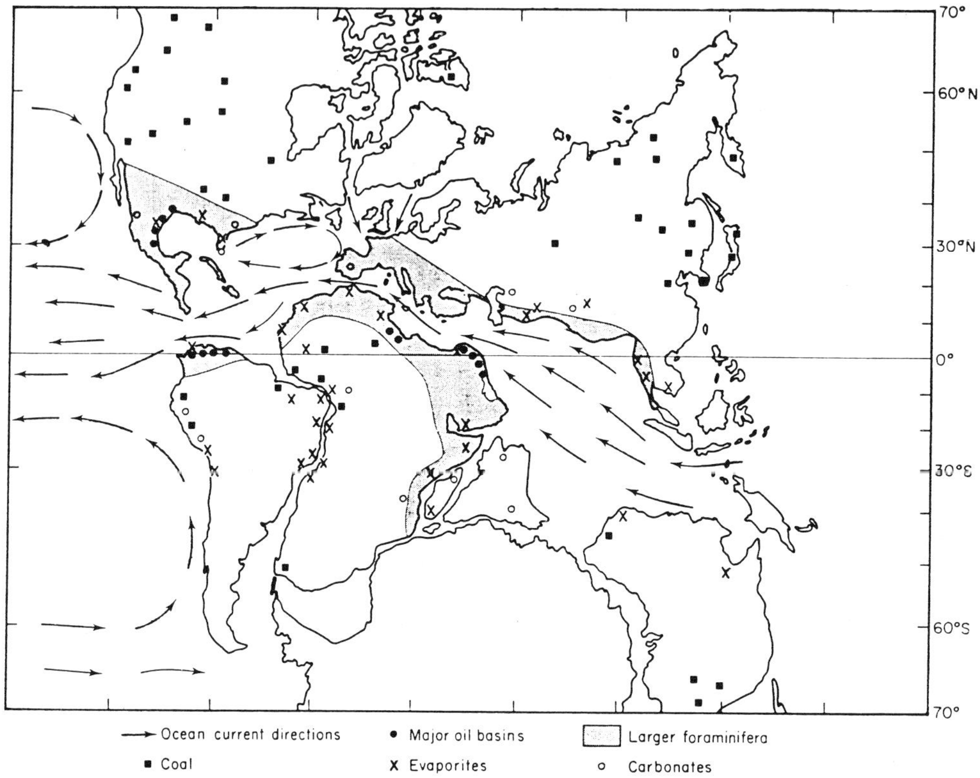

Abb. 4.2. Die Lage der Kontinente in der Kreide (100 (10 Mio. BP) zeigt die große Meeresstraße der Tethys. Am Rande dieses Gebietes sind fast alle großen Erdöllagerstätten entstanden. Das gilt auch, wenn man die inzwischen bekannt gewordenen, bzw. erschlossenen Vorkommen auf Sumatra, im nordwestaustralischen Schelf oder vor dem östlichen Kaukasus hinzufügt, die westafrikanischen Ölvorkommen liegen randlich zum sich öffnenden Atlantik. Aus: Windley 1977, 160.

wie der Tapti- und Narmada-Graben im nördlichen Dekan zählen dazu. Schließlich sind die Talungen und Becken in den Gebirgen zu erwähnen. Sie können durch Faltung und Verwerfung bedingt sein und haben dann eine Füllung von mehr oder minder groben Lockersedimenten. Intramontane Becken können aber auch durch Abtragung entstanden sein (Bremer 1975).

Das natürliche Potential der Beckenlandschaften ist sehr unterschiedlich, wobei außer dem Klima zwei Faktorenkomplexe – Tektonik und Materiallieferung – zur Erklärung dienen können. Das Ausmaß der noch bestehenden Senkung bestimmt die Ausdehnung des rezenten Ablagerungsraumes. Oft ist die Senkung differenziert und auf die Achse des Gebietes beschränkt. Dann bilden sich Terrassen und Plateaus aus quartären und tertiären Ablagerungen heraus, randlich können auch ältere Gesteine entblößt sein. Bei stärkerer Senkung und geringer Anlieferung von Sedimenten sind weite Gebiete versumpft. In Amazonien, im Pantanal und im Kongo sind auch heute noch viele Gebiete nur mit dem Schiff zu erreichen. Bei starker Aufschüttung sind die Flüsse verzweigt, oder mehrere Flüsse laufen parallel zueinander.

Deichbau und Wasserwirtschaft haben im tropischen Asien stark in den natürlichen Haushalt eingegriffen. Große Überschwemmungen sind aber in Senkungsgebieten Naturereignisse, der Schutz davor erfordert steigende Kosten. Die Fruchtbarkeit der Sedimente in den Senkungsräumen wird vom Alter, das heißt der seither stattgefundenen Verwitterung bestimmt, und von der Art der Anlieferung. Die terra firme im Amazonasgebiet ist überwiegend von den alten und tiefverwitterten Schilden im Norden und Süden aufgeschüttet worden. Sie besteht weithin aus wenig fruchtbaren Sanden und Lehmen. Das rezente und jungquartäre Alluvium der Varzea mit Schüttung aus den Andenzuflüssen hingegen ist fruchtbar.

4.3.3 Hochgebirge und Bergländer

Die Hochgebirge und Bergländer zeigen sehr unterschiedliche Formen, was zum Teil geologische Ursachen hat, nämlich das Alter und die Art der Faltung sowie den Vulkanismus, zum Teil aber durch die Heraushebung und die damit verbundene Morphogenese bedingt ist. Die absoluten Höhen und die Breite der Gebirgszüge vermögen einen ersten Eindruck von der Hebung zu geben. Die größte Erhebung innerhalb der Wendekreise ist der aus Granodiorit bestehende Huascaran in der weißen Kordillere Perus mit 6768 m. Dieses Gebiet ist die höchste Anschwellung der Anden, aber die größte hochgelegene Ausdehnung hat der Altiplano von Bolivien und Südperu in Höhen zwischen 3600 m und 4000 m. Er ist trotz der Höhe relativ dicht besiedelt, besonders dort, wo Wasser für die Landnutzung zur Verfügung steht. Große Einzelhöhen erreichen Einzelvulkane, wie der Illampu in Bolivien mit 6485 m, der Chimborazo in Ecuador mit 6310 m. Die in den Anden besonders zahlreichen Einzelvulkane überragen oft die Hochflächen um 2000–3000 m. In Mittelamerika ist der Popocatepetl mit 5382 m der höchste Berg. In dieser Landbrücke sind die Gebirgsketten schmal und relativ niedrig, die Becken und Vorländer liegen in geringer Höhe. Erst in Mexiko entwickelt sich wieder ein Hochland, von im Süden nur 100 km Breite dehnt es sich nach Norden auf über 400 km West-Ost-Erstreckung aus. Das größte Längstal der Anden wird vom Rio Magdalena in Kolumbien durchflossen, das im Westen parallel dazu verlaufende Längstal des Cauca ist schmaler. Größere Längstäler auf der Ostseite der Anden in Peru werden von den Quellflüssen des Amazonas/Solimões durchzogen.

Die Anden, ebenso wie die Sierren Mittelamerikas, sind relativ junge Gebirge. Im Norden weist die Zentralkordillere der Anden noch einen präkambrischen und altpaläozoischen Kern auf, Ost- und Westkordilleren bestehen aus jüngerem Mesozoikum, zum Teil wenig gefaltet. Ähnlich ist auch im nördlichen Mittelamerika ein paläozoischer Kern mit Intrusiva ausgebildet. Die Landbrücke ist sehr komplex aufgebaut. Vor allem aber sind in den süd- und mittelamerikanischen Gebirgen vulkanische Ablagerungen weit verbreitet, was besonders für die mittleren Anden gilt. Die Hebung der Gebirge begann im Miozän (15 Mio. a) und dauert wohl heute noch an.

Die Gebirgsketten Hinterindiens steigen kaum über 2500 m auf. Das Arakan-Gebirge in Myanmar (Birma) aus mesozoischen Gesteinen begrenzt den großen Graben, in dem der Irawadi fließt. Nach Osten schließen Bergländer in paläozoischen Gesteinen an, die weiter östlich eine mesozoische Faltung und eingedrungene Granite aufweisen. Dieser Strang zieht als Tenasserim-Gebirge bis auf die malaiische Halbinsel. In Myanmar um 1000 m hoch, in Thailand 1500–2000 m sind diese Bergländer im Tertiär gehoben und meist stark zertalt, so daß sie recht unzugänglich sind und eine geringe Bevölkerungsdichte aufweisen. An das große Bekken, das im Westen vom Menam, im Osten vom Mekong durchflossen wird, schließen sich in Laos und Vietnam wieder Gebirgszüge an, die ebenfalls kaum über 2000 m hinausreichen. Im

Vergleich zu den Anden steigen die Gebirge Südostasiens in den Tropen weniger hoch auf und weisen größere Becken auf. Erst im Gebirgsknoten von Yünnan, nördlich von 25° Breite am Rande Tibets, werden 5900 m erreicht. Die Faltung ist älter als in den Anden. Vielleicht sind die Gebirge stärker konsolidiert, und es gibt aus diesem Grunde kaum Vulkane. Diese finden sich auf den Inseln, die höchsten liegen mit über 4500 m auf Neuguinea. Die Heraushebung in Südostasien und in den Anden ist wohl gleichalt, beide Gebirge sind unwegsam. In den mittleren Anden sind die zentralen Hochländer der Hauptsiedlungsraum, in den nördlichen Anden und in Hinterindien die Täler, Becken und Tiefländer.

In Afrika werden große Höhen nur von Einzelvulkanen erreicht. Der Kilimandscharo (5895 m) ist der höchste Einzelberg, Mt. Kenia (5200 m), der Kamerunberg mit 4095 m sind die wohl bekanntesten Vulkane. Der Mt. Stanley (5110 m) ist dagegen Teil des horstartig aufgestiegenen kristallinen Ruwenzori-Gebirges. Die Vulkane werden wegen ihrer guten Böden bis in mittlere Höhenstufen agrarisch genutzt. Weit verbreitet sind in Afrika die Bergländer um 2000 m. Es sind die großen Schwellen zwischen den intrakratonen Becken. Die Ubangi-Schari-Schwelle begrenzt das Kongo-Becken im Norden, die Lunda-Schwelle im Süden. Es sind Gebiete ausgedehnter Rumpfflächen mit mäßig guten Böden. Ostafrika ist dagegen durch die großen Gräben stärker gegliedert, weist mehr vulkanische Ablagerungen auf und ist daher etwas günstiger gestellt. Die Randschwellen der Kontinente (Jessen 1943) sind etwas stärker zerschnitten.

Australien besitzt im Osten des Kontinents ausgedehnte Bergländer, die vorherrschend aus großen Hochflächen, oft mit steilen Abbrüchen am Rand und engen eingeschnittenen Tälern, bestehen. Hebung und Abtragung schufen breite Pforten (gaps, s.u.), daher sind diese Bergländer an wenigen Stellen durchgängig, daneben oft unzugänglich. Nach Osten dachen sie im allgemeinen sehr sanft ab. Der mit 2236 m höchste Berg, der Mt. Kosioscu, liegt schon in den Subtropen und ist eine nur flache Erhebung, in den Tropen erreicht der Bartle Frere südlich von Cairns nur 1622 m. Vulkanische Ablagerungen meist in Talungen und jüngere Sedimente in Becken und den Küstenhöfen stellen die fruchtbarsten Gebiete im tropischen Australien dar.

4.3.4 Basaltplateaus und Vulkane

Die Basaltplateaus sind geologisch relativ junge Bildungen. Die meisten entstanden wohl im Zusammenhang mit der Kontinentaldrift in der oberen Kreide, in Südamerika allerdings früher. Die Heraushebung geschah im wesentlichen nach dem Ausfließen der Lava, da dieses auf weiten Strecken mehr oder minder horizontal erfolgte. Die Basaltdecken sind also kaum durch tiefe Talfüllungen gegliedert. Eine sehr intensive Lateritisierung wie auf den Westghats bei Mahabaleshwar spricht außerdem für eine tiefe Lage zur Zeit der Entstehung des Ferricrete. Dessen Konzentration entlang von Plateaurändern zeigt aber eine beginnende Tieferlegung in Form von Flächenstreifen an, aus denen später die Breittäler mit den weiten Talschlüssen entstanden. Inselberge im Norden des basaltischen Dekan deuten ebenfalls auf eine erste flächenhafte Abtragungsphase in einem Niveau nahe des Meeresspiegels. Die bis über 1000 m hohe Hauptstufe ist durch die folgende, schnelle (?) Heraushebung und Abtragung entstanden. Nach Osten dacht das Dekan-Plateau sanft ab.

Das äthiopische Hochland ist dagegen fast allseits von steilen Rändern umgeben, aber im Süden durch einen Graben in Fortsetzung der Afar-Senke (Danakil-Tiefland) begrenzt. Tiefe Kastentäler machen es bis im Mittel 2000–3000 m, maximal 4620 m hohem Norden schwer durchgängig. Im weniger stark herausgehobenen Süden, in der Provinz Kaffa, sind breitere Täler entstanden.

Die bis 2000 m mächtigen Basaltdecken des Paraná-Beckens sind mit dem Botucatu-Sandstein verzahnt und entstanden im Oberjura/Unterkreide. Noch älter sind die Basaltdekken im großen Karru-Becken in Südafrika. Sie sind in den höchsten Plateaus Lesothos und in den Drakensbergen erhalten. Australien hat vergleichsweise nur geringe vulkanische Ablagerungen, die zum Teil als lange Ströme in Tälern des östlichen Hochlandes ausgeflossen sind. In diesem Gebiet sind alte konsolidierte Gesteine und paläozoische Sedimente im Tertiär tektonisch verstellt worden.

Weitere Gebiete mit sehr ausgedehnt anstehenden Vulkaniten sind die mittleren Anden und die mittelamerikanischen Gebirge – junge tektonische Einheiten. Weit verbreitet sind vulkanische Ablagerungen auf den tropischen Inseln, viele bestehen ausschließlich daraus. Bei anderen ist ein Kranz oder Kern von marinen Kalken oder Sandsteinen vorhanden. Auf den Inseln und in den Gebirgen Süd- und Mittelamerikas, in der Insulinde und auf den Philippinen liegen auch die meisten aktiven Vulkane der Tropen.

Vulkanite sind reich an leicht zersetzbaren Mineralen. Sie bilden daher ein günstiges Ausgangsgestein für die Bodenbildung. Bei der schnellen und intensiven Verwitterung werden Nährstoffe freigesetzt. Vulkangebiete haben daher meist ein gutes natürliches Potential. Aber auch hier gilt, daß entblößte Flächen infolge der divergierenden Verwitterung (s.u. Kap. 5.3) resistent werden können. Einzelberge, ja kleine Flächen im nördlichen Dekan sind freigespült und dann fast vegetationsfrei.

4.4 Geologische Hazards (Naturkatastrophen mit geologischen Ursachen)

Die größte, geologisch bedingte Gefährdung geht wohl von den Erdbeben (Abb. 4.3) aus, die in den Tropen vor allem in Myanmar (Burma), im östlichen Teil von Insulinde, Neuguinea und den östlich davon gelegenen Inselbögen sowie in den Anden, Mittelamerika und in der Karibik immer wieder auftreten. Die afrikanische Grabenzone ebenso wie Ostaustralien, Gebiete mit großen Verwerfungen im Dekan rechnen zwar ebenso zu tektonisch mobilen Gebieten, werden aber kaum von Erdbeben betroffen.

Größere Vulkanausbrüche sind in den letzten Jahrzehnten auf den Philippinen und in den Kordilleren Mittel- und Südamerikas erfolgt. Ihre zerstörerische Wirkung kann in den Tropen noch dadurch gesteigert werden, daß Ascheablagerungen durch Starkregen als große Schlammströme (Lahar) in Bewegung gesetzt werden. Verstappen (1992) unterscheidet heiße Lahars, die mit einem pyroklastischen Ausfluß verbunden sind, von den regenbedingten kalten Lahars. Außerdem können Schlammströme durch plötzliche Schneeschmelze, Krater- oder Dammbrüche ausgelöst werden. Durch einen Lahar beim Ausbruch des Cotopaxi in Ecuador 1985 kamen 23 000 Menschen um (Hall 1992). Die Geschwindigkeit solcher Schlammströme beträgt 60–100 km/h (Mothes 1992). Wenn auch Vulkaneruptionen und Erdbeben sich meist durch leichte Beben, Kraterglühen, Gasausbrüche, unruhige Tiere und austrocknende Pflanzen ankündigen, so sind diese Anzeichen nicht so sicher, daß großräumige Evakuierungen angeordnet werden können. Das Beobachtungsnetz kann kaum in genügender Dichte durch geschulte Kräfte aufrecht gehalten werden. Auf den Philippinen versucht man daher, die lokale Bevölkerung in die Beobachtung einzubinden (Delos Reyes 1992). Beim Krakatau Ausbruch 1883 entstand eine 30 m hohe Tsunamiwelle in der Sundastraße (Morgan 1993, 289), die durch ein begleitendes Erdbeben ausgelöst wurde. Generell sind von untermeerischen Beben ausgelöste Tsunamis sehr gefährlich, weil sie weite Entfernungen zurücklegen können und daher manchmal, wenn sie an der Küste auftreffen, nicht erwartet werden.

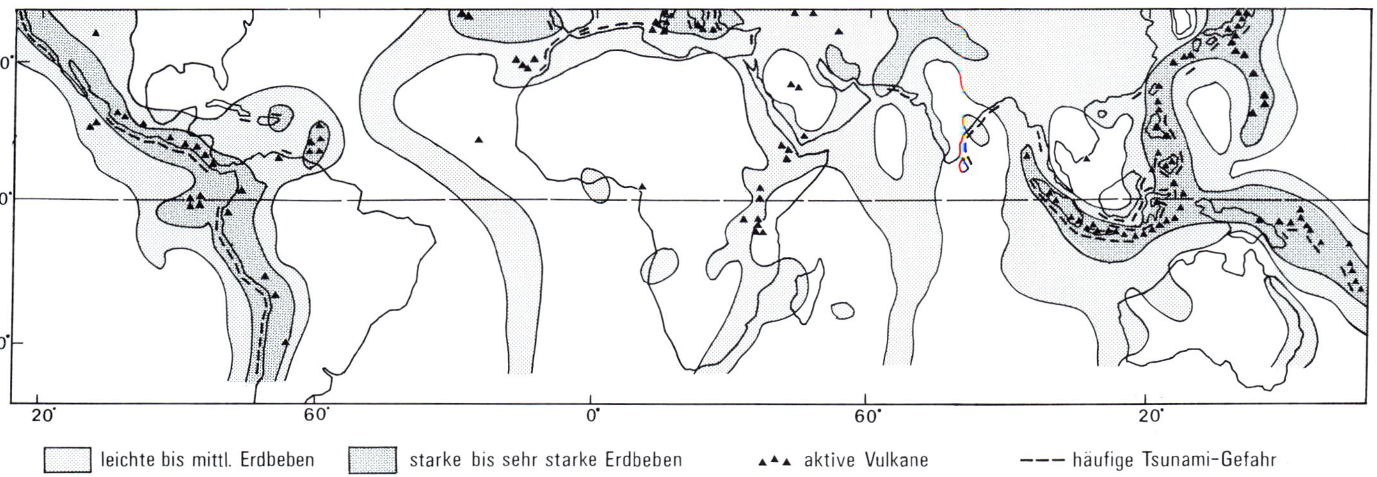

Abb. 4.3. Der Westen Südamerikas, Mittelamerika, Insulinde und die pazifischen Inseln sind die tektonisch aktivsten Gebiete der Tropen. Dort treten bevorzugt die geologisch (durch die Plattendrift) ausgelösten Gefahren wie Erdbeben, Vulkanausbrüche und Tsunamis auf. Diese gefährdeten Gebiete sind zum großen Teil recht dicht besiedelt. Vulkane und Bebenherde in Afrika und Vorderindien sind meistens an große Verwerfungen gebunden. Australien, Afrika und das östliche Südamerika sind weitgehend frei von diesen Hazards. Ausschnitt aus: READING et al. 1995, 278.

4.5 Bodenschätze

Ebenso wie für die Gesteine gilt auch für die Verbreitung der Bodenschätze, daß kein prinzipieller Unterschied zwischen Tropen und Außertropen besteht. Die einzige Ausnahme ist der Bauxit und der Kaolin, Verwitterungsbildungen eines heißen/feuchten Klimas. Sie finden sich in den Außertropen nur in relativ kleinen Vorkommen, Bauxit vor allem in Karstgebieten. Auch scheinen die großen Zinnseifen bevorzugt in den Tropen zu liegen. Energierohstoffe, vor allem Erdöl, sind in den Tropen in den letzten Jahren zunehmend gefunden und erschlossen worden. Für viele Entwicklungsländer sind Bergbauprodukte eine der wichtigsten Einnahmequellen. Sie werden oft ohne Rücksicht auf Umweltschäden ausgebeutet. Da sie zumeist in unerschlossenen Regionen liegen, muß zunächst die Infrastruktur erstellt werden.

5 Geomorphologie

5.1 Charakteristika

Charakteristisch für die Landformen der Tropen sind Flächen und Inselberge. Voraussetzung für ihre Entstehung ist eine tiefgründige und intensive Verwitterung. Kommt anstehendes Gestein an die Oberfläche, setzt ein Divergieren der Verwitterung ein. Dieses bedingt auch ein anderes Verhalten der Flüsse in den Tropen, die sich durch die Ausspülung von vorverwittertem Material eintiefen. Beim Freispülen der Verwitterungsfront entstehen Stromschnellen und Wasserfälle, die in den Tropen vergleichsweise häufig sind und lange erhalten bleiben. Die Talformen werden weniger durch die Flußerosion bestimmt als durch die Verwitterung und Ausspülung. Da beide der subterranen Durchfeuchtung folgen, sind die Täler unregelmäßig in der Breite und im Längsprofil. Die Differenzierungen der Durchfeuchtung können gesteinsbedingt sein, aber ebenso durch kleine Boden- und Reliefunterschiede hervorgerufen sein, die selbstverstärkend sind. Die Hänge sind meist entweder flach (Streckhänge < 10°) oder steil (Regolithhang um 25°, Felshang > 35°). Die bei uns so häufigen mittleren Hangneigungen sind in den Tropen selten. Höhere Hänge sind oft aus mehreren Reliefelementen zusammengesetzt. In den wechselfeuchten Gebieten werden wegen der langsamer arbeitenden Verwitterung die Unregelmäßigkeiten verstärkt. In jungen Hebungsgebieten können dagegen bei schneller Reliefentwicklung gleichmäßigere Tal- und Hangformen ausgebildet sein.

5.2 Einleitung

Der besondere Charakter der Landformen in den Tropen ist von deutscher Seite schon früh erkannt worden. Eine Tradition, die bei Bornhardt (1900) begann, wurde 1926 in einem Symposium zur Klimamorphologie (Thorbecke 1927) und durch das System der Geomorphologie von Büdel (1948) fortgesetzt. Die Besonderheiten beruhen vor allem auf der tiefgründigen Verwitterung und der dadurch bedingten Abtragung.

5.3 Die Verwitterung, das Prinzip der doppelten Einebnung, das Divergieren

Wärme und Feuchtigkeit fördern die Verwitterung, so daß es zu einer intensiven Zersetzung der Gesteine kommt, zur Abfuhr und Neubildung von Mineralen. Natürlich tragen zur Verwitterung auch die aggressiven organischen Säuren bei, die in den Tropen wegen der schnellen Zersetzung wohl besonders weit verbreitet sind. Dieses Faktorenbündel wird im folgenden als Durchfeuchtung bezeichnet. Im Durchschnitt ist der Verwitterungsmantel 4–6 m tief, sehr große Tiefen von 100 m und mehr sind meist nur lokal ausgebildet. In Südnigeria ist allerdings eine durchschnittliche Mächtigkeit von 12–20 m zu beobachten (OMORINBOLA 1983). Vielleicht ergeben geophysikalische, insbesondere seismische Untersuchungen generell eine größere Verwitterungstiefe in Küstennähe in den immerfeuchten Tropen. Das Material des Verwitterungsmantels ist feinkörnig und hat keine besondere Haftfähigkeit, es sei denn, es handelt sich um Verhärtungs- oder Verdichtungshorizonte. Die Abtragung hat es also mit recht gleichförmigem und im allgemeinen nicht sehr kohäsivem Material zu tun. Das gilt für fast alle Ausgangsgesteine. Damit ist die wesentlichste Vorbedingung für die Bildung von Rumpfflächen gegeben, weite Ebenheiten, die unabhängig von Gesteinsunterschieden ausgebildet sind. Eine Ausnahme sind Quarzite und Kalke, erstere verwittern etwas weniger schnell, letztere sind stark löslich, aber resistent, wenn das Wasser infolge einer Verkarstung besonders schnell abgeführt wird.

BÜDEL (1957) entwarf das Modell der doppelten Einebnungsfläche (Abb. 5.1): Die Verwitterungsfront schiebt sich mindestens ebenso schnell gegen das anstehende Gestein in der Tiefe vor, wie die Oberfläche tiefergelegt wird. Kommt aber irgendwo mal das Gestein an die Oberfläche, so ist es gegen die weitere Verwitterung sehr resistent, da das Wasser schnell abläuft. Solche Gesteinsschilde oder Schildinselberge wachsen relativ heraus, da ihre Umgebung weiter verwittert und tiefergelegt wird. Das wurde als Divergieren der Verwitterung und Abtragung bezeichnet (BREMER 1971, 1981). Inselberge können bis zu 500 m hoch werden.

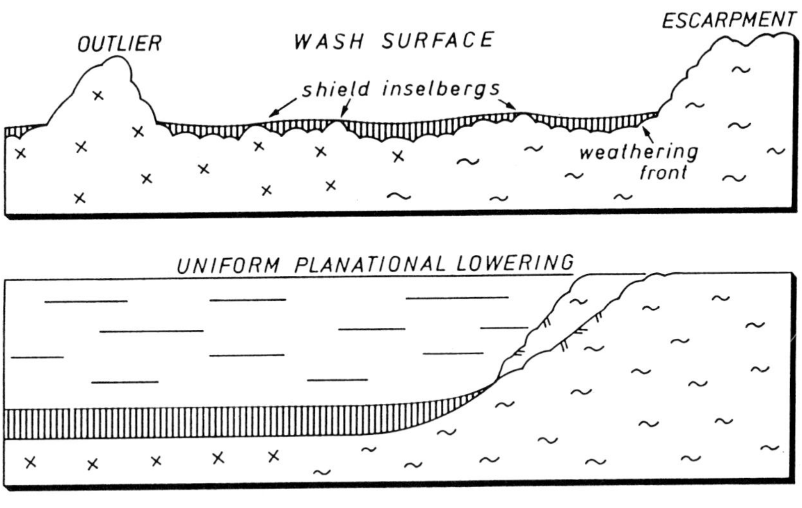

Abb. 5.1. In dem Modell der doppelten Einebnung von BÜDEL (1957, 1977) rückt die Verwitterung gegen das anstehende Gestein (links Granit, rechts Gneis) in ähnlicher Geschwindigkeit vor, wie die Oberfläche tiefergelegt wird. Kommt dabei das Anstehende an die Oberfläche, entsteht ein Inselberg. Dieses Modell hat zwei Vorzüge: es erklärt mit der tiefgründigen Verwitterung das Vorkommen von Rumpfflächen sowie die Existenz von Inselbergen, ohne daß spezielle Voraussetzungen des Gesteins dazu notwendig wären. Diese können aber inkorporiert werden. Bei einer unregelmäßigen Basisfläche sind meist Grundblöcke im Boden vorhanden, weil die Durchfeuchtung weniger einheitlich ist, was hier aus Maßstabsgründen nicht dargestellt ist. In der Regel wird das Modell mit einer reliefierten Verwitterungsfront dargestellt, was heute wohl die in der Natur vorherrschende Form ist. Altflächen mit geringem Relief und fehlenden Inselbergen lassen dagegen auf eine sehr ausgeglichene Durchfeuchtung und Verwitterungsfront schließen. Aus: BREMER 1993, 191.

Das Modell der doppelten Einebnung wurde von BÜDEL für die Savannen konzipiert, und er verband damit den Latosol (heute als Oxisol zu bezeichnen). Für dessen Entstehung sind aber mindestens 1500 mm Jahresniederschlag (BREMER 1977), 1650 mm (SPÄTH 1981), je nach der Verteilung und den übrigen Bedingungen der Durchfeuchtung 2000 mm (BRUHN 1990) notwendig. Nach den heutigen Kenntnissen würde also das Modell für den Regenwald gelten. Flächenhaft abtragende Prozesse sind hier durchaus möglich. Die Rinnenspülung wurde oben bereits erwähnt. Sicherlich ist die subterrane Abfuhr außer durch Interflow oder Pipeflow durch das zirkulierende Boden- und Grundwasser möglich. Das Modell von BÜDEL (mit Abwandlungen, s. BREMER 1993) wäre also in die immerfeuchte Zone zu verlegen. Es gibt aber nach wie vor die beste Erklärung für Rumpfflächen und Inselberge.

5.4 Prozesse der Abtragung und korrelate Hohlformen

Die Prozesse der Abtragung können direkt beobachtet werden oder aber aus den Landformen erschlossen werden, die durch sie entstanden sind. Beide Arbeitsmethoden sind eng miteinander verbunden und rückgekoppelt. Beobachtete Prozesse werden extrapoliert und mit den bestehenden Landformen verglichen. Diese – als Summationsform über lange Zeiten – erlauben eine Abschätzung der Stärke der einzelnen Prozesse. Direkt zu beobachten sind die verschiedenen Prozesse der Abspülung (s.o. 3.5, 3.6). Die Tonaufschwemmung sieht man nach den Regenfällen, wenn in stehengebliebenen Pfützen ein hoher Schwebanteil zu beobachten ist. An sich hat der Ton eine hohe Kohäsion, so daß es einer längeren Aufweichung bedarf, um ihn beweglich zu machen. Sandige Oberböden sind wohl zum Teil durch die Tonaufschwemmung bedingt, entscheidender aber wahrscheinlich durch eine subterrane Abfuhr von Gelöstem und Substanzen bis zur Sandgröße. Diese ist nur als Röhrenabfluß und selbst dann relativ selten zu sehen. Sie ist aber aus der Verarmung der Böden an verwitterbaren Mineralen zu erschließen. Als Lösungsfracht in den Flüssen kann man sie direkt messen, während der Schweb aus allen drei Prozeßgruppen angeliefert wird.

Welche Landformen kann man den Prozessen zuordnen? Eindeutig sind geschlossene Hohlformen in Wasserscheidengebieten durch subterrane Abfuhr bedingt. Auf tiefe Dolinen im Peridotit hat zuerst WIRTHMANN (1965) aufmerksam gemacht. Zahlreiche flache Hohlformen sind in Roraima, im nördlichen Amazonasgebiet zu beobachten. Sie sind teilweise mit den Tiefenlinien durch breite Streifen – Flächenstreifen verbunden (Abb. 5.2). Man kann sie daher als überwiegend durch subterrane Abfuhr gebildet ansehen. Dieses gilt wahrscheinlich auch für kleine Mulden, die in den immerfeuchten Tropen niedere Plateaus (Abb. 5.3a) und Hänge gliedern. Sie haben manchmal keinen Anschluß an das Gewässernetz (BREMER 1971, insb. Fig. 11), was auf relativ geringe Mitwirkung der Abspülung schließen läßt. Man kann sogar Ablagerungen in diesen Mulden finden. Es ist vorstellbar, daß sie im Querprofil unten vertieft werden, während sie oben zugefüllt werden. Anders sind jedenfalls muldenförmige Verfüllungen an Steilhängen nicht erklärbar. Allerdings sind sie selten zu beobachten.

In den wechselfeuchten Tropen sind kleine Mulden seltener, dort sind die großen Spülmulden typisch (Abb. 5.3b). Die Bodencatena (s.u. 6.7) läßt auf einen höheren Anteil der Abspülung schließen. Ein meist sehr geradliniger Verlauf ist für die Spülmulden charakteristisch. Sie können nach abwärts in große Spülflächen übergehen, wie im australischen Nordterritorium zu beobachten ist. In den hier verbreiteten schwarzen und grauen Böden ist neben Durchgangsaufschüttungen vielleicht auch eine Ablagerung enthalten. Im Zuge von Spülmulden können unregelmäßige Erweiterungen auftreten, die meist schwarze/graue Böden

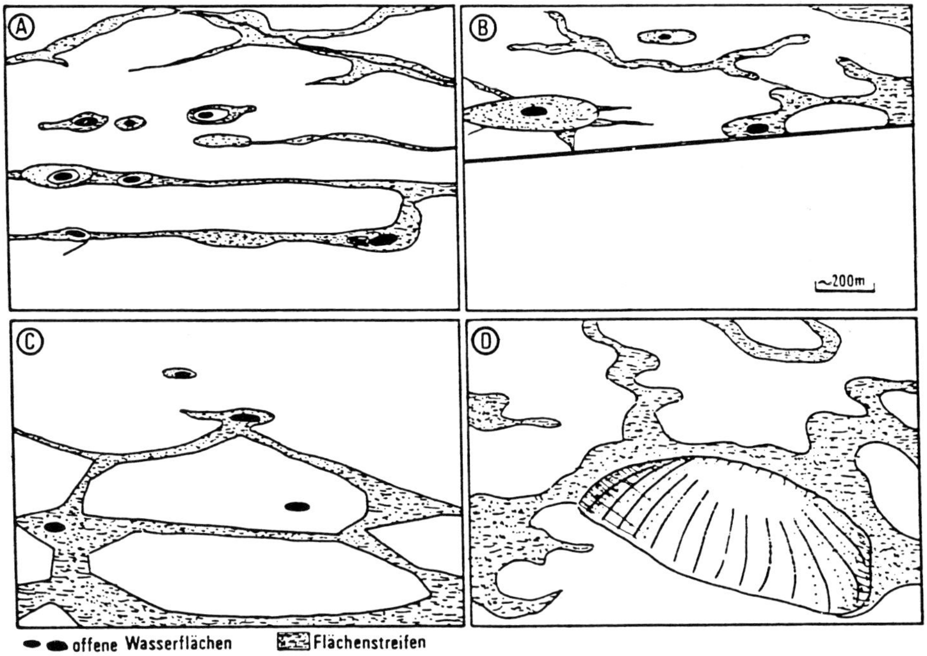

Abb. 5.2. Geschlossene Depressionen auf Wasserscheiden und in Flächenstreifen nördlich von Boa Vista, in Roraima, Nordbrasilien, gezeichnet nach Luftaufnahmen. Die Flächenstreifen sind 50–200 m breit und heben sich durch Palmen oder Sumpfvegetation von den umgebenden Grassavannen ab. Depressionen auf Wasserscheiden können in diesem, zum Teil tiefgründig verwittertem Granitgebiet, das aber etliche Gesteinsausbisse aufweist, nur durch subterrane Materialabfuhr entstanden sein. Die Flächenstreifen folgen teils tektonischen Linien, wo Verwitterung und Abfuhr besonders wirksam sind. Sie können aber auch unabhängig von Kluftnetz sein, wenn sie etwa am Fuß eines Inselberges (D) mit bevorzugter Durchfeuchtung durch das abfließende Regenwasser (Randsenke) entstanden sind. Flächenstreifen können ebenso wie Flächen über Wasserscheiden hinweg ausgebildet sein (C). Alles dieses deutet darauf hin, daß sie vorwiegend durch subterrane Materialabfuhr entstanden sind. Ein Bach oder Fluß kann zusammen mit dem Flächenstreifen entstehen (A), als kleine Rinne den oberflächlichen Abfluß zu einer großen Depression führen (B, linker Bildrand, darunter Straße). Aus: Bremer 1989a, 48.

aufweisen und die zeitweise übernäßt sind. Sie werden in Ostafrika als Dambos bezeichnet (fond-bas, fadamas, bolis, mbuga, vleis sind andere in Afrika verwendete Namen). In Ostafrika hat Mäckel (1985) sowohl quartäre Ablagerungen als auch einen weitverbreiteten Röhrenabfluß in diesen Formen geschildert. Häufig werden sie von einem weißen, sandigen Streifen begrenzt, den man als Residuum einer subterranen Abfuhr auffassen kann. Die baixas, breite Ursprungsmulden, im nördlichen Südamerika, können auch stärker eingetieft sein, sind aber durch subterrane Abfuhr mindestens mitgeprägt.

Die Abgrenzung von Flächenstreifen in den immerfeuchten Tropen zu Spülflächen in den wechselfeuchten Gebieten zu Dambos bedarf noch weiterer Untersuchungen. Diese unterschiedlichen Formen der heutigen Abtragung, zum Teil mit Aufschüttungen verbunden, gehen wohl auf eine Kombination der drei Prozeßgruppen zurück, die aber jeweils unter-

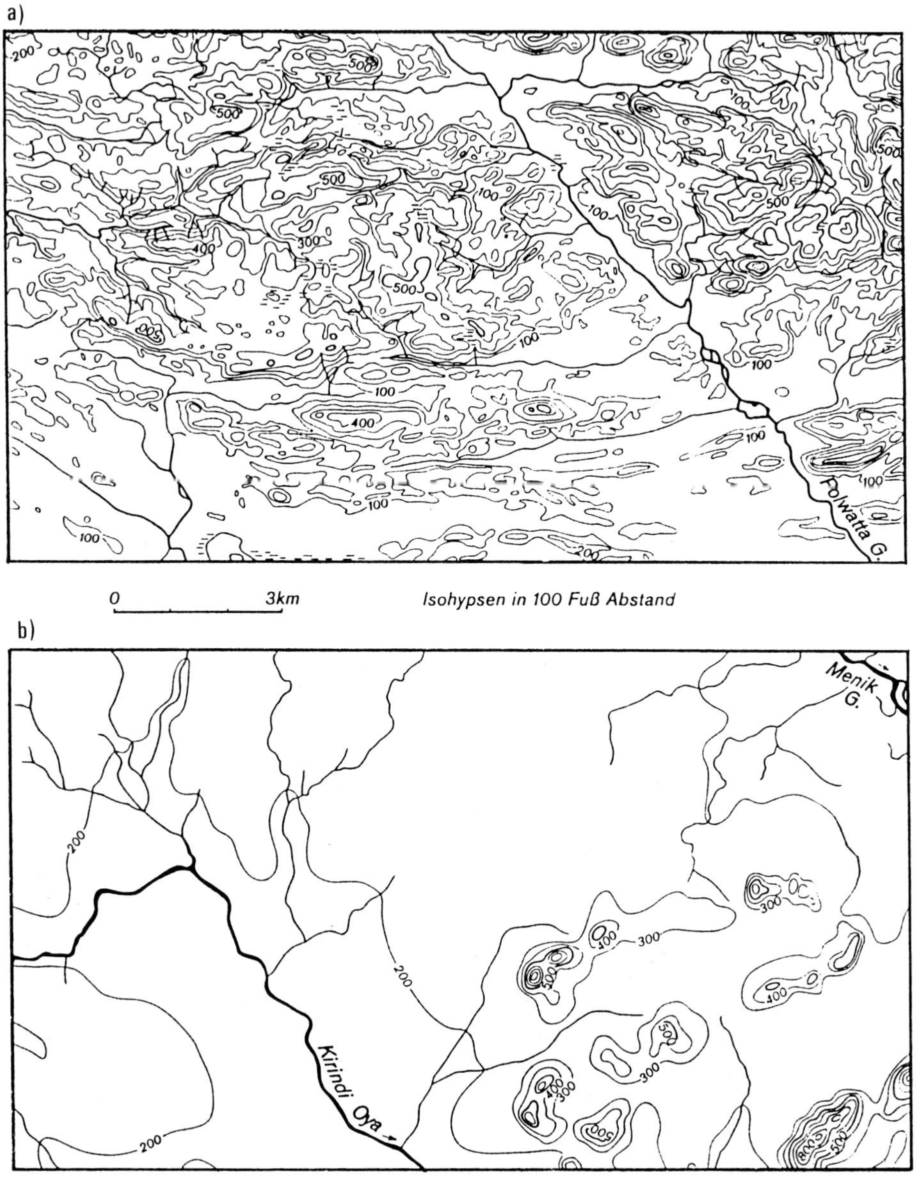

Abb. 5.3a u. b. Bei ähnlichen Voraussetzungen des Gesteins, der Reliefenergie, der Entfernung zum Meer und der Tektogenese sind im südlichen Sri Lanka sehr unterschiedliche Relieftypen entstanden. Im feuchten Südwesten (a, nördlich von Galle, etwa 3800 mm Jahresniederschlag) sind breite und enge Talungen (eingetiefte Flächenstreifen) zwischen kleinen, tiefverwitterten Plateaus (Platten) entwickelt, die durch eine Vielzahl kleiner, unregelmäßiger Mulden gegliedert sind. Im semihumiden Südosten (b, bei Kataragama, N=1280 mm) laufen breite Spülmulden zu einer ausgedehnten Spülfläche. Ein Schwarm von Inselbergen zeigt ähnliche Höhen wie die Platten im Südwesten. Nach TK 1:63360, Höhenangaben in Fuß, aus Bremer 1981, 106.

schiedliche Stärke haben. Für Sri Lanka wurde versucht, dieses Verhältnis abzuschätzen (Tab. 5.1).

Tabelle 5.1. Schätzung des relativen Gewichts der flächenhaften Abtragung (BREMER 1985, 125).

	semihumid	humid/jung	humid/sehr alt
subterrane Abfuhr	1	8-10	1
Tonaufschwemmung	2	4-6	0,1
Abspülung	3	2-3	0,1-0,5

Eine Abtragung ist fast immer mit Ablagerungen verbunden. Sie sind jedoch in den Schildgebieten der Tropen seltener zu beobachten als in den Außertropen und treten besonders in den wechselfeuchten Gebieten auf. Aber selbst hier können sie geringer sein als man denken sollte. So sind etwa die Ablagerungen im Gregory Rift Valley in Kenia erstaunlich gering, da weder die Seen aufgefüllt wurden, die Salzseen sogar wenig verunreinigt sind, allerdings sind die Einzugsgebiete der Flüsse zum Rift Valley nur klein, was aber auch von der geringen rückschreitenden Erosion zeugt. Ferner sind altsteinzeitliche Artefakte nur wenig eingedeckt gewesen. Sedimente finden sich vor allem in wechselfeuchten Gebieten, aber auch am Rio Negro (SCHNÜTGEN 1981a) häufiger als isolierte Vorkommen entlang von Flüssen. Sie waren aber wohl nie so durchgehend vorhanden, wie die periglazialen Schotterfluren entlang von unseren Flüssen. Eine ähnliche Genese wie für unsere kaltzeitlichen Flußterrassen ist auch bei Vorkommen innerhalb von Flächen nicht vorstellbar, da dieses riesige Hochwasser und Aufschotterungen bedeuten würde. Man sollte diese Ablagerungen daher nicht als Terrassen bezeichnen, zumal der Nachweis einer klimatischen Bedingtheit meist nicht zu führen ist. Die Sedimentation ist oft lokal oberhalb einer (auch ehemaligen) Stromschnelle oder am Ausgang bzw. unterhalb eines Engtales entstanden. Lokal können Ablagerungen in Hohlformen der subterranen Abfuhr entstehen (s.u. 5.5 1). Schwemmfächer am Hangfuß sind selbst vor Hangrunsen selten. Der insgesamt geringere Umfang von Ablagerungen erklärt sich zu einem großen Teil durch den besonderen Charakter des Transportgutes, Schweb und Gelöstes können bis in das Meer verfrachtet werden. Die Ablagerungen in den großen Senken, etwa dem Amazonastrog sind offenbar während sehr langer Zeiten im Tertiär entstanden und bestehen zu einem großen Teil aus Sand. In jungen Hebungsgebieten, bzw. Senkungsgebieten können im Gegensatz zu den Schildgebieten sehr viel umfangreichere Ablagerungen, insbesondere am Gebirgsfuß und in Gräben beobachtet werden. Das gilt besonders dann, wenn Massenbewegungen im oberen Einzugsgebiet auftreten.

5.5 Flächen und Inselberge

5.5.1 Formenvielfalt

Das entscheidende Kriterium für eine Rumpffläche ist: Gesteine unterschiedlicher Widerständigkeit werden in gleicher Weise von der Fläche geschnitten. Das ist nur durch sehr intensive Verwitterung zu verstehen. Hierfür muß man heute ein heißfeuchtes Klima als Bedingung ansehen. Für weit ausgedehnte Ebenheiten mit sehr geringem Relief kann man annehmen, daß sie im immerfeuchten Klima im Niveau des Meeresspiegels oder wenig darüber entstanden sind. Einerseits läßt sich aus der Höhe der aufragenden Inselberge, zum anderen aus dem Abstand zu den tieferen Flächen eine flächenhafte Mindestabtragung ableiten, die meist mehrere hundert Meter beträgt. Da eine Tieferlegung um 100 m 2–10 Mio. Jahre erfordert (Bremer 1981, 1982), ergibt sich für viele Flächen ein tertiäres, oft ein alttertiäres oder sogar kretazisches Alter. Das wird manchmal auch durch geologische Indizien angezeigt, neuerdings durch absolute Datierungen bestätigt. Die sehr ausgedehnten Ebenheiten findet man fast nur als Reste in höheren Lagen und dieses weltweit, da im Alttertiär das Klima weltweit tropoid war, die Heraushebung noch kaum begonnen hatte.

Jüngere Flächen zeigen eine größere Formenvielfalt, sei es, daß sie mehr Inselberge aufweisen, sei es, daß sie stärker durch Hohlformen gegliedert sind. Am besten verstehen kann man die Formenvielfalt, wenn man die Durchfeuchtung als Steuerungsfaktor bedenkt. Sie wird durch die Heraushebung und/oder durch Änderung zum wechselfeuchten Klima differenziert und in beiden Fällen auf mehr oder minder breite Tiefenlinien konzentriert. Es entstehen die Formen der „eingeschränkten Flächenbildung“, wie sie am Beispiel von Sri Lanka abgeleitet wurden (Bremer 1981): Flächenstreifen (s.o. 5.4) können mehrere Zehner Meter bis einige Kilometer breit werden. Insbesondere, wo sie über Wasserscheiden hinwegziehen, zeigt sich, daß sie keine Formen der fluvialen Eintiefung sind – ohnehin sind Flüsse in ihnen selten. Solche Flächenstreifen können offenbar Leitlinien für die Eintiefung sein, sie entwikkeln sich dann zu Flächenpässen (s.u. Abb. 5.7). Diese verbinden intramontane Becken mit dem Vorland oder einem anderen Becken, oder aber ein Flächenpaß trennt ein Inselgebirge oder einen Auslieger Inselberg von der Stufe. Die Öffnungen in den großen Landstufen, die Gaps oder Ghats sind vielfach wohl ursprünglich als Flächenstreifen angelegt worden, haben aber bei der weiteren Eintiefung ein stärkeres Gefälle erhalten.

Während Flächenstreifen heute im immerfeuchten Klima entstehen, sind die großen Spülmulden für das wechselfeuchte Klima typisch. Sie können nach abwärts in Spülflächen übergehen, sich bei stärkerer Heraushebung aber auch zu Muldentälern (Kehltäler n. Louis 1979) eintiefen. Im immerfeuchten Klima erfolgt eine Eintiefung durch Klammen, Kastentäler, Breittäler und intramontane Becken. Weitere Formen der eingeschränkten Flächenbildung sind Streckhänge (s.u. 5.7), mehrere hundert Meter bis einige Kilometer lange Hänge mit unter 10° Neigung. Sie können sowohl an Tälern auftreten – man kann die Flanken von Spülmulden dazu rechnen – als auch an Rumpf- und Schichtstufen. Dort liegen sie an Vorsprüngen, wo die Durchfeuchtung im Vergleich zu den Flächenbuchten geringer ist (Bremer 1971). Bei der eingeschränkten Flächenbildung sind ferner oft mehr Gesteinsausbisse, initiale und manchmal auch höhere Inselberge sowie Grundblöcke zu beobachten. Das gilt insbesondere für die wechselfeuchte Zone, wo eine ererbte tiefgründige Verwitterungsdecke abgetragen wird, die rezente Verwitterung nur entlang der Tiefenlinien und im unteren Teil der Streckhänge noch sehr intensiv ist.

Die verschiedenen Formen beim Übergang vom Hang zur Fläche kann man ebenfalls mit Hilfe der Durchfeuchtung besser verstehen. In der immerfeuchten Zone stößt die Fläche oft scharf an einen steilen Hang, oberhalb bleiben bei einer schnellen Tieferlegung prallkonvexe Hangformen zurück. Ein flacherer Unterhang mit mehr gleitendem Übergang zu einer am Bergrand stärker geneigten Fläche (Spülpediment) ist charakteristisch für die wechselfeuchte Zone. Sonderformen, die vergleichsweise selten auftreten, die aber sehr auffallen, sind Hohlformen am Hangfuß, die wohl bei längerem Stillstand der Tieferlegung entstehen. In der immerfeuchten Zone sind es mehrere Meter tiefe Bergfußhöhlen, die auch in Silikatgesteinen, vor allem aber im Kristallin ausgebildet sind, in der wechselfeuchten Zone können runde konkave Formen – Hohlkehlen – entstehen. Der Hangfuß kann auch in den Tälern unterschiedliche Formen aufweisen, was meist nicht durch Ablagerungen bedingt ist. In der immerfeuchten Zone sind daher oft Kastentäler, meist mit Absätzen (=Reste alter Talböden) zu sehen, während Muldentäler eher in der wechselfeuchten Zone ausgebildet sind. Die Kleinformen am Hangfuß können durch die lokale Durchfeuchtung variiert werden, so daß z.B. Hohlkehlen neben flacheren Hängen liegen, wie am Beispiel des Ayers Rock gezeigt werden konnte (BREMER 1965).

Neben den Flächen sind die Inselberge für die Tropen charakteristisch. Sie ragen vereinzelt oder als ganzer Schwarm wie Inseln über dem Meer über den Flächen auf. Daher haben sie ihren Namen. Wird aus einer tiefgründigen Verwitterungsdecke das Gestein an einer Stelle freigespült, setzt das Divergieren der Verwitterung ein. Das Wasser läuft auf dem Gestein schnell ab, und diese Stellen sind daher edaphisch arid, während im umgebenden Boden das Wasser versickert und dort zur weiteren Verwitterung beiträgt. Der Inselberg wächst daher

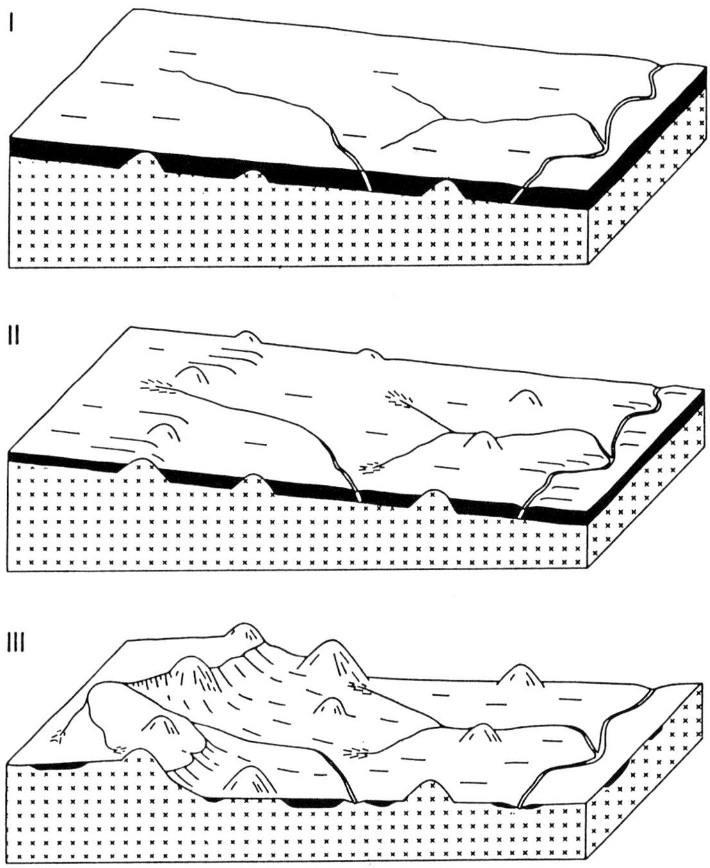

Abb. 5.4. Wird eine Scholle schräg gestellt, wird die Fläche tiefergelegt, und zwar nahe des Flusses etwas schneller, da dort die Durchfeuchtung stärker ist (Stadium 1). Wenn das Anstehende freigelegt wird, entstehen Inselberge und kleine Anstiege (Stadium 2), die durch selbstverstärkende Prozesse zur Rumpfstufe mit Aufsitzer- und Auslieger-Inselbergen (Stadium 3) werden. Diese Entwicklung ist aus Beobachtungen in Südwestnigeria abgeleitet worden. Vereinfacht nach BREMER 1971, Zeichnung aus BREMER 1993, 192.

relativ gesehen aus der sich tieferliegenden Fläche heraus. Dabei kann er sehr unterschiedliche Formen erhalten, die nachträglich meist nur wenig verändert werden (s.u. Abb. 5.6).

Ebenso wie bei den Flächen kann man auch bei den Inselbergen sehr unterschiedliche Formen beobachten. Die Kleinformen sind durch die Verwitterung bedingt (s.u. 5.5.4), für die Großformen sollte man aber eine unterschiedliche Intensität bei der Tieferlegung der Flächen berücksichtigen. Glockenberge entstehen bei sehr intensiver Verwitterung, Inselberge mit flacheren Hängen, die oft blockbedeckt sind, bei eingeschränkter Flächenbildung. Ist im unteren Teil eines Glockenberges ein schräger Sockel vorhanden, kann man auf eine Änderung der Flächenbildung zu einer weniger intensiven Form schließen. Eine besondere morphologische Lage kennzeichnet die Aufsitzer- und die Auslieger-Inselberge an Rumpfstufen (Abb. 5.4). Sie können wahrscheinlich Auskunft über den Mechanismus der Stufenentstehung geben. Sind diese Inselberge sehr zahlreich, deutet das auf eine langsame Entstehung der Stufe, was wohl eher tektonisch als klimatisch bedingt ist.

Rumpfflächen und Inselberge sind Abtragungsformen, wobei lokal in den Flächen vor allem in der wechselfeuchten Zone durchaus Ablagerungen zu beobachten sind. Manchmal liegen Sedimente zwischen Grundblöcken oder Klippen (vgl. z.B. Späth 1981, Fig. 5). In diesen Fällen ist eine Auffüllung mehr oder minder gleichzeitig mit einer Tieferlegung durch subterrane Abfuhr wahrscheinlich. Inwieweit ähnliche Vorgänge auch für Dambos gelten oder ob sie in einer räumlich ausgedehnteren Auffüllung von Spülmulden liegen, bedarf noch weiterer Untersuchungen. In den Tropen sollte man aber Ablagerungen entlang von Tiefenlinien nicht gedanklich in der Ausdehnung extrapolieren und als später abgetragen bezeichnen, da die subterrane Abfuhr oft nur lokal verstärkt wirkt. Ausgedehntere Sedimentationen scheinen – abgesehen von den großen Ablagerungsgebieten – in den Unterläufen der Flüsse bedingt durch den postglazialen Meeresspiegelanstieg vorhanden zu sein.

Wahrscheinlich lassen sich die Formen der eingeschränkten Flächenbildung nach klimamorphologischen Zonen ordnen (Tab. 5.2).

Da die Durchfeuchtung der wesentlichste Steuerungsfaktor ist und sie nicht nur vom Klima gesteuert wird, sondern auch von der Wasserwegsamkeit des Gesteins und des Bodens, ferner von dem Zudrang oder der schnellen Abfuhr des Bodenwassers auf Grund des Reliefs abhängig ist, sind die Feuchteverhältnisse oft in kurzen Entfernungen wechselnd. Es kann daher nicht verwundern, wenn die unten aufgelisteten Formen fast nie ausschließlich ausgebildet sind, vielmehr zahlreiche Übergänge zu beobachten sind. Abweichungen können so-

Tabelle 5.2. Formen der eingeschränkten Flächenbildung.

immerfeuchte Zone	wechselfeuchte Zone
Flächenstreifen	Spülmulden
intramontane Becken	Spülflächen (Dambos)
Flächenbuchten	Spülpedimente
Flächenpässe	
Breittäler mit Absätzen oft kastenförmig	Kehltäler
Glockeninselberge	mehr kleinere Inselberge, Klippen und Grundblöcke
prallkonvexe Hangelemente	unregelmäßige Hangelemente, oft blockbedeckt
Fußhöhlen	Hangfußkehlen
(Streckhänge an Vorsprüngen von Stufen)	Streckhänge

wohl zur trockneren als auch zur feuchteren Seite hin erfolgen. Einzelformen sind daher wenig aussagekräftig, vielmehr muß entweder eine größere Verbreitung gegeben sein oder aber mehrere Indikatoren weisen auf ein gleiches oder ähnliches prägendes Klima hin. Unter diesen Einschränkungen lassen sich die Formen der eingeschränkten Flächenbildung paläoklimatisch deuten.

5.5.2 Formen der Petrovarianz?

Da für Forscher aus den Außertropen die Unabhängigkeit vom Gestein für Landformen, nämlich für Rumpfflächen, ungewöhnlich ist, hat man vielfach versucht, wenigstens die Inselberge als gesteinsbedingt zu erklären, sei es, daß sie aus besonders hartem Gestein bestehen sollen, oder daß wenig Klüfte vorhanden seien. Solche Strukturinselberge kann man gelegentlich beobachten, aber dieses kann keine allgemeine Erklärung sein, ebenso wenig wie man die Inselberge als Reste der Abtragung ansehen kann. Das initiale Freispülen kann vielmehr auf Wasserscheiden (Fernlinge) ebenso wie nahe der Erosionsbasis erfolgen. Gegen eine generelle Gesteinsabhängigkeit der Inselberge sprechen folgende Argumente:

Inselberge sind meist in kristallinen Gesteinen ausgebildet, wo eine Gesteinsabhängigkeit nur schwer oder überhaupt nicht nachweisbar ist, zumal die Umgebung meist tiefgründig verwittert ist. Ayers Rock in Zentralaustralien liegt dagegen in einer steilgestellten Arkose (grobkörniger, feldspathaltiger Sandstein), die benachbarten Olgaberge sind in einem flachlagernden Konglomerat als Reihung von Dom- oder Glockenbergen ausgebildet, der Mt. Connor sieht wie ein Tafelberg aus und besteht aus einem flachlagernden Quarzit. Von der Form her scheint also nur bei Letzterem eine Anpassung an die Gesteinsstruktur gegeben, vor allem aber ist die Verbreitung, bzw. die Lage der Inselberge unabhängig davon, denn Sedimentgesteine sind über Entfernungen von Kilometern bis Zehner von Kilometern mehr oder minder gleichförmig ausgebildet. Daher kann man diese Inselberge mit einigen hundert Metern Durchmesser nicht durch hartes Gestein erklären. Selbst im Kristallin ist dieses fast nie nachgewiesen worden. Auch ein besonders weitständiges Kluftmuster greift nicht als Erklärung, denn Klüfte sind mehr oder minder regelmäßig, so daß Inselberge in einem wiederkehrenden Muster verbreitet sein sollten. Die oben geschilderte Entstehung steht im übrigen nicht im Widerspruch zu einer besonderen Gesteinshärte, sie ist umfangreicher und schließt diese ein.

Gelegentlich werden auch Wasserfälle als gesteinsbedingt angesehen. Aber hier ist ebenfalls eine umfassendere Erklärung gegeben, wenn man die Feuchteverhältnisse bedenkt. So liegen Wasserfälle oder Stromschnellen in Sri Lanka oft aufwärts von intramontanen Becken (Bremer 1981). Eine stärkere Durchfeuchtung reicht also unter dem Flußbett im Einzugsgebiet weiter aufwärts, bevor es zum Divergieren kommt. Mit dem Gesteinsausbiß entsteht dann eine neue Basis für die subterrane Wasserbewegung, so daß oberhalb erneut ein intramontanes Becken und ein Wasserfall entstehen können.

5.5.3 Formen der Tekto- und Klimavarianz

Ebenso wie Täler in den Außertropen sehr unterschiedliche Formen aufweisen können, sind – wie oben (5.5) ausgeführt wurde – Flächen und Inselberge sehr variabel. Der Formenschatz reicht von fast ausdruckslosen Ebenheiten mit sehr geringem Gefälle, wie in Teilen Zentralaustraliens, bis zu Flächen mit Spülmulden bis zu 50 m Tiefe und 1–2 km Breite, wie im zentralen Dekan. Es gibt Flächen im Kristallin, auf denen Inselberge selten sind oder fehlen, wie auf den ausgedehnten Wasserscheiden Zentralaustraliens, und Flächen mit vielen Inselbergen, wie im Osten von Sri Lanka.

Diese Unterschiede gehen vor allem auf die Entstehung zurück, nämlich eine mehr oder minder gleichförmige Verwitterungsfront und eine langsame oder schnelle Tieferlegung. Zum anderen werden Flächen im semihumiden Klima weitergebildet. Spülmulden mit noch anhaltender intensiver Verwitterung im Muldentiefsten führen zu einer auf die Tiefenlinien eingeschränkten Flächenbildung. Im semiariden Klima werden Flächen erhalten oder umgestaltet, indem Flüsse eine größere Bedeutung erlangen. Sie können streckenweise, wenn auch nur wenig, eingetieft sein und in den Pfannen langsam aufschütten wie in Zentralaustralien. Bei stärkerer Reliefenergie und vielleicht auch länger bestehender Aridität, wie in Trockengebieten der Nordhalbkugel, sind an den Gebirgsrändern Pedimente im anstehenden Gestein oder Glacis mit Aufschüttungen (die Terminologie ist nicht einheitlich) entstanden.

Neben dem Klima ist die Tektonik (Hebung und Senkung) der wichtigste Faktor für die Flächenentstehung, Weiterbildung, Umformung und Erhaltung. Große Flächen entstehen in geringer Höhe über dem Meeresspiegel, wo die gleichmäßige Durchfeuchtung für die gleichmäßige Verwitterung gegeben ist. Halten solche Bedingungen über einige Jahrmillionen an, bildet sich eine sehr flache, wenig gegliederte Fläche, auf der keine oder nur einige wenige, hohe Inselberge aufragen. Das Ausmaß und die Geschwindigkeit der Heraushebung bestimmen, wann zunehmend ein Divergieren der Verwitterung einsetzt, wann die Mächtigkeit der Bodendecke differenziert wird. Damit beginnt aber auch eine Differenzierung der Abtragung. Unter den Flüssen arbeitet die Verwitterung noch am schnellsten, hier steht fast immer Material für die Ausspülung bereit (s.u. Linienspülung). Sie tiefen sich daher ein, eine Folge ist die weitere Differenzierung der Durchfeuchtung. Natürlich werden die Prozesse durch eventuelle Klimaänderungen verzögert oder gesteigert. Ferner gibt es neben gleichmäßig verlaufenden Hebungen solche mit phasenhafter Beschleunigung.

Eine Hebung mit Stillstandsphasen ist vor allem verantwortlich für die Entstehung einer Rumpftreppe, die Ausbildung mehrerer Flächen übereinander. Dabei hat die jeweils jüngere Fläche Teile der älteren aufgezehrt und schiebt sich meist mit Flächenbuchten in den Rand der älteren Fläche, also in die Rumpfstufe ein. Bei einer schnellen Hebung – über 100–200 m hinaus – erfolgt ein „Abreißen der Denudation" (BÜDEL 1977), d.h. die obere Fläche wird mindestens am Rand nicht mehr tiefergelegt, es entsteht eine steile Rumpfstufe mit zahlreichen Gesteinsausbissen, die nicht mehr wesentlich zurückweicht (BREMER 1981).

Tektonische Bewegungen können nicht nur sehr unterschiedlich im Ausmaß und in der Geschwindigkeit sein. Bei geringer Hebung kann wohl zeitweise eine gegenläufige Bewegung erfolgen. Für große Gebiete wissen wir darüber aber noch sehr wenig. Entscheidend für die Morphogenese ist ohnehin die „Basisdistanz" (BÜDEL 1977), die Höhe über der Erosionsbasis, dem Meer und die Entfernung dahin. Da der postglaziale Meeresspiegelanstieg beim Abschmelzen des Eises geologisch gesehen sehr schnell erfolgte, ebenso wie die vorhergehende Absenkung, fehlen uns die rezenten Beispiele für ausgedehnte Abtragungsflächen im Meeresniveau.

Ferner hat die Tektonik unterschiedliche Auswirkungen, je nach dem Klima, in dem sie erfolgt ist. Dabei beeinflußt der Faktor Zeit – wie lange die Gebiete schon herausgehoben sind und/oder dem neuen Klima unterliegen – das Ausmaß der Umgestaltung. Diese theoretischen Ansätze zeichnen sich als allgemein gültig ab, sie sind aber noch keineswegs für die einzelnen Landschaften in den Tropen angewendet worden. „Reliefgenerationen" (BÜDEL 1977) in den Tropen (BREMER 1977) sind noch kaum erforscht. Die Nichtbeachtung dieser Prinzipien hat zu einer sehr verwirrenden Diskussion über die Flächenbildung geführt, wie Berichte von Symposien zeigen (RATHJENS 1968, HÖLLERMANN 1990).

Wahrscheinlich kann man generell davon ausgehen, daß die höheren, d.h. die älteren Flächen im Alttertiär oder in der oberen Kreide entstanden sind. Sie sind in den heutigen Randtropen schon früh in ein wechselfeuchtes Klima geraten. Dort kann man von einer Umprägung sprechen, d.h. die Flächen werden stärker durch Spülmulden gegliedert. Im semiariden bis ariden Klima bleiben sie bei geringer Basisdistanz erhalten oder werden nur wenig weitergebildet, können aber zertalt werden. Für Pedimente und Glacis muß man wohl mit einer lange zurückliegenden stärkeren Heraushebung rechnen. Dabei scheint der größere Schuttanfall der Fanglomerate (Fanger) weitgehend auf außertropische aride Gebiete beschränkt zu sein.

In der anschließenden Übersicht (Tab. 5.3) sowie Abb. 5.5 sind einige der mir bekannten Landschaften nach den dargelegten Prinzipien geordnet – ein Versuch, der als Denkmuster und Diskussionsgrundlage dienen soll. Unter ‚Hebung' ist dabei die Hebungsintensität und die Distanz zur Erosionsbasis =Basisdistanz zu verstehen. Abb. 5.5 ist naturgemäß stark schematisiert, so sind keine Sedimente eingetragen.

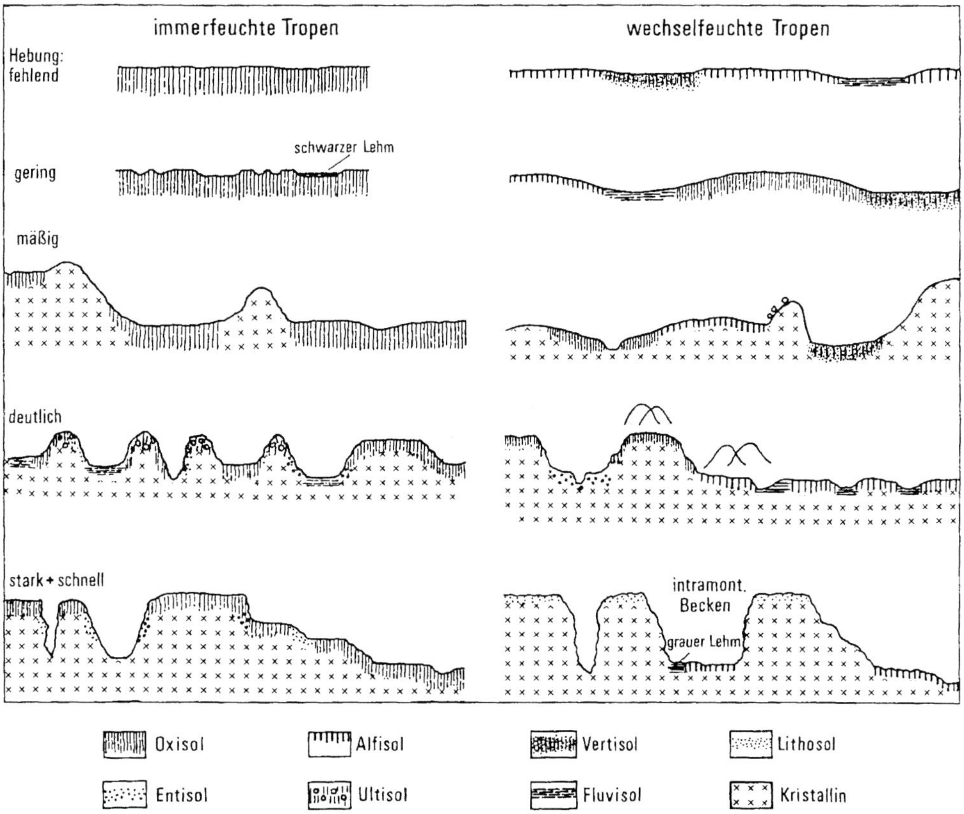

Abb. 5.5. Tektovarianz der Reliefentwicklung in den immerfeuchten und wechselfeuchten Tropen (Beispiele s. Text). Stark überhöhte, schematische Darstellung.

Tabelle 5.3. Flächenbildung in der Tekto- und der Klimavarianz.

Hebung	immerfeuchtes Klima	wechselfeuchtes Klima
fehlend bis sehr gering	wenig gegliederte Fläche, Inselberge sind selten	
	evtl. geschlossene Depressionen mit lokalen Ablagerungen und beginnender Inselbergbildung auf Wasserscheiden – Teile des kristallinen Amazonas-Gebietes, Roraima. Bei langer Andauer Tieferlegung der Fläche. Als Vorzeitformen Altflächen heute in fast allen Klimazonen	wenig eingetiefte, breite Spülflächen mit grauen/schwarzen Böden, an größeren Flüssen auch Ablagerungen, besonders in Meeresnähe. Langsame Freispülung der Verwitterungsbasis auf höheren Teilen mit geringer Neubildung von Böden, Nordteil des australischen Nordterritoriums, Teile im SE Sri Lankas.
gering	ältere Fläche wird gegliedert durch:	
	Flächenstreifen zwischen niederen, tief verwitterten Plateaus, die durch Mulden aufgezehrt werden. Entstehung von Inselbergen. Ablagerungen in Flußmündungsgebieten, die durch eustatischen Meeresspiegelanstieg gestaut sind. W und SW von Sri Lanka, S-Vorland der W-Ghats.	Beginnende Spülmuldenbildung. Dambos, d.h. lokale Aufschüttungsareale mit Piping und langsamer Tieferlegung infolge subterraner Abfuhr. Boden s.o., streckenweise Ablagerung entlang von Flüssen. In Gesteinsschilden Verwitterung entlang von Klüften, damit Bildung von Blockinselbergen. E-Afrika, W-Queensland.
mäßig (± gleiche Geschwindigkeit wie Verwitterung im immerfeuchten in die Tiefe vordringt)	Flächentieferlegung mit Flächenbuchten und intramontanen Becken. Entstehung von Inselbergen und von Sockeln an Inselbergen. Gebirgsvorland W-Sri Lanka, W-Ghats, Rio Negro-Gebiet, kristallines Rondonia.	Breite Spülmulden, Grundhöckerflur wird z.T. entblößt, Flüsse sind etwas eingetieft mit Stromschnellen, temporäre und punktuelle Ablagerungen an Flüssen und am Bergfuß. Blockinselberge. Zentraler Dekan, Teile E- und W-Afrikas (middle belt).
deutlich	Hügelland mit Breit- und Engtälern, Hänge steil (Regolithhang über 25°) mit Kerben und Klippen oder flach (unter 10° Streckhänge) mit breiten Mulden. Flüsse mit Stromschnellen und kleinen Wasserfällen, gelegentlich auch Talfüllungen. Sonderform Halborangen (können auch als aufgelöste Rumpfstufe vor höheren Niveaus entstanden sein). Rand und Vorland W, SW und NW des Hochlandes von Sri Lanka, der W-Ghats, Uva-Becken, SE-Brasilien, Hinterland von Rio.	Flüsse deutlich eingetieft in zertalten Flächen, breite Muldentäler, die nach abwärts in Kerb- und/oder Kastentäler übergehen, die sich zur tieferen Fläche öffnen. Meist viele Inselberge am Stufenrand und davor. Im allgemeinen geringmächtige Böden mit Relikten auf den Wasserscheiden. Ablagerungen vor allem vor der Stufe entlang der Flüsse. E-Ghats, N-Venezuela, N australisches Nordterritorium, SE-Afrika.
Stark und schnell	In alten Schilden: zertalte Plateaus mit Randstufen bis zu 1000 m. Täler mit Kasten/Kerbform und Klammen. Viele Wasserfälle. Hänge häufig zusammengesetzt aus steilen Abschnitten über 45° (Felshänge) und flachen, unter 10° Neigung (Streckhänge). In den Plateaus intramontane Becken, Mulden, Breittäler. W-Ghats, Große Südwall Sri Lanka, E-Queensland.	In alten Schilden: meist vererbte Formen aus dem immerfeuchten Klima (s. dort), deren Böden stärker abgespült sind. Plateaus durch Mulden- und Kastentäler stärker gegliedert. Ablagerungen entlang von Flüssen und am Bergfuß punktuell.

Semiaride bis aride Klimate

Hebung	Seit Jungtertiär bis Mittelpleistozän	Seit Alt- bis Mitteltertiär
fehlend bis wenig	Reliktformen gut erhalten, Reliktböden weit verbreitet, große Felder roter Dünen, weitgehend reliktisch, entlang von Flüssen gelbe Dünen, flood-outs, Zentralaustralien, komplexe Dünenfelder in SW-Afrika nach Besler.	Reliktformen stärker freigespült. Böden stärker abgetragen, Jos-Plateau in Nigerien. Starke Ton-Lehm- und Feinsandablagerungen in großen tektonischen Senken wie Niger-Binnendelta, Tschadsee-Senke.
mäßig bis deutlich	Entblößung einer Grundhöcker-Inselbergflur, Pilzfelsen, nur Wurzeln von Reliktböden – kristalline Teile im N-Sahel; SW-Afrika nach Rust. Freilegung von Spülpedimenten und Calcrete-Bildung im nördlichen SW-Afrika. Nach Blümel.	Zertalte Plateaus, vielfach abgespült, mindestens randlich, Ablagerungen in tektonischen Senken und entlang größerer Flüsse. Mali, Ferncrete verbreitet; SW-Queensland, sandige Oberböden verbreitet.

5.5.4 Inselberge und Verwitterungsformen

Inselberge sind meistens sehr alte Formen. Das geht allein aus ihrer Höhe hervor, da man für die Tieferlegung der umgebenden Fläche um 100 m 2–10 Mio. Jahre rechnen. kann. Ferner sind manche Inselberge, die heute im Gebiet trockenerer Savannen liegen, schon im Miozän, also vor 15 Mio. Jahren ausgebildet oder noch früher angelegt worden (Bremer 1965, 1995). Inselberge sind also sehr stabile Landformen. Man kann zwei wesentliche Grundformen unterscheiden (Abb. 5.6): Berge mit steilen, glatten Hängen, oft mit prallkonvexen Abschnitten (über 35°), werden als Glockenberge, Zuckerhut oder auch domförmige Inselberge bezeichnet (nach dem englischen dome für kleine Intrusionen, durch die sie aber meist nicht bedingt sind). Die prallkonvexen Formen entstehen im immerfeuchten Klima, wo die Feuchte am Fuß des Inselbergs ± senkrecht in die Tiefe dringt. Die Blockinselberge haben meist flachere Hänge (um 25°) und sind mit Blöcken oft mit ½–1 m Durchmesser bedeckt. Übergangsformen, wo unter den Blöcken prallkonvexe Hangelemente zu beobachten sind, sprechen für eine ähnliche Ursache, nämlich die mehr oder minder starke Verwitterung während der Freilegung. Ein weiteres Indiz ist die Entwicklung von Sockeln an Glockenbergen, die flacher und oft blockbedeckt sind. Diese unterschiedlichen Formen sind durch das Verhältnis der Verwitterung zur Freilegung bestimmt. Dieses wiederum wird von der Durchfeuchtung, also klimatisch oder tektonisch gesteuert.

Kleinformen der Verwitterung können sowohl subterran entstanden und später freigelegt worden sein, als auch – was wohl zumeist gilt – subaerisch an dem exponierten Inselberg gebildet werden. Am Ayers Rock durchsetzen sich Verwitterungsformen, so daß eine relative Alterseinstufung möglich ist (Bremer 1965). Die Sukzession reicht wahrscheinlich bis in das Alttertiär und die Formen haben sich seitdem wenig verändert erhalten. Einerseits kann durch Vergleich mit rezenten Verwitterungsformen (Wilhelmy 1958b) eine Einordnung in Paläoklimate erfolgen, was andererseits durch Parallelisierung mit den Klimaphasen, wie sie aus der Morphogenese auf den umgebenden Flächen abgeleitet wurden, bestätigt werden konnte. Für ein immerfeuchtes Klima spricht die insgesamt prallkonvexe Form des Ayers Rock, mindestens solche Hangabschnitte sowie große Lösungsrunsen. Manchmal ist am unteren Ende des

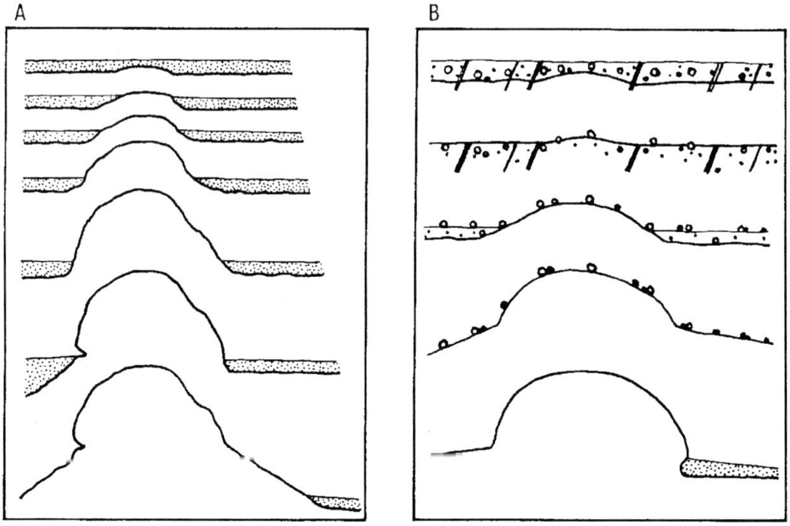

Abb. 5.6. Stadien der Entwicklung von Inselbergen. Bei gleichmäßiger starker Durchfeuchtung (A) entsteht ein glocken- oder domförmiger Inselberg, der je nach Durchfeuchtung Absätze oder auch Hohlkehlen oder gar Höhlen aufweist. Meist deuten solche Kleinformen auf einen Stillstand bei der Tieferlegung. Oft haben solche Inselberge aber auch einen schrägen Sockel, was durch schnellere Entblößung infolge Heraushebung oder langsamere Verwitterung infolge Klimaänderung bedingt sein kann.
Bei einer klimatisch bedingten, weniger intensiven Verwitterung bleiben Grundblöcke im Verwitterungsmantel, es entsteht ein Blockinselberg (B). Dieser kann auch an die Struktur angelehnt sein, also etwa bei weiteren Kluftabständen oder bei härterem Gestein ausgebildet sein. Die Blöcke auf dem Inselberg sind relativ stabil. Zumeist handelt es sich nur um einzelne Blöcke, die auf prallkonvexen Hangelementen wie bei (A) liegen. Der unterste Querschnitt bei B zeigt schematisch einen Inselberg, der in einem immerfeuchten Klima entstand, in einem semihumiden – semiariden Klima an feuchteren Abschnitten eine Hohlkehle erhielt (Beispiel Ayers Rock). Nach Bremer 1981a, 204/5.

prallkonvexen Hanges eine Lösungshöhle ausgebildet. In Dambulla in Sri Lanka sind sie über 10 m tief im Kristallin, in Ajanta im Dekan im Basalt am Talhang ähnlich tief und hoch. Beides sind berühmte Kulturstätten. Auch am Ayers Rock sind in den dreiecksförmigen Bergrandhöhlen Felszeichnungen von den Aboriginals angebracht worden. Tafoni sind dagegen subaerisch entstanden. Von besonderem Interesse für Botaniker sind kleine Schüsseln (Oricangas, Cuvetten) von meist nur 1–2 m Durchmesser und 10–50 cm Tiefe, da sie oft eine eigenständige Flora aufweisen (Porembski & Barthlott 1992). Die Kleinformen der Verwitterung auf Inselbergen sind bislang noch wenig ausgewertet worden. Sie zeigen, daß der Inselberg als Ganzes sehr stabil ist und nicht im Laufe der Zeit verkleinert wird. Ein Zerfall in einzelne Blöcke findet wohl nur relativ selten statt.

5.6 Flüsse und Täler

5.6.1 Einleitung

Die Flußarbeit hat in den Tropen ebenfalls einen anderen Charakter, der mit der intensiven Verwitterung in zweifacher Weise zusammenhängt: Zum einen sind deswegen Schotter in tropischen Flüssen selten, zum anderen folgt die Eintiefung vorverwitterter Linien (Linienspülung). Wegen der seltenen Schotter ist das Fließen tropischer Flüsse auf weiten Strecken unter sonst gleichen Bedingungen weniger turbulent als in den Außertropen. Selbst wo Schotter vorhanden sind, fehlen die durchgehenden Schottersohlen, es wurde daher auf einen vorwiegend einzelnen Transport der Schotter geschlossen (BREMER 1971). Ferner erfolgt durch das fehlende Geröll an der Flußsohle weniger Abrieb. Daher kann man auf Felsflächen im Fluß oft Lösungsformen beobachten.

5.6.2 Transportgut der Flüsse

Weit überwiegend wird in den Flüssen der Tropen Grobsand, Ton und Gelöstes transportiert. Der Grobsand stellt die Bodenfracht dar und wird offenbar relativ wenig durchgewirbelt, da er kaum zugerundet ist. Mittel- und Feinsand werden teils am Boden des Flusses, teils aber als Schweb transportiert, denn sie finden sich in den Ablagerungen des Überschwemmungsgebietes gemeinsam mit dem Ton. Dieser macht meist die Hauptmenge der Flußfracht aus, es sei denn, der Schweb wird vom Gelösten übertroffen. Weißwasserflüsse haben in der Regel mehr Schweb, Klarwasserflüsse mehr Gelöstes und Schwarzwasserflüsse Gelöstes und Humusstoffe (s.o. 3.11).

Einzelne Gesteinsbruchstücke, die in den Fluß gelangen, was wohl vor allem für einige Flüsse im semihumiden Gebiet gilt, werden an einer Barre gefangen. Sie werden dann kaum noch bewegt, so daß sie durch im Grundwasser zirkulierendes Eisen verkittet werden können. Rezent ist der Austritt von Eisenquellen in solchen Schottern im Daly River im australischen Nordterritorium zu beobachten. 2–5 m über dem Niedrigwasserbett liegen subrezente (?) Vorkommen, bei denen das Eisen verhärtet ist. Diese Barren sind weniger als 100 m lang und haben einen Abstand von mehreren Kilometern voneinander. Eine Verkittung von Sand haben wir auf einer Flußinsel im Orinoko gesehen.

Größere Schottervorkommen treten manchmal in jungen Hebungsgebieten am Gebirgsfuß auf. Sie sind vor allem aus Neuguinea geschildert worden (BEHRMANN 1917, LÖFFLER 1977). Zu ihrem Transport trägt vielleicht bei, daß bei Hochwasser durch Aufarbeitung von Rutschmassen ein sehr schlammreicher, also dichterer Abfluß entsteht. Ihre Ablagerung erfolgt dann bei der Gefällsabnahme am Gebirgsfuß. Solche Schotter sind manchmal auch bei geringem Gefälle weitertransportiert worden, und sie sind erstaunlich groß und sehr gut zugerundet. Wahrscheinlich sind solche Schotter aufgenommen worden, die im Flußbett durch Sandtrieb über mehrere Jahrhunderte zugerundet wurden. Als Altschotter können sie im süddeutschen Schichtstufenland in vergleichsweise hoher Lage gefunden werden, sie müssen also mittel- bis alttertiäres Alter haben. Sie liegen meist in einer feinen Matrix, zeigen aber kaum Verwitterungserscheinungen. Damit sind tropoide Bedingungen für ihren Transport wahrscheinlich.

5.6.3 Flußarbeit in den Tropen und Talformen

Da den meisten Flüssen das „Erosionswerkzeug" (Büdel 1957) fehlt, können sie nur eine geringe mechanische Tiefenerosion ausüben. Absichtlich habe ich in der Überschrift das Wort „Erosion" vermieden, denn die mechanische Arbeit, das „Ausnagen" ist gering. Es wird vielmehr vorverwittertes Material ausgespült. Das wird bei intramontanen Ebenen besonders deutlich (Abb. 5.7). Diese „Linienspülung" (Büdel 1977) bewirkt ein unausgeglichenes Längsprofil – es wird gewissermaßen die Verwitterungsfront freigespült. So entstehen Stromschnellen und Wasserfälle, die lange erhaltungsfähig sind. Auf Felsflächen, etwa oberhalb von Wasser-

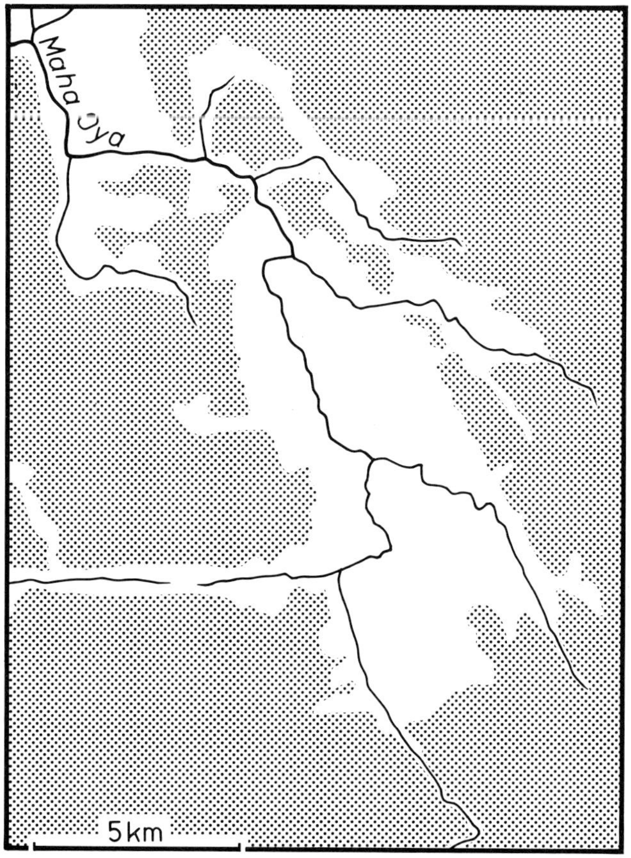

Abb. 5.7. Ein intramontanes Becken mit seinen Auslässen im westlichen Sri Lanka zeigt besonders deutlich, daß die Eintiefung durch vorhergehende Verwitterung und nachfolgende bzw. annähernd gleichzeitige Ausspülung gesteuert wird. Nur so sind die unterschiedliche Breite, der enge Auslaß, die Anlage des Flußnetzes, der Flächenpaß im Südwesten zu verstehen, denn das Becken ist nicht durch die Struktur bedingt, obwohl Umrisse und Flußabschnitte streckenweise Strukturlinien (vor allem Klüften) folgen, an denen die Verwitterung besonders schnell arbeitete. Eingeebnete Wasserscheiden und die begrenzenden Rumpfstufen mit ihren unterschiedlichen Hängen unterstützen die Vorstellung der flächenhaften Tieferlegung für das Becken und der Linienspülung für die Flüsse. Aus: Bremer 1993, 195.

fällen, können Lösungsformen, etwa im Kristallin wie am Rio Madeira im Amazonasgebiet oder im Sandstein wie im Leichhardt River in Queensland, ausgebildet sein. Sie werden durch den Sandtrieb vielleicht ein wenig zugeschliffen, aber kaum zerstört. Das heißt, daß die Lösung auf diesen Felsflächen, die allerdings einen Teil des Jahres trockenliegen, die aber aus nur schwer löslichen Gesteinen bestehen, stärker wirksam ist als die „Erosion".

Durch das Fehlen der Schotter ist auch die Seitenerosion und damit die seitliche Verlagerung bei eintiefenden Flüssen wenig wirksam. O'Reilly Sternberg (1960) berichtet, daß zwischen Amazonas und einem Nebenarm, dem Parana do Careiro, eine Insel C^{14}-Daten von 2050 ± 120 und 1100 ± 130 BP geliefert hat, eine bemerkenswerte Stabilität für alluviale Bildungen. Flüsse in Aufschüttungsgebieten können aber ihren Lauf verlagern. Das ist wohl im östlichen Peru der Fall, wo Nebenflüsse sich häufig verlagern (zit. n. Whitmore 1991, 73). Der Vorfluter ist der Rio Madeira = Holzfluß, wohin die mitgerissenen Baumstämme gelangen. Das ist offenbar eine Ausnahme, denn sonst würde der Fluß nicht so benannt sein.

Die Folge der geringen oder fehlenden Seitenerosion eintiefender Flüsse sind Täler, die nicht gleichmäßig vom Fluß gestaltet worden sind, sondern die als Ausspülungsformen sehr unterschiedliche Breite und uneinheitliche Hänge haben (Abb. 5.8). Bei schneller Eintiefung entstehen Klammen, die ebenfalls sehr alt sein können. Das kann man am Katherine Gorge im australischen Nordterritorium zeigen, wo oberhalb und unterhalb Flächen ausgebildet sind. Die Klamm muß sich also gleichzeitig mit den Flächen tiefergelegt haben, was mehrere Jahrmillionen als Alter bedeutet. Im Gegensatz zu den Klammen der Alpen können sie ein ausgeglichenes Längsprofil, also keine Stromschnellen und Wasserfälle haben, wie etwa in den gesamten unteren zwei Dritteln des Katherine Gorge.

Kerbtäler sind in den alten Schilden relativ selten, aber schmale Mulden und Kastentäler mit steilen Hängen sind häufig anzutreffen. Am Ende der Formenreihe stehen die Breittäler, die man als Übergang zur Flächenbildung ansehen kann. Solche Breittäler können sowohl im Querprofil als auch im Längsprofil gestuft sein, wie etwa im Westen des Hochlands von Sri

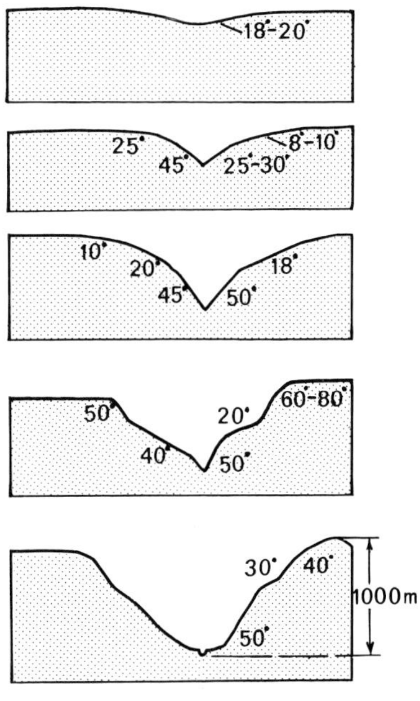

Abb. 5.8. Wenig schematisierte Querprofile von Tälern in Sri Lanka. Die Hänge sind zumeist aus unterschiedlichen Elementen (Felshang > 35°, Regolithhang um 25°, Streckhang < 10°) zusammengesetzt. Bei kleineren Tälern ist häufig eine Entwicklungsreihe (obere 3 Profile) zu erkennen von einer Mulde, in die ein Kerbtal und eine weitere Kerbe eingetieft sind. Bei breiten Tälern sind meist Absätze ausgebildet, die anzeigen, daß die Tieferlegung prinzipiell ähnlich wie auf den Flächen des Vorlandes erfolgt. Aus: Bremer 1981, 65.

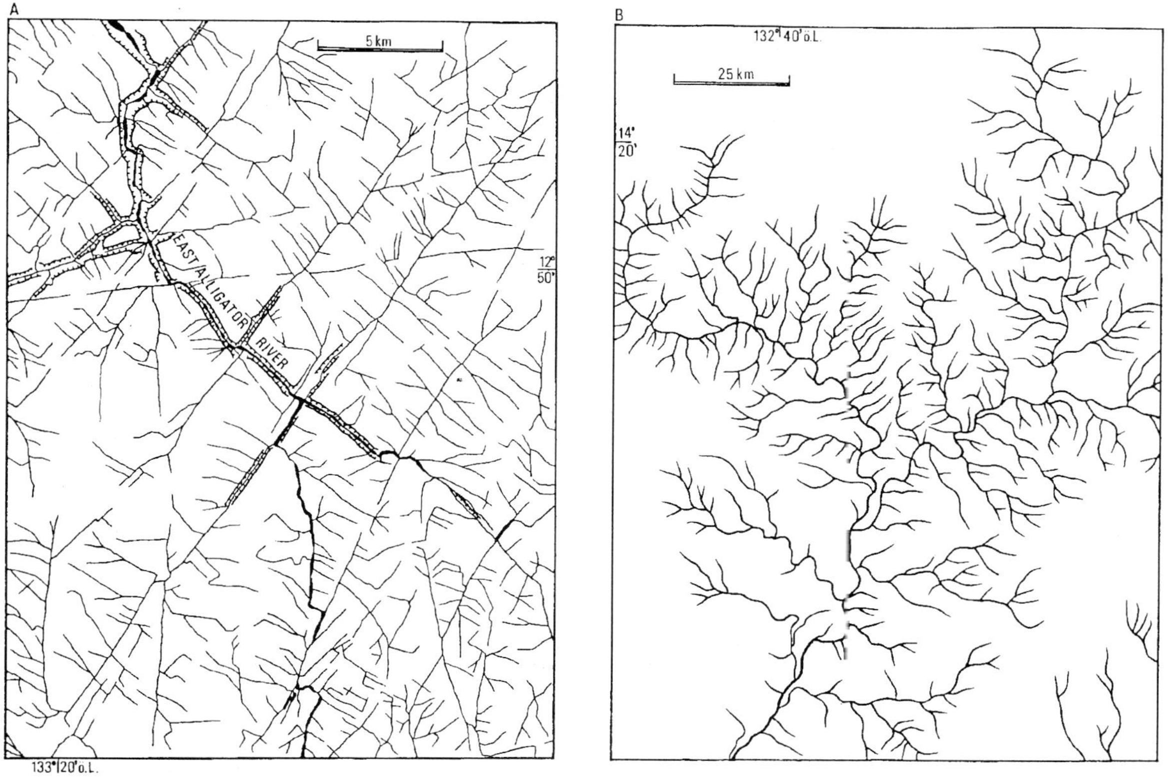

Abb. 5.9. A) Eine sehr enge Abhängigkeit des Flußnetzes von tektonischen Linien kann man im nördlichen Arnhem Land Plateau beobachten. Die Flüsse fließen zum Teil in Klammen, zum Teil in flachen Mulden auf dem Plateau. B) Etwas weiter südlich, wo der Kombolgie Quarzit von geringmächtigen, lockeren kretazischen Ablagerungen überdeckt ist, hat sich ein dendritisches Flußnetz ausgebildet, das ebenfalls in seinen unteren Ästen eingetieft ist. Hier ist die Verwitterung bevorzugt unter den Bächen erfolgt, wo es immer etwas feuchter ist. Nach: BREMER 1980, 169/170.

Lanka. Die unterschiedlichen Talformen können sich in gleicher morphologischer Lage befinden, sind also wahrscheinlich gleichalt. Es ist die Durchfeuchtung, die die Verwitterung und damit die Linienspülung steuert. Daher ist auch bei den tieferen Tälern oft eine zusammengesetzte Form des Querprofils zu beobachten. Als Einfachstes ist eine Mulde zu nennen, in der ein engerer Einschnitt liegt. Hier hat sich die intensive Verwitterung von zunächst größerer Breite auf eine Linie beschränkt. Mit Hilfe der Durchfeuchtung sind oft auch die unterschiedlichen Talabschnitte (s.u. 5.8.3) zu verstehen.

5.6.4 Anlage der Flußnetze

Im Grundriß sind eingetiefte Flüsse meist gestreckt (Abb. 5.9 A). Sie können dabei scharfe Ecken aufweisen. Manchmal fließen sie in einzelnen Abschnitten sogar gegenläufig (Beispiele in Bremer 1971). Diese Formen erklären sich durch das Voranschreiten der Verwitterung entlang von Klüften und das Ausspülen des dadurch aufbereiteten Materials. Da die Verwitterung unter dem Fluß bei guter Durchfeuchtung immer schneller wirken kann als in benachbarten Gebieten, kann sich unter Umständen ein gewundener Flußlauf in die Tiefe vererben (Abb. 5.9 B). Wahrscheinlich erfolgt die Anlehnung an das Kluftnetz bei geringer Bodenmächtigkeit auf der Ausgangsfläche, die Vererbung des gewundenen Verlaufs von einem mächtigeren Boden. Entscheidend ist aber, daß der Grundriß bei eingetieften Flüssen nachträglich nur wenig verändert wird. Die rückschreitende Erosion, die leichter ausräumbaren Partien folgt und bei stärkerem Gefälle zu Anzapfungen führt, scheint weitgehend außer Kraft gesetzt zu sein. Flußumlenkungen und Anzapfungen erfolgen in den Tropen wohl nur in extrem flachen Gebieten, wie die Bifurkationen zwischen Orinoko und Rio Negro zeigen. Sie liegen in einem Abtragungsgebiet, wo die Flüsse trotz des extrem geringen Gefälles Stromschnellen haben. Im Okawango Delta (Abb. 5.10) hingegen kann man annehmen, daß Laufverlagerungen und Flußlaufteilungen mit den Ablagerungen zusammenhängen.

5.6.5 Aufschüttende Flüsse, Flußmündungen

Aufschüttende Flüsse sind in den Tropen in den großen intrakontinentalen Senkungsgebieten wie dem Kongobecken, dem Amazonastrog zu finden sowie in Gebirgsvorländern und bei flachem Gefälle in Meeresnähe, wo ein Rückstau durch den postglazialen Meeresspiegelanstieg erfolgte. Im einzelnen sind Aufschüttungsformen sehr unterschiedlich. Sie sind bislang noch nicht systematisch erfaßt worden. Steuernde Faktoren sind die Geschwindigkeit der Senkung, das Vorrelief und das Klima, das die Vegetation und Korngröße des Transportgutes bestimmt.

Die Aufschüttungsformen scheinen in den Tropen vielfältiger als in den Außertropen zu sein. Das ist wohl eine Folge der im allgemeinen feineren Fracht. Grobsand verbleibt weitgehend im Fluß selbst oder aber in dem flußbegleitenden Uferdamm. Dadurch kann das Flußbett insgesamt aufgehöht werden. Liegen dahinter Flächen, die unter Umständen bei einem tieferen Meeresspiegel während der Kaltzeiten gebildet wurden oder die langsam tektonisch abgesenkt werden, entstehen hinter den Uferdämmen riesige Sumpfgebiete. Ersteres gilt für den mittleren Amazonas, letzteres für den mittleren Kongo. Am Amazonas haben die einmündenden Schwarz- und Klarwasserflüsse eine solch geringe Fracht, daß riesige Wasserflächen entstanden sind, die durch die Uferdämme so weit abgetrennt sind, daß der Nebenfluß nur in

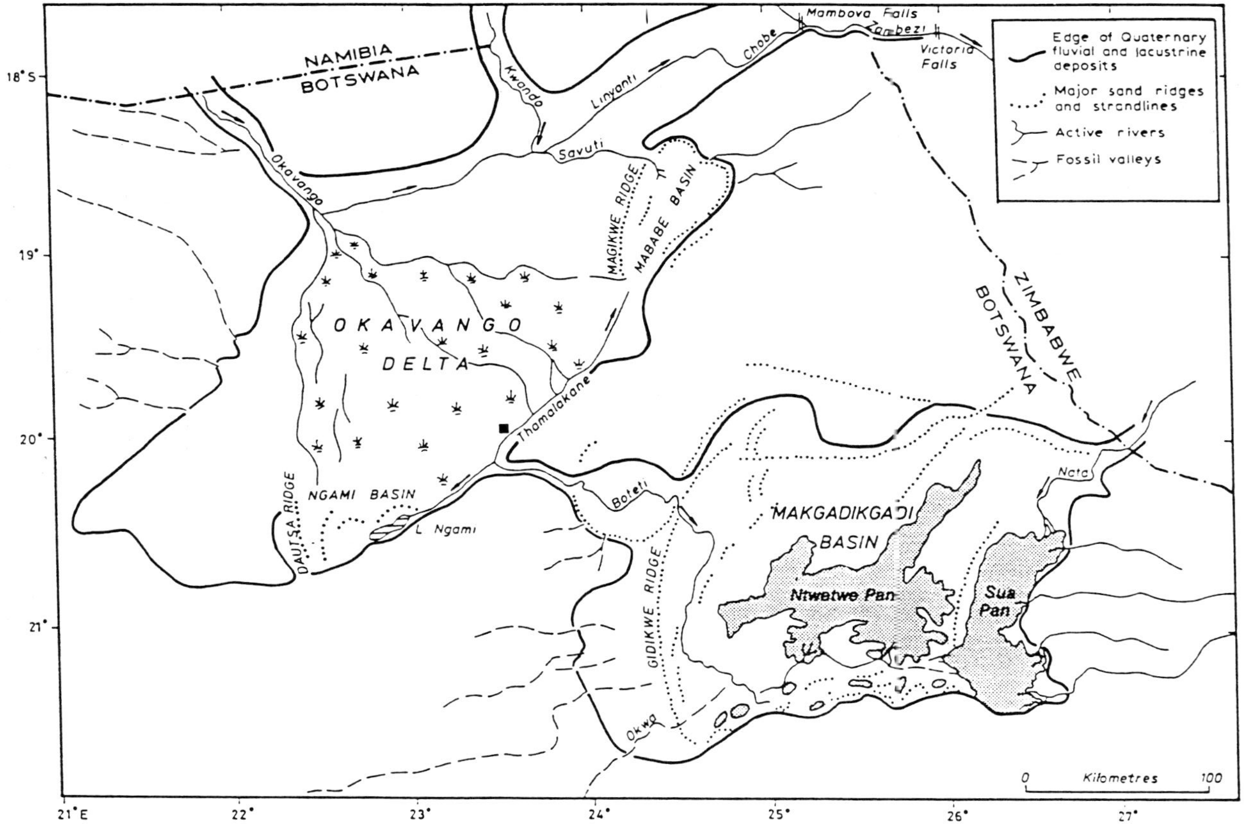

Abb. 5.10. In einem Binnendelta, einem Aufschüttungsgebiet, kann ein sehr unregelmäßiges Flußnetz entstehen. Das ist in der Regel durch die Flußaufschüttungen bedingt, die an einem Ort anwachsen und den Fluß meist bei einem Hochwasser einen neuen Lauf finden lassen. Zusammen geschwemmte Vegetation kann ebenfalls auf längere Zeit blockierend wirken. Bei einer reifen Entwicklung gleitet der Fluß dann meist zur Flanke des Deltas ab. Beim Okawango Delta sind außerdem am Rand der ehemals größeren Seen – angezeigt durch größere Ausdehnung quartärer Seesedimente –, Strandlinien und sogar Sandwälle (Windwirkung ?) entstanden. Im Maximum erreichte die Sedimentation 600 m, so daß man annehmen kann, daß sie schon im Tertiär einsetzte. Aus: Moon & Dardis 1988, fig. 7.6.

einer relativ schmalen Öffnung zufließt. Sioli (1967) nannte diese Bildungen in Anlehnung an Meeresbuchten in Spanien „Binnenrias“.

Eine besondere Form der Aufschüttung stellen die Umlaufseen dar, die Wilhelmy (1958, 1958a, s.u. Abb. 7.8) aus dem Pantanal geschildert hat. Die Mäanderbögen entwickeln nahezu kreisrunde Formen. Wenn sie abgeschnitten werden und sich der Fluß verlagert, bleibt innerhalb des geschlossenen, bewaldeten Uferdammes ein tieferliegendes Gebiet mit einem See zurück. Diese „Tigeraugen“ sind aus dem Flugzeug sehr eindrucksvoll zu beobachten. Möglicherweise sind einige von ihnen auch durch subterrane Abfuhr entstanden.

In Meeresnähe transportieren viele Flüsse vor allem Schweb, der zum Teil in der Brackwasserzone, wo sich Süß- und Salzwasser mischen, ausgefällt wird. Diese Ablagerungen werden von der Mangrove-Vegetation besiedelt und dadurch verfestigt. Ein Teil des Materials wird durch Küsten- und Meeresströmungen entlang der Küste verfrachtet. Ein weiterer Teil schließlich wird auf dem Schelf und darüber hinaus am Kontinentalhang untermeerisch abgelagert.

Die Form der Flußmündungen wird vor allem bedingt durch das Vorrelief, das beim postglazialen, Meeresspiegelanstieg überflutet wurde. Wie überall auf der Welt sind in flachen Gebieten Ästuare entstanden (vgl. Fairbridge 1980), die aber in den Tropen besonders breit sein können (s.u. 5.10). Die Menge der Fracht und das Gefälle des Schelfs bestimmen, wie schnell diese Hohlformen aufgefüllt werden, so daß sich große Deltas bilden. Diese unterliegen auch den Kräften der marinen Abtragung und Ablagerung. Da der postglaziale Meeresspiegelanstieg relativ rasch erfolgte, sind fast alle großen Flußmündungen ertrunken. Bei Deltas ist ein breiter Hauptarm oft sogar trichterförmig ausgebildet wie etwa am Amazonas oder Niger. Hier ist der Vorbau nur relativ langsam, da erst die kaltzeitlichen Ausräume wieder aufgefüllt werden müssen. In Südostasien hingegen sind die Ablagerungen der aus den Gebirgen kommenden Flüsse umfangreicher.

5.7 Hänge

Die Hänge sind vorwiegend passive Formen (im Sinne von Büdel 1977), d.h., daß sie bei der Eintiefung von Tälern und der Tieferlegung von Flächen stehenbleiben und eine nur geringe eigene Formungskraft aufweisen. Sie sind daher viel unregelmäßiger als in den Außertropen. Ihre Form und ihre Neigung wird von der Geschwindigkeit der Verwitterung und Freilegung bestimmt. Bei langsamer Tieferlegung entstehen lange, flache Hänge – Streckhänge mit unter 10° Neigung und tiefer Verwitterungsdecke in den immerfeuchten Tropen, mit einer Catena in den wechselfeuchten Tropen. Steile Hänge – Felshänge mit über 35°, oft mit Abschnitten über 45° Neigung – weisen häufig prallkonvexe Formen mindestens abschnittsweise auf. Am ehesten werden noch die Regolithhänge (Abb. 5.11) durch eine aktive Hangabtragung verändert. Sie sind um 25° geneigt, haben eine meist wenig mächtige Bodendecke und einige Gesteinsausbisse. Die bei uns sehr häufigen Hangneigungen von 10°–25° sind in den Tropen relativ selten.

Hänge mit Höhenunterschieden von 100 m und mehr sind fast immer aus den unterschiedlichen Hangformen zusammengesetzt. Sowohl in der Vertikalen als auch in der Horizontalen erfolgt meist ein schneller Wechsel. Im Gegensatz zu den Außertropen sind dabei häufig Vorsprünge einer Stufe flacher geneigt als Einbuchtungen, was mit der weniger starken Durchfeuchtung ersterer verständlich wird. Am ehesten lassen sich die unterschiedlichsten Hangformen verstehen, wenn man sich die Durchfeuchtung und damit die Intensität der Verwitterung zur Zeit der Entstehung vorstellt. Darin gehen die unterschiedlichen Faktoren wie Gestein, Hangneigung, Wasserbewegung im Untergrund etc. ein.

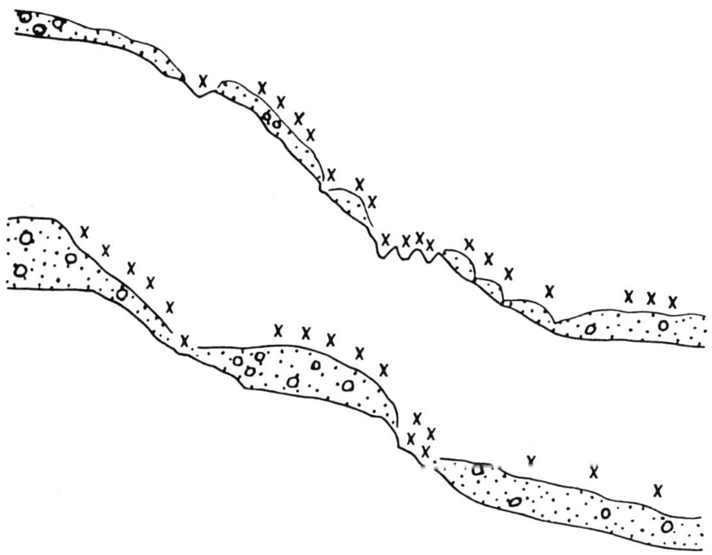

Abb. 5.11. Regolithhänge um 25° geneigt, haben Hangelemente unterschiedlicher Steilheit und verschiedener Bodentiefe. Sie sind auch wegen der nicht seltenen Gesteinausbisse recht stabil. Schematisierte Zeichnung, die Länge des Hanges kann bis zu einigen hundert Metern betragen, die Bodenmächtigkeit ist stark überhöht. Grundblöcke (Kreise) und freigespülte Blöcke sind nicht selten und meist unregelmäßig angeordnet. Da die Böden oft recht reich an Grobporen sind, kann das Niederschlagswasser schnell versickern und kommt erst verzögert wieder zutage, wirkt also kaum abspülend. Da keine großen zusammenhängenden Bodenkörper durchfeuchtet werden, kommt es auch kaum zu Rutschungen. Vielleicht erklärt dieses zerfaserte Verhalten des Wassers im Untergrund auch den Abfluß der oben (Abb. 3.2) dargestellten Bäche an steilen Hängen in Südwest Mexiko. Die Bodenmächtigkeit ist stark überhöht. Grundblöcke (Kreise) und freigespülte Blöcke (Kreuze) sind nicht selten, sie sind meist unregelmäßig angeordnet. Aus: Bremer 1995, 26.

In den Schildgebieten scheinen Fels- und wohl auch Regolithhänge mit Gesteinsausbissen relativ stabil zu sein, wie reife Verwitterungsprofile, aber auch Formenelemente (Bremer 1981) zeigen. Erstere haben außerdem zum Beispiel manchmal Runsen, 3–5 m breit und bis zu 1–2 m tief, die wahrscheinlich durch Lösung entstanden sind. Sicherlich zeigen auch die erwähnten tiefen Höhlen eine Stabilität des Hanges an. Da die Hangformen in den wechselfeuchten Gebieten sich nicht prinzipiell von denen im immerfeuchten Klima unterscheiden, sind sie wohl oft als vererbt anzusehen, das gilt mindestens für die Anlage. Ihre Ähnlichkeit spricht ebenfalls für die Stabilität der Hänge. Das wird bestätigt durch das Fehlen von größeren Schuttschleppen am Hangfuß. Eine Abtragung an Hängen erfolgt besonders in Mulden, wo sich Wasser sammelt, wo daher eine stärkere Verwitterung herrscht. Abspülung und subterrane Abfuhr sind hier besonders wirksam.

Ganz anders sehen Hänge in jungen Hebungsgebieten aus. Bei gleichförmigem Gestein, insbesondere bei Vulkaniten mit Tufflagen, kann ein Netz von relativ engständigen Kerben mit geraden Hängen entstehen. Dieses schildert Löffler (1977) von verschiedenen Gesteinen aus Neuguinea. Hangrutsche unterschiedlicher Dimension und breite Schuttströme können an solchen Hängen auftreten. Oft werden sie durch Erdbeben ausgelöst. Aber auch in diesen Gebirgen gibt es bei intensiver Verwitterung und langsamer Eintiefung breite Täler.

5.8 Hügel- und Bergländer, Gebirge

5.8.1 Einleitung

Die so häufig verwendeten Begriffe Hügel- und Bergland sowie Gebirge sind nicht scharf definiert, und es besteht keine genaue gegenseitige Abgrenzung. Höhe und Formen kann man als Unterscheidungskriterien wählen. Hier sollen vor allem wieder die Unterschiede zu den Außertropen herausgestellt werden. Dabei ist allerdings zu betonen, daß Vorzeitbildungen etwa in den Alpen zu einigen ähnlichen Großformen führten (Bremer & Späth 1981).

5.8.2 Hügelländer

Hügelländer sind in der Regel nur 100–300 m hoch und haben meist weiche, zugerundete Formen. Bei einer engständigen Zertalung durch schmale Kerb- oder Kastentäler sind sie oft gleichförmiger ausgebildet als in den Außertropen. Im Extrem ist dieses im Cockpit Karst anzutreffen. Dort stehen die Hügel mit den steilen konvexen Hängen so regelmäßig zusammen, daß dazwischen nur kleine Areale liegen, ähnlich abgeschlossen wie die Arenen der Hahnenkämpfe, daher erklärt sich der Name. Die Halborangen im Hinterland von Rio de Janeiro sind Beispiele für regelmäßige Formen im Kristallin, die niederen Hügel südwestlich der MacDonnell-Ketten in Zentralaustralien für solche in einem Konglomerat. Sie scheinen besonders bei schneller Reliefentwicklung zu entstehen, wie etwa in manchen Gebirgsvorländern in Neuguinea, Beispiele finden sich in Löffler (1977). Am häufigsten sind aber wohl Hügelländer, die durch sanfte Mulden gegliedert sind, die zum Teil auf einer Fläche auslaufen, zum Teil nach abwärts in Muldentäler und schließlich in Kastentäler übergehen.

5.8.3 Bergländer

Bergländer können Höhen von 2000–3000 m erreichen und unterscheiden sich von Gebirgen durch die weitverbreiteten Flachformen. Diese sind entweder durch steile Hänge voneinander abgesetzt oder durch sanfte Streckhänge miteinander verbunden. Entsprechend sind steile oder flache, kurze oder lange Mulden in großer Zahl ausgebildet, die das Relief unruhig erscheinen lassen. Manchmal sind die Flächenreste nur noch schwer zu einer ehemaligen Fläche zu rekonstruieren. Die Mulden haben nicht immer Anschluß an das Talnetz. Wahrscheinlich wurden sie vor allem durch subterrane Abfuhr geformt (s.o. 5.4). Unterschiedliche Bodenbildungen lassen im Hinterland von Rio eine Gliederung von Sedimenten zu (De Meis & De Moura 1984). Die Mulden sind wohl ebenso wie in den Hügelländern die Hauptformen der Abtragung.

Die Täler in den Bergländern sind oft sehr unregelmäßig. Das gilt nicht nur für den Talquerschnitt und die Hänge, sondern auch im Längsprofil wechseln steile und flache Abschnitte. Auffallend ist aber vor allem, daß im Talverlauf nur selten eine gleichmäßige Zunahme der Breite erfolgt. Typischer erscheint mir vielmehr ein Wechsel von breiten Ausräumen, engen Durchbrüchen, kasten- und auch muldenförmigen Abschnitten. Ursache ist die Tieferlegung durch Aus- und Abspülung des vorverwitterten Materials. Dabei können steile Wände entstehen, an denen Mulden und kleine Tälchen hängend münden. Eine recht gleichbleibende Breite der Täler kann man bei Breittälern finden. Sie sind aber häufig im Längsverlauf gestuft, gewissermaßen eine Treppe von eingetieften Flächenstreifen.

Es hängt von der Geschwindigkeit und dem Ausmaß der Heraushebung ab, inwieweit Flächen in größerer Höhe als Plateaus erhalten bleiben. Sie können nachträglich vor allem durch Mulden zu einem hügeligen Gelände umgestaltet werden, wie etwa die höchsten Flächen in Sri Lanka oder am Rande des Dekan, die Ostghats. Steile, tiefe Täler oder Klammen kennzeichnen dagegen die Westghats oder das westliche Arnhemland-Plateau. Besondere Formen haben die uralten (prädriftzeitlichen?) Bergländer wie die Nilgiris, die Palni Hills, die Sierra de Maracaju im südlichen Westbrasilien. Breite, sanfte Mulden gliedern die Flächen, die oft wenig deutlich voneinander abgesetzt sind. Nach außen führen nur einige, relativ wenige Täler, oft als Breittäler oder Mulden beginnend und dann als breite Kerbtäler ausgebildet. Vielleicht sind diese Formen nach der Hebung entstanden.

5.8.4 Gebirge

Die Gebirge in den Tropen haben ähnliche Höhenstufen wie in den Außertropen. Die Schneegrenze liegt am Äquator mit 4600 m tiefer als an den Wendekreisen mit 4800–6100 m. Dort sorgt die hohe Einstrahlung für starkes Schmelzen. Ohnehin scheinen die Gletscher in den Tropen kürzer zu sein, da einerseits generell das Abschmelzen stark ist, andererseits der Gürtel der maximalen Niederschläge tiefer liegt als in den Außertropen und schließlich große Firnfelder selten zu sein scheinen. Moränen sind daher in der Regel nicht sehr ausgeprägt. Da sie oft relativ nahe am Gletscherrand liegen, wird ihnen vielfach ein postglaziales Alter zugewiesen. Erst in den Randtropen, etwa im Himalaya mit seinem ausgeprägtem jahreszeitlichen Klima, finden sich lange Gletscher. Deutlich unterscheiden sich die Periglazialformen (TROLL 1944). Der Auftauboden ist infolge des täglichen Frierens und Tauens nur 10–15 cm tief im Gegensatz zum sommerlichen Auftauen im Polargebiet von ½–1 m. Entsprechend sind die Formen, etwa die Frostmusterböden, oft auch nur 1–2 dm groß.

Die tieferen Stufen der Gebirge sind im Formenschatz teilweise den Bergländern ähnlich, die aufgrund einer aktiven Tektonik eine junge Reliefentwicklung aufweisen. Die Flüsse tiefen sich hier sehr schnell ein, was eine Instabilität der Hänge bedingt. So kommt es zu Rutschungen nach starken Regen. Insbesondere werden sie bei Erdbeben ausgelöst. Es ist schwer vorstellbar, wie sich Gebirge im Laufe langer Zeiten weiterentwickeln werden. Es ist eine prinzipiell andere Morphogenese als in den alten Bergländern, die durch langsame Hebungen entstanden sind. Die lange Erhaltungsfähigkeit steiler Formen läßt in den Tropen eine andere Entwicklung erwarten als in den Außertropen.

5.9 Karst

Es war das Verdienst von Herbert LEHMANN (1936, 1953), den Karst der Tropen dem der Außertropen gegenüberzustellen. Steile Berge – Türme oder Kegel –, die isoliert über weiten Flächen stehen, sind eine außerordentlich prägnante Ausbildung von Flächen und Inselbergen. Unterschneidungs-Hohlkehlen an den Kegeln oder am Stufenrand sind Lösungshohlformen, wie sie oben (5.5.4) als Sonderformen an silikatischen Inselbergen geschildert wurden. Eine Eintiefung entlang von Klüften kann zu der geschilderten Cockpit-Landschaft führen. Alle diese Formen zeigen eine in den Tropen besonders starke Lösung der Kalke an, die theoretisch schwer verständlich ist, da CO_2 in kaltem Wasser in höherem Maße gelöst ist. Es sind aber wohl die organischen Säuren, die bei der Lösung in den Tropen mitwirken und stärker das Bodenwasser prägen.

Es gibt aber auch Landschaften in Kalksteinen, die in ihrem Formenschatz mehr dem außertropischen Karst gleichen. Ob es sich hier um Petro- oder Tektovarianz handelt, ist wohl noch nicht geklärt. Eine Bedeutung kommt den Flüssen zu, die aus Gebieten mit anderen Gesteinen zufließen. Sie bringen Fremdmaterial in die Ausräume, das aber auch eingeweht worden sein kann. Zusammen mit den Rückständen der Kalklösung kann dieses Material den Boden der Hohlformen verstopfen und so die weitere Kalklösung be- oder gar verhindern.

5.10 Küsten

Steilküsten der Tropen sind denen der Außertropen sehr ähnlich. Eine andere Ausprägung haben vielfach die Flachküsten. Schlammige Ablagerungen werden sehr schnell von der Mangrove besiedelt, die die Sinkstoffe weitgehend festhält und einen sehr guten Abtragungsschutz bietet. Sie bauen sich daher schneller vor als Wattenküsten der Außertropen. Auf die Tropen beschränkt sind Korallenriffe, da fast alle der aufbauenden Lebewesen nicht unter 18° Wassertemperaturen existieren können, zumeist sogar über 22° Wassertemperatur benötigen. Sie brauchen außerdem klares Wasser, finden sich also nicht vor Flußmündungen. Am längsten ist das große Barriere-Riff vor der Küste von Queensland, das aus vielen einzelnen Riffen und Inseln besteht. Nur in den Tropen finden sich Atolle, ringförmige Korallenriffe, die eine Lagune umschließen. In ihrem Kern kann eine Insel aus festem Gestein liegen, der meist aus Vulkaniten oder aus Korallensand besteht. Es gibt aber auch Atolle ohne Kern. Besondere Bildungen an tropischen Küsten sind der „beach rock", eine Verfestigung von Strandsedimenten durch Kalk. Die hierin ausgebildeten kleinen Karren sorgen für sehr scharfe Ecken und Kanten. Aeolianite sind kalkverfestigte Dünen, die in den Randtropen und Subtropen gebildet werden können.

Besonders gut scheinen in den Tropen Strandterrasssen ausgebildet zu sein. Diese Verebnungen sind auf unterschiedlich hohe quartäre Meeresspiegel eingestellt. Besonders schnell scheinen sie in Kalken zu entstehen (z.B. Pirazolli et al. 1987). Eine Terrassentreppe mit 11 Verebnungen über 100 m, davon 6 über 500 m Breite schildern Pirazolli et al. (1991, 1993). Wahrscheinlich wirken hier vor allem Flächenbildungsprozesse, die von der marinen Abrasion nur unterstützt und eventuell überprägt werden. Eine solch vollständige Terrassentreppe kann aber auch in den Tropen wohl nur bei gleichzeitiger Hebung entstehen. Die Flächenbildung hat sich außerdem entlang der Flüsse in Form von Flächenstreifen ausgewirkt. Das kann bei meernaher Lage bis in das oberste Einzugsgebiet reichen. Diese Verebnungen unterscheiden sich von Flußterrassen dadurch, daß sie gelegentlich über die Wasserscheiden hinwegreichen (Bremer 1981). Flächenstreifen entstanden auch bei kaltzeitlich abgesenktem Meeresspiegel. Da sie beim postglazialen Anstieg überflutet wurden, sind relativ breite Ästuare entstanden.

5.11 Geomorphologische Hazards

Es sind die raschen Massenbewegungen, die in besiedelten Gebieten Menschen bedrohen und großen Schaden anrichten. Die Schlammströme wurden oben (4.4) im Zusammenhang mit vulkanischen Ablagerungen schon beschrieben. In den Anden können verheerende Schutt- und Schlammströme außerdem durch Gletscher und Lawinen ausgelöst werden (Reynolds 1992). Vereinzelt sind Ausbrüche von gestauten Seen hinter jungen Endmoränen dafür verantwortlich.

In den immerfeuchten Tropen erfolgen Bergstürze und Bergrutsche vor allem in jung gehobenen Gebirgen, insbesondere bei vulkanischen Gesteinen trägt ein Smectitgehalt bei den Tonen zur Mobilität bei. Ferner sind in den jungen Böden die Versickerungsbahnen noch nicht so gut ausgebildet wie an alten Hängen. Aber auch an diesen können Rutsche auftreten, wenn die Wasserführung z.B. durch den Bau einer Straße etc. gestört wird.

Überschwemmungen können in den Tropen wegen der manche Flüsse begleitenden weiten Flächen sehr ausgedehnt sein. Gehören sie wie in einigen Gebieten der wechselfeuchten Tropen zu den jährlichen Hochwässern, so sind diese Überschwemmungsgebiete meist nicht oder wenigstens nur saisonal besiedelt (z.B. Fischer am Niger bei Lokoja). Das abkommende Wasser richtet auch in der Regel kaum großen Schaden an, da nur wenig Material abgelagert wird, sowie nur sehr langsam abgetragen wird. Anders dagegen sind die Flüsse zu beurteilen, die einen Uferdamm aus dem mehr sandigen Transportgut aufschütten, denn dahinter entstehen Sumpfgebiete und Lehmflächen. Diese sind meist sehr fruchtbar, werden aber bei jedem höheren Hochwasser überschwemmt. Solche Flächen werden in Südasien für den Reisbau genutzt. Ein starkes Hochwasser kann hier sehr großen Schaden anrichten. Das gilt insbesondere für die Deltagebiete, da hier die Sturmfluten vom Meer eine zusätzliche Gefahr darstellen, weil sie die Flüsse aufstauen.

Der Eingriff des Menschen hat diese Gefahr noch verstärkt. Zum einen bewirkt eine Entwässerung eine Kompaktierung des Bodens und damit ein Absinken der Oberfläche. Zum anderen wurden Uferdämme durch Deiche verstärkt, damit wurde der Flußlauf eingeschränkt, woraus ein schnellerer Abfluß und ein tieferes Eindringen der Sturmfluten resultieren kann. Das Zusammentreffen beider Flutwellen kann zu katastrophalen Überschwemmungen führen (s.u. 11.5). Außerdem kann beim ablaufenden Ast der normalen Flußhochwässer das Material, das früher auf den weiten Flächen abgelagert wurde, im Fluß selbst deponiert werden, wodurch das Bett erhöht wird. Bei absinkendem Land ist ein Dammbruch dann katastrophal.

5.12 Vorzeitformen in den Tropen

In den Außertropen hat sich in den letzten Jahrzehnten mehr und mehr herausgestellt, daß viele Landformen besonders abseits der jungen Gebirge aus der Vorzeit stammen. Sie können später mehr oder minder stark umgewandelt worden sein. Vorzeitformen in den Außertropen sind unter einem anderen als dem heutigen Klima geprägt worden. In den Tropen kann man aber auch Formen dazurechnen, die durch Heraushebung der weiteren Abtragung entzogen worden sind wie vor allem Altflächenreste. So kann man auch in den Tropen Reliefgenerationen unterscheiden (Bremer 1977), obwohl die formenden Prozesse und die Formen ähnlich sind.

Es wäre merkwürdig, wenn in den Tropen Vorzeitformen nicht ebenso weit verbreitet wären wie in den Außertropen, doch ist dieses relativ wenig diskutiert worden. Das liegt wohl vor allem daran, daß die Unterscheidung von klimatisch bestimmten Vorzeitformen und der rezenten Formung schwierig ist. Eindeutig kaltzeitliche Indikatoren wie die glazialen und periglazialen Ablagerungen in den Mittelbreiten sind in den Tropen auf sehr kleine Areale in den Hochgebirgen bzw. den Hochlagen der Vulkane beschränkt. In den tieferen Lagen war die Temperaturabsenkung wahrscheinlich auch nur relativ gering (s.u. 9.5). Es ist vielmehr der Wechsel von trockneren und feuchteren Zeiten, der die Klimaänderungen in den Tropen bestimmt. Da aber die Prägung in den trockneren Teilen der Tropen weniger ausgeprägt ist, kann man sie nur schwer ableiten, es sei denn, es handelt sich um vollaride Formen wie

Dünen. Flußterrassen wie die kaltzeitlichen durchgehenden Schotterablagerungen der Flüsse Mitteleuropas fehlen in den Tropen. Verebnungen entlang von Flüssen sind eher als Formen der eingeschränkten Flächenbildung (Flächenstreifen) zu deuten, da sie auch über Wasserscheiden hinweggreifen. Seespiegelstände und Strandterrassen, die im Quartär entstanden sind, wurden bislang vor allem paläoklimatisch ausgewertet, aber kaum für die Klimamorphologie analysiert.

Reliefgenerationen lassen sich in den Tropen bislang vor allem auf Grund der unterschiedlichen Höhe von Altflächenresten unterscheiden. Den damit verbundenen Formenschatz kann man entsprechend einordnen. Dieses kann beim heutigen Stand der Forschung aber unterstützt werden durch die Analyse der Hohlformen, der klimatisch bedingten Flächenstreifen und Spülmulden (s.o. 5.5.1). Ferner kann man für die wechselfeuchten Gebiete mit unter 1500 mm Jahresniederschlag ziemlich sicher sagen, daß Oxisole und Ultisole mindestens abseits der Tiefenlinien Vorzeitbildungen sind. Methodische Schwierigkeiten bei der Auswertung von Flachformen ergeben sich durch das Prinzip der Weiterbildung: auf einer bestehenden Flachform erfolgen auch unter ariden Verhältnissen flächenhafte Prozesse (Bremer 1967). Eine Umformung erfolgt unter Umständen sehr langsam – möglicherweise sind die Zeugen eines feuchteren Klimas in den Savannen bereits im Spättertiär entstanden.

6 Bodengeographie

6.1 Charakteristika

In den immerfeuchten Tropen sind die Böden durch intensive Verwitterung mit Abfuhr der leichter löslichen Stoffe und große Bodentiefen (im Mittel 4–6 m) gekennzeichnet. Die Rotlehme (Alfisole, Oxisole, Ultisole) haben unterschiedlichen Mineral- und Tongehalt, aber fast alle verfügen wegen der Aggregatstabilität und wegen des hohen Anteils an Grobporen am Bodenvolumen über eine gute Struktur. Damit ist ein guter Luftaustausch und eine zügige Wasserbewegung gegeben. Die Böden können sich bei gleichbleibendem Klima und tektonischer Ruhe weiterentwickeln, was sich in einer Anreicherung und Verhärtung von Pisolithen oder weiterer Auslaugung mit abnehmendem Ton- und/oder Eisengehalt im Oberboden auswirkt.

In den Savannen ist die rezente Bodenbildung weniger intensiv, naturgemäß abgestuft nach der Menge und der Verteilung der Niederschläge. Sie erfolgt in unterschiedlichen Substraten: in verarmten vorzeitlichen Oberböden, in vorzeitlichen Unterböden, die mineralreicher sind, in jungen Kolluvien aus alten oder frischen Bodendecken und als wenig entwickelte Lithosole oder Inceptisole im anstehenden Gestein. Wegen der mindestens zeitweise vorhandenen Trockenheit ist die Durchfeuchtung stärker differenziert. Catenen sind in den Savannen deutlicher und häufiger ausgeprägt.

6.2 Einleitung

Im Gegensatz zu den mittleren und höheren Breiten der Außertropen ist in den Tropen in den Kaltzeiten die Oberfläche nicht generell erneuert worden. Glaziale und periglaziale Abtragung und Ablagerungen haben bei uns neues Material für die Bodenbildung bereitgestellt. Fossile (begrabene) und reliktische (meist gekappte, an der Oberfläche liegende) Böden sind in nur sehr kleinen Vorkommen vorhanden. Als Indikatoren eines Paläoklimas werden sie gesucht. Im Gegensatz dazu können Reliktböden in den Tropen flächendeckend verbreitet sein wie in Zentralaustralien. Generell muß man damit rechnen, daß Böden in den Tropen das Erbe einer langzeitigen, bis zu Millionen Jahre alten heißfeuchten Verwitterung mit sich tragen. Ausnahmen sind einige junge Aufschüttungen, jung gehobene Gebiete – Gebirge und Küstenterrassen – sowie vulkanische Ablagerungen. Da die Verwitterung unter heißfeuchtem Klima intensiver ist als unter wechselfeuchtem, sind die Böden von ersterem geprägt. Klimaschwankungen zum Trockenen sind in Böden kaum zu erkennen.

Es ist aber nicht nur das Alter, sondern auch die Verwitterungsintensität, die die tropischen Böden von den außertropischen unterscheidet. Die vollkommene Zerstörung fast aller Minerale ist in den Außertropen selbst bei mehrere tausend Jahre alten Böden, die das Klimaxstadium erreicht haben, nicht zu beobachten. Nicht jeder alte Boden ist intensiv verwittert, nicht jeder intensiv verwitterte ist alt. Alter und Intensität der Verwitterung sind also kein

Ergodenproblem, sie müssen vielmehr unabhängig voneinander gesehen werden. Die Bodenfruchtbarkeit wird im Zusammenhang mit dem natürlichen Potential (11.3) diskutiert, die Bodenerosion mit der Veränderung der Naturlandschaft durch den Menschen (10.4).

6.3 Verwitterungstiefe und Verwitterungsfront

Während bei uns die Böden in der Regel 0,5–1.50 m mächtig sind, ist die Verwitterungstiefe in den Tropen regional und vor allem lokal sehr unterschiedlich. Sie reicht von Null auf m^2 großen bis ha großen Gesteinsausbissen bis zu einer allerdings seltenen Verwitterung von 100 und mehr Metern Tiefe, im Mittel kann man eine Bodentiefe von 4–6 m annehmen. Die Verwitterungsfront, der Übergang vom Verwitterungsmantel zum festen Gestein, kann sehr unterschiedlich ausgebildet sein, was geomorphologisch aber auch für die Bodenfruchtbarkeit wegen der Nachlieferung frischer Minerale interessant ist. Die Unterschiede sind durch die Morphogenese zu verstehen (Abb. 6.1). Dabei besteht ein großer Unterschied zwischen einem flachen Gebiet, wo ein Oxisol in mehr oder minder gleicher Ausbildung ein Gebiet überzieht, und einer unruhigen Verwitterungsfront mit herausragenden Inselbergen, Klippen und einzelnen Grundblöcken. Diese Unterschiede sind durch eine Differenzierung der Durchfeuchtung zu erklären, die bei einer intensiven Verwitterung vor allem vom Relief, nur sehr untergeordnet vom Gestein gesteuert wird. Die Unterschiede sind zunächst nur gering, sie sind aber selbstverstärkend, indem bei etwas geringerer Feuchte die Verwitterung ein wenig verzögert wird, der etwas weniger tiefe Verwitterungsmantel die Feuchtigkeit nicht ebenso lange speichert wie das benachbarte tiefere Kompartiment, zu dem außerdem das Grund- und Bodenwasser hinzieht.

Entsprechend der Durchfeuchtung ist die Verwitterungsfront unterschiedlich ausgebildet (Abb. 6.2). Bei einem vergleichsweise schnellen Wasserzug, d.h. bei stärkerem Relief oder nach jahreszeitlicher, wenn auch nur kurzer Austrocknung, dringt die Verwitterung unterschiedlich tief ein, isoliert dabei Blöcke und weitet Klüfte und Fugen. Die Gesteinsstruktur kann die Blockbildung fördern und insbesondere die weitere schalenförmige Verwitterung der Blöcke. Das gilt insbesondere für den Granit, aber ähnliche Blöcke mit sich ablösenden Schalen kann man gelegentlich auch im Basalt beobachten. Eine uneinheitliche Verwitterungsfront erklärt das scheinbar regellose Auftreten von Blöcken und Gesteinsausbissen. Meistens wird man darauf schließen können, daß die Verwitterungsfront auch in der Nachbarschaft nicht allzu tief liegt. Allerdings ist die Anlage von Steinbrüchen ebenso wie die Fundierung von Bauwerken wegen der Unregelmäßigkeiten auf ein dichtes Bohrnetz angewiesen. Sehr früh machte Bakker (1958) auf die Gefahr beim Bau von Staudämmen aufmerksam, wenn eine Tiefenverwitterung benachbart von Gesteinsausbissen übersehen wird, die nach dem Aufstau des Wassers ausgespült werden könnte.

Der Einfluß unterschiedlicher Arten der Verwitterungsfront auf die Freisetzung von Ionen, die als Nährstoffe für die Pflanzen mit dem zirkulierenden Boden- und Grundwasser transportiert werden können, ist bislang noch nicht untersucht worden. Es sind aber sicher große Unterschiede zu erwarten, die einerseits durch das Relief hervorgerufen werden, andererseits durch den unmittelbaren Übergang vom Verwitterungsmantel zum Gestein bestimmt werden. Ist das Gestein von einer Rinde überzogen und/oder ist eine kleine Fuge zwischen beiden ausgebildet, werden wenig Nährstoffe freigesetzt.

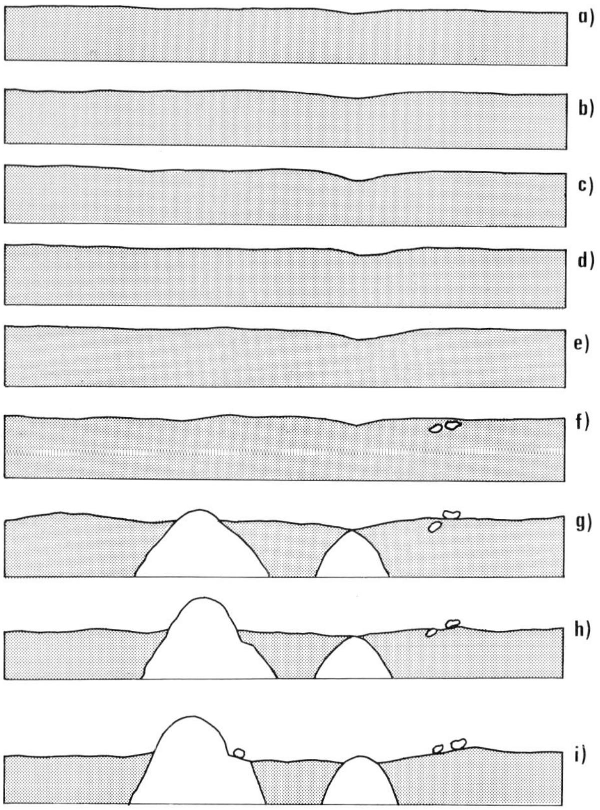

Abb. 6.1. Bei einer gleichmäßigen Durchfeuchtung und einer langsamen, flächenhaften Tieferlegung (a-d) ist der Boden, ein Oxisol, wenig differenziert. Die Geschwindigkeit der Abtragung entspricht dem Abwärtswandern der Verwitterungsfront, die recht gleichmäßig der Oberfläche folgt. Wird das Gebiet etwas stärker reliefiert, wird der Verwitterungsmantel differenziert (f), Gesteinspartien werden von der weiteren Verwitterung ausgespart und gelangen bei anhaltender Tieferlegung an die Oberfläche (g). Das kann auch in der Tiefenlinie der Fall sein, so daß sich im Fluß Stromschnellen, eventuell auch Wasserfälle bilden. Bei einer Änderung zum semihumiden Klima, wird oft der Boden gekappt (i), bei geringerer Mächtigkeit erfolgt an der Basis eine nur noch verzögerte Verwitterung. Das Relief wird durch breite Spülmulden und Spülscheiden gegliedert, Inselberge erhalten einen Sockel (rechts), oder ein Spülpediment (links).

6.4 Chemische Prozesse der Verwitterung

Die hohe Verwitterungsintensität besteht in einer Zerstörung fast aller Minerale. Selbst Quarzkörner können gesplittet und korrodiert werden (Abb. 6.3, Schnütgen & Späth 1983). Nur einige Schwerminerale wie Zirkon scheinen resistent zu sein. Meist dringen eisen- oder tonmineralhaltige Lösungen in Spaltflächen des Minerals ein, weiten diese auf und schaffen so neue vergrößerte Angriffsflächen für die chemischen Prozesse. Voraussetzung für diese ist genügende Feuchtigkeit; die gleichbleibende große Wärme beschleunigt die Prozesse. Ferner sind nicht nur organische Säuren – vor allem in der Nähe von Feinwurzeln – wirksam, auch

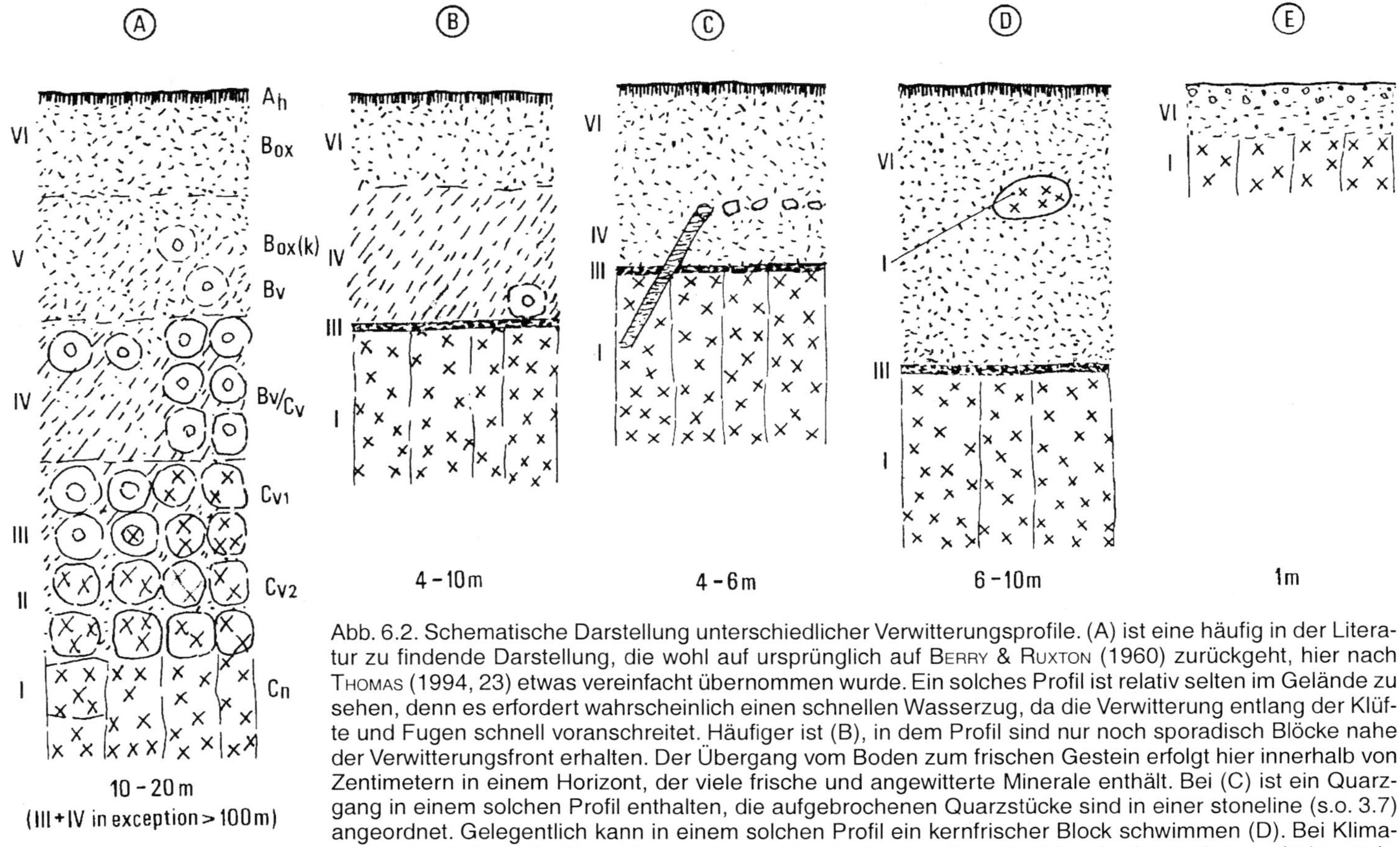

Abb. 6.2. Schematische Darstellung unterschiedlicher Verwitterungsprofile. (A) ist eine häufig in der Literatur zu findende Darstellung, die wohl auf ursprünglich auf Berry & Ruxton (1960) zurückgeht, hier nach Thomas (1994, 23) etwas vereinfacht übernommen wurde. Ein solches Profil ist relativ selten im Gelände zu sehen, denn es erfordert wahrscheinlich einen schnellen Wasserzug, da die Verwitterung entlang der Klüfte und Fugen schnell voranschreitet. Häufiger ist (B), in dem Profil sind nur noch sporadisch Blöcke nahe der Verwitterungsfront erhalten. Der Übergang vom Boden zum frischen Gestein erfolgt hier innerhalb von Zentimetern in einem Horizont, der viele frische und angewitterte Minerale enthält. Bei (C) ist ein Quarzgang in einem solchen Profil enthalten, die aufgebrochenen Quarzstücke sind in einer stoneline (s.o. 3.7) angeordnet. Gelegentlich kann in einem solchen Profil ein kernfrischer Block schwimmen (D). Bei Klimawechseln wird das Profil verkürzt, oft ist der Oberboden sandiger, der Unterboden toniger, wobei manchmal der Ton durch Verlagerung von oben angereichert wurde.

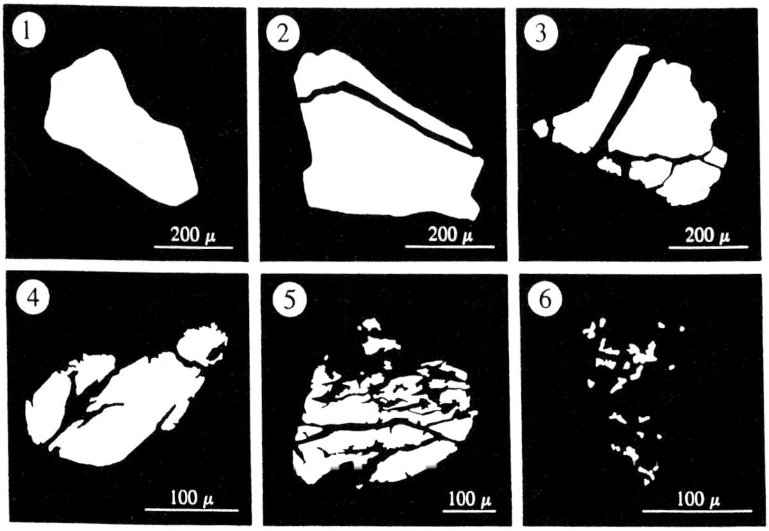

Abb. 6.3. Verwitterungstufen der Quarzverwitterung nach Borger (1993, 1995, 268). 1. Frische, unverwitterte Quarze, 2. Einfach gesprengte Quarze, 3. Quarzsprengungen und Ätzungen an der Oberfläche, 4. Korrosionsbuchten und -gänge, 5.Korrosionsgänge dominierend, starke Fragmentierung, 6. Der Quarz ist zum großen Teil pseudomorph ersetzt worden. Die Stufen 5 und 6 sind einer sehr intensiven Verwitterung zuzuordnen, wie man sie heute kaum noch beobachten kann.

das Bodenwasser hat oft pH-Werte unter 7, ist also sauer (Abb. 6.4). Wahrscheinlich ist an der Mineralkorngrenze im einzelnen oft sogar ein geringerer Wert als im Mittel des Bodenwassers vorhanden. Durch das aggressive Wasser werden Hydratation und Hydrolyse gefördert. Das hohe Porenvolumen der meisten tropischen Böden begünstigt die Oxidation.

Als Folge der chemischen Verwitterung werden die Kationen wie Ca, K, Na, Mg, die zugleich die Hauptnährstoffe der Pflanzen sind, gelöst und weitgehend abgeführt (Entbasung). Neu gebildet werden Tonminerale, vor allem Kaolinit ($Al_2\ Si_2\ O_5\ (OH)_4$) sowie Oxide und Hydroxide des Aluminiums und Eisens wie Gibbsit (α-$Al(OH)_3$), Goethit (α-FeOOH) und Hämatit (γ-Fe_2O_3). Quarzkörner (SiO_2) können erhalten bleiben, aber – wie erwähnt – auch angegriffen werden. Die bei der Verwitterung aus vielen Mineralen freigesetzte Kieselsäure (SiO_2) wird zum Teil abgeführt, das ist die Desilifizierung der Böden; zum Teil können SiO_2-Partikel in Tongröße, selbst bis zur Sandgröße neu entstehen. In Feinmaterial oder in angewittertes Gestein einwandernde Eisenoxide und Kieselsäure führen zur Krustenbildung. Alle diese Neubildungen haben eine relativ geringe Kationenaustauschkapazität (KAK), d.h. eine geringe Bindungskapazität für Nährstoffe.

6.5 Gefügestabilität und Porenvolumen

Die geringe Bindungskapazität der Minerale in Tongröße, wozu außer den Tonmineralen auch die Oxide rechnen, ist wohl die Ursache für eine Reihe von auffallenden, für die Tropen typischen Phänomenen. Ausnahmen sind dabei junge Böden, in denen Montmorillonit (be-

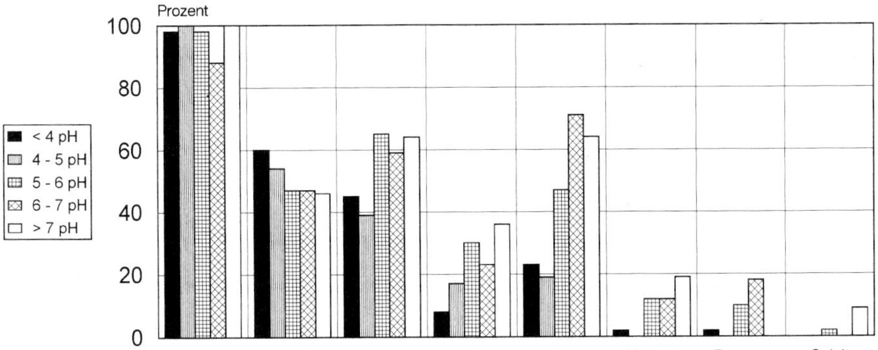

	Quarz	Glimmer	Orthokl.	Mikrokl.	Plagiokl.	Hornbl.	Pyroxen	Calcit
< 4 pH	98	60	45	8	23	2	2	0
4 - 5 pH	100	54	39	17	19	0	0	0
5 - 6 pH	98	47	65	30	47	12	10	2
6 - 7 pH	88	47	59	23	71	12	18	0
> 7 pH	100	46	64	36	64	19	0	9

n = 47 (< 4), 41 (4-5), 40 (5-6), 17 (6-7), 11 (> 7)

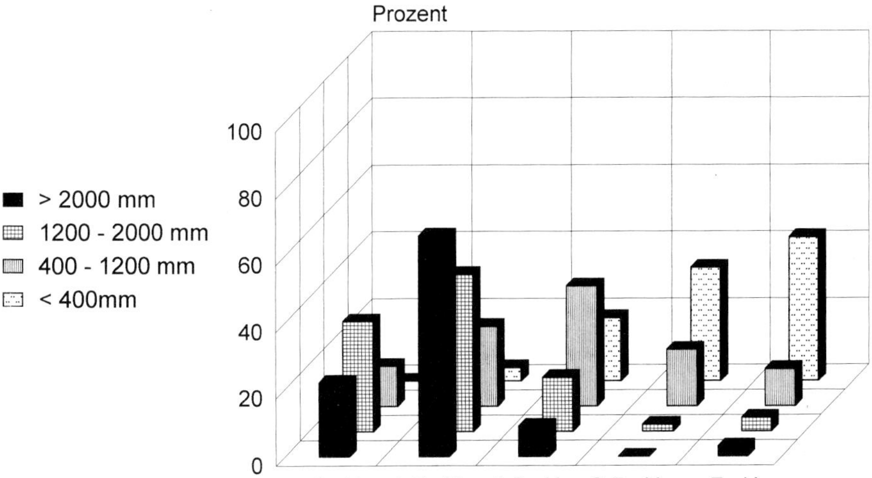

	< 4 pH	4-5 pH	5-6 pH	6-7 pH	> 7 pH
> 2000 mm	22	66	9	0	3
1200 - 2000 mm	33	47	16	2	4
400 - 1200 mm	12	24	36	17	11
< 400mm	0	4	19	34	43

n = 47 (< 400mm), 172 (400-1200 mm), 57 (1200-2000 mm), 32 (> 2000 mm)

Abb. 6.4. Über 1200 mm Jahresniederschlag liegen die pH-Werte überwiegend unter 5, bei geringerer Feuchte steigen sie auf 6–7 oder gar in das basische Milieu an. Bei höheren pH-Werten sind mehr Minerale erhalten, ist die Verwitterung weniger intensiv. Quarz als resistentes Mineral ist in allen Milieus stark vertreten. Relativ häufig sind in den feuchten Tropen die Glimmer, die hier resistenter sind als die meisten Feldspäte. Aus: SANDER (1996, 67).

sonders auf Vulkaniten) und Illit vorkommen. Smektite (hauptsächlich Montmorillonit) sind in den immerfeuchten Tropen sehr selten, häufiger sind sie bei den reißenden schwarzen Böden in den wechselfeuchten Tropen zu finden, die das Schrumpfen und Schwellen vor allem diesen Mineralen verdanken. Sie sind aber durchaus nicht in allen schwarzen Böden vertreten.

Trotz eines oft lehmigen Charakters der Böden und selbst bei Tongehalten vorwiegend des Kaolinits von 30–40% sind die Böden meist nicht klebrig. Da das Wasser kaum in die Kristallstruktur eingebaut wird, erfolgt kein wesentliches Anschwellen der Bodenteilchen bzw. bei Austrocknen kein tiefes Aufreißen. Die Aggregate sind also sehr stabil. Ferner können Kaolinite und andere Zweischicht-Tonminerale durch Eisen verkittet sein. Man spricht bei diesen schwer dispergierbaren Tonaggregaten auch von Pseudosand. Ferner fehlt der Frost, um die Lage der Bodenteilchen zueinander zu verändern. In der Aggregatstabilität liegt eine der Ursachen für das relativ hohe Volumen an Grobporen, das (nach Schätzung von Dünnschliffen) bis zu 50% betragen kann, im Mittel von 640 Proben immerhin noch um 20% ausmacht (Sander 1993). Bei uns sind es außer im Sand 0–10% (Hartge 1978, 53). Eine weitere Ursache der Aggregatstabilität ist eine hohe Aluminium-Sättigung (Duivenvoorden & Lips 1995).

Viele Poren sind randlich von Eisen-Ton-Komplexen ausgekleidet (Abb. 6.5), die hier ausgeschieden wurden, manchmal sogar in zwei Phasen. Das deutet auf eine Stabilität dieser Poren. Tonverlagerung in den Unterboden (Lessivierung) ist in den immerfeuchten Tropen

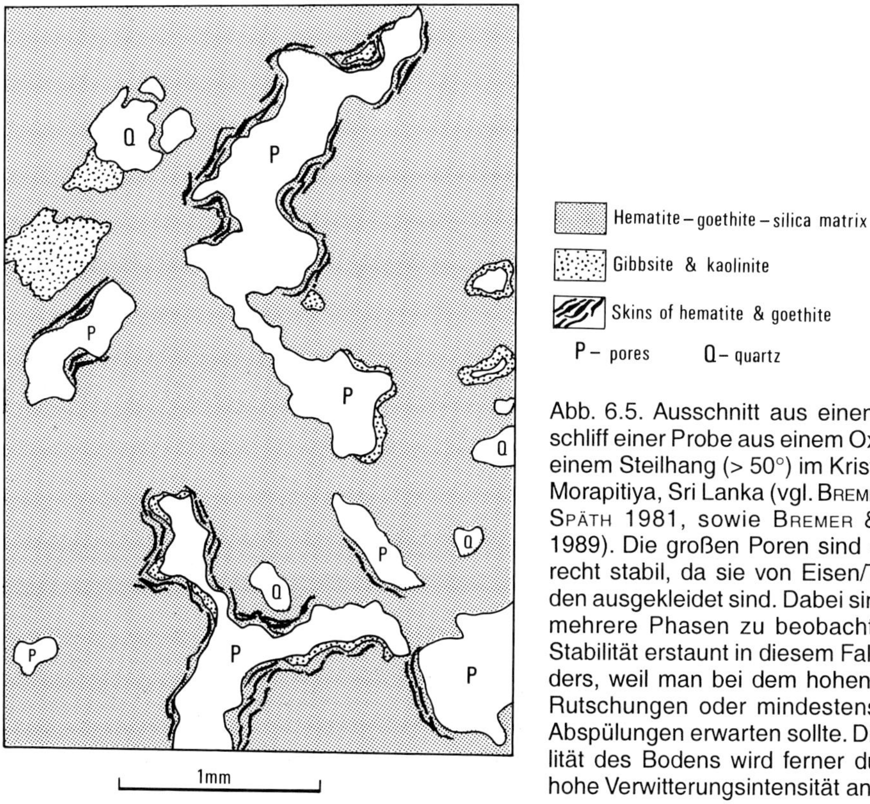

Abb. 6.5. Ausschnitt aus einem Dünnschliff einer Probe aus einem Oxisol von einem Steilhang (> 50°) im Kristallin bei Morapitiya, Sri Lanka (vgl. Bremer 1981, Späth 1981, sowie Bremer & Späth 1989). Die großen Poren sind offenbar recht stabil, da sie von Eisen/Ton-Rinden ausgekleidet sind. Dabei sind sogar mehrere Phasen zu beobachten. Die Stabilität erstaunt in diesem Fall besonders, weil man bei dem hohen Gefälle Rutschungen oder mindestens starke Abspülungen erwarten sollte. Die Stabilität des Bodens wird ferner durch die hohe Verwitterungsintensität angezeigt.

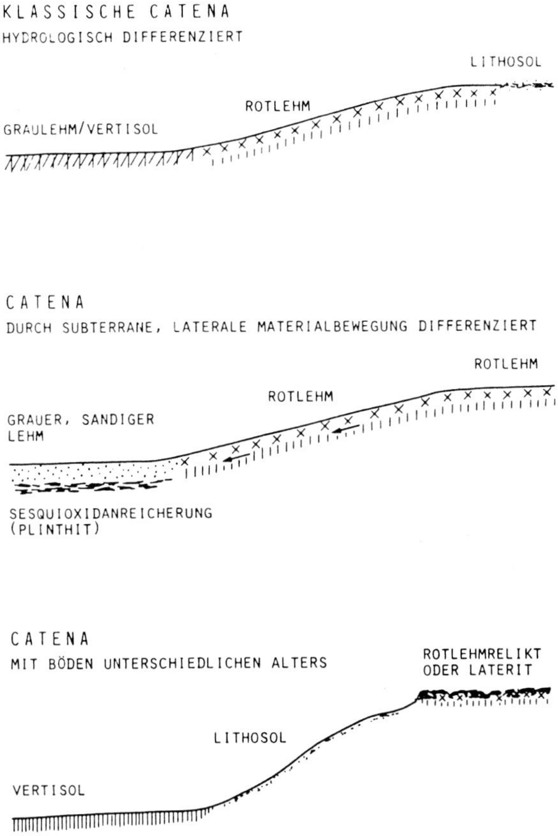

Abb. 6.6. Eine Catena – eine regelhafte Abfolge von Böden kann durch unterschiedliche Prozesse bedingt sein. Die klassische Catena ist im feuchteren Teil des semihumiden Gebietes ausgebildet, die Differenzierung durch subterrane Materialabfuhr ist eher in den feuchten Tropen anzutreffen. Böden unterschiedlichen Alters sind in den wechselfeuchten Gebieten häufiger zu beobachten, aber auch in den immerfeuchten Tropen zu sehen. Bei geringer Neigung des Hanges entsteht dort ein Lithosol bis steinreicher Rotlehm (Oxisol), im wechselfeuchten Gebiet ein Lithosol bis steinreicher Braunlehm (Inceptisol). Nach: BREMER 1989, 358.

selten (BREMER 1989 c, 1995), etwas häufiger in den wechselfeuchten Gebieten, zusammen war sie in Dünnschliffen bei nur 27% von 470 untersuchten Proben zu beobachten (LAUFENBERG 1995), davon zum Teil nur in Spuren. DUIVENVOORDEN & LIPS (1995) fanden Toncutanen fast nur in jungen alluvialen Böden und bemerken, daß Tonverlagerung kein gutes Kriterium ist für die Einteilung der großen Bodengruppen wie in der US Soil Taxonomy. Ein tonreicher Unterboden erklärt sich eher durch Neubildung im B-Horizont oder durch Zerstörung bzw. Abfuhr des Tons aus dem A-Horizont (BREMER 1995). Ohnehin verläuft die Bodenbildung in den Tropen in Manchem anders als in den Außertropen, so daß die Übertragung von Vorstellungen von den Außertropen wie etwa auch die Horizonteinteilung nicht angebracht ist.

Einige Böden werden durch die Bodenfauna, insbesondere die Termiten, durchmischt (Bioturbation) oder entmischt, je nach Substrat. Nach LÖFFLER (1996) kann in 10 000 Jahren ein 2–4 m mächtiger Oberboden vollständig durchgearbeitet sein, wobei die Bewegungen mehr oder minder in der Vertikalen, also in situ erfolgen. Durch diese Bioturbation kann an der Untergrenze eine Steinlage (stoneline) entstehen. Selbst eine deutliche Korngrößenänderung im Profil läßt nicht ohne weiteres den Schluß auf eine Ablagerung zu. Es ist noch wenig bekannt, welche Standorte eine besonders dichte Bodenfauna aufweisen. Termitengänge sind manchmal ebenfalls ausgekleidet, sicher sind sie aber auch sonst für eine Reihe von Jahren stabil.

Das hohe Volumen an Grobporen und ihre Stabilität bedingen einen guten Wasserzug (s.o. 3.7, 3.8). Dieses bewirkt nicht nur eine relativ schnelle Versickerung, sondern auch eine ausgedehntere seitliche Wanderung des Wassers. Diese kann so stark sein, daß Partikel mitgenommen werden, auf alle Fälle werden gelöste und gelförmige Substanzen in hohem Maße abgeführt oder auch den Pflanzen zugeführt. In den immerfeuchten Tropen kann die Abfuhr bis zum Vorfluter erfolgen, die bewegten Substanzen werden also innerhalb des Bodens kaum wieder ausgeschieden oder abgelagert. Daher bedeckt in manchen Gebieten ein gleichförmiger, roter, lehmiger Boden (Oxisol) alle Reliefelemente. In den trockneren Teilen dieser Zone erfolgt aber schon eine Differenzierung. In den stärker durchfeuchteten Tiefenlinien – das können Kilometer breite Spülflächen sein – finden sich graue Böden. Manchmal sind dann auf den Wasserscheiden gelbe Lehme anzutreffen, aus denen wohl das Eisen ausgelaugt wurde.

In den wechselfeuchten Tropen ist eine Änderung der Böden von den Wasserscheiden bis zu den Tiefenlinien hin häufig anzutreffen. Eine regelhafte Anordnung von Böden im Relief wurde von Milne (1935) aus Ostafrika geschildert und als Catena (Kette) bezeichnet. Dieser Ausdruck wurde später auch auf andere regelhafte Verbreitungsmuster übertragen. Solche Catenen für Böden können offenbar verschiedene Ursachen haben (Abb. 6.6).

6.6 Bodentypen

6.6.1 Einleitung

Ebenso wie Klima, Wasserhaushalt, Vegetation und Morphologie für jede Zone typisch sind, gilt dieses für die Böden. Das Konzept der „zonalen Böden" wurde Ende letzten Jahrhunderts in Rußland entwickelt. Es wurden daher die tropischen Böden nicht erfaßt. Der zonale Boden ist der rezent am weitesten verbreitete Boden, der in den immerfeuchten Tropen vor allem auf den ausgedehnten, flachen Reliefteilen, abgesehen von Überschwemmungsgebieten, zu finden ist, aber auch an Hängen beobachtet werden kann. Zonalität heißt zugleich Betonung der Zusammenhänge der im ersten Satz genannten vier Geofaktoren, ihre Wechselwirkung und gegenseitige Abhängigkeit. Es steckt also über die Beschreibung der Verbreitung hinaus eine genetische Komponente in der Zonalität. Die Genese tropischer Böden ist noch relativ wenig erforscht und wegen des Erbes aus einer feuchteren Zeit und des hohen Alters nicht einfach zu klären. Vielfach hat man Kenntnisse aus den Außertropen übertragen: Etwa bei einem geringeren Tongehalt im Oberboden von Tonverlagerung (Lessivierung) oder von „podsolic soils" gesprochen, ohne die vertikale Wanderung und Anreicherung im Unterboden nachzuweisen.

6.6.2 Bodennamen

Die geringe Kenntnis über die Genese bedingt eine Vielzahl von Namen. Das ist häufig sehr verwirrend. In einem kurzen Überblick werden die gebräuchlichsten Namen aufgeführt, da sie in der älteren Literatur ohnehin gebraucht werden, heute gelegentlich noch verwendet werden. Eine solche Übersicht erscheint mir nützlich, weil ich selber über die Jahre sehr viel Zeit mit Suchen für die Erklärung und die Einordnung neuer Namen gebraucht habe.

Der frühe Name „Rotlehm" wurde wohl aufgegeben, da er zu geringe Differenzierungen erlaubte. Auch trifft die rote Farbe nicht immer zu, ebenso hat der Lehm wegen der anderen

Tonminerale nicht dieselben Eigenschaften wie außertropische Lehme. Sehr früh (BUCHANAN 1807) wurde der Name Laterit für ein Substrat eingeführt, das bei Austrocknung verhärtet und daher zur Ziegel- (= later) herstellung verwendet wird. Unter Laterit hat man im Laufe der Zeit alles von harten Eisenkrusten bis zu eisenhaltigen Böden, die nicht verhärten, verstanden. Damit wurde der Terminus entwertet. Heute werden Eisenkrusten als Ferricrete (zeitweise auch Plinthit) bezeichnet, entsprechend SiO_2-Krusten als Silcrete, Kalkkrusten als Calcrete. Sie beruhen zumeist auf seitlicher Zuwanderung und Ausscheidung der zementierenden Substanzen (BREMER 1995). Solche Krusten sind daher fast immer nur lokal verbreitet. Kalkkrusten allerdings können in den Subtropen auf größeren Flächen anzutreffen sein.

Die Böden wurden eine Zeit lang besonders im französischen Schrifttum nach den Hauptbestandteilen ferrallitisch (Fe, Al) oder fersiallitisch (Fe, Si, Al) genannt. Daneben gibt es die schwarzen Böden (black soils) und die Podsole. Latosol (von Laterit und Solum = Boden) und Ferrisol waren nicht genau definiert und sind heute weitgehend aufgegeben worden. Gehalten haben sich die Namen Andosol für vulkanische Böden und Vertisol für stark mulchende Böden.

Heute sind zwei Klassifikationen gebräuchlich. Im Zuge der Erstellung einer Weltbodenkarte wurde von der FAO-UNESCO 1974 ein System entwickelt, das Ansätze einer genetischen Ordnung aufweist, während das 1975 vom Soil Survey des US Department of Agriculture entwickelte System „Soil Taxonomy" fast ausschließlich beschreibend ist. In den Untergruppen sind manche Einheiten nur durch Laboranalysen zuzuordnen. Insgesamt scheint die Zuordnung bei der US-Klassifikation aber eindeutiger zu sein als bei der FAO-Klassifikation, so daß sie sich mehr durchzusetzen scheint.

Wie wenig die genetischen Aspekte berücksichtigt sind, mag daraus hervorgehen, daß SWIFT & SANCHEZ (1984) vorschlagen, für praktische Zwecke Oxisole und Ultisole zusammenzufassen – sie seien die Stereotypen der tropischen Böden (vgl. auch Tab. 6.1) – und v. WAMBEKE (1992) Alfisole und Ultisole zusammen abhandelt, da sie viele Eigenschaften gemeinsam haben. Das Unterscheidungskriterium der Kationenaustauschkapazität sei bei den ohnehin generell geringen Werten nicht aussagekräftig.

6.6.3 Große Bodengruppen

Im folgenden werden die großen Gruppen der US-Klassifikation knapp beschrieben, wobei eine kurze Aufstellung von SWIFT & SANCHEZ (1984, 3) für die Tropen, Teile von DREGNE (1976) für die ariden Gebiete verwendet werden sowie eigene Erfahrungenen eingehen. Ergänzt werden sie durch v. WAMBEKE (1992), US Soil Taxonomy (1975); SCHMIDT-LORENZ (1986) enthält außer dem tabellarischen Vergleich beider Klassifikationen und deren Vergleich eine Beschreibung der FAO-Einheiten.

Oxisole (23%, die Prozentzahlen beziehen sich auf die Verbreitung in den Tropen nach SWIFT & SANCHEZ 1984): Intensiv verwitterte, tiefe, rötliche, gut drainierte, saure Böden mit geringem Basengehalt, allgemein sehr gute Struktur, hohes Volumen an Grobporen. Lehmige oder tonige Textur, keine bedeutende Tonzunahme mit der Tiefe. Weitere Namen: Ferralsol (FAO), sehr verarmte ferrallitische Böden, Latosol, lateritische Böden. Die Hauptbestandteile Al_2O_3 und Fe_2O_3 (früher auch als Sesquioxide bezeichnet) geben den Namen.
Ultisole (20%): Sind den Oxisolen ähnlich, außer daß der Tongehalt mit der Tiefe zunimmt. Sie zeigen die gleiche chemische Verarmung. Die Textur reicht von sandig bis tonig, sie sind häufiger krümelig. Weitere Namen: Acrisol (FAO, von acer = sauer), Dystric Nitosol (FAO, von dystrophic = unfruchtbar, nitidus = glänzend), rotgelbe podsolische Böden (Brasilien),

Tabelle 6.1. Geographische Verbreitung der Böden in den humiden Tropen, berechnet nach dominantem Boden auf den FAO-Karten 1,500 000 nach SANCHEZ 1989, 74, dort Quellen und Details. Die Summe der 1. Gruppe für die Welt muß offenbar 78% sein.

Soil Taxonomy orders and suborders	FAO legend	Humid tropical America (10^6 ha)	Humid tropical Africa (10^6 ha)	Humid tropical Asia and Pacific (10^6 ha)	World's humid tropics total (10^6 ha)	%
Oxisols	Ferralsols	332	179	14	525	35
Ultisols	Acrisols	213	69	131	413	28
Inceptisols:						
Aquepts	Gleysols	42	55	23	120	8
Andepts	Andosols	2	1	9	12	1
Tropepts	Cambisols	17	19	58	94	6
Total		61	75	90	226	15
Entisols:						
Fluvents	Fluvisols	6	10	34	50	3
Psamments	Arenosols	6	67	17	90	6
Lithic groups	Lithosols	19	14	39	72	5
Total		31	91	90	212	14
Alfisols	Luvisols	18	20	15	53	4
Histosols	Histosols	4	4	23	31	2
Spodosols	Podzols	10	3	6	19	1
Mollisols	Chernozems	–	–	7	7	–
Vertisols	Vertisols	1	2	2	5	–
Aridisols	Solonchaks	3	1	1	5	–
Total		673	444	379	1496	100

ferrallitische Böden (französisch). Der Name Ultisol (von ultimus = der Letzte) kennzeichnet die hohe Verwitterungsintensität.

Alfisole (15%): Haben einen höheren Basengehalt als Ultisole, sind sonst ähnlich. Sie umfassen also einen Teil der fruchtbareren tropischen Böden. Vorherrschend in den wechselfeuchten Tropen Westafrikas, verbreitet auf dem Kristallin Vorderindiens. Weitere Namen: Luvisol (FAO, von luere = auswaschen), eisenreiche Böden (sols ferrugineux-französisch), Roterden (Australien), eutrophe rot-gelb podsolische Böden (Brasilien). Der Name Alfisol ist künstlich und kommt aus der alten Bezeichnung Pedalfer für karbonatfreie Böden.

Mollisole (2%): Schwarze Böden, aus karbonatischem Material entstanden. Bekannt als Chernozem und Rendzina (außertropische Bezeichnungen). Der Name mollis = weich, locker bezieht sich auf die Textur.

Entisole (16%): Sind junge Böden ohne A-, B-, C-Horizontentwicklung. Im allgemeinen sehr fruchtbar, außer bei sandigen Böden. Die Textur ist meist lehmig, kann aber von sandig bis tonig reichen. Weitere Namen: alluviale Böden, tiefe Sande, FAO: Arenosole (lat. arena = Sand), Regosole und zum Teil Fluvisole. Der Name ist künstlich und kommt aus der Endsilbe von rezent = jung.

Inceptisole (14%): Junge Böden mit A-, B-, C-Horizontentwicklung. Sehr variable Fruchtbarkeit in Abhängigkeit vom Ausgangsmaterial und Klima. Weitere Namen: braune tropische Böden, viele paddy soils (= Reisfelder), FAO: Cambisol (cambiare = verändern), Andosol, Ranker (österr. Rank = Steilhang, außertropischer Name).
Vertisole (5%): Dunkle, schwere, tonige Böden, die schrumpfen, aufreißen und schwellen. Der Name Vertisole kommt von vertere drehen, wenden und erklärt sich aus der starken Dynamik dieser Böden. Die Risse werden teilweise durch abreißende Bodenaggregate von oben gefüllt, beim Anschwellen infolge der Durchfeuchtung werden die Kompartimente zwischen den Rissen aufgepresst, so daß im Laufe vieler Jahre ein Selbstmulchen bewirkt wird. Als Vertisole, zeitweise auch Grumosole (von grumus = Häufchen, Krümel), werden die Regure in Indien, Black Cotton Soils, die Bardobe im Sudan, die Margalite Soils in Südostasien, der Tirs in Marokko eingeordnet. Hier wird sicher in Zukunft noch differenziert werden, da es sich einerseits um Böden auf vulkanischen Gesteinen in wechselfeuchten Gebieten handelt, andererseits um Böden in Senken bzw. alluvialen Gebieten mit zeitweiser Überschwemmung. Auch in bezug auf Böden auf Vulkaniten ist die Nomenklatur nicht eindeutig. Zwar sind die Andosole als „Andisols" 1990 in die US Taxonomy aufgenommen worden, aber v. WAMBEKE (1992, 207) betont, daß ihre Definition in den Subtropen abgeleitet sei und für die Tropen noch wenig Vergleichsmaterial gegeben sei. Offen ist wohl vor allem die Frage, wie leuchtendrote Böden auf Vulkaniten einzustufen sind – Oxisole?
Aridisols (2%): Wüstenböden.
Andisols (1%): Vulkanische Böden. Weitere Namen sind Andosole, Andept. Der Name kommt aus dem Japanischen (an shoku do = dunkel gefärbter Boden). Sie entstehen auf vulkanischen Aschen, die schnell zu Allophanen (noch nicht voll auskristallisierte Tonminerale, röntgenamorph, hohe Austauschkapazität) verwittern. Sie haben dunkelgraue bis schwärzliche Oberböden, die reich an Humus sein können. Hohes Porenvolumen.
Histosole (1%): Organische Böden mit über 20% organischer Substanz. Organische Naßböden, Moorböden, Sumpfböden. Name von griechisch histos = Gewebe.
Spodosole (1%) = Podsole (weiteste Verbreitung in kühlgemäßigten Gebieten der Nordhalbkugel, von russisch pod = unter, zola = Asche). In den Tropen punktuelle Vorkommen bei extremer Auslaugung unter perhumidem Klima und gutem Wasserzug.

Wahrscheinlich bestehen genetische Unterschiede (BREMER 1995). DREGNE (1976) beschreibt die Böden der warmen, ariden Gebiete, damit sind die subtropischen und kontinentalen Trockengebiete eingeschlossen. Aber nicht nur aus diesem Grunde, sondern auch wegen der unterschiedlichen Definitionen, überschneiden sich die Prozentzahlen der Verbreitung mit den vorher genannten. Entisole und Aridisole haben die weiteste Ausdehnung. Beide sind durch geringe Bodenentwicklung gekennzeichnet. Aridisole sind mineralische Böden, d.h. sie haben eine geringe chemische Umwandlung erfahren und haben meist einen geringen organischen Gehalt. Sie enthalten jedoch einen pedogenen Horizont, und zwar können Ton und/oder Salz angereichert sein, sowie gips- oder kalkhaltige Horizonte und Verdichtungen auftreten. Höher gelegene Aridisole weisen oft ein Steinpflaster auf. Der Name kommt von aridus = trocken. In der FAO-Klassifikation sind sie stärker aufgeteilt in: Solonetz (russisch sol' = Salz mit hoher Natrium-Sättigung), Solonchaks (russisch soloncak = Salzboden mit hoher Salzkonzentration im Oberboden), Xerosole (xeros = trocken) und Yermosole (yermo = Wüste) mit schwach und sehr schwach gebleichtem Oberboden.

Nur in entsprechenden Positionen (intrazonal, azonal) verbreitet sind folgende Böden: Lithosole (lithos = Gestein): weniger als 10 cm mächtige mineralische Böden in allen Klimaten, aber in Trockengebieten relativ weiter verbreitet. Regosole (rhegos = Decke, Überzug):

Auf meist tonarmem Lockermaterial, schwach bis sehr schwach entwickelte Böden. Fluvisole (fluvius = Fluß): Schwach entwickelte, aber oft relativ tiefgründige Böden der Überschwemmungsgebiete in rezenten alluvialen Ablagerungen an Flüssen, Seen und Meeren. Gleysole (glej = schlammige Bodenmasse): In Tiefenlinien und am Unterhang, hydromorphe Mineralböden, durch hohen Grundwasserstand reduzierendes Milieu, bedingt hellgraue bis blaugraue Farbe.

6.7 Verbreitung und Genese der Böden

Will man die Verbreitung der Böden verstehen, muß man ihre Genese kennen, die aber zum Teil auch aus der räumlichen Anordnung zu erschließen ist. Hier besteht also eine Rückkopplung. Die wichtigsten Variablen für die tropischen Böden sind: morphologische Lage, Landschaftsentwicklung, Gestein und Klima. Bei der intensiven Verwitterung in den inneren Tropen wirkt das Gestein, abgesehen vom Kalk, weniger differenzierend als in den Außertropen. Als wesentlicher Unterschied kann die Höhe des Sandgehaltes nach dem Ausgangsgestein variieren. Beim Klima ist für die räumliche Differenzierung der Bodenbildung in den Tropen die Feuchte wichtiger als die Temperatur, abgesehen von sehr großen Höhen. Großräumig wird diese bestimmt durch Niederschlagsmenge und Verteilung sowie durch die Verdunstung, die von der Vegetation stark beeinflußt wird. Da noch zu wenig über die rezente Bodenbildung bekannt ist, kann man kaum sehr exakte Werte angeben. 1600–2000 mm Jahresniederschlag scheint eine Grenze für die Oxisolbildung zu sein, wobei vor allem Substrat und Niederschlagsverteilung die Schwankungsbreite bestimmen. Regional und lokal wirken Zu- und Ablauf des Wassers an und unter der Oberfläche steuernd. Wegen der hohen Porosität vieler tropischer Böden sind Vergleyungen seltener als man nach außertropischen Erfahrungen erwarten sollte, dagegen sind laterale Stoffverlagerungen bedeutender.

Der zonale Boden in den immerfeuchten Tropen ist der rote Oxisol (Rotlehm). Man kann den Alfisol als jüngere oder etwas trocknere Variante ansehen, da er ähnlich ausgebildet ist, aber noch mehr frische Minerale enthält, während der Ultisol eher als aus dem Oxisol entstanden gedacht werden kann, da er im Vergleich zu diesem einen geringeren Tongehalt im Oberboden hat. Oxisol und Ultisol können sich aber ebenso ohne Vorläufer bilden. Als Bildungszeit kann man einige tausend Jahre annehmen (Abb. 6.7), das entspricht in der Größenordnung den außertropischen Werten und ist wohl auch daher abgeleitet.

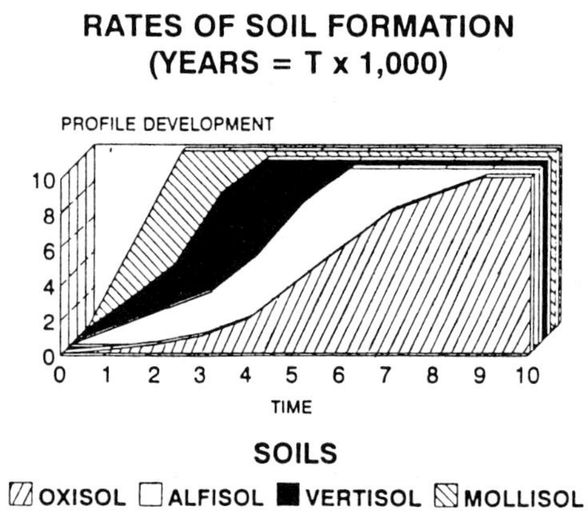

Abb. 6.7. Schätzung der Zeit, die für die Bildung unterschiedlicher Böden anzusetzen ist. 3–4000 Jahre sind Zeiträume, die auch in den gemäßigten Breiten für die Bodenbildung zu veranschlagen sind. Beim Oxisol und Alfisol ist die Profiltiefe bei 10 (einem fiktiven Klimaxstadium) mit 4–6 m doppelt bis dreimal so groß wie bei den anderen beiden Böden. Nach: Birkeland, zit. n. Eswaran et al. 1992, 8.

Die Klimaxböden können anscheinend lange erhalten bleiben, wenn sich ein guter Wasserzug ausgebildet hat. Sie können im oberen Teil abgetragen werden und an der Verwitterungsfront wachsen, was mit einer Kaolinisierung und/oder Vergrusung im untersten Profilteil verbunden sein kann. Sie können aber auch noch weiter verarmen, indem Ton und Eisenverbindungen im Oberboden abgeführt werden, so daß Pisolithe und/oder Sand nahe der Oberfläche angereichert werden. Das ist eine Entwicklung über das Klimaxstadium hinaus (Bremer 1995). In diesen Fällen können die Böden ein sehr hohes Alter haben. Löffler (1996) konnte in Thailand für sandige Böden über einem Kieshorizont (Residuum aus einem Konglomerat) auf dem Khorat Plateau ein Mindestalter von 700 000 Jahren nachweisen. Damit sind auch die Landformen seit sehr langer Zeit stabil (Löffler & Kubiniok 1996). Wahrscheinlich sind aber generell auf den höheren Altflächen Böden sogar aus dem Tertiär selbst aus dem Alttertiär anzutreffen.

Der wohl wichtigste Unterschied zu den außertropischen Böden ist die weite Verbreitung der Vorzeitböden. Sie können zusammen mit den gealterten Böden so weitflächig anstehen, daß ein wichtiges Prinzip der Zonalität, die größte Ausdehnung von allen Bodentypen, manchmal nicht gegeben ist. Die Verbreitung der Paläoböden wird einerseits von den Klimaänderungen, also zonal bis regional bestimmt, d.h. Böden, die unter einem immerfeuchten Klima entstanden sind, mindestens angelegt worden sind wie Oxisole und Ultisole, sind heute in den Savannen, oft etwas verändert, weit verbreitet. Zum anderen wird die Verbreitung von Vorzeitböden von ihrer mehr oder minder guten Erhaltung, also von der Abtragung bestimmt, die regional aber auch lokal unterschiedliche Ausmaße gehabt hat. Vorzeitböden wären methodisch zu trennen – was aber noch kaum möglich ist – von gealterten Böden, die von einem einzigen Klima geprägt wurden, die ebenfalls durch die Abtragung differenziert wurden. Die folgenden Beispiele sollen sowohl die Komplexität der Genese und der Verbreitung als auch Gliederungsmöglichkeiten aufzeigen.

Im Gebiet von San Carlos am Rio Negro (Abb. 6.8) sind auf einem Granit sehr reine weiße Sande in kleinen Arealen auf den Wasserscheiden und eher streifenförmig entlang von Tiefenlinien oder Bächen anzutreffen. Durch Gelände- und Laboruntersuchungen (Schnütgen & Bremer 1985) ließ sich zeigen, daß sie ein Residuum darstellen, es ist eine relative Anreicherung der Quarzkörner aus Profilen, die den benachbarten Oxisolen/Ultisolen ähneln. Es ist also alles außer dem Quarz abgeführt worden. Ab 1,20 m Tiefe werden die Sande von einem rein weißen Kaolin unterlagert. Hier fehlt also das Eisen, daß bei benachbarten gut durchlüfteten Böden in Form von Flecken bzw. verhärtet als Pisolithe ausgeschieden worden ist oder feinverteilt im Boden die rote Farbe bedingt. Eisenkrusten sind in den Sanden in Flußnähe entstanden. Man kann diese Entwicklung durch Alterung erklären, die bei geringen Reliefunterschieden über sehr lange Zeiten ohne wirksame Klimaänderung erfolgte. Vielleicht sind die weißen Sande entlang der Bäche durch Ablagerungen verstärkt worden, sie sind aber geringmächtig. Vorherrschende Prozesse sind der chemische Zersatz, die Quarzsprengung und die Umwandlung aller Minerale außer einem Teil der Quarze, eine Neubildung von Ton- und Eisenmineralen und eine starke laterale Abfuhr. Die Anordnung der Böden bei gleichem Ausgangsgestein und gleichem Klima spiegelt sich wegen der unterschiedlichen Nährstoffbudgets in der Vegetation wieder (u.a. Medina & Cuevas 1989).

Südlich des Amazonas sind im Granit gelb/rote Ultisole anzutreffen. Hier sind offenbar mehr neugebildete Tonminerale und Eisen im Profil verblieben. Eine etwas stärkere Reliefierung deutet auf geringfügig stärkere Abtragung, die Böden dürften zum Teil jünger sein. Auf den Wasserscheiden sind sie wohl auch frühzeitig besser durchlüftet gewesen, so daß die Kaolinitminerale nicht wieder zersetzt wurden. In Südwestnigeria ist auf Granit bzw. einem

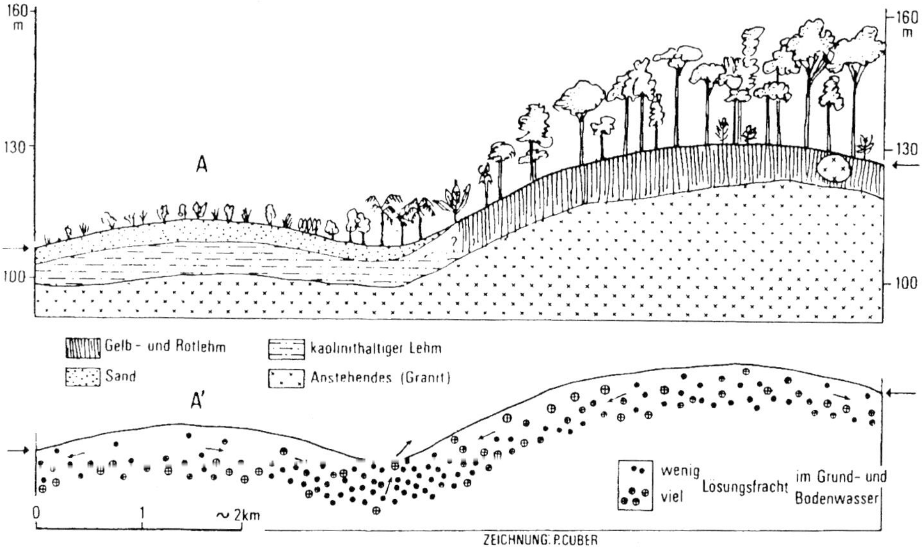

Abb. 6.8. Wenig schematisiertes Profil aus dem Gebiet von San Carlos de Rio Negro, S Venezuela. Die unterschiedlichen Böden auf dem sehr einheitlichen Granit sind nur durch die Reliefgenese verständlich. Die sandigen Areale sind sehr nährstoffarm, aber schon am Rande der kleinen Nebenwasserscheide beginnt eine höhere Vegetation, was durch die laterale Zufuhr von Nährstoffen zu erklären ist. Die Gelb/Rotlehme auf der Hauptwasserscheide sind günstiger ausgestattet, was sich schon durch den Grundblock andeutet. Aus: Bremer 1989 a, 50.

grobkörnigen kristallinen Gestein eine Catena entwickelt, die von einem Inselberg auf der Wasserscheide ausgeht, an dessem Sockel und am Hangfuß zunächst geringmächtige Lithosole aufweist. Nach abwärts wird der Boden zunehmend tonig/lehmiger und erhält eine leuchtend rote Farbe. Ab dem mittleren Teil des flachen Hanges ist ein deutlicher Fleckenhorizont als Unterboden zu beobachten. In der Spülmulde liegen graue, sandige Lehme über hellgrauen tonigen Lehmen. Im oberen Teil der Einzugsgebiete sind selbst in diesen Tiefenlinien kaum Ablagerungen zu beobachten.

Die hier dargestellte Reihe kann man durch mehr oder minder starke subterrane Abfuhr und damit verbunden verschieden lange und intensive Alterung verstehen. Ein Einfluß von Klimawechseln ist dabei nicht nachweisbar. Ob bei der Alterung Gelb/Rotlehme entstehen, lokal Pisolithe an oder dicht unter der Oberfläche angereichert werden und verhärten oder im Extremfall die Tonminerale im Oberboden zerstört werden und weiße Sande entstehen, ist eine Frage der morphologischen Position und damit der Durchfeuchtung und Abtragung sowie der Stoffabfuhr aber auch -zufuhr, des Klimas und der Zeitdauer. Offenbar ist die Landschaftsentwicklung in weiten Teilen des nördlichen Südamerikas besonders alt, so daß hier (gealterte) Oxisole und Ultisole sehr weit verbreitet sind (Tab. 6.1).

Ähnliche Entwicklungen sind auf anderen Gesteinen anzunehmen. Ein sandiges Ausgangssubstrat weist häufiger einen gelblichen, sandigen Oberboden auf, während auf basischen Gesteinen, vor allem Vulkaniten rote bis rotviolette Lehme entwickelt sind. Auf Kalken liegen häufig leuchtend rote Lehme, die manchmal wenige Fremdminerale enthalten. Die unterschiedliche Farbe ist nicht nur eine Frage der Auslaugung, sondern auch unterschiedlicher Eisenformen und deren Verteilung: das leuchtende Rot deutet auf einen höheren Hämatitgehalt, die gelbe Farbe zeigt auf Goethit. Generell kann man sagen, je stärker im immerfeuchten Gebiet die Abtragung die Feuchteverhältnisse differenziert, desto deutlicher wird der Einfluß des Gesteins auf die Durchfeuchtung und damit die Bodenbildung. Die Unterschiede sind aber im allgemeinen so gering, daß die Böden als Oxisole oder Ultisole zu bezeichnen sind. Die intensive Verwitterung hat sie entscheidender geprägt als das Ausgangsgestein, es sind daher eher zonale als intrazonale Böden. Als intrazonal könnte man die Aquepts (vernäßte Böden, von aqua und inceptisol) oder gleysols (FAO) bezeichnen. Sie sind stärker als in den Außertropen reliefbedingt, da sie sich fast nur in versumpften Gebieten und nicht etwa auf Flächen bei sehr hohen Niederschlägen wie in den Außertropen finden. Sümpfe liegen aber nur in den großen Aufschüttungsgebieten wie am Kongo, Aquepts sind daher in Afrika besonders weit verbreitet.

In den Savannen ist die Bodenverbreitung noch stärker differenziert als im Regenwald. Hier sind es vor allem Abtragung und Klimaänderungen, die ein buntes Muster bewirkt haben. Rote Oxisole oder Ultisole sind als Vorzeitböden mehr oder minder stark abgetragen worden, wobei die Reliefenergie, aber wohl auch die Dauer der trockneren Verhältnisse steuernd wirken. In Zentralaustralien unter heute vollaridem Klima sind jedenfalls vorzeitliche Oxisole und Ultisole, wenn auch gekappt, weit verbreitet. Sie sind relativ wenig umgebildet worden, abgesehen von Calciteinlagerungen oder Calcretebildungen in morphologisch tieferen Positionen, d.h. bei Wasserzufuhr. Wahrscheinlich ist das Gebiet seit der Rotlehmbildung kaum tektonisch bewegt worden, so daß die Abtragung wenig differenzierend wirkte. In feuchteren Savannengebieten wie Nordaustralien, Ostafrika, Sri Lanka und im kristallinen Dekan in Indien ist häufig eine Catena anzutreffen (Abb. 6.9). Sie besteht aus einem mehr oder minder ausgedehnten und gekappten Reliktboden auf der Wasserscheide, einem grau/braunen lehmig, steinigem Entisol am Hang und einem grau bis grau/schwarzem Kolluvium (z.T. über rotem Unterboden) in den Spülmulden und Spülflächen. In breiten solchen Flächen, etwa den Dambos in Ostafrika sind Vertisole entstanden. Die Genese der schwarzen Böden ist noch wenig

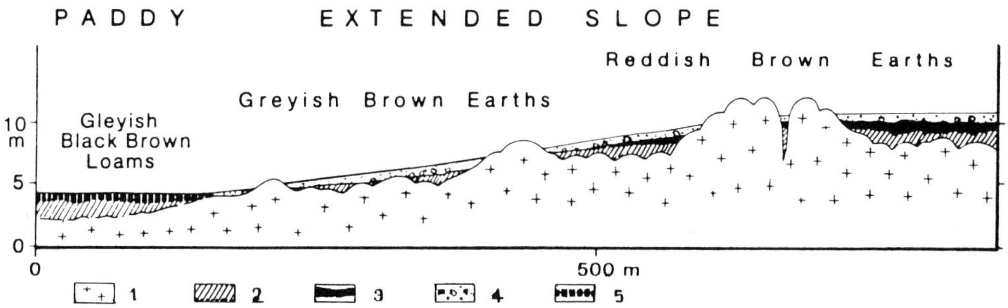

1 crystalline bedrock
2 decomposed crystalline bedrock
3 latosol relicts
4 sandy and grus-rich topsoil, sometimes with stone line at the base
5 Paddy soil

Abb. 6.9. Querschnitt von der Spülmulde zur Spülscheide in der Trockensavanne von Sri Lanka (nach Späth 1985, 309). Der sandige Oberboden kann ein Residuum sein, eine Weiterbildung oder im unteren Teil der Hänge auch aufgespült sein. Dann ist allerdings verwunderlich, daß er mehr oder minder gleiche Mächtigkeit hat.

geklärt, sie finden sich in Savannen auf basischen Vulkaniten, manchmal auch auf Kalken und auf jungen Sedimenten, die wohl meist auch kalkhaltig sind oder in denen Ca-beladene Wässer zirkulieren. Diese Böden könnte man von der Verbreitung her als intrazonal ansprechen.

In den Savannen, vor allem im feuchteren Teil sind also die Freilegung tieferer Horizonte und die rezente Bodenbildung weiter verbreitet. Die oberflächliche Abspülung hat wohl eine größere Bedeutung als die subterrane Abfuhr, die sich aber besonders deutlich im Piping (s.o. 3.7) in Dambos zeigt. In Paläoböden auf flachem Relief sind öfter als in der immerfeuchten Zone Tonverlagerungen innerhalb des Profils zu beobachten. In den Trockensavannen, meist erst im Gebiet der Halbwüsten kann eine Verstaubung erfolgt sein. Dieses Material kann leicht vom Wind und Wasser verfrachtet werden. Die rezente Bodenbildung weist mit abnehmenden Niederschlagsmengen eine immer geringere Intensität auf. Das äußert sich zum einen in abnehmender Bodentiefe, zum anderen in weniger starker Tonmineralbildung und weniger intensiver Eisenoxidation (mehr Goethit als Hämatit).

Während bei uns die rezenten Böden in kaltzeitlichen Ablagerungen oder im verwitterten Gestein, zumeist also in mineralreichen Substraten, entstanden sind, spielen sich in den Tropen die rezenten Vorgänge der Bodenbildung überwiegend in vorzeitlichen Böden oder umgelagertem solchem Material ab. Selten liegt ein rezenter Boden auf einem verwittertem Gestein. Damit laufen die rezenten Prozesse weitgehend in stark vorverwittertem Material ab. Es ist oft nicht einfach, ihren Einfluß zu erkennen, abgesehen von der Humusbildung. Während die vom Klima gesteuerten Prozesse auf gleichem Ausgangsmaterial gleiche Böden entstehen lassen, hat in den Tropen die Abtragung für eine zusätzliche Differenzierung gesorgt, indem nicht nur Paläoböden, sondern auch mehr oder minder verwitterte Kolluvien und selten das anstehende Gestein das Ausgangsmaterial bilden. Bei sehr intensiver Verwitterung und sehr geringer oder fehlender Abtragung können diese Unterschiede ausgelöscht sein. Regional und lokal folgt also das Verteilungsmuster der Böden in den Tropen oft anderen Prinzipien als in den Außertropen, es ist vor allem durch die Landschaftsentwicklung zu verstehen. In manchen Gebieten der Savannen ist das Muster der Bodenverbreitung bunter als man erwartet, denn die steuernden Faktoren sind zahlreicher als im Regenwald (Tab. 6.2). Durch die Abtragung entstehen unterschiedliche Ausgangssubstrate und eine stärkere Reliefierung (Abb. 6.9), was eine Differenzierung der Durchfeuchtung bewirkt. Fehlt die Abtragung, kann dagegen die Verbreitung der Böden sehr eintönig sein.

Tabelle 6.2. Faktoren der Bodenbildung in den Tropen.

	Regenwald	Savanne
Ausgangs-substrat	intensiv verwitterte Unter- und Oberböden, intensiv verwitterte Kolluvien	intensiv verwitterter Oberboden, verwitterter Unterboden mit frischen Mineralen, int. verwitterte Kolluvien, verwitterte Kolluvien mit frischen Mineralen
Prozess-steuerung	relativ gleichmäßige Durchfeuchtung	differenzierte Durchfeuchtung
Prozesse	Oxidation, Tonmineral-neubildung	Aufbrechen von Mineralen, Tonmineral-neubildung (Oxidation), Tonverlagerung
Geomorphologische Prozesse	subterrane Abfuhr (Tonaufschwemmung)	Abspülung, subterrane Abfuhr (Tonaufschwemmung)
Böden	Alfisol, Oxisol, Ultisol Lithosol	Inceptisol, Alfisol, Paläo-Oxisol oder -Ultisol, meist gekappt

7. Biogeographie

7.1 Charakteristika

Die Beziehungen von Vegetationsformationen zu Klimaparametern insbesondere der Feuchte zeigen, daß zonal das Klima die Verbreitung von Wald und Savanne mit Übergangsformationen und Abstufungen steuert. Lokal bis regional können andere Geofaktoren, insbesondere der Boden Einfluß nehmen. Bäume benötigen eine günstigere Nährstoffversorgung und in den trockneren Gebieten einen tieferen, gut durchlüfteten Wurzelraum. Auf Vertisolen können nur Gräser wachsen, die aber auch trocknere, nährstoffarme Böden, dann allerdings weitständiger, besiedeln. Galeriewälder und Schluchtwälder kann man als intrazonal ansehen, da sie in trockneren Gebieten von der Durchfeuchtung bevorzugt sind.

Die Dichte der Bäume, der Artenreichtum, die Dunkelheit am Boden in den Regenwäldern kontrastiert mit den Forsten aber auch mit den „Urwäldern" der gemäßigten Breiten. Die Savannen unterscheiden sich mit dem dispersen Baumwuchs über der Grasflur von den meist baumfreien Steppen. Sowohl in den Regenwäldern als auch in den Savannen kann man zahlreiche Lebensformen beobachten, die den ökologischen Bedingungen besonders gut angepaßt sind. Ihre Schilderung soll das Wirkungsgefüge verdeutlichen. Besonders auffallend sind die Unterschiede der Großtierwelt zwischen den einzelnen Kontinenten. Insgesamt besteht eine geringere Verwandtschaft zwischen den Reichen als bei der Flora. Die Zahlen der Kleinlebewesen sind sowohl nach Arten als auch nach Individuen ungeheuer groß.

7.2 Einleitung

Die Vegetation der Tropen ist sehr vielfältig. Das betrifft nicht nur den Artenreichtum sondern auch die zahlreichen Pflanzengemeinschaften. Beides sind jedoch in erster Linie botanische Sachgebiete, für die Geographie sind die Physiognomie, also Wuchsformen, sowie die Vegetationsformen interessanter, da sie die ökologischen Bedingungen indizieren (Troll 1960). Außerdem sind physiognomische Vegetationstypen weltweit unterscheidbar und vergleichbar (Vareschi 1980, 101). Auszüge aus den Schilderungen von Regenwald und Savanne von Waibel (1928) sollen nicht nur einen Eindruck von der Andersartigkeit der Vegetation geben, sondern auch das andere Lebensgefühl vermitteln.

7.3 Verbreitung der Vegetation

Der tropische Regenwald ist am weitesten im Amazonas- und Kongogebiet verbreitet sowie in der Insulinde (Abb. 7.1). Verallgemeinernd kann man sagen: er wächst in den Gebieten um den Äquator bis 6° nördlicher und südlicher Breite, also in der Zone, wo ganzjährig hohe Niederschläge fallen. Eine Ausnahme ist Ostafrika, das wegen der großen indischen Monsun-

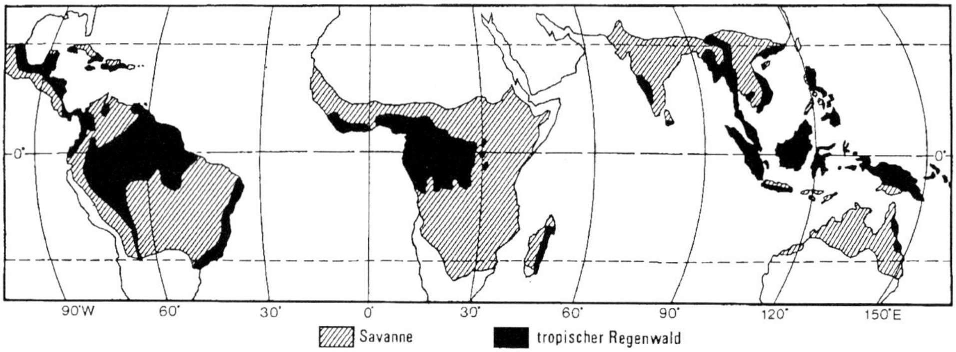

Abb. 7.1. Verbreitung des Regenwaldes (Tieflandregenwald, Monsunwälder und Bergwälder, vereinfacht nach WHITMORE 1993, 23) ergänzt durch die Grenze der Trockensavanne gegen Halbwüste und Steppe (an den Wendekreisen beginnend). Typisch ist die Lage des Regenwaldes zwischen 5° bis 6° nördlich und südlich des Äquators. Entlang der Passat- und Monsunküsten, wo diese Luftströmungen auf Gebirge auftreffen, reicht er bis an die Wendekreise. Die große Ausnahme ist Ostafrika, wo absteigende Winde eine größere Trockenheit bedingen. Die größte Nähe zum Äquator erreicht die Wüste an der Westküste Südamerikas, wo ebenso wie vor der Westseite Afrikas besonders auf der Südhalbkugel kalte Meeresströmungen und Auftriebwasser einen Feuchtetransport auf das Land stark einschränken. Die generelle Verbreitung der Vegetationsformationen zeigt also das Klima als Haupteinflußfaktor.
Überraschend klar zeigt die Abbildung, daß die Sahara im Vergleich zu den anderen Kontinenten eine Ausnahme darstellt, indem die Wüsten weiträumig besonders weit äquatorwärts reichen. Es erklärt sich durch die große eurasisch-afrikanische Kontinentalmasse, die den vorherrschenden Nordost-Winden (Passaten) bzw. den Rändern des Subtropenhochs keine Feuchtigkeit liefert.

zirkulation selbst am Äquator trocken ist (s.o. 2.7). Weiter ausgedehnt ist der Regenwald südlich des Äquators in Südamerika, wo er im Andenvorland bis 25° Süd reicht, nördlich des Äquators wird er dagegen recht schnell von der Savanne abgelöst.

Ein dem Regenwald sehr ähnlicher Wald, der aber einige wenige laufabwerfende Arten hat (Monsunwald), zieht als mehr oder minder breiter Streifen an den Passat- und Monsunküsten entlang. Auf der Südhalbkugel reicht er bis zum Wendekreis, auf der Nordhalbkugel etwas weniger weit polwärts, außer in Hinterindien. Er ist in Mittelamerika verbreitet, inklusive der meisten karibischen Inseln, in Brasilien reicht er von San Salvador bis über Rio de Janeiro hinaus. Besonders breit ist er in Westafrika (nördlich des Äquators) an der Küste entwickelt. Ferner liegt er auf der Südhalbkugel an der Ostküste Madagaskars und Nordaustraliens. Auch die Westseiten Vorder- und Hinterindiens sowie Sri Lankas sind dadurch gekennzeichnet. Ferner sind viele Inseln im Pazifik damit bewachsen. Letztlich ist auch die Vegetation der Insulinde vom Monsun oder Passat beeinflußt, so lassen sich jedenfalls die trockneren Züge im östlichen Java, auf den kleinen Sundainseln und im südlichen Neuguinea besser verstehen. Es hängt vom Feuchtegehalt dieser Winde, einer eventuell vorhandenen konvektiven Komponente und dem Ausmaß der Reibung und des Aufsteigens ab, wie intensiv diese Niederschläge sind und wieweit daher die Vegetation landeinwärts oder polwärts reicht. Es kann aber auch im Inneren der Kontinente bei erneutem starkem Aufsteigen zu hohen Niederschlägen kommen, so daß sich Gebirgsregenwälder etwa am Westabhang von Äthiopien sowie am Anstieg zum Himalaya finden.

Dem Monsunwald ähnlich sind die feuchteren Galeriewälder. Sie sind entlang der großen Flüsse Südamerikas und Afrikas besonders auf der Südhalbkugel ausgedehnt. Troppmair (1984) konnte an brasilianischen Beispielen zeigen, daß der bestentwickelte Galeriewald bei gut durchlüfteten Böden und genügendem Bodenwasser ausgebildet ist. Kleine, dem Monsunwald ähnliche Areale finden sich an edaphisch günstigen Stellen in der Feuchtsavanne. Die Grenze von den Monsunwäldern zur Savannenwaldung ist oft sehr scharf. In Queensland kann an der Oberkante der Randstufe auf 10 m ein Wechsel erfolgen, wobei auch die Zufuhr von Nährstoffen und Brände eine Rolle spielen mögen. Dagegen ist im Tiefland der Übergang vom Regenwald zur Savanne meist gleitend. In Westafrika schiebt sich ein Gebiet dazwischen, das als „derived savannah" oder als „savannah woodland" bezeichnet wird (s.u. 7.6.2).

Unter Savanne wird eine Vielzahl von Vegetationsformationen verstanden, die sich zwischen dem Regenwald und den Trockenräumen finden. Ähnlich wie bei dem Wirrwarr der Namen für tropische Böden ist hier ebenfalls die Einordnung schwierig. Auf die Verbreitung des Grases wird unten (7.6.2; 8.3) ausführlich eingegangen. Im folgenden wird als Savanne eine Vegetationsformation mit einer Grasflur bezeichnet, wobei zwischen Feucht- und Trockensavanne nach der Physiognomie und der Feuchtigkeit unterschieden wird. In Savannengebieten können Trockenwälder liegen, die kaum Gras als Unterwuchs haben. Es besteht aber kein räumlicher Zusammenhang mit den Regenwäldern, weshalb sie zur Savannenzone zu rechnen sind.

7.4 Vegetationsformationen und Klima

Generell gesehen nehmen Höhe und Dichte sowohl der Bäume als auch der Gräser korrespondierend zur Jahresniederschlagsmenge ab (Abb. 7.2). Diese Abstufungen kommen in unterschiedlichen Namen zum Ausdruck wie etwa: Savannenwaldung (noch Kronenschluß der Bäume), Feuchtsavanne, Baumsavanne, Strauchsavanne, Trockensavanne, Grassavanne (ein Überblick findet sich in Manshard 1960, Cole 1986). Die Abstufungen sind so deutlich, daß sie auch regionale endigene Namen haben wie in Brasilien: cerradão (oder mata = niederer Wald, auch Sekundärwald), campos cerrados (Baumsavanne), campos sujos (verschmutzte Flur, d.h. einzelne Bäume in der Grasflur), campos limpos (reine Grasflur). Als lichte Baumsavannen bis Trockenwälder kann man die chaparrales in Venezuela und die Caatinga Nordostbrasiliens einstufen.

Im Überblick gesehen, und das heißt im zonalen Konzept, ist also eine Abstufung der Biomasse nach dem Klima, vor allem dem Niederschlag, gegeben. Viele Klimaklassifikationen – als erste wohl die von Koeppen (1900) – haben daher Klimadaten mit den Vegetationsformationen verbunden, wobei die Verteilung der Niederschläge zunächst nur summarisch berücksichtigt wurde. Lauer (1952) legte eine Gliederung Afrikas und Südamerikas nach der Zahl der humiden bzw. ariden Monate vor. So konnten Troll & Paffen (1964) in ihrer detaillierten Gliederung 7 tropische Zonen unterscheiden: immergrüne und halblaubwerfende Regenwälder (12–9½ humide Monate), regengrüne Feuchtwälder und feuchte Grassavannen (9½–7), regengrüne Trockenwälder und Trockensavannen (7–4½), Dorn-Sukkulentenwälder und Trockensavanne (4½–2) sowie Halb- und Vollwüsten. Zwei weitere Klimate wurden wegen der winterlichen Regenzeit ausgeschieden. Etwas andere Grenzen schlug Manshard (1968) vor (Abb. 7.2).

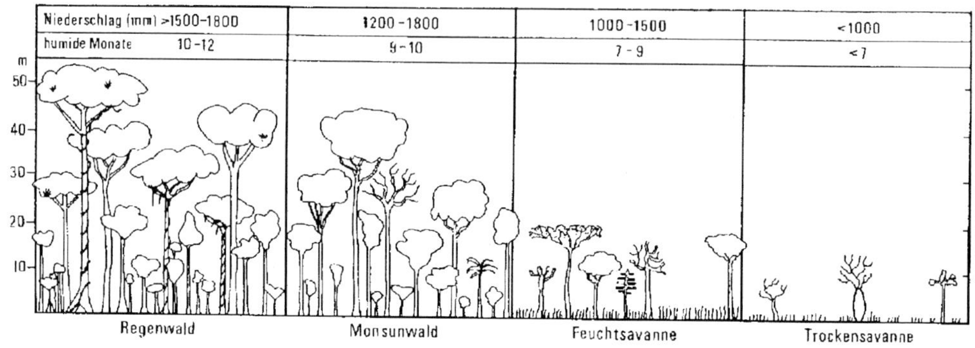

Abb. 7.2. Vom Regenwald bis zur Trockensavanne wird die Vegetation schütterer, die Bäume sind niedriger und laubabwerfend (nur durch Astwerk dargestellt). Gras als Unterwuchs taucht erst in der Savanne auf und wird mit abnehmenden Niederschlägen (obere Zeile), bzw. abnehmender Zahl der humiden Monate (untere Kopfzeile) ebenfalls niedriger und weitständiger (in Anlehnung an MANSHARD 1968). Es gibt aber auch Abweichungen von diesen Zuordnungen: Trockenwald und Savanne setzen manchmal erst bei drei trockenen Monaten ein. Regenwald kann bei hohen Jahresniederschlägen auch noch bei vier trockenen Monaten ausgebildet sein, wie im südwestlichen Sri Lanka oder in den südlichen Westghats. Die für die Pflanzen wichtige Bodenfeuchte bleibt bei hohen Jahresmengen auch über Trockenperioden hinaus ausreichend.

Es hängt von der Definition der Savanne ab, wie die Grenzen gezogen werden und die klimatische Zuordnung erfolgt (Abb. 7.3). Ist Gras, wenn auch lückenhaft verbreitet und hat der Baumbestand noch Kronenschluß, kann man von Savannenwaldung sprechen. Das ist ein sehr weit gefaßter Savanenbegriff, der bereits bei 9 humiden Monaten und über 1000 mm Jahresniederschlag einsetzt. Sieht man andererseits aber Bäume als bestimmend an und spricht von Trockenwäldern im weitesten Sinn, wird die Savanne erst bei 4–600 mm Jahresniederschlag und höchstens 4 humiden Monaten beginnen (vor allem WALTER 1964, 1973; ANHUF & FRANKENBERG 1991).

Im tropischen Australien würde letzteres aber kein gutes Kriterium sein, denn selbst im trockenen Zentrum mit nur 250 mm Jahresniederschlag fallen die Bäume, vor allem Akazien in trockeneren Zeiten auf, nach ausgiebigen Niederschlägen mag die recht dichte Krautschicht eher die Vegetation prägen. Allerdings sind in Australien die Pflanzen auch besonders gut dem Klima angepaßt (BREMER 1965a, COX & MOORE 1987, 213f.). Bei der engen Definition der Savanne ist die Vorstellung eingeschlossen, daß Grasfluren in den feuchteren Gebieten durch Brennen bedingt sind. Dieses wiederum geht von der Vorstellung aus, daß Trockenwälder mit fast völlig fehlendem Graswuchs wie die Caatinga oder der Brigalow scrub, die zonale Vegetation sind, eine Grasflur also eine Verarmung darstellt. Die Trockenwälder können aber durch bessere Böden (CARNAHAN 1977, COLE 1986, SANFORD & WANGERI 1985) und/oder Bodenwasserhaltung bedingt sein (SARMIENTO & MONASTERIO 1975) (s.u. 8.3).

Im englischen Schrifttum werden für die Savannen 600–1200 mm Jahresniederschlag genannt und höchstens 4 aride Monate (SANFORD & WANGARI 1985). Sie werden also dort von der Wüste (desert) abgelöst, wo z.B. WALTER die Savannen beginnen läßt. Das hängt mit der sehr weiten Fassung von arid und desert in der englischen Sprache zusammen. Für Südamerika sehen SARMIENTO & MONASTERIO (1975) 800 mm Jahresniederschlag als untere Grenze der

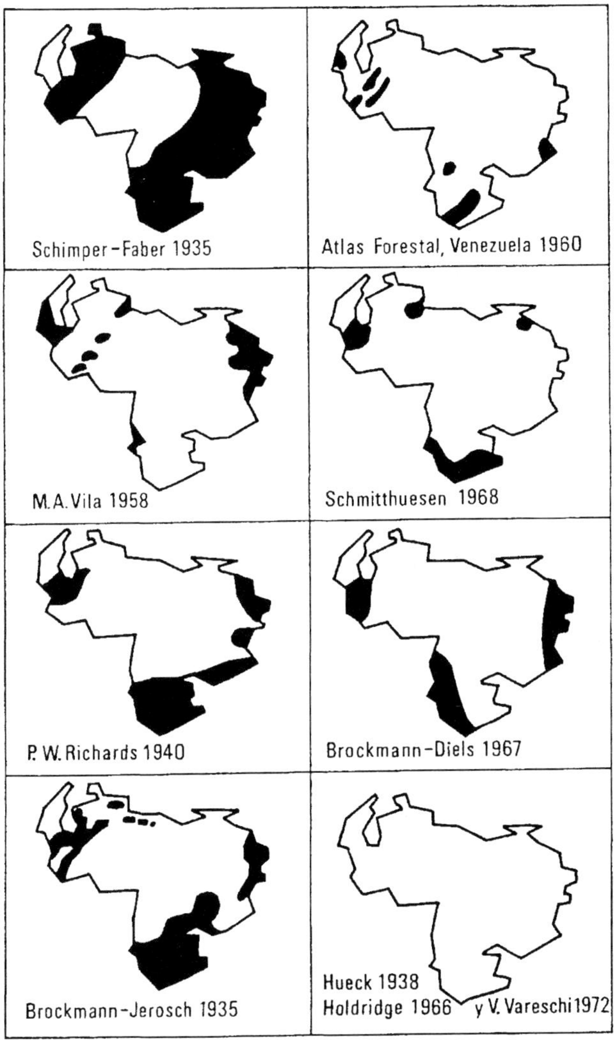

Abb. 7.3. Die Verbreitung des „Regenwaldes" (und entsprechend der Savanne) in Venezuela nach der Ansicht von 10 verschiedenen Autoren. Diese Darstellung zeigt besonders deutlich, wie unterschiedlich eine Einordnung und damit eine Begrenzung von Vegetationsformationen erfolgen kann. Aus: VARESCHI 1980, 140.

Savanne an, unterhalb seien Trockenwälder vorhanden, was im Gegensatz zu anderen Kontinenten stünde.

Mir scheint es am günstigsten, wenn man die Grenze dort zieht, wo der Regenwald mit seinem geschlossenem, dichtem Bewuchs von der Savanne mit dem ersten verbreiteten Auftreten von Gras als Unterwuchs abgelöst wird. Die so definierten Savannen kann man nach den Niederschlägen in Feucht- und Trockensavannen einteilen. Als Savanne werden in dieser Arbeit also mehr oder minder lichte Baumfluren mit Gras im Unterwuchs verstanden. Lokal kann dabei das Gras die einzige Vegetation sein. Trifft das jedoch regional zu, kann man von Grassavanne sprechen. Fehlt dagegen das Gras weitgehend, so handelt es sich um Trockenwälder. Diese beiden Vegetationsformationen sind weitgehend edaphisch bedingt.

Ein besonderes Kriterium für die Beurteilung der natürlichen Vegetation und des Potentials für die Landnutzung ist die „Trockengrenze". A. PENCK hat schon 1910 die Begriffe arid und humid mit den Untergliederungen nach dem Wasserhaushalt definiert. Neuere Arbeiten versuchen dieses durch Berechnung der potentiellen Verdunstung zu spezifizieren. Die Grenze liegt dann dort, wo diese dem Niederschlag entspricht. Über solche unterschiedlichen Trokkengrenzen berichtete FRANKENBERG (1985). Sinnvoller ist wohl die Betrachtung der mittleren monatlichen Trockengrenze, da sie die Vegetationsperiode besser erfaßt (LAUER & FRANKENBERG 1979). Eine direkte Beziehung zwischen Humidität und Kulturpflanzen ergibt eine Möglichkeit, das klimatische Potential für den Anbau direkt abzuschätzen (SCHMIEDECKEN 1979).

Zusammenfassend läßt sich sagen: Eine einfache Korrelation von Klimadaten mit Vegetationsformationen ist eine Konvention, die das Verständnis der Verbreitung erleichtert. Stößt man auf den Ausdruck Savanne oder Trockenwald, muß man fragen, welche Vegetationsformation damit gemeint ist. Eine Korrelation mit Klimadaten, die ursächlich auf einen Einfluß der Feuchte hinweist, könnte sich vielleicht für die Biomasse ergeben. Dabei sind allerdings edaphische und evolutionäre Besonderheiten zu bedenken.

Klima und Vegetation lassen sich nur zonal in Relation setzen, regional können nur windbedingte (niederschlagsbegünstigte) oder höhenabhängige (temperaturkontrollierte) Beziehungen erkannt werden. Lokale Differenzierungen sind nicht – abgesehen von Höhenstufen – oder nur sehr untergeordnet mit der Temperatur zu erklären, da ein Mikroklima in den Tropen kaum ausgebildet ist (s.o. 2.9). Aber die Feuchtigkeit kann sehr wohl lokal variieren, was jedoch vom Relief oder Boden abhängig ist. Ein Beispiel ist das Vorkommen von Palmen in den Engtälern Zentralaustraliens.

7.5 Regenwälder

7.5.1 Einleitung

Tropenwälder sind ein heute oft gebrauchtes Schlagwort, das leider manchmal ohne viel Kenntnis verwendet wird. Dabei hat unser Wissen über die immerfeuchten Regenwälder in den letzten Jahren stark zugenommen, weil seit Beginn der 80er Jahre die Forschung intensiviert wurde. So begann 1982 die „Decade of the Tropics of the International Union of Biological Sciences", die „World Wildlife Fund Campaign on Tropical Forests and Primates" und andere Initiativen. Eine Enquete Kommission des Deutschen Bundestages (1990) zur „Vorsorge zum Schutz der Erdatmosphäre" hat sich ausführlich mit dem „Schutz der Tropenwälder" befaßt.

Die folgende Beschreibung von WAIBEL (1928) ist wohl unübertroffen, indem sie in wenigen Worten auch die Stimmung wiedergibt, die sich so sehr unterscheidet von den Gefühlen, die uns bei Wanderungen in unseren Forsten begleiten. Inwieweit letzteres eine Rolle spielt bei der deutschen Einstellung zur „Vernichtung der Urwälder" ist bislang noch nicht diskutiert worden. WAIBEL schreibt: „Der Reisende, der an der Westküste Afrikas entlangfährt, sieht zum ersten Mal in Sierrra Leone die Welt im tropischen Waldkleide. In dunkelblaugrünem Gewande steigt ein steiles Gebirge unmittelbar aus dem Meere auf. Eine üppig wuchernde Vegetation hüllt wie eine grüne Samtdecke oder wie ein gewaltiger struppiger Pelz Berg und Tal ein, zieht sich bis ans wellenschlagende Meer hinab und füllt als ein gefräßiges Tier gierig jeden Fleck Landes aus. Wunderbar wohlig schmiegt sich die milde, tiefgrüne Farbe der Pflanzenwelt ins Auge hinein."(ebd. 9). „Die phantastischen Pflanzenformen, die Fülle und der Reichtum der Gestalten verwirren unseren Sinn, sobald wir in das dunkle Waldhaus eingetreten sind. Dieser tropische Wald hat für den Neuling etwas Feindseliges, Drohendes. Es lebt viel Unheimliches, das Gemüt Bedrückendes in seinem unbekannten Wesen. In dunklen schweigenden Wölbungen irrt der Fuß nur langsam vorwärts. Armdikke, holzige Schlingpflanzen versperren ihm heimtückisch den Weg, steile Wurzeln treten ihm hinterlistig entgegen. Die dicke, schwüle Luft beengt den Sinn, die unheimliche Stille preßt das Herz zusammen, das dumpfe Licht erregt Furcht und Angst. Krampfhaft suchst du mit den Augen nach einem Ausblick." (ebd. 10/11). „Und sind Tage dunkel im Walde, um wieviel dunkler noch sind die Nächte! Was Nacht heißt, lernt man erst im Tropenwalde kennen. Wenn schwere Gewitter oder Regenwolken am Himmel stehen, und das letztere ist des Nachts eigentlich fast stets der Fall, wenn der Regen wie entfesselt, wie wahnsinnig zu Boden stürzt, dann steht eine Dunkelheit zwischen den Bäumen, die so schwarz, so dick ist, daß man sie greifen, schneiden könnte. Die ägyptische Finsternis kann nicht schlimmer gewesen sein. Die schönen, sternenklaren Nächte, wie man sie auf den tropischen Grasfluren trifft, fehlen im Urwalde ganz." (ebd. 13).

7.5.2 Tieflandregenwald

Diese Beschreibung macht deutlich, welch große Unterschiede der tropische Regenwald zu unseren Forsten bildet. Selbst dort, wo bei uns nicht Bäume einer Art in Reihen gepflanzt wurden, sind unsere Mischwälder licht und haben eine Bodenflora, die im Inneren des Tropenwaldes fast völlig fehlt. Dieses, die Üppigkeit, die Vielfalt und die Dunkelheit sind es, die den tropischen Regenwald so fremdartig machen. Die Üppigkeit wird deutlich in der großen Biomasse, die im Mittel 450 t/ha beträgt, in den regengrünen Wäldern noch 350 t/ha, in unseren Laubwäldern 300 t/ha, den borealen Nadelwäldern nur 200 t/ha (Lieth & Whittaker 1975). Für Pasoh auf der malaiischen Halbinsel nennen Hadley & Lanly (1983, 4) sogar 660 t/ha.

Auffallendstes Merkmal ist wohl die unterschiedliche Höhe der Bäume (Abb. 7.4). Die Urwaldriesen mit 50–60 m Höhe überragen den Wald nur vereinzelt. Manche, vorwiegend artenärmere Wälder, sind in Schichten oder Stockwerke gegliedert. Diese haben um 30 m, 15–18 m und 5–8 m Höhe. Der Kronenschluß erfolgt dabei im oberen und mittleren Stockwerk. Entsprechend ist der Lichteinfall in den tieferen Lagen verringert. Die Tieflandregenwälder in den immerfeuchten Tropen sind im Inneren des Waldes sehr dunkel, in Afrika und Südasien wohl mehr als im zentralen Amazonasgebiet.

Der zweite wesentliche Unterschied zu den Außertropen ist die hohe Artenvielfalt. Bis zu dreihundert Arten von Bäumen auf zwei Hektar stehen zehn bis zwanzig Arten unserer Laubwälder gegenüber. Von insgesamt geschätzten 4,5 Mio. Arten der Pflanzen und Tiere werden 3 Mio. in den Tropen gefunden, 0,5 Mio. davon seien beschrieben (Hadley & Lanly 1983). Nach „Schutz der Tropenwälder" (Deutscher Bundestag 1990, 163f.) sind weltweit 1,5 Mio. Tier- und Pflanzenarten wissenschaftlich erfaßt, schätzungsweise sollen es insgesamt zwischen 3 und 10 Mio. sein, 50–70% davon sollen im Regenwald vorkommen. Whitmore (1993, 8f.) nennt 233 Arten von Gefäßpflanzen, darunter 73 Baumarten auf 100 m^2 in Costa Rica einen Rekord. Auf 1000 m^2 in Peru wurden 580 Bäume mit 10 cm Durchmesser in Brusthöhe gezählt, davon gehört jeder zweite einer anderen Art an. Whitmore schätzt, daß etwa die Hälfte aller lebenden Arten im Regenwald leben, obwohl dieser nur 7% der Landfläche ein-

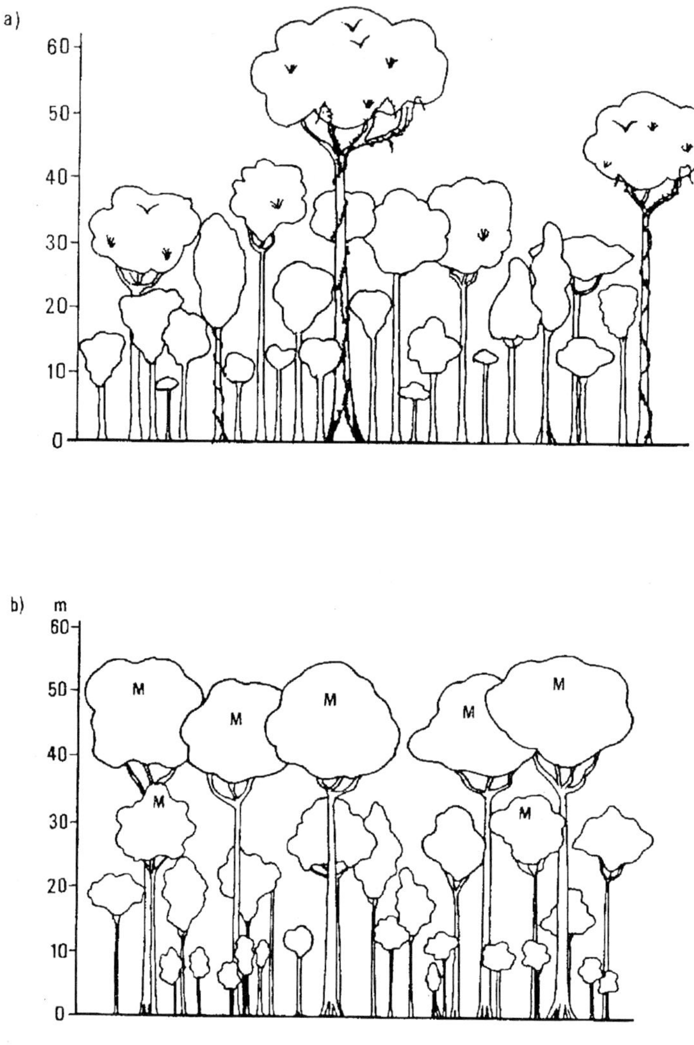

Abb. 7.4. Die Bäume des Regenwaldes haben meist gerade Stämme und verzweigen sich erst im oberen Teil. Aufsitzer (Epiphyten) finden sich ebenso wie die Tierwelt wegen des Lichtbedarfs vor allem im Kronendach, Schlingpflanzen (Lianen) streben dorthin. Den Boden besiedeln einzelne Ranken und Sämlinge; Krautpflanzen sind wegen des Lichtmangels selten, Gräser fehlen weitgehend. Viele Regenwälder haben eine unregelmäßige (struppige) Oberfläche und einen uneinheitlichen Aufbau (a, schematisch, in Anlehnung an Park 1992, 15). Blüten sind entweder im Kronendach zu finden oder dann meist sehr klein direkt am Stamm (Cauliflorie). Einige, meist kleinere Bäume haben Stelzwurzeln; hohe Bäume können Brettwurzeln als Stütze haben. Vor allem artenärmere Wälder (b) sind in deutliche Stockwerke gegliedert (M = *Mora excelsa*; Wald auf Trinidad nach Walter 1964, 105).

nimmt. Vareschi (1980) stellte Diversitätstabellen auf und findet ein Maximum im tropischen „Wolkenwald“ mit 903 als Artenzahl und 20769 als Diversitätskennzahl, in Feuerland sind es 40 und 360. Bäume der gleichen Art können 100 m und mehr auseinander stehen.

Unendlich ist die Vielfalt der Insekten und Vögel. Sie besorgen die Bestäubung, und auch die Verbreitung der Früchte geschieht durch Tiere. Ihre Artenvielfalt ist selbst in kleinen Gebieten höher als im ganzen Deutschland. Sehr groß ist der Endemismus, in Madagaskar bis 80%, aber selbst auf einer 1,7 km^2 großen Forschungsstation in Ecuador noch 25% (Deutscher Bundestag 1990, 165/166).

Die hohe Artenvielfalt hat sich im Laufe langer Zeiten herausgebildet (s.u.). Natürlich bestehen Unterschiede zwischen den einzelnen Florenreichen aber auch innerhalb dieser in der Verbreitung der Arten. Die tropischen Tieflandwälder in Afrika sind artenärmer, die größte Vielfalt wurde in Peru am Fuß der Anden gefunden. Für die Physiognomie auffallender sind die Abstufungen mit dem Klima und den edaphischen Verhältnissen.

7.5.3 Lebensformen und ökologische Anpassung im Regenwald

Da alle Bäume Licht für die Assimilation brauchen, streben sie in die Höhe und haben einen schlanken Wuchs. Auf vergleichsweise dünnen Stämmen sitzt erst im oberen Drittel oder Viertel die Krone, in der die Verzweigungen erfolgen. Der Wald ist daher am Erdboden meist durchgängig. Die dichte niedere Vegetation an den Rändern etwa von Flüssen oder Straßen erklärt sich durch den dort vorhandenen Lichteinfall.

Nach dem Licht streben auch die Schling- und Kletterpflanzen sowie die Aufsitzer. Erstere können am Waldrand besonders störend sein. Beide sind vorwiegend in den Kronen entwickelt. Dort leben auch fast alle Orchideenarten, wie ohnehin Blüten vom Boden aus selten zu sehen sind oder aber wegen ihrer Kleinheit oder ihrer grünen Farbe wenig auffallen. Nur bei einer längeren Trockenzeit von 1–2 Monaten sind Blühphasen zu beobachten, sonst sind Blühen, Fruchten und der Einzelabwurf der Blätter nicht jahreszeitlich gebunden. Forschungen über eine Phänologie stehen aber noch am Anfang (Bawa & Ng 1990, Terborgh 1990). Weitere Besonderheiten vieler Bäume des tropischen Regenwaldes sind Blätter mit Träufelspitzen, die das Regenwasser rasch ableiten, zumal viele Arten auch eine glatte Blattoberfläche haben. All diese Wuchsformen haben sich wohl durch Anpassung an Klimaerscheinungen ausgebildet, sind aber vielleicht auch durch Bodenarmut bedingt (s.u. 11.3.4).

Auffallend sind ferner die Anpassungen an den Boden und die Nährstoffversorgung. Der Wurzelteller selbst hoher und alter Bäume ist meist sehr flach und breit. Das dient der Aufnahme von Nährstoffen, die von außerhalb des Bodens eingetragen werden, sei es aus der Mineralisierung organischer Substanz, sei es aus der Atmosphäre. Im Extremfall bei sehr schlechter Nährstoffversorgung aus dem Untergrund bilden sich Wurzeln oberhalb des Bodens. Bei San Carlos de Rio Negro wurden sie bis 13 m hoch an benachbarten Bäumen beobachtet (Sanford 1987). Sie filtern die Nährstoffe aus dem Stammabfluß. Wegen der geringen Standfestigkeit bei flachen Wurzeln haben einige Arten besondere Stützformen wie Brettwurzeln oder Stelzwurzeln entwickelt. Wo diese gehäuft auftreten, ist wohl noch unbekannt. Die Eigenschaften von Standortanzeigern, wie sie in den Außertropen für viele Pflanzen gut erforscht sind, kennt man in den Tropen noch kaum. Beispiele sind salztolerante Palmenarten und Pandanus als Feuchteanzeiger.

7.5.4 Übergangsformen und intrazonale Formationen

Den immergrünen Tieflandregenwäldern sind die „Monsunwälder“ oder „regengrünen Wälder“ sehr ähnlich. Allerdings sind sie im allgemeinen niedriger, weniger gegliedert und wohl auch lichter. Laubabwerfende Arten, meist die größeren Bäume, treten nur verstreut auf, insofern ist „regengrün" etwas verwirrend, denn es betrifft nicht den Wald sondern nur einzelne Exemplare. Wie Abbildung 7.2 zeigt, sind diese Wälder bei zwei oder mehreren Trockenmonaten ausgebildet. Je höher der Niederschlag ist, desto reicher sind Grund- und Bodenwasser, eine desto längere Trockenzeit können die Bäume überstehen.

Besondere Formen der Vegetation in den Tropen sind die Bergwälder (s.u. 9.4). Größere Gebiete nehmen Sumpfwälder ein, die vor allen Dingen im Kongogebiet weit ausgedehnt sein sollen. So werden aber auch von einigen Autoren Wälder in Überschwemmungsgebieten bezeichnet, deren unterer Teil jahreszeitlich unter Wasser steht, wie etwa der Igapo (Schwarzwasser) oder die Varzea (Weißwasser) im Amazonasgebiet. Die Sumpfvegetation besteht sonst aus schwimmenden Pflanzen, von denen die Wasserhyazinte weit verbreitet wurde, schwimmenden Blättern und Blüten (Lotus, *Victoria regia*) oder vom Ufer vordringenden Pflanzen (Papyrus, Schilf). Sowohl einen hohen Grundwasserstand als auch einen Wechsel mit Austrocknung vertragen vor allem Palmenarten. Da sie außerdem salztolerant sind, wachsen Palmen an sandigen Stränden. Mangroven sind an schlammreichen Küsten verbreitet (s.o. 5.10).

Trotz der üppigen Vegetation sind Moore mit Torfbildung in den Tropen selten. Sie finden sich entweder in der Höhe wie in den Anden oder in geschlossenen Hohlformen wie etwa Vulkankratern. Eine Ausnahme sind Gebiete der östlichen Insulinde nahe der Küste, wo infolge des postglazialen Meeresspiegelanstiegs hinter Uferdämmen zunächst salzhaltige, aber langsam aussüßende Sümpfe entstanden. Sie tragen Sukzessionen einer besonderen Waldvegetation, deren abgestorbene Bestandteile auf Grund der besonderen ökologischen Bedingungen weniger zersetzt werden und daher Torfe bilden. Diese sind, ebenso wie die darauf wachsenden relativ trockenen Keranga Wälder, eine Voraussetzung für wiederholt auftretende, ausgedehnte Brände (s.u. 13.12.2).

Eine spezielle Vegetation tragen sterile Sandböden, die sich durch extreme Nährstoffarmut auszeichnen. Es ist entweder eine nur bis 2 m hohe Baum-Strauch- und Krautvegetation (in Nordamazonien Bana = niedere Campina) oder eine schwer durchgängige 20–30 m hohe Baumflur mit dünnen weißen Stämmen, die wegen des lichten Aussehens auch amazonische Caatinga (= weißer Wald) genannt wird. Die Biomasse ist mit 17–70 kg/m^2 (Klinge & Medina 1979) sehr unterschiedlich. In der offenen Bana soll die Biomasse sogar nur 4–6 kg/m^2 betragen, wovon 88% Wurzeln sind (Bongers et al. 1985). Artenvielfalt und Endemismus sind hoch. Während es sich im Amazonasgebiet in der Regel um kleine im Regenwald eingestreute Flächen handelt, können „Heidewälder" (Whitmore 1993) an den Küsten der Insulinde (Kerangas in Borneo bzw. niedere Padang Heide) auch ausgedehnter sein. Eine sehr eigenständige Vegetation, die extrem angepaßt ist, findet sich auf den Inselbergen (Barthlott et al. 1993, Porembski & Barthlott 1992, 1992 a).

7.6 Savannen und Trockenwälder

7.6.1 Einleitung

Sehr viel größer, wohl fast dreimal so groß wie derjenige der Regenwälder, ist der Anteil der Trockenwälder und Savannen an der tropischen Vegetation. Cole (1986) schätzt ihren Anteil an der Landfläche der Erde auf 20%. Bei einer solchen Ausdehnung ist eine große Vielfalt nicht erstaunlich. Als Savanne werden hier – wie ausgeführt – die Vegetationsformen bezeichnet, die eine Grasflur aufweisen. Dem Regenwald hingegen fehlen Gräser fast völlig. Im Gegensatz zu den außertropischen Steppen sind Bäume charakteristisch für die Savannen, reine Grasfluren sind die Ausnahme. Die Bäume stehen mehr oder minder dicht beieinander, sie sind gleichmäßig verteilt oder wachsen in Gruppen oder als Galeriewald entlang der Flüsse. Daraus ergibt sich die große Vielfalt der Savannen im Gegensatz zu den einheitlicheren Steppen. Die Abstufung ist nicht nur nach dem Klima gegeben sondern auch nach Boden und Relief (Abb. 7.5). Letztere sind zwar meist nur lokal oder beim Relief auch regional verbreitet, aber sie sind für den Reisenden auffallender als Unterschiede im Wald.

Auch hier mag die Schilderung von WAIBEL (1928, 57f.) aus dem Inneren Kameruns einen Eindruck von den Lebensbedingungen geben: „In der winterlichen Trockenzeit sieht die Savanne öde und traurig aus. Der Himmel ist stets wolkenlos, aber voller Staub und Dunst. Der Blick ist eingeengt, Nähe und Ferne, Flächen und Berge sind in einen undurchsichtigen Dunstschleier gehüllt; alles ist unklar und verschwommen...". „Des Mittags über ist es sehr heiß, die Temperatur steigt im Schatten gewöhnlich bis 35° und 40 °C. Doch ist dabei die Luft trocken, man schwitzt nur wenig. Deutlich sieht man jetzt die erhitzte Luft in leise zitternder Bewegung in die Höhe steigen. Der schimmernde Boden, die schwankenden Bäume, die matt umränderten Berge, der graue Himmel, alles geht ineinander über; nirgends lassen sich scharfe Linien oder Umrisse erkennen. Gelblich glüht die stauberfüllte Atmosphäre, und gelb sind die Grasmeere: die Bäume sind grau und kahl. Nur die Galeriewälder mit ihren sattgrünen Farben heben sich kontrastreich aus der flimmernden, gelblichen Gräsermasse ab.....Im März, April ändert sich das Landschaftsbild. Der Himmel hellt sich auf, der Dunst verschwindet, weiße Haufenwolken verteilen sich auf der tiefblauen Himmelsflur. Die Luft wird klar und rein, und weithin kann das Auge über ferne Flächen und isolierte Berge schweifen. Später verdichten sich die weißen Wolkenballen zu dunkel drohenden Schichtwolken; wie eine schwarze Mauer wälzen sie sich heran, der erste Donner rollt von fern her über die schweigende, furchtsame Landschaft. Vor der dunklen Wolkenwand treibt ein sturmartiger Wind graue oder rotbraune Staubwirbel einher und läßt sie wie Türme hoch zum Himmel steigen." (ebd. 58/59). „Doch jeder auch nur kurze Regenfall bringt sofort Abkühlung, und die ganze Natur atmet auf. Das junge Gras, das seltsam keck und munter auf hohen Erdbulten steht, trieft und glänzt vor Feuchtigkeit; auf dem jungen, üppigen Laub der Bäume und Sträucher glitzern tausend Regentropfen, in flachen Vertiefungen haben sich kleine Seen gebildet. Die Bäche und Flüsse füllen sich mit neuem Wasser und rauschen schnell zu Tale.... Das Manna des Himmels ist gefallen, und froh und eilig entwickelt sich alles Leben." (ebd. 59).

7.6.2 Vegetationsformationen der Savannen und Trockenwälder

Der Wechsel von Trockenzeit und Regenzeit ist das Charakteristische für die Savannen. Generell wird mit abnehmenden Niederschlägen die Vegetation niederer und meist auch weitständiger (Abb. 7.6). Die Bäume haben mehr laubwerfende Arten als im Monsunwald. Auch dort, wo die Bäume noch relativ dicht zusammenstehen, fällt mehr Licht zum Boden, so daß ein Unterwuchs vor allem aus Gräsern aufkommt. Sie sind auf Lichtungen – etwa auf übernäßten oder stark mulchenden Böden – vorherrschend. Im feuchteren Teil dieser Zone haben die Bäume noch Kronenschluß, weshalb diese Formation als Savannenwaldung bezeichnet werden kann. In der Baumsavanne erreichen die Bäume nur noch maximal 20–25 m Höhe. Niedere Bäume und meist nicht mehr als 1–2 m hohe Gräser bedingen aber scheinbar noch einen fast deckenden Unterwuchs. Zwischen den Grashorsten ist aber der Boden nicht bewachsen. Nicht selten sind Termitenbauten zu entdecken. Nimmt die Zahl der Trockenmonate weiter zu, so erreichen die Bäume nur noch eine Höhe von maximal 5 m, ihr Abstand beträgt dann 10–30 m.

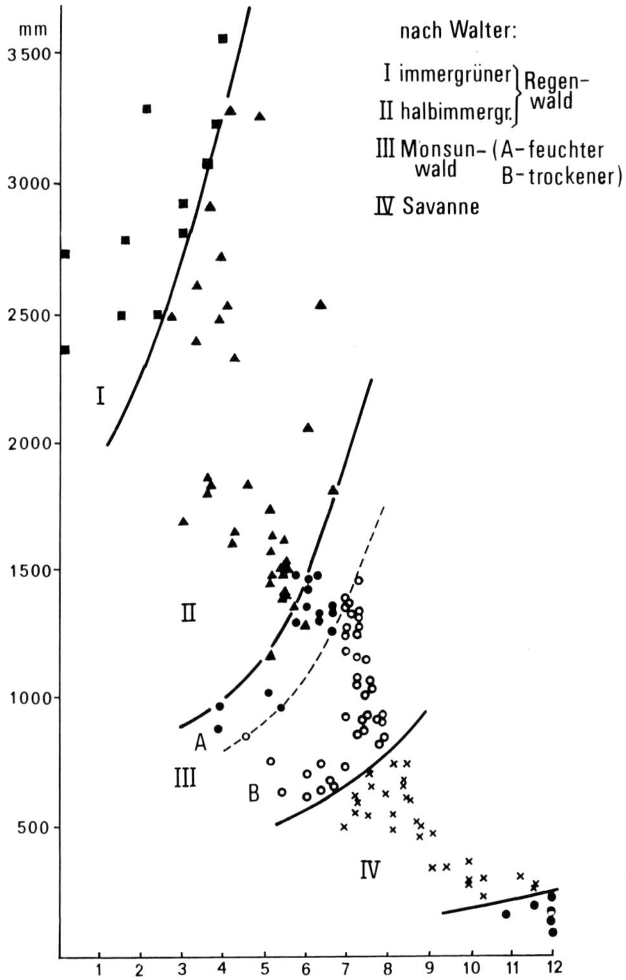
mm
3500
3000
2500
2000
1500
1000
500
1 2 3 4 5 6 7 8 9 10 11 12
nach Walter:
I immergrüner
II halbimmergr.
Regen-wald
III Monsun-wald
(A-feuchter
B-trockener)
IV Savanne
I
II
A
III
B
IV

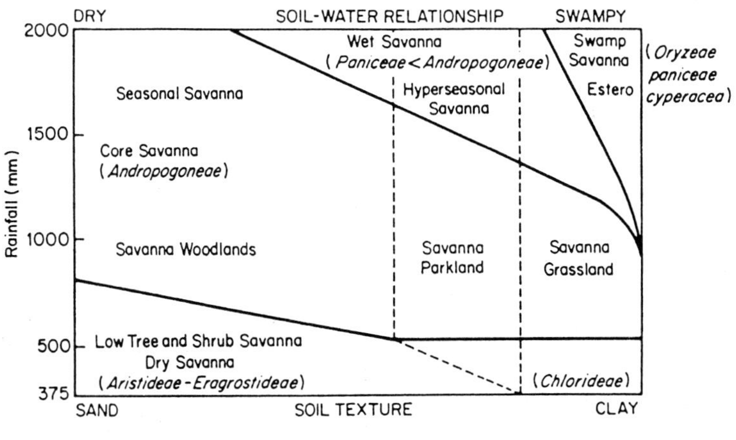
DRY
SOIL-WATER RELATIONSHIP
SWAMPY
2000
1500
1000
500
375
Rainfall (mm)
Wet Savanna
(Paniceae < Andropogoneae)
Swamp Savanna
Estero
(Oryzeae paniceae cyperacea)
Seasonal Savanna
Hyperseasonal Savanna
Core Savanna
(Andropogoneae)
Savanna Woodlands
Savanna Parkland
Savanna Grassland
Low Tree and Shrub Savanna
Dry Savanna
(Aristideae-Eragrostideae)
(Chlorideae)
SAND
SOIL TEXTURE
CLAY

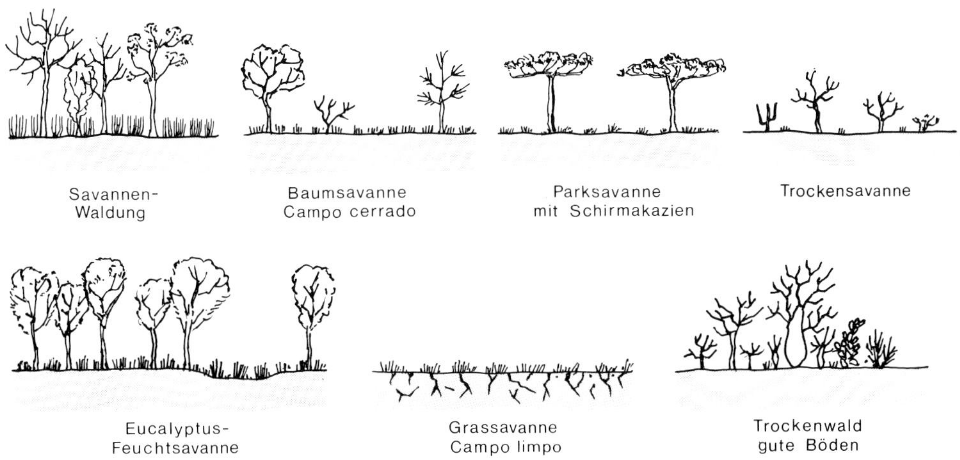

Abb. 7.6. Von der Savannenwaldung bis zur Trockensavanne werden Bäume und Gräser niedriger und weitständiger. Die Zahl der laubabwerfenden Bäume nimmt ebenso zu wie die Sukkulenten. Eine Ausnahme sind immergrüne Eucalyptusbäume, die eine besondere Entwicklung Australiens sind. Die reine Grassavanne sowie der Trockenwald sind edaphisch bedingt.

In den Trockenwäldern besteht der Unterwuchs vor allem aus Büschen und niederen Bäumen, so daß diese Vegetationsformationen manchmal schwer zu durchdringen sind. Darauf trifft wohl am ehesten der indische Name „Dschungel" zu. Die Caatinga in Nordostbrasilien und der Brigalow-Busch in Queensland, Australien, sind ebenfalls recht dicht. Beide sind aber eher zur Trockensavanne zu rechnen, während man den Dschungel mit den laubabwerfenden und immergrünen Savannenbäumen zur Feuchtsavanne zusammenfassen kann.

Weitverbreitet sind in Ostafrika die Miombo Formationen, die nach Niederschlagsmenge (1800–600 mm/Jahr) und edaphisch bedingter Feuchte unterschiedlich zusammengesetzt sind (Cole 1986, 11f.). Die Mopane Formation ist hingegen vorherrschend von einer Art (*Colophospermum Mopane*) aufgebaut und findet sich vorwiegend auf schweren, alkalischen, schwarzen Böden im südlichen Hochafrika. Die Baumdichte der Miombo Formationen ist sehr unterschiedlich, so daß sie physiognomisch von der Savannenwaldung bis zur Baumsavanne einzustufen wären. Cole (1986) ordnet sie unter „savanna woodlands" ein.

Abb. 7.5. Die unterschiedlichen Vegetationsformationen sind auch von der Bodenfeuchte abhängig, die durch Jahresniederschlagsmenge und Anzahl der humiden Monate im Überblick (zonal) erfaßt werden kann. Beide zusammen ergeben nach Walter (1964, 244f.) für Indien eine gute Korrelation – je höher der Niederschlag, eine desto längere Trockenzeit kann überstanden werden (7.5 oben). Die Bennungen der Formationen entsprechen Walters Vorstellungen. Nach der Einteilung etwa auf der Abb. 7.2 würden die Grenzen verschoben sein, ohne daß die Aussage prinzipiell anders wäre.
Das Schema von Cole (1986, 25) verdeutlicht den Einfluß der Böden (unten), gilt also mehr im regionalen oder lokalen Maßstab. Vor allem die Bodenart bestimmt die Menge des Bodenwassers im Verhältnis zur Jahresniederschlagsmenge. Der „seasonal savanna" wäre die Savannenwaldung von Kap. 7.4 gleichzusetzen, den „savanna woodlands" würden vor allem die Baumsavanne aber teilweise auch die Savannenwaldung entsprechen.

Ebenso wie verhältnismäßig kleine Vorkommen von Trockenwäldern gibt es auch reine Grasfluren. Bäume sind hier auf den Uferdämmen der Flüsse als Galeriewald verbreitet. Eine Sonderform ist die Termitensavanne (Troll 1960), wo die Bäume auf kleinen Erhebungen stocken, die aus zusammengefallenen Termitenbauten entstanden sind (Abb. 7.7). Von Grasfluren der Trockensavanne unterscheiden sich – abgesehen von der Artenzusammensetzung – erstere durch eine größere Dichte der Grashorste, letztere durch größere Dichte und Höhe der Bäume.

7.6.3 Lebensformen und ökologische Anpassung in der Savanne

Mit zunehmender Trockenheit rücken die Bäume nicht nur weiter auseinander, die meisten haben dünnere Stämme, kleinere Kronen, sie sind niedriger und viele Arten entwickeln spezielle Anpassungen. Besonders auffallend sind die in der Trockensavanne wachsenden sukkulenten, dicken Flaschenbäume, von denen der Affenbrotbaum (Baobab = Adansonia) in Afrika wohl der bekannteste ist. Viele Bäume sind nicht mehr so gerade gewachsen wie im Regenwald und verzweigen sich tiefer (Ausnahme Schirmakazien). Die Blätter sind kleiner und schützen sich gegen zu hohe Verdunstung durch Schließen der Spaltöffnungen. Manche Arten (CAM) öffnen sie nur bei Nacht und speichern CO_2, um dann am Tag zu assimilieren. Vor einer zu starken Austrocknung des Stammes und der Äste schützt eine dicke, oft geborstene Rinde, die außerdem Schutz gegenüber dem Feuer bietet. Sind die Bäume in der Savanne im allgemeinen laubabwerfend, so schützen sich immergrüne Eucalyptusarten durch ein ledriges Laub gegen Austrocknung. Bei einigen Arten vor allem des Eucalyptus ist eine Profilstellung der Blätter ausgebildet, d.h. sie drehen sich so, daß bei hohem Sonnenstand die schmale Seite zur Sonne zeigt. Manche Leguminosen mit ihrem zarten fiedrigen Laub rollen die Blätter bei starker Einstrahlung ein (Porembski 1991).

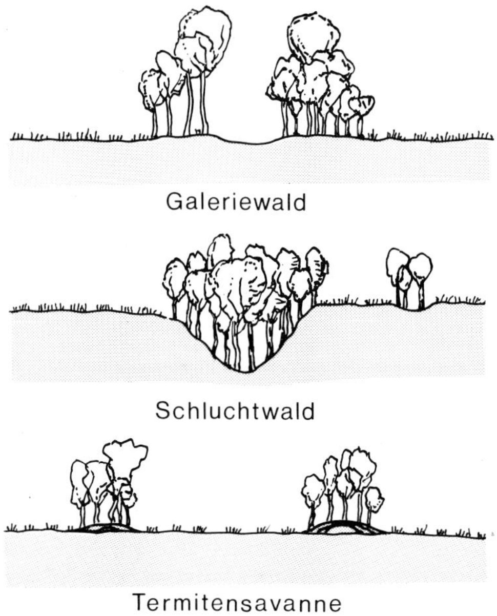

Abb. 7.7. Sonderformen der Baumverbreitung in Grasländern: a) der Galeriewald stockt auf den lockeren und meist auch fruchtbareren Uferdämmen, wo außerdem die Wasserversorgung günstiger ist, b) der Schluchtwald erhält nicht nur eine Wasserzufuhr von den Seiten, sondern es werden auch Nährstoffe zugeführt. Die zwei kleineren Bäume an der rechten Seite sollen andeuten, daß lokal, etwa bei kleinsten Senken, die oberflächlich vielleicht kaum wahrnehmbar sind, eine bessere Versorgung gegeben sein kann. Solche einzelnen Bäume sind nicht als Vordringen des Waldes in die Savanne auszudeuten, c) in der Termitensavanne ist der Boden der Hügel durch die Termitenarbeit aufgelockert und mit Nährstoffen angereichert.

Die Gräser transpirieren stark und schränken dieses bei zunehmender Austrocknung kaum ein. Sie sterben daher nach dem Aufbrauch des Bodenwassers oberirdisch ab. Die toten Blätter schützen den Vegetationskegel, von dem aus sie sich nach Einsetzen der Regenzeit erneuern (WALTER 1964, 284f.). Die kürzeren Gräser keimen neu aus den zahlreichen Samen heraus. WALTER (ebd. 291f.) sieht in den trockenen Gebieten bis zur Dornbuschsavanne die Gräser im Vorteil, während bei ausreichend Niederschlägen der Baumwuchs bevorzugt sei. Ähnlich wie bei den Bäumen nehmen die Gräser in der Höhe mit zunehmender Trockenheit von 2–3 m in der Feuchtsavanne bis auf einige Dezimeter in der semiariden Zone ab und rücken weiter auseinander. Auch Gräser können sklerophylle Formen entwickeln. In Australien sind die harten, spitzen Spinifex-Gräser (Igelgras = Triodia, Plectrachne) auch in der Savanne zu finden und zwar auf ungünstigen Standorten wie Altflächen und Hängen mit dünnen Böden. Am ausgedehntesten sind sie allerdings in der ariden Zone.

Fast alle tropischen Gräser wachsen in Horsten. Die Wurzeln sind sehr fein und reichen meist nur 1–2 m in den Boden. Im Gegensatz dazu sind die Baumwurzeln stärker verzweigt und sowohl in der Breite als auch in der Tiefe ausgedehnter, COLE (1986, 9) nennt Beispiele von 30 m Tiefe und 20 m Breite. Baumwurzeln können in feine Gesteinsspalten eindringen. Man findet daher in manchen Gebieten an Hängen Baumwuchs, wo auf der Fläche nur Gräser stehen wie z.B. im Norden des brasilianischen Staates Roraima. Im südvenezolanischen Bergland von Roraima zeigt das Verteilungsmuster, daß der Wald an Hängen und in Tälern dort einsetzt, wo mit einer seitlichen Wasserzufuhr mehr Nährstoffe angeliefert werden (s.u. Abb. 11.3, BREMER & SCHNÜTGEN 1984). Möglicherweise sind die Schluchtwälder (TROLL 1960) ebenfalls nicht nur durch die bessere Wasserversorgung, sondern auch durch die zugeführten Nährstoffe zu erklären. Die Termitensavanne wurde von ihm mit der besseren Nährstoffversorgung erklärt, was detaillierte Untersuchungen von JONES (1992) bestätigten.

Edaphisch bedingt sind die Grasfluren auf stark reißenden Böden wie etwa die Mitchell-Grasflächen in Nordaustralien, die von 250–700 mm Jahresniederschlag verbreitet sind (BREMER 1965a). Auf den Uferdämmen entlang der Flüsse, wo die Böden etwas sandiger sind, stockt auch dort ein Galeriewald. In Afrika sind Dambos (s.o. 5.4) mit schwarzen Böden (in Ostafrika Mbuga) durch Grasfluren gekennzeichnet. Sie sind inselartig oder streifenförmig in der Baumsavanne verbreitet. Diese Grassavannen werden auch als Überschwemmungssavannen bezeichnet, und das Fehlen der Bäume wird auf unzureichende Durchlüftung des Bodens zurückgeführt (u.a. KLING & MAYER 1983). Da aber in Überschwemmungsgebieten Baumarten an einen jahreszeitlich hohen Wasserstand angepaßt sind, ist das Reißen der Böden wohl entscheidender. Einen besonders kleinräumigen Wechsel von Wald- und Savannenvegetation hat WILHELMY(1958, 1858a) für das Pantanal aufgezeigt (Abb. 7.8). Die räumlich stark differenzierten Böden und Feuchteverhältnisse sind durch die Flußlaufverlagerungen und Aufschüttungen entstanden.

Zusammenfassend läßt sich sagen: Die Vielfalt der Vegetation in den Tropen macht die Beurteilung von Veränderungen so schwierig – seien diese lokal oder regional durch den Menschen verursacht (s.u. 8.3) oder zonal durch eine eventuelle Klimaänderung bedingt. Gräser können sich wohl unter allen Bedingungen entwickeln außer im dichten Regenwald, wo Lichtmangel herrscht. Es ist daher eine Ausnahme, wenn Grasfluren in Regenwälder eindringen. Ebenso können Bäume unter fast allen Bedingungen wachsen, eine Ausnahme bilden Gebiete mit Vertisolen. Bäume stellen wohl höhere Ansprüche an die Nährstoffversorgung (vgl. auch MENAULT & CESAR 1979 oder SANFORD & WANGARI 1985). Sie können aber auch ihr Wurzelnetz sehr weit ausdehnen. Gräser haben den Vorteil, daß sie sich aus den zahlreichen Samen regenerieren und somit mehrere Trockenjahre überstehen können. Sie sind also in der trocke-

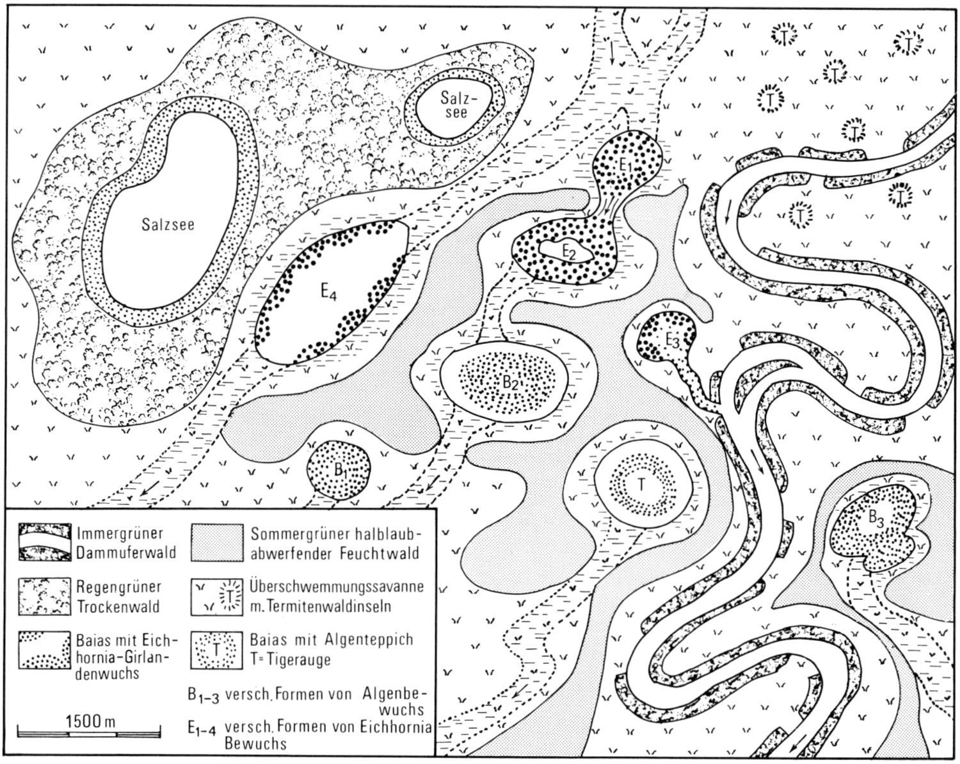

Abb. 7.8. Ein immergrüner Galeriewald stockt auf den Uferdämmen des heutigen Flusses. Feuchtwald und Trockenwald bedecken ältere Aufschüttungsflächen, in letzteren liegen Salzseen (durch subterrane Abfuhr entstanden?), die einen Sandstrand (gepunktet) haben. Umlaufseen zeigen einen unterschiedlich starken Bewuchs mit Algen (B) oder Eichhornia (E). Sie sind durch periodische Wasserläufe untereinander und mit dem Fluß verbunden. Sie sind Teil der Überschwemmungssavanne. Darin liegende, kleine, trockene Inseln sind zerfallene Termitenhügel (T) mit Waldbestand (rechte obere Ecke). Vereinfacht nach: WILHELMY 1958, 54.

nen Randzone der Savannen begünstigt. Generell gesehen scheinen bewaldete Areale wohl als günstiger für einen Ackerbau, obwohl die Rodung einen höheren Arbeitsaufwand bedeutet.

7.7 Tierwelt

Ebenso verschieden wie die Pflanzenwelt ist die Tierwelt der Tropen von der der Außentropen. Hier sind besonders große Unterschiede zwischen den einzelnen Kontinenten zu verzeichnen. Bei den Großsäugern ist jedem bekannt, daß es in Südamerika keine Elefanten gibt, daß das Känguruh ausschließlich auf Australien beschränkt ist. Im Gegensatz zu den Florenreichen wird bei der Fauna *Africatropis* und *Indomalayis* oder *Orientalis* unterschieden. Ein Vergleich der Fauna und Flora in bezug auf Verwandtschaft zwischen den verschiedenen Reichen zeigt viel geringere Werte für die Fauna (Abb. 7.9, COX & MOORE 1987). Von den 810

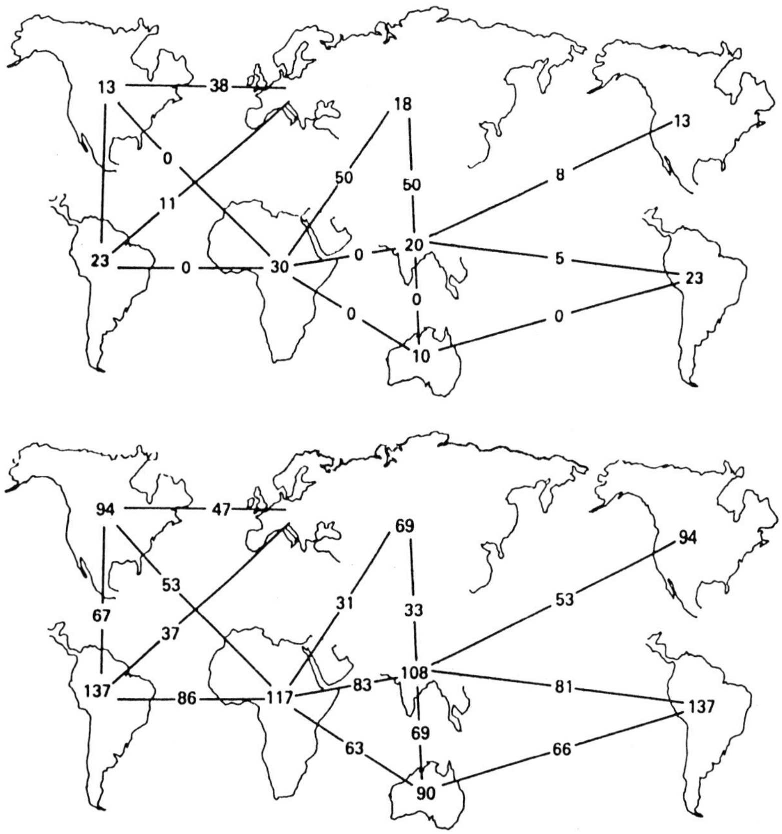

Abb. 7.9. Die Ähnlichkeiten zwischen der Fauna (Säugetierfamilien ohne Wanderer) der verschiedenen Kontinente (oben) sind sehr viel geringer als die der Flora (Blütenpflanzen, ohne weltweit verbreitete). Die Zahl der Familien ist innerhalb der Reiche angegeben. Auf den Verbindungslinien stehen Ähnlichkeitskoeffizienten (K in % = 100 x Zahl der gemeinsamen Familien : Zahl der Familien im Reich mit der geringeren Anzahl). Aus: Cox & Moore 1987, 209.

Arten der Säugetiere in der *Neotropis* sind 93% endemisch (Reichholf 1989), wobei im Amazonasgebiet eine Einwanderung von Norden erfolgte. Der Artenreichtum von Insekten, Vögeln und Fröschen, die sich hier entwickelt haben, ist unübertroffen. Die größte Zahl von Großsäugern findet man in den Savannen Ostafrikas. In den Regenwäldern sind sie seltener, vor allem auch seltener zu sehen. Man kann unterscheiden zwischen den Säugetieren, die am Boden leben und solchen, die sich vor allem im Kronendach aufhalten, wo nicht nur die Blüten, sondern auch Insekten und Vögel zahlreicher sind. Tischler (1990, 130) bezeichnet die „Aufwärtsverlagerung des Lebens" als Eigenart der tropischen Regenwälder.

Viel entscheidender als die Großsäuger sind für den Menschen die Kleinlebewesen, die Insekten, Würmer und Bakterien, die Krankheiten übertragen (s.u. 12.8). Aber viele dieser Lebewesen sind auch Nützlinge. Von der ungeheuer großen Artenzahl kann hier nur summarisch berichtet werden. Weltweit soll es nach Collins (1989) allein 2331 Arten von Termiten geben, von welchen die meisten im Regenwald leben. Die Termiten und Ameisen sind wichtiger Teil vieler Ökosysteme. Sie lockern den Boden auf und sorgen für eine gute Durchlüftung und Wasserbewegung. Durch ihre Ausscheidungen können Poren stabilisiert werden, was vor allem für die eigenen Bauten gilt. Da sie beachtliche Mengen von Bodenmaterial bewegen, erzeugen sie eine Bodendurchmischung und/oder Abtragung (s.o. 6.5). Einige Termitenarten bauen ihre Gänge im toten Holz, leider auch in Häusern. Sie zerkleinern Streu, dessen Zersetzung erfolgt aber vor allem durch die Mikroflora. Es ist meines Wissens noch nicht bekannt, unter welchen Bedingungen Termitenbauten besonders zahlreich sind. Ihre Biomasse schwankt zwischen 0,7 und 11 g/m^2 (=0,1 t/ha) (COLLINS 1989, 465). Nach MÜLLER (1980, 213) beträgt die tierische Biomasse im tropischen Regenwald von Panama 7,3 g/m^2, von Puerto Rico 12,0 g/m^2. Nach SANFORD & WANGARI (1985, 21) soll die tierische Biomasse unter der Oberfläche zehnmal so groß sein wie über der Erde.

Während die Meere in den Tropen einen relativ geringen Fischbestand trotz Artenvielfalt aufweisen (u.a. HEMPEL 1970), ist die Flußfischerei meist bedeutender. Im Amazonasgebiet wandern manche Fischarten jahreszeitlich zwischen dem Hauptfluß und den Überschwemmungsgebieten (JUNK 1989, IRMLER 1989). Die Produktivität sowohl des Planktons als auch höherer Lebewesen ist in Weißwasserflüssen wegen der besseren Nährstoffverhältnisse hoch. Aber ähnliche Werte werden in den nährstoffarmen Klarwasserflüssen erreicht, hier wegen der sehr viel günstigeren Lichtverhältnisse. Lebensarm sind die Schwarzwasserflüsse (FITTKAU et al. 1975).

8 Veränderungen der Lebewelt und deren globale Auswirkungen

8.1 Charakteristika

Im Vergleich zu Mitteleuropa sind die vom Menschen bewirkten Veränderungen der Lebewelt in den Tropen geringer. Es bestehen noch Urwälder, und völlig ausgerottete Tierarten scheint es kaum zu geben. Allerdings wird die natürliche Lebewelt vor allem infolge des Bevölkerungswachstums zunehmend räumlich eingeengt. Dieses steht heute im Vordergrund des öffentlichen Interesses und vieler Erhebungen, wobei oft zu wenig differenziert wird und große Unsicherheiten über die Stabilität der Lebewelt bestehen. Die größten Änderungen hat sicher der Mensch bewirkt, wobei eine Rodung des Waldes für permanente Kulturflächen der stärkste Eingriff ist, bei der Anlage von Hausgärten oder Feldern mit Schattenbäumen aber ein ähnliches Milieu wie im Wald entsteht. Die Landwechselwirtschaft hingegen läßt einen Sekundärwald entstehen, der zum Teil andere Arten aufweist als der Primärwald, in der Biomasse aber diesem ähneln kann. Bei häufigem Brennen in den Randgebieten kann Graswuchs aufkommen. In der Savanne sind Bewässerungskulturen der stärkste Eingriff des Menschen in den Naturhaushalt, weiter ausgedehnt sind die Flächen für den Regenfeldbau. Die Viehzucht und insbesondere das Brennen zur Weideverbesserung nehmen den größten Raum ein.

Die Grenze zwischen Wald und Savanne ist der Raum, in dem man zuerst Änderungen der Vegetation bemerken wird. Diese Grenze kann sehr scharf ausgeprägt sein, sie kann aber auch einen gleitenden Übergang darstellen oder wie häufig aus einer breiten Zone einer mosaikförmigen Verbreitung der Vegetationsformationen bestehen. Als Erklärung der Grenze werden diskutiert: das Klima, insbesondere die Niederschlagshöhe, das Brennen, edaphische Bedingungen und das Alter bzw. die Evolution der Vegetation. Im zonalen Maßstab ist das Klima Haupteinflußfaktor, regional und lokal sind edaphische Faktoren ausschlaggebend. Die Auswirkungen des Brennens werden sehr unterschiedlich eingeschätzt.

Die langandauernde Evolution unter gleichen oder ähnlichen Verhältnissen im Kernraum des Regenwaldes führte zu einer hohen Artenvielfalt und vielen Anpassungsformen. Letztere sind auch in den Savannen zu finden, wobei pyrophyte Arten zeigen, daß das Feuer Teil des Ökosystems ist. Trotz der langen Zeiträume der Evolution sind sowohl bei der Vegetation als auch bei der Tierwelt Verbreitungsgrenzen zu beobachten, die – von den geographischen Bedingungen her gesehen – eigentlich relativ leicht zu überwinden gewesen wären, wie es etwa für die Paranuß im Amazonasgebiet gilt. Das spricht für eine hohe Stabilität der natürlichen Verbreitung, sei diese schnell oder langsam gebildet worden. Auf neu entstandenen Vulkaninseln entwickelt sich sehr schnell eine allerdings zunächst noch nicht sehr artenreiche Lebewelt.

Bei der Regenerierung der Vegetation ist zu unterscheiden zwischen dem Anstieg der Biomasse, deren jährlicher Produktion und dem Erreichen der Artenvielfalt. In Globalbilanzen, die insbesondere für den CO_2-Haushalt aufgestellt werden, wird oft nur von „Wäldern“

gesprochen, die großen Unterschiede der Vegetation und der Biomasse werden zu wenig beachtet. Während Vorstellungen über die Regenerierung im Regenwald bestehen, ist über den Aufwuchs von Bäumen in den Savannenwaldungen und Trockenwäldern noch wenig bekannt. Für den CO_2-Haushalt der Tropen bestehen daher noch große Unsicherheiten. Wenn von den 7 Gigatonnen, die pro Jahr in die Atmosphäre gelangen, der Verbleib von 2 Gigatonnen noch unbekannt ist, so mögen die Schätzungen für die CO_2-Produktion in den Tropen zu hoch sein, für die Aufnahme zu gering sein, und sich so ein Teil der fehlenden Menge erklären.

8.2 Einleitung

In diesem Kapitel werden sowohl die natürlichen als auch die vom wirtschaftenden Menschen bewirkten Veränderungen der Vegetation diskutiert. Dadurch wird versucht einen Zusammenhang herzustellen und eine bessere Einordnung bzw. Gewichtung zu erreichen. Die „Vernichtung der Regenwälder" steht heute so sehr im Vordergrund der öffentlichen Diskussion, daß natürliche Grenzen und deren Veränderungen, sowie daraus zu ziehende Schlußfolgerungen wenig beachtet werden. Sie erscheinen mir aber für eine Beurteilung wichtig. Leitend sind für mich dabei geographische Prinzipien, wie sie in den Kapiteln 9.2, 9.3 kurz dargelegt werden. Da vielfach die wissenschaftliche Diskussion dieser Themen noch nicht abgeschlossen ist, wird zunächst versucht, den derzeitigen Wissensstand aufzuzeigen. Die eigene Stellungnahme erfolgt im Unterkapitel „Diskussion".

8.3 Übergang vom Wald zur Savanne

Die Grenze zwischen Wald und Savanne ist eine seit langer Zeit und oft diskutierte Frage, der jüngst ein größeres Symposion gewidmet wurde (Furley et al. 1992, die ältere Diskussion ist u.a. bei Cole 1986, 26f. dargestellt). Selbstverständlich kann lokal, in Südasien auch regional, die Landnutzung die Grenze bestimmen. Da der Wald oft eine bessere Bodenfruchtbarkeit aufweist, was nach Furley (1992) eine scharfe Grenze zur Savanne bedingen kann, wird trotz des höheren Aufwandes für den Anbau eher im Wald als in der Savanne gerodet. Besonders aufgelöst und oft mosaikartig scheint die Verbreitung von Wald in Westafrika (Adejuwon & Adesina 1992) (Abb. 8.1) und in den Savannengebieten Ostafrikas zu sein (Jones 1992). Hierfür sind sehr alte Besiedlung aber auch klimatische und edaphische Gründe verantwortlich.

Hier soll der natürliche Verlauf der Grenze Wald/Savanne diskutiert werden. Da sich dieser aus dem Zusammenwirken der verschiedenen Geofaktoren ergibt, kann die Untersuchung Auskunft geben über deren unterschiedlich starken Einfluß, wovon eine neue Erschließung oder eine Intensivierung der Landnutzung profitieren würde. Ein lokales oder regionales Vordringen der Savanne in Waldgebiete – unter natürlichen Bedingungen selten – wird meist eine Verarmung oder eine Vernässung des Bodens indizieren (vgl. auch Hopkins 1969). Rückt umgekehrt der Wald gegen die Savanne vor (Eden & McGregor 1992, Furley 1992), ist dieses möglicherweise Ausdruck der ausklingenden Ausdehnung des Walde nach einer trockeneren Klimaphase (s. aber 9.5.3).

Die Grenze kann auch unter natürlichen Bedingungen sehr scharf sein, wenn lokal oder regional edaphische Faktoren bestimmend sind, zumeist besteht sie in einem Übergangsraum

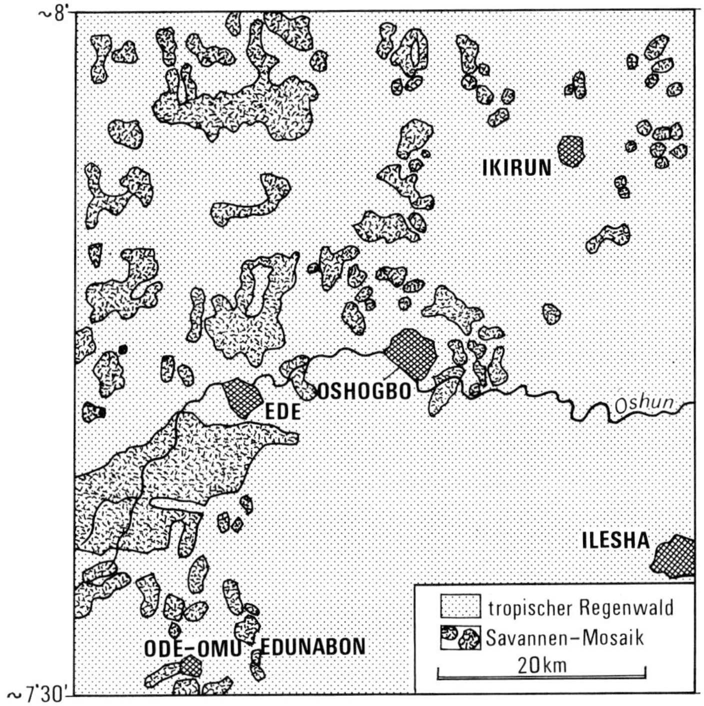

Abb. 8.1. In Nigeria ist ein breiter Übergangsraum zwischen Monsunwald und Feuchtsavanne ausgebildet, in dem sich die beiden Vegetationsformationen kleinräumig durchsetzen. Da die Savannenflächen nicht in der Nähe der Siedlungen und Städte konzentriert sind, ist der Einfluß von Rodungen nicht überwiegend verantwortlich für dieses Verbreitungsmosaik. Nach: ADEJUWON & ADESINA 1992, 335, Maßstab korrigiert und geographische Breite ergänzt.

(ecotone = Ökotone). ADEJUWON & ADESINA (1992) unterscheiden 3 Möglichkeiten dieser Zone: die Vegetation besteht aus eigenständigen Arten, häufiger ist eine Mischung der Arten beider benachbarter Zonen, und drittens konkurrieren zwei Pflanzengesellschaften, die denen der benachbarten Zonen ähneln, um unterschiedliche Standorte, wodurch sich ein Mosaik ergibt. Letzteres gilt zum Beispiel für Nigeria, wo eine bis 50 km breite Zone davon eingenommen wird (Abb. 8.1).

Die Bedingungen im Grenzraum von Wald und Savanne geben zugleich auch Auskunft über Wuchsbedingungen. Wie bereits aus der Darstellung der zonalen Anordnung der Vegetationsformationen hervorgeht, ist das Klima ein übergeordneter Steuerungsfaktor, der überregional, d.h. zonal bestimmend ist. Aber welche Faktoren kontrollieren die regionale und die lokale Verbreitung? Die edaphischen Bedingungen wirken sich zum einen über die Nährstoffversorgung aus, zum anderen über den Wurzelraum wegen der Durchlüftung und der Wasserbewegung. Sehr dichte, vor allem reißende Böden (Vertisole) verhindern einen Baumwuchs, da die Wurzeln durchtrennt werden. Bei dem feinen, dichten Wurzelwerk der Gräser und der schnelleren Fortpflanzung durch Samen ist dieses weniger gravierend. Vertisole können regional verbreitet sein. Auf hochgelegenen Altflächen bedingen stark verarmte Böden oft von nur geringer Tiefe einen Graswuchs. Vor allem COLE (1986), die wohl beste Kennerin und

Schilderin der Savannen, hat die Verbreitung von Gras auf Hochflächen betont. Im nördlichen Südamerika sind Abstufungen nach Jahresniederschlagsmenge etwa auf den Chapadas südlich des Amazonas zu beobachten. Ebenso kann eine seitliche Zufuhr von Wasser und Nährstoffen ein Einsetzen des Waldes bedingen, wie bereits am Beispiel der Gran Sabana erwähnt wurde. Hierbei können einzeln stehende, zufällig durch Bodenwasser gut versorgte Bäume ein Vorrücken des Waldes vortäuschen (vgl. oben Abb. 7.7).

Nach WALTER (1964, 1974) sind Grasfluren, abgesehen von Überschwemmungssavannen bis zur Dornsavanne hin durch das von Menschen wiederholte Brennen bedingt. Dieser Einfluß ist schwer abzuschätzen, aber die generelle Entstehung der Baumsavannen ist dadurch wohl nicht zu erklären (vgl. auch KLING & MAYER 1983). Dazu sind Savannen zu weit verbreitet, wie etwa in Australien, wo von Menschenhand relativ wenig gebrannt worden ist. Pollenanalysen zeigen, daß Grasfluren schon im Tertiär (u.a. de BOER et al. 1965) und vor allem im Pleistozän ausgebildet waren, wo der Einfluß des Menschen fehlte oder unbedeutend war. Pyrophyte Arten zeigen außerdem, daß das Feuer Teil des Ökosystems ist. Diese Pflanzen sind dem Brennen angepaßt, blühen z.B. nur nach einem Brand wie etwa der Grasbaum in Australien, der daher auch „black boy" genannt wird. Die Samen mancher Baumarten keimen erst nach einem Brand, der ihre holzige Schale sprengt. COUTINHO (1982) berichtete von vielen pyrophytischen Anpassungen im brasilianischen Cerrado insbesondere in der Krautschicht, einige Spezies seien sogar feuerabhängig. Er schließt daher, daß das Feuer eine alte Erscheinung ist. Es begünstigt die Krautschicht, so daß eine Umwandlung von Cerradão in Cerrado möglich sei. Obwohl ein Feuer in 1–2 m Höhe eine Hitze von einigen hundert Grad erreichen kann, dringt diese nur selten mehr als einige wenige cm in den Boden ein (s.u. Abb. 10.7). Für die Wurzeln ist der Einfluß des Feuers gering.

Nährstoffversorgung, Bodentextur und der Einfluß des Menschen sind meist in ihren Auswirkungen miteinander verbunden. Es ist daher auf kleinstem Raum oft kaum zu beurteilen, welcher dieser Faktoren für die Verlagerung der Grenze verantwortlich ist. Ein Vergleich benachbarter, unterschiedlicher Standorte kann aber weiterführen. Dabei hilft auch die Beobachtung der Grenze im regionalen Maßstab. Wo zeigen Schößlinge eine Tendenz zum Vorrükken des Waldes, wo läßt der Verlauf auf eine bestehende ehemalige Parzellengrenze schließen? Beides kann man auf Brennen zurückführen.

8.4 Evolution der Vegetation

In den Tropen sind drei große Florenreiche – Gebiete, in denen unterschiedliche Gattungen auftreten – ausgebildet: *Palaetropis, Australis* und *Neotropis*. Das holarktische Reich umfaßt dagegen die subarktische Vegetation und die der gemäßigten Breiten der gesamten Nordhalbkugel. In der HOLARKTIS wurde in den Kaltzeiten des Pleistozäns (Eiszeitalters) die Vegetation teils vollständig vernichtet, teils in wärmere Gebiete abgedrängt. Da weithin die Oberfläche durch glaziale und periglaziale Ablagerungen erneuert wurde, mußte sich die Vegetation seit dem Ende der letzten Kaltzeit, also vor rund 10.000 Jahren wieder ansiedeln.

Im Gegensatz dazu sind Klimawechsel in den Tropen für die Boden- und Reliefentwicklung und damit auch für die Vegetation weniger einschneidend gewesen. Eine klimatisch bedingte größere Trockenheit wirkt sich regional und lokal unterschiedlich aus, da Relief und Boden die Feuchtigkeit, die den Pflanzen zur Verfügung steht, ebenfalls steuern. Man kann wohl annehmen, daß die Landschaft während der Kaltzeiten stärker in unterschiedliche Ökotope gegliedert war. Vielleicht liegt hierin einer der Gründe für einen weitverbreiteten Endemismus der Pflanzen. Zum anderen ist aber die sehr lange Entwicklungszeit zu nennen. Seit der Trennung der Kontinente und damit der Differenzierung der Gondwana-Flora und -Fauna, also seit 120–150 Mio. Jahren, haben zumindest Teile der heutigen Regenwaldgebiete durchgehend immerfeuchtes, warmes Klima gehabt. Schließlich konnte sich in ökologischen Nischen, wie etwa den Tafelbergen Roraimas, eine eigene Vegetation entwickeln.

Die Evolution der tropischen Vegetation und die Differenzierung nach Arten ist für die ältere Zeit im Zusammenhang mit der geologischen Entwicklung zu sehen. Landbrücken, die später abgesenkt wurden, stellten Verbindungen her. Besonders ist die biogeographische Gliederung der Insulinde (Abb. 8.2), die von einer deutlichen Grenze durchzogen wird, im Zusammenhang mit der Plattentektonik gedeutet worden (WHITMORE 1993, WALKER 1982). Abgespaltene Kontinentteile sollen Trittsteine für Fauna und Flora gebildet haben (WHITMORE 1993, 109f.). Ein entstehendes Gebirge wie etwa die Anden im Jungtertiär bedeutet eine Schranke für die Verbreitung (u.a. KUBITZKI 1985 a).

Für die jüngere Zeit sind Klimaschwankungen, vor allem im Pleistozän, für eine Differenzierung der Lebewelt verantwortlich gemacht worden. Hier sind Vorstellungen besonders für das tropische Amerika entwickelt worden (WHITMORE & PRANCE 1987). Zentren des Endemismus der heutigen Vegetation werden als Refugien des Regenwaldes während trockener Zeiten angesehen. Von dort soll die Ausdehnung im Postglazial erfolgt sein, wobei im Amazonasgebiet Flüsse zum Teil Grenzen gewesen sein sollen. Ausbreitungszentren der Landtierwelt hat MÜLLER (1973, 1980) dargestellt. Selbst für Vögel lassen sich Verbreitungsgebiete herausarbeiten (HAFFER 1989). In der Diskussion über Südamerika erstaunt allerdings, daß die

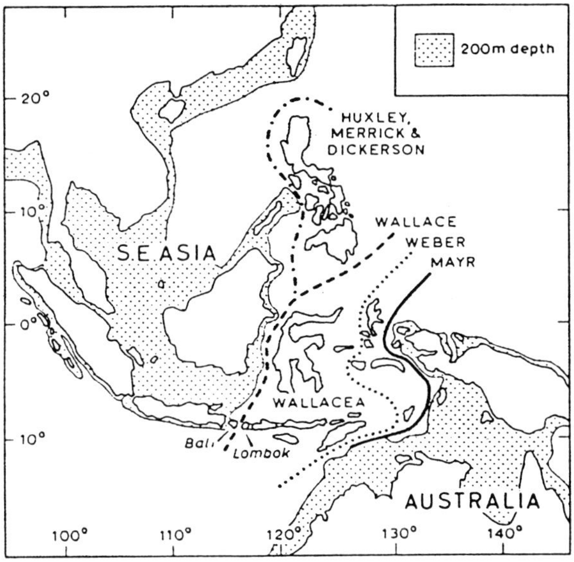

Abb. 8.2. Obwohl die Entfernungen zwischen den Halbinseln und Inseln Südasiens und Australien nicht sehr groß sind, insbesondere wenn man die Schelfgebiete (200 m Tiefe) mitbedenkt, unterscheidet sich die Fauna grundlegend. Die Grenzlinien werden zwar unterschiedlich gezogen, jedoch ist ein Übergangsraum (Wallacea) nur sehr klein. Die Vegetation ist nicht ganz so scharf getrennt, aber unterscheidet sich ebenfalls sehr stark. Die australische Vegetation ist in der Zahl der Arten insbesondere bei den Bäumen (Eucalyptus) zu 85% endemisch. Aus: FLENLEY 1979, 81.

Refugien abseits der Flüsse in den, abgesehen vom Andenvorland, heute und wohl auch im Pleistozän eher trockenen Gebieten liegen sollen. ENDLER (1982) wendet sich mit geobotanischen Argumenten gegen die Refugien-Endemismus-Theorie. Er konstruiert Habitat Karten, in denen er Gebiete mit relativ konstanten Ökofaktoren ausweist, was den Kernräumen entspricht. Dieses seien einerseits die Refugien, andererseits würden sie eine größere Artenvielfalt zeigen. TISCHLER (1990, 128) nennt die tropischen Regenwälder wegen floristischer und faunistischer altertümlicher Arten „alte Lebensräume". Leider ist über die Verbreitungsgebiete dieser Arten wenig bekannt, aber sie scheinen nicht besonders eingeschränkt zu sein, was man bei einem in der Ausdehnung stark schwankenden Lebensraum annehmen sollte, denn im Kampf um die Ausbreitung sind sie wohl kaum die Stärksten.

Nach PRANCE (1992) sollen die von ihm untersuchten, in Savannen verbreiteten Arten im nördlichen Südamerika aus Arten des Waldes abgeleitet werden können. Könnte das nicht für eine relativ langsame Ausdehnung der Trockenräume sprechen, also gegen sehr schnelle Schwankungen in der Größe dieser Gebiete? Arten aus den Übergangsräumen sind besonders weit verbreitet, – Anzeichen für eine relative Konstanz dieses Raumes? Keine Überschneidung besteht dagegen mit den Arten aus dem brasilianischen Cerrado. Sollte man dieses nicht erwarten, wenn in den Kaltzeiten die Trockengebiete weiter ausgedehnt waren? ANDRADE-LIMA (1982) schildert Waldgebiete im Caatinga-Gebiet Nordost-Brasiliens und schließt daraus, daß der Wald früher größere Flächen bedeckt hat. Während der Kaltzeit hat die Reduktion des CO_2 mehr CAM und C4 Pflanzen gefördert. In tiefere Stufen der Anden drangen Arten aus höheren Lagen vor. In Südost-Brasilien waren Araucarien bis 700 km nördlich des Wendekreises anzutreffen. Generell sei eine Abkühlung um 6° erfolgt. Wenn auch im Osten Afrikas und in Teilen der Karibik wegen größerer Trockenheit der Wald zurückgewichen sei, zeige das einzige zusammenhängende Pollenprofil Amazoniens keine Auflösung des Waldes in einzelne Inseln (COLINVAUX 1998). Andererseits sind Inseln mit trocknereren Arten im Wald zu finden (u.a. MÜLLER 1980 und MÜLLER & SCHMITHÜSEN 1970 für die Fauna), was als eine größere Ausdehnung der Trockengebiete gedeutet wurde. TURCQ et al. (1998) beschränken den Rückzug des Waldes auf heute trocknere Gebiete, also den Übergang zur Savanne. Kurze trocknere Events seit 7000 BP hätten häufigere Feuer im Regenwald gebracht.

So erscheint manches in der Evolution der tropischen Vegetation und Fauna noch ungeklärt, was sich wohl zum großen Teil aus dem sehr komplexen Ausbreitungsmechanismus erklärt (KUBITZKI 1985, 1985a, MÜLLER 1980). Ist die Vegetation überhaupt seit den letzten Klimaschwankungen (10 000 oder 6000 Jahre? s.u.) den heutigen Verhältnissen angepaßt? Wahrscheinlich Ja. Die postglaziale Waldgeschichte in Mitteleuropa läuft in Phasen von 500–1000 Jahren ab. Für die großen Schwankungen in der Verbreitung der Vegetationsformationen insbesondere die Grenze Wald/Savanne sollte man wohl ähnliche Zeiträume annehmen, zumal die Regeneration der Vegetation nach Kahlschlägen sehr schnell erfolgt (s.u. 8.6). Junge vulkanische Ablagerungen sind schnell besiedelt (FLENLEY 1979, 101f.). Die drei Inseln des Krakatau zeigten nach 50 Jahren schon 271 Spezies (ebd. 102). Dabei sind vulkanische Ablagerungen zunächst ungünstig, denn die Verwitterung muß erst die Fähigkeit herstellen, Wasser zu halten und Nährstoffe freizusetzen. Auch ist die Einwanderung auf Inseln sicher verzögert. Wie schnell allerdings die Artenzahl bis zum Klimax gesteigert wird, ist sicher neben der Einwanderung auch vom Standort abhängig, wie die Wiederbesiedlung nach Rodungen zeigt (s.u. 8.6).

8.5 Anthropogene Veränderung der Vegetation

8.5.1 Einleitung

Durch die Landnutzung erfolgt der stärkste, mindestens der ausgedehnteste Eingriff des Menschen in den Naturhaushalt. Ist der Eingriff dauernd oder temporär? Wie ändern sich Biomasse und Artenbestand? Feuer kann bei ungewöhnlich starker Trockenheit selbst im Regenwald, dort aber nur selten, in Savannen jährlich auftreten. Dieses ist schwer abzugrenzen von einem Feuer, das von Eingeborenen, meist zum Zweck der Jagd, gelegt wird. Man hat daher schon die Eingeborenen als zum Ökosystem zugehörig angesehen. In aller Regel sind ihre Eingriffe in den Naturhaushalt wohl nicht systemverändernd gewesen. LIVINGSTONE (1971) meint nach Pollenanalysen, daß in Sambia eine früher stärkere Bewaldung durch die Brände von den Ureinwohnern eingeschränkt worden sei und in eine Savanne verändert wurde. Wo der Wald ursprünglich ohnehin unter Randbedingungen existierte, können natürlich oder künstlich ausgelöste Brände naturgemäß eine starke Wirkung haben. Das gilt wohl auch in diesem Fall. Wenig ist darüber bekannt, inwieweit einzelne Arten ausgerottet wurden oder in ihrer Arealverbreitung eingeschränkt wurden. Andererseits wurden Verbreitungsgebiete einzelner Pflanzen stark ausgedehnt. Das gilt insbesondere für Eucalyptusarten in den wechselfeuchten Tropen, aber auch für Zierbäume und -sträucher wie etwa Hibiskus.

8.5.2 Primär- und Sekundärwald, Degradation in Savannen

Zunächst ist zu unterscheiden zwischen permanent genutzten Anbauflächen und der Landwechselwirtschaft, die vor allem in den Wäldern betrieben wird, während in den Savannen eher eine Brachzeit innerhalb einer permanenten Flur eingelegt wird. Der Eingriff der Holzwirtschaft ist in den Wäldern meist geringer als in der Baumsavanne, wenn dort Feuerholz kommerziell gewonnen wird.

Regional ist die Grenze Wald/Offenland durch großflächige Rodungen für den landwirtschaftlichen Anbau verschoben worden. Das gilt insbesondere für die Gebiete mit dichter Besiedlung in Südasien. Bei der Landwechselwirtschaft in Wäldern werden die Auswirkungen in Bezug auf Dauerschäden oft überschätzt, wie z.B. von dem Meteorologen/Klimatologen SCHÖNWIESE (1994, 129): „Die für die Landwirtschaft unnütz gewordenen Flächen liegen brach, und die Rodungen werden andernorts fortgesetzt; dieses ist wohl der größte Wahnsinn an diesen Aktionen.“ Genau dieses ist aber seit Jahrhunderten beim Wanderfeldbau gemacht worden. Dabei können einerseits Fruchtbäume vermehrt worden sein, andererseits einzelne Arten auf den ehemaligen Feldern vernichtet worden sein. Im allgemeinen bildet sich aber ein Sekundärwald, der dem Primärwald mehr oder minder ähnlich ist. Es entsteht jedenfalls kein Ödland wie bei uns, abgesehen von Imperata-Flächen in Randgebieten vor allem Südostasiens.

In den Savannen ist in den Gebieten mit Anbau, sei es beim Regenfeldbau oder beim Bewässerungsanbau, die natürliche Vegetation ebenso wie im Regenwald vernichtet worden. Über eine Regeneration auf solchen Flächen scheint es kaum Untersuchungen zu geben. Im trockeneren Teil der Feuchtsavanne und in der Trockensavanne wird durch die Weidewirtschaft die Vegetation verändert, wobei das Brennen wohl wirkungsstärker ist als ein selektives Grasen. Eine Verarmung der Vegetation in den Savannen kann ferner durch Überweidung und Brennholzsammeln erfolgen. Überweidung ist jedoch eher in semiariden Gebieten zu erwarten (s.u. 13.11). Als Brennholz wird in der Regel von der ansässigen Bevölkerung abgestorbenes Holz gesammelt. In Brasilien und Indien wird jedoch Holz zum Feuern in den Städten oder gar für Eisenbahnen oder Erzaufbereitung auch in größerem Umfang geschlagen. In den Sudanstaaten (GIESSNER 1995), also unter marginalen Bedingungen für den Baumwuchs, führte das Sammeln von Feuerholz zu einer Verarmung der Vegetation und dadurch sind „konzentrische Desertifikationsringe um die urbanen Märkte und entlang der Einfallstraßen entstanden" (ebd. 139).

Einige Beispiele sollen einen Eindruck geben, wie sehr die Angaben über die Zeiträume differieren, in denen Biomasse und Artenreichtum wieder dem Primärwald angenähert sind oder ihm gleichen. Das liegt einerseits an den Varianten der Standortbedingungen, andererseits aber wohl auch an den verschiedenen Vorstellungen der Autoren: Auf den fleckenhaft verbreiteten schwarzen Böden (*terra preta*), ehemaligen Siedlungsstellen der Indianer im Amazonasgebiet, soll der Wald nach einigen Jahrhunderten völlig dem Primärwald gleichen (SIOLI & KLINGE 1966). Nach SALDARRIAGA et al. (1988) sollen im oberen Rio Negro Gebiet von Eingeborenen bearbeitete und aufgelassene Flächen nach 20–40 Jahren einen ähnlichen Artenreichtum wie Altbestände aufweisen, nach 190 Jahren sei die ursprüngliche Basalfläche und Biomasse wieder erreicht. Andererseits sollen auf Yucatan von Majas vor über 500 Jahren verlassene Flächen noch heute Unterschiede zu natürlichen aufweisen (ELLENBERG 1985). Die Größe der Rodung oder des Kahlschlags und die Dauer der Nutzung beeinflussen Erhaltung und Verbreitung der Samen (BRUENIG 1991, WHITMORE 1993). Im östlichen Amazonasgebiet war der Aufwuchs nach 2–4 Jahren Beweidung artenreich und erfolgte schnell mit 10 t/ha/a. Nach 7–8 Jahren Weide wuchsen nur 5 t/ha/a zu, auf einer von 13 Parzellen war sogar nur eine Gras- und Krautschicht mit weniger als einem Baum/100 m^2 entwickelt (UHL et al. 1988, zit. n. PROCTOR 1989, 422). Solche Flächen mit meist harten, für eine Weide nutzlosen Gräsern sind jedoch selten. Sie finden sich kaum im Kerngebiet des Regenwaldes, es sei denn, es handelt sich um sehr schlechte Böden. Ein Beispiel schildern SIOLI & KLINGE (1966), was jedoch so ungewöhnlich ist, daß es von ELLENBERG (ebd.) in der anschließenden Diskussion stark hinterfragt wurde.

Geschwindigkeit und Ausmaß der Wiederbewachsung in Waldgebieten hängen vor allem von sechs Faktoren ab: 1. Wie häufig ist die Fläche gebrannt worden? 2. Hat man die Bäume nur in Kniehöhe gekappt, so daß sie wieder ausschlagen können? 3. Ist der Boden mit der Hacke oder gar mit dem Grabstock bearbeitet worden, also wenig gestört worden, so daß die Samenbank erhalten blieb? 4. Ist die Parzelle klein genug, so daß Samen des Primärforstes schnell einwandern können? 5. Wird bei marginalen Bedingungen des Bodens nur schwer ein Primärwald wieder aufkommen. So sind zum Beispiel im Imo Shale-Gebiet in Südnigeria, wo die Böden sehr dicht und tonreich sind, auf einigen Flächen nur Gras und schütterer Baumwuchs zu beobachten. Die großen Grasländer des Sepik in Neuguinea sollen vor 500–800 Jahren mit einem Vorrücken der Siedlungsgrenze nach Norden entstanden sein (REINER & ROBBINS 1964). Nach HAANTJES et. al. (1965) ist der Wald nicht wieder aufgekommen, weil auf den Altflächen die Böden zu stark verarmt sind? 6. Können klimatische Gründe dem Aufkommen des Sekundärwaldes Schwierigkeiten bereiten. Grasflächen (Alang Alang = *imperata cylindrica*) im Hochland von Neu-Guinea sind wahrscheinlich durch Brennen entstanden (PAIJMANS & LÖFFLER 1972). Da dieses Gras bodendeckend ist, können Bäume nur schwer aufkommen. Mangelnde Wärme und Vernässung des Bodens sind in diesem Fall wohl auch dafür verantwortlich, daß sich der Wald kaum wieder ausbreitet. Im allgemeinen kommen auf Rodungsflächen im Wald schon nach einem Jahr wieder Bäume auf, es sei denn, durch mehrfaches Brennen ist die Samenbank zerstört worden (WITHMORE 1991, 76). Aber selbst dann wandern im Laufe der Zeit Büsche und Bäume wieder ein.

Die Rolle des Feuers in den Savannen ist – wie gesagt – noch nicht eindeutig geklärt. Gelegentliche Brände gehören zum Ökosystem. Aber welche Änderungen treten bei mehrfachem Brennen auf? Wird dabei jedesmal die Vegetation etwas mehr verarmt, zum Schluß bleibt bei ungünstigen Ökotopen nur Grasland übrig? Das scheint vor allem in Südostasien der Fall zu sein, da in dem Monsunklima wohl häufiger Dürren auftreten können, so daß in manchen Gebieten der Wald unter nur marginalen Bedingungen wächst. Wird hohes Gras mehrfach gebrannt, kommt niederer Wuchs auf. Bei marginalen Bedingungen kann, wie ausgeführt, die Grenze Wald/Savanne durch Brand bedingt sein. Wenn sehr große Flächen abbrennen, dauert die Wiederbesiedelung durch Wald länger. So erwähnt WHITMORE (1993, 147) die „immer noch grasbedeckte Ebene von Sook in Sabah (80.000 ha)“, die als Folge eines Brandes nach einer Dürre 1915 entstand.

Die Diskussion über das Ausmaß der Schäden durch Brennen ist keineswegs abgeschlossen. In den Kerngebieten sind sie sicher geringer als in den Randgebieten. Im Regenwald sind jedenfalls Grasflächen mit Ausnahme der erwähnten Beispiele selten. Keineswegs wird mit dem Brennen der Wald endgültig vernichtet. GELBERT (1988, 272) betont, daß in Sri Lanka Imperata-Grasflächen am trockneren Rand der saisonalen Laubwälder (entspricht etwa der Savannenwaldung, s.o. 7.4) entstehen können.

8.6 Regeneration der Vegetation und Biomasse

Durch vermehrte Landnutzung und Holzgewinnung ist sowohl im Regenwald als auch in der Savanne die Frage, wie schnell sich die Vegetation regeneriert, hochaktuell. Außerdem ist diese Frage für den CO_2-Haushalt wichtig (s.u. 8.7).

Stürzt ein alter Baum im Regenwald um, entsteht bei Windbruch eine asymmetrische Bestandslücke (Abb. 8.3). Nach WHITMORE (1991) sterben im Primärwald jedes Jahr etwa 1% der Bäume. Auf kleinen Lichtungen – unter 200 m² (MARTINEZ-RAMOS et al. 1988) – wachsen be-

Abb. 8.3. Stürzt ein Urwaldriese, reißt er eine asymmetrische Lücke, die durch seine Wuchsform bedingt ist. In Gebieten mit geringen Windgeschwindigkeiten, also im Amazonas- und Kongogebiet in der Nähe des Äquators sacken die Bäume in sich zusammen, wodurch eine kleinere Lücke entsteht. Aus: WHITMORE 1993, 38.

reits vorher vorhandene Sämlinge schnell heran (Klimaxarten), auf größeren wandern fremde Arten ein, die meist großblättrig sind (Pionierarten) (WHITMORE 1993, 38f.). Der junge Sekundärwald ist auf ungünstigen Böden niederer, dünnstämmiger, aber wegen vieler junger Schößlinge und Schlingpflanzen oft schwer zu durchdringen wie etwa die capoeira im östlichen Amazonasgebiet. In der Insulinde, wo Katastrophen wie Zyklonen, Erdbeben, Waldbrände, Vulkanausbrüche relativ häufig sind, kann ein Muster von Strukturphasen beobachtet werden (Abb. 8.4). Demgegenüber fallen im zentralen Amazonasgebiet, das Katastrophen mit Ausnahme seltener Feuer nicht kennt, tote Bäume oft in sich zusammen. Ein kleinteiliges Mosaik, das entweder durch Nutzung oder, wie etwa im Gebiet von San Carlos, edaphisch bedingt ist, besteht hier eher aus Klimaxarten, sofern es sich nicht um Wald auf ehemals gerodeten Flächen handelt.

Es gibt kaum konkrete Angaben darüber, wie schnell sich ein Wald regeneriert. Das Alter der Bäume ist nicht einfach zu bestimmen, da bei dem ausgeglichenen Klima des Regenwaldes Wachstumsringe fehlen (eine Ausnahme sind Wälder, die durch Überschwemmungen einen Rhythmus erhalten). Das Alter wird daher auf Grund jährlicher Zuwachsraten geschätzt.

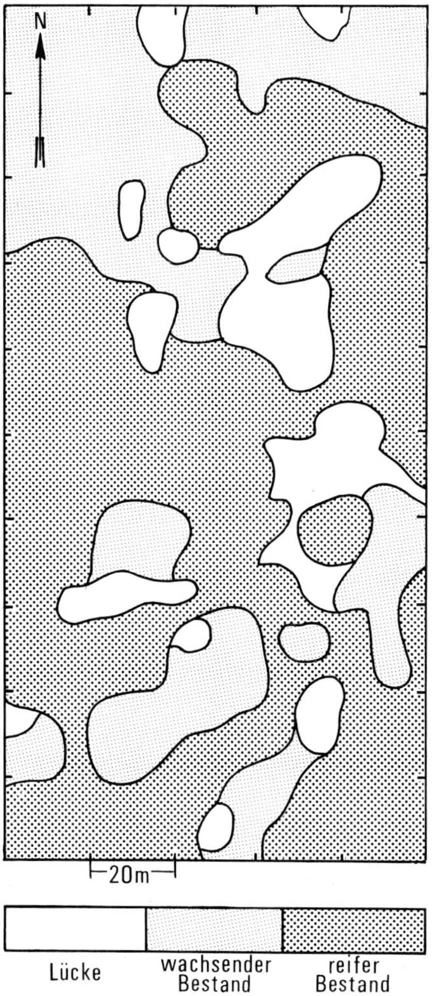

Abb. 8.4. Bestandsphasen auf zwei Hektar Fläche. Lange, schmale Lücken sind meist durch Windwurf bedingt. Sie können durch nachfolgende Stürme vergrößert werden. So ergeben sich unterschiedliche Stadien des Aufwuchses. Die große Fläche am oberen Rand zeigt einen Bestand nach einer Teilrodung 1917. Aus: WHITMORE 1993, 38.

WALTER (1977, 63) erwähnt 200–250 Jahre als Baumalter, WHITMORE (s. Abb. 8.5) rechnet mit Lebensdauern von unter 100 bis über 400 Jahren. In einem randtropischen Forst in Veracruz, Mexiko (4500 mm Jahresniederschlag) werteten MARTINEZ-RAMOS et al. (1988) Palmen aus, die beim Umstürzen von Bäumen umgeknickt waren, aber weiterwuchsen. Die ältesten waren 80 Jahre alt. Auf mehr als 50% der Fläche ist die Vegetation in den letzten Jahren gestört worden. So ergibt sich ein Baumalter von 80 bis maximal 150 Jahren. Die Regeneration ist sicher unterschiedlich nach der Gunst der ökologischen Bedingungen und der Struktur des Waldes. Zu wenig wird bei Globalbilanzen zwischen Kerngebieten und Randgebieten der Waldverbreitung getrennt; in ersteren erfolgt besonders bei guten Böden der Aufwuchs schneller und umfangreicher ist als in letzteren.

Bei der Regeneration der Wälder sind zwei Fragenkomplexe zu unterscheiden: Wie schnell wird die Biomasse ersetzt, wie lange dauert es, bis der ursprüngliche Wald in seiner Artenfülle wieder entstanden ist? Lichtungen im Regenwald begrünen sich im Laufe von Tagen bis Wochen mit Krautpflanzen und Winden. Pionierbäume, vor allem Cecropia in Südamerika, Mananga in Afrika und Macaranga in Südasien sind innerhalb von 3 Jahren 2–5 m hoch. In ihrem Schatten entwickeln sich die Klimaxarten. Wenn diese dann über die Pionierpflanzen hinauswachsen, sterben letztere in ihrem Schatten ab. Die Macaranga-Phase soll nach 18 Jahren beendet sein (DOSSO et al. 1981). Natürlich wachsen einzelne Baumarten und selbst Exemplare unterschiedlich schnell. Im Maximum wurde ein Wachstum von 9,91 m in einem Jahr bei *Paraserianthes falcataria* in einer Plantage in Sabah gemessen, im Mittel aller Bäume waren es noch 9,14 m pro Jahr (WHITMORE 1993, 158f.).

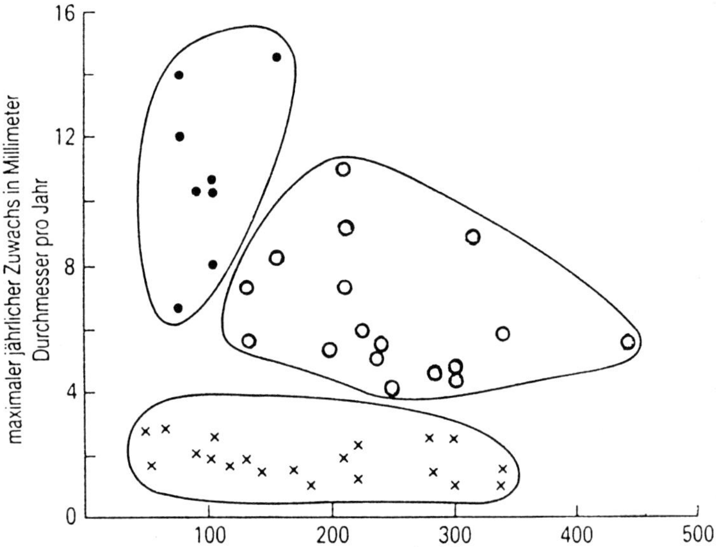

Abb. 8.5. Die Lebensdauer von Bäumen schwankt nach Arten, am ältesten werden Klimaxarten mit relativ hohem Zuwachs (offener Kreis), die meist auch das Kronendach erreichen. Klimaxarten der unteren Schicht (Kreuze) können zwar auch ein hohes Alter erreichen, haben aber wegen des Lichtmangels einen relativ geringen Zuwachs. Das größte Wachstum pro Jahr erreichen Pionierarten (Punkte), die aber auch schneller absterben können. Aus: WHITMORE 1993, 159.

In den ersten Jahrzehnten ist der Zuwachs an Biomasse größer als in einem Altbestand (Abb. 8.5 u. 8.6). Während die Biomasse im Regenwald in 20–30 Jahren wieder erreicht ist, hängt die Artenvielfalt davon ab, wie schnell Samen und Früchte einwandern. Dieses erfolgt nach Arten und Bestandsdichte unterschiedlich schnell. Wie Beispiele zeigen, können Flächen, die seit mehreren hundert Jahren aufgegeben wurden, noch Unterschiede zum Primärwald aufweisen. Möglicherweise sei sogar die relativ geringe Artenvielfalt der afrikanischen Wälder mit nur etwa 8000 höheren Pflanzenarten gegenüber 18 000–20 000 in Südamerika zum Teil durch eine längere Nutzung erklärbar (Ellenberg 1985). Die in den einzelnen Kontinenten sich verschieden auswirkenden Klimawechsel haben die Evolution wohl stärker beeinflußt (s.u. 9.5.3).

Die sehr schwankenden Angaben über das Wiedererreichen der Artenvielfalt erklären sich, außer durch die Intensität der Nutzung und die Größe der Nutzflächen, auch durch die in den Tropen engere Verbindung von Tier- und Pflanzenwelt. Das betrifft einmal die Bestäubung und Samenverbreitung, die wesentlich durch Tiere und nicht durch den Wind erfolgt (u.a. Ewel 1983). Zum anderen sind manche Arten für die Nährstoffaufnahme auf arteigene Pilze (Mykorrhiza) und Bakterien im Boden angewiesen. Das Abweichen eines Sekundärwaldes vom Primärwald betrifft bei einem über einige Jahrzehnte hinausgehenden Alter aber nur einige wenige Arten. Bei dem Artenreichtum der Tropen kann naturgemäß in dieser Hinsicht kein Vergleich mit der Regeneration oder der postglazialen Ausbreitung der artenarmen außertropischen Wälder gezogen werden. Ferner ist zu bedenken, daß manche Baumspezies nur im Abstand von 100 m und mehr auftreten. Da einerseits Bäume selten am selben Standort wieder aufkommen, wo sie abgestorben sind (vgl. Whitmore 1991, 71, Primack 1991), andererseits botanische Zählungen meist auf Flächen von wenigen Ar Größe erfolgen, sind mir die Kriterien für eine Verarmung nicht deutlich. Sie werden leider in den meisten zitierten Arbeiten nicht näher dargelegt. Wahrscheinlich handelt es sich um die Gesamtzahl der Arten und eventuell auch um eine Anreicherung einer Art.

Nach der Zusammenstellung von Brown & Lugo (1982) auf Grund von Messungen der organischen Substanz – was natürlich nur auf kleinen Flächen möglich ist – schwankt die Biomasse vom Trockenwald (etwa 1000 mm Jahresniederschlag) bis zum perhumiden Wald von 40 bis 538 t/ha, der C-Gehalt im Boden von 24 bis 599 t/ha (Umrechnungsfaktor 2xC = Biomasse). Im Mittel über alle Zonen wurden 124 t/ha C = 248 t/ha Biomasse errechnet. Die Nettojahresproduktion beträgt 11–21 t/ha Biomasse. Diese Zahlen wurden von diesen Auto-

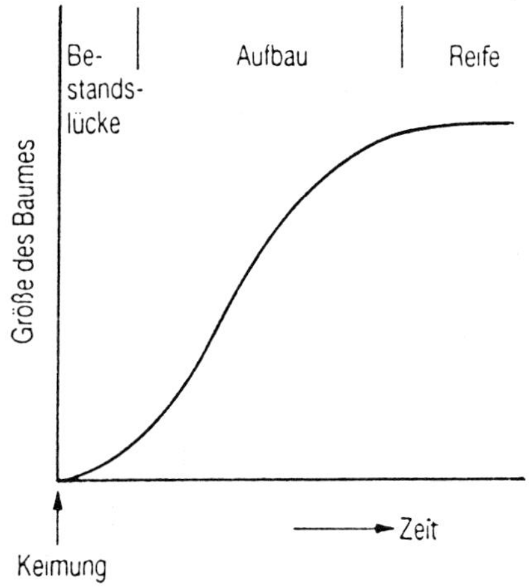

Abb. 8.6. Ein freistehender Baum zeigt nach Keimung und Anfangsstadium ein rapides Wachstum, während der Zuwachs im Reifestadium nur noch sehr langsam erfolgt. Aus: Whitmore 1993, 159.

ren zwei Jahre später auf ein weniger als halb so großes Mittel von 53 t/ha C korrigiert, indem sie die Biomasse nur der Baumstämme, die sehr viel häufiger und für größere Flächen bekannt ist, mit einem Faktor von 1,6 für die Gesamtbiomasse in den Regenwäldern und mit 3,0 für den Trockenwald extrapolierten. Maximale und minimale Werte der beiden Methoden sind dabei durchaus ähnlich. Aber es wurden genauere Angaben über die einzelnen Waldtypen verwendet. Die Werte schwanken also sehr. Das liegt einmal an den unterschiedlichen Ökotopen, zum anderen an verschiedenen Methoden der Bestimmung der Biomasse und der Extrapolation. So kommt FEARNSIDE (1985) zu sehr viel höheren Werten als BROWN & LUGO und verteidigt diese auch gegen deren Angriffe (LUGO & BROWN 1986, FEARNSIDE 1986).

MEDINA & KLINGE (1983) rechnen mit einem mittleren Wert von 425 t/ha für den Regenwald. Darin sind im allgemeinen 5–10% Wurzelmasse enthalten, jedoch kann diese bei extrem ungünstigen Böden wie bei den Podsolen der Bana von San Carlos fast 50%, im Maximum sogar 88% (s.o. 7.5.4) ausmachen. Auf dem benachbarten Oxisol beträgt sie nur 17%. Die Wurzelmasse ist also auf schlechten Böden höher. Als höchsten Wert fanden KLINGE & HERRERA (1978) 332 t/ha auf Podsol, im Mittel für die unterschiedliche Vegetation bei San Carlos 132 t/ha. Auch der Kohlenstoffgehalt im Boden schwankt demnach räumlich sehr stark. Ebenfalls im oberen Rio Negro Gebiet fanden SALDARRIAGA et al. (1988), indem sie an 23 Baumbeständen unterschiedlichen Alters die Artenfülle und die Biomasse untersuchten, daß nach 40 Jahren der ursprüngliche Zustand erreicht ist und kaum noch Änderungen eintreten.

Schneller als im Regenwald gleicht die Vegetation in den Savannen wieder der ursprünglichen, denn die Gräser haben einen annuellen Rhythmus. Hier kann bei Überweidung eine Verarmung von Arten eintreten, aber Samen können sehr lange dormant sein und sich nach guten Regen wieder entwickeln. Für eine Regeneration sowohl der Grasflur als auch ein erneutes Aufkommen von Bäumen sollen allerdings mindestens 6 Jahre ohne Brennen und Beweidung notwendig sein (SANFORD & WANGARI 1985). Bei bestehenden Savannenwaldungen kann ein Feuerschutz etwa in Naturschutzgebieten dazu führen, daß sich zuviel tote Biomasse ansammelt. Bei einem Feuer, z.B. durch Blitzschlag, kann es dann zu einem verheerenden Brand kommen.

Über die Regenerierung der Savannen wissen wir noch wenig. Wahrscheinlich ist in manchen Gebieten durch das Brennen von eingeborenen Jägern und Viehzüchtern eine Artenauslese erfolgt. Sehr schwer abzuschätzen ist das Ausmaß der Gewinnung von Brennholz. Natürlich spielt hier die Dichte der Besiedlung eine Rolle. Am ehesten wird man in Indien an eine Änderung der Vegetation denken, während diese in Südamerika bis vor 50 Jahren wohl weniger bedeutend war. Da die Bäume mindestens in den Trockensavannen langsamer wachsen, erscheint eine grundlegende Änderung hier durchaus möglich.

Bei der Überweidung kann es in der Savanne zu einer Gullybildung kommen (s.u. 10.4.2). Das sind dann weitgehend irreparable Schäden. Besonders stark sind die Schädigungen der Vegetation, des Wasserhaushaltes, des Bodens und auch des Klimas (?) in der Trockensavanne. Wird hier die Vegetation stark degradiert, kann u. U. die Winderosion sehr zunehmen und mit dem Sand und dem Staub werden dann auch Samen verweht und die Bodenstruktur verändert. In Zentralaustralien sind allerdings nach guten Regen Arten wieder ausgeschlagen, die den Viehzüchtern längst ausgerottet erschienen. Auch durch Bodenerosion stark gestörte Gebiete sind in den Trockensavannen weiter verbreitet als in den übrigen tropischen Gebieten, am ausgedehntesten sind sie in den Subtropen. Ebenso gibt es dort mehr versalzene Flächen, wie etwa der Vergleich Punjab und Sindh zeigt. Hier sind die Tropen begünstigt, weil die Hauptniederschläge während der frühen Wachstumszeit erfolgen, also dann, wenn der Nährstofftransport am größten ist, wird der Boden auch am meisten durchwaschen.

8.7 CO_2-Haushalt

Der CO_2-Gehalt hat im Laufe der geologischen Zeit stark geschwankt. So betrug er zum Höchststand der letzten Kaltzeit nur 180 ppm, präindustriell 280 ppm. In den 50er Jahren wurden Messungen des CO_2 Gehaltes am Mt. Loa auf Hawaii, am Südpol und an Tiefseesedimenten begonnen. In den 60er und 70er Jahren wurde eine generelle Temperaturzunahme als Auswirkung diskutiert. Um 1980 zeigten Gasmessungen in Eisschildkernen, daß CO_2-Haushalt und Klimaänderungen in den letzten Hunderttausenden von Jahren parallel gegangen sind. Über Ursachen und Auswirkungen der natürlichen Schwankungen ist aber noch wenig Gesichertes bekannt. Auch ist die Rückkopplung von CO_2-Gehalt und Klima noch nicht geklärt (OESCHGER 1998). So scheint z.B. der tropische Pazifik der größte CO_2-Lieferant zu sein, weil kaltes Auftriebwasser entgast wird (PEDERSEN & BERTRAND 1998). Wie hängt dieses mit den Passaten zusammen (9.5.3)? In der jüngeren geologischen Zeit scheinen CO_2-Schwankungen gering zu sein und für die folgenden Fragen kann man wohl davon ausgehen, daß unter natürlichen Bedingungen ein Gleichgewicht bestanden hat. Inwieweit wird dieses durch Rodung und Brennen in den Tropen verändert?

Der CO_2-Gehalt ist seit 1800 von 280(10 ppm auf 355 ppm 1992 gestiegen (SIEGENTHALER & SARMIENTO 1993). Der Hauptanstieg erfolgte seit 1950, was auf einen überwiegenden Einfluß der Industrialisierung, insbesondere der Motorisierung deutet. Dafür sprechen auch die etwas höheren CO_2-Werte der Nordhalbkugel. Aus fossilen Brennstoffen sollen 5,4 Gt/a freigesetzt werden, der Eintrag durch die Entwaldung und die Landnutzung ist unsicher, er wurde auf 0,6–2,5 Gt/a geschätzt. Rechnet man mit insgesamt 7 Gt/a, so verbleiben davon 3,2 Gt/a in der Atmosphäre, 2 Gt/a nehmen die Ozeane auf. Die Senke für die verbleibenden 1,8 Gt/a ist bislang unbekannt. Wird der Anteil der Tropen überschätzt? Wie hoch ist der Eintrag von CO_2 aus den Tropen in die Atmosphäre?

Die Entnahme einzelner Bäume wird bei einer nachhaltigen Forstwirtschaft durch schnellen Aufwuchs ausgeglichen. Bei einer Rodung mit Brennen gelangt zwar viel CO_2 in die Atmosphäre, wird aber beim Aufwachsen des Sekundärwaldes wieder gebunden. Nach 10–20 Jahren ist der größte Teil der Biomasse wieder entstanden. Für ein Gesamt-Turnover berechnen BROWN & LUGO (1982) 35 Jahre. Bei der Landwechselwirtschaft soll ebenfalls nach etwa 35 Jahren der Kohlenstoffgehalt im Boden wieder erreicht werden (DETWILER 1986). Beim Brennen bleibt ein kleiner Teil (etwa 4%) des Kohlenstoffs als Kohle oder Ruß zurück und wird teilweise abgespült und sedimentiert. Etwa 5% sollen als Bau- und Möbelholz dem CO_2-Haushalt entzogen werden (Deutscher Bundestag 1990, 448).

Sekundärwälder können je nach den ökologischen Bedingungen sehr unterschiedliche Wachstumsraten und Biomasse haben. Über solche Differenzierungen ebenso wie über den Aufwuchs nach Rodungen ist noch wenig bekannt. Nimmt man die Wachstumsraten für junge Pionierpflanzen, wie sie oben (8.6, Abb. 8.5) nach WHITMORE (1993) zitiert wurden, ist die Bindung von Kohlenstoff pro Jahr größer als im Altbestand. Vielfach wird jedoch die Biomasse von Sekundärwäldern mit der des Primärwaldes verglichen. Die Differenz wird linear extrapoliert und als jährlicher Kohlenstoffeintrag in die Atmosphäre bezeichnet. Hierbei sind wohl besonders verarmte Sekundärwälder, die als solche ja auch auffallen, herangezogen worden. Ein Nachwuchs in der Landwechselwirtschaft wird sich aber in der Regel, besonders bei besseren Böden in der Jahresproduktion von Biomasse nicht wesentlich vom Primärwald unterscheiden. Diese Wirtschaftsweise ist ja seit Jahrhunderten betrieben worden, ohne daß die Ökosysteme grundlegend verändert wurden, ohne daß der CO_2-Gehalt zugenommen hätte. Die Auswirkung einer Rodung auf das Klima würden übertrieben, da anstelle des Waldes mit baren Flächen gerechnet würde, „forgetting that nature nowhere abhors a vacuum more strongly than on a patch of bare soil in the humid tropics" (WHITMORE 1991, 76). Mit welcher Biomasse geht der „Wald" in die Rechnungen ein? (s.u. 13.14.1).

Wenig bekannt ist, wie schnell Wurzeln verrotten, wobei CO_2 zunächst in der Bodenluft freigesetzt wird, zum Teil durch Wurzelwachstum wieder gespeichert wird, zum Teil an die Atmosphäre abgegeben wird. Insbesondere sind Wachstum, Verbreitung und Haushalt tiefreichender Wurzeln noch wenig untersucht worden. Nach NEPSTAD et al. (1994) sollen in Waldgebieten mit längerer Trockenzeit wie im südöstlichen Amazonasgebiet tiefe Wurzeln mehr Kohlenstoff speichern als über der Erde und im Boden bis 1 m Tiefe vorhanden sind. FISHER et al. (1994) sehen für verbesserte Weiden in Südamerika bei eingeführten tiefwurzelnden Gräsern nicht nur eine Ertragssteigerung sondern auch ein beachtliches Potential für Kohlenstoffspeicherung. Zusammen mit den Stickstoff speichernden Leguminosen erfolge hierdurch eine Bodenverbesserung.

In den Savannen brennt das, was im vergangenen Jahr gewachsen ist, damit sollte im Großen gesehen ein Ausgleich von Abgabe und Aufnahme von CO_2 gegeben sein. Über Unterschiede der Nettoprimärproduktion auf gebrannten und ungebrannten Savannenflächen ist wohl noch nichts bekannt. In natürlichen Ökosystemen kann man von einem Gleichgewicht ausgehen. Da Asche und Wurzeln beim Brennen zurückbleiben und der Aufwuchs danach stärker ist, sollte auch hier ein annäherndes Gleichgewicht gegeben sein.

Werden Waldflächen in Dauerackerland umgewandelt, ist die Bilanz negativ. Die Jahresproduktion von Biomasse bei Feldfrüchten ist aber nicht unbedeutend. So soll Mais z.B. pro Jahr eine Biomasse von 20 t/ha, Getreide von 12 t/ha und Grünland von 8 t/ha (KNAUER 1981, 150) erbringen. Nach LARCHER (1980) erreichen C4-Gräser mit Mais sogar um 30 t/ha, Zukkerrohr 70–80 t/ha, C3-Gräser mit Weizen 18–30, Reis 22 t/ha in der jährlichen Produktion von Trockensubstanz. Diese Werte sind durchaus mit der Nettojahresproduktion der Wälder in den Tropen vergleichbar. Allerdings werden ein Teil der Biomasse wie Halme, Blätter etc. bei und nach der Ernte auch verbrannt, das Erntegut wird ebenfalls umgewandelt.

DETWILER & HALL (1988) weisen zu Recht auf den großen Unterschied zwischen Rodung für die Landwechselwirtschaft und permanente Umwandlung in Acker oder Weide hin. Erstere sind nach den unterschiedlichen Berechnungen 1980 im Regenwald 2–6mal so umfangreich, in der Savanne 2–10mal so groß wie alle anderen Rodungen zusammen genommen. Da bei der Landwechselwirtschaft der Eintrag von CO_2 in die Atmosphäre in der Bilanz aber nur gering ist, in die Modellrechnungen aber anscheinend manchmal die Werte für den permanenten Anbau für alle Wirtschaftsflächen angesetzt werden, scheint hier eine Quelle für eine Überschätzung der CO_2-Produktion zu liegen.

Nach DETWILER (1986) soll 1980 der jährliche Eintrag von CO_2 aus dem Boden infolge veränderter Landnutzung 0,11–0,26 x 10^{15} g betragen haben. Das sind 2–5% des Wertes für die Verbrennung fossiler Kohlenstoffe. Bei diesen Berechnungen des C-Gehaltes im Boden wurden nicht nur die unterschiedlichen Vegetationsformationen berücksichtigt, sondern auch Unterschiede in der Bodentiefe (40 cm und 100 cm) sowie die Nutzungsart (Anbau, Weide etc.). Ausführlich zitierte Angaben verschiedener Autoren zeigen die großen Schwankungen im C-Gehalt und in dessen prozentualen Änderungen bei der Landnutzung nach Rodung des Waldes. Vor allem stützt sich DETWILER auf die Mittelwerte von BROWN & LUGO (1982), die diese selbst 2 Jahre später halbiert haben. DETWILER selber erwähnt, daß weitere Variablen wie Alter des Ausgangsmaterials, Bearbeitungsmethoden, Fruchtwechsel, Mulchen, Abstufungen mit dem Klima bislang kaum zu berücksichtigen sind.

PROCTOR (1989, 424) erwähnt eine Abschätzung, die auch die Prozesse beim Wiederbewuchs einbezieht und die zu dem Schluß kommt, daß das globale Budget ausgeglichen sei,

„what has so far eluded modellers". Ähnlich schließen auch BROWN & LUGO (1982), daß nach ihren neueren Zahlen das CO_2-Budget des Waldes in den Tropen ausgeglichen sei. Nach SKOLE & TUCKER (1993) sollen die Rodungen außerdem weniger umfangreich sein als bisher angenommen (vgl. auch BROWN & LUGO 1984). Die wohl größte permanente Deponie für CO_2 sind Kalkabscheidungen im Meer, wobei die Korallenriffe nur in den Tropen verbreitet sind und einen großen Anteil an der Kalkbildung ausmachen. Allerdings produzieren lebende Korallen beim Atmen auch Kohlenstoff.

Der globale Haushalt wird also von den Tropen aus relativ wenig verändert. Sicher ist der Verbrauch fossiler Brennstoffe in den Industrieländern der gemäßigten Breiten viel bedeutender für die CO_2-Zunahme der Atmosphäre. Wahrscheinlich stecken die in der Bilanz fehlenden 2 von den 7 Gigatonnen Kohlenstoff mindestens zum Teil in den Tropen, indem einerseits weniger produziert wird, andererseits mehr gespeichert wird.

8.8 Diskussion: Stabilität der Vegetation

Die Stabilität der Vegetation ist eine Grundfrage bei der Beurteilung der Auswirkungen des menschlichen Eingriffs in den Naturhaushalt. Im folgenden seien die Argumente aus dem vorhergehenden Text zusammengestellt und diskutiert:

Die Grenze Wald/Savanne ist sicher der Raum, in dem sich Änderungen am schnellsten und am deutlichsten auswirken. Zonal läßt sich die Abhängigkeit der Dichte und Höhe der Vegetationsformationen vom Klima, insbesondere der Jahresmenge der Niederschläge, also der Durchfeuchtung des Bodens, feststellen. Es ist daher zu verstehen, wenn sich Wald auf günstigen Böden auch im Savannengebiet, dann allerdings als Trockenwald mit anderen Arten findet. Diese Vorkommen können jedoch nicht als Norm angesehen werden, und die Savanne kann nicht als feuerbedingte Vegetation erklärt werden. Savannen nehmen eine etwa 20–30mal so große Fläche ein wie Trockenwälder, das ist auch ein starkes Argument für deren Ursprünglichkeit. Dafür sprechen auch weitere Befunde: Man findet selten kleinere Inseln von Trockenwäldern, wo man von der Verbreitung her schließen würde, sie seien einem Feuer entgangen. Die Übereinstimmung der Baumarten der Savanne mit denen der Trockenwälder scheint nicht sehr groß zu sein. Pyrophytische Arten zeigen zudem, daß Feuer in der Savanne Teil des Ökosystems ist.

Lokal bis regional auftretende Sonderformen unterstützen diese Argumentation: Der Baumbestand in der Termitensavanne ebenso wie die Galeriewälder und Schluchtwälder finden sich auf günstigeren Böden, seien diese nährstoffreicher, besser durchlüftet oder günstiger in der Wasserversorgung. Oft kann eine scharfe Grenze zwischen Wald und Grasland durch Standortbedingungen erklärt werden wie etwa eine seitliche Nährstoffzufuhr z.B. in der Gran Sabana oder an der großen Randstufe in Queensland. Wären diese Grenzen durch Feuer bedingt, sollte man ein Vorrücken des Waldes mindestens an einigen Stellen, wo das Feuer längere Zeit nicht hingekommen ist, erwarten, mehr Schößlinge sollten sich im Grasland finden lassen. Bäume kommen auf künstlichen Weiden jedenfalls sehr schnell auf, wenn diese nicht gepflegt werden. Andererseits sind Standorte mit reißenden Böden (Vertisole) dem Gras vorbehalten. Auf Hochflächen rücken Bäume, sei es wegen Nährstoff- oder wegen Wassermangel, so weit auseinander, daß die Grasbedeckung überwiegen kann. Auf vielen Flächen der Gran Sabana ist wahrscheinlich der Nährstoffmangel so ausgeprägt, daß nur Gras, Krautpflanzen oder niedere Büsche aufkommen können.

Die Grenze von Wald und Savanne scheint also generell gesehen recht stabil zu sein. Wird allerdings in diesem Grenzraum eine Parzelle oder gar eine größere Fläche mehrfach oder mehrere Jahre bearbeitet oder auch gebrannt, kann beim Auflassen eine Verarmung der Vegetation festgestellt werden. Das gilt besonders auf ungünstigen Böden oder bei anderen marginalen Bedingungen. In Nigeria liegt die „derived savanna“ zwischen 7° und 9°N, also schon außerhalb des immergrünen Regenwaldes. In dessen Kerngebieten wird Rodung und Brennen nur bei sehr schlechten Standortbedingungen eine verarmte Sekundärvegetation hervorbringen. Eine Wanderung der Grenze infolge Klimaschwankungen läßt sich bei der oft mosaikförmigen Anordnung und der jeweils unterschiedlichen Steuerung der Standortfaktoren nur dann ausmachen, wenn die Änderungen sehr gravierend sind. Ein global change wird sich aber ohnehin in bezug auf ein Vorrücken des Waldes oder der Savannen nur in Jahrzehnten oder Jahrhunderten auswirken.

Auch unter stabilen Bedingungen wird die Grenze Wald/Savanne räumlich unterschiedlich ausgebildet sein. Bei lokalem oder regionalem schnellen Wechsel der Standortbedingungen ist sie scharf. Ändern sich diese gleitend, so ist das Verbreitungsmuster stärker aufgelöst, wobei der Wald die von der Wasser- und/oder Nährstoffversorgung günstigeren Standorte einnimmt. Möglicherweise hat das Gras dort bessere Wuchsbedingungen, wo der Unterboden eine Verdichtung durch einen höheren Tongehalt aufweist. Eine Tonverlagerung, die auch Poren schließen kann, erfolgt eher im wechselfeuchten als im immerfeuchten Klima. Das gilt insbesondere für Reliktböden, die dort weit verbreitet sind. Eine solche Bodenverdichtung liegt meist in 1–2 m Tiefe, aber nur bis dahin reichen die meisten Wurzeln der Gräser, während Bäume sehr viel tiefere Wurzeln haben. Fossile Böden sind zudem meist an Nährstoffen verarmt, die im wechselfeuchten Klima auch weniger schnell freigesetzt und herangeführt werden. Das bedingt eine verarmte Vegetation auf Altflächen.

Natürliche Änderungen der Vegetation erfolgen durch Klimaschwankungen. Sowohl über das Ausmaß als auch den Zeitraum von Klimaänderungen bestehen noch große Unsicherheiten (s.u. 9.5). Dafür sind mehrere Gründe zu nennen: Recht gut gesichert sind Änderungen der Vegetation in den Höhenstufen, daraus abzuleitende Klimaänderungen sind allerdings schon weniger eindeutig, da einerseits mit anderen als den heutigen oder den außertropischen Gradienten der Temperaturabnahme mit der Höhe gerechnet werden muß (s.u. Abb. 9.6), andererseits auch die Niederschläge abgenommen haben können. Diese wirken sich besonders in tieferen Lagen aus, wo für Abschnitte des Quartärs eine große Ausdehnung der Trokkengebiete angenommen wurde. Dieses wird einerseits aus der Verbreitung einer trockneren Fauna auf Inseln im Regenwald geschlossen, andererseits soll sich der Wald in Refugien zurückgezogen haben. Hier ist allerdings einzuwenden, daß Letztere zum Teil in heute trockneren Gebieten liegen, die bei einer Austrocknung noch trockener gewesen sein müßten, wo sich also ein Regenwald kaum hätte halten können.

Aus der Evolutionsforschung ist festzuhalten, daß sich die natürlichen Assoziationen über lange Zeit entwickelt haben. Es handelt sich also um alte Vegetationsformationen, was durch altertümliche Arten bestätigt wird. Ferner haben sich in Wald und Savanne viele Anpassungsformen gebildet. Wenn man annimmt, daß diese sich nicht allzu schnell entwickeln, spricht das gegen sehr große Veränderungen in jüngster Zeit, sondern eher für eine Stabilität. Allerdings gibt es wohl noch wenig Vorstellungen darüber, wie schnell neue Spezies oder Arten entstehen können.

Zwei Befunde sind auffallend: Die Grenzen in der Insulinde bestehen, obwohl bei der kaltzeitlichen Meeresspiegelabsenkung Landbrücken vorhanden waren, also ein Austausch hätte erfolgen können; zum anderen erstaunt, daß die Verbreitung der Tiere weniger Überschneidungen aufweist, als sie bei der Vegetation zu finden sind, obwohl diese doch beweglicher sind. Sollten die Lebensräume so stabil sein, daß sie bei einer fortgeschrittenen Evolution kaum noch einen Austausch zulassen? Vielleicht sind bei Klimaänderungen, die ohnehin in den Tropen weniger einschneidend waren als in den Außertropen, die Kerngebiete der Arealverbreitung kaum betroffen gewesen. Dieses würde eine höhere Stabilität als in den Außertropen bedeuten. Änderungen wären vor allem in den Randgebieten erfolgt. Dadurch könnte eine stärker aufgegliederte Verbreitung entstanden sein, ein Mosaik, das sich auch nach edaphischen Einflüssen differenzierte.

Von den Fragen der Ausbreitung der Arten oder auch der Gebiete der Vegetationsformationen ist die Frage zu trennen, wie schnell sich gerodete Flächen wiederbesiedeln. Pionierpflanzen wachsen sehr schnell, so daß der jährliche Zuwachs höher ist als im Altbestand. Damit wird auch verhältnismäßig viel Kohlenstoff gebunden. Ohnehin scheinen die Senken für CO_2 in den Tropen größer zu sein, als man bislang in den Globalbilanzen annimmt. Bei der Abschätzung der Folgen von Rodungen wird auch zu wenig differenziert. Kleinere Flächen erreichen schneller den ursprünglichen Zustand als große Flächen. Im Kerngebiet sind die Auswirkungen sicher geringer als in Randgebieten. Am gravierendsten sind sie an der Trockengrenze (s.u. Desertifikation, 10.7). Insgesamt ist der Eingriff des Menschen in den Naturhaushalt der Tropen geringer als in Mitteleuropa, und zwar sowohl in den Auswirkungen als auch in der betroffenen Fläche.

Wie schnell eine Regeneration bis zu einer natürlichen Vegetation erfolgt, ist schwer abzuschätzen, da eine Altersbestimmung von Bäumen bislang schwierig ist. Bei der Diskussion um die Vernichtung der Artenvielfalt sollte man allerdings bedenken, daß prozentual zur Gesamtzahl bei uns in Europa sicher mehr Arten vernichtet wurden.

9. Physiogeographie und Geoökologie

9.1 Charakteristika

Physiogeographische Variable oder geoökologische Faktoren sind bislang in den Tropen nur in geringem Umfang messend erfaßt worden, so daß eine Einordnung durch den räumlichen Vergleich kaum möglich ist, bzw. eine genauere räumliche Abstufung bislang schwer abzuleiten ist. Daher ist die Unterscheidung von lokalen Varianten und regelhaften Abfolgen noch schwierig. Um so wichtiger ist es durch generelle Beobachtungen, Kernraum und Randgebiete zu unterscheiden, die räumliche Ausdehnung und die zeitliche Tiefe der Phänomene zu beachten. Die tropischen Bergländer zeigen in relativ kleinen Räumen die Vernetzung der Geofaktoren. Wesentliche Erkenntnisse über die Zusammenhänge wurden aber auch durch den Vergleich tropischer Höhenstufen mit außertropischen Zonen erreicht. Der besondere Charakter der Niederschläge in den Tropen wird auch an ihrer vertikalen Verteilung deutlich. Naturkatastrophen können in den Hochgebirgen besonders verheerend sein, da sich verschiedene Hazards wie etwa ein Vulkanausbruch mit Schneeschmelze und schnellem Abfluß kombinieren können und weitreichende Schlammströme entstehen können.

Die Erforschung der Klimaänderungen in den Tropen steht noch in den Anfängen. Sie bestehen vor allem in einem Alternieren von feuchteren und trockneren Zeiten (Pluviale und Interpluviale). Umstritten ist bislang, wieweit eine trocknere Vegetation ausgedehnt war, wieweit der Regenwald eingeschränkt war. Räumlich wenig ausgedehnte Indikatoren können edaphisch oder lokal beeinflußt sein. Die in den Außertropen so aufschlußreichen Pollenanalysen konnten in den Tropen weniger angewendet werden, da fossiles Material nur unter besonderen Bedingungen erhalten ist, andererseits die Vielfalt der Vegetation die Bestimmung erschwert. Höhere Seespiegelstände und Dünenfelder scheinen noch die sichersten Indikatoren zu sein. Die Befunde von Klimaänderungen lassen bislang noch keine klare Entwicklung erkennen, die mit den Außertropen vergleichbar wäre und so die Ursachen der Klimaänderungen deutlicher machen würde. Wahrscheinlich werden auch nicht nur zonal zwischen wechselfeuchten und immerfeuchten Gebieten unterschiedliche Schwankungen erfolgt sein, sondern diese sind auch in den einzelnen Kontinenten mehr oder minder stark gewesen und vielleicht untereinander und auch mit der Nordhalbkugel nicht gleichzeitig abgelaufen.

9.2 Einleitung

In den vorigen Kapiteln wurden die einzelnen Geofaktoren: Klima, Wasser, Untergrund, Relief, Boden, Vegetation behandelt, wobei auch Verknüpfungen angeführt wurden. Geographie heißt nicht nur Analyse einzelner Faktoren vor allem durch den räumlichen Vergleich sondern auch Synthese. Wurde dieses früher vorwiegend in der Länderkunde betrieben, steht heute mehr die Vernetzung der Geofaktoren im Vordergrund. Dieses kann man als Physiogeographie bezeichnen aber auch als Geoökologie. Analyse und Synthese sind rückgekoppelt: nur bei guter Kenntnis der Einzelfaktoren ist eine Synthese möglich, eine Erklärung eines analytischen Befundes ist sicher nicht ohne Berücksichtigung der anderen Geofaktoren, also der Synthese möglich.

Als Geoökologie bezeichnet man aber auch Untersuchungen eines Geofaktors, wenn bei der Datensammlung und/oder der Erklärung andere Geofaktoren herangezogen werden. Im Gegensatz zur Ökologie, wo Lebewesen in ihren Komponenten oder ihren Funktionen meistens in der zeitlichen Dimension messend erfaßt werden, sollten bei der Geoökologie die räumlichen Parameter nicht nur bei der Erhebung beachtet werden, sondern auch in die Erklärung eingehen, bzw. diese kontrollieren. In den Einzelkapiteln wurde versucht, den jeweiligen Geofaktor beschreibend zu erfassen, in der Erklärung jedoch die Relation zu anderen Geofaktoren zu berücksichtigen. Im folgenden werden zunächst die großen Variablen: Raumqualität – Raumgröße – Zeit kurz dargelegt.

Bergländer werden als Beispiel einer räumlichen Zusammenschau der Geofaktoren angeführt, was einem physiogeographischen, länderkundlichen Abriß entspricht. Vergangene Klimaänderungen lassen sich in der Realität nur aus der Analyse der Geofaktoren und ihrer zeitlichen Varianz ableiten. Wie sich eventuelle Änderungen in der Zukunft auswirken werden, liegt meines Erachtens noch weitgehend im Spekulativen. Wünschenswert wäre aber gerade auf diesem Gebiet eine engere Zusammenarbeit der Geowissenschaften.

9.3 Physiogeographische Parameter und deren Messung

Bei einer Untersuchung sollte man im Kernraum einer Erscheinung ansetzen, zu den Grenzen – meist den Grenzsäumen – hin überschneiden oder überlagern sich die Phänomene. Veränderungen wirken sich allerdings oft in Grenzräumen zuerst aus. Zum zweiten ist der Maßstab der Betrachtungen zu beachten. Klima- und Vegetationsgrenzen sind zonal, d.h. breitenkreisparallel und damit strahlungsbedingt, bzw. entsprechend den großen Luftströmungen zu sehen. Zonal bis regional kann das Relief variieren, Gesteinsprovinzen sind regional bis lokal ausgeprägt, Boden und Wasserhaushalt zeigen oft lokale Abhängigkeiten. Regelhaftigkeiten sind nicht immer räumlich extrapolierbar. Nicht alle lokal vorkommenden Phänomene können gedanklich als ehemals räumlich ausgedehnt angenommen werden. Ein Beispiel ist der Ferricrete, wo manchmal ein Einzelvorkommen als ehemals bestehende flächenhafte Kruste gedeutet wird, die durch Abtragung verkleinert wurde. Es fehlen aber entsprechende Ablagerungen, vielmehr ist der Ferricrete wohl fast immer als kleines isoliertes Vorkommen entstanden. Großräumige Erscheinungen wie etwa der Passat sind allein auf Grund lokaler Befunde nicht zu analysieren.

Neben Kernraum-Grenzsaum bzw. Übergangsgebiet und Maßstab ist der dritte Parameter geographischer Erscheinungen die Zeit oder die Entwicklung. Die Untergrundverhältnisse haben das älteste Erbe. Die Anlage des Reliefs in den Hauptzügen begann mit der Kontinentaldrift vor 120–150 Millionen Jahren. Wenn auch morphologische Prozesse und geologische Vorgänge wie etwa Erdbeben in Minuten ablaufen können, größere Änderungen des Untergrunds und der Landformen brauchen meist mehrere Jahrtausende. Böden können ebenfalls ein hohes Alter, wahrscheinlich sogar von mehreren Millionen Jahren haben, sie können sich aber auch in wenigen Jahrtausenden oder gar mehreren Jahrhunderten bilden oder ändern. Wetter und Klima müssen im stündlichen und monatlichen Rhythmus betrachtet werden, für Klimaänderungen sind Jahrhunderte bis Jahrtausende anzusetzen. Ähnliche Zeiträume gelten für den Wasserhaushalt und die Vegetation. Untergrund, Relief und Boden können kontinuierlich entwickelt worden sein, wobei der Verlauf linear oder asymptotisch in der Zeit erfolgt. Es können aber auch Phasen der Ruhe zwischengeschaltet oder erreicht sein, in denen nichts oder fast nichts verändert wird. Änderungen des Klimas, Wasserhaushalts und der Vegetation sind kontinuierlicher, allerdings schwankt die Dynamik in der Geschwindigkeit und im Ausmaß meist sehr stark.

Schwierig ist die Beurteilung von gemessenen Daten aus den Tropen, da bislang nur abgeschätzt werden kann, ob eine Streuung auf natürlichen Varianzen beruht oder ob bzw. mit welchem Anteil die Meßtechnik dafür verantwortlich ist. Sicher ist dieses für die einzelnen Geofaktoren unterschiedlich. Am besten gesichert sind die Klimadaten, da hier mindestens für einige Stationen längere Meßreihen zur Verfügung stehen. Auch ist die räumliche Extrapolation wohl weniger problematisch als in den Außertropen, da die Advektion eine geringere Rolle spielt und die mikroklimatischen Unterschiede geringer sind. Es ist aber z.B. noch nicht bekannt, ob die Konvektion in manchen Räumen besonders stark ist und ob Gewitterzugbahnen bestehen. Relief, Wasserflächen, Vegetation könnten diese hervorrufen. Für Hurricans sind Schwankungen sowohl in der Häufigkeit als auch in der räumlichen Anordnung bekannt (s.u. Abb. 11.7).

Der Wasserhaushalt ist im Vergleich zum Klima sehr viel weniger genau faßbar. Für den Amazonas besteht bislang nur eine einzige Abflußmessung. Es gibt daher auch keine Abflußkurve, aus der mit Hilfe der Wasserstände der Gesamtabfluß berechnet werden kann. Dieser wird vielmehr nur geschätzt. Wasserstandsschwankungen sind naturgemäß besser dokumentiert, da sie an Pegeln einfacher zu messen sind. Für die anderen Komponenten des Wasserhaushalts stehen nur wenige Messungen zur Verfügung, so daß nur Hinweise gegeben werden können (vgl. z.B. Abb. 3.1, 3.2). Die geologische Aufnahme ist keineswegs abgeschlossen, große Räume sind noch weitgehend unbekannt. In der Geomorphologie ist vor allem das Ausmaß der Abtragung gemessen worden, wobei die Werte stark schwanken. Douglas & Spencer (1985, 57) berichten von Messungen zweier Kollegen in Pasoh (Malaysia), die 0,208–2,626 $cm^3/cm/a$ (vermutlich ist die zweite Dimension in dem Beitrag falsch, und es muß pro m^2 heißen) bzw. 0,058–0,735 $cm^3/cm/a$, die sich also am gleichen Ort um fast den Faktor 4 unterscheiden. Die 2. und 3. Stellen hinter dem Komma sind dabei besonders unsinnig! Messungen über den Abtrag sind wenig sinnvoll, wenn sie nicht an den Formen kontrolliert werden.

Bodenparameter streuen aus zwei Gründen: eine natürliche Variabilität kann auf engstem Raum erfolgen. In den Außertropen kann man mit 15% Schwankungsbreite rechnen (Culling 1986). In den Tropen dürfte sie wegen des lateralen subterranen Transports und der weiten Verbreitung von Vorzeitböden wahrscheinlich mindestens so groß sein. Zum anderen werden vergleichsweise kleine Probenmengen untersucht. Die Methoden sind ebenso wie bei der Hydrologie international noch nicht so gut standardisiert wie in der Klimatologie. Andererseits hat sich bei einer statistischen Bearbeitung von Bodenproben eine vergleichsweise geringe Schwankung der Werte ergeben (Bremer 1995, 220f.). Bei der Erhebung der Biomasse ist zu bedenken, daß es sich um einzelne, sehr aufwendige Messungen handelt, der Wurzelraum wird meist nicht mit erfaßt. Mittelwerte, wie etwa in Tab. 10.3 (s.u.) sind daher nur als Größenordnung zu sehen. Die Messung der Primärproduktion ist in der Regel auf die Feinstreu beschränkt, größere Äste und umfallende Bäume lassen sich nur schwer einbeziehen, da die räumliche und zeitliche Wiederkehr kaum abzuschätzen ist. Nach Whitmore (1991, 71) sollen im Primärwald jedes Jahr etwa 1% der Bäume absterben. Unklar ist mir in vielen Fällen, wie die Angaben über den Zeitraum entstehen, innerhalb dessen die Artenfülle nach einer Rodung wieder erreicht wird. Da Artenzählungen kaum über Hektargröße erfolgen, einzelne

Exemplare einer Art aber 100 m und mehr voneinander entfernt stehen können, ist wohl eher die Gesamtzahl der Arten gemeint als die Zusammensetzung.

Diese Ausführungen sind in zweifacher Hinsicht zu kommentieren: Die meisten Messungen wurden von Einzelnen, bzw. kleinen Forschungsteams unter meist sehr schweren Bedingungen gemacht. Es gibt nur wenig permanente Forschungsstationen in den Tropen, geschweige denn reguläre Meßstationen. Immerhin haben die Messungen Größenordnungen ergeben, die Vergleiche erlauben und die erste räumliche Differenzierungen ermöglichen, die also allgemeine Beobachtungen absichern können. Werden Sequenzen, bzw. zusammenhängende Ökotope untersucht, können auch Folgerungen abgeleitet werden. Zahlen, vor allem Einzelwerte dürfen aber nicht als absolut gesehen werden, bzw. sie dürfen nicht überbewertet werden. Stärker noch als in den Außertropen müssen Messungen hinterfragt werden, bzw. in den Zusammenhang eines Ökosystems eingebunden werden.

Vielfach können heute räumliche Ausdehnung und zeitlicher Ablauf geographischer Phänomene und ihre Veränderungen nur abgeschätzt werden. Damit ist aber auch Ausmaß und Auswirkung des menschlichen Eingriffs in den Naturhaushalt nur schwer zu beurteilen. Die Schwankungsbreiten einiger Parameter werden unter (11.4.3) angeführt.

9.4 Die tropischen Bergländer und Gebirge

Aus den Anden kommend hat sich eine Höhengliederung für die Tropen durchgesetzt. Als Höhenstufe der Warmtropen kann man die tierra caliente (= heißes Land, 28°–22° Jahresmitteltemperatur) und die tierra templada (= warmgemäßigtes Land, 22°–18°) zusammenfassen. Die tierra fria (= kühles Land, 18°–7°) trägt den Berg- und den Nebelwald, die tierra helada (= Frostland, 7°–2°) hat nur noch eine schüttere, sehr langsam wachsende Vegetation, da Fröste vorkommen können. Die Schneegrenze liegt in den inneren Tropen um 4800 m, sie steigt zu den trockneren Gebieten wegen der geringeren Wolkenbedeckung und der selteneren Niederschläge bis auf 6000 m hin an. Die Ausdehnung der Gletscher wird in den Tropen stärker als in den Außertropen nicht nur durch die Temperatur sondern auch durch die Niederschläge bestimmt.

Ebenso ist die Höhengliederung der Vegetation in den Tropen nicht allein von der Temperatur abhängig, wie dieses in den gemäßigten Breiten weitgehend der Fall ist, sondern ebenso von den Feuchtigkeitsverhältnissen. In Gebieten mit hoher Luftfeuchtigkeit kondensiert in den Tropen der Wasserdampf schon in relativ geringer Höhe. Weischet (1969, 1977a, 206f.) unterscheidet den tropischen konvektiven Typ der vertikalen Niederschlagsverteilung vom außertropischen advektiven Typ. Eine Höhenstufe maximaler Niederschläge liegt in Kolumbien sowie in anderen tropischen Gebirgen, aber durchaus nicht überall (Abb. 9.1) um 1500 m Höhe. Darüber nimmt die Jahresmenge der Niederschläge ab, so daß größere Höhen oft trokken sind und unter 1500 mm Niederschlag/Jahr oder weniger erhalten. Im einzelnen kann auf Grund des Reliefs und des Zusammenwirkens von Konvektion und Luftströmungen ein sehr kompliziertes Muster der Niederschlagsverteilung entstehen wie etwa Trockeninseln in engen Tälern der sonst feuchten nördlichen Anden (Weischet 1969). Im unteren Kondensationsniveau von 1500–1800 m an etwa 1000 m aufwärts wächst in den dort häufig liegenden Wolken der Berg- oder Wolkenwald. Darüber folgt ein trocknerer Gürtel mit niederer, weitständigerer Vegetation. In manchen Gebieten liegt von etwa 2700 m Höhe an ein zweites, meist nur halb so mächtiges Kondensationsniveau. Hier wachsen die Nebelwälder, deren Bäume von Flechten, Moosen und Epiphythen überzogen sind.

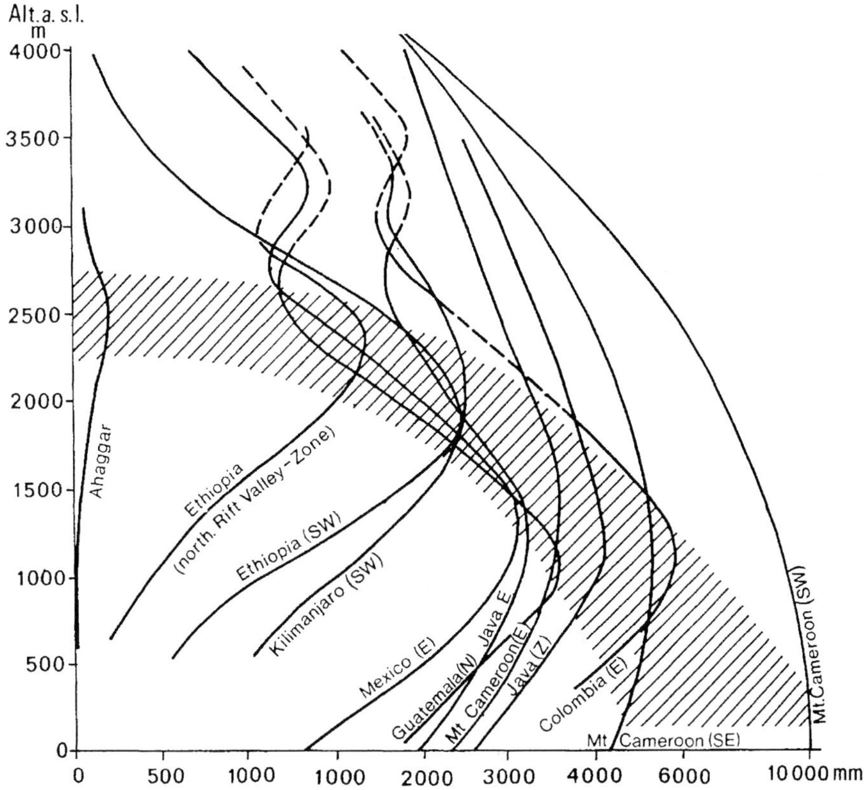

Abb. 9.1. Die Stufe maximaler Niederschläge liegt in den Tropen in unterschiedlicher Höhe. In Mittel- und Südamerika ist sie in 1000–1500 m zu finden. An den isolierten Erhebungen in Afrika kann sie ganz fehlen, wie an der Südseite des Kamerunberges, sonst liegt sie im allgemeinen höher. Das zweite Maximum der Niederschläge hat sehr viel geringere Mengen und ist daher auch undeutlicher, sofern es nicht ganz fehlt. Die Erklärung liegt in der jeweiligen Feuchtezufuhr. Aus: LAUER 1989, 31.

Die Stufe der maximalen Niederschläge hat naturgemäß den höchsten Abfluß. Bei dem steilen Relief in der Sierra Nevada de Santa Marta, Kolumbien können Abflußfaktoren von 70% erreicht werden (HERRMANN 1970). Über einem Trockengebiet in Meereshöhe liegt in einem nach Süden ansteigenden Profil der tropische ombrophile Berg- und Wolkenwald, der vom Paramo abgelöst wird. Außer in diesen Höhenstufen wurden überall zeitweise Feuchteverhältnisse im Boden beobachtet, die über pF 4.2 (= log. Wert der Wasserspannung in cm Wassersäule), also über dem permanenten Welkepunkt liegen.

Die Höhenstufen sind weder im Klima noch in der Vegetation mit den polnahen Zonen der Nordhalbkugel gleichzusetzen (TROLL 1948). Das Klima ist durch den Tag- und Nachtrhythmus der Tropen geprägt und durch die ganzjährig hohe Einstrahlung. Die auffallendsten geomorphologischen und glaziologischen Phänomene, die dadurch gesteuert werden, sind Mikrosolifluktion und Büßerschnee (TROLL 1944). Der Frostboden hat eine nur wenige cm tiefe Auftauschicht und entsprechend sind die Solifluktionsformen oft sehr klein. Bei hoher

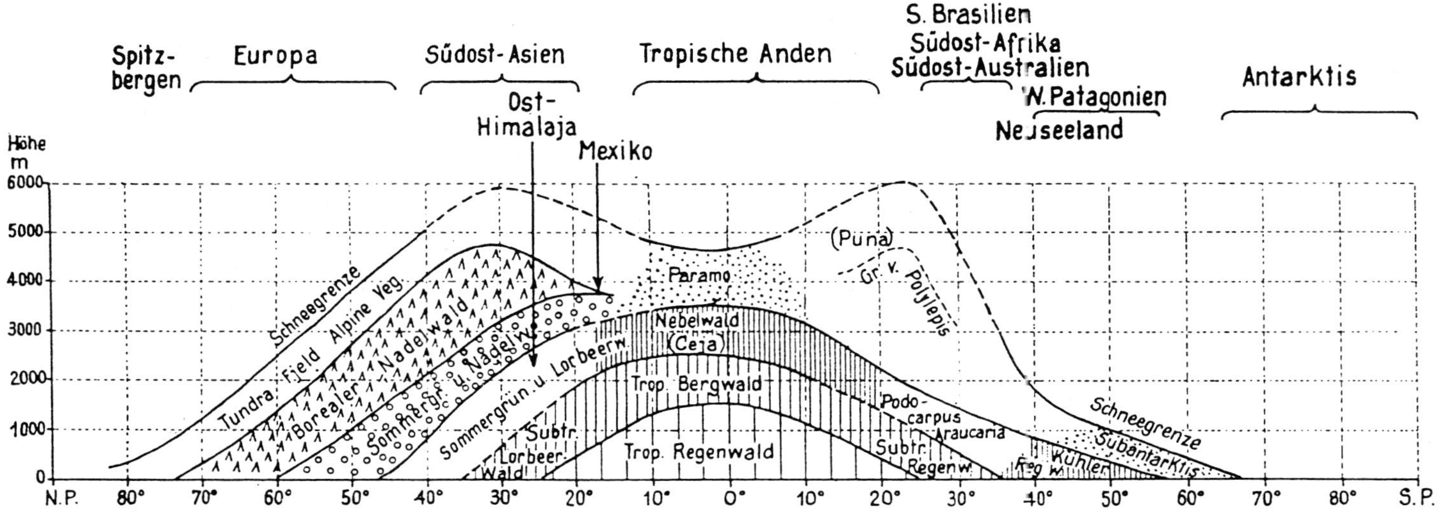

Es sind nur die immerfeuchten Klimate berücksichtigt, außer für die Schneegrenze und die Punaregion (gestrichelt bzw. eingeklammert).

Verwandte Vegetationen der tropischen Höhen und der höheren Breiten sind durch gleiche Signaturen gekennzeichnet.

Abb. 9.2. Das schematische Vegetationsprofil der Vegetationszonen und -gürtel von C. Troll (1948, hier 1956) zeigt den asymmetrischen Aufbau. Er ist in den höheren Breiten vor allem bedingt durch die größere Landmasse der Nordhalbkugel im Gegensatz zu dem großen Eisschild der Antarktis und den ausgedehnten Meeren auf der Südhalbkugel. Zum anderen ist polwärts des tropischen Regenwaldes die Vegetation unterschiedlich aufgebaut, was in die Höhenstufen zwischen den Wendekreisen hineinreicht. Im äquatornahen Gebiet sind vor allem in den Anden auch in der Höhe eigenständige Vegetationsformationen entstanden. Der Paramo liegt über der Stufe maximaler Niederschläge und zeigt bereits trockene Züge. Vor allem aber ist die Puna eine nach Süden zunehmend trockener werdende Vegetation. Die Schneegrenze liegt wegen der höheren Einstrahlung auf Grund der geringeren Bewölkung zwischen 20°–30°Breite am höchsten.

mittäglicher Strahlung taut der Firn zu den bis über 1 m hohen, spitzen, entsprechend dem Winkel der Einstrahlung geneigten Kegeln des Büßerschnees aus.

Die Vegetationsgliederung der feuchteren Formationen nach der Höhe zeigt einen asymmetrischen Aufbau (TROLL 1948) der beiden Halbkugeln (Abb. 9.2), wobei die niederen Stufen in den Tropen dem Regenwald ähneln, die höheren keine direkte Entsprechung haben. In den Anden hat die Vegetation am ehesten noch Ähnlichkeit mit Arten aus der subpolaren Zone der Südhalbkugel. Die Grasländer des Paramo werden nach Süden von der trockneren Puna mit ihren Polsterpflanzen abgelöst. Diese wird nach Süden zunehmend arider und liegt über der trockneren Westkordillere in 3500–5000 m Höhe. Der Unterschied zwischen Ost- und Westseite der Kordillere (CZAJKA 1968) zeigt besonders gut, daß die Höhenstufen zonal eingebunden sind, d.h. sie werden nicht nur von der Temperatur sondern auch vom Niederschlag kontrolliert. Dieser wiederum wird durch Konvektion und Advektion gesteuert. An den ostafrikanischen Vulkanen sind Unterschiede zwischen Ost- und Westseiten, bzw. bei den weiter östlich liegenden, zwischen Nord- und Südseiten zu beobachten (Abb. 9.3). Da diese Vulkane alle in der Nähe des Äquators liegen, können sie keine Unterschiede infolge der Exposition zur astronomischen gesteuerten Strahlung aufweisen, also keine Sonnen- und Schattenseiten haben. Vielmehr zeichnen sich Wolken und Niederschläge ab, die nicht nur durch Konvektion über dem mehr oder minder feuchten Vorland, sondern auch durch eine advektive Komponente bestimmt werden. Ungeklärt ist die Frage, warum die Höhenstufen der Bergregenwälder auf größeren Bergen stärker nach oben verschoben sind als auf kleineren (WHITMORE 1993, 181f.). Möglicherweise ist die Bodenwasser- und Nährstoffbewegung dafür verantwortlich, denn die montanen Bergregenwälder stocken auf Kämmen und Hügeln, für die man oligothrophe Bedingungen annehmen kann, die bei größeren Erhebungen weniger ausgeprägt sein dürften.

Eine besondere Stellung nehmen die großen Hochflächen in den Tropen bzw. Randtropen ein. FLOHN (u.a. 1969, 1985) sieht Tibet als große Heizfläche an, die den asiatischen Monsun in Gang setzt. Generell gilt, daß Massenerhebungen wegen der Reflexion und Absorption der Strahlung gegenüber der freien Atmosphäre und Einzelbergen bis zu einigen Grad wärmer sind. Das kann Wolkenauflösung und größere Trockenheit bedeuten.

Insgesamt zeigen die tropischen Gebirge eine reiche Gliederung. Das gilt auch für die Landnutzung. Die nördlichen Anden waren von alters her sehr dicht besiedelt. In Südasien ist eine dichtere Besiedlung von Hochländern wie etwa in Sri Lanka um Kandy herum durch Verdrängung aus dem Vorland erfolgt, zum Teil unter dem Einfluß westlicher Wirtschaftsweisen eingetreten wie im Gebiet von Nuwara Eliya oder bei den Teekulturen Assams. In den Gebirgen Südasiens finden sich aber auch Reiskulturen, und man staunt oft, an welch steilen Hängen diese liegen. Offenbar ist die Bodenerosion selbst an sehr steilen Hängen weniger gravierend als man nach den Erfahrungen in den Außertropen erwarten sollte. Das stimmt überein mit der Stabilität steiler Hänge vor allem im immerfeuchten Klima unter natürlichen Bedingungen und erklärt sich durch einen starken subterranen Wasserzug. Dieser ist zudem günstig, weil mit dem Hangwasser Nährstoffe herangeführt werden.

Die Gebiete dichter Besiedlung können wie bei den Inkas Länder alter Kulturen mit traditioneller Landnutzung sein oder eine relativ hochstehende moderne Landwirtschaft aufweisen wie in den Nilgiris. Im Gegensatz dazu stehen Gebirgsregionen wie etwa in Hinterindien, die Rückzugsgebiete mit dünner Besiedlung und noch sehr einfachen Wirtschaftsformen darstellen. Eine Zwischenstellung nehmen Hochländer ein, die von Weißen mit Hilfe indigener (Kenias white highlands) oder hereingebrachter (Tamilen für die Teekulturen im Hochland von Sri Lanka) Arbeitskräfte bewirtschaftet wurden.

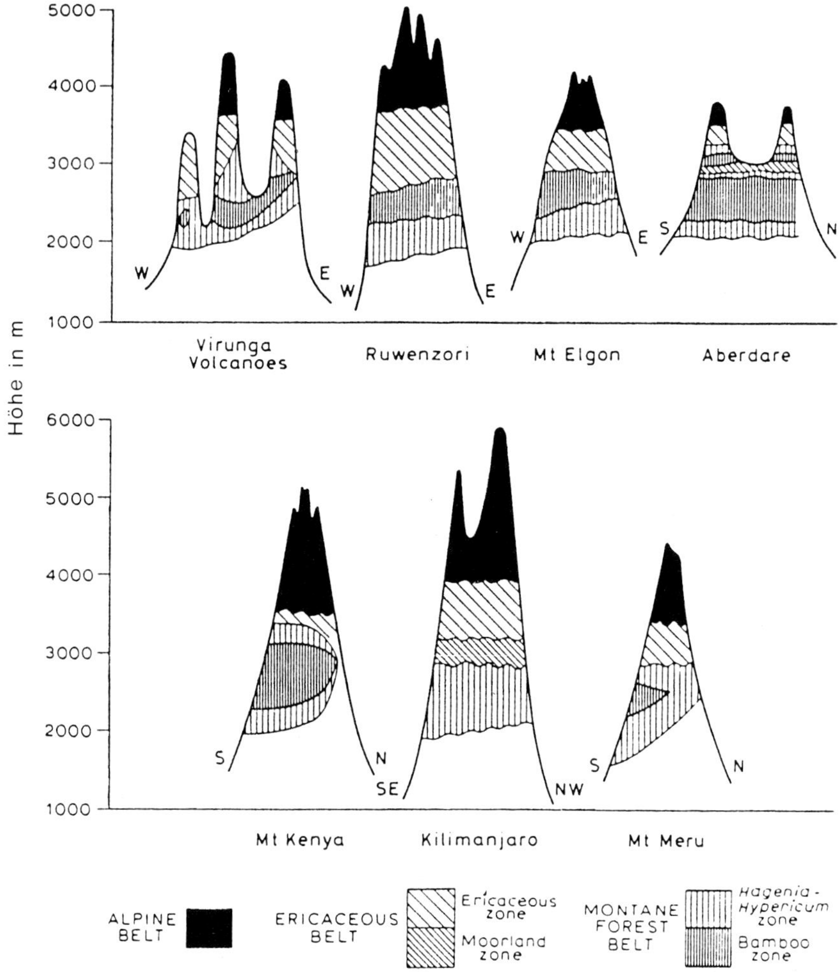

Abb. 9.3. Schematisierte Vegetationsprofile der ostafrikanischen Berge nach Flenley 1979, 31. Die linke Seite ist jeweils die feuchtere, hier ist der Wald weiter verbreitet. Am Mt.Kenya setzt auf der Nordseite der Wald sogar wegen zu großer Trockenheit aus, am Mt.Meru steigt die untere Waldgrenze (Trockengrenze) nach Norden stark an. In der unteren Reihe sind die weiter östlich liegenden Vulkane dargestellt, die ihre Niederschläge vor allem von Süden erhalten. Bei den weiter westlich liegenden Bergen kommt der Regen vorwiegend vom Westen. Wenn die Grenzen der höheren Stufen vorherrschend höhengleich ausgebildet sind, deutet dieses auf einheitlichere Klimaverhältnisse, was oberhalb der Stufe maximaler Niederschläge verständlich ist und ohnehin durch die geringere Ausdehnung bedingt ist. Bergspitzen in den Tropen haben, da Einstrahlungsunterschiede gering sind, kaum ein unterschiedliches Mikroklima.

Die naturbedingten Hazards wie Erdbeben, Vulkanausbrüche, Lahars sind in den jungen circumpazifischen Hebungsgebieten, den Anden, den mittelamerikanischen Kordilleren, den Gebirgen auf Neuguinea, Taiwan und den Philippinen besonders häufig. Daneben können Hochwasser- und Erosionsschäden in diesen tropischen Gebirgen gravierender sein als in den

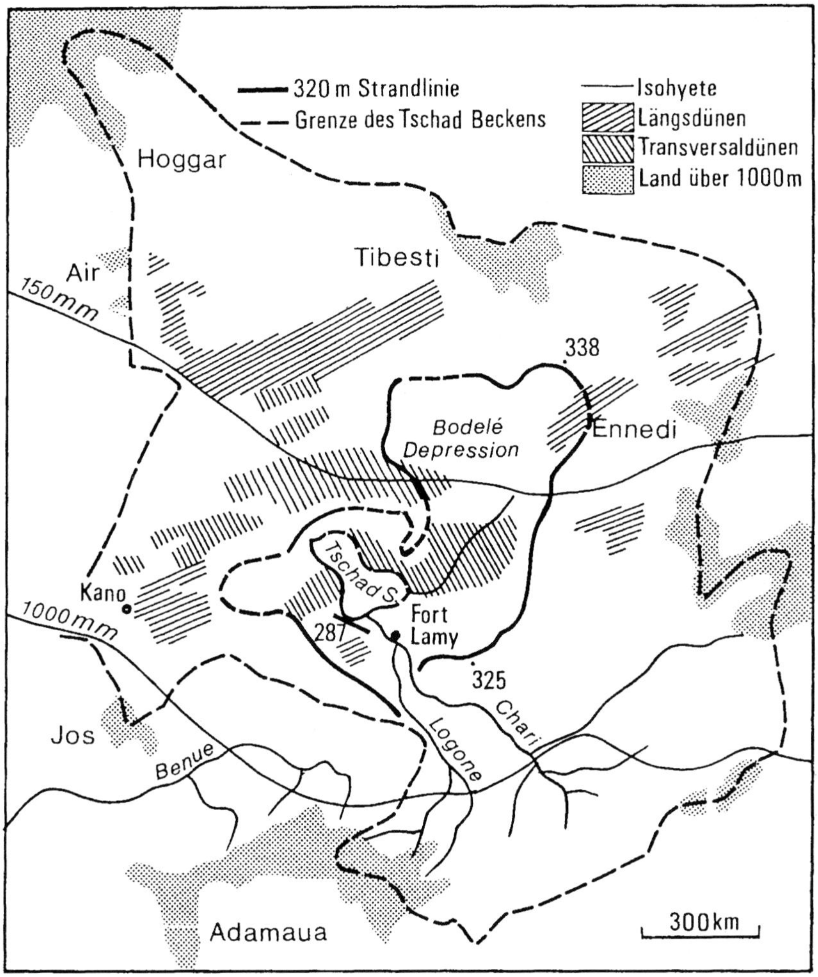

Abb. 9.4. Während der (letzten?) quartären Feuchtzeit war der Tschad-See mehr als zehnmal so groß. Der Seespiegelstand lag etwa 80 m höher als heute. Das ist aus kleinen Strandterrassen und limnischen Ablagerungen zu erschließen. Wenn diese gewaltige Wassermenge keinen Abfluß zum Meer bekam, liegt das einmal an dem tektonisch bedingten Tschad-Becken, zum anderen muß nach Füllung des Sees ein Gleichgewicht zwischen Niederschlag, Zufluß und Verdunstung eingetreten sein. Bei weiterem Anstieg wäre nämlich ein Überlauf zum Benue erfolgt, von wo vielleicht einmal eine Anzapfung des Logone stattfinden wird (Louis 1979, 318). Die Längsdünen sollen über 20.000 Jahre alt sein, während die Querdünen jünger als der Seehochstand sind. Nach: Thomas 1977, 131.

Berg- und Hügelländern, da sich die Hochwasser schneller und damit höher entwickeln. Die Reliefentwicklung ist jünger und damit unausgeglichener, so daß Rutschungen auch in ihren Auswirkungen nicht lokal begrenzt sind, sondern etwa durch flußabwärtige Ablagerungen neue Unterschneidungen und Rutschungen bewirken. Eine langsame Abtragung, vor allem durch Abspülung ist bei Beackerung steiler Hänge, aber auch durch Viehtritt zu beobachten.

Auch hier sind junge Hochgebirge, bzw. die Höhenstufen oberhalb der feuchttropischen Verwitterung besonders betroffen, da die relativ jungen Böden weniger resistent sind, weil sie ein weniger stabiles Porennetz haben. JORDAN (1996) nennt außer all diesen Schäden für die tropischen Anden den Wegebau, die Risiken des Bergbaus mit der Wasserverschmutzung, sowie durch Feuer und Wind hervorgerufene Schäden.

9.5 Klimaänderungen

9.5.1 Einleitung

Die Kaltzeiten des Quartärs haben auch in den Tropen eine Absenkung der Schneegrenze bedingt. Damit ist eine generelle Abkühlung verbunden gewesen, die mit 2°–3° anscheinend geringer war als in den Außertropen. Gesichert sind Änderungen der Niederschlagsmenge: Feuchtzeiten, die Pluviale, wechselten mit trockneren Zeiten, den Interpluvialen. Diese hat man zunächst mit Kaltzeiten (Glazialen) und Warmzeiten (Interglazialen) gleichgesetzt. Eine solche Übereinstimmung ist aber nicht gegeben. Da Klimarekonstruktionen für das Verständnis des heutigen Klimas, eventueller Änderungen, sowie des Globalhaushalts unerläßlich sind, seien im folgenden zunächst die Grundlagen diskutiert und dann einige Befunde dargestellt, auf die Vielzahl der Modelle wird nur kurz eingegangen.

9.5.2 Indikatoren für Klimaänderungen

Eindeutig kann eine Vergrößerung der Gletscher durch tiefergelegene Moränen nachgewiesen werden. Schwierigkeiten ergeben sich, wenn nur noch kleine Reste davon erhalten sind, da diese mit Ablagerungen von Schlammströmen verwechselt werden können. Selten sind die Moränen in den Tropen so umfangreich und ausgedehnt, daß durch die Lagebeziehungen oder den Aufbau wie bei uns im Alpenvorland mehrere Kaltzeiten nachweisbar wären (s.o. 5.8.4). Jungquartäre Rückzugsstadien sind besser zu beobachten. Nicht einfach ist ferner die klimatische Ausdeutung einer größeren Vergletscherung, da noch zu wenig über den Gletscherhaushalt in tropischen Höhenlagen bekannt ist, um den Einfluß der Temperaturabsenkung oder einer Niederschlagszunahme abzuschätzen. Wahrscheinlich haben die Niederschläge einen größeren Einfluß als in den Außertropen, wie das starke Ansteigen der Schneegrenze zu den Trockengebieten hin anzeigt.

Zeiten mit höheren Niederschlägen im Quartär sind bislang am besten aus höheren Seespiegelständen zu erschließen (Abb. 9.5). Dabei ist allerdings zu bedenken, daß eine Absenkung der Temperatur eine geringere Verdunstung zur Folge hat, wodurch ebenfalls höhere

Abb. 9.5. Alte Seespiegelstände sind durch Küstenformen und Sedimente gut abzuleiten. Sie zeigen Klimaschwankungen an, die aber nicht an allen Seen gleichsinnig verlaufen. Das kann von unterschiedlichen Reaktionen, insbesondere dem Verhältnis Niederschlag zu Verdunstung in den einzelnen Klimagebieten abhängen, kann aber auch durch lokale Bedingungen wie die morphologische Form des Beckens, die Zu- und Abflüsse hervorgerufen sein. Bei einer größeren Zahl der in die Untersuchung einbezogenen Seen zeichnet sich aber ein deutlicheres Bild der afrikanischen Klimaänderungen ab. Das kann dann Grundlage für regionale und zonale Differenzierungen sein. Aus: STREET-PERROTT 1985, 171.

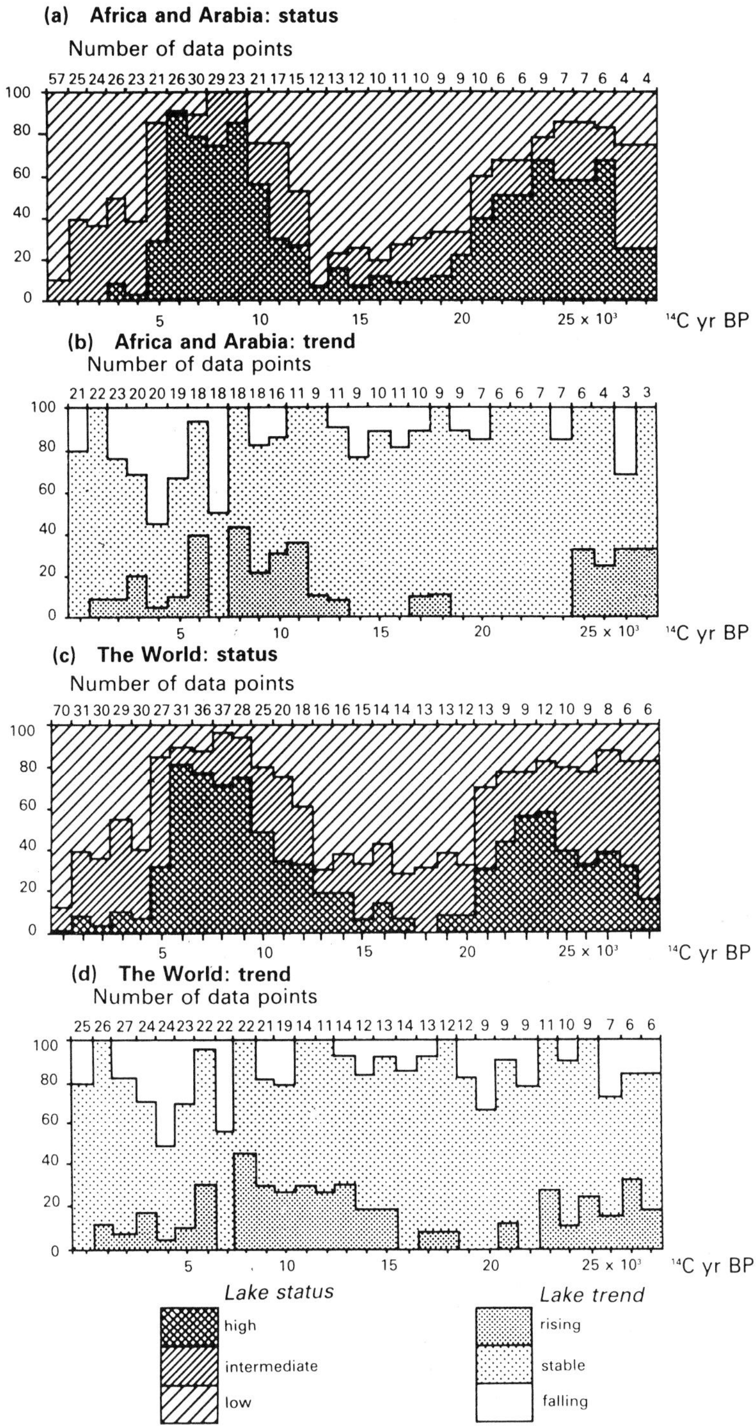
(a) Africa and Arabia: status
Number of data points
57 25 24 26 23 21 26 30 29 23 21 17 15 12 13 12 10 11 10 9 9 10 6 6 9 7 7 6 4 4
100
80
60
40
20
0
5
10
15
20
25 x 10³
¹⁴C yr BP
(b) Africa and Arabia: trend
Number of data points
21 22 23 20 20 19 18 18 18 18 18 16 11 9 11 9 10 11 10 9 9 7 6 6 7 7 6 4 3 3
(c) The World: status
Number of data points
70 31 30 29 30 27 31 36 37 28 25 20 18 16 16 15 14 14 13 13 12 13 9 9 12 10 9 8 6 6
(d) The World: trend
Number of data points
25 26 27 24 24 23 22 22 22 21 19 14 11 14 12 13 14 13 12 12 9 9 9 11 10 9 7 6 6
Lake status
high
intermediate
low
Lake trend
rising
stable
falling

Seespiegelstände entstehen können. Dieses wirkt sich naturgemäß bei großen, flachen Seen besonders aus. Die Form des Seebeckens, ihre unterschiedliche Größe und Bedingungen des Einzugsgebietes sowie deren Änderungen können ebenfalls für eine uneinheitliche Reaktion in bezug auf die Seespiegelhöhe sorgen. So gibt es immer einige Seen, deren Wasserstand fällt, wenn er in anderen steigt (Abb. 9.5).

Trocknere Zeiten sind am besten durch Dünenfelder zu belegen, die heute bewachsen sind. Sie finden sich im Sudan und Sahel ebenso wie im Inneren Australiens sehr ausgeprägt. Stonelines (s.o. 3.7, Abb. 10.3, 10.4) sind besonders in Südamerika (vor allem AB'SABER 1982) als Indikatoren für aridere Verhältnisse gedeutet worden. Dieses ist jedoch nach neueren Forschungen über die Genese (vgl. Beiträge in ALEXANDRE & SYMOENS 1989) nicht zutreffend. Strandterrassen, die heute über dem Meeresspiegel liegen, können zwar eine Gliederung des Quartärs ergeben, wahrscheinlich sind sie jedoch nicht durch ein generelles Absinken des Meeresspiegels zu erklären (RADTKE 1990), wie man lange gedacht hat. Geomorphologische und pedologische Befunde sind vor allem für die Einordnung der Proben und die Ableitung der Umweltbedingungen hilfreich.

Wie in den Außertropen sind Pollenanalysen in den Tropen angefertigt worden. Allerdings sind relativ wenig Profile bekannt. Das liegt nicht nur am Forschungsstand, sondern auch daran, daß sich in den Tropen die organische Substanz schnell zersetzt und Pollen nicht erhalten sind. LIVINGSTONE (1982) nennt außerdem als Schwierigkeiten die hohe Artenvielfalt, die Bestäubung vieler Baumarten durch Insekten oder Vögel, wobei Pollen kaum in Ablagerungen gelangen. Außerdem sind verlandende Seen und Moore, in denen das organische Material über lange Zeiten gespeichert wird, selten. Wenn sie in größerer Meereshöhe liegen, wird auch nur die dortige, eventuell von der Temperatur abhängige Änderung der Vegetation angezeigt und nicht die durch Feuchte bedingte des Tieflandes erfaßt. Graspollen können unter Umständen weit fliegen, sind aber untereinander schwer zu unterscheiden. Generell lassen sich daher Phasen mit stärkerer Waldbedeckung und solche mit einer Ausdehnung der Grasflur unterscheiden. Schwierig sind detaillierte Differenzierungen, und damit sind untergeordnete ökologische oder klimatische Schwankungen bislang kaum faßbar.

Im letzten Jahrzehnt wurden neue Methoden zur Untersuchung von See- und Meeressedimenten entwickelt. Vor allem werden Isotopengehalte von Sauerstoff und Kohlenstoff von Kalkschalen und -gerüsten von Mikroorganismen und Mollusken analysiert. Sie geben Auskunft über Temperaturen des Milieus und Bestimmungen des Salzgehalts, sind indirekte Anzeiger der Niederschlagsverhältnisse. Für die nahe Vergangenheit scheinen Korallenbauten besonders interessant zu sein, da sie manchmal eine Jahresschichtung aufweisen und daher eine sehr feine Auflösung erlauben. So soll nach CORRÈGE et al. (1998) von 1900–1910 und um 1750 die Wassertemperatur bei Neu Kaledonien 1° geringer gewesen sein. Da die Sedimentuntersuchungen noch relativ jung sind, ist eine Evaluierung der Methoden noch kaum möglich. Vielleicht sind sie zuverlässiger als Pollenanalysen.

Präquartäre Klimaänderungen in den Tropen sind noch schwieriger nachzuweisen. Am besten geeignet scheinen Verwitterungsbildungen zu sein. Die weite Verbreitung von Oxisolen und Ultisolen in den wechselfeuchten Gebieten und den Randtropen deuten auf mindestens sehr lange Zeiten eines feuchten Klimas im Tertiär. Trocknere Phasen lassen sich während diesen weiter zurückliegenden Zeiten schwerer nachweisen. Ein feuchtes Klima indizieren die hämatitischen Ferricretes in heute wechselfeuchten Gebieten. Sie scheinen weitgehend in der Oberkreide/frühem Tertiär und im Miozän entstanden zu sein (u.a. VALETON 1983, BREMER 1995). Ein grundlegender Unterschied der Tropen zu den Außertropen besteht in der sehr weiten Verbreitung von Reliktböden auf Altflächen.

Besondere Schwierigkeiten machen die Datierungsfragen. Das liegt zum Teil am Fehlen ausreichend zahlreicher, gesicherter, stratigraphischer Daten, bzw. deren Korrelation mit Kalt- und Warmzeiten. Aber sogar in Mitteleuropa, von wo die Forschungen der Paläoklimatologie durch die Vergletscherungen der Alpen und der Zeugnisse der Inlandeisdecken ausgingen, ist für das Pleistozän selbst für den jüngeren Teil noch keine einheitliche Gliederung möglich, wie die Skalen in dem zur INQUA herausgegebenen Band (BENDA 1995) zeigen. Weitgehend gesichert ist auf Grund der Pollenanalyse die postglaziale Vegetationsentwicklung in Mitteleuropa. Es ist eine Konvention, das Holozän bei 10 000 Jahren vor heute (BP oder bp = before present) beginnen zu lassen.

Zur vergleichenden Einordnung vor allem zeitlich bekannter Funde wird die paläomagnetische Skala verwendet oder die damit korrelierte Skala der Kalt- und Warmzeiten (und -phasen), wie sie aus marinen Bohrkernen abgeleitet wurden. Im Rahmen der Fehlerquellen sind Datierungen durch den radioaktiven Zerfall vor allem durch die C^{14} und die K/Ar-Methode gut gesichert. Letztere ist aber nur bei vulkanischen Ablagerungen möglich. Die C^{14} Methode reicht nur bis 40 000 BP, maximal bis 60 000 Jahre zurück. Andere Methoden wie etwa die Thermoluminiszenz befinden sich in rascher Entwicklung. Bislang können Daten, die nach verschiedenen Methoden bestimmt wurden, aber noch weit auseinander klaffen, wie Beispiele aus den Tropen und Randtropen zeigen (HEINE 1991, 1994). 1992 wurde in Boulder, Colorado ein Datenzentrum zur Paläoklimatologie (PAGES = PAst global chanGES) eingerichtet, das bis April 1998 bereits 10 000 Daten gesammelt hat, die jedem zur Verfügung stehen (ANDERSON et al. 1998). Durch verschiedene nationale und internationale Projekte, meist mit interdisziplinärer Zusammenarbeit wie etwa CLIMAP (Climate: Long-Range Investigation and Mapping seit 1971) und IGBP (International Geosphere Biosphere Program) werden die Forschungen schnell vorangetrieben. Die folgenden Ausführungen sollen daher mehr die unterschiedlichen Methoden und deren Aussagen darstellen als feststehende Ergebnisse darlegen.

9.5.3 Befunde von Klimaänderungen

Die vorhergehende Diskussion sollte zeigen, wie schwierig Klimarekonstruktionen für die Tropen noch sind, aber einiges ist wohl gesichert. Die besten Indikatoren für die Niederschläge, die Seespiegelstände, sind für Afrika und Vorderasien besonders gut zusammengestellt und ausgewertet worden (Abb. 9.5) (STREET-PERROT et al. 1985). Wie bei allen Klimaindikatoren ergibt sich bei größerer Datenmenge ein recht deutliches Bild. Dieses besteht aus folgenden Stadien: vor 17 000 BP zeigen niedrige und fallende Seespiegel Trockenheit an, von 17 000 bis 12 500 BP war es noch trockener, verbunden mit einer äquatorwärtigen Ausdehnung der Wüsten. Die Zeit von 12 500 bis 10 000 BP stellt eine Übergangszeit dar, von 10 000 bis 5000 BP zeigen höhere Seespiegel ein feuchteres Klima als heute an, das sich ausgehend vom Äquator entwickelte. Seit 5000 BP bis heute herrschten gleichbleibende Verhältnisse. Ähnliche Stadien, nämlich ein Dominieren von Nichtbaumpollen (NBP) von 35 000–12 000 BP, lokal bis 9000 BP ergaben sich in Ostafrika (LIVINGSTONE 1982), wobei die Ausdehnung der afroalpinen Gesellschaften zugleich eine Temperaturabnahme indiziert.

Der Lake Victoria soll bis 12 400 BP völlig ausgetrocknet gewesen sein und erst 7200 BP wieder aufgefüllt gewesen sein (JOHNSON et al. 1998). Das würde eine sehr schnelle Entwicklung der endemischen Fischwelt bedeuten. (Die Angaben aus Arbeiten von 1998 wurden aus einem Abstractband (PAGES 1998) zitiert und werden nur aus diesem Grund im Konjunktiv angeführt, weil ich z.B. die Datenmenge nicht einsehen konnte.) Am Mt. Kenia läßt sich von

2200–1500 BP, also von –200 –500 AD eine bis 4° wärmere Phase ableiten (RIETTI et al. 1998), um 1200 und seit 1500 AD sollen die Gletscher vorrücken (KARLÉN 1998). Ein Kratersee im Lake Naivasha soll mindestens 6 Phasen aufweisen, von 100–1200 sei der See gesunken, was mit der mittelalterlichen Warmphase in Europa korrespondiere, das Little Ice Age zeichne sich durch einen hohen Stand von 1300–1750 ab (VERSCHUREN 1998).

In Westafrika soll im westlichen Sahel um 4100 BP ein abrupter Wechsel zu ariden Verhältnissen eingetreten sein, seit 3500 BP ist die Grassavanne in Seesedimenten nachweisbar, während um 1500 BP eine Instabilität einsetzt mit einer schweren Dürre von 1200–1000 BP. Die derzeitige Dürre ist also keineswegs eine Ausnahme und nicht allein auf anthropogene Faktoren zurückzuführen (HOLMES et al. 1998). Eine französische Forschergruppe (ECOFIT 1998), die seit 1992 das Klima der letzten 10 000 Jahre in Brasilien, Französisch Guayana, Kongo und Kamerun untersucht, fand eine schwache Passattätigkeit von 7500–4000 BP, die Intensität und Dauer der winterlichen Trockenzeit in Westafrika bestimmt und einen geringeren Feuchtetransport vom Nordatlantik zum südamerikanischen Kontinent bewirkte. Seit 3000 BP sind die Passate wieder stärker geworden. Diesen Perioden sind kurzfristige Schwankungen aufgesetzt, die in Südamerika häufiger zu Feuern geführt hätten als in Afrika, was wohl mit einem stärkeren El Niño-Einfluß zusammenhänge. Relativ trockene Phasen kurz nach 4000 BP, um 2100 BP (2700–2000) und um 700 BP leitet ABSY (1982) für das Amazonasgebiet ab.

Im nördlichen Südamerika scheinen sowohl in den Höhenlagen der Anden (ABBOTT 1998 et al., ARGOLLO et al. 1998) als auch im Tiefland (BEHLING et al. 1998, DUEÑAS 1998) das Hochglazial und das Mittelholozän trockener gewesen zu sein. Nach Diatomeenablagerungen in einem See auf dem bolivianischen Altiplano soll ein tiefer Seespiegel von 21 000 bis 20 700 BP geherrscht haben, danach erfolgte ein Anstieg, der aber nicht mit den Verhältnissen des Titicacasees übereinstimme. Nach 20 700 BP haben Anstieg und Fallen des Seespiegels gewechselt. Die Analysen reichen bis 17 750 BP. In höheren tropischen Breiten, des Tieflandes, also im südlichen Amazonien sei das letzte Hochglazial trockener gewesen (SYLVESTRE et al. 1998). Anscheinend sind in den Übergangsgebieten mehr Schwankungen zu verzeichnen, so berichtet DUEÑAS (ebd.) von 9 Phasen seit 8000 BP aus dem Gebiet des unteren Magdalena, Kolumbien. Spätglazial und Frühholozän seien in den südamerikanischen Tropen besonders von 12 400 bis 8800 feuchter gewesen. Das korreliere mit den Schmelzwassermaxima im Atlantik von 12 000 BP und 9500 PB (SYLVESTRE et al. 1998 a).

Für Asien, aber auch Australien, Indik und Westpazifik ist das Monsunsystem der übergeordnete Steuerungsfaktor, das seit 7.2 Mio. Jahren nachweisbar ist (AN 1998). Es hängt wohl mit Hebungsphasen des tibetanischen Plateaus um 7.2 Mio. und 3.4 Mio. zusammen. Klimaänderungen, vor allem aus zahlreichen Lößprofilen in China abgeleitet, äußern sich dadurch, daß entweder der kalte, trockene Wintermonsun dominiert oder der warme, feuchte Sommermonsun. Da ersterer in der Kaltzeit verstärkt war, gleichzeitig beim niederen Meeresspiegel Teile der chinesischen See trockengefallen waren, ergaben sich für Südchina aridere Verhältnisse (ebd.). Da Sundaschelf und Timorsee ebenfalls in großen Teilen trocken lagen, kann man schließen, daß möglicherweise Hinterindien, Insulinde und Nordaustralien auch ein relativ trocknes Klima hatten. Um 10 000 BP sollen auf Kalimantan äolische Ablagerungen entstanden sein (WEISS 1998). Im Frühholozän sei dagegen der Sommermonsun verstärkt gewesen (AN 1998). Aus Meeressedimenten vor der Westseite des Dekan wurden feuchtere Phasen um 4000, 3200 und 1000 BP durch Untersuchungen an Foraminiferen abgeleitet, die mit geringem Salzgehalt um 7775, 3160 und 925 BP korrespondieren (NIGAM & KHARE 1998). Um 2000 BP sei es dagegen trockener gewesen.

Anscheinend besteht auch ein Zusammenhang mit dem ENSO-Phänomen, das bei verstärktem Wintermonsun häufiger und stärker sei (ebd.), bzw. im Interglazial und bei holozänem hohem Meeresspiegel, also wärmeren Verhältnissen schwächer war (TUDHOPE et al. 1998). Die derzeit anscheinend häufigeren und stärkeren (?) El Niño Ereignisse scheinen also nicht mit einer anthropogen bedingten Erwärmung zusammenzuhängen. Auf die starken Schwankungen von Wirbelstürmen in der Karibik wurde oben (11.4.3) schon hingewiesen.

Die bekanntesten Pollenprofile stammen zumeist aus größeren Höhen (über 2000 m Höhe), wodurch sich Probleme bei der Klimarekonstruktion ergeben. Der vertikale Temperaturgradient ist für die Kaltzeiten schwer abzuschätzen. In Neuguinea zum Beispiel zeigte sich, daß die Schneegrenze um 1000 m, die Waldgrenze um 1500 m abgesenkt wurde (FLENLEY 1985, s. Abb. 9.6). Das wurde mit geringeren Niederschlägen für die Firnbildung erklärt, was bei derem starkem Einfluß verständlich wäre. Wenn jedoch die Waldgrenze nicht nur durch die Temperatur, sondern auch durch größere Trockenheit herabgedrückt wurde, dann wäre eine errechnete Temperaturabnahme aufgrund der Verschiebung der Waldgrenze nicht so groß wie die von FLENLEY (1979) angegebenen 7°–11°.

Die Ozeantemperaturen nahmen in den Tropen im Mittel nur um 2° ab. Die CLIMAP-Karte zeigt für das Würm Hochglazial (Last glacial Maximum= LGM) in den tropischen Breiten eine Abnahme von 0°–2°, nur in Gebieten mit kaltem Auftriebswasser, die insbesondere im äquatorialen Pazifik weiter ausgedehnt waren, werden –6° erreicht (MCINTYRE -CLIMAP 1990, 345). Die Werte wurden durch Untersuchungen von Foraminiferen erzielt. Nach einer neueren chemischen Analyse (alkenone method) von Tiefseesedimenten soll der Indik im LGM 2° kälter gewesen sein, der tropische Atlantik sei mit 2°– 4° stärker abgekühlt gewe-

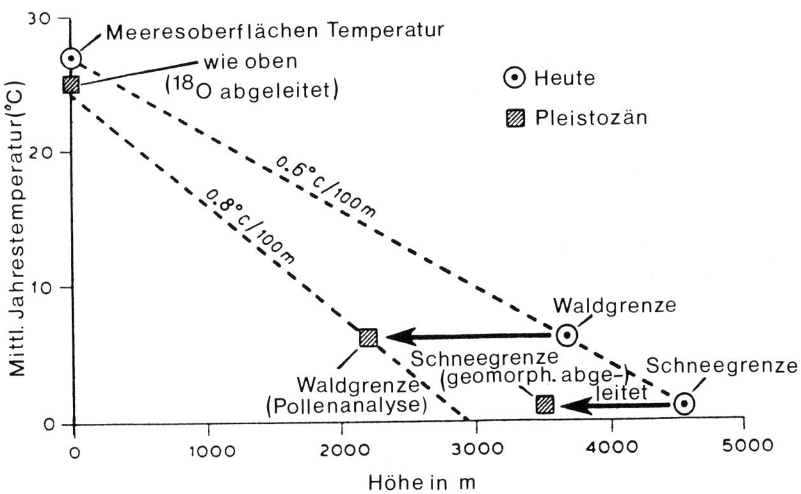

Abb. 9.6. Ein Modell der Temperaturabnahme mit der Höhe in Neuguinea für heute und für das Spätpleistozän nach FLENLEY (1985, Fig. 7.5). Die Schneegrenze ist um 1000 m, die Waldgrenze um 1500 m abgesenkt worden. Nimmt man für beide gleiche Temperaturverhältnisse wie heute an, ist der Temperaturgradient in der Kaltzeit größer, da die Temperatur im Meer bzw. Meeresnähe nur um 2° sank. Bei der größeren Trockenheit, wie sie durch Savannenpollen angezeigt wird, ist dieses gut verständlich, denn der Temperaturgradient steigt ja mit abnehmender Feuchte (Trockenadiabate). Ferner erklärt die größere Trockenheit die geringere Absenkung der Schneegrenze, da die Ausdehnung der Gletscher bei Trockenheit geringer ist.

sen als der Pazifik mit 0°–2° (BARD et al. 1998). Dabei ist allerdings zu bedenken, daß die Temperatur der Meere an der Oberfläche stark von der Einstrahlung bestimmt wird. Diese kann auf Grund der Erdbahnelemente nur um wenige Prozent geschwankt haben, war aber vielleicht in den inneren Tropen wegen der geringeren Bewölkung sogar etwas größer als heute oder doch mindestens ähnlich groß. Tiefseesedimente können durch kaltes Tiefenwasser von den Polen beeinflußt sein. Für den Nordatlantik (40°–55°N) sind zwischen 60 000 und 10 000 BP 6 große Eisbergausbrüche nachzuweisen, sogenannte ‚Heinrich events', die eine Temperaturabnahme von 2°–6° und eine Salzabnahme von 1–3% bewirkten (SIROCKO 1998). Ob Ähnliches auch von der Antarktis ausging und sich etwa auf den Humboldt-Strom auswirkte, ist bislang unbekannt. Beides kann aber auch das Klima in den Tropen beeinflußt haben.

In der Atmosphäre, insbesondere auf den Kontinenten ist hingegen häufiger mit Kaltlufteinbrüchen von außertropischen Luftmassen zu rechnen. Vielleicht geht eine relativ starke Temperaturabnahme von bis zu 6° im Amazonasgebiet (COLINVAUX 1998, TURCQ et al. 1998) auf die hier besonders häufigen ‚friagem' (s.o. 2.4) zurück. Auf tropischen Kontinenten scheint die Temperaturabnahme räumlich stärker zu variieren, als das in den Außertropen der Nordhalbkugel der Fall ist. Bei größerer Trockenheit ist die Stufe der maximalen Niederschläge wohl weniger häufig ausgebildet, damit ist die Temperaturabnahme mit der Höhe (Trockenadiabate) größer. Für die generelle Abkühlung sind vielleicht 3° ein guter Mittelwert (vgl. auch HARRISON et al. 1984), wobei aber selbst im Tiefland, sicher aber in der Höhe Unterschiede auf Grund der Feuchtigkeit wahrscheinlich sind. Kaum sicherer ist die Abschätzung der Niederschläge auf der Basis eines Wechsels vom Wald zur Savanne. Dabei sind pauschal nur feuchtere und trocknere Zeiten zu unterscheiden. Da selbst die heutigen Grenzen der Vegetationsformationen nicht eindeutig mit Niederschlagswerten zu korrelieren sind, muß man auf genauere Zahlen verzichten.

Generell ist auf allen Kontinenten nach den Pollendiagrammen eine relativ abrupte Änderung um 10 000 BP zu erkennen (FLENLEY 1979), für die Zeit danach ist eine 1°–2° höhere Temperatur als heute anzunehmen. Läßt sich dieses noch mit den Außertropen parallelisieren, ist für die Niederschläge keine Synchronität gegeben. Im Hochglazial sowie zwischen 17 000 und 12 500 BP, also bis zum Spätglazial scheint in vielen Gebieten Trockenheit geherrscht zu haben, während z.B. im östlichen Mittelmeerraum noch höhere Seespiegel zu verzeichnen sind. Mit einer Übergangszeit hat es vor allem dann von 10 000 bis 5000 BP eine deutliche Feuchtphase gegeben, bevor die heutigen intermediären bis arideren Verhältnisse eintraten. Seit 5000 BP scheint das Klima wenig geschwankt zu haben, so daß ein noch nicht abgeschlossenes Vordringen des Waldes in Savannen (s.o. 8.3) unwahrscheinlich ist.

9.5.4 Modelle für das Paläoklima

Die Ursachen der Klimaänderungen sind noch in der Diskussion. Es scheint sich abzuzeichnen, daß die Änderung der Erdbahnelemente, also die Einstrahlung, ein entscheidender Faktor ist. Vermehrte Vulkanausbrüche, Gebirgsbildung und Hebung, die Luftströmungen beeinflussen, mögen verstärkend oder verzögernd gewirkt haben. Die Kenntnisse über die heutige Zirkulation in den Tropen haben sich vermehrt, wobei die regionalen und kontinentalen Unterschiede zunehmend deutlicher werden (u.a. JACOBEIT 1989). Ausnahmen von der zonalen Anordnung sind in den Tropen weiter verbreitet als in den Außertropen (TREWARTHA 1961). Entsprechend ist die Rekonstruktion des Klimas der Kaltzeiten nicht einheitlich durchzuführen. Unterschiede in Klimaschwankungen auf engem Raum in den nördlichen Andenländern zeigten KAM-BIU & COLINVAUX (1988). Wahrscheinlich ist die Entwicklung auf der Nordhalbkugel nicht generell mit derjenigen der Südhalbkugel zu parallelisieren (FLOHN 1984, 1985, HARRISON et al. 1984, KESSLER 1991, HEINE 1994 b). Ungewißheiten bei der Rekonstruktion ergeben sich wohl vor allem durch die geringe Kenntnis der ozeanischen Zirkulation (KESSLER 1991).

Eine interessante Erklärung der frühholozänen Feuchtphase gibt FLOHN (1985), indem er zunächst die Reduzierung des arktischen Treibeises und zwischen 8000 und 7500 BP das Schwinden des Eisschildes der Hudson Bay für die großen Umbrüche verantwortlich sieht. Um 6000 BP soll das laurentische Eis so klein geworden sein, daß es keinen globalen Klimaeinfluß mehr ausübte. Der Nordatlantik war wärmer als heute, das Beringmeer entsprach den heutigen Verhältnissen (PAGES-CAPE 1998). KESSLER (1991) vermutet, daß spätglazial (13 000–10 000 BP) schon das antarktische Meereis stark vermindert gewesen sei, was eine weitere Erklärung der asymmetrischen Entwicklung auf den beiden Halbkugeln ist. Um 6000 BP war ein Wärmeoptimum ausgebildet, was mit niedrigstem Pegelstand des Titicaca Sees von 8000–3500 BP, also mit Trockenheit verbunden war. Möglicherweise ist es durch Abschwächung des Sommermonsuns zu erklären. Um 6000 BP hat dagegen der Regenwald auf dem Atherton Tableland in Queensland die maximale Ausdehnung (KERSHAW 1992). Diese gegensätzliche Entwicklung zeigt, daß neben übergeordneten Ursachen auch regionale Einflüsse auf das Klima und seine Änderungen wirken.

Derzeit kann man wohl damit rechnen, daß die inneren Tropen in Afrika und Südamerika (u.a. v.d.HAMMEN 1982, HEINE 1994 b z.T. auch Spätglazial, SALGADO-LABOURIAU 1982) im Hochglazial trockener waren, dieses sich jedoch in der Insulinde weniger ausgewirkt hat. FLENLEY (1979, 100) meint jedenfalls, daß dort keine Anzeichen für Trockenheit erkennbar seien. In Gebieten mit heute hohen Niederschlägen sei allerdings auch bei einer Minderung von bis zu 30% nicht zwangsläufig eine Änderung der Vegetation eingetreten. Ein unterschiedliches Verhalten über den Kontinenten im Gegensatz zur Insulinde ist verständlich, wenn man daran denkt, daß bei einer Abkühlung die Luft weniger Feuchte aufnehmen kann. Das wirkt sich auf den Kontinenten mehr aus als über den Inseln, wo vom wärmeren Meer immer Feuchte nachgeliefert werden kann. In einem trockneren Hochglazial könnte der Regenwald in Westafrika auf kleine Gebiete geschrumpft sein, und im Kongogebiet ist kaum abzuschätzen, was neben einem Sumpfwald noch als Regenwald bestand. Vielleicht erklärt sich aus der eingeschränkten Ausdehnung und der dispersen Verbreitung die geringere Artenvielfalt des westafrikanischen Regenwaldes (s.o. 8.6).

Wenn auch noch viele Fragen offen sind, scheint mir doch ziemlich sicher zu sein, daß Hoch- und Spätglazial in großen Teilen der Tropen Trockenheit brachten, wärmere Zeiten, und das gilt auch für das letzte Interglazial, das zeitweise etwa 2° wärmer war als heute, hingegen mit größerer Feuchtigkeit verbunden waren. Es erstaunt, daß von Meteorologen entworfene Klimamodelle bei einer globalen Erwärmung durch Steigerung des Treibhauseffektes eine größere Trockenheit für die Tropen prognostizieren.

Bei dem noch wenig gesicherten Wissen über Klimaänderungen in den Tropen ist auch die Frage noch nicht geklärt, ob sie gleichsinnig in allen Teilen der Tropen erfolgt sind. Inwieweit war der Sommermonsun in Kaltzeiten abgeschwächt, wie haben sich die innertropischen Konvergenzzonen verlagert? Anscheinend zeichnet sich für die Tropen ebenso wie für die Außertropen ab, daß ein Klimaumschwung sehr rasch erfolgen kann. Offenbar tritt eine Selbstverstärkung ein, wenn ein Schwellenwert überschritten ist. Diese sind bislang noch weitgehend unbekannt ebenso wie die Verzögerungen in der Reaktion. Wie schnell und ab welchen Gehalten wird das Klima auf die CO_2-Zunahme reagieren? Alle diese Fragen sind für eine

Beurteilung der Auswirkung menschlicher Eingriffe auf das Klima entscheidend. Die heutigen pauschalen Modelle sind bislang unbefriedigend, da sie weder die vorzeitlichen Änderungen genügend bewerten, noch kontinentale Unterschiede beachten.

10 Veränderungen der Naturlandschaft durch den Menschen

10.1 Charakteristika

Naturlandschaften sind in den Tropen in größerem Umfang erhalten als in den gemäßigten Breiten. Das gilt sowohl für den Regenwald als auch die Savannen. Der stärkste Eingriff des Menschen in den Naturhaushalt ist die Anlage von Feldern; aber auch durch Ausholzen oder Abholzen im Regenwald und in den Savannen durch Brennen und die Feuerholzgewinnung wird die Vegetation stärker modifiziert. Als Folge ändert sich der Wasserhaushalt, in den aber durch den Bau von Reservoiren stärker direkt eingegriffen wird, sowie durch die Anlage von Dämmen zum Schutz vor Überschwemmungen mit zum Teil kontroversen Effekten und die Anlage von Kanälen und Bewässerungsanlagen. Über die Änderung der Böden bei landwirtschaftlicher Nutzung wissen wir noch relativ wenig. Die Bodenerosion ist im Regenwald im allgemeinen weniger gravierend als in den Außertropen und vor allem den Subtropen. Änderungen geomorphologischer Prozesse durch den Eingriff des Menschen sind besonders in Überschwemmungsgebieten, an Küsten und im Gebirge zu beobachten. Schwer zu beurteilen sind bleibende Schäden am Trockenrand der Tropen, die Desertifikation. Ebenso erscheinen die Änderungen der Naturlandschaft in den Tropen in ihren Auswirkungen auf Klimaänderungen noch nicht eindeutig geklärt zu sein.

10.2 Einleitung

Die Veränderungen der Vegetation wurden im Zusammenhang mit der Grenze Wald/Savanne oben (8.3; 8.5) ausführlich diskutiert, hier wird sie nur kurz unter dem Aspekt der Nutzungsarten angesprochen. Von den Veränderungen des Bodens wird hier die Bodenerosion behandelt. Die Bodenfruchtbarkeit und ihre Änderung ist ein so wesentlicher Punkt in der Diskussion des natürlichen Potentials, daß sie dort ausführlich dargestellt wird. Hydrogeographische und geomorphologische Veränderungen betreffen vor allem Prozesse. Sie werden nur insoweit abgehandelt, als sie für die Tropen typisch sind. Da die Desertifikation ebenso wie Klimaänderungen in der öffentlichen Diskussion eine große Rolle spielen, werden sie – allerdings nur kurz – angesprochen, obwohl sie keine ausschließlich tropischen Phänomene sind.

10.3 Veränderungen der Biosphäre

Eine Veränderung der Vegetation durch Feuer kann bei ungewöhnlich starker Trockenheit selbst im Regenwald, dort aber nur selten, in Trockensavannen jährlich erfolgen. Dieses ist schwer abzugrenzen von einem Feuer, das von Eingeborenen meist zum Zweck der Jagd gelegt wird. Man hat daher schon die Eingeborenen als zum Ökosystem zugehörig angesehen. In aller Regel verändern ihre Eingriffe den Naturhaushalt nicht auf Dauer.

Die größte Änderung des Naturraums ist die Anlage permanenter Felder und das Wachstum der Siedlungen mit der nachfolgenden Infrastruktur. In Europa sind abgesehen von Rußland, Finnland und Schweden 70% (D) bis 90% (GB) der Waldfläche umgewandelt worden, von den tropischen Wäldern und Savannen sind es 15–20% mit Ausnahme des dichtbevölkerten Südasiens, wo ausgedehnte Kulturlandschaften entstanden sind. Prozentzahlen über die Waldverbreitung und die Waldvernichtung sollte man stets nach der Basis hinterfragen. Die Waldverbreitung wird häufig nach Ländern oder gar Kontinenten angegeben, dabei sind meist Trockengebiete, oft sogar Wüsten eingeschlossen. Es gibt nur wenige tropische Länder, die ausschließlich im Regenwald liegen. Inwieweit sind baumbestandene Savannen in den „Wald“ mit einbezogen? Sind in diesen eingestreute, edaphisch bedingte Grasflächen als gerodet eingerechnet worden? Sie sind wohl größer als natürliches Offenland in den gemäßigten Breiten. In der FAO Auswertung der Daten von 1990 wurden tropischer Regenwald, feuchter Laubwald mit laubabwerfenden Arten (moist deciduous forest), in dem aber auch Savannen (savanna woodland) eingeschlossen sind, unterschieden. Bergwald, Araukarienwald in Südamerika, Grasland in Afrika sind weitere Formationen. Damit ist zwar eine genauere Bestimmung gegeben, aber die Vergleichbarkeit mit den Daten von 1980 hat gelitten. Die Zahlen für die Ausdehnung des Regenwaldes seien ebenso unzuverlässig wie für die Entwaldung schreibt Grainger (1996), der sich selber ausgiebig mit dem Thema beschäftigt hat.

Die Prozente der Waldvernichtung beziehen sich oft auf die heute oder vor wenigen Jahren vorhandenen Bestände und liegen damit höher als wenn sie auf die potentielle natürliche Vegetation ausgerichtet wären, doch wird deren Ausdehnung kaum diskutiert. In die Anbauflächen werden meist auch die Flächen für die Landwechselwirtschaft einbezogen. Der Wanderfeldbau und der Brandrodungsfeldbau, also die Landwechselwirtschaft bewirken wohl nur selten eine grundsätzliche Änderung der Vegetation im Regenwald. Einerseits können Fruchtbäume vermehrt worden sein, andererseits einzelne Arten auf den ehemaligen Feldern vernichtet worden sein. Im allgemeinen bildet sich aber ein Sekundärwald, der dem Primärwald mehr oder minder ähnlich ist. Auch die Bodenfruchtbarkeit kann bei dieser Wirtschaftsweise erhalten bleiben (Abb. 10.1). Ist der Wald ‚vernichtet‘, wenn der Sekundärwald 3 Jahre, 10 oder 100 Jahre alt ist? Oft werden wohl frisch gerodete Flächen extrapoliert, ohne den Wiederbewuchs zu berücksichtigen.

Es ist sehr schwierig, die Flächen der Waldrodung zu erfassen, die Zahlen differieren stark (vgl. auch Gòmez-Pompa & Burley 1991). In den dichtbevölkerten, semihumiden Ländern Südasiens (Indien, Bangladesch und Sri Lanka) sind im Mittel nur noch 15% Wald erhalten, die mittelstark besiedelten Länder Südostasiens (Thailand, Kambodscha, Laos, Vietnam, Philippinen, Myanmar) haben noch 34% Waldbedeckung, im immerfeuchten Südostasien (Indonesien, Malaysia, Neuguinea) sind es noch 65% (Scholz 1988a). Für 1993 zeigt Tab. 10.1 die Prozentzahlen der Waldbedeckung dieser und zusätzlich von einigen anderen ausgewählten Ländern.

Besonders bemüht sich die FAO, die Waldflächen zu erfassen. Dabei wird Kronendekkung von mehr als 10% als Wald bezeichnet, Bäume sollen im Reifealter mindestens 7 m hoch werden, in trockeneren und kälteren Gebieten genügen auch 3 m. Die FAO 1980-Erhebung unterscheidet also nur indirekt zwischen Regenwald und Savannen, wahrscheinlich weil eine Abgrenzung sehr schwierig ist. Statt dessen wird von geschlossenen und offenen Wäldern gesprochen. Ein geschlossener Wald hat keine kontinuierliche Grasschicht. Als Kriterium für eine Entwaldung gilt eine Reduktion von einer Bedeckung durch die Baumkronen von mehr als 10% zu einer mit weniger als 10% der Bodenfläche. Diese Kriterien wurden auch im Bericht an den Deutschen Bundestag (1990, Methoden S. 208f.) übernommen. Hausgärten in

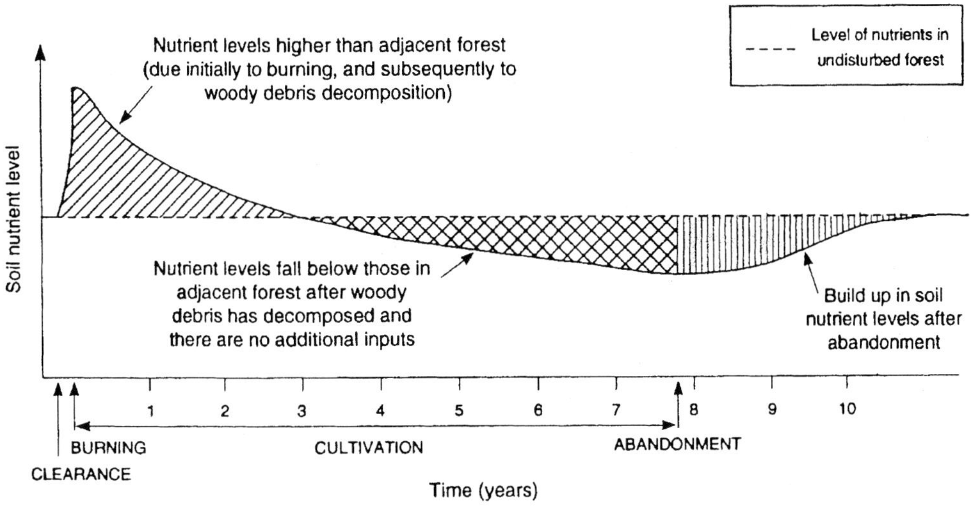

Abb. 10.1. Schematische Darstellung der Veränderung der Bodenfruchtbarkeit im tropischen Regenwald bei Landwechselwirtschaft. Aus: READING et al. 1995, 108.

Tabelle 10.1. Waldfläche in % der Gesamtfläche 1993 (nach Fischer Weltalmanach 1997, Basisdaten, S. 699f.).

Indien 20.8, Bangladesch 13.2, Sri Lanka 32.0
Thailand 26.3, Kambodscha 64.1, Laos 52.8, Vietnam 29.1, Philippinen 45.3, Myanmar 47.9
Indonesien 58.7, Malaysia 67.6, Neuguinea 90.7
zum Vergleich: Belize 91.5 (höchster Wert), Brasilien 57.3, Kongo 61.7
Außertropen boreale Zone: Finnland 68.6, Schweden 62.2, Rußland 45.6 (bezogen auf alle Zonen dieses Landes!), Kanada 49.5.
Außertropen Laubwälder: Deutschland 30, Großbritannien 10

den immerfeuchten Tropen ebenso wie Parzellen der Landwechselwirtschaft haben aber oft mehr als 10% Schatten bei senkrechtem Sonnenstand. Die Angaben im einzelnen wurden zunächst in Zusammenarbeit mit den einzelnen Ländern erhoben, für die Erhebung von 1990 soll eine exemplarische Auswertung von Satellitenaufnahmen hinzukommen und eine generelle Abgleichung erfolgen (LANLY et al. 1991). Eine vorläufige Auswertung ergab die folgenden Zahlen (Tab. 10.2).

Das gibt im Mittel eine Waldbedeckung in den Tropen Afrikas von 40%, Amerikas 60%, Asiens 32%.

Selten wird die Biomasse für die Berechnungen angeführt, die aber für Nutzung, Nachhaltigkeit und Funktionen im Ökosystem wie etwa den Einfluß auf das Klima viel wichtiger wäre als die einfache Ausbreitung von Bäumen. Die Zahlen der Tabelle 10.3 zeigen die großen zonalen Unterschiede. Die Aussage: „In den Tropen liegt etwa die Hälfte der Waldreserven der Welt, in den gemäßigten nördlichen und südlichen Zonen und in den kaltgemäßigten (borealen) Zonen in Nordamerika, Europa und Asien jeweils ein Viertel" (Deutscher Bundes-

Tabelle 10.2. Vorläufige Schätzungen der Waldbedeckung und der Entwaldung für 62 tropische Länder. Aus: LANLY et al. 1991, 24.

Tropical region	No. of countries studied	Total land area	Forest area 1980	Forest area 1990	Annual deforest. 1981–90	Rate of change 1981–90 (% per annum)
		←	(millions of ha)		→	
Africa	15	609.8	289.7	241.8	4.8	–1.7
America	32	1,263.6	825.9	753.0	7.3	–0.9
Asia	15	891.1	334.5	287.5	4.7	–1.4
Total	62	2,764.5	1,450.1	1,282.3	16.8	–1.2

Tabelle 10.3: Potentielle Phytomasse der Erde. Vereinfacht nach WALTER (1977, 291).

Klimazonen	Fläche in 10^6 km2	Phytomasse Gesamt in 10^9 t	Phytomasse mittlere in t/ha
polar	8.05	13.8	17.1
boreal	23.2	439	189
gemäßigt	22.5	279	342
subtropisch	24.1	323.5	366
tropisch/ humid, semihumid	42.5	1166	440 (s 107)

tag 1990, 74) ist irreführend, denn zusammengenommen haben Letztere nur etwas mehr als die Hälfte der tropischen Phytomasse. Außerdem geht bei dieser Zusammenfassung die starke Entwaldung in den europäischen Industrieländern verloren, ebenso der heutige starke Holzeinschlag in der nördlichen borealen Zone (s.u. 14.7.1).

Sicher kann man keine allgemeine Angabe machen, in welcher Zeit sich ein Regenwald zum Primärforst regeneriert, im Mittel in 80–100 a, mit Schwankungen von 35–300 a. Für Fragen der Nutzung und ihrer Auswirkungen, wie etwa einer möglichen Bodenerosion, ist aber wichtiger, daß im immerfeuchten Klima der Boden von Ranken, Krautpflanzen, Sämlingen innerhalb von Wochen bis Monaten bedeckt wird. Vegetationslose Flächen treten nur in Ausnahmefällen auf, am ehesten noch, wenn die Bodenstruktur verändert wurde. Das gilt auch für Wege und die Ränder von Straßen, die sich zwar etwas langsamer, aber doch wieder begrünen. Gravierender sind die Änderungen bei mehrfachem Brennen insbesondere in den Übergangsräumen. Dabei wird jedesmal die Vegetation etwas mehr verarmt, zum Schluß bleibt bei ungünstigen Ökotopen nur feuerresistentes, artenarmes Grasland übrig (s. 8.5, 13.11).

Die großen Veränderungen in der Tierwelt betreffen die Großsäuger, die insbesondere dann, wenn sie dem Menschen gefährlich werden könnten, in manchen Gebieten stark dezimiert, ja nahezu ausgerottet worden sind. Die verglichen mit Tigern und Löwen harmlosen Wölfe sind bei uns seit langem verschwunden, bzw. künstlich im Naturpark eingeführt worden. Man stelle sich vor, sie würden sich so vermehren, wie die Elefanten in Südostafrika und nicht nur Hunde reißen, sondern auch ein Kind töten, dann braucht man sich nicht zu wundern, wenn die Einstellung etwa gegenüber den Elefanten in Simbabwe eine andere ist als bei uns. Die Herden haben sich in den Nationalparks so vermehrt, daß sie über deren Grenzen hinausgehen, und dann Felder zerstören, eventuell sogar Hütten niedertrampeln und auch Kinder verletzen oder gar töten. Auch zum Schutz der Vegetation und der anderen Tierwelt muß hier eine kontrollierte Jagd durchgeführt werden. Der World Wildlife Fund unterstützt sogar eine begrenzte Trophäenjagd, da hierdurch auch die Wilderei eingeschränkt wird, denn die lokale Bevölkerung profitiert von der geordneten Jagd und vertreibt die Wilderer. Das von Wildhütern gesammelte Elfenbein würden die Staaten – Simbabwe hatte im Juli 1997 33 t Elfenbein im Wert von fast 70 Mio. DM (GRILL 1977) – gerne verkaufen und damit Naturschutz, Schulen etc. unterstützen. Durch Forschungen an der Universität Saarbrücken kann man durch Analyse von Spurenelementen inzwischen die Herkunftsregion von Elfenbein nachweisen und so legale und illegale Lieferungen unterscheiden (WEIDENBACH 1997). Das Artenabkommen verbietet aber den Handel mit Elfenbein, mit Mühe wurde gegen die Naturschützer aus Europa und Nordamerika eine Ausnahmegenehmigung von je 10 t 1998 und 1999 erreicht. Gefragt ist Elfenbein vor allem in Japan und wird derzeit illegal geliefert. Durch kontrollierten Verkauf würde wahrscheinlich die Wilderei zurückgehen. Die Afrikaner sprechen hier von Ökokolonialismus!

10.4 Veränderungen des Bodens

10.4.1 Einleitung

Da die Kenntnisse über die Genese der tropischen Böden noch relativ gering sind, ist schwer abzuschätzen, wie sie durch den Eingriff des Menschen verändert werden. Bei der hohen Porosität der meisten Böden (s.o. 6.5) ist meist eine gute Struktur gegeben, so daß ein Pflügen nicht unbedingt notwendig erscheint. In den Savannen mag die Oberfläche gelegentlich bei Überweidung verdichtet sein, in diesen Fällen würde eine Auflockerung günstig sein. Kaum ein Beitrag über die Tropen beschreibt nicht nur die Zerstörung der Vegetation, sondern mahnt als Dauerschaden die große Gefahr der Bodenerosion an, wie z.B. HERKENDELL & KOCH (1991), die allerdings vielfach Vorstellungen von den Außertropen in die Tropen übertragen, subtropische Beispiele in die Tropen verlegen, und alles durch entwicklungspolitische Vorgaben wie „koloniales Erbe" belasten. HEINE (1994a) zeigt für das Hochland von Mexiko, daß eine Bodenzerstörung mit Siedlungsausweitung und Bevölkerungswachstum zusammenfällt. Vor 2000 Jahren waren die erodierten Flächen ausgedehnter als heute. Mehrere Phasen der Bodenzerstörung korrelieren mit der jeweiligen Bevölkerungsdichte. Ähnliches gilt für das Gebiet der Petén-Seen in Guatemala (Abb. 10.2).

10.4.2 Bodenerosion

Bei der Bodenerosion unterscheiden wir: die Grabenerosion, bei der innerhalb kurzer Zeit 1–10 m tiefe und 1–8 m breite Einschnitte entstehen (Owragi in der Ukraine können bis dreimal so groß sein); die Schichterosion, bei der flächenhaft der Boden abgetragen wird; sowie die Winderosion, die nur in den äußeren Randtropen wirksam ist. Der Nachweis einer Bodenerosion und insbesondere ihres Umfangs ist in den Tropen nicht leicht. Zum einen wissen wir noch wenig über die natürliche Abtragung, zum anderen ist die Schichterosion bei wenig differenzierten Bodenprofilen kaum abzulesen. Sucht man nach korrelaten Ablagerungen, so

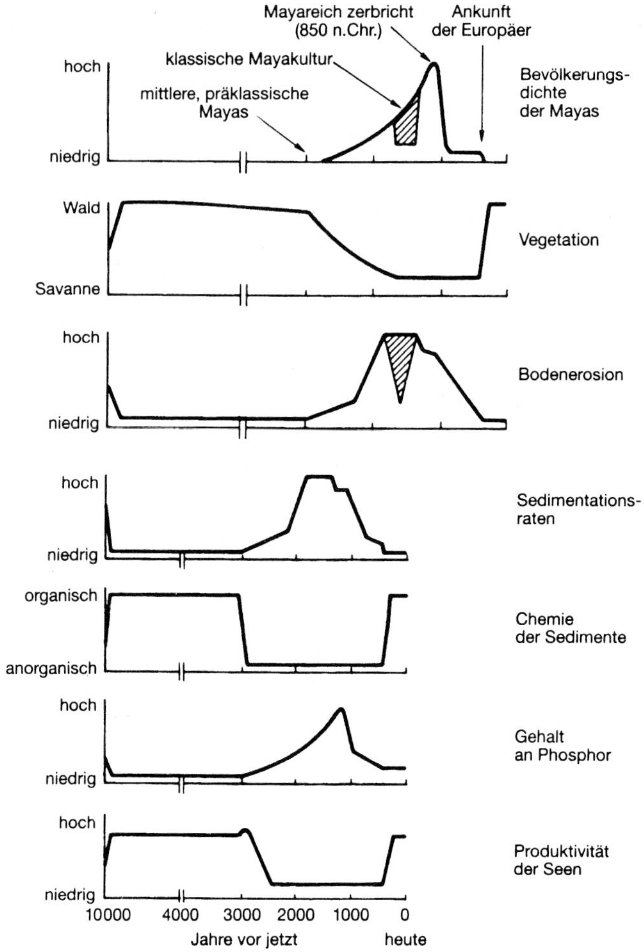

Abb. 10.2. Besiedlung und Umweltveränderungen im Gebiet der Petén Seen, Guatemala. Schraffiert lokaler Rückgang der Bevölkerung. Aus: GOUDIE 1994, 279.

sind diese zum einen nicht sehr umfangreich, zum anderen oft kaum zeitlich einzuordnen. Selbst die Frage, ob auf größeren Flächen der Oberboden umgelagert wurde, ist umstritten (Abb. 10.3).

Die stärkste Bodenerosion wird in den Außertropen insbesondere in den Subtropen durch die Landnutzung bedingt. Diese Vorstellung wird oft unreflektiert auf die Tropen übertragen. Aber schon die Rahmenbedingungen sind anders: in der Regel sind die Felder kleiner, durch das schnelle Aufkommen der Vegetation nach einer Rodung, bzw. der Anbaufrüchte nach einer Bestellung ist der Boden kürzere Zeit den Schlagregen ausgesetzt. Unregelmäßigkeiten von Furchen und Beeten sind – sofern nicht gerade hangabwärts ausgerichtet – günstig für das Einsickern der Niederschläge, eine bewährte Methode in den Außertropen. Wegen der hohen Zahl stabiler Grobporen ist die Infiltrationskapazität und die Durchlüftung in den Tropen aber ohnehin sehr viel höher. Tiefgründiges Pflügen ist daher relativ selten. Am wenigstens wird

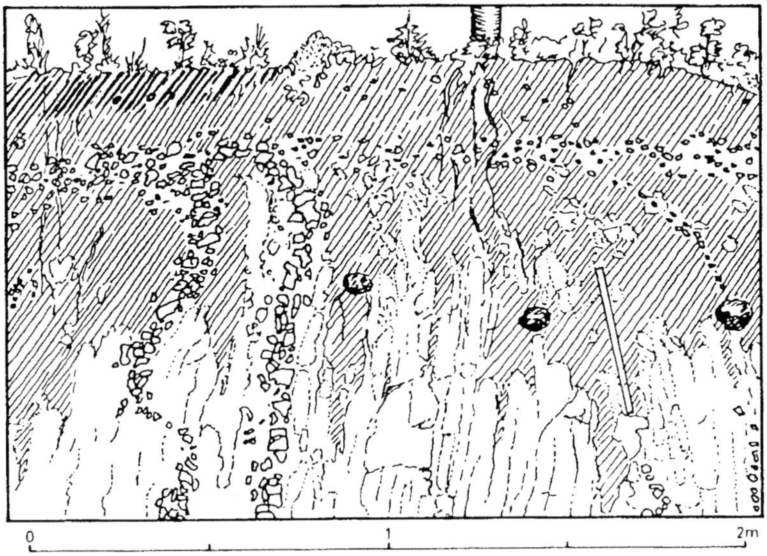

Abb. 10.3. Wird durch die subterrane Materialabfuhr Feinmaterial aus dem Boden entfernt, sacken die Steine nach. So kann sich eine stoneline bilden. Das Umbiegen der aufgebrochenen Quarzgänge gegen das Gefälle des Hanges zeigt, daß hier die stoneline nicht durch Transport und nachfolgende Eindeckung entstanden ist. Flache Kuppen können ebenfalls von einer stoneline in etwa 1–1.50 m Abstand unter der Oberfläche durchzogen werden. Der bei sehr vielen stonelines gleichbleibende Abstand zur Oberfläche kann durch den interflow erklärt werden. Nach: Bremer 1989 b, 374, vgl. auch Phot. 6 in Späth 1981, 234. In diesen Fällen kann man von einer in situ Bildung der stonelines ausgehen. Ohnehin ist deren zeitliche Einordnung offen, so daß sie als Indikatoren für eine Bodenerosion oder Klimawechsel ausfallen.

der Boden durch den Grabstock, etwas mehr durch den Hackbau verändert. Er ist in der Regel auch nicht so gleichmäßig bearbeitet worden, daß sich das Wasser sammeln kann. Der wichtigste Vorteil der Tropen in bezug auf die Bodenerosion ist also die hohe Porosität (s.o. 6.5), die eine hohe und schnelle Infiltration erlaubt. Das Wasser wird gewissermaßen wie in einem Schwamm aufgesogen (Abb. 10.4), zirkuliert als Bodenwasser relativ gleichmäßig und wird z.T. durch den Interflow zum Vorfluter geführt. Der Oberflächenabfluß und damit die Abspülung (Schichterosion) ist verhältnismäßig gering. Es ist günstig, diese Bodenstruktur zu erhalten, denn bei Verdichtungshorizonten im Boden oder einer Verdichtung der Oberfläche kann sich das Wasser sammeln und zur Bodenerosion führen (Abb. 10.5). Starke Erosionsschäden im semiariden/semihumiden (400–1000 mm Jahresniederschlag) Südbolivien führten zur Abwanderung aus dem Tarija Tal, wonach sich die Vegetation wieder regenerierte (Preston et al. 1997).

Für den Abtrag sind die Messungen in den Savannen (Abb. 10.6) etwas häufiger als im Regenwald, wahrscheinlich ist das Problem in den wechselfeuchten Tropen auch gravierender. Die Grabenerosion ist in den inneren Tropen nur selten zu beobachten. Sie tritt vor allem bei verdichteten Böden an den Banquetten von Straßen und entlang von Wegen und Fußpfaden auf, wenn sich dort das Wasser sammelt und bei stärkerem Gefälle schnell abfließt. Meist

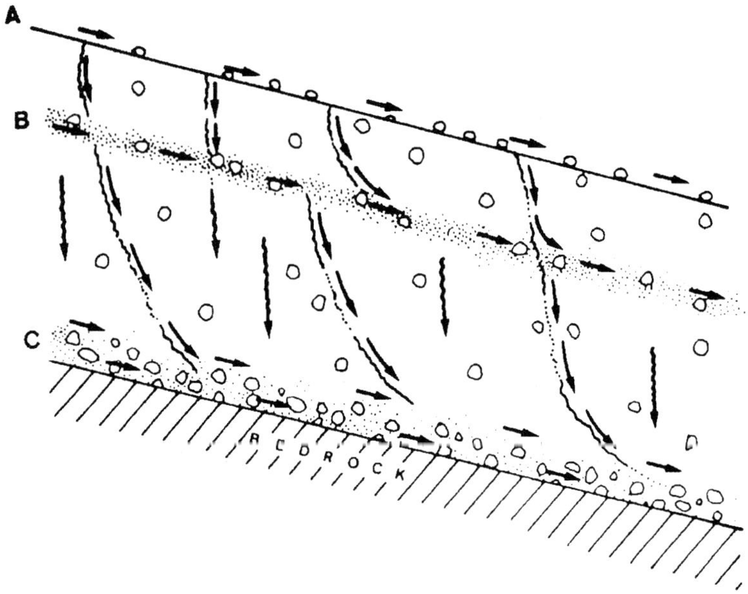

Abb. 10.4. Diese schematische Darstellung ist eine Abstraktion von Beobachtungen in Aufschlüssen bei und nach Starkregen im Regenwaldgebiet Ruandas, kaolinitischer Boden. Bei hoher Infiltrationskapazität wird das Wasser im Boden gut verteilt, so daß es nicht zu einer Konzentration kommt, die zu einer Grabenerosion führen könnte. Durch subterrane Ausspülung von feinstem Material und sehr langsames Nachsacken können sich stonelines entwikkeln. Aus: MOEYERSONS 1989, Fig. 7.

erfolgt die Eintiefung rückschreitend von einer Tiefenlinie aus. Schichterosion ist sehr selten, da sich auf den meist kleinen Feldern der Abfluß kaum sammeln kann und selbst wenn, versickert er weitgehend im umgebenden Wald. Auf Plantagen werden vor allem Baumkulturen gezogen, wo – auch infolge des Unterwuchses bzw. einer Bodenbedeckung – die Schichterosion ebenfalls kaum ansetzt. Andererseits kann bei ungünstiger Bewirtschaftung insbesondere in den Savannen eine starke Abspülung erfolgen. KUBINIOK (1994) betont dabei am Beispiel von Nordthailand den Verlust von Nährstoffen, wenn vor Einsetzen der Monsunregen gebrannt wird und der Boden freiliegt. Die Asche mit den Nährstoffen kann dann leicht abgespült werden. An steilen Hängen in Südostasien, die seit Jahrhunderten kultiviert worden sind, hat zum Teil die Bodenerosion zugenommen, weil Monokulturen gepflanzt wurden (BROOKFIELD 1993).

In den Savannen sind außer Wegen und Straßen überweidete Gebiete gefährdet. Durch die Zerstörung der Vegetation und Verdichtung des Bodens läuft das Wasser bei Starkregen schneller zusammen. Auch kann durch wiederholtes Brennen eine Verdichtung des Oberbodens erfolgen (EDEN et al. 1991). Die Trampelpfade der Weidetiere sind oft die erste Abflußbahn, die sich dann eintieft. Die Tiere weichen aus, so daß ein nächster Pfad und später ein Graben entsteht. In den Randtropen kann die Grabenerosion gelegentlich größere Areale einnehmen. Das ist besonders dann der Fall, wenn ein Verdichtungshorizont die Versickerung behindert und sich Wasserbahnen bilden. Anrisse können zu Schluchten werden, zu einer Badland-Bildung führen, wie es GEROLD (1987, 1991) für den Übergang zum Chaco, also

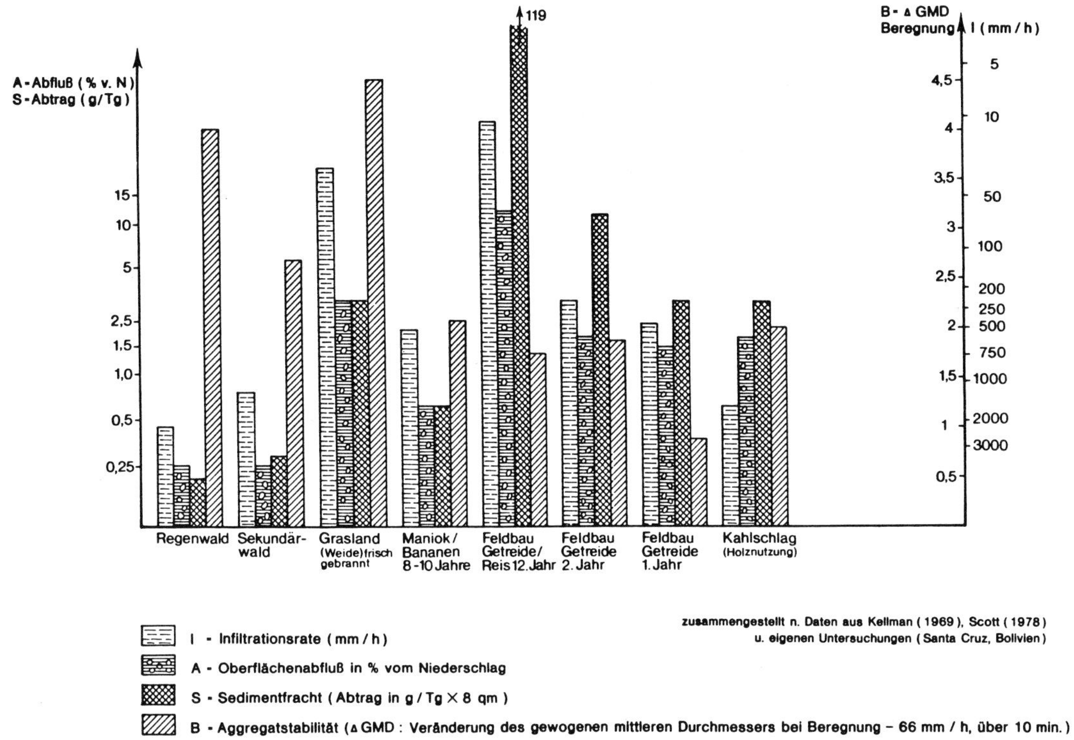

Abb. 10.5. Parameter der Bodenerosionsgefährdung im tropischen Wald Ostboliviens bei Brandrodung. GEROLD vergleicht vier Parameter der Bodenerosionsgefährdung nach Untersuchungen im Gebiet von Santa Cruz, Ostbolivien (Randtropen, 600–1800 mm Jahresniederschlag, gelegentliche Starkregen von 80–200 mm/Tag). Gegenüber dem Wald sollen auf den Parzellen der Landnutzung die Infiltrationsraten (und damit die Sättigung des obersten Bodens) und folglich der Oberflächenabfluß gesteigert sein, die Sedimentfracht nimmt daher stark zu. Da die Aggregatstabilität unter Grasland erhalten bleibt, und der Boden relativ gut bedeckt ist, bleibt der Abtrag noch mittelhoch, unter Maniok und Bananen ist er noch geringer. Je höher die Infiltrationsrate und je höher die Aggregatstabilität, desto geringer der Oberflächenabfluß und damit die Abtragung = Sedimentfracht. Ist die Oberfläche verdichtet und die Infiltration gering, kann eine hohe Abspülung erfolgen wie nach zwölfjährigem Anbau von Trockenreis. Aus: GEROLD 1987, 165.

schon semiaride Gebiete in Südostbolivien schildert. Das Gebiet ist zudem von jungen Sedimenten aufgebaut, in denen wohl eine Tonverlagerung erfolgen kann. Im Regenwald hingegen ist im benachbarten Gebiet bei höherer Aggregatstabilität und guter Infiltrationskapazität kaum eine Veränderung der physikalischen Eigenschaften des Bodens zu beobachten, sehr wohl aber eine chemische, d.h. eine Abnahme der Nährstoffe. Die Bodenerosion ist dort gering. In Mittelamerika sind ebenfalls deutlich höhere Werte in den semihumiden bis semiariden Gebieten gegenüber den humiden zu beobachten (STEVENS 1964).

Aus den wechselfeuchten Tropen Südbrasiliens, dem Norden des Staates Paraná, berichtet KEMPER (1987), daß die Flugsohle stark verdichtet ist. Hier kann Niederschlagswasser nicht weiter eindringen, so daß es zu schweren Erosionsschäden kommt. Geht man zur Di-

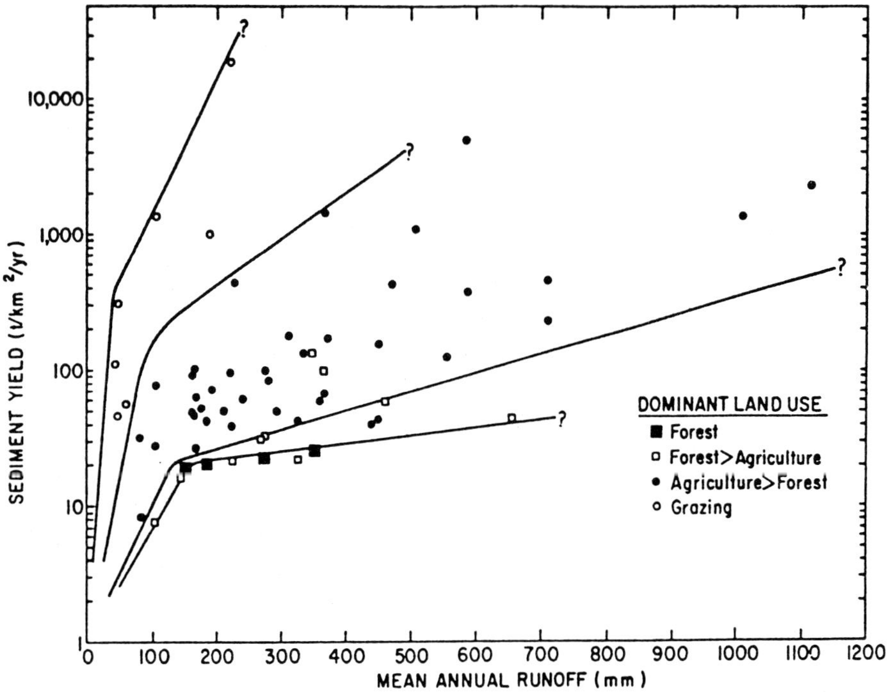

Abb. 10.6. Mittlere jährliche Sedimentfracht und mittlerer Abfluß für Einzugsgebiete mit unterschiedlicher Landnutzung in Kenia nach DUNNE (1979, 288). Die sehr unterschiedlichen Werte für die Gebiete mit landwirtschaftlicher Nutzung erklären sich nicht nur durch die Art der Bestellung, den Boden, das Relief, sondern vor allem durch die Größe des Einzugsgebietes und dessen Ausstattung mit Wegen und Straßen, die beide jeweils 15–35%, zusammen also bis zu 70% des Abtrags liefern. Im Vergleich zu Abb. 10.5 haben hier die Weiden – wahrscheinlich Naturweiden – die höchste Sedimentfracht.

rektsaat, unter Umständen mit Hilfe einer Handsämaschine über, so ist nach drei Anbauphasen, schon nach 1½ Jahren eine Erhöhung im Humusgehalt von 30% im Oxisol und 50% im Alfisol gegeben. Die Bodenkrümel werden dadurch besser verkittet und sind gegen Splash und Verschlämmung besser geschützt. Mit zusätzlichen Bodendeckern kann die Abtragung auf unter 1% des Betrags beim Pflügen und zweimaligen Drillen gedrückt werden (KEMPER & DERPSCH 1980/81).

Im Regenwald ist eines der wichtigsten Probleme der Bodenerosion die Art der Bewirtschaftung. Traditionelle Methoden der Landwirtschaft bedingen einen vergleichsweise geringen Bodenabtrag (0,01 t/ha/a). Auf den meist kleinen Feldern kann sich auch kaum ein Abfluß sammeln und selbst wenn, versickert er oft im umgebenden Wald. Dosso et al. (1981) berichten nach Untersuchungen im Regenwald der Côte d'Ivoire von einer nur sehr geringen Erosion sowohl im Wald als auf den Feldern. Wird aber mit Maschinen gerodet, kann sich der Abfluß um das Hundertfache steigern, der Bodenabtrag (19,6 t/ha/a) fast um das zweitausendfache (LAL 1981, 136). Solche Messungen werden meist für ein mittelgroßes Einzugsgebiet im Fluß durchgeführt. Es ist hierbei oft nicht zu erkennen, wo der Abtrag erfolgt. Eine mögliche kleine, sehr starke Quelle wie ein aufgerissener Weg, ein kleiner Rutsch, können, wenn die Beträge auf die Fläche umgerechnet werden, wie es üblich ist, eine Bodenerosion vortäuschen, wie sie selten flächenhaft gegeben ist. Im allgemeinen liegen Felder nicht tiefer als der Waldrand. Eine Ackerstufe, wie wir sie bei uns häufig beobachten können, ist mir in den immerfeuchten Tropen nicht aufgefallen. Die großen Schwankungen der Abtragungsraten (s.u. 11.4.3) sind vor allem auf den unterschiedlich starken Einfluß des Menschen zurückzuführen.

Hohe Werte für den Abtrag werden aus den Savannen berichtet. DUNNE (1979) rechnet mit 20–30 t/km²/a im Trockenwald, 75–100 t/km²/a im ariden Gebiet unter natürlichen Verhältnissen in Kenia, Werte, die sehr hoch erscheinen (BREMER 1982). Vor allem bei Beweidung ist eine Steigerung zu verzeichnen bis 20 000 t/km²/a, aber auch bei Ackerflächen, wo im feuchtesten und steilsten Einzugsgebiet bis 4000 t/km²/a verzeichnet wurden. Hierbei ist zu bedenken, daß es sich um lokale Werte handelt, die hochgerechnet werden. 15%–35% des Abtrags kommen von Straßen, nochmal 15%–35% von Pfaden. Damit wird eindrücklich die Bedeutung der Abflußbahnen unterstrichen.

Nach THOMAS et al. (1981), die Messungen im Iiuni-Einzugsgebiet (11,29 km², fast 400 m Höhenunterschied) bei Machakos in Kenia (Niederschlag zwischen 500–800 mm im Mittel, im Meßjahr 1148 mm) durchführten, soll der Abfluß von freien Flächen mit 63%–64% ebenso groß wie von alten Weiden sein. Der Abtrag hingegen sei am größten auf freien Flächen und nehme ab in der Reihenfolge: kultiviertes Land, alte Weiden, junge Weiden. Schon 15%–20% neue Grasbedeckung bringt eine merkliche Abnahme. Insgesamt soll der Abtrag bei einem Abflußkoeffizienten von 9% im Fluß zu 90% aus Bodenfracht bestehen, ein sehr hoher Wert, denn allgemein werden hierfür höchstens 10%–15% angenommen. Eine Korrelation mit Niederschlägen sei nicht zu erkennen, lediglich wäre festzustellen, daß ein Abtrag erst nach 20 mm Niederschlag einsetzt.

Wenn der Abtrag in den Savannen im allgemeinen höher ist als im Regenwald, so liegt das nicht nur an der Dichte der Vegetation sondern auch an der oft anderen Bodenstruktur. Häufiger vorhandene tonreiche Horizonte können eine Konzentration der Wasserbewegung bewirken. Auch eine Verdichtung an der Pflugsohle kann zu Erosionsschäden führen (s.o., KEMPER & DERPSCH 1980/81). Ebenso wie in den Außertropen kann hangparalleles Pflügen die Bodenerosion mindern. TEJWANI (1981) weist darauf hin, daß damit gleichzeitig die Erträge in Gebieten mit mäßigem Niederschlag (800 mm) steigen, da das Wasser länger einsickert. Eine integrierte Einzugsgebiet – Planung sorgt ferner für Abhilfe bei Überweidung. Werden hier Flächen von der Beweidung ausgenommen, kommen Gras und Bäume auf. Ein gleichzeitiger Anbau von Futterpflanzen und Baumkulturen für Brennholz ist möglich. Letztere sind günstig für Ravinen.

Die Beurteilung der Bodenerosion in den Tropen ist nicht einfach. Bei Messungen, die sehr hohe Werte angeben, ist zu fragen, ob lokal ein großer Anriß mit hohem Abtrag entstand, wieviel von Wegen geliefert wird. Sehr große Schäden sind in den inneren Tropen wohl selten, in Savannengebieten etwas häufiger zu beobachten. Wir wissen noch wenig darüber, inwieweit der Abtrag nach einiger Zeit zur Ruhe kommt bzw. sich auf einem niederen Niveau einpendelt. Eine Ausdünnung der Bodendecke im Ackerland wie etwa in Italien oder Griechenland, habe ich in den Tropen selten gesehen. Bei der tiefgründigen Verwitterung können tiefere Bodenlagen nahe der Verwitterungsfront mehr Nährstoffe liefern als ein Oberboden, dessen Entfernung also nicht ungünstig ist. Andererseits kann ein Unterboden mehr Ton enthalten, was für die Wasserführung ungünstiger ist, Al- und Fe-Verbindungen können umfangreicher sein, so daß mehr P fixiert wird. Nach SANCHEZ et al. (1982) besteht für 92% Amazoniens keine Gefahr einer schweren Bodenerosion. Das rührt zum Teil daher, daß 82% des

Geländes flach bis gering geneigt sind, zum anderen ist es der günstigen Struktur von Oxisol und Ultisol zu verdanken.

Ein prinzipieller Gegensatz zu den Außertropen ist die Kultivierung steiler Hänge, wie für den Reisbau seit vielen Jahrhunderten in Südostasien erfolgt. Beim hier angewendeten Terrassenbau scheinen im Gegensatz zu unseren Weinbergen tiefere Böden erhalten zu sein. Offenbar sind Hänge in den feuchten Tropen viel stabiler (s.o. 5.7). Das gilt auch für Straßenanschnitte, die oft in Verwitterungsprofilen liegen und bis zu 60° Neigung haben. In den trockneren Tropen in größerer Höhe (> 3000 m), bei basaltischem Untergrund, schwarz/braunen Andosolen, saisonalen Regen (< 1200 mm) können bei umfangreicher Landnutzung an Hängen schwere Bodenerosionsschäden auftreten, die Hurni (1978) in Semien, Äthiopien kartierte und beschrieb.

Gelegentlich wird von der Gefahr einer Bodenverhärtung gesprochen, der Bildung eines Laterits, nach Vernichtung der Vegetation und dadurch bedingter Austrocknung der Oberfläche. Zunächst einmal erfolgt die Bildung von Eisenkrusten (Ferricrete, s.o.) nur lokal, zum anderen ist die Aushärtung ein Prozeß, der sich unter natürlichen Bedingungen über viele Hunderte, ja Tausende von Jahren hinzieht. Das Brennen bewirkt jedenfalls kaum eine Verhärtung. Feuer hat im allgemeinen keinen bedeutenden Einfluß, da es sich weniger als ein bis zwei, maximal fünf Zentimeter tief auswirkt (Abb. 10.7). Die Entstehung von Lateriten durch Rodung im Regenwald ist sehr selten (vgl. auch Sanchez 1989, 84). In den Savannen kann ein bereits verhärteter Horizont durch Erosion freigelegt werden oder Pisolithe geraten an die Oberfläche. Dieses ist nur lokal und fast ausschließlich in den Trockensavannen zu beobachten. Künstlich exponierte, sehr eisen- und wohl auch kieselsäurereiche Substrate können an der Luft zu festen Ziegeln oder gar Monumenten aushärten.

Nach Abschluß dieses Kapitels erhielt ich einen Beitrag von Rossi, der in der Zeitschrift für Geomorphologie erscheinen wird. Dieser erfahrene Tropenmorphologe wendet sich vehe-

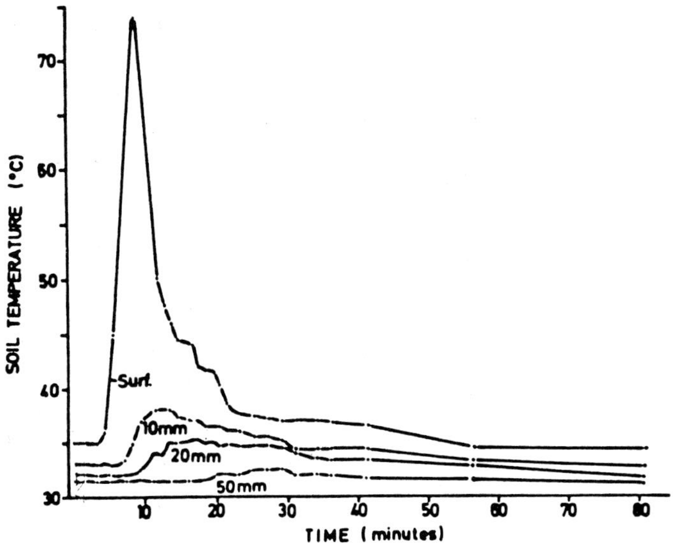

Abb. 10.7. Bodentemperaturen während eines Brandes im Campo Cerrado im Staat Sao Paulo, Brasilien in unterschiedlichen Tiefen: Oberfläche, 10, 20 50 mm. Aus: Coutinho 1982, 276.

ment gegen eine Überschätzung der Bodenerosion in den Tropen und in dem Zusammenhang einer Übertragung von Vorstellungen aus den Außertropen. Umfangreichere Schäden sind in den trockenen Randtropen möglich.

10.4.3 Bodendegradierung und Bodenerhaltung

Jede Rodung, sei es im Wald oder in der Savanne bedingt eine Störung für den Boden als Teil des Ökosystems. Durch vermehrte Einstrahlung und Belüftung wird der Humus geschädigt, das Bodenleben aus dem Gleichgewicht gebracht. In Yurimaguas nahm die Biomasse der Zersetzer von 54 g/m^2 unter Wald auf 3 g/m^2 unter Ackerland ab (Whitmore 1993, 177). Die Schäden entwickeln sich um so mehr, je mehr der Boden bei der Bearbeitung umgeworfen wird. Dabei wird auch die Struktur verändert, was meist mit großen Nachteilen für die Wasserbewegung verbunden ist. Beim Pflügen, insbesondere beim Einsatz schwerer Maschinen kann ein Verdichtungshorizont entstehen. Bei einer intensiven Bodenbearbeitung gehen die natürlichen Vorteile verloren: der hohe Anteil an Grobporen, der Wasserzügigkeit und Durchlüftung garantiert, wird vermindert, die Porenstabilität, die eine Zirkulation der Nährstoffe ermöglicht, wird gestört.

Die wesentlichen Probleme ergeben sich durch die Zunahme der Bevölkerung und den Wunsch, von der Handarbeit zur Maschine überzugehen. Letzteres erfordert eine vollständige Rodung und damit verbunden einen mehrjährigen Anbau. Hierbei werden entweder die Anbaumethoden geändert, zum Beispiel in Form der Agroforstwirtschaft (s.u. 13.5; 13.8.3), oder es wird gedüngt. Trenbath (1984) hat gezeigt, daß der Ertragsabfall bei der Landwechselwirtschaft durch höheren Arbeitsaufwand ausgeglichen werden kann, indem die Zahl der Anbaujahre vermehrt wird oder neue Flächen gerodet werden.

Bei der Landwechselwirtschaft wird nach dem Brennen in die Asche eingesät, deren Mineralstoffe ausgenutzt werden. Da man die geernteten Früchte aus dem Gebiet heraus trägt, wird Substanz entfernt. Besonders stark ist natürlich die Entnahme bei der Holzwirtschaft. Whitmore (1993, 176) zeigt aber für Baumplantagen in Zentraljava, daß Eintrag und Ausfuhr sich meist die Waage halten, bei einigen Elementen sogar eine Anreicherung erfolgt. Lediglich beim Phosphor überwiegt bei der Ernte von *Agathis dammara* der Export.

Werden bebaute Flächen im Regenwald wieder aufgelassen, so kommt der Sekundärwald schnell wieder hoch. Nach Aweto (1981) soll in SW-Nigeria in einem Sandsteingebiet mit 1300–1600 mm Jahresniederschlag und ferralitischen Böden nach 7 Jahren eine Stabilisierung eintreten, indem nur noch wenige neue Bäume hinzukommen. Die Fruchtbarkeit sei etwas geringer als im Primärwald, nach 10 Jahren soll sie zu 78% wieder erreicht sein. Porosität und Wasserhaltekapazität nehmen mit längerer Brachezeit ebenfalls wieder zu. Der Humusgehalt bleibt allerdings auf den Oberboden beschränkt. Hier besteht eine Selbstverstärkung; je mehr Vegetation, desto mehr Streuproduktion und Humusneubildung, desto höhere Fruchtbarkeit, desto mehr Vegetation. Mehr und mehr setzen sich daher auch biologische Formen der Düngung durch (s.u. 11.3.5) bzw. werden erforscht. Ein wichtiger Faktor zur Erhaltung der Bodenfruchtbarkeit ist außerdem die Rotation der Anbaufrüchte. Mit Volldünger kann selbst auf Ultisolen bei Rotation der Ertrag gehalten werden, wie Versuche von 1972 bis 1981 im Yurimaguas zeigten. Ausführlich werden Möglichkeiten der Bodenverbesserung unter 11.3.5 dargestellt.

10.5 Veränderungen des Wasserhaushaltes

10.5.1 Einleitung

Da in den Tropen Primärvegetation oder dieser sehr ähnliche Sekundärvegetation wenigstens fleckenhaft fast überall anzutreffen ist, könnten Vergleichsmessungen über Abfluß und Abtrag für einen natürlichen Bestand und für genutzte Flächen wenigstens für kleine Areale durchgeführt werden. Diese sind aber bei kleinen Einzugsgebieten relativ aufwendig und bislang selten durchgeführt worden. Abfluß und Abtrag in größeren Einzugsgebieten sind ebenso wie in den Außertropen durch den siedelnden Menschen, insbesondere durch Straßen und Wege beeinflußt worden.

10.5.2 Reservoire

Der stärkste Eingriff in den Wasserhaushalt sind die Reservoire. Durch die Speicherung wird der Abfluß nach abwärts steuerbar, Hochwasserspitzen können gekappt werden, Niedrigwasserstände ausgeglichen werden. Ein Vorteil sind die in den Tropen nicht seltenen engen Täler oder gar Klammen wie am Paraná der Staudamm bei Itaipú, da durch eine relativ kurze Staumauer ein großes Reservoir entstehen kann, das eine kleine Fläche einnimmt. Der Itaipú Stausee ist 170 km lang, bis 7 km breit und bedeckt maximal 1460 km², 67 000 Menschen mußten umgesiedelt werden, die Endleistung soll 12 600 MW betragen (Kohlhepp 1987). Der Lake Volta in Ghana liegt dagegen in einem flacheren Gebiet, was sehr viel ungünstiger ist. Er bedeckt 85 000 km² und liefert 1072 MW, 78 000 Menschen und 170 000 Haustiere mußten umgesiedelt werden.

Durch Stauseen wird im allgemeinen die Erosionskraft des Flusses vermindert und sein Überschwemmungsgebiet eingeschränkt. Während also flußabwärts die Auswirkungen eines Staudammes im allgemeinen als positiv zu bewerten sind, gilt dieses nicht für das Gebiet, in dem der Stausee angelegt wird. Siedlungen und oft auch Kulturstätten werden überflutet, die Ausweichsiedlungen haben oft mit ungünstigeren Bedingungen zu kämpfen, insbesondere wenn die fruchtbaren Böden der Überschwemmungsgebiete nicht mehr genutzt werden können. Der Fischbestand kann nach der Überflutung im Stauraum stark zunehmen, aber u.U. abwärts abnehmen. Oft entstehen daher neue Fischersiedlungen an den Stauseen.

Das Problem der Stauseen besteht einmal in einer Eutrophierung, zum anderen in der Auffüllung durch Sedimente, die von Flüssen herangebracht werden. Beide Probleme ergeben sich dadurch, daß die Einzugsgebiete wenig kontrollierbar sind. Sie können selten aufgeforstet werden, da sie zumeist besiedelt sind, mindestens beweidet werden. Infolge der Eutrophierung wird das Wachstum von Algen und Wasserpflanzen beschleunigt. Das behindert die Nutzung als Trinkwasserreservoir, selbst nach einer Reinigung ist die Wasserqualität meist beeinträchtigt. Beim Absterben der Algen entwickeln sich am Boden Fäulnisbakterien, daraus folgt ein Sauerstoffmangel, der zum Fischsterben führt. Eventuell wird durch den fehlenden Sauerstoff Eisen und Mangan im Wasser angereichert. Andererseits ist eutrophes Wasser günstig für die Bewässerung. In den immerfeuchten Tropen kann eine Eutrophierung auch eintreten, wenn Flächen mit Vegetation überstaut werden. In Südamerika wird oft nicht einmal der Wald geschlagen, wenn der Stau beginnt, in Südostasien scheint es dagegen Fälle zu geben, wo ein neuer Staudamm ein willkommener Grund ist, einen geschützten Primärwald abzuernten. Sehr schnell können sich Makrophyten wie etwa *Eichhornia crassipes* ausbreiten (Junk 1982), die Schiffahrt und Fischerei behindern, Bewässerungskanäle verstopfen und die Überträger und Zwischenwirte von Krankheiten begünstigen.

Durch den Eintrag von Sedimenten wird der Stauraum verkleinert. Wahrscheinlich werden die meisten Staudämme, vor allem die kleineren, in relativ kurzer Zeit aufgefüllt. Wegen der Zunahme der Besiedlung im Einzugsgebiet, Baumaßnahmen, Straßen und Wegen sowie durch die Landnutzung wird der Bodenabtrag vermehrt. STRÖMQUIST (1981) rechnet im Dodoma-Gebiet von Tansania bei etwa 570 mm Jahresniederschlag, also in einem Trockensavannengebiet und Einzugsgebietsgrößen von 0,3–600 km^2 mit einer Lebensdauer der Reservoire von 25–130 Jahren. OYEBANDE (1981) sieht für Nord- und Mittelnigeria, ebenfalls zum großen Teil Trockensavanne, in 50 Jahren eine Reduktion des Stauraums um 20%. Nigerias Flüsse hätten aber im allgemeinen eine relativ geringe Sedimentfracht. Selbst bei größeren Flüssen kann eine beträchtliche Verminderung der Fracht durch den Aufstau bei Reservoiren erfolgen. Beim Niger sollen durch den Kainji Damm 6 Mio. t/a von 8 Mio. t/a zurückgehalten werden.

Die Schwebstoffe, die im Stauraum verbleiben, fehlen flußabwärts in den Überschwemmungsgebieten als natürliche Düngung. Dieser Faktor ist aber in den Tropen bei den alluvialen Böden, in denen die intensive Verwitterung Nährstoffe freisetzt, wohl weniger bedeutend als bei den Fremdlingsflüssen der Subtropen, wo die Überschwemmungen Nährstoffe bringen und zugleich auch eine Verlagerung von Salzen in den Unterboden bewirken. In den Subtropen steigern die Überschwemmungen daher die Fruchtbarkeit. In den Tropen ist aber noch relativ wenig über das Management von Überschwemmungsgebieten bekannt – abgesehen vom Reisbau in Asien. Denkbar wäre in manchen Teilen eine Erhöhung des Tonanteils und damit eine ungünstige Bodenverdichtung.

Bei der Anlage sehr großer Stauseen sind nicht nur die dort lebenden Menschen umzusiedeln, sondern auch große Rettungsaktionen für das Wild durchzuführen, da dieses sich zum Teil zunächst auf Inseln flüchtet, die erst beim weiteren Anstieg des Wassers überflutet werden. Beim Kariba Stausee am Sambesi in Südostafrika (280 m lang, im Mittel 20 km breit, 1960 fertiggestellt für 1,3 Mrd. DM Kosten) hat allein Südrhodesien für das Unternehmen Noah 1,1 Mio. DM aufgebracht (FLEMMING 1967, 226f.). Am Beispiel des Lake Kariba sollen die vielfältigen Auswirkungen eines Reservoirs geschildert werden (nach MAGADZA 1986):

Mit der Anlage wurde erreicht, daß die Tsetsefliege auch an der Südseite bekämpft wurde, so daß Rinderzucht möglich wurde, ja zum Teil erst eine Besiedlung einsetzte. Damit wird die Naturlandschaft entscheidend umgestaltet, und man begegnete dem durch Anlage von Reservaten. Diese inselförmigen Gebiete bringen große Probleme für die Wildpopulation, die zum einen nicht darauf zu beschränken ist. Zum anderen sind Habitate, die ehemals flußnahe lagen, verschwunden. Durch die Verkleinerung des Lebensraumes kann es zu einer Artenverminderung kommen. Wildbüffel mußten durch Zäune von Rindern getrennt werden, da sie zum Teil Maul- und Klauenseuche hatten, und eine Übertragung möglich erschien. Andererseits werden Wildparks angelegt und das Fischen im See für Touristen attraktiv gemacht. Sehr schnell entstand eine Fischerei mit teils wilden Siedlungen entlang des Ufers. 11.000 t Fisch pro Jahr können heute geerntet werden, was sich wohl erhöhen ließe. Dagegen sind die vorher möglichen Jagd-Safaris, deren Lizenzgebühren dem Bezirk für Entwicklungsprojekte überlassen wurden, durch die Besiedlung zurückgegangen. Die Zunahme der Siedlungen führte zu einem erhöhten Bedarf an Feuerholz, was ungeplantes Abholzen mit sich brachte. In den Nationalparks wird zum Teil gebrannt, um die Auswirkungen von unkontrollierten Feuern zu vermindern. Aber auch von den bäuerlichen Siedlungen können Feuer ausgehen. Bei mehrfachem Brennen wird der Baumbestand reduziert. Eine Überweidung, insbesondere durch Ziegen, kann zu Bodenerosion führen. Im Einzugsgebiet hat der Gwai River seine Sedimentfracht von 1975/76 bis 1977/78 fast um das Neunfache gesteigert. Bei einer Neuanlage von

Siedlungen, Verkehrswegen und Feldern entstehen besonders zu Beginn große Abspülungen. Ein Nutzungskonflikt ergibt sich ferner durch die Erzeugung der Hydroelektrik. Hierfür wird der Wasserstand möglichst konstant gehalten. Grasvegetation entlang des Ufers sowie darauf eingestellte Fisch- und Wildbestände leben aber von gelegentlichen Überflutungen. Die Bekämpfung der Malaria mit DDT wurde durch ufernahe Siedlungen wichtiger. Sie hat zu einer chemischen Beeinträchtigung, zum Beispiel einer Anreicherung des DDT in der Muttermilch geführt.

Diese Ausführungen über den Lake Kariba sind ein gutes Beispiel dafür, wie unterschiedlich die Folgen bei einem Eingriff in die Natur sind. Oft stellen sich sekundäre Effekte ein, mit denen man vorher nicht rechnen konnte. Das gilt auch für die unten (10.6.2) zu schildernden Überschwemmungsgebiete.

10.5.3 Abflußverhältnisse

Durch Veränderung der Vegetationsdecke können die Abflußverhältnisse in dreifacher Art verändert werden: Bei vollständiger Beseitigung der Vegetationsdecke kann der Spitzenabfluß erhöht werden, insbesondere wenn Bahnen wie etwa Wege vorhanden sind, die hangabwärts führen. Geht mit diesen Prozessen eine Bodenverdichtung einher, so wird der Oberflächenabfluß gesteigert, was in kleineren Vorflutern eine starke Abflußspitze bedeutet.

Erfolgt nur eine Änderung der Vegetation, so werden Interception und Evapotranspiration geändert. Hier sind die Auswirkungen auf den Wasserhaushalt sehr komplex. Für den Regenwald hat man immer angenommen, daß bei einer Rodung der Abfluß beschleunigt und erhöht wird. Da die Evapotranspiration herabgesetzt würde, soll auch langfristig mehr Wasser abfließen (Whitmore 1993, 218). Dieses hängt eng mit der oben (3.10) angeschnittenen Frage zusammen, wieviel Niederschlag überhaupt verdunsten kann. Edwards & Blackie (1981) fanden im Hochland von Kenia keine wesentliche Änderung des Wasserhaushaltes bei 2100 mm Jahresniederschlag und der Umwandlung vom primären Regenwald in Teeplantagen. Damit scheint eine Grenze für die Verdunstung bzw. die Aufnahmefähigkeit der Luft für den Wasserdampf erreicht zu sein. Ähnliche Ergebnisse ergaben sich in Tansania bei 1650 mm für Regenwald und benachbarte Pflanzungen mit sonst ähnlicher Ausstattung. Generell schreiben sie, daß sich mit steigenden Niederschlägen die potentielle Verdunstung (Tank) der aktuellen annähert, was ebenfalls für eine beschränkte Wasseraufnahmefähigkeit der ohnehin schon feuchten Luft spricht. Für den Abfluß ist es ferner wesentlich, inwieweit die Bodenstruktur erhalten bleibt, so daß weiterhin eine hohe Versickerung erfolgen kann. Außerdem spielt die Größe des Einzugsgebietes eine Rolle: Verstärkter, schneller Abfluß führt meist zu Überschwemmungen, damit zu erhöhter Evapotranspiration, die unter Umständen noch im gleichen Einzugsgebiet wieder Niederschläge bringt. Nach Salati & Vose (1984) wird der Kreislauf Niederschlag, Abfluß, Verdunstung, Niederschlag im Amazonasgebiet von Osten nach Westen mehrmals durchlaufen.

Bei Niederschlägen von 1900 mm und 159 Regentagen NE von Kuala Lumpur ist auf Versuchsfeldern nach der Umwandlung des Regenwaldes in Kakao- und Ölpalmen-Plantagen der Abfluß angestiegen, wobei die Änderungen von Jahr zu Jahr schwanken und nicht linear zu den Niederschlägen erfolgen, vielmehr durch das Ausmaß des menschlichen Eingriffs – Wege und Straßen, Bodenkompaktierung durch Maschinenbearbeitung – zu erklären sind (Nik 1989). Aus seiner langjährigen Erfahrung betont Bruijnzeel (1991) die schweren Erosionsschäden und die Steigerung des Abflusses bei verdichteten Böden, insbesondere wenn sie mit schweren Traktoren bei der Holzgewinnung befahren wurden. Viele dieser Schäden sind vermeidbar.

Auch bei den Änderungen des Wasserhaushaltes wissen wir weniger über die Savannen als den Regenwald. MAGADZA (1986) macht die allgemeine Bemerkung, daß durch Überweidung und Abholzen vor allem für Brennholz vorher perennierende Flüsse zu periodischen geworden sind. Wenn ein nackter Boden entsteht, dürfte in der Savanne wohl relativ schnell durch den aufprallenden Regen und kleine Verschwemmungen die Oberfläche verdichtet werden. Außerdem sind dichtere Unterböden nicht selten. Beides steigert den Spitzenabfluß.

Die Schwierigkeiten der Beurteilung der Änderungen des Wasserhaushaltes liegen darin, daß selten lange Meßreihen zur Verfügung stehen, um zu sehen, ob im Laufe mehrerer Jahre eine Anpassung an die neuen Verhältnisse erfolgt. Dabei ergeben sich meist weniger schwere Auswirkungen als zu Beginn. Der erste Eingriff des Menschen in den Naturhaushalt ist meist besonders folgenreich. Wir wissen noch wenig über die selbstheilenden Kräfte der Natur, über die Auswirkungen von Schutzmaßnahmen. EDWARDS & BLACKIE (1981) berichten von Messungen in Atumatak in Ost-Uganda, daß auf einer Fläche nach Bearbeitung und Wiederbegrünung durch eine Grasdecke die Versickerung bis 60 cm Bodentiefe höher ist als vorher. Damit wurden auch Hochwasserspitzen gekappt. Diese Änderungen nach nur zwei Jahren sind bemerkenswert.

10.6 Geomorphologische Änderungen

10.6.1 Einleitung

Landformen entstehen in Jahrtausenden, nur bei Massenbewegungen sowie entlang von Flüssen und Küsten können schnellere Änderungen erfolgen. Naturgemäß sind hier die Eingriffe des Menschen in die Naturlandschaft am stärksten wirksam. Rutschungen können als schnell ablaufende Vorgänge an Häufigkeit zunehmen. Vom Menschen direkt geschaffene Landformen sind Hohlformen von einem Tagebau, Abraumhalden sind seltener, da in den Tropen wenig unter Tage abgebaut wird. Im allgemeinen bestehen bei diesen Formen keine prinzipiellen Unterschiede zu den Außertropen. Allerdings wird oft beim Bergbau leider wenig Rücksicht auf die Umwelt genommen.

10.6.2 Überschwemmungsgebiete

Die stärkste Nutzung der Überschwemmungsgebiete erfolgt in Südostasien durch den Reisbau. Im natürlichen Überschwemmungsgebiet werden durch Dämme abgetrennte Felder überstaut, das Wasser wird in Kanälen geregelt zu- und abgeleitet. Das Gelände wurde eingeebnet, sofern Unregelmäßigkeiten bestanden. Erstaunlich ist der Terrassenbau an oft sehr steilen Hängen mit Zuleitung von Wasser durch Hanggräben nicht nur durch den hohen Arbeitsaufwand, sondern auch durch die anscheinend geringe Bodenerosion und Rutschgefahr. Bei diesem seit Jahrhunderten durchgeführten Anbau würde man erwarten, daß die Bodendecke weitgehend verschwunden ist. Bei sorgfältigem Anbau und Unterhaltung der Gräben und Dämme scheinen aber die Schäden relativ gering zu sein. Die intensiven Reisbaulandschaften sind wohl die am meisten vom Menschen gestalteten Agrarlandschaften, und die gepflegtesten. Der Tiefwasserreis (s.u. 13.4, Abb. 13.3) in Überschwemmungsgebieten von Seen und an Uferstreifen wird vermutlich als Sedimentfänger und durch organische Substanz zur Aufhöhung des Landes führen. Auch der Sumpfreis mag ähnliche Effekte haben.

Schwerwiegende Folgen kann eine Entwaldung im Bergland oder Gebirge haben, wenn dadurch größere Sedimentmengen freigesetzt werden. Diese werden häufig im Vorland entlang der Flüsse als Uferdämme wieder abgelagert, das Flußbett selbst erhöht sich. Daher fließt der Fluß dann über dem Niveau der Reisfelder. Bei Hochwasser und Dammbruch kann dieses zu großen Überschwemmungen und Schäden führen. Beispiele schildert WILHELMY (1975, 59) von Java. Zunehmende Überschwemmungen am Ganges und Brahmaputra werden vielfach der Bergbevölkerung des Himalaya angelastet, da sie durch Waldrodung den Abfluß erhöht hätten, durch Landnutzung die Bodenerosion und damit die Sedimentfracht in den Flüssen vergrößert hätten. MESSERLI et al. (1988) konnten zeigen, daß Letzteres für kleinere Einzugsgebiete zutreffen kann, aber nur 10% des erodierten Materials erreichen den Hauptstrom. Vor allem wurde der Abfluß kaum verändert. In großen Einzugsgebieten werden die Abflüsse von der Menge und Intensität der Niederschläge bestimmt. Von den Menschen im oberen Einzugsgebiet bewirkte Veränderungen scheinen sich dagegen kaum auszuwirken. Oft wird gerade bei großen Flüssen vergessen, daß eine Einschränkung des Überschwemmungsgebietes durch Dammbau sich in einer Eintiefung des Flusses und damit in einem schnelleren Abfluß auswirkt. Daraus resultiert oft unterhalb eine Erhöhung des Hochwassers, da der lokal erzeugte Hochstand noch nicht sinkt, wenn die Flutwelle von oben eintrifft. Das gilt in den Tropen ebenso wie in Europa, z.B. am Rhein, wo die Überschwemmungen in Köln häufiger und stärker wurden. Entwaldungen in kleinen Einzugsgebieten können sich bei entsprechenden Reliefverhältnissen aber auch in den Küstengebieten, insbesondere bei Hurricans auswirken, wie es NEUMEISTER & PERES-PEREIRAS (1992) von Kuba schildern.

Liegt der Fluß in einem natürlichen Aufschüttungsgebiet und wird er durch den Bau großer Dämme in seinem Bett eingeengt, so wird er damit zugleich festgelegt. Durch die Bodenfracht kann, vor allem in Deltas, das Bett erhöht werden. Andererseits ist das auf die Reisfelder geleitete Wasser meist weniger schwebbeladen als das ursprüngliche Überschwemmungswasser. Das natürliche Überschwemmungsgebiet wird darum weniger aufgehöht, mit denselben Folgen wie oben geschildert. Das ist wohl besonders in Bangladesch der Fall, wo das Wasser des Ganges bei Sturmfluten auf dem Meer noch zusätzlich zurückgestaut wird. Generell kann man sagen, daß bei den dicht besiedelten und genutzten Überschwemmungsgebieten Südostasiens die Eingriffe des Menschen am stärksten sind, zugleich sind Schäden bei Katastrophen am größten.

In Afrika sind die Überschwemmungsgebiete meist nicht besiedelt, sie werden vom Rand her als Weide genutzt und für einen Anbau etwa von Hirse beim Rückzug der Überschwemmung sowie am Flußrand für Gartenkulturen. Dort liegen auch temporäre Fischersiedlungen. Der Fischfang ist besonders begünstigt, wenn mit der beginnenden Überschwemmung die Fische zum Laichen das überflutete Gebiet aufsuchen und beim Rückgang des Wassers ihren Weg zum Fluß zurück finden. Dieses Nutzungsgefüge hat die Naturlandschaft relativ wenig verändert, wenn allerdings infolge eines größeren Reservoirs die Überschwemmungen ausbleiben, bricht das System zusammen. DRIJVER & MARCHAND (1986), die Überschwemmungsgebiete von sieben großen Flüssen in Afrika untersuchten, zeigen in einer Kosten-Nutzen-Analyse, daß die traditionelle Nutzung eventuell mit einer Bewässerung von 10–30 ha/Dorf günstiger ist als eine großräumige Umwandlung des Überschwemmungsgebietes in eine Bewässerungslandschaft. Allerdings diskutieren sie nicht das gerade in Überschwemmungsgebieten häufige Vorkommen der Erreger von Schlafkrankheit und Bilharziose.

10.6.3 Küsten

Küsten mit Mangroven oder Korallenriffen sind in der Regel relativ wenig verändert worden, da in beiden Fällen die Schiffahrt mit Ausnahme von kleinen Fischerbooten behindert ist. Große Häfen liegen in Flußmündungen oder in hügeligen Küstenabschnitten, wo Buchten, bevorzugt mit vorgelagerten Inseln, ausgenutzt werden wie im Fall von Hongkong, Singapur und Rio de Janeiro. Wird die Fläche bei der Ausdehnung der Siedlungen zu klein, kann das zu Maßnahmen der Landgewinnung führen (Abb. 10.8), die sonst in den Tropen kaum betrieben wurde. In Deltas kann eine quasinatürliche Landvergrößerung erfolgen, d.h. daß anthropogen bedingt die Sedimentfracht des Flusses erhöht wurde, die Ablagerung aber weitgehend unter natürlichen Bedingungen erfolgt. Dieser Vorbau kann günstige Effekte haben, wie die Bodenqualität verbessern, versumpfte Areale können aufgefüllt werden.

Bei Sandstränden mit Lagunen kann es in Hafennähe Schutzmaßnahmen durch Buhnen und Molen geben, wobei entsprechend der Strömung und der vorherrschenden Winde eine mehr oder minder starke Erosion erfolgt. Die Südküste Westafrikas ist den Angriffen des Meeres besonders stark ausgesetzt.

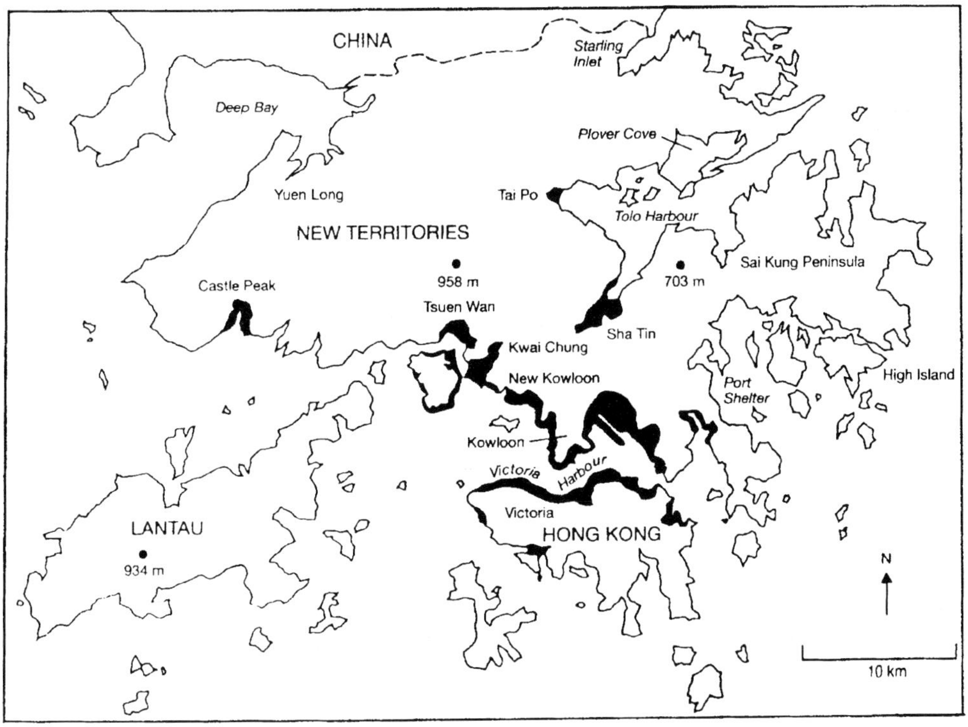

Abb. 10.8. Landgewinnung im Gebiet von Hongkong. Aus: Goudie 1994, 272.

10.6.4 Rutschungen

Unter natürlichen Bedingungen erfolgen in den Tropen Rutschungen vor allem in der feuchteren Zone und zwar in jungen Hebungsgebieten oder an jungen Vulkanen. Bei Letzteren können auch katastrophale Schlammströme entstehen. Diese Vorgänge werden häufiger und auch stärker, wenn der Mensch den lokalen Wasserhaushalt stört, sei es durch den Bau von Straßen oder Waldrodung. Aber selbst in Schildgebieten kann bei einer Veränderung der Bodenstruktur und der Zerstörung eines guten Porengefüges die Bewegung des Wassers im Boden unterbrochen werden, so daß es sich sammelt, was zur übermäßigen Durchfeuchtung führt, wodurch Rutschungen ausgelöst werden können. So sind in den Uluguru Bergen, Tansania, an Hängen um 40° in tiefgründigen gelb/roten kaolonitischen Tonen, die stark beackert wurden, nach einem Starkregen eine Reihe von Rutschungen entstanden. Nicht selten treten Rutschungen in Slumgebieten ein, da hier neben einem Wasserstau durch Bodenverdichtung zusätzlich Abwässer von den Bewohnern unkontrolliert eingeleitet werden. Da diese Siedlungen oft ungeplant entstanden sind, fehlen Ableitungen für das Regenwasser.

10.7 Desertifikation

Die Desertifikation hat seit Ende der 70er Jahre als Folge der großen Dürren im Sahel von 1969–73 viel Aufmerksamkeit gefunden. Der Begriff und damit das Bewußtsein dieser Problematik wurden 1977 durch eine UN-Konferenz in Nairobi verbreitet. Er bezeichnet eine Umweltzerstörung in Trockengebieten, als erstes sichtbar an der gestörten Vegetation. Durch den menschlichen Eingriff entstehen „wüstenartige Zustände und Bedingungen" (Mensching 1980, 20). Betroffen ist vor allem die semiaride Zone, aber auch der trocknere Teil der semihumiden Zone wie etwa in Nordaustralien (Abb. 10.9). Der Umfang der Schäden ist nicht nur von natürlichen Faktoren bestimmt, sondern auch von der Art und Intensität der Landnutzung, also indirekt von der Dichte der Besiedlung. Daher sind in den Tropen die Sahelzone und Ostafrika besonders betroffen. In Nordaustralien sind die Schäden dagegen relativ gering, denn bei einer stärkeren Degradierung der Vegetation geben die Rinderfarmer entweder auf oder reduzieren die Bestände beträchtlich. In Indien und Nordostbrasilien führt weniger eine ausgedehnte Viehzucht sondern der Regenfeldbau zu Schäden. Die Bevölkerungsvermehrung, oft Ursache der Desertifikation, führt bei größeren Schäden zu Wanderungen.

Die Weltkarte vermittelt ein Bild der möglichen Gefährdung, aber nicht der eingetretenen Schäden. Da die deutsche Forschung (insbesondere Mensching 1978, 1980, 1987, Ibrahim 1984, Giessner 1988, Klaus 1986) vor allem im Sahel konzentriert war, sind unsere Vorstellungen über die Desertifikation weitgehend von diesem Extremraum geprägt. Die englische Forschung ist nicht nur breiter gestreut (vgl. Grove 1977), sondern sieht die Schäden auch als weniger gravierend an. Das hängt zum Teil damit zusammen, daß ‚desert' nicht mit ‚Wüste' gleichzusetzen ist. Daher sind in der englischen Forschung auch weniger trockene Gebiete einbezogen, in denen Dürren sich weniger katastrophal auswirken und auch öfter mit feuchteren Jahren abwechseln. In der englischen Literatur steht daher vielfach die Variabilität der Niederschläge im Vordergrund. Außerdem ist zu bedenken, daß in den weniger trockenen Gebieten Schäden schneller ausheilen können. Allerdings ist die Gefahr der Grabenerosion, die Dauerschäden verursacht, hier wohl größer.

Am auffallendsten an der Desertifikation ist die Degenerierung der Vegetation, die besonders nach einer Reihe von Dürrejahren deutlich wird. Erstaunlich ist allerdings, wie schnell sich die Gras- und Krautschicht nach Jahren mit ausgiebigen Regen wieder regeneriert. Dabei

Abb. 10.9. Die angegebenen Gebiete wurden 1977 von der UNCOD (UN Commission on Desertification) für eine Desertifikation als gefährdet angesehen. Erfaßt sind auch Gebiete wie etwa in Australien, die kaum oder keine Schäden aufweisen. Aus: THOMAS & MIDDLETON 1994, 51.

wurden in Zentralaustralien nach sehr feuchten Zeiten Ende der achtziger Jahre auch Arten beobachtet, die man schon ausgestorben glaubte. Ist die Nutzung, sei es durch Beweidung oder durch den Anbau einigermaßen den ökologischen Bedingungen angepaßt, kann sich die Vegetation im allgemeinen erholen, wie SKOURI (1984) in Niger fand. Dabei haben Herbaceen eine größere Flexibilität als Phanerophyten (FRANKENBERG 1985). Wenn auch sudanische Arten im Sahel zurückgedrängt wurden, sind doch kaum saharische Arten eingedrungen. Einzelne Invader können vielmehr als Indikatoren der Desertifikation gelten, denn sie zeigen in der Synthese den Wandel der Geofaktoren (KLAUS & FRANKENBERG 1980).

Eine Überweidung ist besonders in der Nähe von Wasserstellen zu beobachten. Im Sahel haben Abspülung und Winderosion in diesen Gebieten oft zu einer Bodenverarmung, im Extremfall zu einer Grabenerosion geführt (MENSCHING 1980). Da vor allem Feinmaterial ausgeblasen wird (Abb. 10.10), ergibt sich eine schlechtere Bodenqualität. Im zurückbleibenden sandigen Oberboden entstehen mehr Grobporen, die Wasserhaltekapazität ist geringer, die schnellere und höhere Infiltration kann an dem oft vorhandenen Verdichtungshorizont zur Wasserkonzentration und so zur Grabenerosion führen. Die Bodenerosion ist besonders stark in den Grenzgebieten des Regenfeldbaus (um 500–600 mm Niederschlag), da hier bei der Beackerung die Oberfläche aufgerissen wird und somit der Boden den Schutz einer Verdichtung oder gar Verkrustung gegen die Winderosion verloren hat. Bei der Landwechselwirtschaft oder in Dürrezeiten sind die Ackerflächen zudem oft ohne oder nur mit geringem Vegetationsschutz den Winden ausgesetzt. Da der Regenfeldbau in vielen Gebieten ausgedehnt wurde, sind die Weideflächen eingeengt worden und werden daher übernutzt, zumal die gewachsene Bevölkerung mehr Tiere hält. Die Desertifikation ist also in diesen Gebieten stärker als im trockneren Teil des Sahel (MENSCHING 1980). Folge dieser Prozesse ist ferner ein gravierendes Absinken der Erträge (IBRAHIM 1984, 156). Eine Abhilfe könnte eine Aufforstung auch kleiner Flächen, vor allem von Schutzstreifen oder eine Agroforstwirtschaft bringen.

Eine umfangreiche Untersuchung zur Desertifikation wurde Anfang der achtziger Jahre in Nordkenia durchgeführt (LUSIZI & GLASER 1984), wo in der Umgebung von Wasserstellen größere Schäden zu beobachten waren, in den Gebieten dazwischen jedoch noch gute Weidemöglichkeiten bestehen. Nach Befragungen wünschten die Viehzüchter in der Reihenfolge der Priorität: Wassererschließung, verbesserte Märkte für den Absatz, medizinische Versor-

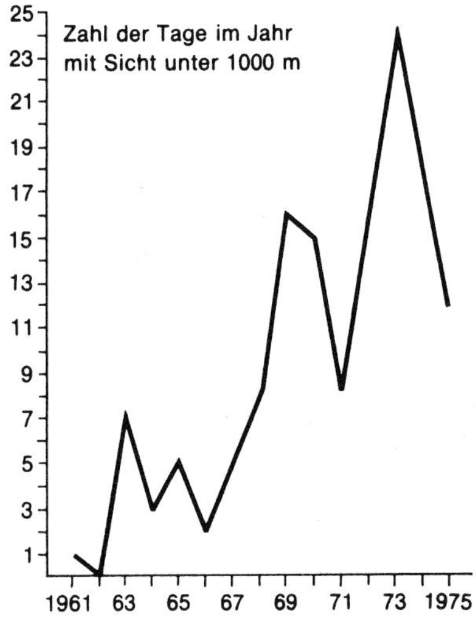

Abb. 10.10. Wenn die Sicht in El Fasher (Dafur/Sudan) unter 1000 m fällt, hat die Staubmenge in der Luft stark zugenommen. In der Kurve zeichnet sich sowohl die Dürre, die Ende der sechziger Jahre gravierend wurde, als auch die Desertifikation ab. Aus: MENSCHING 1978, 102.

gung, Veterinärdienst, Verbesserung der öffentlichen Sicherheit, gute Führung zur Zusammenarbeit aller Stammesmitglieder, Hilfe bei Dürren. Von den Autoren der UNESCO wird vermerkt, daß anscheinend der Bedarf nach einer kontrollierten Beweidung, einer Vorsorge etwa in Form eines Sparens in der Bank statt einer Vermehrung der Hufe, und vor allem die Festlegung der Landrechte von der Bevölkerung nicht als vordringlich angesehen wird.

Eine flächendeckende Wasserversorgung in dem Gebiet würde eine Wasserstelle pro 25 km^2 bedeuten, was von den Grundwasserverhältnissen her wohl möglich wäre, aber es müßten dann 400 neue Brunnen gebaut werden, was selbst bei Handarbeit $1,2 Mio. kosten würde. Das ergäbe ein zu geringes Kosten-Nutzen-Verhältnis. So hat man nur wenige Brunnen geschaffen, aber eine überwachte Weiderotation vorgeschlagen, aus der geschädigte Flächen zunächst ausgenommen wurden. Ergänzend sollen künstliche Zäune eingeführt werden, damit das Holzsammeln für die Einfriedungen der Korale eingeschränkt wird. Transport, Vermarktung und Forschung sollen verbessert werden.

Desertifikation durch Übernutzung hat also viele Aspekte. Sie wird letztlich wesentlich ausgelöst durch die Bevölkerungsvermehrung. Daneben wird diskutiert, welchen Anteil eine mögliche Klimaänderung an der Austrocknung haben kann (u.a. Diskussion nach MENSCHING 1980). Da in den Gebieten wo die Desertifikation auftreten kann, die Variabilitäten der Niederschläge sehr hoch sind (s.o. 2.7), ist der Nachweis von Klimaänderungen bislang kaum möglich. THOMAS & MIDDLETON (1994) bezeichnen die Desertifikation daher als Mythos, entscheidender für das Auftreten von Hungersnöten seien politische Instabilität und Auseinandersetzungen. In Mozambique nennen die Bauern die Guerriglioros die „Heuschrecken-Menschen" (ebd. 156). MENSCHING (1996) weist in seiner Besprechung dieses Buches daraufhin, daß nicht die Frage klimatisch oder anthropogen bedingte Desertifikation entscheidend sei, sondern die Forschung aufzeigen müsse, welche Auswirkungen der Eingriff des Menschen in das aride Ökosystem hat. Wie schwierig es ist, Dauerschäden festzustellen, läßt sich am besten an der außertropischen Parallele der dust bowl im Westen der US illustrieren. ISAIAH BOWMAN hat schon 1936 darauf hingewiesen, daß bei einer ausgeprägten Dürre der Untergang prophezeit wird, nach einer Reihe von feuchteren Jahren sollen Schattenbäume, Windschutzstreifen und sogar das Umbrechen des Bodens Mirakel in der Nutzung der ‚desert' bewirken. Die Beurteilung schwankt also von einem Extrem zum anderen.

10.8 Veränderungen des Klimas

Es ist heute weitverbreitet, von einer generellen Erwärmung der Atmosphäre, dem ‚global warming' zu sprechen, was vor allem durch die Zunahme des CO_2-Gehaltes hervorgerufen werden soll. Daher wurde auf den CO_2-Haushalt und die Rolle der Tropen in diesem ausführlich eingegangen (s.o. 8.7). Solange aber der Verbleib von 2 der 7 Gt CO_2 ungeklärt ist, man also den Haushalt, sowohl was die Quellen als auch die Senken angeht, noch nicht genau kennt, lassen sich Auswirkungen auf die Atmosphäre in den Ursachen wohl kaum näher angeben. Ebenso scheint mir bislang der Einfluß des gestiegenen CO_2-Gehaltes auf das Klima nicht näher faßbar.

Wie im Kapitel Klimaänderungen (s.o. 9.5) dargelegt wurde, sind auch in historischer Zeit unter natürlichen Bedingungen Schwankungen der Temperatur von 1°–2° im Mittel möglich, die aus Zeugnissen der Paläoklimatologie abgeleitet wurden. Das ist aber auch die Schwankungsbreite der Temperatur, die aus langen Meßreihen außertropischer Stationen abgeleitet wurde. Diese Reihen beginnen meist Mitte des 19ten Jahrhunderts, als die kaum vom Menschen beeinflußten Temperaturen niedrig waren. Es ist also ein natürlicher Anstieg nur schwer von einem anthropogen hervorgerufenen zu trennen. Weitere Indikatoren sind ebenfalls nicht eindeutig: Ein genereller Anstieg des Meeresspiegels läßt sich wegen der holozänen Schwankungen und der Deformationen des Geoids (u.a. RATHKE 1990) kaum nachweisen, einem Gletscherrückzug in den Alpen steht eine Ausdehnung des Eises in Alaska gegenüber. Häufigkeit und Verbreitung von Wirbelstürmen zeigen ebenfalls natürliche Schwankungen (s.o. 9.3), das El-Niño Phänomen sollte eher bei einer Abkühlung intensiver sein (s.o. 9.5.3). Außer dem CO_2-Gehalt wird das Klima durch die Landnutzung sicher auch in weiteren Parametern beeinflußt: Albedo, Aerosole und Spurengase nehmen zu, was gegenläufige Effekte in bezug auf die Erwärmung haben kann (JACOBEIT 1991). Die Evapotranspiration ist in den Außertropen auf Ackerflächen gegenüber dem Wald geringer, was aber für die Tropen wohl nur bedingt zutrifft (s.o. 3.10).

Die Auswirkungen einer globalen Erwärmung auf das Klima der Tropen sind wohl noch nicht abzusehen, sie werden auch in den einzelnen Gebieten ebenso unterschiedlich sein wie die paläoklimatischen Änderungen. Auf Widersprüche von Klimamodellen zu paläoklimatischen Daten wurde hingewiesen (9.5). Höhere Temperaturen könnten mindestens in den inneren Tropen eine vermehrte Verdunstung und damit eine stärkere Bewölkung hervorrufen, was die Einstrahlung und Erwärmung vermindern würde. Ähnlich würden Vulkanausbrüche wirken. Weitgehend unbekannt ist bislang die Reaktion der Ozeane. So kann man nur FRANKENBERG (1990, 42) zustimmen: „Wirkliche Klimaprognosen lassen sich daher nicht aufstellen.“ ....“aber daß Vermeidungsstrategien entwickelt und realisiert werden sollten, bevor die Wirklichkeit die Modelle einholt...“ Insbesondere ist unbekannt, wann Schwellenwerte überschritten werden (s.o. 9.5.4), was zu einer verstärkten Vorsicht mahnt.

11 Ökologische Gunst oder Ungunst der Tropen

11.1 Charakteristika

Der größte Gunstfaktor in den Tropen ist die ganzjährig hohe Einstrahlung, die gleichbleibend hohe Temperaturen bedingt und daher außer in Hochgebirgen einen Kälteschutz durch Heizung und Kleidung überflüssig macht. Die mit der Einstrahlung verbundene Energie fördert das Wachstum und die Reife, so daß 3–4 Ernten möglich sind, die Vegetation sich schnell regenerieren kann. Das Potential der Flora und Fauna ist nur in Ansätzen bekannt. Die Bodenfruchtbarkeit ist räumlich sehr unterschiedlich groß, prozentual sind fruchtbare Böden wohl ebenso weit verbreitet wie in den Außertropen. Ein wesentlicher Vorteil ist die hohe Gefügestabilität und das hohe Porenvolumen vieler tropischer Böden, was eine gute Durchlüftung und Wasserzügigkeit bedeutet, woraus wiederum ein lateraler Transport von Nährstoffen und eine gute Drainage resultiert. Die Bodenerosion ist eine geringere Gefahr als in den Subtropen.

Ungünstig ist die weite Verbreitung von Krankheitskeimen und deren schnelle Vermehrung auf Grund der hohen Temperaturen. Von den Naturkatastrophen sind die Wirbelstürme für einige Gebiete der Tropen typisch, Erdbeben und Vulkanausbrüche sind ebenso häufig wie Überschwemmungen, sie sind aber nicht spezifisch für die Tropen. Manche Flüsse können auf Grund des flachen Reliefs sehr weit ausufern. Ein genereller Nährstoffmangel kann ebenso wenig postuliert werden wie ein geschlossener Kreislauf, von dem der Regenwald leben soll. Die große Schwankungsbreite einiger natürlicher Parameter zeigt die Vielfältigkeit der Tropen. Eine integrierte Betrachtung aller Geofaktoren kann eine Landschaft besser charakterisieren als ein einzelner Faktor wie etwa der Nährstoffmangel.

Umweltprobleme und die Fragen einer nachhaltigen Entwicklung sind in den Tropen ebenso gegeben wie bei uns. Generell ist die Umweltbelastung in den Tropen geringer, sie kann allerdings in den Millionenstädten sehr groß sein. Eine moderne nachhaltige Entwicklung ist erst in Ansätzen erkennbar.

11.2 Einleitung

Es mag ein unbewußtes Erbe der Kolonialzeit sein, daß die Tropen als Ergänzungsraum für die Industrieländer angesehen werden. Jedenfalls werden von hier aus viele Fragen gestellt und auch beantwortet, die die Umwelt und das Potential betreffen. Dabei spielt naturgemäß eine Rolle, daß die Wissenschaft in den Industrieländern weiter fortgeschritten ist, viele Kollegen aus den Tropen auch dort ausgebildet wurden. So werden unsere Maßstäbe generell angewendet, ohne daß das andere Wirkungsgefüge der Tropen berücksichtigt oder erkannt wird.

Ein besonderes Beispiel dafür ist ‚die ökologische Benachteiligung der Tropen', die WEISCHET (1977) postuliert hat, wobei er sich im wesentlichen auf einen geringen Mineral- bzw. Nährstoffgehalt vieler Oberböden bezieht. Da die Bodenfruchtbarkeit als ein so wesentlicher

Faktor herausgestellt wurde, wird im folgenden ausführlich darauf eingegangen. Ergibt sich hier bereits, daß man nicht von einer allgemeinen Benachteiligung sprechen kann, so zeigen Werte für einige physiogeographische Parameter, deren Extreme genannt werden, die aber ihr Schwergewicht im mittleren Bereich haben, die Diversität der tropischen Natur. Das natürliche Potential läßt sich durch gemessene Daten wenigstens bislang nicht fassen und auch durch Einzelkriterien wie etwa die Bevölkerungsdichte schlecht beschreiben, sondern nur durch Beachtung aller sechs Geofaktoren abschätzen. Unbekannt ist bislang, wie sich Umweltbelastungen auf Dauer auswirken werden, ob und wie schnell eine nachhaltige Entwicklung erreicht werden kann.

11.3 Bodenfruchtbarkeit

11.3.1 Einleitung

Die Bodenfruchtbarkeit wurde Mitte des vorigen Jahrhunderts bei uns durch die Mineraldüngung entscheidend verbessert. Im Zusammenhang damit und in der Folge wurde vor allem die chemische Zusammensetzung der Böden untersucht, bis Anfang dieses Jahrhunderts von Rußland kommend die Bodengenese auch die physikalischen Eigenschaften der Böden stärker zur Beachtung brachte. Da die Minerale, bzw. die Nährstoffe im gleichen Bodentyp in bezug auf das Relief in den Außertropen relativ gleichmäßig verbreitet waren, hat man die Bodenuntersuchung auf vertikale Profile konzentriert. Da ferner die Nährstoffe meist reichlich vorhanden waren, wurde der laterale Transport wenig beachtet.

Diese Vorstellungen wurden auch auf die feuchten Tropen übertragen. Die Armut an Nährstoffen im Boden der immerfeuchten Tropen fand schnell ihre Erklärung: bei der hohen Feuchte und den hohen Temperaturen ist die Verwitterung und die Auslaugung intensiv. Die Diskrepanz zu der üppigen Vegetation, der hohen Biomasse, versuchte man durch einen geschlossenen Kreislauf zwischen Humusdecke und Vegetation zu erklären. Proctor hat aber schon 1983 betont, daß in bezug auf die Nährstoffversorgung eine breite Skala besteht, kaum eine Korrelation mit der Biomasse gegeben ist. Er nennt viele Gegenbeispiele zur damals gängigen Meinung eines allgemein engen Nährstoffhaushaltes in den Tropen. Medina & Cuevas (1989) zeigten selbst für die verarmten Böden am oberen Rio Negro, daß sie durchaus nicht generell oligotroph sind, sondern in Abhängigkeit von der Nährstoffspeicherung und der Zufuhr durch Überflutung in ihrer Fruchtbarkeit variieren.

Mit zunehmender Kenntnis ergab sich ein mindestens so stark differenziertes Bild wie in den Außertropen. Sanchez & Logan (1992) haben überschlägig berechnet, daß in bezug auf die anteilige Verbreitung fruchtbarer Böden kein großer Unterschied der Zonen zwischen den Wendekreisen und denen polwärts davon besteht (vgl. auch Finck 1971). Für 64% der tropischen Böden bestünde kein Nährstoffmangel. Hier sind allerdings auch die wechselfeuchten und die trockenen Tropen eingeschlossen, in denen frische Minerale reichlicher vorhanden sind. Aber die Beschränkungen der Fruchtbarkeit beruhen in den Tropen auf anderen Faktoren als in den Außertropen. Sanchez et al. (1982) nennen 5 Einteilungen für die Textur und damit die Wasserbewegung sowie weitere 15 Modifikatoren für das „Fertility Capability Soil Classification System“ (FCC). Letztere betreffen außer den Nährstoffen und ihrer potentiellen Fixierung, das Bodenwasser und dessen Bewegung, was außer von der Textur vom Klima und von der morphologischen Lage bestimmt wird. Weitere Systeme zitiert Finck (1971, 120).

Sanchez hat sich mehrfach gegen die Vorstellung von der Unfruchtbarkeit tropischer Böden gewendet. Mit Lal zusammen (Lal & Sanchez 1992) wurden Beiträge eines großen internationalen Symposions von Agronomen, Bodenkundlern und Hydrologen unter dem Titel „Myths and Science of Soils of the Tropics“ publiziert. Es sind vor allem zwei Argumente, die gegen eine allgemeine Unfruchtbarkeit in den Tropen sprechen: die große Variationsbreite der Böden und die Existenz eines erfolgreichen nachhaltigen Bodenmanagements in vielen Ökosystemen (SANCHEZ & LOGAN 1992, 35f.). Reis wird seit vielen Jahrhunderten auf gleichen Flächen angebaut, wobei wohl oft eine laterale Zufuhr von Nährstoffen eine Rolle spielt (BREMER 1989). Wichtig ist ja weniger der Mineralbestand des Bodens als was in der Verwitterungslösung den Wurzeln zur Verfügung steht, was also im Bodenwasser zirkuliert. Eine laterale Stoffbewegung ist in den Tropen viel bedeutender als bei uns, wie sich aus den geomorphologischen Formen erschließen läßt (s.o. 5.4, BREMER 1995) und durch den hohen Gehalt stabiler Poren erklären läßt.

11.3.2 Nährstoffversorgung

Calcium (Ca), Kalium (K), Stickstoff (N), Magnesium (Mg) und Phosphor (P) sind die Hauptnährstoffe, die für das Pflanzenwachstum notwendig sind. Abb. 11.1 gibt einen Überblick über den Nährstoffzyklus in einem Bergregenwald (2500 m) in Neuguinea. Die Hauptzirkulation erfolgt durch die aufnehmenden Wurzeln, das mehr oder minder starke Wachstum der Pflanze, wie es in der Biomasse deutlich wird, den Fall der Blätter, Blüten, Früchte, kleinen Äste, zusammen als Feinstreu bezeichnet, dicke Äste und Stämme (Grobstreu, die wegen des episodischen Fallens nur schwer zu erfassen ist), der Zersetzung im Boden und die Wiederaufnahme durch die Wurzeln. Zugeführt werden Nährstoffe zum einen aus dem Untergrund durch die Verwitterung, zum anderen durch Regen und Aerosole im Kronendach. Dabei hat das Tropfwasser etwas höhere Werte, da etwas auch aus der Biomasse ausgelaugt wird. Eine Ausfuhr aus dem System erfolgt durch Boden- und Grundwasser, beim Brennen werden vor allem Stickstoff und Kalium fortgetragen.

In den Tropen besteht häufiger ein Mangel an P, da diese Ionen oft durch Eisenoxide/hydroxide fixiert sind (u.a. SANCHEZ et al. 1982). Ebenso können die Kaliumreserven gering sein, da dieses Mineral besonders mobil ist, während viele Böden Aluminium (Al) im Überschuß haben. Eine Al-Toxität scheint aber nur bei besonders sensitiven Pflanzen wie etwa Baumwolle bedeutend zu sein, Teepflanzen brauchen sogar Aluminium. Spurenelemente können natürlich auch in den Tropen Mangelerscheinungen hervorrufen, doch ist dieses noch wenig erforscht. Generell ist erst in Ansätzen bekannt, welche Pflanzen als Anzeiger für bestimmte Nährstoffverhältnisse dienen können, bzw. welche einen Mangel anzeigen (vgl. u.a. WHITMORE 1989). Selbst für die „Heidevegetation“ = amazonische Caatinga oder Kerangas (Land auf dem kein Reis wächst) in Südostasien, eine gegenüber dem Regenwald verarmte Vegetation, ist nicht geklärt, ob sie durch Nährstoffmangel, zeitweiligen Wassermangel oder durch Hitzestress verursacht wird (WHITMORE 1989, 1993). Da sie auf sandigen Oberböden stockt, sind die drei Faktoren auch miteinander verbunden. Merkwürdigerweise scheinen aber bei San Carlos auf den Podsolen relativ hohe Phosphorwerte vorhanden zu sein (MEDINA & CUEVAS 1989). Ein Vergleich unterschiedlicher Wälder in den Tropen und den Außertropen zeigt in den Werten für die Nährstoffe Ähnlichkeiten (KLINGE 1976, 1976 a). In den angeführten Beispielen sind im Amazonasgebiet Kalium, Calcium und Magnesium vorwiegend, aber nicht ausschließlich in der Vegetation gespeichert, in den Außertropen auf und im Boden. Abb. 11.2 zeigt neben den absoluten Werten der Nährstoffe ihre prozentuale Verteilung über und unter der Erde in Biomasse und Boden. Trotz großer Varianzen läßt sich generell festhal-

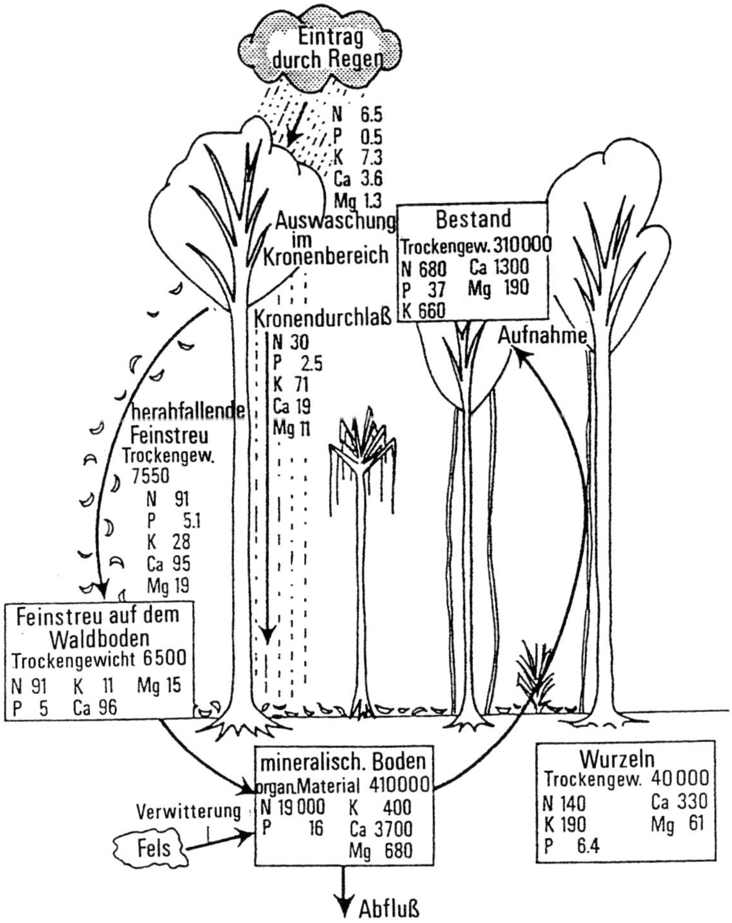

Abb. 11.1. Nährstoffzyklus in einem Bergregenwald in Neuguinea nach EDWARDS, zit. n. WHITMORE (1993, 171). Stickstoff, Calcium und Magnesium sind im Boden reichlicher vorhanden als in der lebenden Biomasse, N wird im Boden zum Teil fixiert sein, da die oberirdische Biomasse geringere Werte aufweist. P und K werden offenbar schnell zirkuliert, da relativ hohe Werte im Bestand auftreten. Das organische Material im Boden besteht vor allem aus Destruenten (Zersetzern), zum größten Teil aus Termiten und Pilzen. Nicht eingetragen ist der Ein- und Austrag von Nährstoffen durch Boden- und Grundwasser.

ten, daß die hohen Anteile unter der Oberfläche die Vorstellung von einem geschlossenen Kreislauf zwischen lebender und toter organischer Substanz widerlegen.

Der Eintrag durch Tropfwasser ist groß genug, um Aufsitzerpflanzen zu versorgen. MEDINA & CUEVAS (1989) schätzen, daß bei San Carlos bis zu 20% des Bedarfs an P und K, bis zu 10% des N, Ca, Mg aus dem Regen kommen. Bei Manaus fanden NORTHCLIFF & THORNES (1978) eine höhere Ionenkonzentration im Tropfwasser als im Bach. FURCH & KLINGE (1989) beobachteten eine Abfolge des Nährstoffgehaltes von Blättern über Rinde, Holz bis zum Bachwasser. Nach EDWARDS (1982) sind 5–20% der Nährstoffe in der Blattstreu und im Tropfwas-

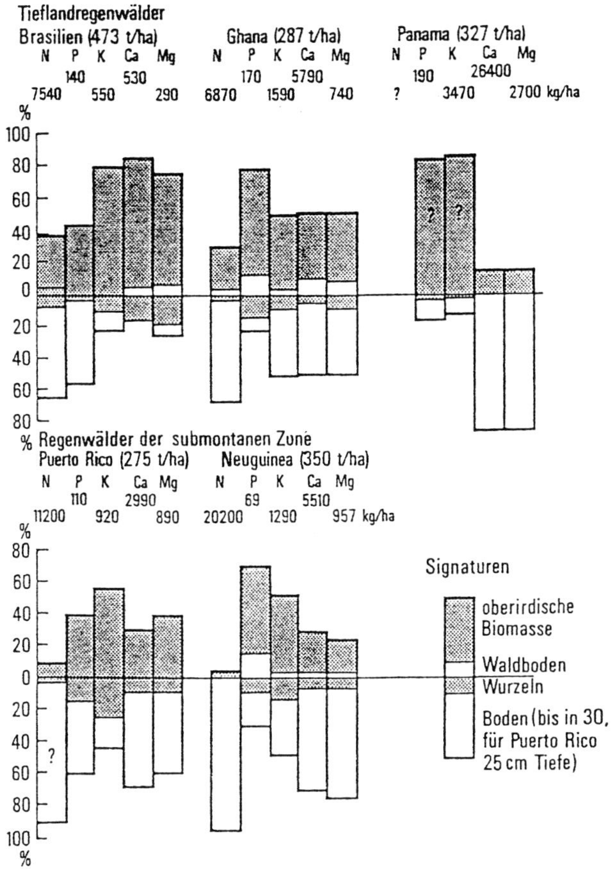

Abb. 11.2. Die Verteilung der anorganischen Nährstoffe über und unter der Erdoberfläche zeigt, daß der tropische Wald keineswegs nur aus sich selbst lebt. Eine Zufuhr aus dem Boden kann in unterschiedlich starkem Maße, aber offenbar ausreichend erfolgen. Darauf weist die Biomasse (in Klammern in t/ha), die in Brasilien bei geringen absoluten Werten der Nährstoffe am höchsten ist. Nach: WHITMORE 1993, 171.

ser enthalten, d.h. es erfolgt ein schneller Umsatz. Der Eintrag schwankt im Laufe des Jahres mit den Niederschlägen, wobei die höchsten Werte nach einer trockeneren Zeit erreicht werden (BERNHART-REVERSAT 1975).

Bei Starkregenabfluß zeigen die Nährstoffe außer Kalium eine geringere Konzentration als normal (KENWORTHY 1971). Die schnelle Reaktion des Abflusses erklärt sich durch den Interflow, der in den Grobporen zirkuliert und hier relativ wenig Nährstoffe auswäscht. In Feinporen und nahe der Verwitterungsfront (s.o. Abb. 3.10) können durchaus pflanzenverfügbare Nährstoffe vorhanden sein, wenn auch das Bachwasser eine sehr geringe Konzentration davon aufweist (NORTCLIFF & THORNES 1978, 1989). Die Wasserbewegung ist möglich durch die hohe Porenstabilität, auf die auch SOLLINS (1989) hinweist. Bei der Zersetzung der organischen Substanzen werden im Laufe der Zeit unterschiedlich viel Nährstoffe freigesetzt, wobei die Raten für die einzelnen Minerale variieren, das Recycling also unterschiedlich schnell erfolgt. Insgesamt kann man für die Umwandlung der Streu bei San Carlos mehr als ein Jahr ansetzen (MEDINA & CUEVAS 1989). Die beiden Autoren berichten von Versuchen mit radioaktivem P und Ca, das bei San Carlos auf den Boden aufgebracht wurde, aber nur in den ersten 1–2 Monaten und auch nur relativ wenig ausgewaschen wurde.

Diese Beispiele zeigen, daß am gleichen Standort im zeitlichen Ablauf unterschiedliche Nährstoffmengen gemessen werden. Auch räumlich können sich schnelle Änderungen ergeben. Betrachtet man die Nährstoffmessungen bei verschiedenen Böden und Vegetation, so sind die Schwankungsbreiten auf einem Standort oft größer als die Unterschiede zum anderen Standort (vgl. z.B. FURCH & KLINGE 1989), auch wenn diese sich so sehr unterscheiden wie Varzea und Terra firme bzw. Igapo. WHITMORE (1989, Fig. 1) vergleicht Angaben über Nährstoffe aus Wäldern und Heidevegetation von Asien, Afrika, Lateinamerika mit solchen von Mulu auf Sarawak und findet zwar vielfach eine geringere Konzentration bei der Heidevegetation, aber immer auch Fälle einer noch geringeren Ionenbelegung bei anderer Vegetation. Bodenuntersuchungen im östlichen Tiefland von Kolumbien zeigen nur geringe Unterschiede der Nährstoffe zwischen den einzelnen Böden mit Ausnahme deutlich höherer Werte für die rezenten Überschwemmungsgebiete. Bei Ober- und Unterboden sind die Schwankungsbreiten von je 2–9 Messungen größer als die Differenzen der Mittelwerte zwischen den Standorten (DUIVENVOORDEN & LIPS 1995). Da sich außerdem die Konzentration in der Biomasse im Laufe des Jahres ändert, sind die aufwendigen Messungen der Nährstoffe nur schwer zu beurteilen. BRUIJNZEEL (1989) weist darauf hin, daß die Messungen aus unterschiedlichen Gebieten kaum vergleichbar sind.

11.3.3 Wurzeln und Humus

Die Vorstellung über die Unfruchtbarkeit tropischer Böden beinhaltet auch die Annahme einer vollständigen Aufnahme der Nährstoffe aus der toten Biomasse, in der Regel über die Humusbildung. Generell gesehen sind die Humusgehalte tropischer Böden trotz üppiger Vegetation nicht höher als in den Außertropen, was an dem schnellen Umsatz liegt. Für Oxisole und Ultisole, den roten Böden, die am weitesten verbreitet sind, reichen die Humusgehalte im allgemeinen aus und sind höher als zumeist erwartet wird (SANCHEZ 1989). Mißt man den Blattfall sowie Äste, Früchte etc. im Laufe eines Jahres und vergleicht dieses mit der organischen Auflage am Waldboden, der Streu, so ergibt sich die Umsatzrate (vgl. WHITMORE 1993, 172f.), die zwischen 3,5 und 16 Monaten (Bergwald in 1650 m Höhe) schwankt (ähnliche Werte auch in ESSER & LIETH 1989), was sich nicht wesentlich von den Außertropen unterscheidet, zum Teil aber auch schneller abläuft. Möglicherweise erfolgt eine schnellere Streuabnahme bei hohen Temperaturen mit steigenden Niederschlagsmengen (ESSER & LIETH 1989). Das gilt aber nur bis etwa 2000 mm Jahresniederschlag. Im Tiefland von Südostkolumbien fanden DUIVENVOORDEN & LIPS (1995) eine mittlere Verweildauer des organischen Materials von 1.0 a im Überschwemmungsgebiet, von 10,2 a auf einem Sandsteinplateau, ohne tote Feinwurzeln lauten die Werte 0,9 und 3,5 a. Höhere Werte für den Streuanfall, der zwischen 0,68 und 1,07 kg/m² Jahr variiert, finden sich auf den nährstoffreichen Standorten. Die Mächtigkeit der Humushorizonte schwankt ebenso wie die Streumenge und Zersatzdauer. Die Nährstoffe verhalten sich unterschiedlich. Ca, Mg, K nehmen in den Humushorizonten nach abwärts ab, d.h. sie werden zunehmend mobilisiert, P und N nehmen dagegen zu, sie werden also zum Teil immobilisiert. Insgesamt unterscheiden die beiden Autoren 8 Humusformen, die sich aber nicht in die außertropische Systematik einordnen lassen.

In mineralischen Böden nimmt die Wurzeldichte mit einer Nährstoffarmut zu (s. auch oben 8.6). Bei den armen Standorten nahe San Carlos ist die Wurzeldichte nahe oder sogar über der Oberfläche mit 132 t/ha sehr hoch (KLINGE & HERRERA 1978). Es erfolgt also eine Art Ausgleich für die Nährstoffarmut, indem das Netz für ihre Aufnahme verdichtet wird. Insgesamt kann aber das Gewicht der Wurzeln in Latosolen (Oxisole bzw. Ultisole) höher sein als in Podsolen, wie KLINGE (1976) bei Manaus fand. Die Respiration im Boden sieht JORDAN (1991) als Maß für die Aktivität der Wurzeln und der Destruenten an. Sie ist in den feuchten Tropen sehr hoch, wodurch viel Kohlensäure produziert wird. Die bei deren Aufspaltung freiwerdenden H_2-Ionen ergeben ein hohes Potential für die Auslaugung (JORDAN 1991).Wenig geklärt ist die Bedeutung von Pilzen an den Wurzeln insbesondere aus der Familie Mycorrizha. Wahrscheinlich fördern sie die Phosphoraufnahme (u.a. ALEXANDER 1989).

Zwar erfolgt eine sehr schnelle Dekomposition der organischen Substanzen, aber die Auswaschung ist nicht so groß, wie man annehmen möchte, weil Mikroaggregate, z.B. Kotballen gebildet werden (BECK et al. 1997). Über das Verhalten und die Verweildauer mobiler Ionen im Boden ist in den Tropen noch relativ wenig bekannt. Kaolinit als das vorherrschende Tonmineral hat eine nur geringe Sorptionskapazität. Man geht daher davon aus, daß vor allem der Humus Sorptionsträger ist. Möglicherweise erfolgt daneben aber auch ein schnellerer Umsatz bzw. eine geringere Speicherung. Eine zu geringe Kationenaustauschkapazität (KAK) sehen SANCHEZ & LOGAN (1992) für nur etwa 5% der Tropen, bzw. 11% der vollhumiden Tropen, vor allem bei sandigen Böden gegeben. Der Gesamtgehalt an Kohlenstoff variiert in ähnlichem Ausmaß wie in den Außertropen, ebenso das C/N Verhältnis (ebd. 42f.).

11.3.4 Räumliche Differenzierung und Überlebensstrategien der Vegetation

Zonal kann man den Unterschied machen zwischen den immerfeuchten Tropen, in denen ein Nährstoffmangel limitierend wirken kann und den wechselfeuchten Gebieten, wo eher der Wassermangel hemmend für das Pflanzenwachstum ist. Man kann aber nicht wie BURNHAM (1989) von einem geschlossenen, im Gegensatz zu einem offenen, System sprechen, da überall, wenn auch in unterschiedlichem Maße eine Nährstoffzufuhr und -abfuhr erfolgt. Nährstoffe und Wasser als die beiden wichtigsten Faktoren für das Pflanzenwachstum sind auch innerhalb der beiden Zonen in unterschiedlicher Weise kombiniert.

In den immerfeuchten Tropen ist ein reicher Boden meist gut strukturiert, hat also eine gute Wasserbewegung und Durchlüftung. Die Wasserhaltekapazität ist wegen der Feinporen und des Ionenreichtums relativ gut. Böden mit einem Tongehalt von 15% und mehr haben wegen der Aggregatbildung (s.o. 6.5) meist eine gute Struktur, insbesondere wenn Eisen zusätzlich stabilisierend wirkt. Daher erfolgt die Wasserbewegung zügig, zumal meist auch bei tonreichen Böden im Gegensatz zu den Außertropen ein hohes Porenvolumen ausgebildet ist. Ungünstig sind sandige Böden, vor allem wenn sie nährstoffarm sind. Bedingt zudem die morpholgische Position eine rasche Wasserabfuhr, besteht neben fehlenden Nährstoffen zeitweise ein Wassermangel. Dieser führt zwar kaum zu mehrwöchigen Dürren, bedingt aber eine Auslese der Vegetation in Richtung auf xeromorphe Arten. Auf der Gran Sabana in Südvenezuela, einem Sandsteinplateau, Niederschläge um 2000 mm/Jahr, ist eine meist nur bis 1 m hohe Busch- und Krautvegetation mit vielen xeromorphen Zügen oder mit niederen Gräsern regional verbreitet. Im Amazonasgebiet ist die Bana nur fleckenhaft im Hochwald ausgebildet. In beiden Fällen handelt es sich nicht nur um sandige, sondern auch um extrem verarmte Böden infolge einer sehr alten (Gran Sabana sogar prätertiären) Boden- und Reliefentwicklung. Bei Wasserzufuhr in den muldenförmigen Talanfängen der Gran Sabana oder an den Stufen in Runsen wächst Wald (Abb. 11.3). Hier werden nicht nur Wasser, sondern damit auch Nährstoffe zugeführt (BREMER & SCHNÜTGEN 1984).

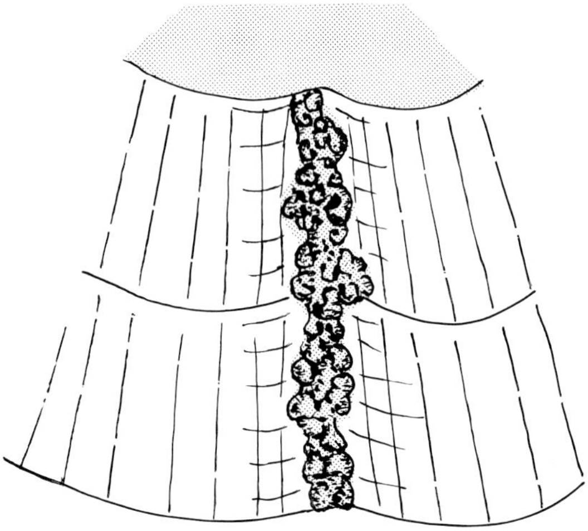

Abb. 11.3. Die Verbreitung von Wald und Savanne im Gebiet der Gran Sabana von Süd Venezuela zeigt eine eindeutige Abhängigkeit von der Durchfeuchtung, die durch zudringendes Grund- und Bodenwasser bedingt ist. Es ist anzunehmen, daß damit auch Nährstoffe herangeführt werden. Zeichnung nach Luftbild, vgl. auch Zeichnungen von SCHNÜTGEN in BREMER & SCHNÜTGEN 1984. Vgl. auch Abb. 6.5.

Eine besondere Vegetation ist auf nassen Standorten anzutreffen. Das sind weniger vernäßte Böden als jahreszeitlich überflutete Standorte. An sich sollte man annehmen, daß dabei vom Fluß Nährstoffe herangebracht werden. Bei sehr breiten Überschwemmungsgebieten steigt das Wasser aber oft in den randlichen Arealen von unten auf und kann dann relativ nährstoffarm sein. Das gilt z.B. für die Igapo Wälder entlang des Amazonas.

Abgesehen von diesen Ausnahmen ist aber noch relativ wenig über eine Differenzierung des Regenwaldes auf Grund der Nährstoffe bekannt. PROCTOR (1983) sieht eine geringe oder in Einzelfällen sogar negative Korrelation zwischen Nährstoffgehalten und Menge der Biomasse. Nach AWETO (1981b) soll diese Beziehung inclusive des Humusgehaltes dagegen gut ausgebildet sein. In Nordostaustralien fanden BRASELL et al. (1980), daß die Streu auf reicheren Böden mehr Nährstoffe aufweist, über das Jahr ist aber kein signifikanter Unterschied der Mineralzufuhr zum Boden zwischen den Standorten zu erkennen. Die eingehendste Untersuchung führten DUIVENVOORDEN & LIPS (1995) durch. Auf 95 Testflächen wurden nicht nur die Nährstoffe sondern auch die Wasserverhältnisse im Boden und Überflutungen sowie die Vegetation mit 1077 Spezies erfaßt. Je nährstoffreicher ein Boden ist, desto mehr Arten sind unter sonst gleichen Bedingungen zu finden. Allerdings gilt dieses nicht für das Überschwemmungsgebiet. In höherem Gelände (ich vermute, den ältesten Reliefeinheiten) ist die Spezieszahl besonders hoch.

Standortunterschiede sind im Regenwald bei der hohen Artenfülle nur schwer auszumachen. Sie sind wahrscheinlich in Lateinamerika zahlreicher als in Afrika oder Asien. Dort sind für die Gesamttropen die drei wesentlichsten Beschränkungen der Bodenfruchtbarkeit am größten (Tab.11.1). Saure Böden, nämlich Oxisole, Ultisole und Dystropepts sind in Lateinamerika mit 82% der Fläche am weitesten verbreitet, in Afrika sind es 56% und in Asien nur 38% (SANCHEZ 1989, 83).

In den Savannen sind die Böden in der Regel flacher, mehr Wurzeln erreichen frische Minerale bzw. deren Zerfallsprodukte nahe der Verwitterungsfront. Die Bodenfruchtbarkeit bzw. das Pflanzenwachstum wird hier wesentlich von der Wasserversorgung gesteuert. An Beispielen aus Westafrika zeigen SIVAKUMAR et al. (1992) die klimatischen Risiken für den Anbau auf. Generell sind sandige Böden benachteiligt. Wenn sie nach der Aussaat austrock-

Tabelle 11.1. Die wichtigsten chemischen Mängel in den Böden der Entwicklungsländer (Tropen und Subtropen). Aus: SANCHEZ & LOGAN 1992, 41.

Soil constraint	Latin America		Africa		South and southeast Asia		Developing world	
	million ha and (%)							
Low nutrient reserves	941	(43)	615	(20)	261	(16)	1817	(27)
Aluminium toxicity	821	(38)	479	(16)	236	(15)	1527	(23)
High P fixation by Fe oxides	615	(28)	205	(7)	192	(12)	1012	(15)
Acidity without Al toxicity	313	(14)	471	(16)	320	(20)	1104	(16)
Calcareous reaction	96	(4)	332	(11)	360	(23)	788	(12)
Low CEC	118	(5)	397	(13)	67	(4)	582	(9)
Salinity	62	(3)	75	(3)	97	(6)	234	(3)
Alkalinity	35	(2)	18	(–)	7	(–)	60	(1)
High P fixation by allophane	44	(2)	5	(–)	7	(–)	56	(1)
High soil organic matter	9	(–)	12	(–)	23	(1)	44	(–)
Total area	2172	(100)	3011	(100)	1575	(100)	6758	(100)

nen, muß eine Neusaat erfolgen. Fehlt die hinreichende Feuchte in der Reifezeit, muß ein Ernteausfall hingenommen werden. Allzu hohe Temperaturen, die sich im Boden bei fehlender Bedeckung entwickeln, beschleunigen die Zerstörung des Humus und beeinträchtigen die Mikrofauna. Beläßt man die Pflanzenrückstände auf dem Feld, so wird die Verdunstung reduziert, das Bodenleben weniger geschädigt. In Viehzuchtgebieten wird häufig in der Mitte der Trockenzeit gebrannt, was die Biomasse um 30% steigern kann. Dabei ist es wichtig, den richtigen Zeitpunkt abzupassen. Wird zu früh gebrannt, verdorrt der Austrieb, beim zu späten Brennen ist die Blattfläche am Beginn der Regenzeit zu gering, so daß eine geringere Assimilation und damit ein langsameres Wachstum erfolgt (SAN JOSÉ & MEDINA 1975). Die Werte für Nährstoffe und Bodenwassergehalt unterscheiden sich nur wenig zwischen gebrannten und geschützten Flächen.

Nährstoffuntersuchungen sind in den Savannen relativ selten durchgeführt worden. Nach HÖGBERG (1989) herrscht oft ein N- und P-Mangel, der sich für N zum Trockneren hin verstärkt. SINGH (1989) beschreibt vom Vindhyan Plateau in Nordindien, daß im Trockenwald insgesamt mehr Nährstoffe als in der Savanne anzutreffen sind, in beiden Ökosystemen der größere Anteil davon im Boden zu finden ist. Der mittlere Gehalt von N, P und K in der Biomasse ist in der Savanne höher, überproportional sind die Nährstoffe in der Krautschicht des Trockenwaldes vorhanden. Im Vergleich erfolgt der Kreislauf im Wald langsamer, aber die Nährstoffe werden effizienter genutzt. FURLEY (1992) berichtet von einem starken Anstieg der Nährstoffe (Ca, Mg, K), der organischen Substanz und der KAK im Wald mit einer scharfen Grenze zur Savanne. Bei P und N gilt dieses auch für den Galeriewald.

Die Grenze Wald/Savanne kann regional und lokal edaphisch bedingt sein (s.o. 8.3), dabei sind unter Wald meist die fruchtbareren Böden vorhanden (vgl. auch MENAUT & CESAR 1979). Auf Altflächen können Gras- und Krautpflanzen durch Verarmung des Bodens bedingt sein. Vertisole lassen keinen Baumwuchs zu. In beiden Fällen wäre ein Anbau kaum angezeigt. Hier wird also im Wald gerodet (s.u. 13.3), wenn man neue Felder anlegen will, obwohl dieses aufwendiger ist. Reine Grasfluren können in Überschwemmungsgebieten verbreitet sein, ebenso wie die meist dann etwas lichteren Wälder. Soweit dieses nicht durch kleinere

Relief- und Bodenunterschiede bedingt ist wie im Pantanal (s.o. Abb. 7.8), kann man vermuten, daß im Laufe einer langen Entwicklung jeweils besonders angepaßte Arten entstanden sind. In der Baumsavanne können sehr kleinräumig Unterschiede in der Bodenfruchtbarkeit auftreten. Diese können durch Termiten bedingt sein. Zum anderen können Bäume wegen ihrer viel größeren Wurzeltiefe Nährstoffe heraufholen, die über Holz und Blätter in die Streu eingehen, und damit an der Oberfläche verteilt werden.

JORDAN (1991) stellt die Frage, wie der tropische Wald trotz eines hohen Auslaugungspotentials überlebt und nennt Konservierungsstrategien für die Nährstoffe: eine große Wurzelmasse ebenso wie die Konzentration der Wurzeln nahe der Oberfläche erleichtert die Aufnahme, die Luftwurzeln filtern den Stammabfluß und nehmen Nährstoffe auf, die von Epiphyten gefangen wurden; Mycorrhiza sind in ihrer Wirkung wohl nicht von den Außertropen unterschieden; viele Bäume haben eine hohe Al-Toleranz; viele tropische Pflanzen haben geringe Nährstoffansprüche im Gegensatz zu hochgezüchteten außertropischen Pflanzen für den Anbau; ein hohes Lebensalter erlaubt Speicherung in Zeiten des Überflusses; sklerophylle, dicke Blätter haben eine lange Lebensdauer, d.h. sie benötigen relativ wenige Nährstoffe für den Aufbau im Verhältnis zur Funktionsdauer; viele Pflanzen entwickeln Stoffe, die Pflanzenfresser oder andere Pflanzen abstoßen, durch diese Allelopathie ist kein besonderes Wachstum, z.B. für den Ersatz von Blättern notwendig, womit Nährstoffe gespart werden; P, N und K können vor dem Abfallen zum Teil von den Blättern auf die Äste übertragen werden; der relativ geringe Nährstoffgehalt im Gewebe vieler Spezies legt es nahe, daß die Biomasse mit einem geringen Nährstoffbetrag aufgebaut wird; viele Baumspezies produzieren nur nach mehreren Jahren eine große Anzahl von Samen, in den dazwischen liegenden Jahren werden weniger Nährstoffe für die Samen verbraucht und die Zahl der Samenfresser bleibt klein; eine dicke Rinde schützt die Bäume vor Verletzungen und Angriffen von Pilzen, Bakterien, Insekten; Blätter haben oft einen Überzug von Algen, Flechten und Moosen, viele von ihnen filtern Nährstoffe aus dem ablaufenden Regenwasser; Träufelspitzen sind möglicherweise auch eine sklerophylle Bildung.

11.3.5 Bodenverbesserung

Ebenso wie in den Außertropen gibt es vielfältige Möglichkeiten der Bodenverbesserung in den Tropen, was allerdings im einzelnen unterschiedlich erfolgt. Die gängigste Methode ist die Düngung, wobei die Schwierigkeit der geringen natürlichen Bindungskapazität der Tonminerale gegeben ist, so daß Humus der Hauptsorptionsträger ist. Hier kann sicher die Forschung noch weitere Verbesserungen bringen. Für Erfolge bei der Düngung seien Ergebnisse von Yurimaguas, Peru (Fläche mit Ultisol, 26 °C, 2100 mm Jahresniederschlag) angeführt (Abb. 11.4). Die Auswertung von 100 000 Feldversuchen aus 25 Jahren FAO-Düngemittelprogramm ergab für Mais im humiden bis semiariden Afrika und für Reis in Asien einen Mehrertrag von ca. 10 kg je kg NPK-Dünger, sofern die Düngung durch ertragreichere Sorten und bessere Anbautechniken gefördert werden (zit. n. BLEICH 1992). Eine Auswaschung von Düngemittel kann man durch Bindung an organisches Material (Mist) oder durch häufigere kleinere Gaben vermindern.

Im östlichen Amazonasgebiet machte SCHÖNINGH (1985) Versuche mit Mulchen (Abb. 11.5) auf einem gelben Latosol (Oxisol), der tief verwittert, gut drainiert, porenreich, bröckelig und stark sauer ist. Das Mulchen wirkt sich sowohl auf die physikalischen als auch die chemischen Eigenschaften des Bodens günstig aus. Wird zusätzlich gedüngt, ist ein permanenter Anbau möglich. Ähnlich berichten JUO & KANG (1989), daß das Einarbeiten von Pflanzen-

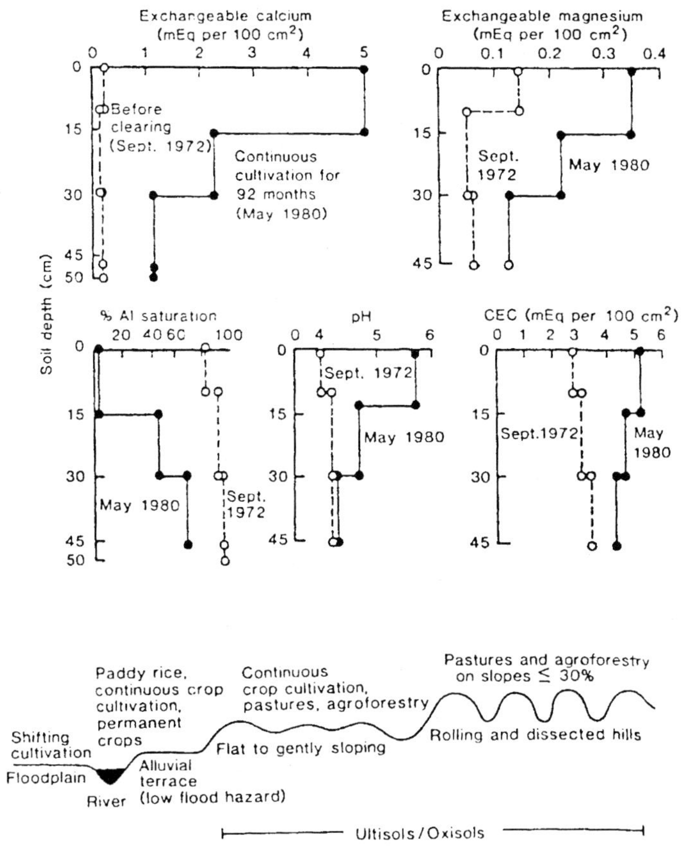

Abb. 11.4. Trotz des kontinuierlichen Anbaus mit einer Rotation von Reis, Mais und Sojabohnen in Yurimaguas im amazonischen Tiefland von Peru sind die Ca- und Mg-Gehalte verbessert worden, die Al-Sättigung ist zurückgegangen, pH-Werte und KAK sind gestiegen. Mit Düngung wurden in 8½ Jahren 21 Ernten von einem Feld eingebracht, mit einem mittleren Ertrag von 7,8 t/ha Getreide, was etwa 6–8 mal soviel ist wie von ungedüngten Feldern. Der schematische Querschnitt zeigt, daß im Amazonasgebiet noch große Landreserven für einen permanenten Anbau vorhanden sind. Nach: Sanchez et al. 1982, 826.

rückständen und Düngen zu einer deutlichen Erhöhung der Erträge auf unfruchtbaren Böden im Übergang Regenwald/Savanne Westafrikas führt. Läßt man Bäume (Leguminosen) und perennierende Pflanzen in den Feldern stehen, so wird nicht nur N aus der Atmosphäre fixiert, sondern es werden auch Nährstoffe aus dem Unterboden heraufgeholt, sowie eine Bodenerosion und ein Oberflächenabfluß vermindert. Im Südwesten der Elfenbeinküste wird mit Landwechselwirtschaft 0,8–1,0 t/ha Bergreis geerntet, bei gründlicherer Bearbeitung sowie regelmäßigem Jäten und Schutz vor Nagern und Vögeln sind 1,5–3,3 t/ha erzielt worden, bei Düngung mit P bis zu 5,0 t/ha (v. Reuler & Janssen 1989). Durch eine Düngung wird in der Regel auch die Bodenstruktur, die Infiltration und die Wasserhaltekapazität verbessert, was auch für die Tropen gilt (u.a. Uzo Mokwunye & Hammond 1989).

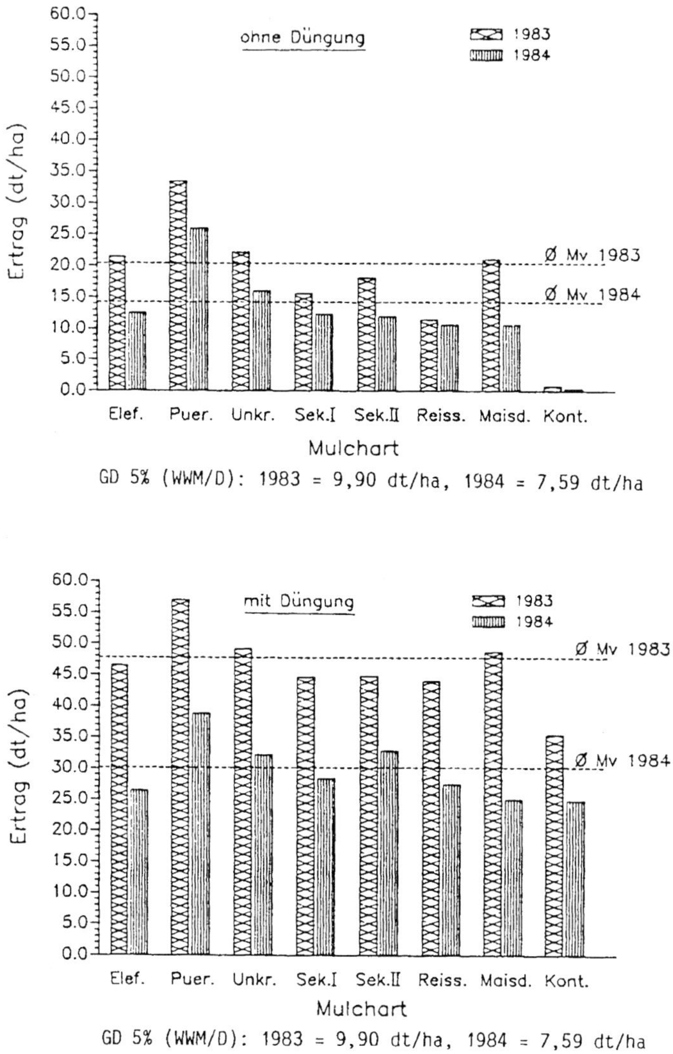

Abb. 11.5. Beim Mulchen wird organisches Material flach in den Boden eingearbeitet. Die Erträge steigen im ersten Jahr stark an, bleiben aber auch im zweiten Jahr noch gut. Wird zusätzlich mineralischer Dünger eingebracht, verdoppeln sich die Erträge. Welche Vegetation beim Mulchen verwendet wird, bedingt keine besonders großen Unterschiede.
Elef. = Elefantengras (*Pennisetum purpureum*), Puer = *Pueraria phaseoloides*, Unkr. = Unkraut, Sek I = zwei-dreijährige, 1.50–2,50 m hohe Sekundärwaldvegetation, Sek.II = vier-fünfjähriger, 5m hoher Sekundärwald, Reiss. = Reisspelzen, Maisd.= Maisdreschabfälle, Kont. = Kontrolle ohne Mulchen. Nach: Schöningh 1985, 118.

Den Einfluß unterschiedlicher Nutzungsarten hat Kubiniok (1991) in Nordthailand (monsunale Niederschläge von Mai-Oktober 14–1700 mm, 25–30° geneigte Hänge, 900–1200 m Höhe) untersucht, wobei jeweils Vergleichsprofile unter Wald genommen wurden. Am wenigsten wird der Boden unter Teekulturen (seit 100 Jahren betrieben) degradiert, insbesondere wenn der Wald vorsichtig gerodet wird und ein Unterwuchs durch Mulchen in den Boden eingearbeitet wird. Die Landwechselwirtschaft mit einer siebenjährigen Rotation zeigt eine recht gute Regeneration der Bodenfruchtbarkeit. Selbst bei einem semipermanenten Anbau werden die starken Verluste der Nährstoffe in den ersten Jahren durch Einarbeiten der Asche der Ernterückstände zum Teil kompensiert.

Es gibt also vielfältige Möglichkeiten einer Regenerierung der Bodenfruchtbarkeit. Eine Mischung von Feldfrüchten und Baumkulturen erweist sich aus mehreren Gründen als günstig: Bäume mit ihren tiefreichenden Wurzeln sind Nährstoffpumpen, als Schattenspender verhindern sie eine zu starke Einstrahlung, die den Humus zerstört, das Bodenleben verändert. Ein Verdichtungshorizont kann durch Baumwurzeln aufgebrochen werden. Agroforstkulturen (s.u. 13.5) scheinen zuzunehmen, sie schonen den Boden, weil dessen Struktur relativ wenig gestört wird. Außerdem werden dadurch hohe Ausgaben für Düngemittel gespart.

11.3.6 Diskussion

Die Bodenfruchtbarkeit besteht aus drei großen Komplexen, die zusammenwirken: den Nährstoffen, der Bodenstruktur, die Wasser- und Luftbewegung kontrolliert, und der sehr komplexen Interaktion von Pflanze und Bodenlebewesen wie Bakterien, Pilzen, Protozoen und Invertebraten. Sie allein durch die Nährstoffe erfassen zu wollen, ist zu einseitig. Dennoch wurden diese ausführlich diskutiert, weil die Ansicht von der limitierenden Nährstoffarmut weitverbreitet ist. Dabei wurden vielfach Einzelbeispiele genannt. Bei den Messungen treten oft große Schwankungsbreiten auf. Das entspricht der räumlichen und zeitlichen Schwankung der Nährstoff- und Humusgehalte. Für räumliche Differenzierungen sind in erster Linie die unterschiedlichen Böden, zum anderen die morphologische Lage verantwortlich. Noch kaum untersucht ist die Frage, wie unterschiedliche Spezies die Fruchtbarkeit beeinflussen, sei es, daß sie besonders anspruchsvoll sind, sei es, daß sie N aus der Atmosphäre holen wie die Leguminosen. Über die Ansprüche vieler tropischer Früchte, insbesondere von Wurzeln und Knollen an den Boden ist noch wenig bekannt. Bei den zeitlichen Änderungen ist sicher die Niederschlagsverteilung ein steuernder Faktor. Da die arbeitsaufwendigen Messungen des Gesamthaushaltes Boden – Vegetation inclusive der Einflußgrößen wie Relief, Wasser, Luft sich über einen Zeitraum von mehreren Wochen hinziehen, sind am gleichen Standort unterschiedliche Werte zu erwarten. Eine vollständige Bilanzierung aller Komponenten wäre nur in der Zusammenarbeit mehrerer Wissenschaftler: von Botanikern, Bodenkundlern, Hydrologen, Klimatologen, Geomorphologen, Zoologen möglich. Aber vollständige Bilanzen von Stoffkreisläufen sind auch aus den Außertropen kaum bekannt.

Trotz aller Schwierigkeiten bei den Messungen scheint sich abzuzeichnen, daß der Nährstoffhaushalt selbst bei regional oder lokal unterschiedlicher Vegetation nicht allzu sehr differiert. Das kann man durch den schnellen Umsatz erklären. Die Unterschiede der Vegetation bei gleichem Klima und Relief wären dann eher durch zeitweilige edaphisch bedingte Trokkenheit zu verstehen. Zwar sind oft wenig Nährstoffe im Bodenprofil, insbesondere in dessen oberem Teil nachzuweisen, aber offenbar werden sie durch das zirkulierende Bodenwasser in genügendem Maße bereitgestellt. Selbst in relativ sterilen Ökotopen scheint im unteren Teil des Bodenwassers eine höhere Ionenbelegung als oben möglich zu sein. Das ist allerdings in der Bodenprobe im Labor kaum nachweisbar. Unterschiedliche Anpassungen wie ein dichtes Wurzelnetz sorgen einerseits dafür, daß keine Nährstoffe verloren gehen, während andererseits z.B. xeromorphe Züge einen geringen Bedarf anzeigen. Der große Vorteil intensiv verwitterter alter Böden in den Tropen, der Ultisole und Oxisole, ist das hohe Grobporenvolumen und die Stabilität dieser Poren. Damit werden Wasserbewegung und Nährstofftransport begünstigt.

Aus dem Verbreitungsmuster der Vegetation in den immerfeuchten Tropen, das im nördlichen Südamerika besonders deutlich differenziert ist, kann man schließen, daß nicht nur Unterschiede der Durchfeuchtung, sondern auch der Nährstoffversorgung bestehen. Regional können bei einem sehr alten Relief und damit einer langen Landschaftsentwicklung verarmte Böden ausgebildet sein, da in Südamerika auf den hochgelegenen Altflächen die Bodendecke kaum abgeräumt wurde. Das gilt für die Gran Sabana in noch stärkerem Maße als für die brasilianischen Chapadas, die aber ebenfalls stellenweise eine sehr tiefe Verwitterung aufweisen. In Indien hingegen sind im Dekan Hochland unter dem wechselfeuchten Klima die Böden auf den Hochflächen gekappt worden. In Sri Lanka zeigen jedoch die höchsten und ältesten Flächen eine Differenzierung in Wald und Savanne, die bei dem schnellen Wechsel, etwa am World's End eher edaphisch als klimatisch bedingt sein dürfte.

In den Tropen wurde also die räumliche Differenzierung der Ökotope in starkem Maße von der Landschaftsentwicklung geprägt. Dieses ist verständlich, denn im Gegensatz zu den Außertropen erfolgte keine allgemeine Erneuerung der Oberfläche in den Kaltzeiten, vielmehr sorgen die weiter verbreiteten Paläoböden für ein bunteres Muster mit ungünstigeren Standorten innerhalb einer günstigen Bodenprovinz. In den Savannen ist zusätzlich die Wasserversorgung ein steuernder Faktor, der in der natürlichen Vegetation aber auch in der Landnutzung sehr deutlich wird. Nur wenig eingetiefte, breite Mulden oder Fußflächen, also Areale mit Wasserzulauf sind bevorzugt. Wie bei der Verbreitung der Böden oben (6.7) ausgeführt wurde, ist in einigen Savannen eine mehr oder minder regelhafte kleinräumige Abfolge zu beobachten. Das bedingt auch einen schnellen Wechsel der Bodenfruchtbarkeit. Man weiß noch wenig über das Potential von Paläoböden für die Landnutzung. Hier sind in den Savannen und Randtropen große Unterschiede anzunehmen. Insbesondere bei Tonverdichtung im Unterboden könnte man über dem Verdichtungshorizont eine gesteigerte Wasserbewegung annehmen, die einerseits Nährstoffe transportiert, andererseits aber über Piping zur Gullybildung führen kann (z.B. Lavakas in Madagaskar?). Sind Paläoböden gekappt worden und sind sie vererdet, sollten sie in der Regel relativ nährstoffreich sein. Das gilt wohl in den meisten Fällen auch für Ablagerungen. Eine Freispülung von Hartkrusten betrifft nur kleine Areale. Wenn bei der Verbreitung der Böden (s.o. 6.7) das bunte Mosaik besonders in den Savannen betont wurde, so gilt dieses naturgemäß auch für die Unterschiede der Bodenfruchtbarkeit.

11.4 Natürliches Potential

11.4.1 Einleitung

Mit dem Begriff ‚natürliches Potential' seien die von der Natur gegebenen Voraussetzungen für die Landnutzung, aber auch für die Regeneration der Vegetation nach einer Störung gefaßt. So wichtig solche Erhebungen wären, so gering sind leider unsere Kenntnisse, es kann sich bestenfalls um Abschätzungen handeln. Da der Naturhaushalt in den Tropen nur in Ansätzen bekannt ist, können keine konkreten Zahlen genannt werden. So läuft die Argumentation über allgemeine Indikatoren.

11.4.2 Kriterien zur Erfassung des Potentials

Seit Malthus die Gefahr der Überbevölkerung ausmalte, ist eine sehr umfangreiche Diskussion erfolgt, wozu auch Geographen insbesondere in Hinsicht auf die Tragfähigkeit und die Siedlungsgrenzen beitrugen. A. PENCK (1924) nahm für die feuchten Tropen eine Tragfähigkeit von 200 Einwohnern/km^2 an, doppelt so viel wie in den gemäßigten Breiten. Diese Werte werden aber nur in Südostasien, in größeren agraren Räumen auf Java, im Gangesgebiet, in indischen und vietnamesischen Küstentiefländern, und im Südwesten von Sri Lanka erreicht, bzw. zum Teil weit überschritten. Wie unten (12.5) ausgeführt wird, ist die Annahme, daß Bevölkerungsdichte und Tragfähigkeit übereinstimmen, eine Übertragung von Vorstellungen aus Mitteleuropa, die aber in den Tropen nicht zutrifft. Das geht nicht nur aus der Bevölkerungsverbreitung hervor, sondern auch aus der Tatsache, daß in jüngster Zeit in allen Kontinenten eine Ausdehnung der agraren Nutzfläche erfolgt ist, z.B. im dichtesten besiedelten Teil der Tropen, in SE Asien, von 1978 bis 1988 um 10% (BROOKFIELD 1995). Wenn man in den Regenwaldgebieten zum bewässerten Anbau im Verbund mit Baum- und Strauchkulturen übergehen würde, könnten bei einer Erhaltung des Waldes auf 50% der Fläche 175 Personen/km^2 ihr Auskommen finden, was fast der Tragfähigkeit PENCKS entspricht, wie SCHOLZ (1991) am Beispiel von Südostasien ausführt. Ähnlich sieht LAUER (1971, 495) nach Erfahrungen in Lateinamerika das Potential.

Es ist daher ein falscher Ansatz, wenn aus der geringen Bevölkerungsdichte des zentralen Amazonasgebietes und des Inneren Afrikas auf eine geringe agrare Produktivität vor allem infolge der Unfruchtbarkeit der Böden geschlossen wird (WEISCHET & CAVIEDES 1993, 93f.). „Die ökologische Benachteiligung der Tropen“, von WEISCHET (1977) postuliert, hat er bis zuletzt (1995) für 85% der innertropischen Tiefländer für gegeben gehalten. Es seien 3 Bodeneigenschaften limitierend: 1) der geringe Gehalt an Primärmineralen infolge der intensiven Verwitterung, 2) eine geringe Menge organischer Substanz im Boden, 3) die niedere KAK (Kationenaustauschkapazität, ein Maß für die Möglichkeit, Ionen zu speichern). Der erste Punkt bezieht sich vor allem auf Oberböden, bzw. eine vertikale Profilansprache, berücksichtigt aber nicht den lateralen Transport; der C-Gehalt im Boden ist räumlich außerordentlich wechselnd, die KAK soll ausreichend sein (s.o. 11.3.2). Ohnehin ist das Konzept der Tragfähigkeit selbst für eine agrare Bevölkerung zu relativieren, wie ein Anstieg der Agrarproduktion (Abb. 11.6), etwa die Verdoppelung der Reiserträge zeigt (s.u. 13.6). Die Verbesserung der Anbaumethoden und Innovationen bei der Rinderzucht haben bereits zu beachtlichen Ertragssteigerungen geführt. Es ist nicht absehbar, welche weiteren Fortschritte in dieser Richtung erfolgen werden, sind doch die Forschungen auf diesen Gebieten noch jung. Über eine Verbesserung der Erträge von indigenen Anbauprodukten wie Wurzeln und Knollen ist noch sehr wenig bekannt.

Ein weiterer Ansatz, das natürliche Potential zu bewerten, ist die Bodenfruchtbarkeit. Wenn auch die Kenntnis der tropischen Bodengenese, wie oben (6.6, 11.3) ausgeführt wurde, nicht den Stand der Außertropen erreicht hat, so ist doch sicher, daß ebenso wie in den gemäßigten Breiten große Unterschiede in der Bodenfruchtbarkeit gegeben sind. BUOL et al. legten schon 1975 ein Klassifikationssystem nach der Fruchtbarkeit vor, das 1982 verbessert wurde. CLARKE & STREET berichteten schon 1967 über Erfolge mit chemischen Düngemitteln in Neuguinea. Im Extremfall werden bei der Beurteilung der Bodenfruchtbarkeit außertropische Maßstäbe angewendet. Bei stark vereinfachten Untersuchungen um den Düngemittelbedarf festzustellen, wird bei uns lediglich der Oberboden auf den Nährstoffgehalt untersucht. Dieser ist wegen der intensiven Verwitterung und des hohen Alters vieler Böden in den Tropen oft in den Oberböden gering, so daß der Vergleich mit uns ungünstig ausfällt. Die Bodenfrucht-

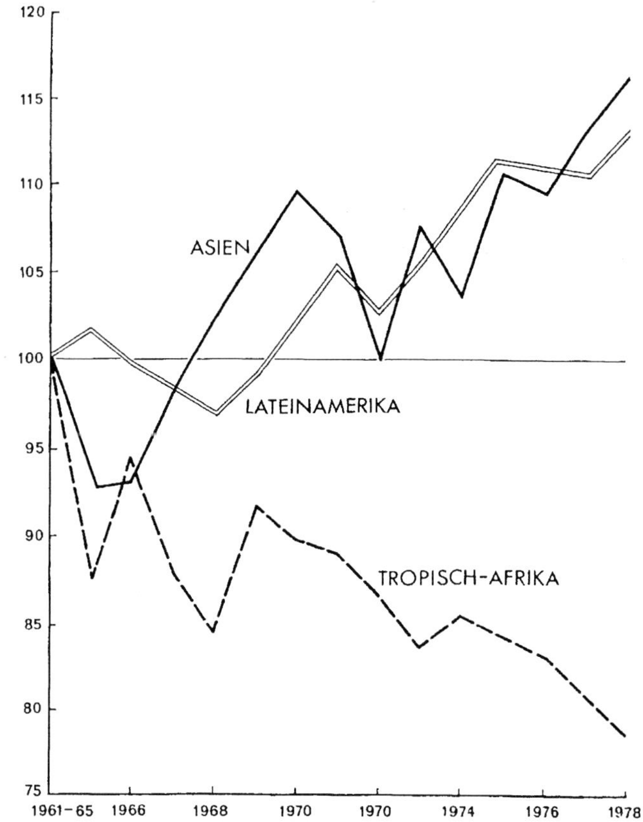

Abb. 11.6. In Lateinamerika und Asien ist die Agrarproduktion seit den 60er Jahren wenn auch mit witterungsbedingten Schwankungen gestiegen. Wenn hingegen im tropischen Afrika ein Abfallen zu beobachten ist, so gilt das besonders für Länder mit instabilen politischen Verhältnissen. Dabei besteht eine Rückkopplung: Hunger bringt Aufstände und Krieg, dann werden Felder nicht bestellt, Ernten vernichtet. Aus: Swift & Sanchez 1984, 3.

barkeit ist aber sehr viel komplexer, indem vielfach eine weitere Verwitterung von Gesteinsbruchstücken neue Nährstoffe bereitstellt und selbst in Oxisolen und Ultisolen diese oft lateral herangeführt werden, bzw. Bäume mit tiefreichenden Wurzeln als Nährstoffpumpen wirken (s.o. 11.3.3). Die Bodenfruchtbarkeit ist ferner von vielen weiteren Faktoren bestimmt. Finck (1971) nennt den Nährstoffgehalt erst an vierter Stelle nach der Bodentiefe, der Textur und Struktur, den Sorptionseigenschaften und der Bodenreaktion. Er listet die verschiedenen Komponenten der Fruchtbarkeit im Vergleich zu den gemäßigten Breiten auf (Tab. 11.2) und sieht im Durchschnitt die tropischen Böden als ähnlich fruchtbar an. Mehrfach wurde im Vorhergehenden der Einfluß der Bodenstruktur betont, da diese die Wasserbewegung und Luftzirkulation bestimmt. Ist diese hohlraumreich, werden Wurzelwachstum und Humifizierung günstig beeinflußt, die Erosionsanfälligkeit ist geringer. Die Aggregatstabilität und das hohe Porenvolumen vieler tropischer Böden, was eine sehr gute Zirkulation ermöglicht, stellen sicher einen Gunstfaktor dar. In die Bodenschätzung in Deutschland geht außerdem das

Tabelle 11.2. Unterschiede einiger Komponenten der Fruchtbarkeit von Böden der humiden tropischen und gemäßigten Zone. Aus: FINCK 1971, 101.

Komponente	Böden der humiden tropischen Zone	Böden der humiden gemäßigten Zone
Ausgangsmaterial:	Im Großteil der Tropen sehr altes Material aus dem Tertiär oder früher (Ausnahmen: z.B. gebirgsnahe Teile Südamerikas oder Indiens).	Oft junges eiszeitliches Material über tiefliegendem alten Material aus dem Tertiär.
Sorptionsträger:		
a) mineralisch:	Sorptionsschwache kaolinitische Tonminerale vorherrschend.	Illitische Tonminerale mittlerer Sorptionskapazität vorherrschend.
b) organisch:	Humus von großer Bedeutung als Sorptionsträger in Anbetracht der sorptionsschwachen Tonminerale.	Außer auf leichten Böden geringere Bedeutung des Humus als Sorptionsträger.
Nährstoffe:	Weitgehend verarmt an Nährstoffreserven, aber vorhandene Reserven von großer Bedeutung, da Freisetzungsgeschwindigkeit wegen hoher Verwitterungsintensität erheblich.	Oft reich an Nährstoffreserven, aber vorhandene Reserven von geringerer Bedeutung, da nur sehr langsame Freisetzung.
Struktur schwerer Böden (sofern nicht kalkhaltig):	Oft gute Aggregatstruktur, da Tonteilchen durch Eisenoxide verkittet (Pseudosand, Vererdung).	Meist schlechte Struktur, da geringe Aggregatbildung; dagegen spezifische Froststruktur.
Transformationsvermögen:	Schneller Umsatz bodeneigener und zugeführter (Düngungs-) Stoffe infolge hoher Bodentemperatur, z.B. auch schneller Humusabbau; ganzjährig optimale Feuchte- und Temperaturbedingungen für Bodenlebewesen.	Umsetzungsprozesse im Boden von geringerer Intensität und ferner durch Kälteperioden unterbrochen. Ruhephase für Bodenleben im Winter.

Klima ein. Das ist sicher in den Tropen sehr viel günstiger, da von der Temperatur her das Wachstum nicht beschränkt ist, die Niederschläge nur in den wechselfeuchten Tropen eine jahreszeitliche Ruhe bedingen, aber nur in den Randtropen limitierend sind.

Den schnellen Ertragsabfall bei einer Kultivierung im Regenwald meint man durch mangelnde Bodenfruchtbarkeit erklären zu können (vor allem WEISCHET 1977, 1981, 1988, 1995). Schon früher (BREMER 1989) wurde darauf verwiesen, daß bei der Schiffelwirtschaft in unseren Mittelgebirgen – eine Feld-Waldnutzungs (Eichenlohe)-Wirtschaft – ebenfalls ein sehr schneller Ertragsabfall erfolgte. Ebenso wie bei uns hängt der Ertrag in den Tropen sehr stark von der Art der Bewirtschaftung ab, darauf hat vor allem Scholz (1984) hingewiesen, der auch die Möglichkeit mehrerer Ernten in einem Jahr betont. Für eine Düngung scheint bislang ein Mulchen, insbesondere im Verbund mit einer Düngemittelgabe besonders aussichtsreich zu sein (s.o. Abb. 11.6, Schöningh 1985). Bislang sind wohl noch kaum Düngemittel für tropische Verhältnisse entwickelt worden. Für Trockengebiete betonte Jungfer (o.J.) die Notwendigkeit der ausreichenden Wasserzufuhr bei einer Düngung. Generell ist in den letzten Jahren eine große Steigerung der Agrarproduktion in den Tropen erfolgt (Abb. 11.6), die nur zu einem Teil auf Ausdehnung der Flächen beruht. Die Reisernte in Südostasien stieg von 1970–1990 von 53,5 Mio. t auf 112,4 Mio. t.

Aus der Vorstellung einer geringen Bodenfruchtbarkeit entwickelte sich wohl die Ansicht, daß die Üppigkeit des Waldes durch einen geschlossenen Kreislauf bedingt sei. Daraus wurde dann geschlossen, daß der Regenwald ein besonders fragiles Ökosystem sei, eine Aussage, die häufig in geographischen oder bodenkundlichen Arbeiten gemacht wird, aber kaum in botanischen zu finden ist. Da in den Regenwaldgebieten die Wiederbegrünung nach einer Rodung sehr schnell erfolgt und die ursprüngliche Biomasse sehr viel schneller wieder erreicht wird als bei uns, kann man sicher nicht von einem geschlossenen Kreislauf oder generell von einem empfindlichen Ökosystem sprechen.

Biomasse und Primärproduktion sind bessere Kriterien für eine räumliche Differenzierung des Naturpotentials als die bisher genannten. Natürlich ist die Biomasse von Anbaufrüchten gering gegenüber der des Waldes, die jährliche Produktion erreicht jedoch ähnliche Werte (s.o. 8.5). Wichtig sind die räumlichen Unterschiede sowohl in der Biomasse als auch in der Primärproduktion. Allein hieraus lassen sich große Varianzen für das Naturpotential ableiten. Zonal ist die Produktivität im Regenwald höher als in der Savanne, was vor allem durch die Feuchte zu erklären ist. Regional und lokal sind die Unterschiede durch Relief und Boden bedingt.

Ein weiteres Kriterium ist die Qualität des Flußwassers (s.o. 3.10), wobei in bezug auf das Potential Gebiete mit Weißwasser vor Klar- und Schwarzwasser rangieren. In der Gran Sabana im Süden von Venezuela fanden wir ein Wasser, das einen noch geringeren Ionengehalt zeigte als Schwarzwasser (Bremer & Schnütgen 1984, 1987). Entsprechend gering ist dort das Potential anzusehen, das zeigt sich auch an der schütteren Vegetation. Was aus dem jeweiligen Einzugsgebiet ausgeführt wird, kommt im allgemeinen – abgesehen von einer unmittelbaren Zufuhr aus den flußnahen Arealen – aus dem Grund- und Bodenwasser. Es sind Ionen, unter Umständen auch feine Aggregate, die von den Wurzeln nicht herausgefiltert, bzw. die nicht aufgebrochen worden sind. Es ist gewissermaßen ein Überschuß, der im Falle des Weißwassers besonders groß ist, woraus man auf ein höheres Potential schließen kann. Ebenso wie bei der Biomasse, aber auch den anderen angeführten Kriterien sind wieder die großen Varianzen beachtenswert.

Zusammenfassend läßt sich sagen: Alle Kriterien zeigen große räumliche Unterschiede, die sowohl zonal, als auch regional und in manchen Landschaften lokal ausgebildet sind. Es ist sicher falsch, wie Weischet von einer generellen Benachteiligung der Tropen zu sprechen, wobei er nur die Überschwemmungsgebiete sowie Landschaften aus Kalk und Vulkaniten ausnimmt.

11.4.3 Schwankungsbreite natürlicher Parameter

Sucht man nach Parametern für die oben angegebenen Kriterien, so ist zunächst zu bedenken, daß Messungen in den Tropen im allgemeinen viel seltener sind als in den Außertropen. Sie sind zu einem großen Teil unter sehr harten Bedingungen durchgeführt worden, insbesondere wenn sie in Naturlandschaften erfolgten. Letzteres ist in Mitteleuropa kaum noch möglich, womit mancher Vergleich schwierig wird. Es sei etwa an die Veränderungen unserer Flüsse und damit des Abflußgeschehens erinnert.

Ferner wurde oben (9.2) bereits die Zuverlässigkeit von Messungen diskutiert, um zu zeigen, daß Einzelwerte nicht überbetont werden dürfen. Hat man Mittelwerte als Größenordnungen, kann man bei Einzelwerten beurteilen, ob sie unter Umständen extreme Verhältnisse anzeigen oder ob andere Meßmethoden verantwortlich sind. SIOLI (1984) bezeichnet Unschärfen als immanent in der Biosphäre, Prinzipien seien daher Abstraktionen, die in der Realität mit vielen Variationen versehen sind. Wenngleich er die Nährstoffarmut, den geschlossenen Kreislauf und eine hohe Diversität der Biosphäre im Amazonasgebiet als gegeben ansieht, meint er, daß Voraussagen über die Auswirkungen menschlicher Eingriffe nicht möglich seien, da einerseits ein abgeleiteter Kreislauf nicht auf andere Gebiete übertragbar sei, zum anderen der Kreislauf selbst eine „black box" sei.

Betrachtet man Werte für einzelne gemessene Parameter in den Tropen, so wird die ganze Schwankungsbreite der ökologischen Bedingungen deutlich. Beim Klima kann man für die Temperaturen einen relativ regelmäßiges Verhalten annehmen. Sehr groß sind dagegen die Unterschiede der Niederschläge, insbesondere auch ihre Variabilität in den wechselfeuchten Zonen, was vor allem in deren trocknerem Teil ein hohes Risiko für den Anbau bedeutet. Aber auch in den immerfeuchten Tropen sind die Niederschläge nicht so gleichförmig, wie oft angenommen wird. Das gilt insbesondere für die Gebiete, die von ENSO (El Niño – Southern Oscillation, s.o.) betroffen sind. Wie stark Niederschläge auch in Gebieten mit Wirbelstürmen schwanken können, zeigt Abbildung 11.7.

Die Menge der Nährstoffe, die in der Bio-/Pedosphäre zirkuliert, kann man aus der Feinstreu ablesen. In Regenwäldern werden durch Feinstreu 30–220 kg/ha N, 1–13 kg/ha P, 5,2–100 kg/ha K, 0,55–12 kg/ha Na, 13–370 kg/ha Ca und 8,9–64 kg/ha Mg pro Jahr auf den Boden gebracht (Zusammenstellungen von DOUGLAS & SPENCER 1985, dort Tab. 3.2). Aus der Gesamtmenge der Feinstreu läßt sich die Geschwindigkeit des Umsatzes abschätzen, sie beträgt zwischen 1,2 t/ha/a (Trockenwald) bzw. 3,4 und 15,3 t/ha/a (Regenwald) (ebd. Tab. 3.3). Selbst die Zufuhr von Nährstoffen aus Niederschlägen schwankt je nach Gebiet beim K um den Faktor 4, beim Ca um fast das Zehnfache, bei Magnesium um das 26fache (ebd. Tab. 3.4).

Die Abspülung von Bodenmaterial soll zwischen 25 und 19 000 kg/ha/a (entspricht t/km^2/a = 2,5 mm/ka) schwanken (ebd. Tab. 3.5). Die großen Flüsse transportieren nicht nur sehr unterschiedliche Mengen an Schweb – von 517 m^3/km^2/a (= mm/ka) im Brahmaputra bis 15,1 m^3/km^2/a im Paraná – sondern auch das Gelöste variiert von 3,4 m^3/km^2/a im Niger bis zu 49.1 m^3/km^2/a im Brahmaputra. Eine ausführliche Zusammenstellung der Meßdaten für den Schwebtransport (ebd. Tab. 3.7) zeigt Werte zwischen 0,3 m^3/km^2/a im Xingu und 8000 m^3/km^2/a für ein kleines Einzugsgebiet in Indonesien. Im allgemeinen haben kleine Einzugsgebiete höhere Werte, größere niedrigere, da in letzteren Ablagerungsräume enthalten sind. Ferner steigen bei unvollständiger Vegetationsbedeckung die Abtragswerte mit der Jahresniederschlagsmenge, der Häufigkeit und Intensität von Starkregen und der Steilheit der Hänge bzw. dem Gefälle der Flüsse. Es sind aber kaum eindeutige Beziehungen feststellbar, da der Eingriff des Menschen sehr unterschiedlich stark ist, sich aber nicht von den anderen Faktoren trennen läßt. Die Abtragswerte können daher kaum etwas über die Regelhaftigkeiten der Bo-

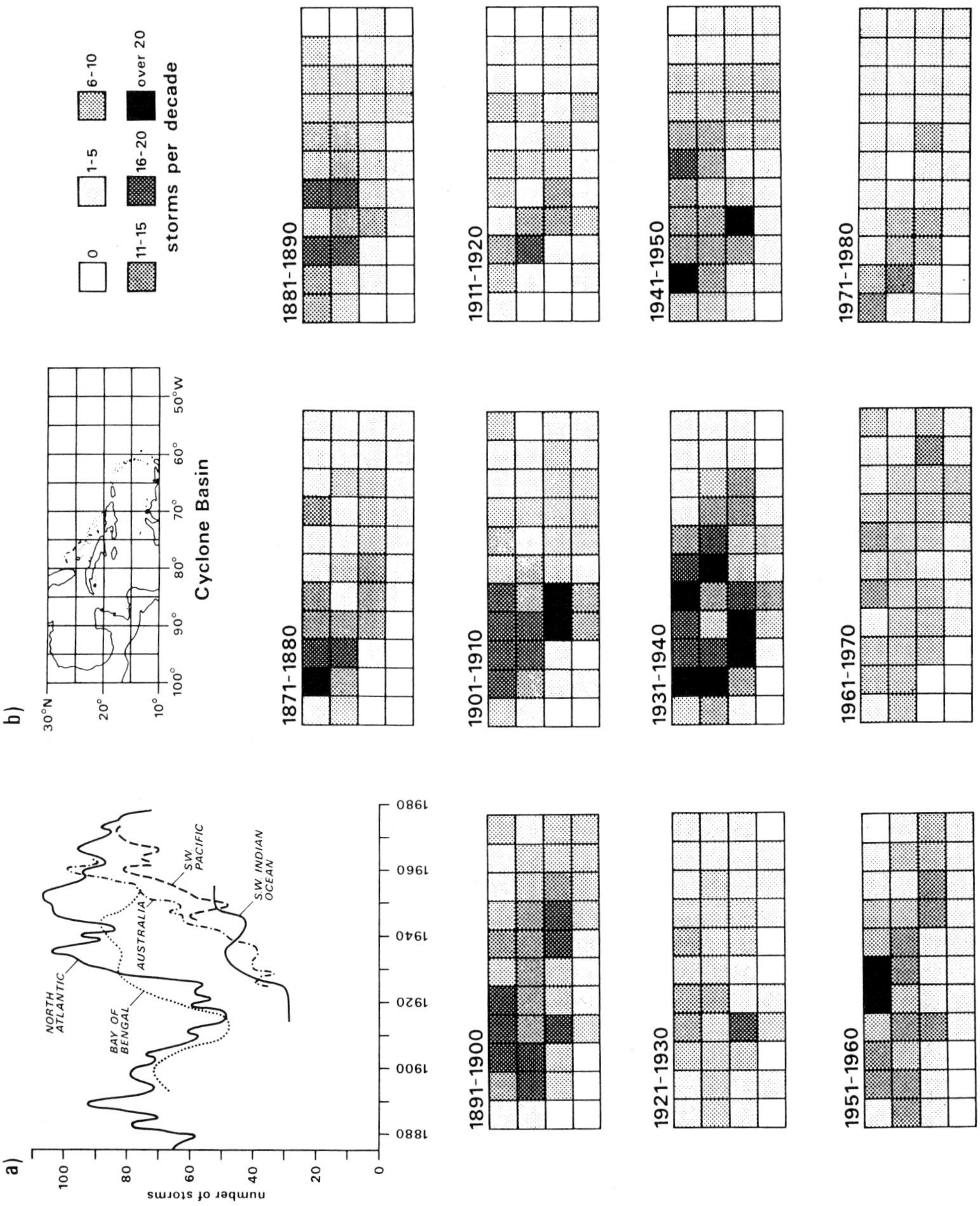
a)
number of storms
0
20
40
60
80
100
1880
1900
1920
1940
1960
1980
NORTH ATLANTIC
BAY OF BENGAL
AUSTRALIA
SW PACIFIC
SW INDIAN OCEAN
b)
30°N
20°
10°
100°
90°
80°
70°
60°
50°W
Cyclone Basin
0
1-5
6-10
11-15
16-20
over 20
storms per decade
1871-1880
1881-1890
1891-1900
1901-1910
1911-1920
1921-1930
1931-1940
1941-1950
1951-1960
1961-1970
1971-1980

denerosion aussagen, es sei denn, es handelt sich um Messungen unter gleichen Bedingungen in benachbarten Arealen z.B. mit unterschiedlicher Vegetationsbedeckung. Abb. 11.8 zeigt daher auch eine starke Streuung. Man kann sie klimatisch interpretieren, aber wahrscheinlich ist sie in stärkerem Maße durch den mehr oder minder starken Eingriff des Menschen bedingt.

Die Abspülung hängt neben der Vegetationsbedeckung stark von dem Anteil des Niederschlags ab, der oberflächlich abfließt. Dessen Aufteilung variiert sehr nach dem Anteil der Evapotranspiration und des Abflusses. Dieser wiederum setzt sich zusammen aus dem Oberflächen-, Grundwasserabfluß und dem Interflow in jeweils verschieden großen Prozentsätzen (Abb. 11.9), was vor allem von der Bodendurchlässigkeit, der Niederschlagsintensität und der Rauhigkeit der Oberfläche bestimmt wird.

Die großen Variationsbreiten einzelner Parameter geben Einblick in die Vielfalt der Tropen, die mindestens so groß ist wie die der gemäßigten Breiten, wahrscheinlich größer. Zwar ist die Exposition zur Einstrahlung in den Tropen nur untergeordnet wirksam, dafür ist aber das Bodenmosaik bunter, weil Reliktböden viel weiter verbreitet sind. Damit sind auch weitere Geofaktoren räumlich stärker variiert.

11.4.4 Gunst- und Ungunsträume in den Tropen

In Mitteleuropa hat im Mittelalter die wachsende Agrarbevölkerung, die damals 80–90% der Gesamtbevölkerung ausmachte wie heute noch in manchen tropischen Entwicklungsländern, zu einer Ausdehnung der Landwirtschaft, zunächst in Grenzgebiete zwischen den einzelnen Stämmen, bald nach Osten und in die Wälder der deutschen Mittelgebirge geführt. Dabei wurden manche marginalen Standorte besiedelt, die in späterer Zeit, in den Wüstungsperioden, wieder aufgegeben wurden. So war am Ende des Mittelalters die Verteilung von Wald, Feld und Grünland weitgehend nach Standortgüte festgelegt. Größere Waldflächen auf guten Böden waren und sind eine Ausnahme, die durch besonderen Grundbesitz bedingt ist. Eine Landwechselwirtschaft wie in den Tropen war bei der Enge des Raumes bzw. wegen der einschränkenden Besitzverhältnisse nicht möglich. Die Rotation der Dreifelderwirtschaft brachte jeweils nur kurze Brachzeiten, durch die gleichzeitige Beweidung aber eine wenn auch geringe Düngung. Aus dieser Landnutzung ist für uns die Vorstellung, Wald stockt auf ungünstigen Standorten, so selbstverständlich geworden, daß vielfach Waldgebiete auch in den Tropen als ungünstig angesehen werden. Dieses ist eine unzulässige Übertragung, wie oben (8.3) ausgeführt wurde, ist in den Grenzgebieten zur Savanne der Wald auf den günstigeren Standorten verbreitet. Ebenso wie die einzelnen Geofaktoren eine große Spannweite haben, gilt dieses für die Eignung der Gebiete zur Landnutzung.

Abb. 11.7. Häufigkeit tropischer Wirbelstürme im Golf von Bengalen, Atlantik, SW Pazifik, Australien, SW Indik. Da bei einem Wirbelsturm an einem Tag bis zur Hälfte des Jahresniederschlags fallen kann, ist leicht ersichtlich, daß selbst mittlere Jahresniederschläge in Gebieten mit häufigen Wirbelstürmen schwanken, je nachdem welchen Zeitraum man für die Mittelbildung nimmt, bzw. wie häufig die Meßstation extrem starke Regenfälle erhielt. Die Kurven für den Nordatlantik und den Golf von Bengalen zeigen ferner, daß eine Klimaänderung mit verstärktem Auftreten von Wirbelstürmen nicht nachweisbar ist. Wenn auch der Golf von Mexiko immer sehr betroffen ist, ist auf Abb. b zu erkennen, daß sich die Schwerpunkte in einzelnen Jahrzehnten verschoben haben. Florida (viertes Quadrat der oberen Reihe) hat zwischen 1–5 und 16–20 Hurricans pro Jahrzehnt aufzuweisen. Aus: SPENCER & DOUGLAS 1985, 29/30.

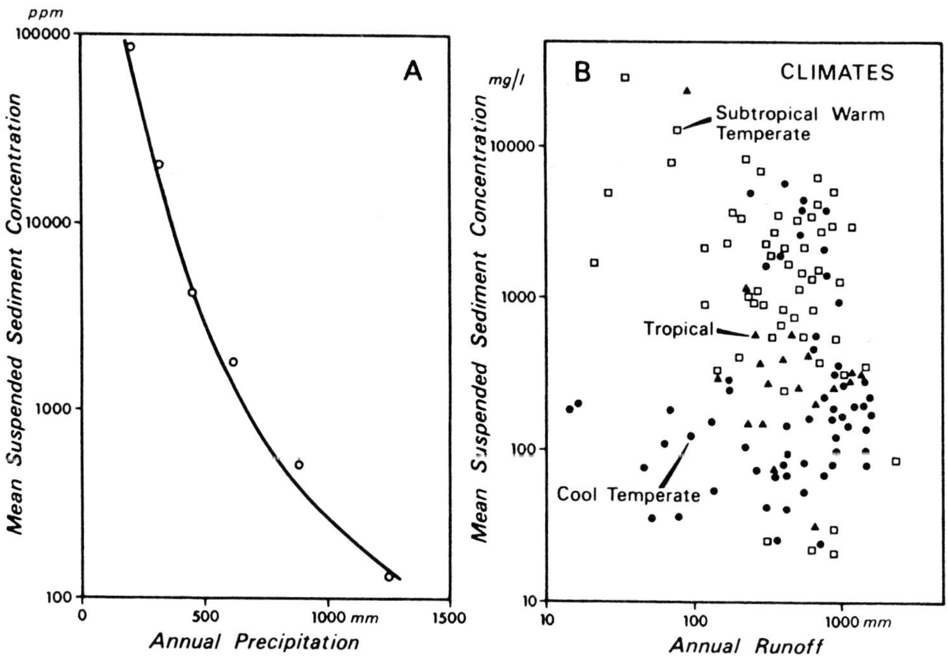

Abb. 11.8. Schwebbelastung in Flüssen im Verhältnis zu Abflußwerten. Erstaunlich sind die starken Schwankungen (logarithmische Skala!) des Schwebs bei gleichen oder ähnlichen Abflußhöhen (auf die Fläche bezogene Werte, die sich direkt mit dem Niederschlag vergleichen lassen) ebenso wie die Streuung innerhalb der Klimate. Die hohe Variabilität dürfte nicht allein durch einen mehr oder minder starken Eingriff des Menschen bedingt sein, sondern auch von der Größe des Einzugsgebietes und des Überschwemmungsgebietes sowie von Relief und Boden kontrolliert werden. Aus: Gregory & Walling 1973, 332.

Nur selten ist ein Geofaktor so beherrschend, daß er allein bestimmend ist. Am ehesten gilt dieses für Sandsteingebiete wie das Arnhem Land Plateau in Nordaustralien oder die Sandsteinflächen der Gran Sabana in Südvenezuela. Neben der Armut des Bodens, weitgehend vom Ausgangsgestein bedingt, aber durch tiefgründige Verwitterung verstärkt, ist die geringe Wasserhaltefähigkeit der Böden für die nur schüttere Vegetation verantwortlich. Dort wo mehr Feuchtigkeit vorhanden ist wie auf den hochaufragenden Tepuis (Tafelberge bis 2640 m) der Gran Sabana, die oft in den Wolken stecken, ist eine dichtere Vegetation anzutreffen. Das gilt ebenso für Talanfänge und Täler mit Wasserzudrang, wo aber auch eine Zufuhr von Nährstoffen erfolgt, die vor allem aus Diabas Lagergängen stammen.

Dieses Beispiel zeigt zum einen, daß auf engem Raum Unterschiede auftreten, die in diesem Fall vorwiegend durch den geologischen Untergrund und das Relief bedingt sind. Niederschlag und Wasserbewegung sorgen für eine weitere Differenzierung in dieser durch tiefgründige und divergierende Verwitterung geprägten Landschaft. Es sind also alle Geofaktoren angesprochen. Zum anderen ist das hohe Alter der Landschaftsentwicklung für die Ungunst verantwortlich. In sehr alten Landschaften erfolgt eine nur noch sehr geringe Abtragung. Daher ist einerseits eine mächtige, verarmte Verwitterungsdecke ausgebildet, die kaum abgetragen wird, so daß die Verwitterungsfront in größerer Tiefe liegt und daher wenig Stoffe im Bodenwasser zirkulieren. Das zeigt sich auch in den Flüssen, die Schwarzwasser oder

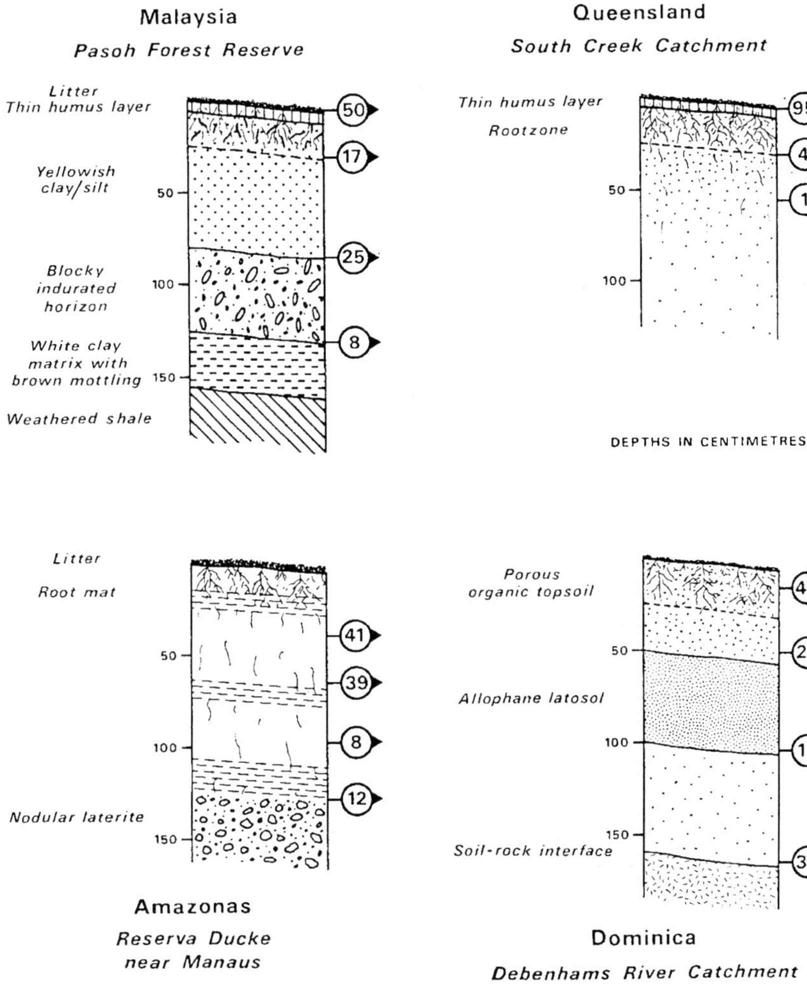

Abb. 11.9. Anteile des Abflusses von der Oberfläche und aus unterschiedlichen Bodentiefen von vier Meßstellen im tropischen Regenwald. In Malaysia ist der Oberflächenabfluß bei geringerem Gefälle ähnlich groß wie der subterrane, am Fuß einer 17–22° geneigten Hanges beträgt er nur die Hälfte. In Queensland wurde bei Starkregen ein hoher Oberflächenabfluß beobachtet, da die Infiltration ab 10 cm Bodentiefe nur noch langsam erfolgt. Das Beispiel aus dem Gebiet von Manaus zeigt verschiedene Stockwerke des Interflow. Auf der Vulkaninsel Dominica wurde bei Niederschlägen von 5500 mm/a und Hängen über 25° kein Oberflächenabfluß gesehen. Diese vier Beispiele zeigen die große Variationsbreite des lokalen Abflusses, die vor allem durch unterschiedliche Bodenstruktur bedingt ist. Aus: Spencer & Douglas 1985, 53.

Klarwasser haben (s.o. 4.3.2, Abb. 11.10). Zum anderen wird wenig frisches Material von den Hängen abgespült oder durch Flußanschnitte aufgenommen, so daß Ablagerungen, sofern vorhanden, wenig fruchtbar sind.

An ausgewählten Beispielen aus dem Amazonasgebiet soll der Zusammenhang einzelner Geofaktoren mit dem Alter der Landschaftsentwicklung im einzelnen dargestellt werden

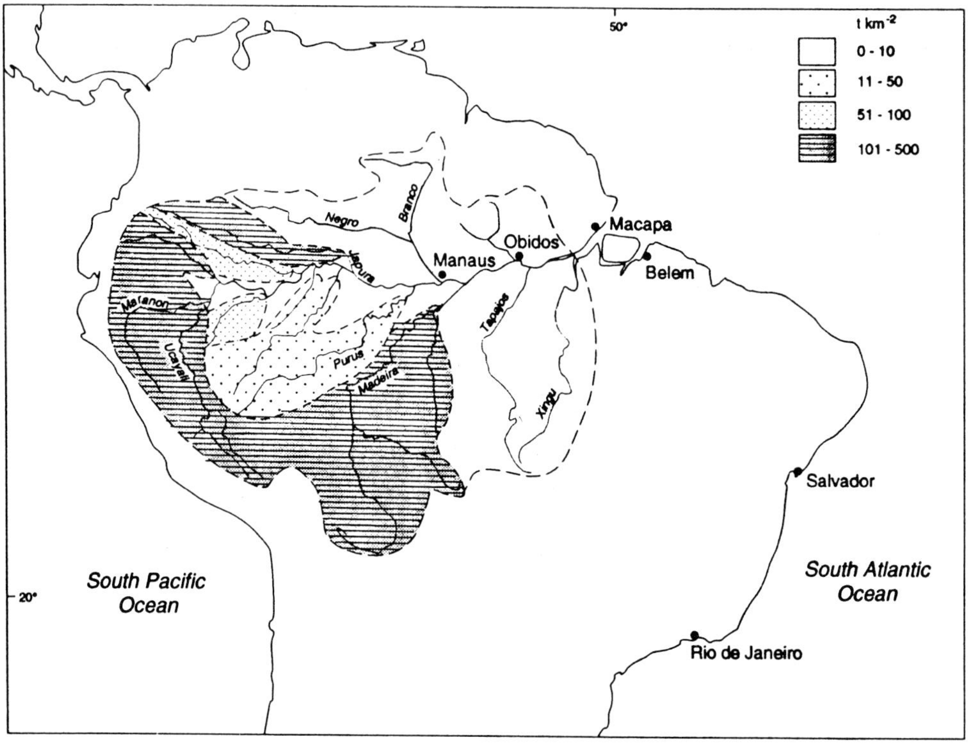

Abb. 11.10. Sedimentfracht im Amazonasgebiet in t/km²/a (nach Angaben von Gibbs 1967 aus Reading et al. 1995, 256). Die Belastung der Flüsse läßt sich nicht einfach mit der Reliefenergie korrelieren. So kommen die Nebenflüsse des Rio Madeira weitgehend aus flachen Gebieten, das Einzugsgebiet von Tapajos und Xingu liegt hingegen in den Chapadas und Sierren des brasilianischen Schildes und hat z.T. erhebliche Reliefenergie. Es ist auch keine Korrelation mit der Gesteinsverbreitung gegeben, denn die anstehenden Granite in den Einzugsgebieten des Rio Negro und des Rio Branco liefern wenig Sedimente, viel hingegen am mittleren Rio Madeira. Zwar handelt es sich hier um eine stark verallgemeinerte Darstellung, doch stimmt sie im wesentlichen mit Karten über die Qualität des Flußwassers überein. Die Erklärung dieser weitgehend natürlichen Verhältnisse liegt im Alter der Landschaftsentwicklung mit sehr geringer Abtragung im ältesten Relief, so daß hier auch die Böden verarmt sind (Bremer 1965).

(Abb. 11.11). Anstehend sind Granite bzw. die Sedimente der Serie Barreiras-Tertiär des Amazonastroges – in höher gelegenen Gebieten (terra firme), die als Aufschüttungen von den Schilden im N und S vorwiegend mineralarme Sande sind, sowie quartäre Ablagerungen in der Nähe der Flüsse. Vergleicht man zunächst die Granitgebiete miteinander, so fällt die geringe Ionenkonzentration der Gewässer im Gebiet des Rio Negro auf. Die Sandböden hier sind – jedenfalls abseits der Flüsse – Residuen, d.h. sie sind aus Ultisolen durch weitere Abfuhr von Ton- und Eisenmineralen entstanden. Das weist auf eine sehr alte Landschaftsentwicklung hin, was durch vereinzelte sehr hohe Inselberge und die tiefliegenden Wasserscheiden mit den weltweit einmaligen Bifurkationen zwischen großen Strömen, nämlich dem Orinoko und dem Rio Negro, sowie durch die geologische Geschichte bestätigt wird.

Im Vergleich dazu ist das Relief im Gebiet des Rio Branco jünger: die Abtragung ist, entweder infolge etwas stärkerer Heraushebung oder infolge der geringeren Vegetationsdichte wegen der niedrigeren Niederschlagsmengen, stärker. Das wird nicht nur an der ausgedehnteren Verbreitung der Rotlehme (Oxisole und Ultisole) deutlich und der geringen Ausdehnung von Sandböden, sondern vor allem an der Qualität des Flußwassers, des Weißwassers, wie schon der Name sagt. Im Gebiet der tertiären Ablagerungen sind bei den älteren Sedimenten und der gegenüber den quartären Ablagerungen älteren Reliefentwicklung geringere Werte der Ionen zu verzeichnen, während in der Varzea, wo der Rio Solimões/Amazonas von Schwebstoffen aus den Anden und deren Vorland das Gebiet aufgebaut hat, mehr Ionen zirkulieren.

Da das Alter der Landschaft am besten aus der geologischen Geschichte und der Reliefentwicklung abgeleitet werden kann, habe ich versucht, das Naturpotential auf der Grundlage meiner morphogenetischen Untersuchungen abzuschätzen (Tab. 11.3). Ergänzt wurde dieses durch Beobachtung der anderen Geofaktoren, insbesondere der Wasserqualität und der Vegetationsdichte bzw. der Biomasse. Jahresniederschlagswerte und Bevölkerungsdichte zeigen eine geringere Korrelation mit dem Potential als die Reliefgenese. Vergleicht man diese mit dem Relief selbst, so zeigt sich, daß nicht allein das Gefälle für Stoffwanderungen verantwortlich ist, sondern frische Minerale auch für die Verwitterung erreichbar sein müssen.

Ebenso wenig wie für den Regenwald läßt sich für die Savannen eine allgemeine Einstufung treffen. WEISCHET (1995) sieht für diese generell kein Problem der Bodenfruchtbarkeit gegeben. Sicher sind im allgemeinen die Minerale im Boden zahlreicher, und die Verwitterungsfront liegt oft dicht unter der Oberfläche, bedenkt man aber die oben angeführten Kriterien, so ergeben sich auch hier große Unterschiede. Vor allem im trockneren Teil der Savanne ist die Bodentiefe oft zu gering, das gilt um so mehr, als durch die hohe Variabilität der Niederschläge Speicherraum und Wasserhaltekapazität des Bodens eine größere Bedeutung haben als in den feuchten Tropen. Es kommt daher leichter zu Trockenschäden. In Gebieten mit Paläoböden kann der Unterboden so verdichtet sein, daß er für Wurzeln schwer zu durchdringen ist, der Oberboden ist auch dort nährstoffarm. Der Humusgehalt kann bei starker Einstrahlung schnell abnehmen und auch die Bodenlebewelt kann dadurch beeinträchtigt werden. Sicherlich erfolgen wegen des jahreszeitlichen Wassermangels die Verwitterung, also die Freisetzung von Nährstoffen und Stoffwanderungen langsamer. Die zonalen Unterschiede, etwa über eine geringere Menge organischer Säuren und deren Einfluß auf die Verwitterung ist noch wenig bekannt.

Generell ist die Frage, welches Potential, Regenwald oder Savanne, in Hinsicht auf eine Landnutzung höher zu bewerten ist, kaum zu beantworten. Nimmt man die Biomasse als Maß, wird man für den Regenwald plädieren, bei der Verfügbarkeit frischer Minerale eher die Savannen bevorzugen. Der Regenwald liefert bei der Brandrodung mehr Asche für die Düngung, aber die Rodung erfordert sehr viel mehr Arbeitszeit. In den Savannen ist ein gesicherter Anbau meist nur bei Bewässerung möglich. Bei ausreichend vorhandenem Wasser seien die Böden weitverbreitet fruchtbar und GIESSNER (1988) sieht daher die Savannen als wichtigste Reserveräume an. Bei entsprechender Nutzung meint SCHOLZ (1988), daß die Regenwaldgebiete sehr entwicklungsfähig sind.

Wenn die Beurteilung des natürlichen Potentials so schwierig ist, liegt das an den geringen Kenntnissen. Die Forderung, die Forschung zu intensivieren (LAUER 1971, MENSCHING 1986) kann man nur wiederholen. Im einzelnen wird bei Neusiedlungen das Gesetz der Frontier: trial and error, nicht aufzuheben sein, sondern höchstens abzuschwächen.

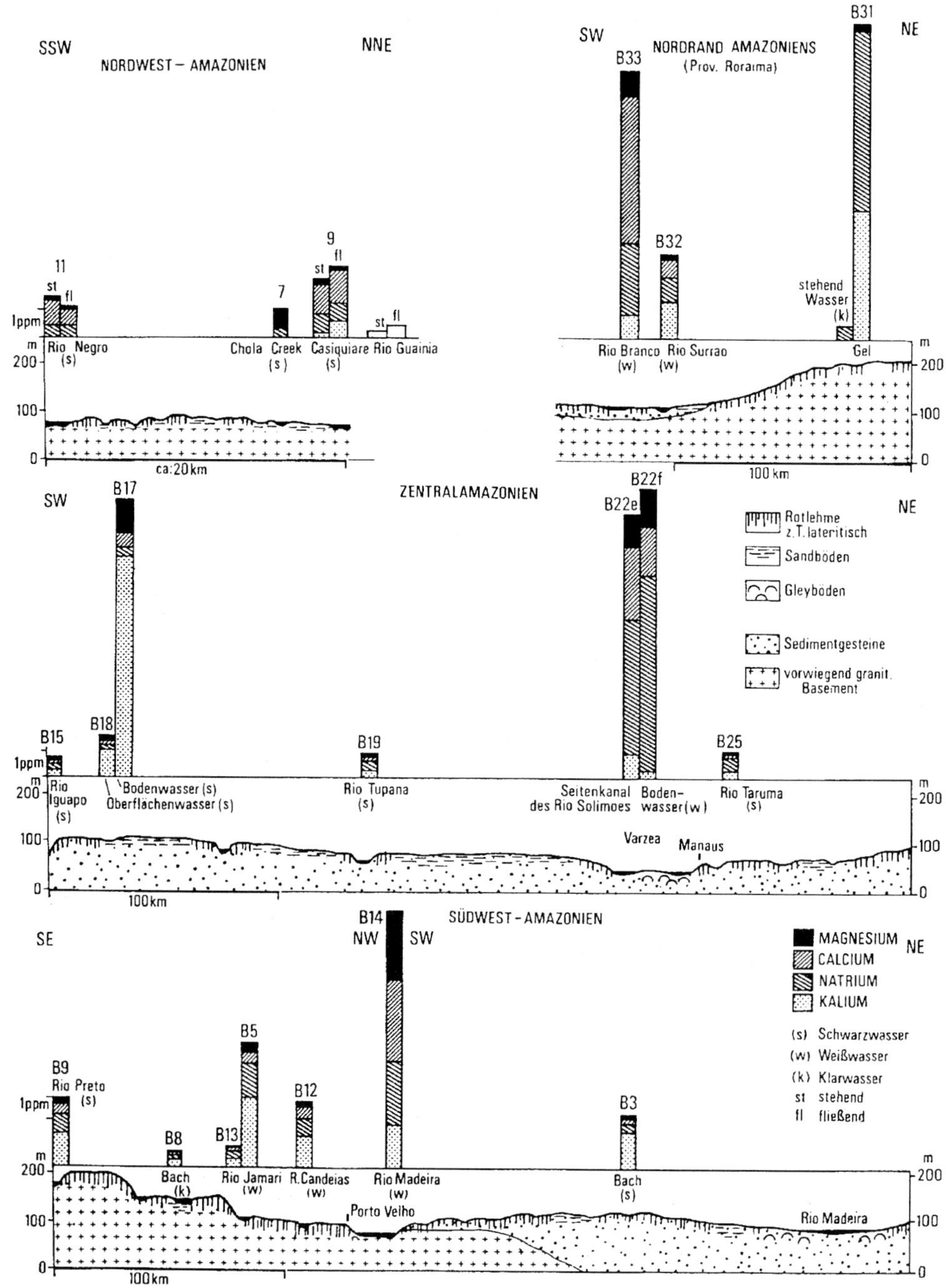

Abb. 11.11. Relation zwischen Wasserqualität, Böden, Relief und Untergrund, leicht schematisierte Profile. Aus: Bremer & Schnütgen 1987, 33. Bei jeweils gleichem bzw. sehr ähnlichem Ausgangsgestein: Granit bzw. tertiäre Lockergesteine sind unterschiedliche Böden und Wasserqualitäten zu beobachten. Hohe Werte der Ionenbelegung sind abgesehen vom Boden-

Tabelle 11.3. Abschätzung des Naturpotentials in Relation zum Relief, Niederschlag und der Bevölkerungsdichte. Die beste Übereinstimmung besteht mit dem Alter der Reliefgenese. Aus: Bremer 1989, 390.

	Niederschlag mm/Jahr	Relief	Relief-genese	Potentieller Ertrag	Bevölkerungs-dichte E./km²
Westafrika					
S-Nigerien	1500–3500	flach bis hügelig	2–1	++	20–80
Middle Belt	1000	hügelig bis flach	1	++	< 10
N-Nigerien	500–1000	flach mit breiten Mulden	3	–	5–80
S-Mali					
höhere Fläche	1300	zertalte Plateaus	4	– –	1
jüngere Fläche	1300	flach	2–1	+	10–20
Südasien					
SW-Sri Lanka	2500–4000	flach bis hügelig	2	++	550
Hochland	2000–5000	zertaltes Plateau	3	+	300–500
N- und O-Sri Lanka	1200–1600	flach	1	++	50–100
S-Indien					
höhere Fläche	1000–2000 (4000)	Plateaus mit breiten Mulden	4–3	–	50–100
jüngere Fläche	500–1500 (3300)	Intramontane Ebenen, Küstenebenen	2–1	++	200–500
Nordaustralien					
Jüngste Fläche	800–1200	flach	2–1	+	< 1
Mittlere Fläche	800–1200	flach bis hügelig	3	±	< 1
Arnhemland	800–1200	zertaltes Plateau	4	– –	< 1
Südamerika					
Rio Negro	3000–3500	extrem flach	4	– –	< 1
Gran Sabana	1600–3000	Hochplateau	4	– –	< 1
Rio Branco	1500–2200	flach	2	+	< 1

Reliefgenese: 4 = Jungmesoz./Alttertiär, 3 = Mittl. Tertiär, 2 = Jungtertiär/Pleist., 1 = Holozän-andauernd
Potentieller Ertrag: – – = sehr schlecht bis ++ = sehr gut
Quelle: Erweitert nach Bremer 1981

wasser und einem stehenden Wasser im Granit im Einzugsgebiet des Rio Branco (=Weißer Fluß) und am Rio Madeira (Holzfluß, d.h. im Fluß schwimmen relativ viele Baumstämme, die infolge Seitenerosion aufgenommen wurden, womit aber auch Feinmaterial in den Fluß gelangt) zu verzeichnen. Im Gegensatz dazu ist im Einzugsgebiet des Rio Negro (=Schwarzer Fluß) die Ionenbelegung der Gewässer gering. In diesem Gebiet sind Sandböden relativ weit verbreitet, das Relief ist sehr ausgeglichen – beides weist auf eine alte Landschaftsentwicklung hin. Im Gebiet der tertiären Ablagerungen sind bei den älteren Sedimenten und der älteren Reliefentwicklung geringere Werte zu verzeichnen, während in der Varzea, wo der Rio Solimões von Schwebstoffen aus den Anden und deren Vorland das Gebiet aufgebaut hat, mehr Ionen zirkulieren. Interessant sind die hohen Werte für das Bodenwasser auf der terra firme beim Rio Iguapo (mittleres Profil) im Vergleich zum benachbarten Bach. Offenbar ist die Vegetation in der Lage, die Nährstoffe herauszufiltern, bevor das Wasser den Bach erreicht.

11.5 Umweltprobleme

Umweltprobleme in Deutschland heißt im allgemeinen Luft-, Boden- und Wasserverschmutzung, sowie extreme Hochwasser. Im wesentlichen sind es vom Menschen, wenn nicht hervorgerufene, so doch angestoßene Schäden. MORGAN (1993) betitelt dagegen einen Beitrag über Umweltfragen in Südostasien mit „Natural and Human Hazards". Als naturgegebene Extremereignisse nennt er Taifune – meist nur nördlich des Äquators –, Vulkanausbrüche, Erdbeben und Tsunamis, die vor allem südlich des Äquators auftreten. Generell kann man wohl sagen, daß Hazards – Naturkatastrophen in den Tropen – vielfältiger, häufiger und meist auch gravierender als in den Außertropen sind. Tropische Wirbelstürme sind im wesentlichen auf die Gebiete zwischen 8° und 23° Breite beschränkt, können allerdings auch auf das nordamerikanische Festland übergreifen. Die Zahl der aktiven Vulkane ist in den Tropen größer als in den Außertropen, noch entscheidender ist es, daß Vulkangebiete hier und in den tieferen Lagen der Subtropen stärker besiedelt sind, was SEUFFERT (1985) auf die intensivere Verwitterung zurückführt. Wenn auch im Weltmaßstab geologische Hazards viel seltener sind als die meteorologischen, so sind sie schlimmer in den Auswirkungen, weil doppelt so viele Menschen bei jedem Ereignis sterben (BLONG 1992). Seuchen sind zwar auch in den Tropen weitgehend unter Kontrolle, können aber immer wieder aufflammen, wie etwa die Choleraepidemien in Ecuador zeigten. Als massiver Schädlingsbefall sind vor allem die Heuschrecken besonders in Ostafrika gefürchtet.

Viele dieser Schrecken werden dadurch so furchtbar, weil die betroffenen Gebiete dicht besiedelt sind. Es bestehen viele Gründe, warum nach einer Katastrophe derselbe Raum wieder besiedelt wird (MORGAN 1993, 295f.): es mögen besondere ökonomische Möglichkeiten gegeben sein, es fehlen Alternativen, die Betroffenen haben ein kurzes Gedächtnis und hoffen, daß eine ähnlich Katastrophe so schnell nicht wiederkehrt und viertens mag bei einigermaßen guten finanziellen Verhältnissen eine Risikobereitschaft gegeben sein, bzw. die Größe der Gefahr wird nicht erkannt. Aber MORGAN schließt die Diskussion mit der Bemerkung: vielleicht ist es viel einfacher, die Menschen haben schlicht keine andere Wahl. Er sieht aber in der Unterstützung der Geschädigten auch die Hilfe zur Rückkehr eingeschlossen. Es wäre sicher besser, wenn man neue Perspektiven für eine Ansiedlung etwa in hochwasserfreien Räumen geben könnte, aber das ist neben den Kosten auch eine Frage der Zeit.

Infolge der erhöhten Mobilität leben heute viele Menschen in Gebieten, mit deren Natur sie nicht vertraut sind. Vielfach haben Küstengebiete eine besondere Attraktion, sind aber stark gefährdet. Vorsorge gegen Schäden, vor allem die Vermeidung des Verlustes von Menschenleben durch Naturkatastrophen bestehen zum einen in Warnsystemen, zum anderen in Schutzbauten. Eine Vorhersage ist bei Taifunen und Überschwemmungen möglich, jedoch kaum bei Erdbeben und Vulkanausbrüchen. Schutzmaßnahmen reichen von der Bereitstellung von Sandsäcken bis zum Bau von Deichen, Buhnen, Wellenbrechern etc. Hochwassersichere Bunker, die zugleich Schutz vor dem Orkan bieten, sind in Bangladesh im Delta gebaut worden, eine Art Fluchtburgen für die Bevölkerung. 1970 waren dort bei einem Taifun und Überschwemmungen mehrere Tausend Menschen umgekommen. 1988 wurden 46% des Landes (in Normaljahren 20–30%) nach anhaltenden Regen überflutet, 1500 Menschen starben (READING et al. 1995, 290). Nach HOSSAIN (1998) sollen bei einem einzigen Wirbelsturm sogar 400 000 Menschen umgekommen sein, die Wasserstände könnten um 3–14 m steigen. Ein noch erhaltener Wald von 5800 km^2 an der Küste biete eine sehr guten Schutz, so daß Aufforstungen empfohlen werden.

Gegenüber diesen natürlichen Gefahren sind die Umweltschäden, wie wir sie kennen, in den Tropen weniger gravierend. Sie entwickeln sich langsamer und sind meist weniger ausgeprägt als bei uns. Für Blei, Erdöl, Cadmium, SO_2, Quecksilber, NO_2, CO_2 (75%), liegen nach einer Aufstellung von CLARK (1993, dort Tab. 4.4) die Anteile aus industriellen und anderen Quellen höher als aus der Landwirtschaft. Lediglich Methan ist zu 65% agrarer Herkunft, insbesondere fällt es beim Naßreisbau an. Aerosole geraten etwa zur Hälfte in den Tropen in die Atmosphäre und zwar durch Brand (Rodung und Savannenfeuer 40%, Kochstellen 10%).

Werden Umweltfragen in den Tropen bei uns diskutiert, steht meist die „Vernichtung der Regenwälder" im Vordergrund. Die Ursachen der Waldzerstörung sind vor allem Brennholzgewinnung, Neusiedlung und Ausdehnung von Bauernland sowie die kommerzielle Holznutzung (SCHOLZ 1988, s.u. 13, 14.7.1). Die Landwechselwirtschaft richtet dagegen kaum Dauerschäden an. Abgesehen davon, daß nur unter ungünstigen Bedingungen – meist nur nach mehrfachem Brennen und nur bei marginalen Standorten – eine Grasflur aufkommt. Schon früher (BREMER 1989) wurde geschätzt, daß dieses 0,1% im immerfeuchten Gebiet, 1% im Monsunwald, und bis 5% (?) im Übergang zu Savannen ausmacht (s. auch o. 8.7). Ferner ist zu bedenken, daß bei uns bis zu 70% des Waldes „vernichtet" wurden, wenn man die Forsten als Kulturflächen einstuft, sogar 100% (s.o. 10.3). Die umfangreichste Holzgewinnung erfolgt heute in der borealen Waldzone (s.u. Abb. 14.5). Was den CO_2-Ausstoß anbelangt, wurde oben (8.7) ausführlich diskutiert, daß die Hauptquelle in den Außertropen liegt. Generell muß man allerdings sagen, daß die Umweltvorsorge in den Tropen bislang noch eine relativ geringe Rolle spielt (Abb. 11.12). Sie ist teuer und wird beim ersten Aufbau einer Industrie wegen der Kosten zunächst vernachlässigt. Wenn auch der Energiebedarf der Entwicklungsländer zunehmen wird, so ist doch zu hoffen, daß die Verschwendung, die mit dem Wirtschaftswachstum in den Industrieländern vor hundert Jahren verbunden war, nicht eintritt (Abb. 11.13). Generell liegt die Umweltbelastung in der Regel niedriger als bei uns, weil die industriell/technische Entwicklung nicht so umfangreich ist. Dieses Bewußtsein kann dazu führen, daß man umweltbelastende Industrien zuläßt (O'REILLY STERNBERG 1973).

Die traditionelle Landwirtschaft ist weitgehend umweltschonend (vgl. u.a. auch GIESSNER 1988). BRAUNS & SCHOLZ (1997) weisen allerdings darauf hin, daß bei der Landwechselwirtschaft die Tragfähigkeit kaum mehr als 30 Personen/km² beträgt, für 1 t Getreide werden bis zu 300 t Biomasse verbraucht, die allerdings in 10–20 Jahren nachwächst. Diese Brandrodung ist keinesfalls mit der Anlage junger Agrarkolonisationen gleichzusetzen, wo permanenter Anbau betrieben wird. Dieser spart zwar Flächen, ist aber mit Kahlschlag verbunden. Hier und in kleinbäuerlichen Betrieben werden Düngemittel und Pestizide wegen der hohen Kosten nur wenig oder sparsam eingesetzt. Sie werden sicher noch nicht optimal verwendet

Barriers → / Sector	Lack of awareness	Capital constraints	Energy pricing	Dearth skilled manpower	High hsehold discount rate	Lack of alternatives	Low capacity factor
Household	●				●	●	
Industry		●	●	●		●	●
Transport	●	●				●	

Abb. 11.12. Schematische Darstellung der Barrieren für eine effiziente Nutzung der Energie. Mangel an Kenntnissen und Kapital sind die Grundursachen, die jedoch durch politische Vorgaben, bzw. Preise verstärkt werden können.
Aus: ADEGBULUGBE 1993, 100.

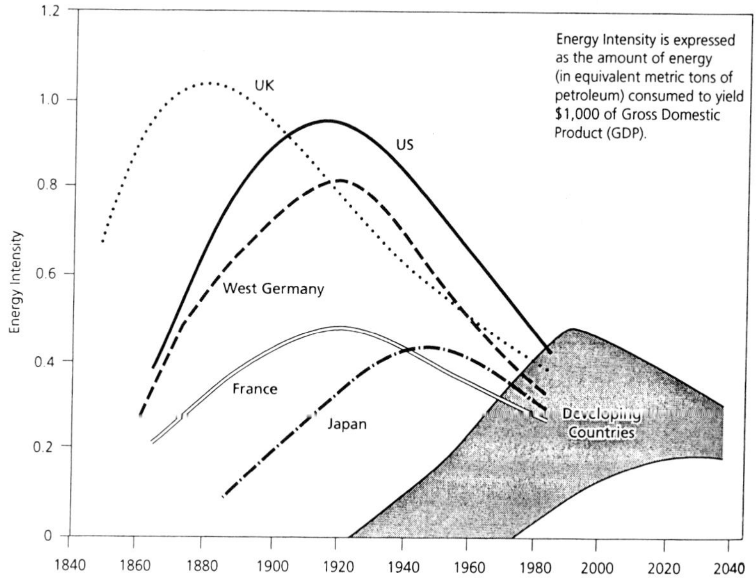

Abb. 11.13. Die Energieintensität wird durch den Energieverbrauch (t Erdöläquivalent) definiert, der notwendig ist, um $US 1000 BSP zu produzieren. Der ansteigende Ast zeigt den Übergang von der Agrar- zur Industriegesellschaft, der fallende Ast verläuft von der Produktion kapitalintensiver Güter über solche, die mit Fertigkeiten und Fachkenntnissen (skill) produziert werden zu forschungsintensiven Produkten. Die weite Streuung für die Entwicklungsländer erklärt sich durch deren unterschiedlichen industriellen Status. In Südostasien hat der Umschwung in einigen Ländern gerade begonnen. Diese Kurven können auch als annähernder Ausdruck der Umweltbelastung gesehen werden, da zum einen die Verbrennung die Hauptquelle von Emissionen ist, zum anderen der Energieverbrauch auch den Stand der Industrialisierung anzeigt. Da in den Industrieländern das BSP = GDP/Kopf mehrfach höher ist als in den Entwicklungsländern, ist die Umweltbelastung durch jeden Einzelnen ebenfalls mehrfach höher. Aus: Auty 1997, 210.

und für tropische Verhältnisse besser angepaßte Produkte werden wohl noch entwickelt werden. Da der Hauptteil der Menschen in den Tropen auf dem Lande lebt, ist die Umweltbelastung, wenn man sie pro Kopf der Bevölkerung sieht, gering. Das kann allerdings nicht darüber hinweg täuschen, daß in den Städten in der Regel schlechtere Verhältnisse herrschen als bei uns (vgl. u.a. Kohlhepp 1994 für Brasilien).

Trink- und Brauchwasser sind in den Tropen wegen der i.a. ungünstigeren Grundwasserverhältnisse (s.o. 3.9, 3.12) nicht so einfach zu gewinnen wie bei uns. Offene Wässer sind meist durch Krankheitskeime, Würmer, Larven verschmutzt. Die Aufbereitungsanlagen haben aber in den letzten Jahren stark zugenommen. In der überwiegenden Zahl tropischer Länder haben über 50% der Bevölkerung Zugang zu sauberem Wasser (Fischer Weltalmanach 1997, 699f.). Wassermangel kann in den wechselfeuchten Tropen bei umfangreichen Bewässerungen auftreten. Das gilt insbesondere für die Trockensavannen. Ruppert (1988) schildert für die Republik Sudan Wanderungen in Abhängigkeit von der Verfügbarkeit des Trinkwassers. In Südafrika hat sich mit schwedischer Hilfe ein Verbund mehrerer Organisationen für eine rationelle Nutzung des Wassers gebildet (SANDSTRÖM 1996). Generell ist aber die Ressource Wasser in den Tropen ausreichend vorhanden (Abb. 11.14). Allerdings geht bislang relativ viel des Trinkwassers durch undichte Leitungen verloren (LINDH 1990), bzw. des Brauchwassers auch durch Verdunstung (BORCHERT 1986).

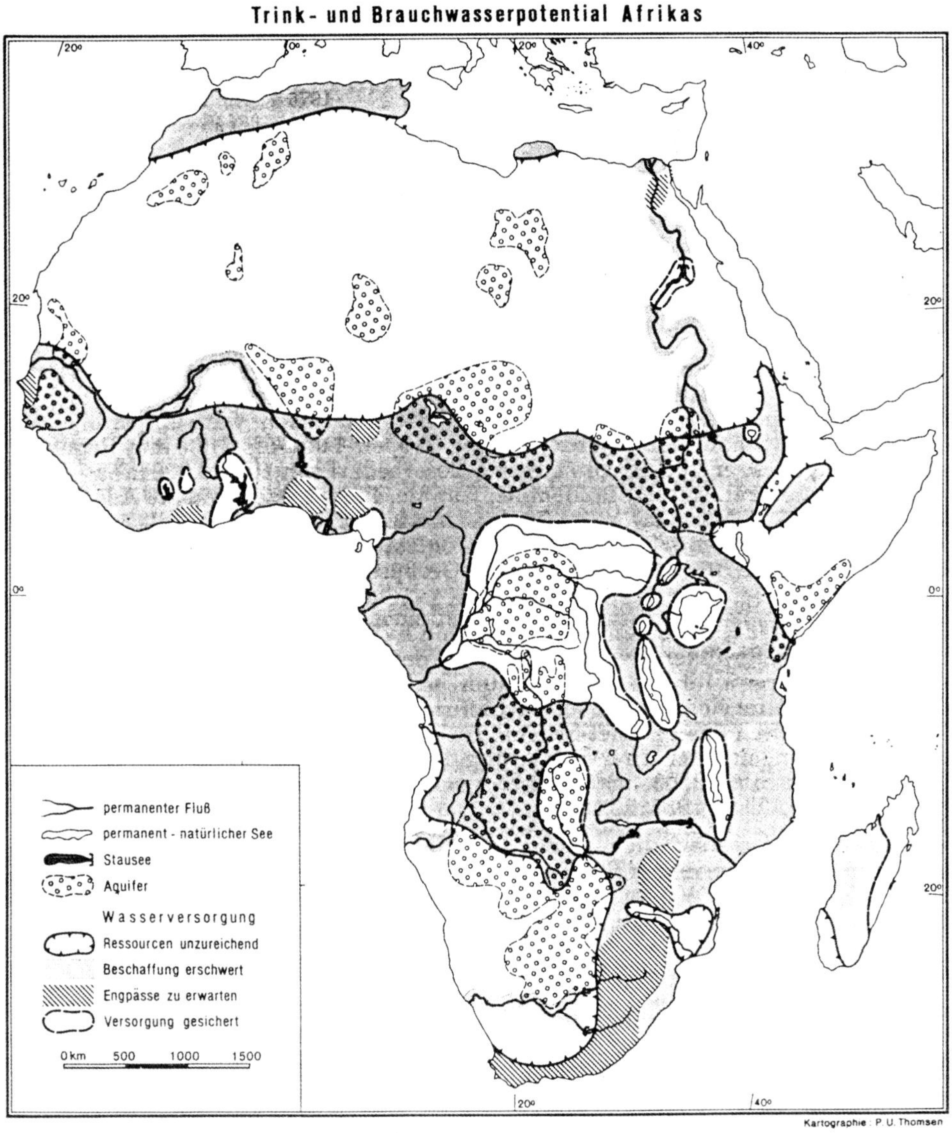

Abb. 11.14. Afrika hat ein hohes Wasserpotential, einerseits durch die großen Seen, zum anderen durch Aquifer in den Ablagerungen der geologischen Becken und schließlich durch eine mögliche Anlage von Stauseen (s.o. 10.5.2). Aus: BORCHERT 1986, 170. Ähnliches gilt auch für die anderen Kontinente, wenngleich in Asien die Aquifer nicht so weit ausgedehnt sind.

Das größte Problem ist wohl die Abwasserentsorgung. Sie erfolgt zum Teil noch über offene Kanäle, die in der tropischen Hitze entsetzlich stinken können. In Manila war 1986 nur 12% der Bevölkerung an die zentrale Abwasserentsorgung angeschlossen (SANI 1993), daneben gibt es Sickergruben bzw. septische Tanks. In São Paulo werden nur 10% der Abwässer geklärt (KOHLHEPP 1994, 99). In den Slums und wilden Stadtrandsiedlungen fehlen in allen tropischen Großstädten Entsorgungseinrichtungen. In den Slums brasilianischer Großstädte soll die Kindersterblichkeit doppelt so hoch sein wie in anderen Stadtteilen (O'REILLY STERNBERG 1973, 262). Inzwischen sind große Anstrengungen unternommen worden, um die ‚favelas' zu beseitigen. Hinzu kommt, daß Abfälle zu einem großen Teil in den Flüssen oder Kanälen landen oder am Straßenrand deponiert werden. In Bangkok sollen bis zu 50% in die Kanäle (Klongs) geworfen werden. Industrielle Abwässer werden nur selten geklärt. Beim Bioalkohol anfallende Schlempe wird in Flüsse geleitet, bei einer Tagesproduktion einer Destillerie von 120 000 l Äthanol entspricht das der organischen Verschmutzung, wie sie eine Stadt mit 550 000 Einwohner liefert (KOHLHEPP 1994, 98). Eine große Belastung für Flüsse kann die Goldgewinnung bedeuten, wenn das Quecksilber dabei nicht sachgemäß verwendet wird. Landet der Abraum des Gold- und Diamantenabbaus in den Flüssen, wird die Sedimentlast beträchtlich erhöht.

Offene Feuer tragen ebenso wie die Abgase des Verkehrs und industrielle Rauchentwicklung zur Bildung von Dunstglocken über den Städten bei. Man sollte annehmen, daß die Ozonbildung bei den hohen Temperaturen und der starken Einstrahlung in den Tropen besonders hoch ist. Der Luftaustausch scheint mit Ausnahme einiger Monate in Großstädten Südostasiens besonders gering zu sein. Die Fähigkeit, Verunreinigungen zu streuen, seien geringer als in den gemäßigten Breiten (SANI 1993).

Zunehmend haben die Länderregierungen bzw. Parlamente Gesetze für den Umweltschutz gemacht. Die strikte Einhaltung ist allerdings wohl nur in Singapur gewährleistet, wo die wohl größten Erfolge im Umweltmanagement in den Tropen erzielt wurden, weil ein starker politischer Wille zur Kontrolle besteht. In Einzelaspekten ist dieses auch in anderen Ländern erfolgt, so hat Indonesien nicht nur die Grüne Revolution mit politischem Druck durchgesetzt, sondern auch in den achtziger Jahren durch IPM (integrated pest management = umfassende Schädlingsbekämpfung) das Land vom brown planthopper befreit (BROOKFIELD 1993). Oft fehlt es aber für die Umsetzung und Überwachung von Umweltgesetzen an Personal und Geld. Auch sind verhängte Strafen meist so niedrig, daß sie eher gezahlt werden, als daß teure Investitionen gemacht werden (SANI 1993, BROOKFIELD 1993). Thailand hat über 30 Forstgesetze, deren Durchsetzung nicht allein an den Möglichkeiten, sondern auch am politischen Willen scheitert, da neue Siedlungsräume und Grenzsicherung der Regierung wichtiger sind (SCHOLZ 1988, 214). FOX (1993, vgl. auch BROOKFIELD 1993) sieht daher die Notwendigkeit, daß die Kontrolle weitgehend auf lokale Gemeinschaften übertragen wird. Forstbehörden in Indonesien, Thailand und den Philippinen versuchen das Management der Wälder lokalen Waldgemeinschaften zu übergeben.

Ebenso wie über das natürliche Potential ist über Umweltfragen noch viel zu wenig bekannt. Die Aussagen über die Auswirkungen der Landwechselwirtschaft und der Waldwirtschaft sind sehr widersprüchlich, über die Verschmutzung von Flüssen, Küsten und Meeren weiß man wenig, Umweltprobleme in den Städten sind noch kaum erforscht, wie auch BROOKFIELD (1993) zum Abschluß des Symposions über Nachhaltigkeit betont. Insbesondere ist die zukünftige Entwicklung kaum abzuschätzen. Es gilt wohl nicht nur für Südostasien, daß mit dem wirtschaftlichen Aufschwung die Lebensansprüche steigen und man die wachsende Prosperität nicht durch Umweltausgaben eingeschränkt sehen will. Wichtig sei vor allem auch ein breiteres Wissen über Umweltprobleme, hier müsse die Erziehung helfen. Dazu kann UNEP (UN Environment Programme) beitragen. Durch internationale Vereinbarungen sind erste Schritte durch Konventionen über das Verbot von Giftmüllexport, für den Artenschutz und zum Ersatz von FCKW, der das Ozonloch angreift, gemacht worden.

11.6 Nachhaltige Entwicklung

Seit langem in größerem Rahmen diskutiert (u.a. Brundtland Report, Club of Rome), wurde auf der Umweltkonferenz in Rio im Juni 1992 (UNCED = UN Conference on Environment and Development, vgl. Fischer Weltalmanach 1996, 873) „sustainable development", als Ziel für die Zukunft aufgestellt. Wenn man es mit nachhaltiger Entwicklung übersetzt, übernimmt man einen Begriff, der seit über 200 Jahren in der Forstwirtschaft eingeführt ist. Darunter ist einerseits die schonende Landnutzung zu verstehen, die Entnahme soll dem Zuwachs entsprechen, zum anderen ein sparsamer Verbrauch von Ressourcen, möglichst mit Umschichtung auf nachwachsende Rohstoffe sowie eine möglichst geringe Umweltbelastung. Es gibt bislang wenig konkrete Arbeiten zu diesem Konzept, obwohl dieses sehr schnell von der Bevölkerung vor allem wohl in Europa und Australien aufgegriffen wurde. Generelle, vor allem ökonomische Modelle (z.B. Cansier 1996) und die damit zusammenhängenden soziologischen und ethischen Fragen (Renn 1996, Simonis 1996, Kruse-Graumann 1996, Küng 1996) werden diskutiert. Die Probleme der nachhaltigen Entwicklung in den Tropen wurden von Manshard & Mäckel (1995, bes. S. 5f.) dargestellt. Die vielfältigen Erhebungen, Vorschläge und Aktivitäten der UNO und UNESCO sind hier eingeflossen.

In Hinsicht auf die politischen Vorgaben sind zwei Aspekte zu nennen: In traditionellen Gesellschaften hat sich der Verbrauch in der Regel so eingependelt, daß eine nachhaltige Nutzung gegeben war. Die Banaflächen im Gebiet des Rio Negro (s.o. 7.5.4) sind für die Indianer immer tabu gewesen. In Südnigeria sah ich einmal in einem kleinen Tümpel von weniger als einem halben Hektar Größe mehr als 50 Menschen, die mit Körben fischten. Ein solches Fischfest wird alle 3–5 Jahre durchgeführt. Es ist also die lokale Kontrolle der Dorfgemeinschaft, die die Ressourcen schützt, wie u.a. auch Fox (1993) für Südostasien betont. Eine Intensivierung der Landwirtschaft in Form der Agroforstwirtschaft oder des Naßreis- und Gartenanbaus mit Bäumen kann weitgehend nachhaltig sein (s.u. 13.6). Zur Nachhaltigkeit kann man auch die Rekultivierung übernutzter Standorte rechnen (Lugo 1991), die Erhaltung der Kernregionen des Regenwaldes sei erstrebenswert, nicht jedoch der Schutz um jeden Preis. Für die weitere Forschung schlägt Lugo drei Schwerpunkte vor: eine ökologische Ökonomie, die die Natur in die wirtschaftlichen Rechnungen mit einbezieht, eine ökologische Technologie, die eine Verbindung von Ökologie und Baumaßnahmen vorsieht, sowie eine soziale Ökologie, die die Schnittstellen zwischen Mensch und Biosphäre nicht nur analysiert, sondern auch zu einer Synthese bringt.

Die indigenen Tabus und Kontrollen sollte man nicht romantisieren (Fox 1993), denn es ist nicht abzusehen, wie auf lokaler Ebene auf gestiegene Bevölkerungszahlen und Ansprüche reagiert wird. Es mehren sich aber detailliertere Untersuchungen der charakteristischen tropischen Wirkungsgefüge, die eine eigenständige Bewertung von Umweltfragen bringen, die von herkömmlichen außertropischen Kriterien abweichen (vgl. Batterbury et al. 1997). Zum Beispiel zeigte sich bei Forschungen im Himalaya, daß manchmal von den Bauern Rutsche absichtlich ausgelöst werden, um den Boden zu verbessern. Gerade in diesem Gebirge ist ein Umbruch in der Bewertung von Umweltschäden erfolgt. Batterbury et al. plädieren auch für eine stärkere Berücksichtigung der Kulturgeographie insbesondere der historischen Geographie im Sinne einer „cultural ecology". So zeigt Scoones (1997) an Beispielen aus Simbabwe, wie die Änderung der Bodenfruchtbarkeit nicht nur von natürlichen Faktoren gesteuert wird, sondern zum Beispiel eine Intensivierung durch den Gartenbau den Boden verbessert. Dieses wurde durch Bevölkerungswachstum und Änderung der Landrechte ausgelöst. Ökologische Zusammenhänge werden oft von Umweltplanern aus den Außertropen anders beurteilt, als es der Tradition und den Bedürfnissen der lokalen Bevölkerung entspricht; zur Untersuchung dieser Problematik können Ethnoökologie und Perceptionsgeographie einen Rahmen bieten. Müller-Böker (1988) zeigt am Beispiel der Bodenbewertung durch Bauern in einem Gebiet in Nepal, daß für die Einheimischen nicht nur Kriterien, wie sie der internationalen Bodenklassifikation entsprechen, sondern auch die Bodenstruktur in bezug auf den Wasserhaushalt eine bedeutende Rolle spielen. In einem anderen Gebiet kann sie aufzeigen, wie differenziert die Kenntnisse der nutzbaren Wildpflanzen sind und die Einstellung zum Wald ist (s.u. 12.8). Ferner wird eine Verbindung der nachhaltigen Entwicklung mit der Forschung zum „global change" gefordert (Turner 1997). Politische Einflußnahme aus den Außertropen wird dagegen in den Entwicklungsländern als Ökokolonialismus angesehen. Industrielle Neugründungen sowie private Investitionen aus den Industrieländern unterliegen einer sehr kritischen Beobachtung ihrer Umweltstandards durch die Einheimischen, sobald die Euphorie über den wirtschaftlichen Aufstieg vorbei ist.

Für Südostasien liegt eine Sammlung von Aufsätzen von einer Konferenz in Yogyakarta im Mai 1991 vor (Brookfield & Byron 1993), die von der United Nations University veranstaltet wurde. Dabei zeigt sich, wie allgemein die Vorstellungen bislang noch sind, doch sind Grundprobleme auf den einzelnen Sachgebieten durchaus erkannt. Bevölkerungswachstum und mit dem schnellen wirtschaftlichen Wachstum steigende Lebensansprüche lassen kaum Zeit für eine nachhaltige Entwicklung. Für die Landwirtschaft und die Forstwirtschaft ist bei schonender Behandlung des Bodens und des Wassers sowie bei Vermeidung bzw. Einschränkung der Bodenerosion eine nachhaltige Entwicklung denkbar. Das gilt für die Tropen ebenso wie für die Außertropen, wobei allerdings noch große Anstrengungen notwendig sind. Rohstoffe jedoch werden hier wie dort verbraucht, ob genügend Ersatzstoffe, bzw. nachwachsende Rohstoffe gefunden werden können, muß die Zukunft zeigen.

Ein Hauptproblem ist der Energieverbrauch. Dieser schwankt im Extrem um das tausendfache (s.u. 14.7.3, Abb. 14.8). In den tropischen Ländern Afrikas mit Ausnahme von Gabun liegt der Verbrauch in Erdöleinheiten unter 500 kg/Kopf/a. In den wirtschaftlich sich rasch entwickelnden Ländern Asiens ist er natürlich höher. Der Wert für Singapur mit 5560 kg/Kopf/a entsteht aber wohl nicht nur durch die Industrie, Verkehr und Klimaanlagen, sondern auch durch die Erdölraffinerien. Lateinamerika zeigt entsprechend den unterschiedlichen wirtschaftlichen Verhältnissen einen Verbrauch von 47 kg/Kopf/a in Haiti, bis 2369 kg in Venezuela (Weltbevölkerungsbericht 1996). Große Unterschiede gibt es auch innerhalb der einzelnen Länder zwischen den Regionen (Abb. 11.15) bzw. zwischen Stadt und Land. Einzelsiedlungen haben in der Regel keine Elektrizität, es sei denn, es handelt sich um größere Einheiten wie in den Viehzuchtgebieten Australiens, die ihren eigenen Dieselgenerator haben.

Der Energieverbrauch indiziert die industrielle Entwicklung eines Landes, die Struktur einer Volkswirtschaft und den Konsum (ebd. 81, Tab. 11.4). In allen drei Sparten wird sicher eine Zunahme in den Tropen erfolgen. Generell sind nur zwei Vorteile zu vermerken: es muß nicht geheizt werden, Klimaanlagen sind nur für wenige industrielle Fertigungen absolut notwendig, die Sonnenenergie könnte auf Grund der höheren und längeren und über das Jahr

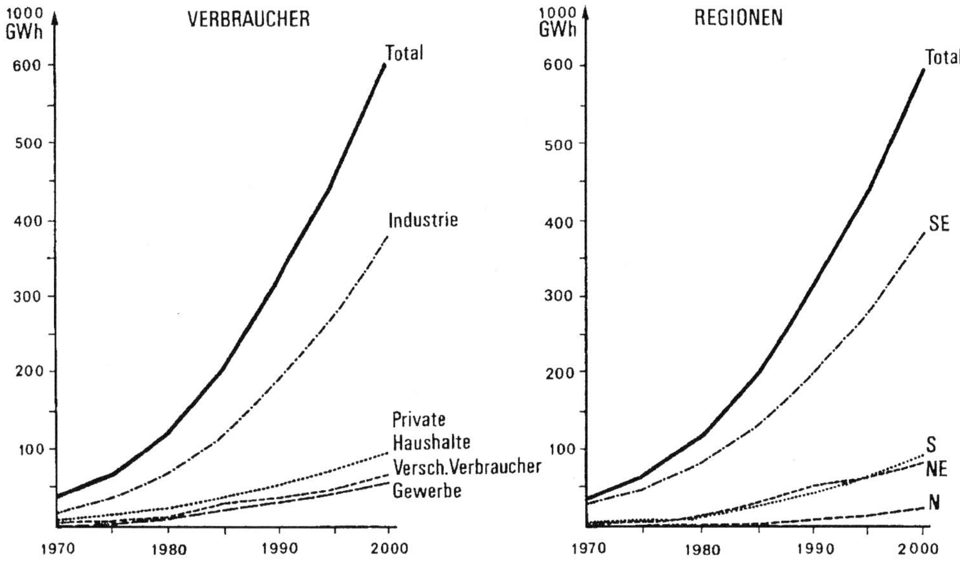

Abb. 11.15. Projektierte Steigerung des Energieverbrauchs in Brasilien nach Wirtschaftszweigen und Regionen. Der Hauptverbrauch wird bei der Industrie liegen, die im Südosten des Landes angesiedelt ist. Das rechte Diagram zeigt die großen räumlichen Unterschiede in Brasilien. Aus: Kohlhepp 1987, 11.

gleichmäßigen Einstrahlung besser genutzt werden. Allerdings sieht Clarke (1993) nur eine Steigerung der alternativen Energien von 6 auf 7% als möglich an. Bislang wird in den Tropen vor allem die Wasserkraft ausgebaut. Alternative Energien werden auch in den Tropen diskutiert, sind aber bei den derzeit billigen Erdölpreisen nicht sehr attraktiv. Die Produktion von Bioalkohol für Fahrzeuge in Brasilien hat sich unter diesen Bedingungen als nicht sehr wirtschaftlich erwiesen (s.u. 14.7.3). Größere Potentiale liegen wohl in der Einsparung des Energieverbrauchs. 1992 konferierten in Nairobi Experten von einer Unterorganisation des UNEP, des African Energie Policy Research Network und der Foundation for Woodstove Dissemination über Energiefragen im subsaharischen Afrika. Die Beiträge (Karekezi & Makkenzie 1993) betonen fast alle, daß der Mangel an Kapital eine effiziente Produktion und Nutzung der Energie einschränkt. Vielfach sind die Regierungen bemüht, die Energiepreise niedrig zu halten, um die wirtschaftliche Entwicklung zu fördern. Wie komplex eine effiziente Nutzung ist, zeigt das Schema (s.o. Abb. 11.12).

Durch den besseren Wirkungsgrad moderner Geräte und Technik könnten im tropischen Afrika bis zu 40% der Energie gespart werden, doch erfordert dieses hohe Investitionen (Davidson & Karekezi 1993). Die meiste Energie wird nach wie vor zum Kochen verbraucht (Tab. 11.4), die größte Energiequelle ist Holz. Eine große Möglichkeit zur Einsparung besteht in der Umstellung von offenen Feuerstellen auf kleine geschlossene Holz- oder Holzkohleöfen. Dabei könnten auch Briketts aus Biomasse, z.B. den Schalen der Kaffeebohnen, Reisspelzen etc. eingesetzt werden. In Kenia sind 500 000 Öfen lokal produziert und vermarktet worden, in Niger 150 000, in Burkina Faso 200 000 (Davidson & Karezeki 1993, 19). Durch YWCA (Young Women Christian Association) mit über 3 Mio. Mitgliedern in Uganda wurde

Tabelle 11.4. Sektoraler Energieverbrauch in Kenia 1989. Aus: NYOIKE 1993, 130. Ähnliche Werte kann man für die anderen Länder des tropischen Afrikas annehmen. In Ghana wird z.B. die Energie zu 80% aus Holz, zu 7% aus Wasserkraft und zu 13% aus Erdöl gewonnen (WEREKO-BROBBY 1993). In Äthiopien stammen 95% der Energie aus Biomasse – vor allem Feuerholz, mit sich abzeichnendem Mangel in den Städten –, 4% aus Erdöl und 1% aus Elektrizität (TEFERRA 1993).

Sector	Households		Commercial		Manufacture		Transport		Agriculture	
Energy source	'000 toe	%	'000 toe	%	'000 toe	%	'000 toe	%	'000 toe	%
Fuelwood	3237	74.6	43	15.1	432	43.6			604	88.5
Charcoal	868	20.0	18	6.3	59	6.0				
Woodfuel sub-total	4105	94.6	61	21.4	491	49.6			604	88.5
Coal					92	9.2				
Cooking gas (LPG)	14	0.3	9	3.1	5	0.0				
Petrol			12	4.2	5	0.6	341	32.2	4	0.6
Kerosene (DPK)	166	3.8	16	5.6	3	0.3	283	26.7	1	0.1
Gasoil (AUTO)			78	27.4	26	2.6	416	39.3	29	4.2
IDO (industrial)			13	4.5	8	0.8			2	0.3
Petrol (aviation)							7	0.7		
Fuel oil			60	21.1	246	24.9	3	0.3	29	4.2
Power ethanol							6	0.6		
Electricity	54	1.2	35	12.3	115	11.6			13	1.9
Total	4339	100.0	264	100	990	100.0	1056	100	682	100

Tabelle 11.5. Energiebeträge natürlicher und anthropogener Vorgänge. Aus: ODZUCK (1982, 288).

Natürliche Vorgänge	Globalwert in Terawatt ($TW = 10^{12}W$)	
Solarkonstante	173 000	
Nettostrahlung (Erdoberfläche)	52 000	
Geothermische Energie	32	
Photosynthese	104	
Veränderung der Bevölkerung (1%)	350	
Veränderung der ozeanischen Verdunstung (Äquat. Pazifik)	~300	
Veränderung der Schneedeckenausdehnung (12%)[1]	110	
Schwankungen der arktischen Pack- und Treibeisareale (20%)[2]	100	
Anthropogene Vorgänge	**Energiemengen (TW)**	**Flächen**
Bewässerung, Stauseen	~150	$2,5 \cdot 10^6$ km²
Verbrennung fossiler Brennstoffe, Kernenergie	8	
CO_2-Zunahme pro Jahr	~ 1,6	weltweit
Troposphärischer Staub	~ 6	u.a. Nordhemisphäre
Savannenbrände u.ä.	~ 3	$\sim 10 \cdot 10^6$ km²

[1] bezogen auf 1 Jahr; [2] bezogen auf das letzte Jahrtausend.

nicht nur ein Y-Herd, ein einfacher Keramik/Eisen-Holzofen entwickelt, sondern dieser wird durch das Netzwerk der Mitglieder eingeführt (Tuyareeba 1993). Mit ähnlichen Zielen setzen sich Clubs von Soroptimist International in Senegal ein. Ergänzen lassen sich die Öfen durch Kochkisten mit Heuisolierung und/oder Solarheizung.

Biogas zu produzieren ist dem gegenüber relativ teuer, obwohl die ganzjährig hohen Temperaturen die Fermentation befördern würden. Die Regierungen geben außerdem der Elektrizität Vorrang, die bislang noch überwiegend aus Erdöl produziert wird. In Afrika sollen bislang nur 4% der Wasserkraft-Ressourcen genutzt werden (Davidson & Karezeki 1993, 10). Das ist anders in Südamerika, wo z.B. Brasilien über 80% seiner Elektrizität aus Wasserkraft bezieht, vor allem aus dem großen Staudamm am Paraná (Kohlhepp 1987). Durch den Bau von Staudämmen für die Elektrizitätsversorgung werden aber die Flußtäler tiefgreifend verändert (s.o. 10.5.2).

Die zukünftige Entwicklung läßt sich kaum abschätzen. Odzuck (1982, s. Tab. 11.5) stellte Energiebeträge zusammen, wie sie in der Natur auftreten und welche vom Menschen verursacht sind. Danach ist die direkte Erwärmung der Atmosphäre durch den wirtschaftenden Menschen gering. Auch indirekte Einwirkungen hält er noch für nicht bedeutend. Wenn man aber heute sicher sein kann, daß der CO_2-Gehalt der Luft gestiegen ist (s.o. 8.7, 9.5.3), und eine globale Erwärmung möglich ist, sind die Auswirkungen für die Tropen kaum abzuschätzen (s.o. 10.8). Die Probleme einer Veränderung des Klimas müssen international angegangen werden. Ein Anfang sind die Konvention zum Klimaschutz sowie die zum Schutz und Nutzen der biologischen Vielfalt und die Agenda 21, die 1992 auf dem Umweltgipfel in Rio beschlossen wurden. Letztere enthält Vorschläge zur ökosozialen und zur nachhaltigen Entwicklung. Erfolge lassen sich nur schwer messen, aber ein gesteigertes Umweltbewußtsein ist wohl generell zu verzeichnen.

12 Bevölkerungsgeographie

12.1 Charakteristika

Die Bevölkerungsentwicklung in den tropischen Ländern läuft in Einzelheiten anders ab als in den Außertropen. Der obere Ast der Schere liegt am Beginn mit 6–8 Geburten/1000 um 2–3 Geburten höher als in Deutschland, wo am Ende des letzten Jahrhunderts die Sterberaten entscheidend abnahmen, sich also die Schere zu öffnen begann. Die Sterbeziffern sind seit Beginn der Kolonialzeit langsam, nach dem 2.Weltkrieg durch Sinken der Säuglings- und Kindersterblichkeit schnell zurückgegangen. Sie erreichen heute geringere Werte als in Deutschland, weil die Bevölkerung sehr jung ist. Die Lebenserwartung ist aber 15–25 Jahre geringer als bei uns. Die Kontinente unterscheiden sich sehr stark: In Lateinamerika sind die Fertilitätsziffern im letzten Jahrzehnt stark gesunken, die Schere beginnt sich zu schließen. Ebenfalls eine Abnahme verzeichnen die volkreichsten Staaten des tropischen Asien, nämlich Indien und Indonesien, während sie in Nigeria, dem Staat mit der höchsten Bevölkerungszahl in Afrika, noch sehr hoch liegen. Ohnehin ist in Afrika noch kaum eine Verminderung der Geburtenzahl zu erkennen. Die Steuerungsfaktoren der Bevölkerungsentwicklung sind vielfältig. Als vorherrschend wird heute der Status der Frau und die Familienplanung angesehen. In Afrika korreliert die Zahl der Analphabeten bei den Frauen mit den Fertilitätsraten, in Lateinamerika sind sie geringer bei steigendem Anteil von Stadtbevölkerung, während in Asien die unterschiedliche Bevölkerungspolitik für eine breite Streuung sorgt. Das Bruttoinlandsprodukt/Kopf zeigt eine relativ geringe Korrelation mit den Fertilitätsraten.

Bevölkerungsdichte und -verbreitung sind nur zu einem relativ geringen Teil vom natürlichen Potential bestimmt, sind vielmehr überwiegend durch die historische Entwicklung erklärbar. Auf regionaler Ebene sind durchaus Beispiele von dünn besiedelten Gunsträumen zu finden, oder mindestens solche, die nicht schlechter als benachbarte Gebiete ausgestattet sind. Besonders groß sind die Unterschiede der Kontinente in bezug auf den Einfluß der Ethnien auf die Bevölkerungsverteilung und auf die Entwicklung der Nationalstaaten. Während Lateinamerika im Vergleich weitgehend von rassischen und ethnischen Konflikten frei ist, werden Auseinandersetzungen in Afrika vorwiegend unter Ethnien ausgetragen, obwohl sie wohl eher durch wirtschaftliches Ungleichgewicht und Machtstreben bedingt sind. Die Kämpfe werden vorwiegend innerhalb der Nationalstaaten geführt. In Asien gab es dagegen Auseinandersetzungen zwischen den Staaten; in Indonesien, Kambodscha und Laos werden auch Minderheiten unterdrückt, bzw. innerstaatliche Machtkämpfe ausgeführt.

Die Bevölkerungsstruktur in den Tropen ist gekennzeichnet durch ein starkes Überwiegen der jungen Jahrgänge. In der Berufsstruktur ist der Anteil der in der Landwirtschaft Tätigen sehr viel höher als bei uns. Die soziale Stellung der Frau ist generell schlechter als bei uns. Umfangreiche Wanderungen zeigen, daß sich die Sozialstruktur im Umbruch befindet. Unterernährung und Krankheiten sind in den Tropen weiter verbreitet als in den Außertropen.

12.2 Einleitung

Das Wachstum der Erdbevölkerung ist das größte Problem insbesondere auch des kommenden Jahrhunderts. Seit den siebziger Jahren wird es verstärkt diskutiert, wohl einerseits unter dem Eindruck der Dürren im Sudan, andererseits wegen der zunehmenden Wanderungen. Der ersten Weltbevölkerungskonferenz von 1974 in Bukarest folgten nicht nur zwei weitere, sondern sie wurden auch von Konferenzen über Welternährung, Umwelt, soziale Fragen, für Frauen und für Lebensverhältnisse (Habitat) ergänzt und erweitert. Stand in Bukarest die Tragfähigkeit im Vordergrund, wurde in Mexiko 1984 der Zusammenhang des Bevölkerungswachstums mit Umwelt und Entwicklung betont und in Kairo 1994 wurde die Stärkung der Stellung der Frauen und der Familienplanung gefordert, was eine Minderung der Kinderzahl bewirken würde, eine Forderung, die schon bei der Konferenz in Mexiko angeklungen war. Im Weltbevölkerungsbericht der UN von 1996 steht nur zwei Jahre nach Kairo die Hauptstatistik unter der Überschrift: „Überprüfung der Ziele von Kairo". Von diesen Konferenzen geht wohl ein größerer Druck auf junge Nationalstaaten aus, als man aus unserer Sicht auf die UN annehmen möchte.

Nicht direkt vergleichbar sind Statistiken, in denen die Geburtenraten angegeben sind, mit den jüngeren Statistiken, die die totalen Fertilitätsraten erfassen. Erstere – demographisch die Geborenenziffer – ist die Zahl der Geburten bezogen auf die Gesamtbevölkerung. Die Fertilitätsrate – auch Fruchtbarkeitsziffer – ist die mittlere Zahl der Geburten für Altersklassen reproduktiver Frauen und entspricht in etwa der durchschnittlichen Zahl der Kinder/Frau im reproduktiven Alter (15–49 Jahre), wenn das heutige Verhalten anhält. Diese Angaben sind sicherer als die Geburtenraten, da insbesondere frühere Zählungen der Gesamtbevölkerung oft ungenau waren. Die Fertilitätsraten sind aber von der Gesamtzahl der Bevölkerung weitgehend unabhängig. Es sind Prozentzahlen, die auf dezimale Einheiten wie etwa 1000 oder 10 000 bezogen sind. Sie liegen höher als die absoluten Prozentzahlen der ‚rohen Geborenenziffern', da sie ja nur auf Frauen im reproduktiven Alter bezogen sind.

Über die Unsicherheit von Statistiken liegen Angaben aus Nigeria vor. Fricke (1967) berichtet von Differenzen bis zu 59% für die Gesamtbevölkerung in Zählbezirken Nigerias. Vor allem erfolgen falsche Angaben bei Volkszählungen wegen der Steuer und des Wahlalters, ferner ist die Bevölkerungszahl aus politischen Gründen wie der Größe von Ethnien oder des Umfangs von Subventionen (vgl. auch Corvinus 1978) wichtig. Ein Beispiel: Die Volkszählung von 1991 ergab für Nigeria gegenüber der Fortschreibung der Zählung von 1973 eine Differenz von minus 30 Millionen, das sind mehr als ein Viertel der Einwohner (Fricke & Malchau 1994). Vielleicht waren bei den letzten vorhergehenden Zählungen von 1963 und 1973 politische Gründe, also möglichst hohe Zahlen für die Parlamentsvertretung, wichtiger als 1991, wo eine Besteuerung droht. Diese krassen Unterschiede sind wohl wegen der ethnischen Diversität und der politischen Instabilität ein Sonderfall. Sie werfen aber ein Schlaglicht auf Statistiken.

Eine Abhängigkeit der Bevölkerungsentwicklung und -verbreitung von natürlichen Faktoren läßt sich kaum feststellen. Einerseits ist dieses Realität, zum anderen wird die Bevölkerungsstatistik von Staaten geführt. In diesen sind aber oft sehr unterschiedliche Naturräume erfaßt. Man denke nur an flächenmäßig relativ kleine Staaten wie Sri Lanka oder die westafrikanischen Länder, die vom Regenwald bis zur Trockensavanne reichen. Auch stellt sich die Frage der Abgrenzung der Tropen neu, wenn man an Brasilien, Indien oder Mexiko denkt, die in die Subtropen hinein reichen. Aber eine Betrachtung der Bevölkerung der Tropen ohne diese volkreichen Staaten wäre unvollständig. China wird aus diesem Grund zum Vergleich angeführt.

Für Fragen der Bevölkerungsgeographie gilt ebenfalls, daß in den Außertropen abgeleitete Erkenntnisse nicht auf die Tropen übertragbar sind. Weniger die natürlichen Voraussetzungen bedingen Unterschiede als die anderen sozialen, wirtschaftlichen und religiösen Verhältnisse. Da diese vier Faktoren jeweils anders kombiniert sind, kann man für jede allgemeine Erklärung mindestens ein Gegenbeispiel finden. Die unterschiedliche Kombination der Steuerungsfaktoren sowie die in den Kontinenten differierende Geschichte führte zur Kritik an der Allgemeingültigkeit von Modellen der Bevölkerungsentwicklung, die ausgehend von MALTHUS sich mit der Tragfähigkeit und dem Wachstum beschäftigt haben (vgl. BÄHR 1983, 285f.). BIRG (1996) legt nicht nur die Geschichte der Modellbildung dar, sondern zeigt auch, welch großen Einfluß sie auf soziologische und politische Vorstellungen und selbst darüber hinaus, z.B. auf Darwins Evolutionstheorie gehabt haben. Sein eigenes Modell der biographischen Theorie stellt die Einzelentscheidung der Menschen in den Vordergrund, bezieht aber die Relation zu ökonomischen Faktoren mit ein.

12.3 Das Bevölkerungswachstum

Um das Wachstum der Bevölkerung – das wichtigste Problem der Entwicklungsländer – beurteilen zu können, seien ein kurzer historischer Abriß gegeben und die Steuerungsfaktoren aufgeführt. Während der Kolonialzeit und in den ersten Jahren der Unabhängigkeit war die Bevölkerungsentwicklung durch langsames Sinken der Sterbeziffern gekennzeichnet, was durch eine verbesserte Gesundheitsfürsorge seit Beginn dieses Jahrhunderts bewirkt wurde. Die Geburtenziffern bleiben hoch, aber das Wachstum ist noch gering (Tab. 12.1).

Tabelle 12.1. Historisches Bevölkerungswachstum 1750–2000 nach Daten der UN, aus BIRG (1996, 51).

	A. Bevölkerung in Millionen im Jahr						
	1750	1800	1850	1900	1950	1995	2000
Welt	791	978	1262	1650	2520	5716	6158
Afrika	106	107	111	133	224	728	832
Asien	502	635	809	947	1403	3458	3736
Lateinamerika	16	24	38	74	166	482	524
Nordamerika	2	7	26	82	166	293	306
Europa	163	203	276	408	549	727	730
Ozeanien	2	2	2	6	13	29	31

	B. Durchschnittliche Wachstumsrate in % im Zeitraum					
	1750–1800	1800–1850	1850–1900	1900–1950	1950–1995	1995–2000
Welt	0,43	0,51	0,54	0,85	1,84	1,50
Afrika	0,02	0,07	0,36	1,05	2,65	2,71
Asien	0,47	0,49	0,32	0,79	2,03	1,56
Lateinamerika	0,81	0,92	1,34	1,64	2,40	1,69
Nordamerika	2,54	2,66	2,32	1,42	1,27	0,87
Europa	0,44	0,62	0,79	0,60	0,63	0,08
Ozeanien	0,00	0,00	2,22	1,55	1,80	1,34

Daten: UN (1994)

Das Wachstum nimmt erst stark zu, als die Sterblichkeit bei Geburten, von Säuglingen und von Kindern bis 5 Jahren sinkt. Dieser Prozeß hat in den einzelnen Ländern zu unterschiedlichen Zeiten eingesetzt. In den großen asiatischen Staaten: China, Indien und Indonesien führt diese ‚Bevölkerungsexplosion' zu erfolgreichen aber einschneidenden bevölkerungspolitischen Maßnahmen, so daß die Geburtenziffern wieder sinken. In Lateinamerika mit seinem höheren Anteil an Stadtbevölkerung sind die Fertilitätsraten in den letzten Jahren rasch abgefallen, liegen aber in den ärmeren Staaten, vor allem Mittelamerikas noch hoch. Am höchsten sind die Fertilitätsraten in Afrika, wo mit Ausnahme von Kenia kaum eine Abnahme zu beobachten ist.

Die Entwicklung in den beiden volkreichsten Staaten Indien und China zeigt, welche Möglichkeiten der Beschränkung des Wachstums bestehen. In Indien (Findlay & Findlay 1987, 46f, vgl. auch Domrös 1984) betrug die Bevölkerung vor 1900 um 240 Millionen mit einem nur geringen Wachstum infolge wiederkehrender Epidemien und Hungersnöte. Deren Bekämpfung durch verbesserte Medizin und Transportmöglichkeiten ließ die Sterberaten insbesondere der Kinder seit 1921 sinken, so daß 1950 rund 360 Millionen Einwohner erreicht wurden und 1994 914 Millionen. Durch die ‚grüne Revolution' und den Bau von Getreidespeichern hat das Land große Fortschritte gemacht, so daß es heute weitgehend seine Menschen, wenn auch in vielen Fällen notdürftig, ernähren kann (Abb. 12.1). Die Familienplanung insbesondere die Ablehnung der Sterilisation wurde zur hochpolitischen Frage – sie führte mit zur Abwahl von Indira Ghandi –, dennoch war ein Erfolg gegeben, denn mit einer Fertilitätsrate von 3,42 liegt Indien 1996 im unteren Drittel der tropischen Länder. Das liegt aber auch am steigenden Lebensstandard und dem ungleichen Geschlechterverhältnis (s.u. 12.6.4). Am erfolgreichsten in der Bevölkerungspolitik ist China gewesen (vgl. Findlay & Findlay 1987). Sie begann Anfang der siebziger Jahre nach der Kulturrevolution. 1977 wurden als Ziel 2, 1979 1 Kind pro Familie propagiert, und dieses wurde durch Prämien oder Strafen weitgehend durchgesetzt. Von 1949 bis 1975 stieg die Bevölkerung Chinas von 541 auf 950 Millionen, seither ist sie nur um weitere 225 Millionen gewachsen. Bedenkt man, daß in dieser Zeit geburtenstarke Jahrgänge in das reproduktionsfähige Alter kamen, ist das sehr wenig. Das Beispiel China zeigt, daß über längere Zeiten das Bevölkerungswachstum stagnieren kann oder vielleicht sogar abnehmen kann, allerdings ist dieses mit autoritären politischen Maßnahmen verbunden.

Der demographische Übergang von hohen Geburten- und Sterberaten über das Öffnen der Schere bei sinkenden Sterbefällen und dem Einpendeln auf niedrigen Geburten- und Sterberaten hat sich selbst in der industriellen Welt in unterschiedlich langen Zeiträumen vollzogen (Abb. 12.2). Je später die Prozesse einsetzten, desto schneller liefen sie ab. Darin zeigen sich die immer schneller erfolgenden Fortschritte der Medizin und die allgemeine Verbesserung der Lebensverhältnisse. Bei der Übertragung des Modells demographischer Übergang auf die Entwicklungsländer wurde in den siebziger Jahren eine ‚Bevölkerungsexplosion' von kaum vorstellbarem Ausmaß prognostiziert. Allerdings haben Gwatkin & Brandel schon 1982 eine Trendwende vermutet.

Robey et al. (1994) beschreiben einen unerwartet schnellen Abfall der Fertilitätsraten und führen dieses auf einen kulturellen Wandel insbesondere eine bessere Stellung der Frau (vgl. dazu auch Hauser 1982, 318f.) und einen vermehrten Einsatz von Verhütungsmitteln zurück. Daher schlagen sie vor, deren Verbreitung finanziell zu unterstützen, was billiger sei, als die Folgen einer starken Bevölkerungsvermehrung zu tragen. Befragungen würden zeigen, daß in Lateinamerika 70%, in Brasilien und Kolumbien sogar 80% der Bevölkerung Geburtenkontrolle nutzen oder wünschen, 60% der Frauen keine weiteren Kinder haben möchten. In Afrika liegen die Zahlen dagegen um 20–30% darunter. Der Wunsch nach weniger Kindern

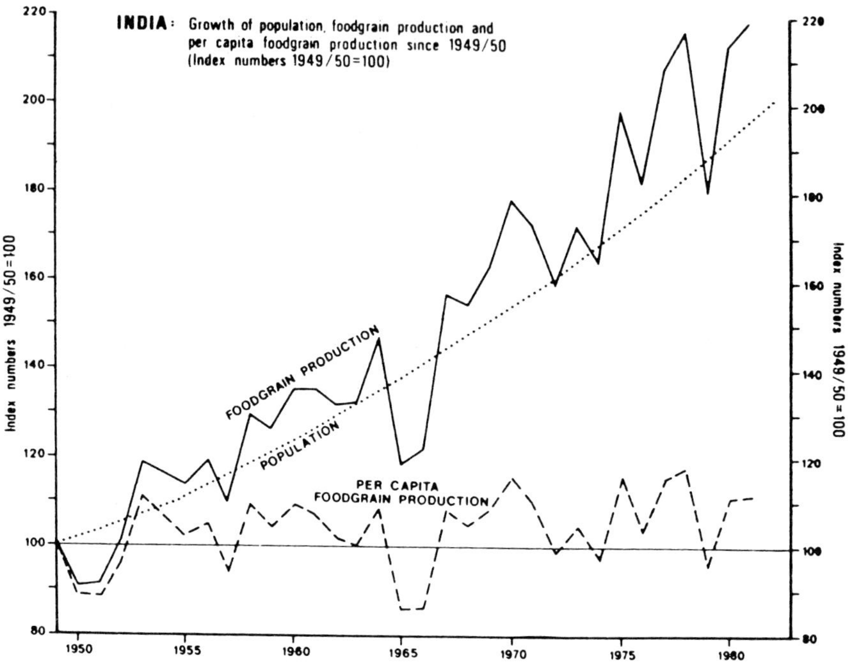

Abb. 12.1. Die Produktion von Cerealien (Körnerfrüchten für die menschliche Ernährung) hat in Indien mit dem Bevölkerungswachstum Schritt gehalten. In den fünfziger und sechziger Jahren wurde dieses durch die Ausdehnung des Anbaus in der Fläche und durch Verbesserung der traditionellen Technik erreicht. Durch die einschneidenden Dürren 1965 und 1966 sank die Produktion um fast 20% ab, die Bevölkerung war aber seit 1953 um 110 Mio. gestiegen, so daß es zur Hungersnot kam. In dem Monsunland Indien waren Hungersnöte auf Grund der Variabilität der Niederschläge eine immer wiederkehrende Erscheinung. Nach 1966 wurde die Landwirtschaft entscheidend modernisiert. Durch die „grüne Revolution" verdoppelte sich die Weizenproduktion von 1966/67 bis 1971/72, ähnlich stark nahm auch die Reisernte zu. Um die niederschlagsbedingten Ausschläge auszugleichen, wurden große Speicher für Zeiten der Dürre gebaut. Die grüne Revolution brachte zwar zunächst große regionale und soziale Disparitäten, doch hat die Regierung in den siebziger Jahren versucht, dieses durch eine ‚Politik des Wachstums mit sozialer Gerechtigkeit' auszugleichen. Nach: Findlay & Findlay 1987, 46f., Fig. C1, S. 48. Diese Politik ist wohl mindestens zum Teil gelungen, denn 1985 waren nicht selten Neubauten von Häusern und vor allem Brunnen in den ländlichen Gebieten zu beobachten. Die Abwanderung in die Städte hält sich in Indien auch in Grenzen, wie der geringe Grad der Verstädterung zeigt (Abb. 12.3b).

ist in Asien und Lateinamerika sehr viel ausgeprägter als im tropischen Afrika. Die Kosten für eine Ausdehnung der Familienplanung werden zusätzlich zu den heute privat und staatlich sowie von Organisationen ausgegebenen Mitteln von US$ 7,7 Milliarden – meist aus den Industrieländern kommend – auf weitere US$ 4 Milliarden pro Jahr geschätzt. Anscheinend sind aber im Zuge von Sparmaßnahmen in den USA die Mittel soeben gekürzt worden und Deutschland scheint die in Kairo zugesagten Werte nur gerade zu erreichen (Wernicke 1996).

Nach dem Weltbevölkerungsbericht von 1996 liegen die Fertilitätsraten in Afrika bei 5,35, in Asien bei 2,89, in Lateinamerika bei 2,83. In Afrika steigen sie sogar noch durch bessere

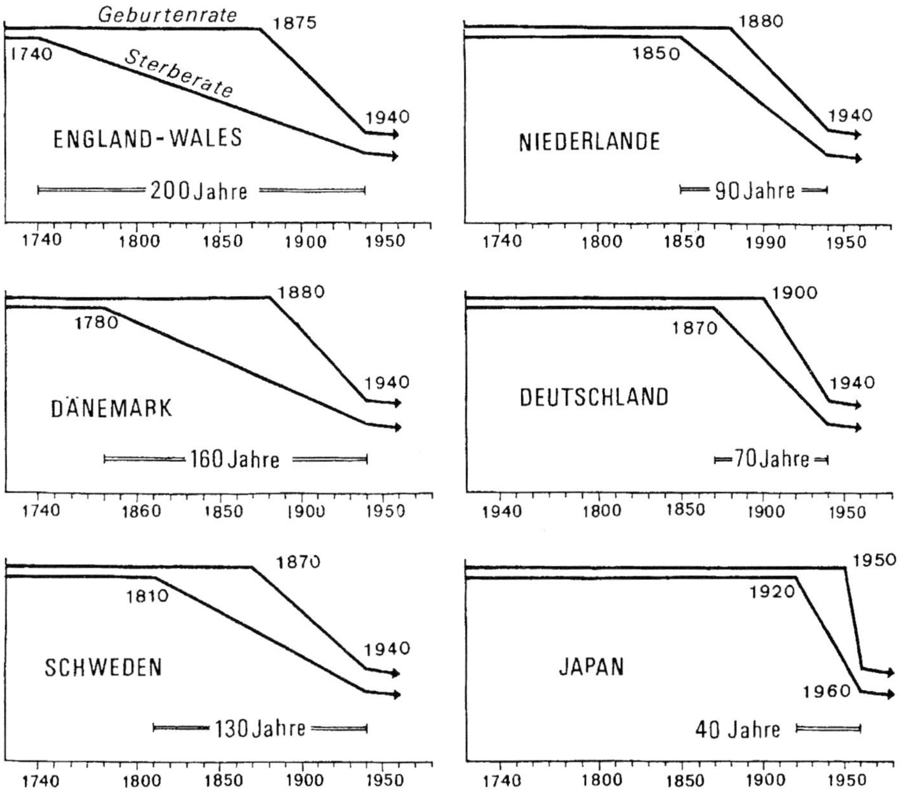

Abb. 12.2. Die schematische Darstellung des demographischen Übergangs in verschiedenen Industrieländern nach Bähr (1983, 253) zeigt den unterschiedlichen Zeitpunkt für den Beginn der Öffnung der Schere, den man durch die Industrialisierung bzw. politische Veränderungen erklären kann. Das Schließen der Schere geht um so schneller, je später die Öffnung erfolgte. Darin zeichnet sich die schnellere Besserung der Lebensverhältnisse und der Medizin in diesem Jahrhundert ab. Diese Entwicklung wird sich nicht einfach auf die tropischen Länder projizieren lassen, aber sie verdeutlicht: Das Bevölkerungswachstum wird in den einzelnen Ländern bzw. Kontinenten unterschiedlich verlaufen, wie es sich bereits abzeichnet (Abb. 12.3). Dabei steuert ein breites Bündel sozio-ökonomischer aber auch kultureller Faktoren die Entwicklung.

Mutter- und Kindfürsorge. Ob und in welcher Geschwindigkeit sich der Trend zu einem veränderten Wachstum der Bevölkerung fortsetzt, ist schwer zu sagen. Vergleicht man den Beginn des demographischen Übergangs, der in den Industrieländern in der zweiten Hälfte des vorigen Jahrhunderts erfolgte, mit dem in den Entwicklungsländern heute, so liegt die Fertilitätsrate in letzteren um 1–2 Geburten höher. Eine Abnahme von 6 auf 4 Kinder/Frau wird sicher schneller erreicht als von 4 auf 2. Es gibt kaum unverheiratete Frauen (bzw. Frauen ohne Kinder), was in den Entwicklungsländern die durchschnittlichen Raten hochhält. Das steht im Gegensatz zu unseren Verhältnissen von bis zu 40% Unverheirateten in der zweiten Hälfte des 19. Jahrhunderts, die in der Regel keine Kinder hatten.

Da die Stellung der Frau entscheidend die Zahl der Kinder beeinflußt, kann man versuchen, dieses über den Alphabetismus zu messen (Abb. 12.3a). In Deutschland besteht seit

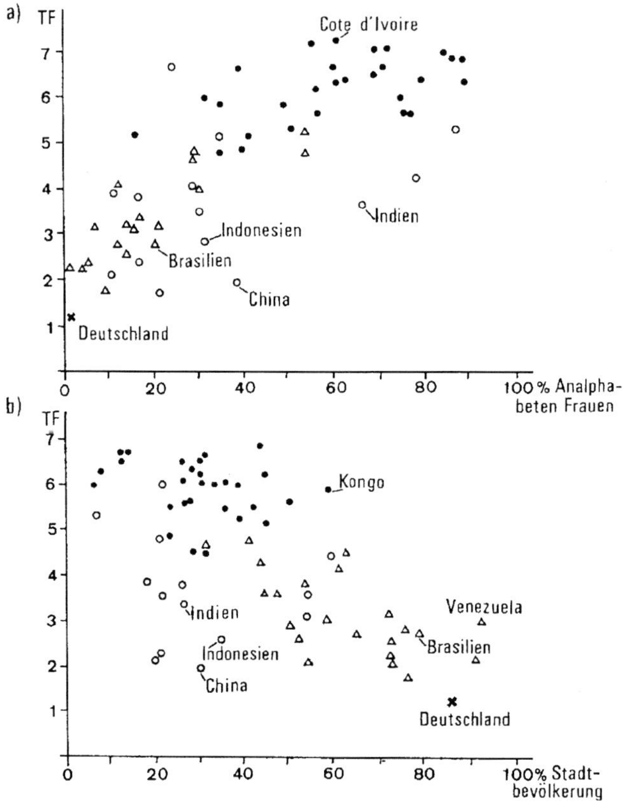

Abb. 12.3. Die totalen Fertilitätsraten -TF-, also die Zahl der Kinder/Frau korreliert nicht sehr gut mit unterschiedlichen Parametern. Etwas deutlicher wird das Bild, wenn man die einzelnen Kontinente getrennt betrachtet. Generell liegen die TF in Afrika (ausgefüllte Kreise) höher als in den anderen Kontinenten.
a) Für Afrika zeichnet sich bei sinkendem Anteil der Frauen, die Analphabeten sind, eine leichte Abnahme der TF ab, deutlicher ist dieses in Lateinamerika (Dreiecke), während die Werte für Asien (offene Kreise) stärker streuen. Letzteres liegt einerseits an der Bevölkerungspolitik, andererseits wohl auch an den Zahlen für die Analphabeten. So werden für Laos im Weltbevölkerungsbericht 1996 8% (M) und 24% (F) angegeben, im Atlas der Weltbank (World Bank 1996) 54% insgesamt.
b) Der Prozentsatz der Stadtbevölkerung zeigt für Lateinamerika eine recht gute Korrelation mit den TF. Wegen des generell geringeren Anteils der Stadtbevölkerung in Afrika ist dagegen kaum eine Korrelation mit der TF gegeben. Das tropische Asien hat mit Ausnahme von Malaysia, Singapur und den Philippinen einen Anteil an städtischer Bevölkerung von unter 40%. Die TF schwanken zwischen 1,73 für Singapur und 6,03 für Laos. Einige höhere Raten in Lateinamerika stammen aus Mittelamerika (Ausnahme Panama und Mexiko).

Mitte des vergangenen Jahrhunderts, also noch vor dem Beginn des demographischen Übergangs die allgemeine Unterrichtspflicht. Im tropischen Afrika sind vielfach über 50% Analphabeten zu verzeichnen, d.h. bis zu 70–80% der Frauen können nicht lesen und schreiben. In Sierra Leone sind es 89% (Weltbevölkerungsbericht 1996). Aber Radio und Fernsehen

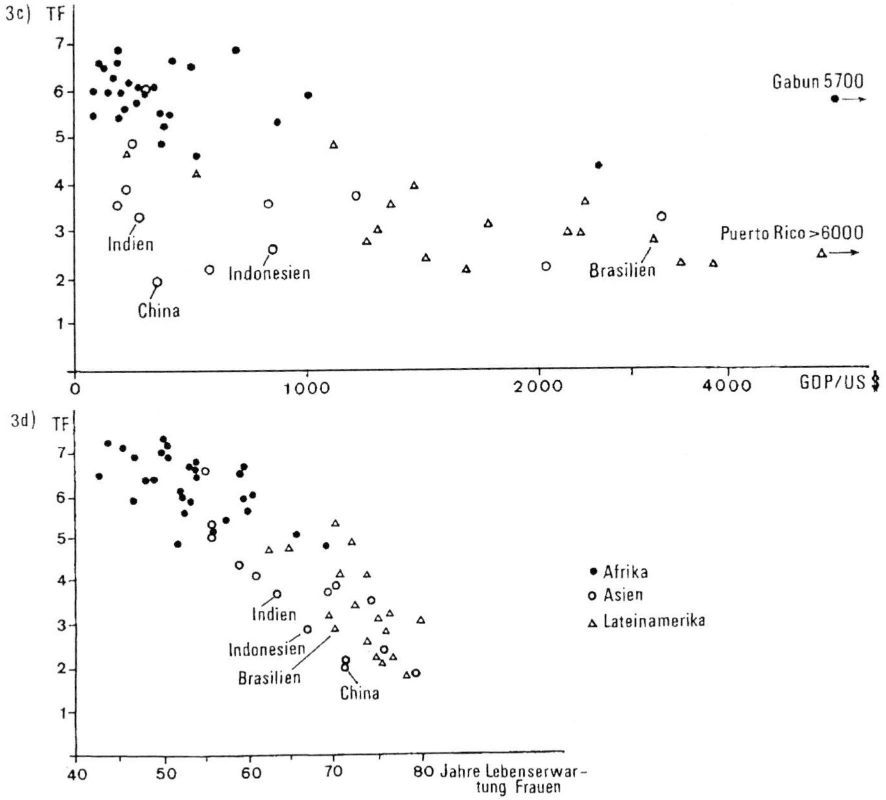

c) Das Bruttoinlandsprodukt pro Kopf der Bevölkerung zeigt eine nur geringe Relation zu den TF, selbst wenn man Gabun als Ölstaat und Puerto Rico als zum US Commonwealth gehörig außer Acht läßt. Staaten in Asien und Lateinamerika haben auch bei BIP unter 500 $/Kopf geringere TF als in Afrika. Ferner ist in Asien und Lateinamerika kaum ein Unterschied zwischen reichen und armen Staaten auszumachen.
d) Die Lebenserwartung für Frauen wird vor allem von den Lebensverhältnissen bestimmt und ist ein guter Indikator dafür. Sie ist in Afrika gering und zeigt eine relativ gute Korrelation mit den TF. Ein Faktor dafür ist die hohe Müttersterblichkeit (Zahl der Frauen pro 100 000, die bei Geburten sterben). Sie liegt in Afrika vielfach über 1000 mit einem Maximum von 1800 in Sierra Leone. In Asien erreicht sie nur in Nepal und Bhutan ähnlich hohe Werte, sonst liegt sie unter 1000, in mehreren Staaten unter 500. In Singapur sind es nur 10 Frauen pro 100 000, 12 weniger als in Deutschland, was zeigt, daß die klimatischen Bedingungen keinen Einfluß haben. In Lateinamerika beträgt die Müttersterblichkeit 55 für Panama als Minimum, 1000 für Haiti als Maximum, die meisten Länder weisen unter 300 auf.

propagieren die Familienplanung und können damit fast jeden erreichen. Ferner sind die Möglichkeiten der Verhütung nicht nur verbessert worden und billiger geworden, sondern sie sind auch leichter zugänglich. Für die Kinderzahl werden damit die sozialen und religiösen, also kulturelle Faktoren bestimmend, die stärker von den Frauen beeinflußt werden können.

Noch kaum abschätzen läßt sich der Einfluß der Migrationen. Erfolgt eine permanente Abwanderung aus dem Verband der Großfamilie, lösen sich traditionelle Vorstellungen auf, die Sorge für die Kinder liegt allein bei der Familie. Die Motivation, viele Kinder für die wirtschaftliche Absicherung im Alter zu bekommen, wird wohl geringer. In der Stadt ist die Gesundheitsfürsorge meist besser, so daß weniger Kinder sterben. Andererseits sind die Kosten für den Unterhalt und die Erziehung höher. Zunehmende Verstädterung kann ferner die Fertilität senken, wenn die Frauen ein festes Beschäftigungsverhältnis haben, wenn das Wohnen und Überleben in den Slums gerade noch möglich ist. Der Grad der Verstädterung korreliert aber nur für Lateinamerika und dort auch erst ab einer Größe von > 40% Stadtbevölkerung mit den Fertilitätsraten (Abb. 12.3b).

Wie Abb. 12.3c zeigt, ist in Afrika und Südamerika eine nur leichte Abnahme der Fertilität mit steigendem Pro-Kopf-Einkommen zu erkennen. Der Unterschied zwischen den beiden Kontinenten ist aber beachtlich. Er kann sowohl auf das Brauchtum als auf die wirtschaftlichen Verhältnisse zurückgeführt werden. Die Zahlen für Asien scheinen dagegen weitgehend unabhängig vom Pro-Kopf-Einkommen zu sein, was wohl Ausdruck der Bevölkerungspolitik ist. Die ökonomische Position, d.h. weniger Kinder bei besserer wirtschaftlicher Stellung, soll weniger bedeutend sein, als man ursprünglich angenommen hat, da auch in den 80er Jahren bei stagnierender Wirtschaftsentwicklung, zum Teil sogar negativem Wirtschaftswachstums die Geburtenraten in den Entwicklungsländern sanken. Auch in Bangladesch, als einem der ärmsten Länder seien die Raten gesunken. Die ‚Entwicklung' führe also nicht direkt zur Minderung der Geburten, wie man noch in Bukarest annahm (Robey et al. 1994, 36).

Dieser Befund ist nicht leicht zu deuten: Sofern nicht hohe Säuglingssterblichkeit in armen Ländern die Raten senkt oder aus Armut und Hunger abgetrieben wird, überlagern sich wohl lang- und kurzfristige Trends. Wenn in den ärmeren Ländern mehr Geburten zu verzeichnen sind, heißt dieses ja nicht, daß in etwas fortgeschritteneren Ländern bei abnehmendem Einkommen mehr Kinder geboren werden. Generell ist wohl weniger die wirtschaftliche Entwicklung mit ihren Schwankungen für die Geburtenzahl bestimmend als die individuelle sozio-ökonomische Entscheidung (Birg 1996). Diese jedoch wird mindestens in städtischen Gesellschaften der Entwicklungsländer eher von den langfristig sich entwickelnden wirtschaftlichen Verhältnissen beeinflußt. Bei einem sozialen und ökonomischen Aufstieg werden oft weniger Kinder gewollt, und man ändert dieses Verhalten auch nicht bei einer momentanen ungünstigeren generellen Wirtschaftslage. Andererseits ist bislang kaum zu erwarten, daß eine analoge Entwicklung zu den Industrieländern erfolgt, wie etwa eine Abnahme der Geburten in der Wirtschaftskrise Ende der zwanziger Jahre. Entwicklungsstand und Brauchtum bedingen ein unterschiedliches Verhalten.

Die beste Korrelation mit den Fertilitätsraten ergibt die Lebenserwartung der Frauen (Abb. 12.3.d). Man kann sie als Ausdruck der gesellschaftlichen Verhältnisse und der Lebensstellung der Frauen ansehen. Steigende Werte zeigen eine größere Unabhängigkeit und eine stärkere Mitentscheidung über die Kinderzahl.

Ebenso wie die Geburtenraten sind auch die Sterberaten schwer mit unseren zu vergleichen. Die Todesfälle werden auf die Gesamtzahl der Bevölkerung umgerechnet, was bei einer jungen Bevölkerung sehr geringe Raten bedeutet. So hat z.B. Venezuela eine Sterberate von 0,4, Indonesien von 0,8 gegenüber der deutschen von 1,1. Diese Zahlen erstaunen zunächst, denn sicher sind Krankheiten in den Tropen weiter verbreitet (s.u. 12.8). Diese Sterberaten erklären sich aber durch das derzeit geringe Durchschnittsalter in den Entwicklungsländern. Sollten die Geborenenziffern stark abnehmen, werden die Sterberaten steigen. Ohnehin vergrößern sie sich, wenn die geburtenstarken Jahrgänge altern. Momentan sind mittlere Lebenserwartung (berechnet auf Grund der Jahrgangsklassen in Sterbetafeln, sie sind ähnlich wie die Fertilitätsraten unabhängiger von der Zahl der Gesamtbevölkerung) und Zahlen für Säuglings- und Kindersterblichkeit aussagekräftiger.

12.4 Ethnische Unterschiede und Nationalstaaten

Gemeinsam ist wohl allen Kontinenten, daß vor dem Eindringen der Europäer, bzw. vor der Kolonialzeit die Ethnien im wesentlichen getrennte Siedlungsgebiete hatten. Das ist heute noch in dünn besiedelten Gebieten wie etwa Teilen Amazoniens zu beobachten. Dabei konnte es durchaus zu kriegerischen Auseinandersetzungen kommen. So sind etwa in Ostafrika in Zeiten der Dürre die Viehzüchter in das Gebiet der Ackerbauern eingedrungen. Im einzelnen bestehen große Unterschiede zwischen den Kontinenten erst in der jüngeren Geschichte.

Bei der Abgrenzung der Kolonien in Afrika wurden häufig Stammesgebiete zerschnitten, unterschiedliche Ethnien in einer Kolonie zusammengefaßt. Gleichzeitig wurde eine, wenn auch weitmaschige Verwaltung aufgebaut, einerseits um Steuern einzutreiben, andererseits um Frieden und Recht durchzusetzen. Die „Pax Britannica" verhinderte weitgehend die Stammeskriege. Ähnliches gilt für die anderen europäischen Kolonien. Mit der Erschließung durch Straßen, später auch Eisenbahnen wurden Kontakte zwischen den Ethnien häufiger. Gleichzeitig war eine bessere Versorgung bei Hungersnöten und Krankheiten möglich. Durch all dieses wurde die Bevölkerungsvermehrung ausgelöst, wodurch wiederum die Stämme oft räumlich enger zusammenrückten.

Wer in der Stadt wohnte, löste sich mehr und mehr von der Großfamilie und dem Stamm, was sich nicht nur durch die räumliche Distanz erklärt, sondern auch durch die Unmöglichkeit, die städtischen Lebensformen mit den wirtschaftlichen Verpflichtungen gegenüber der Großfamilie zu verbinden. Um ein krasses Beispiel zu nennen: ein Minister kann sein Einkommen nicht solange teilen, bis er den Standard der ländlichen Großfamilie erreicht. Also versucht er Angehörige, die nach ihm in die Stadt kommen, in guten Positionen unterzubringen, oder er lockert die Bindung. Man muß wohl auch Fälle von Korruption unter diesem Aspekt sehen. Spätestens in der zweiten oder dritten Generation der Stadtbevölkerung sind die ethnischen Unterschiede verwischt, es kommt zu Heiraten zwischen Angehörigen verschiedener Stämme. Dadurch werden in der Rückwirkung wohl auch ethnische Auseinandersetzungen in ländlichen Gebieten vermindert.

Die Unabhängigkeitsbewegung nach dem 2.Weltkrieg ging zumeist von den Städten aus. Nur selten, wie etwa in Kenia, wurde auf Stammesebene gegen die Kolonialmacht gekämpft. Die unabhängig gewordenen Nationalstaaten bewahrten in der Regel die alten Grenzen. Daraus ergab sich das Problem, eine nationale Identität zu schaffen. Politische Parteien ebenso wie das Militär vermieden nach Möglichkeit eine ethnische Gruppierung, die aber später in manchen Fällen leider doch entstand. Um Unterstützung in Machtkämpfen zu finden, werden Stammesbindungen erneuert. Kommen Schwierigkeiten bei der räumlichen Ausdehnung hinzu oder fühlt sich ein Stamm besonders benachteiligt, entstehen Konflikte, die man als Reisender aus den Industrieländern nicht versteht, hat man doch so oft ein friedliches Zusammenleben in den Städten und Familien erlebt.

Häufig stehen soziale oder wirtschaftliche Differenzen hinter den scheinbar ethnischen Konflikten. Der in Ruanda lebende Stamm wurde als Rundi bezeichnet und erst im 19. Jahrhundert wurde die herrschende, vor allem Viehzucht treibende Schicht, die auch das Königshaus stellte, Tutsi genannt, denen die Hutus als Bauern gegenüber standen. Beeinflußt durch das für Ostafrika bekannte völkerkundliche Muster der überlegenen hamitischen Viehzüchter gegenüber der ackerbauenden Bantus wurde diese soziale Gliederung von den Europäern ethnisch gedeutet, und das wurde in Schulen, Missionen und von der Verwaltung gegenüber den Eingeborenen vertreten. Erst dadurch soll deren Identifizierung mit diesen gewissermaßen erfundenen Ethnien erfolgt sein (Henkel 1997, 126f.). Für diese Deutung spricht die gemeinsame Sprache. Die Abgrenzung und Definition der Ethnien in Afrika sei ohnehin schwierig und ändere sich im Laufe der Zeiten.

Die Entwicklung in Südamerika ist völlig anders verlaufen als in Afrika. Es wurde weitgehend von Spaniern und Portugiesen besiedelt, die sich auch mit der indigenen Bevölkerung mischten. Später wurden Afrikaner für die Plantagenarbeit hereingebracht. Reine indigene Bevölkerung hielt sich weitgehend nur im Urwald bzw. in den Höhen der Anden. Hier haben sich vor allem bei schlechter wirtschaftlicher Lage revolutionäre Bewegungen entwickelt. Dieser Kontinent kennt aber im Vergleich zu den anderen kaum ethnische und keine rassischen Konflikte, obwohl die Oberschicht von Weißen dominiert ist. Die Nationalstaaten entstanden bei den Unabhängigkeitskämpfen Anfang des 19. Jahrhunderts. Die Staaten Mittelamerikas bildeten sich allerdings erst zu Beginn dieses Jahrhunderts durch Aufteilung der vorher sehr großen Staaten von Mexiko und Kolumbien heraus. Der Osten Zentralamerikas und die Karibik haben durch Eingriffe der USA und europäischer Mächte eine vielschichtige Entwicklung erfahren (vgl. SANDNER 1985). Grenzkonflikte haben zu Auseinandersetzungen einzelner Staaten Lateinamerikas geführt, die aber ein relativ begrenztes Ausmaß hatten. Heute haben alle Staaten Lateinamerikas mit Ausnahme Kubas eine demokratisch gewählte Regierung. Guerriglieros sind noch in Kolumbien, Peru und Südmexiko aktiv, und einige der Demokratien sind krisenanfällig, der Gegensatz zwischen Arm und Reich ist insbesondere in Brasilien sehr groß, aber überall nehmen Einfluß und Mitbestimmung breiter Volksschichten und auch der Frauen zu.

In Asien reicht die Entwicklung in vorgeschichtliche Zeit zurück, in der bereits stärkere Völkerbewegungen erfolgten, wobei eindringende Stämme Ureinwohner zunächst in Rückzugsgebiete abdrängten, spätere Eroberer jedoch eher die indigene Bevölkerung als Herrenschicht überlagerten. Zwar fand immer auch eine Vermischung statt, jedoch meinen BLENCK et al. (1977, 17f.): „Mit der Überschichtung immer neuer Herren über ältere Gruppen entstand wohl das eigene sozialgeographische Merkmal Indiens, das Kastenwesen." Die Kasten wurden zwar von GHANDI offiziell abgeschafft, hielten sich aber indirekt, indem der Zugang zum höheren Bildungswesen, z.T. auch über die Sprache der Brahmanen, beschränkt blieb. Durch die Globalisierung sowie durch die moderne Kommunikation kommen aber die Aufsteiger vielfach aus niederen Schichten, so daß sich das Kastenwesen auflöst (VENZKY 1997).

Durch die Ausbreitung der Religionen (Abb. 12.4) des Hinduismus und des Buddhismus reicht der indische Einfluß nach Hinterindien und auf die Inselwelt, während durch den sehr alten Handel über See chinesische, malayische und arabische Elemente verbreitet wurden. In Hinterindien bestanden schon im frühen Mittelalter zeitweise diplomatische Beziehungen mit China, die zum Teil mit Tributzahlungen verbunden waren. Schließlich kommt aus dem Orient der Islam: Indonesien ist heute der größte Staat, in dem diese Religion vorherrscht, bislang ohne fundamentalistischen Einfluß. Der relativ geringe religiöse Einfluß zeigt sich wohl auch an der mit 2,63 geringen Fertilitätsrate, insbesondere im Vergleich zu anderen islamischen Staaten (Yemen 7,14, Saudi Arabien 5,94).

In Südasien entstanden nach der Auflösung der englischen Kolonialherrschaft die islamischen Staaten West- und Ost-Pakistan und der Hindustaat Indien. Der Kaschmir Konflikt ist heute noch nicht gelöst (zu dessen Entwicklung vgl. BLENCK et al. 1977, 29f.). Ohnehin verfolgen im Himalaya die großen politischen Kräfte Indien, Pakistan und China sehr unterschiedliche Interessen und Gebietsansprüche. Diese kann man sicher nicht durch Bevölkerungsdruck erklären. Bestenfalls kann man außer der reinen Machtpolitik strategische Gründe anführen, was aber bei dem höchsten Gebirge der Welt nicht gerade überzeugend ist.

Die englische Verwaltungseinteilung Indiens hat ebenso wie in Afrika Stammesgrenzen durchschnitten, die so bei der Unabhängigkeit als Grenzen der Bundesländer erhalten blie-

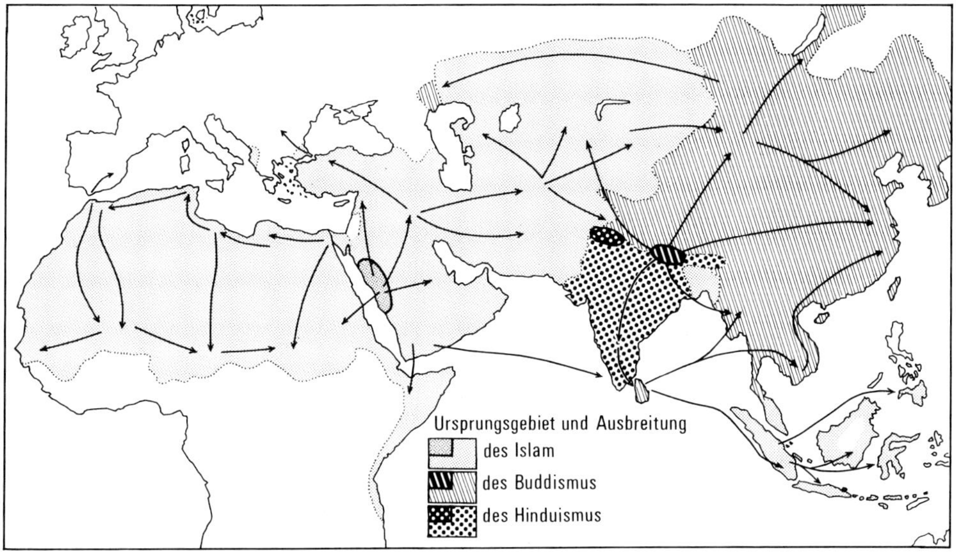

Abb. 12.4. Ursprungsgebiete und Ausbreitung des Islam, Hinduismus und Buddhismus. Aus: Bähr 1983, 164.

ben. Dieses führte aber kaum zu Auseinandersetzungen, weil der einheitliche Staat relativ stark war. Natürlich gibt es innere Spannungen, aber die entscheidenden politischen Kräfte stützen sich nicht auf Stammesbindungen, versuchen vielmehr Bestrebungen zur Selbständigkeit und Selbstbestimmung der Stämme niedrig zu halten. So unterstützt Indien als Staat nicht den Kampf der Tamilen in Sri Lanka, die allerdings bei den Stammesbrüdern in Südindien Rückhalt finden. Von den Engländern in das Hochland von Sri Lanka für die Tee- ehemals auch Kaffeeplantagen hereingebrachten Tamilen stehen außerhalb des Konfliktes. Ist das ein Anzeichen, daß nicht allein ethnische oder religiöse Gegensätze für die Auseinandersetzungen verantwortlich sind? Ohnehin hatten in Sri Lanka vor den Kämpfen Tamilen durchaus leitende Positionen in Regierung und Armee in dem mehrheitlich singhalesischen Staat.

Schwer zu durchschauen sind die Auseinandersetzungen in Hinterindien mit seiner rassischen und sprachlichen Vielfalt (vgl. dazu Uhlig 1975). Mehrfach erfolgte eine Einwanderung von Norden oder kleinere Ethnien wurden in Bergländer abgedrängt. Es bestanden aber schon vor der Kolonialherrschaft Königreiche, von denen sich Thailand bis heute gehalten hat. Andere im Osten gelegene wurden von Frankreich als Indochina zusammengefaßt, während der Westen Hinterindiens als Burma England unterstand. Im 2.Weltkrieg drangen die Japaner in den Raum ein und nach deren Kapitulation sollten die Ho-schi-min für ihre Rückführung aus dem Norden des heutigen Vietnam sorgen. Sie nahmen dieses Gebiet in Besitz und führten dann den Unabhängigkeitskampf gegen die Franzosen an, die 1954 nach der Kapitulation von Dien Bhien Phu das Land verließen. Die internationale Genfer Indochina Konferenz von 1954 brachte die Unabhängigkeit auch für Laos und Kambodscha, zugleich die Teilung Vietnams und Laos. Seit 1955 unterstützten die USA Südvietnam, 1962 griffen ihre Streitkräfte direkt in die Auseinandersetzungen ein. Seit 1980 ist Vietnam als sozialistische Republik wiedervereinigt.

Die südasiatische Inselwelt hat sich mit schweren Kämpfen von der holländischen Kolonialmacht gelöst. Der seit 1949 unabhängige Staat Indonesien führt die Umsiedlungs- und Kolonisationspolitik fort, die als Transmigrasi seit 1905 besteht (s.u. 13.12.2). Sie soll die Überbevölkerung Javas entlasten, aber wohl auch eine Integration der Bevölkerung erzielen, die in über 360 Ethnien und 250 Regionalsprachen zerfällt (Uhlig 1975, 305f.). Unruhen in Myanmar, die sich gegen das autoritäre sozialistische Militärregime richten, sind teils ethnisch bedingt, teils wirtschaftlich durch die Drogenproduktion vor allem in den östlichen Grenzgebieten und durch die illegale Holzausfuhr nach Thailand (Kraas 1997 b).

Insgesamt kann man wohl sagen, daß in der Mitte und dem Süden des tropischen Asiens mit den alten Kulturen frühzeitig häufigere Kontakte und ein Austausch zwischen den Völkern erfolgte. Durch kriegerisches Eindringen wurden Bevölkerungsschichten überlagert. Generell gesehen sind die Ethnien weniger abgeschlossen und wohl auch weniger lebensbestimmend als in Afrika, abgesehen von der Inselwelt. Asien war immer dichter besiedelt, schon im Mittelalter lebte die Hälfte der Erdbevölkerung dort (Tab. 12.2), 1750 sind es 65%, heute gut 60%. Es haben sich vergleichsweise große Völker und Reiche herausgebildet, die auch in der Kolonialzeit in großen Territorien zusammengefaßt waren. Danach erfolgte zwar eine Neugliederung, doch blieben noch sehr große Staaten erhalten. Die Aufteilung des indischen Subkontinents in Pakistan, Indien und Bangladesch führte zu Flucht und Umsiedlung von ca. 24 Mio. Menschen (Gormsen 1993), eine Umsiedlung, die bei uns relativ wenig zur Kenntnis genommen wurde.

Tabelle 12.2. Weltbevölkerung in Mio. (n. Ploetz 1965, Weltbank 1994–95 aus Birg 1996, 100).

	1750	1950	1995	2050
Afrika	95	224	719	1999
Asien	479	1403	3443	5638
Lateinamerika	11	166	475	804
Nordamerika	1	166	295	374
Europa	140	549	731	721
Ozeanien	2	13	29	42
Welt	728	2520	5692	9578

Beachtliche Minderheiten sind die Chinesen in Süd- und Südostasien sowie die Inder in Ostafrika, auf den pazifischen Inseln und im ehemals britischen Guyana sowie Trinidad. Die größte Gruppe sind die 5,5 Mio. Chinesen (=28% der Gesamtbevölkerung) in Malaysia, gefolgt von den 3,5 Mio. in Indonesien (unter 2%), den größten Anteil machen sie mit 78% (2,8 Mio.) in Singapur aus. Die Philippinen bzw. Thailand haben eine 10 bzw. 12% große chinesische Minderheit. Die Inder wurden zum Teil als Kulis (coolie= Volksstamm im westlichen Indien, dessen Angehörige sich als Fremdarbeiter verdingen), von den Briten als schlecht bezahlte Arbeiter im Bergbau, auf Plantagen und für den Bau von Straßen, Eisenbahnen etc. geholt. Sie blieben nach Abschluß der Arbeiten, andere Einwanderer kamen nach. Diese großen Wanderungen vor allem in den letzten Jahrzehnten des 19. Jahrhunderts und den ersten des 20. wurden wenn nicht von den Kolonialmächten ausgelöst, so doch angestoßen (Osterhammel 1995, 95f.). Da diese oft für eine Separierung der eingewanderten Gruppen sorgten, entwickelten sich ‚plurale Gesellschaften', d.h. zwei oder mehr Elemente oder soziale Ordnungen leben nebeneinander, ohne sich zu vermischen.

Chinesen und Inder sind heute vor allem im Handel und im Kleingewerbe tätig (s.u. 14.3.2) und tragen nicht wenig zur wirtschaftlichen Entwicklung bei. Die letzten großen Auswanderungen waren 3,5 Mio. Chinesen, die vor den Kommunisten nach Taiwan flüchteten, sowie ca. 1 Mio., die nach Hongkong kamen (SCHWARZ 1993). Meist haben Chinesen und Inder sich gut angepaßt und sind kaum verfolgt worden. Das änderte sich allerdings, als im Zuge der Auseinandersetzungen mit den Kolonialmächten und der Staatswerdung ein Nationalismus hochkam. Aus Myanmar wurden fast alle Chinesen vertrieben, die ‚boat people' aus Vietnam sind zu einem großen Teil Chinesen. Über den Antisinismus auf den Philippinen berichtet BUCHHOLT (1994). In Westafrika sind Libanesen eingewandert, in Venezuela leben etwa eine halbe Million Araber (ESCHER 1997).

Ethnische Auseinandersetzungen nehmen bedauerlicherweise generell zu. Unter dem Stichwort „Ethno-Nationalismus" faßt SCHERRER (1997) alle Auseinandersetzungen zusammen, seien sie innerstaatlich wie die Unterdrückung einer Ethnie oder ein Guerriglieroaufstand, oder sie erfolgen über Grenzen hinweg mit staatlicher Unterstützung oder im Kampf um Unabhängigkeit. Er weist zu Recht darauf hin, daß diese Kriege noch wenig systematisch erfaßt sind und die Konfliktbewältigung noch kaum entwickelt ist. In einer erschreckenden Bilanz sind unabhängig vom Umfang der Kämpfe allein im Jahrzehnt vom Januar 1985 bis Januar 1995 102 Kriege verzeichnet worden, davon fast 2/3 mit dominant ethnischem Charakter. Allerdings sind wirtschaftliche Kriterien bei der Zuordnung nicht aufgeführt worden, das restliche Drittel teilen sich vielmehr Zwischenstaatliche- (12%), Antiregime- (20%) sowie Entkolonialisierungs-Konflikte (6%).

12.5 Verbreitung und Dichte der Bevölkerung

Die Bevölkerung der Welt ist sehr ungleich verteilt. „Etwa die Hälfte der Weltbevölkerung lebt auf nur 5% der Erdoberfläche, und umgekehrt wohnen auf ungefähr 50–60% der Fläche lediglich 5% der Bevölkerung" (BÄHR 1983, 55). Eine Aufteilung der Weltbevölkerung auf die einzelnen Klimazonen zeigt die höchsten Dichten in der gemäßigten Waldzone und den subtropischen sommer- und immerfeuchten Steppen und Wäldern mit etwas über 60 Einwohnern/km². Die tropischen Savannen erreichen nur gut die Hälfte, die Regenwälder nur ein Drittel dieser Zahlen (nach MÜLLER-WILLE 1978, aus BÄHR 1983, 60). Innerhalb der Tropen sind hohe Dichten in folgenden Gebieten zu verzeichnen: Java, südwestliches Sri Lanka, Vorderindien besonders in Küstennähe und Ganges/Brahmaputraebene und das im Delta liegende Bangladesch, Küstengebiete und Delta in Vietnam, auf den Philippinen der Südteil von Luzon, in Afrika die Küstengebiete von Ghana bis Nigeria, Ruanda und Burundi, Gebiete nördlich des Victoria Sees, Küstengebiete in Brasilien um Rio und São Paulo sowie Recife, Küstengebiete in Venezuela, Talungen in Kolumbien. Im allgemeinen ist die Bevölkerungsdichte im tropischen Asien höher als in den anderen Kontinenten. Vielfach handelt es sich um Schwemmländer, in denen die Bodenfruchtbarkeit eine intensive Landwirtschaft ermöglicht. Bei den Küstengebieten ist die Verkehrserschließung ein begünstigender Faktor. Aber durchaus nicht alle der aufgezählten Gebiete sind besonders günstig, andererseits sind nicht alle Gunstgebiete durch hohe Bevölkerungsdichten gekennzeichnet wie etwa Teile des Nigerdeltas, die Mündungsgebiete von Orinoko und Amazonas zeigen.

Selbst innerhalb einzelner Länder kann die Bevölkerung sehr ungleich verteilt sein. FRICKE (1979) belegte für Kenia eine relativ geringe Anpassung der Bevölkerungsdichte an ökologische Faktoren, ein weiteres Beispiel bringt BÄHR (nach NOIN 1983, 64f.) für Sambia. In Brasilien leben fast drei Viertel der Bevölkerung auf nur 10% der Fläche (Kohlhepp 1994, 39), was ebenfalls naturräumlich nicht zu verstehen ist. Besonders gut kann man die geringe Abhängigkeit der Bevölkerungsdichte von der Natur am Beispiel von Sri Lanka zeigen (Bremer 1989). Hier finden sich hohe Bevölkerungsdichten im Südwesten der Insel (Reisanbau, Gewürze), im Hochland (Tee) und im Norden (Hauptsiedlungsgebiet der Tamilen). Das dazwischen liegende Gebiet um Anuradhapura ist relativ dünn besiedelt, obwohl in vorkolonialer Zeit hier der Hauptsiedlungsraum lag, wie die Zeugnisse einer hochstehenden Kultur und die Bewässerungsanlagen zeigen. Unter dem Druck der Tamilen wurde allerdings der Sitz des singhalesischen Königreiches schon Ende des 16. Jahrhunderts in das Hochland verlegt. Die Kolonialmächte bewirkten eine Verdichtung der Besiedlung im immerfeuchten Südwesten. Es ist also in diesem Fall die historische Entwicklung für die Bevölkerungsverteilung verantwortlich. Das ist häufig auch in anderen Ländern der Fall, wobei zwischen den verschiedenen Ethnien besonders in Afrika meist breite Streifen unbewohnten Landes liegen. Bergländer oder Gebirge sind häufig Rückzugsgebiete, es sei denn, sie werden von wichtigen Verkehrswegen gequert. Es gibt aber auch alte Siedlungsräume in Gebirgen, nämlich in den nördlichen Anden die der Inkas. Warum die Mayas aus dem Tiefland in das Hochland von Mexiko aufgebrochen sind (vgl. dazu Wilhelmy 1981, s. auch u. 13.3), ist noch nicht eindeutig abgeklärt.

Wenn man auch oft ökologische Gunstfaktoren für die Besiedlung ausmachen kann, scheinen in der Mehrzahl der Fälle vergangene Wanderungsbewegungen entscheidender zu sein. Aus der deutschen Raumaufteilung heraus ist es für uns selbstverständlich, daß von der Natur gut ausgestattete Gebiete intensiv ackerbaulich genutzt werden, daß Weidegebiete bei höheren Niederschlägen oder vernäßten Böden, also unter weniger guten Bedingungen zu finden sind, daß der Wald in der Regel auf den schlechteren Böden wächst. Diese Anordnung besteht mit Ausnahme späterer Meliorationsgebiete seit der frühen Neuzeit. Ein solch ausdifferenziertes Muster nach der Standortqualität ist aber in den Tropen für größere Räume nur selten, am ehesten noch in den Reisbaugebieten gegeben. Selbstverständlich wird aber in der Flur des einzelnen Dorfes ebenso wie bei Einzelsiedlungen auf den besseren Böden geackert. Zonal ist natürlich der Ackerbau im feuchteren Teil der Tropen vorherrschend, die Viehzucht im trockneren.

Aus diesen Ausführungen mag hervorgehen, wie schwierig es ist, die Tragfähigkeit (eine Übersicht über dieses Konzept gibt Kuls 1980 sowie Bähr 1983) eines Gebietes zu bestimmen, zumal diese nicht nur von den ökologischen Bedingungen, sondern auch von der Wirtschaftsweise abhängt. Im Regenwald ist bei der Landwechselwirtschaft eine mehrfach größere Fläche notwendig als bei ständigem Anbau in Pflanzungen (s.u. 13.7.2). Ursprünglich hatte man angenommen, daß bei ersterer die Rotationszeit verkürzt wird, wenn die Bevölkerung zunimmt. Es zeigte sich aber, daß eher eine Abwanderung erfolgt oder eine Intensivierung des Anbaus mit Dauerkulturen etwa im Anschluß an die Hausgärten. Manshard (1978, 43) nennt Schwellenwerte von 50–60 Einwohner/km^2 für die Waldgebiete Zentralghanas, von 10–50 E/km^2 für die Savannen in Sambia, im nordöstlichen Ghana von etwa 100 E/km^2. Nordnigeria soll bei etwas günstigeren Bedingungen sogar 200–400 E/km^2 tragen können, in Ostnigeria würden kritische Werte erst bei 1000 E/km^2 erreicht. Bei reiner Extraktion, etwa der Gewinnung von Wildkautschuk rechnet Kohlhepp (1992, 55) für Amazonien mit 1 E/km^2.

Natürlich hängen solche Schwellenwerte sehr stark von der Höhe und der Zuverlässigkeit der jährlichen Niederschläge ab. Sie werden daher zu den ariden Gebieten hin sehr gering. So findet Fricke (1979) für Kenia Schwellenwerte von 10 E/km^2 für Gebiete mit unter 750 mm Jahresniederschlag, in der Zone der Fiederlaub- und Dorngehölze sogar unter 3 E/km^2. Eine Abhängigkeit der Bevölkerungsdichte von den Niederschlägen ist aber durchaus nicht immer gegeben. Das bekannteste Beispiel sind die Gebiete mit Tsetsefliegen, die fast menschenleer sind. In Westafrika liegen sie als ‚middle belt' zwischen den dichter besiedelten Gebieten im feuchteren Süden und dem trockeneren Norden (s.u. 13.11). Ob der ‚middle belt' ursprünglich bevölkerungsleer war oder durch die Sklavenjagden entstanden ist, sei dahingestellt (vgl. dazu MANSHARD 1970, 89f.). Inzwischen sind Ansätze einer Aufsiedlung erkennbar (FRICKE & MALCHAU 1994). Während man in Gebieten höherer Niederschläge durch verbesserte Anbaumethoden eine Bevölkerungsvermehrung auffangen kann, ist dieses in den trockneren Gebieten sehr viel schwieriger. Vor allem fehlen Viehzüchtern bei Dürren Ausweichräume in den Grenzgebieten, wenn diese von der expandierenden Ackerbaubevölkerung aufgesiedelt worden sind. Hier ist das Wort „Bevölkerungsdruck" wörtlich zu nehmen.

Ebenso wie die Tragfähigkeit ist die Überbevölkerung schwer zu bestimmen. Am ehesten kann sie für ländliche Gebiete aus einer hohen Abwanderung abgeleitet werden. Selbst in dünn besiedelten Gebieten sind aber kaum wilde Neusiedlungen einzelner oder kleiner Gruppen zu beobachten. In Afrika oder Südasien sieht man Neusiedlungen gelegentlich an steilen Hängen. In Amazonien hingegen sind neben Kolonisationen Einzelsiedlungen (squatter, 13.9) häufiger entlang der neu gebauten Straßen zu beobachten (s.u. 13.12.3.1). Bei den Städten werden Wohnen und Arbeiten von der Volkswirtschaft und politischen Vorgaben bestimmt und nicht vom zur Verfügung stehenden Raum.

Besteht Landmangel und bietet auch die übrige Volkswirtschaft keine Ausweichmöglichkeiten für junge Menschen, so kann es zu gewaltsamen Auseinandersetzungen kommen, insbesondere wenn sich eine Ethnie benachteiligt fühlt, religiöse oder soziale Schranken die Gegensätze verschärfen. Auseinandersetzungen der letzten Jahre in Afrika sind innerhalb von Staatsgrenzen entstanden, und das Ringen um Vormacht wird vielfach durch Überbevölkerung getragen. In Südamerika sind soziale Unruhen zum Teil durch Kolonisationen in bislang nur dünn besiedelten Gebieten wie etwa Amazonien aufgefangen worden. Bevölkerungsumschichtungen in Vietnam führten durch das Eingreifen der Amerikaner zu dem langen, katastrophalen Krieg. In Asien sind wohl ohnehin die Ausweichmöglichkeiten durch Neuansiedlung, außer für Indonesien, nur begrenzt. Eine schnelle wirtschaftliche Entwicklung hat in Indien die Folgen der starken Bevölkerungsvermehrung weitgehend aufzufangen vermocht. Das Wachstum der Bevölkerung hat also räumlich sehr unterschiedliche Auswirkungen.

12.6 Bevölkerungsstruktur

12.6.1 Altersstruktur

Bekannt ist der Unterschied zwischen der Pagoden- oder der Dreiecksform der Bevölkerungspyramiden der Entwicklungsländer, der Glocken- und der Urnenform der Industrieländer. Ebenso wie von einer überalterten kann man von einer überjüngten, besser einer sehr jungen Bevölkerung sprechen. Das bedeutet selbst bei einer Abnahme der Fertilitätsraten ein weiteres Wachstum der Bevölkerung, da die reproduktiven Jahrgänge zunächst noch überproportional anwachsen bzw. vertreten sind. Das sind „Phytoneffekte" (BIRG 1996).

Wie ausgeführt, muß man bei Geburten- und Sterberaten bedenken, daß sie auf die Gesamtbevölkerung bezogen sind. Sind die Jahrgänge 0–14 besonders stark vertreten, so kann bei gleichbleibender Fertilitätsrate die Geburtenrate zunächst sinken. Vor allem ist die Entwicklung der Sterberaten anders als bei uns zu beurteilen (s.o. 12.3). Bei einer sehr jungen Bevölkerung ist der Anteil der Sterbefälle aus statistischen Gründen gering, bei uns nehmen

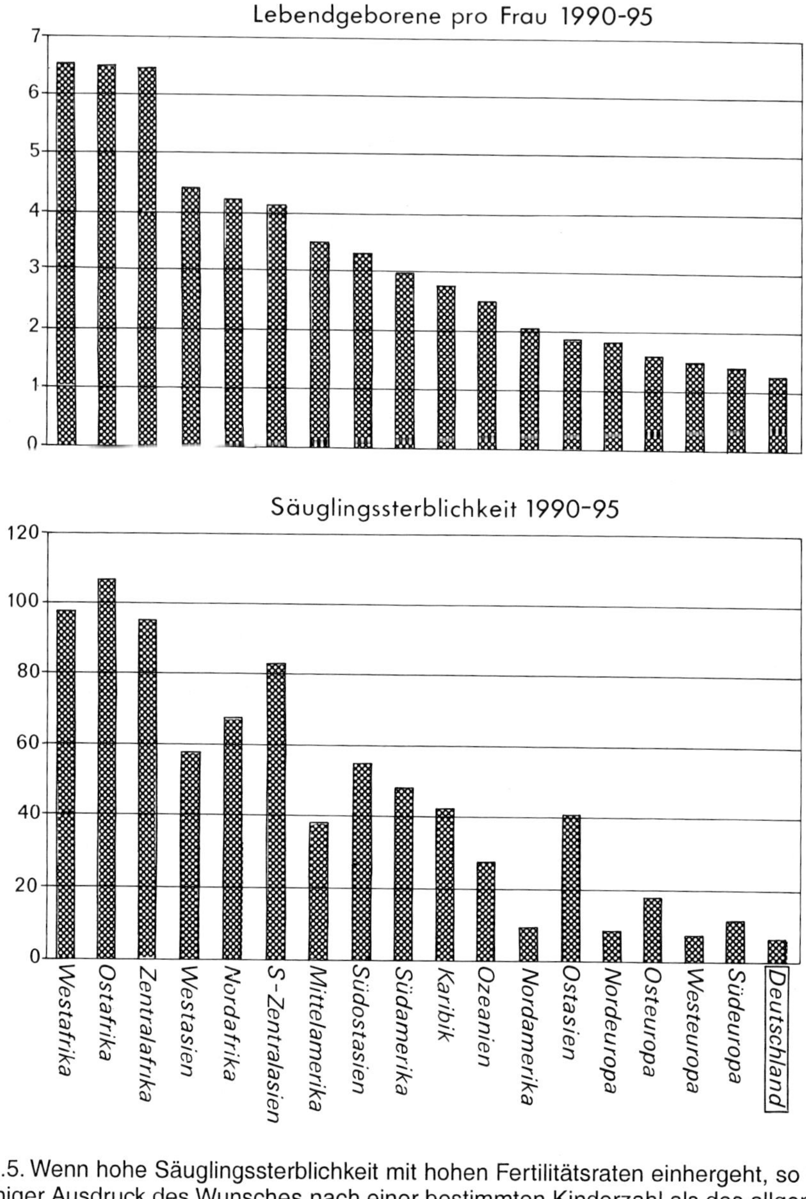

Abb. 12.5. Wenn hohe Säuglingssterblichkeit mit hohen Fertilitätsraten einhergeht, so ist dieses weniger Ausdruck des Wunsches nach einer bestimmten Kinderzahl als des allgemeinen Lebensstandards, der beiden Indikatoren als Hauptfaktor unterliegt.
Die Säuglingssterblichkeit liegt in Afrika noch sehr hoch, was vor allem durch mangelnde medizinische Versorgung bedingt ist. Die für den Kontinent relativ hohe Sterblichkeit in Süd-und Zentralasien betrifft besonders Mädchen, die gegenüber den Jungen vernachlässigt werden. Nach: Birg 1996, 105. Die Ländergruppen sind nach der Rangfolge der Fertilität angeordnet. Die Säuglingssterblichkeit (bis 1 Jahr) ist auf 1000 Lebendgeborene bezogen.

sie auf Grund einer besseren Gesundheitsfürsorge bei jungen und alten Jahrgängen ab. In den Tropen werden derzeit durch bessere Versorgung die Säuglings- und Kindersterblichkeit herabgedrückt. Hier sind noch weitere Fortschritte zu erwarten (Abb. 12.5). Die Säuglings- und Kindersterblichkeit zu verringern ist leichter, als das Sterben im Alter herauszuschieben, da in den Tropen die Menschen oft durch Mangel, Wurmkrankheiten und Malaria geschwächt sind, um nur die häufigsten Übel zu nennen. Wenn die Sterberaten nur halb so groß sind wie die deutschen (s.o. 12.3), bedeutet das also keineswegs, daß in den Tropen das Leben gesünder ist oder länger dauert. Die Lebenserwartung (vgl. Abb. 12.3b) beträgt in vielen tropischen Ländern Afrikas heute noch nur um 50 Jahre, in Südamerika und einigen Ländern Südasiens allerdings meist um 60 Jahre, in Deutschland 76 Jahre. Der geringste Wert mit unter 40 Jahren wird für Männer in Sierra Leone verzeichnet (Fischer Weltalmanach 1996, Weltbevölkerungsbericht 1996). Es ist anzunehmen, daß die Bevölkerungspyramiden tropischer Länder noch für einige Jahre anders aussehen als unsere. Der geringe Anteil der älteren Jahrgänge bedeutet auch, daß durch das Ausscheiden aus dem Beruf nur relativ wenig Stellen frei werden. Inzwischen haben aber die ersten starken Jahrgänge ihre Berufsausbildung abgeschlossen.

12.6.2 Erwerbsstruktur

In fast allen tropischen Ländern außer Lateinamerika sowie in Asien, Malaysia, den Philippinen und Vietnam beträgt der Anteil der Erwerbstätigen – besser wäre der Arbeitskräfte – in der Landwirtschaft über 50%. Das Maximum erreichen Ruanda und Burundi mit 91%. Diese Zahlen sind nicht mit denen der Industrieländer zu vergleichen, denn zum großen Teil, vor allem in Afrika, handelt es sich um Subsistenzbauern. Diese nehmen nur in sehr eingeschränktem Maße am Wirtschaftsprozeß teil, da sie weder regelmäßig oder umfangreich für den Markt produzieren und dort auch kaum einkaufen. Es entsteht also kein größerer ‚Erwerb', aber die Familie wird u.U. nicht einmal schlecht unterhalten. Subsistenzbauern sind andererseits nicht als ‚Arbeitslose' einzustufen. Diese kann man ohnehin kaum erfassen, da es fast nirgends eine staatliche Unterstützung gibt. Die Zahl der Beschäftigten im sekundären Sektor ist wegen der oft geringen Rationalisierung relativ höher als in vergleichbaren Betrieben in den Industrieländern. Im tertiären Sektor sind oft hohe Zahlen für Militärangehörige und eine überbesetzte Verwaltung enthalten. In einigen Ländern sorgt der Tourismus für Beschäftigte im Dienstleistungssektor.

Subsistenzbauern werden von der volkswirtschaftlichen Gesamtrechnung kaum erfaßt. Da bei dieser aber das Bruttosozialprodukt bzw. entsprechende Werte auf die Einwohnerzahl umgerechnet werden, entstehen wie etwa für Ruanda und Burundi sehr niedrige Werte pro Kopf. Über Hunger und Lebensverhältnisse sagen diese Werte daher für tropische Agrarländer nur bedingt etwas aus. Man sollte sie im Zusammenhang mit den in der Landwirtschaft Tätigen und dem Anteil der Stadtbevölkerung lesen. Dabei ist allerdings zu bedenken, daß wie etwa in Westnigeria Landwirtschaft auch von Städten aus betrieben werden kann. Über das Niveau der Subsistenz vermag die Lebenserwartung einen Hinweis zu geben. Aber auch die Zahlen für die Beschäftigten im sekundären und tertiären Sektor sind unsicher. In ersterem werden die im informellen Sektor Tätigen nicht erfaßt (s.o. 12.6.2). Im tertiären Sektor ist oft unsicher, wie hoch die Anteile des Militärs und der Polizei sind.

12.6.3 Stadt- und Landbevölkerung

Sind schon die Zahlen für die Gesamtbevölkerung nicht immer zuverlässig, gilt dieses wohl um so mehr für speziellere Angaben. Für den Staat Kongo wurden 1980 45%, 1991 40%; 1994 41%, 1996 57% städtische Bevölkerung in den jeweiligen Ausgaben des Fischer Weltalmanachs verzeichnet, deren Verfasser sich sehr um zuverlässige Quellen bemühen. Bei 59% in der Landwirtschaft Tätigen erscheinen die Ziffern für 1996 sehr hoch. Ungenaue Zahlen sind aber nicht völlig wertlos, man darf sie nur nicht überinterpretieren.

In bezug auf die städtische Bevölkerung zeigt sich, daß Unterschiede zwischen den Kontinenten bestehen, die realistisch sind. Lateinamerika hat mit wenigen Ausnahmen über 50% Stadtbevölkerung, die größeren Staaten wie Brasilien, Mexiko, Venezuela und Kolumbien über 70%. Hier ist also der Prozeß der Verstädterung weit fortgeschritten. In Asien erreichen nur die Philippinen und Malaysia über 50% Stadtbevölkerung, die übrigen tropischen Länder zählen nur wenig über 20%, Indonesien über 30% und selbst das industriell fortgeschrittene Indien erreicht nur 26%. Für Afrika schwanken die Zahlen zwischen 6% für Ruanda, 7% für Burundi und 44% für Liberia bzw. 48% für Gabun. Dabei ist zu bedenken, daß für die statistische Erhebung manchmal 2000 Einwohner als Grenze zwischen Dorf und Stadt angesetzt werden. Ländliche Siedlungen in Afrika mit 2–4000 Einwohnern leben aber fast ausschließlich von der Landwirtschaft, haben in der Regel einige zentrale Einrichtungen wie Schule, Gesundheitsstation, Polizei und Verwaltung. In dem sehr dünn besiedelten Interior Australiens kann dagegen schon eine Siedlung von nur 500 Einwohnern ausschließlich Dienstleistungsfunktionen und etwas Gewerbe haben.

Der Anteil der städtischen Bevölkerung sagt also ebenfalls nur bedingt etwas aus über ‚Verstädterung' im Sinne von städtischen Funktionen wie Markt, Handel, Gewerbe, Industrie und Dienstleistungen. Kleinere Orte oder Städte, die vorwiegend von der Landwirtschaft leben und nur wenig zentrale Funktionen haben, gibt es bei uns nicht mehr, man könnte sie am ehesten mit den Ackerbürgerstädten des Mittelalters vergleichen. Umgekehrt gibt es in den Tropen kaum Orte in der Umgebung von größeren Städten, in denen in der Stadt arbeitende Erwerbspersonen ein Eigenheim haben. ‚Tagespendler' sind daher in den Tropen nur innerhalb der Städte von den Slums der Vororte ins Zentrum zu verzeichnen, aber nur selten über Zehner von Kilometern.

Der Bevölkerungszuwachs ist im allgemeinen auf dem Land größer als in der Stadt. Das ergibt sich einmal rein statistisch, wenn der Anteil der Stadtbevölkerung unter 50% beträgt, und man von gleichen Fertilitätsraten ausgeht. Da diese aber auf dem Lande im allgemeinen höher liegen, wächst hier die Bevölkerung überproportional. Man kann es sehen, wenn man in ein Dorf kommt und von einer übergroßen Kinderschar empfangen wird. Bei uns wurde der Bevölkerungszuwachs im 19. Jahrhundert von der gleichzeitigen Industrialisierung aufgefangen, die zweite große Verstädterungswelle nach dem 2. Weltkrieg wurde durch die Zuwanderung von Flüchtlingen, Gastarbeitern sowie die Verringerung der in der Landwirtschaft Beschäftigten von 35% vor dem Krieg auf heute unter 4% ausgelöst. Von Letzteren blieben aber Etliche auf dem Land wohnen, junge Familien zogen von der Stadt auf das Land wegen der billigeren Wohnverhältnisse. Ein ähnlicher Ablauf ist in den Entwicklungsländern kaum zu erwarten, da die Bevölkerungsvermehrung bereits erfolgt ist. Die Vorstellung, daß wenn auch mit anderer Geschwindigkeit und unter anderen Bedingungen ein ähnlicher Endstatus wie unsere 86% städtische Bevölkerung in den Tropen erreicht werden würde, hieße ein kaum vorstellbares Wachstum der Städte und damit auch der Umweltbelastung. Im Weltbevölkerungsbericht 1996 wird allerdings die Entwicklung optimistischer gesehen, indem auf ein höheres Entwicklungspotential in den Städten hingewiesen wird (vgl. auch LUGO 1991), doch wird die Gefahr von Seuchen nicht verschwiegen. Ein leuchtendes Vorbild in bezug auf Hygiene und Entwicklung könnte Singapur sein, deren Einhaltung und Durchführung allerdings von einem autoritären Regime mit drakonischen Strafen erzwungen wird.

12.6.4 Geschlechterverhältnis

Normal sind höhere Geborenenziffern von 1–5% beim männlichen Geschlecht und eine um 2–3 Jahre höhere Lebenserwartung bei den Frauen sowohl in den Tropen als in den Außertropen. In Ostasien leben die Frauen im Mittel sogar 8 Jahre länger als die Männer. Im Gegensatz dazu ist die Lebenserwartung der Frauen in Indien und Bangladesch (Differenz 0,1 Jahre) und Nepal (0,0 Jahre) gleich der der Männer. Todesfälle bei Kindern unter 5 Jahren liegen bei den Jungen generell höher, in Afrika bis zu 20/1000. Die höchste Sterblichkeit wird bei Jungen in Mosambique mit 283/1000 verzeichnet, im tropischen Asien in Kambodscha mit 178/1000 Jungen zu 160/1000 Mädchen. In Bangladesch, Indien und Nepal liegt sie um 5,4 bzw. 6/1000 höher bei den Mädchen. Hieraus läßt sich ablesen, daß in diesen drei Ländern die Mädchen deutlich in der Ernährung und Gesundheitsfürsorge vernachlässigt werden. Das ist auch in vielen anderen Ländern der Fall, aber nicht in dem ausgeprägten Maße.

Nach der Volkszählung 1991 sollen in Indien nur noch 929 Mädchen/1000 Jungen geboren worden sein (VENZKY 1996), was nur durch hohe Abtreibungsraten zu erklären ist. Ein Gesetz verbietet seit Januar 1996 die pränatale Geschlechtsbestimmung, was aber dennoch weiterhin geschieht. Dieses Verhalten wird mitbestimmt durch die Furcht für eine Tochter bei der Heirat eine Mitgift stellen zu müssen, was eine Familie ruinieren kann. Hinzu kommt der im allgemeinen geringere soziale Status der Frauen, die sich im höheren Anteil an Analphabeten – in Indien 66% der Frauen, 38% der Männer – und sehr geringem Eigentum zeigt. Wenn auch die Analphabetenrate bei Frauen in Afrika ähnlich hoch oder sogar noch höher sein kann (Abb. 12.3.a), ist der Abstand zu den Männern meist nicht so groß.

Überproportionale Abweichungen in den mittleren Jahrgängen bei Männern sind in den Tropen zumeist durch Abwanderung, inzwischen in Afrika wohl auch durch Kriege zu erklären. Zuwanderungen sind in den Tropen Ausnahmen, Venezuela und Gabun sind hierfür Beispiele.

12.6.5 Geschlechtsunterschiede im Arbeits- und Erwerbsleben

In traditionellen Gesellschaften besteht eine Arbeitsteilung, sind Rechte und Eigentum von Mann und Frau festgelegt. Diese festen sozialen Bindungen werden bei Abwanderung eines Familienmitglieds aufgelöst. Sie lassen sich in der ursprünglichen Form in Städten ohnehin nicht durchhalten und werden oft auch auf dem Land durch neues Bodenrecht verändert (u.a. BRUCHHAUS 1989). Rechnet man Hausarbeit und Kindererziehung, die in den Entwicklungsländern fast ausschließlich in den Händen der Frauen liegen, zu der Arbeit außerhalb des Hauses – auf dem Land die Feldarbeit, das Wasserholen und das Brennholzsammeln – hinzu, kommt man zu der Aussage: Frauen leisten zwei Drittel der Arbeit, erreichen 10% des Einkommens und besitzen 1% des Eigentums. Schätzungsweise arbeiten 70% der Frauen in den Entwicklungsländern auf dem Land auf den Feldern (HENSHALL MOMSEN 1991, 47), am wenigsten in Lateinamerika, am meisten in Afrika. Das Ackern ist vorwiegend Männersache, Pflanzen und Jäten verrichten die Frauen, geerntet wird oft gemeinsam. Der Anbau für die Ernährung der Familie liegt in Gambia weitgehend in der Verantwortung der Frauen, während die Handelsfrüchte eher von den Männern betreut werden, die auch den Erlös einstecken

(BINNS 1994, 18f.). Sowie Maschinen vorhanden sind, geht die Arbeit auf den Mann über. Das gilt selbst bei einfachen Verrichtungen. Das Vieh wird von Männern und Jungen gehütet, Hausgärten und Hühner sind Sache der Frauen und Mädchen.

Die Arbeitszeit ist wie überall auf dem Lande saisonal unterschiedlich. Sie variiert nach den natürlichen Voraussetzungen aber auch nach den wirtschaftlichen Verhältnissen. In der Regel ist eine 40-Stunden-Woche auf dem Lande für Männer wohl eher die Ausnahme (vgl. HODDER 1968, 51). Eine neue Entwicklung ist der Zusammenschluß von Frauen in Selbsthilfegruppen. In ländlichen Gebieten von Afrika bearbeiten sie ein Gemeinschaftsfeld. Die Einkünfte daraus dienen vor allem für Notfälle (BRUCHHAUS 1989). Über Schwierigkeiten, die Frauengruppen in einer (von Männern) gelenkten Wirtschaft erfahren, berichtet GROHS (1989) aus Tansania. In Bangladesch vergibt die Grameen Bank Kredite an Arme, meist Frauen unter starken Auflagen aber auch mit intensiver Beratung. Die Rückzahlungsrate ist sehr hoch und dieses Modell hat sich inzwischen auf andere Länder ausgedehnt (PINZLER 1997a).

Außerhalb der Landwirtschaft sind Frauen vor allem als Haushaltshilfen, in der Nahrungsmittelverarbeitung und in der Textilindustrie tätig, neuerdings auch in der Elektro- und Elektronikindustrie, vor allem bei der Produktion von Chips sowie in der Feinmechanik. Ebenso wie in den Industrieländern haben sie im Schnitt die untergeordneten Stellungen und ein geringeres Einkommen. Ältere Frauen – besonders in Afrika – können im Kleinhandel als Marktfrauen, an Koch- und Trinkständen tätig sein. Mit der Auflösung des Großfamilienverbandes entstehen zunehmend Familien, denen Frauen vorstehen, und zwar sowohl auf dem Land als auch in der Stadt. In Afrika und Lateinamerika ist dieses vorwiegend durch Wanderung der Männer, in Asien auch durch Witwenschaft bedingt, da dort die Frauen seltener von der elterlichen Großfamilie aufgenommen werden, im Gegensatz zu Afrika. Sie werden aber auch von der Großfamilie des verstorbenen Mannes oft nicht angenommen, denn die Heiratsgabe ist ja längst verbraucht. Der Brautpreis in Afrika ist hingegen vom Mann an die Eltern der Frau zu bezahlen und stellt eine Art Versicherung für sie dar.

Frauen, die in einem festen Arbeitsverhältnis stehen, können kaum für ihre Kinder sorgen, da sie nicht nur lange Arbeitszeiten haben, sondern meist auch noch lange Wege hin und zurück gehen müssen. Um die Kinder müssen sich dann die älteren Geschwister, Verwandte oder Freunde kümmern, da Kindergärten kaum vorhanden sind. Während Kinder auf dem Land im Rahmen des Familienverbandes mitarbeiten, werden sie in den Städten oft alleine gelassen. Sie versuchen ihr Leben durch ein bißchen Handel, Schuhe putzen, Abfall sammeln und ähnliches zu bestreiten. Wenn sie Arbeit etwa im informellen Sektor oder in Kleinbetrieben finden, müssen sie meist unter schlechten Bedingungen und für sehr geringe Bezahlung arbeiten. In Manufakturen werden sie für dreckige und eintönige Arbeiten eingesetzt. Sklavenähnliche Verhältnisse müssen bei den Teppichknüpfereien im Norden Indiens herrschen. Kinder können zwar um Hilfe schreien, haben aber kaum eine politische Vertretung. Unter den wohl schlechtesten Bedingungen leben Straßenkinder in den Großstädten.

12.7 Migrationen, Reisen und Fluchtbewegungen

Während in Deutschland 12,9% der Einwohner jährlich über eine Ländergrenze hinweg umziehen (Stat. Jb. 1994, 486), sowie weiterhin ein Austausch zwischen Stadt und Land innerhalb der einzelnen Länder erfolgt, geschehen Binnenwanderungen in tropischen Ländern einseitig vom Land in die Stadt, bzw. sind sie inzwischen auch von den kleineren Städten in die größeren gerichtet. Es gehen entweder meist jüngere Männer, in Südamerika und Südostasien auch Frauen oder Familien. Die meisten kommen zuerst in den Slums am Rande der Städte unter. Viele dieser wilden Siedlungen sind in den letzten Jahren saniert oder beseitigt worden. Die Stadtwanderung hatte in Südamerika ihren Höhepunkt in den fünfziger Jahren, in Südasien in den siebziger und frühen achtziger Jahren. Sie kompensierte in Brasilien und Kolumbien nicht nur das Bevölkerungswachstum auf dem Lande, sondern führte sogar zu einer zeitweiligen Abnahme (FINDLAY & FINDLAY 1991, 11f.).

Die in die Stadt gewanderten, meist jüngeren Erwachsenen kommen zu Feiertagen und Familienfesten in die Dörfer zurück, jedoch nur selten regelmäßig an den Wochenenden. Fast nie kehren sie auf Dauer zurück. Hier mögen sich aber Änderungen ergeben: Durch die Auflagen des internationalen Währungsfonds wurden in Ländern des tropischen Afrikas Gehälter in der Verwaltung stark gekürzt und Stellen gestrichen. Allgemein ist der Einkommensunterschied zwischen Stadt und Land geringer geworden (POTTS 1995). FRICKE & MALCHAU (1995) berichten aus Südostnigeria, daß abgewanderte Familienmitglieder im Heimatdorf investieren, etwa im Häuserbau. Das hebt das soziale Ansehen und kann als Altersvorsorge dienen. Dieser trickle down effect kann zu einer Entwicklung des Dorfes beitragen und selbst die Nahrungsmittelversorgung verbessern. Eine Bindung an die Familie zeigt sich ferner in regelmäßigen Überweisungen, Geld, das meistens für die Bildung junger männlicher Familienmitglieder ausgegeben wird, die dann später auch in die Stadt streben. MABOGUNJE (1970) hat diese und weitere sehr komplexe Mechanismen der Land- Stadtwanderung untersucht.

Eine Wanderung von der Stadt auf das Land erfolgt in den Tropen fast überhaupt nicht, abgesehen von den wenigen Regierungsbeamten, Gesundheitshelfern, Lehrern. Größere Verschiebungen innerhalb der ländlichen Gebiete, also eine Binnenwanderung sind heute meist an staatliche Kolonisationen im Neuland gebunden. In größerem Umfang finden sie im brasilianischen und bolivianischen Amazonasgebiet (KOHLHEPP u.a. 1994) sowie in Indonesien statt. Aus dem Nordosten Brasiliens sind aber schon um 1870 Einzelne in ländliche Gebiete im Süden des Landes oder in den Regenwald abgewandert (ebd. 45f.).

Saisonal können innerhalb eines Landes Arbeiterwanderungen zu Plantagen oder Großbetrieben etwa für die Ernte erfolgen (u.a. FRICKE 1967, FRICKE & MALCHAU 1994, KOHLHEPP 1994). Wanderarbeiter vom Stamm der Mossi in Burkina Faso gehen zur Ernte von Kakao und Kaffee in das südliche Ghana und Côte d'Ivoire (BINNS 1994, 66). Größere Wanderungen führen einzelne halbnomadische Viehzüchter durch, wenn sie die Herden zum Verkauf in weiter entfernte Städte treiben. Von längerer Dauer, meist durch einen mehrjährigen Kontrakt gebunden, gehen Arbeiter zu Bergwerken. Die Betreiber sind selten daran interessiert, daß die Familien nachkommen, erwarten vielmehr, daß die Männer nach einigen Jahren zurückkehren. In Westafrika sollen etwa 4 Mio. Gastarbeiter aus dem Sudan und Sahel nach Süden gewandert sein, um für 2–3 Jahre Lohnarbeit auf dem Lande oder in Städten zu leisten (WIESE 1993).

Sehr mobil sind fliegende Händler, die entlang der Straßen überschüssige Agrarprodukte von Subsistenzbauern aufkaufen, wie man etwa in Amazonien, aber auch in Kenia beobachten kann. Wanderungen zu den Märkten können in Afrika auch zu Fuß über viele Kilometer hinweg führen. Neben dem Handel sind Informationen und Unterhaltung das Ziel. Bedeutend sind die Pilgerfahrten und -wanderungen in islamischen Ländern nach Mekka sowie in buddhistischen und hinduistischen zu den großen Tempeln. In buddhistischen Ländern ist außerdem ein zeitweiser Aufenthalt in Klöstern nicht selten. Urlaubs- und Erholungsreisen sind im Gegensatz zu Deutschland auf eine sehr kleine Oberschicht begrenzt, erfolgen nur selten innerhalb des Landes. Ein nationaler Tourismus zur Erholung entwickelte sich langsam, am ehesten noch in Lateinamerika, etwas in Indien und Südostasien (s.u. 14.10.4).

Die Suche nach Arbeit führt über die Landesgrenzen hinaus in wirtschaftlich weiter entwickelte Gebiete: Von Südasien in die Ölländer des Vorderen Orients, von Mexiko in die USA sind derzeit die größten Wanderungen zu verzeichnen. In Saudi Arabien sind von 17,4 Mio. Einwohner 27,3% Ausländer, in Kuwait von 1,7 Mio. sogar 56% (Fischer Weltalmanach 1996). In allen Ölstaaten zusammen mögen etwa 6–7 Mio. Ausländer arbeiten, die überwiegend aus Südasien kommen. Sie haben meist mehrjährige Kontrakte und hoffen über die Unterstützung ihrer Familien hinaus etwas Geld sparen zu können, um nach der Rückkehr eine Existenz aufzubauen. In den USA leben 22,4 Mio. Hispanics, davon etwa die Hälfte Chicanos (mexikanischer Herkunft), daneben Kubaner und Puerto Ricaner. 3,2 Mio. illegaler Einwanderer kommen ebenfalls vorwiegend aus Mexiko. Die Mexikaner streben meist einen dauernden Aufenthalt an. Das gilt wohl ebenso für die 1,4 Mio. Philippinen, die in den USA leben, von denen ein kleinerer Teil bei der endgültigen Unabhängigkeit der ehemaligen Kolonie 1946 in das Land gekommen ist. Ihren ehemaligen Überseegebieten gegenüber fühlten sich auch die anderen Kolonialmächte verpflichtet. So nahm Großbritannien zunächst große Einwanderungsströme aus Indien und der Karibik auf – insgesamt etwa 2,5 Mio. –, bis Rassenunruhen in den sechziger Jahren zu einer Einschränkung der Zuwanderung und damit der Freizügigkeit im Commonwealth führten.

27,4 Mio. Menschen betreut die UNHCR (United Nations High Commissioner for Refugees), davon sind 14,5 Mio. Flüchtlinge im engeren Sinne, d.h. sie sind über Landesgrenzen hinweg geflohen. Diese Zahlen sind in den letzten beiden Jahrzehnten erschreckend angestiegen (Abb. 12.6a). Außerdem werden Binnenvertriebene, vom Krieg betroffene Bevölkerungen und heimkehrende Flüchtlinge betreut. Von den 27,4 Mio. Hilfsbedürftigen leben 15 Mio. in den Tropen, insbesondere in Afrika (Abb. 12.6b). Der Bericht „Zur Lage der Flüchtlinge in der Welt“ (UNHRC 1996) ist erschütternd.

12.8 Ernährung und Krankheiten

Grundnahrungsmittel ist im tropischen Asien der Reis, in Südamerika der Maniok, in Afrika das ähnliche Cassava, was durch Yams und Süßkartoffeln, ebenfalls Knollenfrüchte, ergänzt wird. In den semihumiden Gebieten Afrikas ist die Hirse Grundnahrungsmittel. Zunehmend haben Mais und Weizen in den Tropen Verbreitung gefunden. Indien ist nach China und den USA der größte Weizenproduzent, bei Hirse ist es weltführend. Der Weizenimport in den Entwicklungsländern hat sich in den siebziger Jahren verdoppelt (Byerlee 1996). Es ist vor allem die Urbanisierung, die zur Änderung der Ernährungsgewohnheiten führt. Als Ergänzung zur Grundnahrung dienen eiweißhaltige Hülsenfrüchte, wie z.B. schwarze Bohnen in Südamerika, Kichererbsen in Ostafrika, Sojabohnen in Asien, um nur die wichtigsten zu nennen. Soja ist eigentlich eine subtropische Pflanze, die aber in die Tropen vorgedrungen ist. Fast überall sind Bananen und Kochbananen (Plantanen) zu bekommen. Vielfach kann in ländlichen Gebieten die Ernährung abwechslungsreicher sein als in den Städten. In einem abgelegenem Waldgebiet in Nepal wurden 62 Nahrungsmittelpflanzen und 63 Heilpflanzen gesammelt, wobei noch weitere vorhanden sein sollen (Müller-Böker 1988). In einem Dorf in Java fand Whitmore (1993, 193) 425 Pflanzenarten in Kultur.

An tierischem Eiweiß besteht dagegen oft Mangel, am weitesten verbreitet sind Hühner. Von den großen Viehherden der semihumiden Gebiete wird in Asien und Afrika oft nur die Milch genutzt, Schafe und Ziegen werden auch jung geschlachtet. Rinder haben in traditionellen Gesellschaften noch eine besondere Stellung. Sie sind in Afrika Zeichen des Reich-

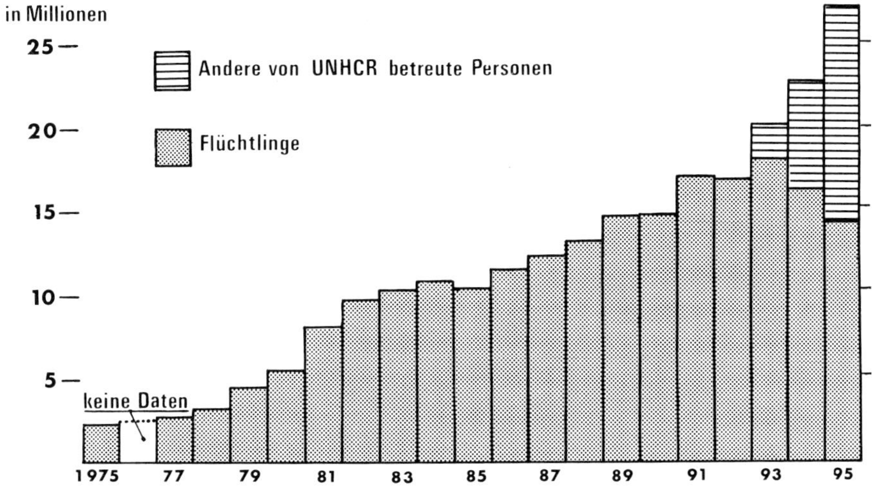

Abb. 12.6a. Die Zahl der von der UN Flüchtlingsorganisation betreuten Personen hat in den letzten 20 Jahren erschreckend zugenommen. Wenn mehr Menschen flüchten oder innerhalb eines Landes vertrieben werden, so ist die Ursache nicht immer ein Krieg, manchmal sind es Auseinandersetzungen, von denen die Industrieländer wenig Kenntnis nehmen. Als Hintergrund ist nicht selten die Bevölkerungsvermehrung und wirtschaftliche Not anzusehen. Nach: UNHCR 1995, 22.

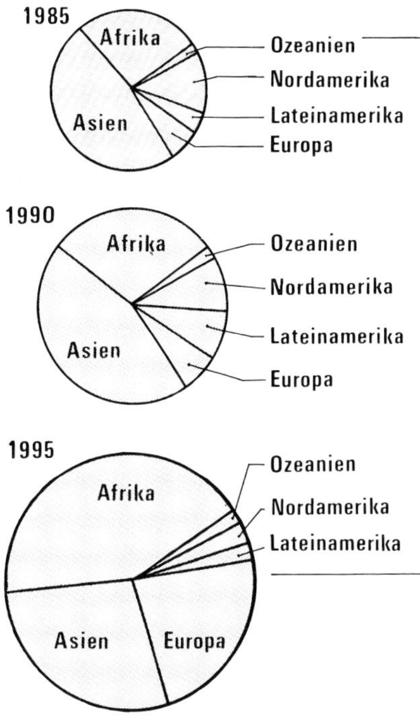

(in Millionen)

	1985	1990	1995
Afrika	3,0	4,6	11,8
Asien	5,1	6,8	7,9
Europa	0,7	0,8	6,5
Lateinamerika	0,4	1,2	0,1
Nordamerika	1,4	1,4	0,9
Ozeanien	0,1	0,1	0,05

Abb. 12.6b. Im letzten Jahrzehnt hat sich das Schwergewicht der Betreuung von Flüchtlingen durch die UNHCR von Asien nach Afrika verschoben. Nach: UNHCR 1995, 37.

tums, in Indien sind sie nach wie vor heilig, allerdings hat dort in den letzten Jahren die Produktion von Rindfleisch stark zugenommen. In der immerfeuchten Zone werden Rinder, da sie dort sehr krankheitsanfällig sind, kaum gehalten, vielmehr werden Herden zur Versorgung der Städte oft aus weit entfernten semihumiden Gebieten herangetrieben. Auch Schweine, obwohl sie aus Neuguinea oder Südchina, also feuchten Gebieten stammen, sind nicht sehr verbreitet. An den Küsten und in den Binnenseen wird Fischfang nicht nur für die lokale Versorgung betrieben, sondern auch für weiter entfernte Gebiete. Das Problem ist der Transport. So wird auch heute noch vielfach Trockenfisch vermarktet. Aquakultur findet sich bislang noch kaum in den Tropen, eine Ausnahme sind Garnelen in Südostasien (Uthoff 1995, 1996).

Generell ist die tropische Kost vitaminarm, zusammen mit der Eiweißarmut kann es zu Mangelkrankheiten kommen. Zwar sind diese nicht die große Gefahr, aber der Mangel setzt den Widerstand gegen andere Krankheiten herab. Das gilt vor allem auch für die Unterversorgung. Die Welternährungskonferenz im Oktober 1996 in Rom hat das große Problem des Hungers und der mangelhaften Ernährung in den Entwicklungsländern wieder in das Bewußtsein gerufen. Es wird angenommen, daß weltweit 840 Mio. Menschen Hunger leiden (Vorholz 1996). Solche Zahlen sind allerdings schwer zu beurteilen, da sie auf dem Körpergewicht oder dem Kalorienbedarf beruhen, aber nicht nach Klimazonen oder Rassen differenziert sind. Bei gleichbleibender Wärme verbraucht der Körper etwas weniger Energie, Körpergewicht und Größe sind nicht nur ernährungsbedingt. Maßstäbe für die Unterernährung sind aus diesen Gründen kaum generell aufzustellen, denn natürlich können UNO und FAO nicht nach „Rassen" rechnen. Außerdem beruhen diese Erhebungen meist auf dem Bruttosozialprodukt und den im Handel erfaßten Lebensmitteln (s.u. 14.6). In beiden Fällen ist der Subsistenzanbau nicht einbezogen oder nur geschätzt. Die Zahlen werden aber, wie ausgeführt (12.6.2), auf die Gesamtbevölkerung umgerechnet.

Noch ist der Hunger in erster Linie ein Verteilungsproblem zwischen Ländern mit Überschuß und solchen mit Mangel. Es ist zu hoffen, daß durch eine Ausdehnung der landwirtschaftlichen Nutzfläche und/oder eine Intensivierung mit Steigerung der Erträge eine wachsende Bevölkerung versorgt werden kann. Eine Änderung der Ernährungsgewohnheiten, die Abnahme des Fleischverzehrs in den Industrieländern, eine Zunahme in den Schwellenländern lassen sich allerdings kaum kalkulieren. Für 1 kg Rindfleisch werden bis zu 9 kg Getreide verfüttert, 4 kg für 1 kg Schweinefleisch. 37% der weltweiten Getreideernte sollen in den Futtertrögen landen (Fink et al. 1996). Eine Verbesserung der Getreidespeicherung und die Preisentwicklung für Agrarprodukte sind weitere Unwägbarkeiten (s.u. 13.5). Bei einer plötzlich auftretenden Dürre eine Hungerhilfe zu leisten, kann wie Bohle (1986, 1986 a) für den Sudan und Kenia zeigte, schwierig sein, da die Möglichkeiten der Verteilung von Nahrungsmitteln kaum bestehen. In der Regel reicht die Infrastruktur bei plötzlicher Not nicht aus. Bohle plädiert daher für eine langfristige Entwicklungshilfe. Wer aber heute noch von „kolonialem Erbe" spricht und behauptet, daß sich die meisten Völker, von gelegentlichen Hungersnöten abgesehen, selbst sehr gut und ausreichend ernährten (Herkendell & Koch 1991, 87) und sagt, die Kolonialherren hätten „die traditionelle Landwirtschaft ... um ihrer eigenen Interessen willen zerschlagen", hält nach meiner Ansicht die indigene Bevölkerung für unmündig. Er übersieht, daß sich die mittlere Lebenserwartung, der beste Indikator für Hungersnot, in den meisten Ländern entscheidend verlängert hat. Die Dependenztheorie, die vor allem in den 80er Jahren die Unterentwicklung als Folge des kolonialen Erbes und der Weltmarktverflechtung ansah, hat ebenfalls diese Fortschritte verkannt.

In der ersten Hälfte des Jahrhunderts wurde vielfach die Ansicht vertreten, daß Arbeit, insbesondere körperliche Anstrengungen in den Tropen aus klimatischen Gründen schwerer seien als in den Außertropen (HODDER 1968, 58f gibt eine kurze Übersicht zu diesem Thema). Die „weiße Rasse" sei dafür überhaupt nicht geeignet. Vielleicht hat man das Befinden von heißen/schwülen Sommertagen bei uns extrapoliert, dabei aber nicht berücksichtigt, daß man sich an Hitze gewöhnt. All diese Diskussionen sind verstummt, nachdem im zweiten Weltkrieg amerikanische Gefangene unter härtester japanischer Aufsicht die Brücke am River Quay bauen mußten. Wenn die Arbeitskraft von Teilen der tropischen Bevölkerung geringer sein sollte, so liegt dieses an Unterernährung, Armut und Ignoranz (HODDER 1968, 58). Man kann hinzufügen, daß viele Menschen auch von Krankheiten geschwächt sind.

Tropische Krankheiten sind eine große Geißel, nur Australien ist weitgehend frei davon. Eine exzellente Untersuchung nicht nur der tropischen Krankheiten sondern auch ihrer Verbreitung in Nigeria inclusive einer Kartierung und ihrer Abhängigkeit von Ökofaktoren lieferte HINZ (1984). Eine kurze Übersicht findet sich in FISCHER & HAURI (1997). Die häufigste Krankheit in den Tropen ist mit 370 Mio. davon befallener Menschen die Malaria, etwa 70% davon in Afrika, ca. 2–3 Mio. vor allem Kinder sterben daran in jedem Jahr. Am zweithäufigsten sind mit 200 Mio. Infizierten die Durchfall- und Wurmkrankheiten, die vor allem in Afrika und Asien weit verbreitet sind. Die Bilharziose verursacht Leber- und Blasenkrebs, woran etwa 20 000 Menschen jährlich sterben. In Afrika werden pro Jahr etwa 300 000 Menschen von der Schlafkrankheit befallen, außerdem fordern Onchozerkose (Flußblindheit) und vor allem in Lateinamerika die Chagas Krankheit ihre Opfer. Sehr häufig ist die Amöbenruhr, während das Denguefieber wohl seltener geworden ist. Gelbfieber scheint nur noch in Afrika endemisch zu sein, während die Pocken wohl weltweit ausgerottet wurden. Lepra ist aber nach wie vor in den Tropen verbreitet. Typhus, Paratyphus und Cholera scheinen besonders in den Städten der wechselfeuchten Tropen Amerikas und Asiens aufzutreten. Malaria wurde zunächst durch DDT zurückgedrängt. In Indien waren z.B. 1950 75 Mio. Menschen davon befallen, 1970 nur noch 100 000. Da sich resistente Anophelesstämme entwickelten, sind inzwischen wieder 7 Mio. Menschen infiziert, und ein neues Programm wurde gestartet (HANSEN 1998). Weltweit wird nach neuen Medikamenten und Impfstoffen geforscht.

Neben den tropischen Krankheiten gibt es die weltweit verbreiteten Krankheiten, wie etwa Krebs, auch in den Tropen. Nicht selten sind Lungenentzündungen und Erkältungskrankheiten, da die Menschen an die gleichbleibend hohen Temperaturen gewöhnt sind und bei einem geringen Abfall frieren. Die Tuberkulose ist besonders bei beengten Wohnverhältnissen, also in den Slums anzutreffen. Andere Krankheiten sind dagegen eher auf dem Lande verbreitet, wo sich lokale Brutstätten der Erreger finden. Der Tsetse-Befall ist bei einer Bevölkerungsdichte von 10–40 Einwohner/km^2 besonders stark, aber auch die Malaria erfaßt relativ mehr Menschen auf dem Land (HODDER 1968, 67f.). Ein entscheidender Faktor ist die Qualität des Wassers, das unter natürlichen Verhältnissen dort nicht rein ist, sondern meist eine Vielzahl von Erregern und Würmern enthält. Das gilt selbst in Naturlandschaften, mit denen wir nach den Erfahrungen in den gemäßigten Breiten reines Wasser verbinden. Deshalb sollte man in den Tropen in offenen Gewässern nicht baden. Einen großen Vorteil haben die Städte, wenn das Wasser aufbereitetet ist. Das Leben auf dem Lande ist in den Tropen keinesfalls gesünder als in der Stadt, trotz der dortigen Luftverschmutzung.

Aus den Tropen kommend hat sich Aids weltweit verbreitet. Es hat sich in Afrika und Asien insbesondere durch die Land-Stadt-Wanderung ausgedehnt. Am stärksten betroffen sind in Afrika Uganda, Simbabwe und Sambia, in Asien Thailand. In den genannten afrikanischen Ländern würde nach einer Untersuchung der UN (zit. n. BERG 1996, 90f.) das Bevölkerungswachstum um knapp 7% abnehmen, in Thailand um 1,4%, für die Weltbevölkerung insgesamt wird sich kaum eine Änderung ergeben. Große Auswirkungen sind vor allem in manchen ländlichen Gemeinden zu erwarten, wenn die mittleren Jahrgänge durch Aids dezimiert worden sind, denn Kinder und Alte können die Landwirtschaft nur unvollständig fortführen. Da Aids in die Industrieländer übertragen wurde, entstand sehr schnell eine sehr intensive Forschung. Für die weltweit etwa 15 Mio. Aids-Infizierten werden US$ 1,2 Mrd. allein in den US ausgegeben, gegenüber US$ 35 Mio. für die anderen Tropenkrankheiten zusammen genommen (SENTKER 1996). Den Zusammenhang der Verbreitung tropischer Krankheiten mit den Geofaktoren untersucht die Geomedizin (vgl. u.a. JUSATZ 1984). Pionierarbeit hat RODENWALDT geleistet, der lange Jahre in Java als Tropenarzt tätig war und dort die Malaria durch verbesserte Wasserwirtschaft bekämpfte. In Deutschland machte er Heidelberg zu einem Zentrum der Erforschung tropischer Krankheiten und veröffentlichte zusammen mit seinem Nachfolger JUSSATZ den Weltseuchenatlas (1952–61). Besonders viele tropische Krankheiten sind im immerfeuchten West- und Zentralafrika verzeichnet.

13 Landnutzung

13.1 Charakteristika

Von der Natur her besteht der Unterschied zwischen dem möglichen Daueranbau mit mehreren Ernten in den immerfeuchten Tropen und dem saisonalen Anbau in den wechselfeuchten Tropen. Zu den Randtropen hin nimmt die Gefahr von Ernteausfällen infolge Dürren zu, was von der Bevölkerung mit unterschiedlichen Strategien beantwortet wird. Die Frage, ob Wald oder Savanne für die Landnutzung günstiger ist, läßt sich nicht generell beantworten, auch wenn man sie ausschließlich auf die Bodenfruchtbarkeit zuspitzt. Die Grundnahrungsmittel Reis und Maniok sind nicht besonders anspruchsvoll, beim Naßreis erfolgt eine natürliche Düngung durch Nährstoffe im zugeführten Wasser. Angebaute und gesammelte Früchte, Gemüse und Gewürze ergänzen die Nahrung. Mais, in Lateinamerika seit alters her angebaut, wird zunehmend auch in den anderen Kontinenten kultiviert.

Aber nicht nur bei den Anbaufrüchten, sondern auch bei den Anbaumethoden und Betriebsformen gab es schon traditionell große Unterschiede. Sie werden durch die moderne Forschung und Entwicklung weiter verändert, so daß heute viele Varianten in der Landnutzung gegeben sind. Generell bestehen sicher noch Möglichkeiten einer Intensivierung. Am erfolgreichsten war bislang die ‚grüne Revolution' beim Reisbau, nur so konnte der Hunger besonders in Asien bekämpft werden. Naßreisanbau ist wohl ebenso als nachhaltig zu bezeichnen wie der Anbau in den Hausgärten und die Agroforstwirtschaft. Reiner Subsistenzanbau wird heute nur noch in abgelegenen Gebieten betrieben. Die wichtigste Entwicklung ist der Anbau von Markt- und Handelsfrüchten neben der Eigenversorgung im Rahmen der Landwechselwirtschaft oder des permanenten Anbaus. Ihr Anteil an der Gesamtproduktion ist in den einzelnen Ländern, Gebieten, Dörfern unterschiedlich groß, er nimmt aber generell zu. Damit steigt der Lebensstandard der ländlichen Bevölkerung, wenn auch in bescheidenem Maße. Bei einer Betriebsgröße von nur 2 ha oder sogar weniger erscheint das unwahrscheinlich, nach unseren Maßstäben ist sie völlig unzureichend. Da aber solche Betriebe in allen Kontinenten vor allem in den immerfeuchten Gebieten verbreitet sind und oft sogar den größten Anteil der bäuerlichen Betriebe ausmachen, scheinen 2 ha in der Regel für den Unterhalt einer Familie ausreichend zu sein. Das zeugt von günstigeren Verhältnissen in den feuchten Tropen als in Mitteleuropa. Bei dieser Betriebsgröße können aber kaum Maschinen eingesetzt werden. Andererseits ist eine bedeutende Vergrößerung durch weitere Parzellen mit Handarbeit vom Einzelnen kaum zu bewältigen. Ebenso erscheint bei der Viehhaltung eine grundsätzliche Veränderung kaum möglich. Generell kann aber durch Beratung, Krankheitskontrolle, Unterstützung bei der Vermarktung geholfen werden.

In vielen Ländern bzw. Gebieten, besonders an der Frontier ist eine Klärung der Rechtsverhältnisse Voraussetzung für Verbesserungen und Konsolidierung. Die derzeit erfolgenden, oft einschneidenden strukturellen Umbrüche bringen in der Regel eine Verbesserung. Eine Intensivierung des Anbaus erfolgt meistens in Form des Dauerfeldbaus, womit der Flächenverbrauch der Landwechselwirtschaft eingeschränkt wird, oft auch die Bodenfruchtbarkeit verbessert wird. Derzeit nimmt – wohl besonders in Asien – die Zahl der ökologisch nachhaltigen Betriebsformen zu. Zugleich erfolgen Neusiedlungen, die zum überwiegenden Teil spontan (squatter) oder meist vom Staat gelenkt ablaufen. Letztere scheinen in Südostasien erfolgreicher zu sein als in Lateinamerika. Im allgemeinen umfassen Neusiedlungen weniger als 5% der Fläche und der Bevölkerung. Im Vergleich zu den anderen Kontinenten sind die asiatischen Tropen am dichtesten besiedelt, und der Anbau mit Bewässerung ist am weitesten ausgedehnt. Vor allem handelt es sich um Naßreis, der auch in den immerfeuchten Gebieten bewässert wird. Bewässerungslandschaften haben eine geschlossene Flur, was unserer Vorstellung von einem Agrargebiet noch am nächsten kommt. Die anderen Betriebsformen zeigen eher eine Anlehnung an die Naturlandschaften, bzw. sind in diese eingebettet. Generell ist der Anteil der genutzten Fläche sehr viel geringer als in den Außertropen. Ebenso umfaßt die Forstwirtschaft bislang nur relativ kleine Flächen. Der Umfang der reinen Holzentnahme läßt sich nur schwer angeben, erfaßt aber größere Gebiete, die Schäden beim Fällen und Rücken der Stämme sind beträchtlich.

13.2 Einleitung

Die Landnutzung in den Tropen zeigt große Variationen – größere als wir es gewohnt sind. Das betrifft sowohl die Intensität des Anbaus, der von einer extensiven Landwechselwirtschaft bis zum bewässerten Reisbau reicht, als auch die Betriebsformen und -größen und die damit verbundene Sozialstruktur. Daher werden in diesem Kapitel relativ viele Beispiele gebracht. Sie mögen nicht nur einen Einblick in die Fülle der Phänomene geben, sondern auch einen Entwicklungstrend aufzeigen. Dabei ist immer wieder zu bedenken, daß Bevölkerungswachstum und Verkehrserschließung die Antriebsmotoren für eine im allgemeinen sehr schnell ablaufende Entwicklung sind.

Wurde bereits bei den Bevölkerungszahlen darauf hingewiesen, wie unsicher die Statistiken sind, so gilt dieses wahrscheinlich in noch stärkerem Maße von landwirtschaftlichen Produktionsstatistiken. Die Erzeugung für die Subsistenz wird entweder überhaupt nicht erfaßt, was mindestens für abgelegene Gebiete gilt, oder sie wird geschätzt. Im folgenden gemachte Angaben sind daher nur als Größenordnungen zu verstehen. Wenn ältere Zahlen genannt werden, bzw. in Abbildungen enthalten sind, sollen sie eine vergleichende Einordnung ermöglichen.

In den Tropen sind weite Gebiete noch Naturlandschaft, bzw. als Naturweide nur wenig verändert worden (Abb. 13.1). Nur Bangladesch erreicht mit 78% Agrarfläche mehr als Dänemark mit 64%, Indien bleibt bereits darunter. In den meisten tropischen Staaten macht die landwirtschaftlich genutzte Fläche unter 20% aus. In diesen Zahlen sind die Naturweiden nicht enthalten. Selbst wenn man die Gebiete bedenkt, die zu geringe Niederschläge erhalten, um bewirtschaftet zu werden oder in denen zu sandige oder zu tonige Böden eine Bewirtschaftung unwahrscheinlich machen, sind in den Tropen noch Landreserven vorhanden. Ob sie in größerem Umfang erschlossen werden oder ob eine Intensivierung auf bereits genutzten Feldern die Versorgung einer wachsenden Bevölkerung sicherstellen wird, muß die Zukunft zeigen. Derzeit scheint die Intensivierung vorzuherrschen. In vielen tropischen Ländern sind Schutzgebiete für Eingeborene und/oder Wildreservate ausgewiesen worden, wodurch sehr viel größere Flächen einer Landnutzung entzogen wurden als bei uns.

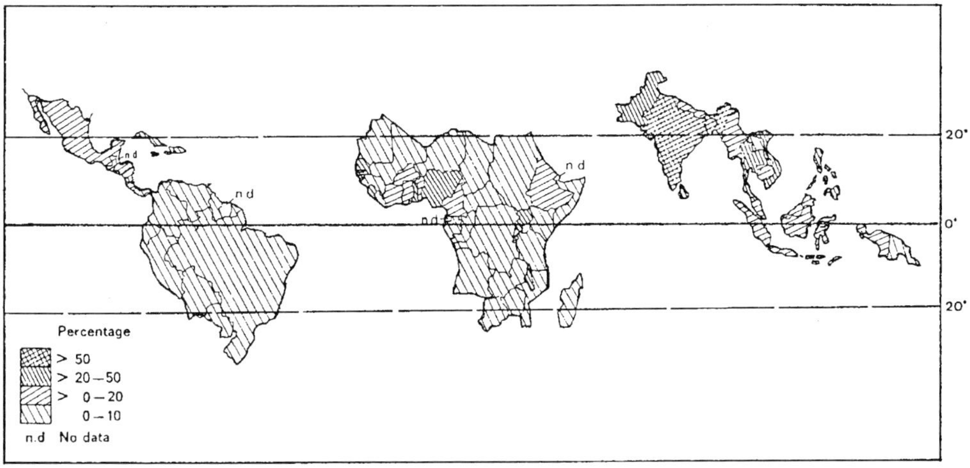

Abb. 13.1. Die Landnutzung wird wesentlich von der Verfügbarkeit freien Landes bestimmt. Die Darstellung zeigt den Prozentsatz der beackerten oder mit Dauerkulturen bestandenen Fläche an der Gesamtfläche eines Landes. Nur Bangladesch und Indien weisen über 50% auf, selbst in die Gruppe 20–50% fallen nur wenige Länder: Nigeria, Thailand, Vietnam, Pakistan und einige mittelamerikanische Inseln. Die Zahlen sind zwar nicht unmittelbar mit unseren 50% landwirtschaftlich genutzter Fläche zu vergleichen, denn bei uns ist der Ödlandanteil (z.B. Sümpfe, Wüsten etc) sehr gering. Sie geben aber einen Eindruck, wie unterschiedlich stark die Länder der Tropen genutzt werden, wie verschieden dicht sie besiedelt sind (s.o. 12.5). Aus: Morgan 1988, 15.

13.3 Natürliche Voraussetzungen

In der Landnutzung besteht der Hauptunterschied zwischen einem permanenten Anbau in der immerfeuchten Zone und dem saisonalen Anbau in der wechselfeuchten Zone. In der immerfeuchten Zone können mehrere Ernten im Jahr erzielt werden wie etwa beim Reisbau, ergänzt wird dieses durch gemischte Gartenkulturen von denen in jeder Jahreszeit geerntet werden kann. Die Viehhaltung hingegen ist unter diesem Klima sehr eingeschränkt, außer Wasserbüffeln und Hühnern, manchmal auch Schweinen und Ziegen werden kaum Tiere gehalten. In der wechselfeuchten Zone werden die unterschiedlichen Getreidearten, vor allem die verschiedenen Hirsesorten, Mais und Trockenreis in der Regenzeit angebaut. Rinder und in Afrika auch Ziegen sind Fleisch- und Milchlieferanten, erstere werden außerdem als Zugtiere eingesetzt, was vor allem für Indien gilt.

Im Einzelnen sind optimale Bedingungen für Anbaufrüchte eher klimatisch bzw. hydrologisch als pedologisch bestimmt. Besonders vorteilhaft ist naturgemäß ein Zusammenfallen verschiedener Gunstfaktoren wie etwa in den tieferen Lagen der Vulkane Ostafrikas mit günstigen Böden und ausreichenden Niederschlägen. Die Trockengrenze des Anbaus liegt in den Tropen bei 3½ humiden Monaten. Die etwas geringeren Werte an der subtropischen Trockengrenze erklären sich durch die geringere Verdunstung der dortigen winterlichen Niederschläge. Für die einzelnen Anbaufrüchte sind sowohl die optimalen als auch die Grenzbedingungen bekannt (vgl. u.a. Esdorn 1961, Manshard & Mäckel 1995). Begrenzt wird der Anbau zwar in erster Linie durch zu geringe Niederschläge, aber in den Randtropen und in Höhenlagen auch durch niedrige Temperaturen, besonders durch Fröste. Am bekanntesten ist der Mißerfolg der Ausdehnung des Kaffeeanbaus in das südliche Paraná in Brasilien (s.u. 13.3). Genußmittel sind um so aromatischer, je langsamer sie wachsen, die guten Sorten von Kaffee und Tee sind daher in den Hochländern zu finden. Für Agrumen sind die Tropen nur wenig geeignet, da diese im feuchten Klima zu schnell wachsen, in wechselfeuchten Gebieten jahreszeitlich verschoben gedeihen müßten. Von den zahlreichen tropischen Früchten hat bislang vor allem Ananas auf dem Weltmarkt Bedeutung. Im allgemeinen sind tropische Anbaufrüchte nur geringere Temperaturschwankungen gewöhnt.

Ein wesentlicher klimatischer Faktor für die Landnutzung ist die Variabilität der Niederschläge, die zu den Randtropen hin zunimmt (s.o. 2.6), was zu großen Ertragsschwankungen führt (Abb. 13.2). Ferner ist die große Variabilität wohl ein Grund dafür, daß kaum Züchtungen versucht wurden, um die Anbaugrenzen hinauszuschieben, was an den polaren Grenzen etwa für den Mais oder die Gerste erreicht wurde. Der andere Grund liegt in der Möglichkeit, daß in besser ausgestatteten Räumen der Anbau noch ausgedehnt oder intensiviert werden kann. In den besonders von Dürren gefährdeten Randtropen sind die seßhaften Bauern mehr davon betroffen als wandernde Tierzüchter, die unter Umständen in bessere Gebiete ausweichen. Allerdings verloren Letztere in den 50er, 70er und 80er Jahren in Westafrika Millionen von Tieren (Fricke 1989, 91). Schäden, die insbesondere bei einer Überbestockung entstehen, wurde oben (10.7) bei der Desertifikation erwähnt.

Spezielle Ansprüche an den Boden werden relativ selten verzeichnet. So verlangt etwa der Erdnußanbau ein lockeres, sandig/lehmiges Substrat. Wie bei der Bodenfruchtbarkeit ausgeführt wurde, spielt bei Oxisolen und Ultisolen die seitliche Zufuhr von Nährstoffen eine Rolle. In der Trockensavanne zieht sich der Ackerbau auf feuchtere Standorte zurück, das kann etwa der Fuß von Rumpfstufen oder Inselbergen sein oder der Hang von Spülmulden.

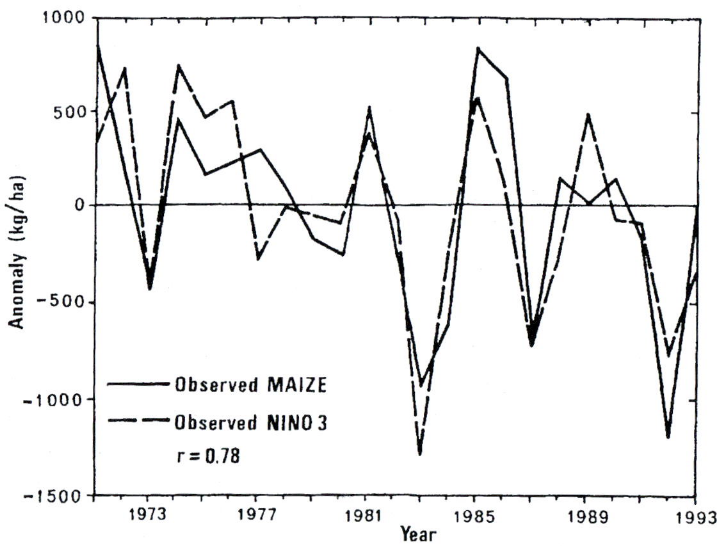

Abb. 13.2. Die Übereinstimmung der Temperaturen des Oberflächenwassers im östlichen äquatorialen Pazifik (El Niño – Gebiet) mit den Schwankungen der Ernteerträge von Mais in Simbabwe ist überraschend gut. Aus: Bengtsson 1997, 9.

Im Tiefsten der Spülmulden oder Flächenstreifen (Dambos) liegen oft Vertisole. Sie sind wegen des starken Mulchens und der Trockenrisse schwer zu bestellen (KAMPEN et al. 1981). In der Regenzeit können sie so aufgeweicht sein, daß sie nicht bearbeitet werden können. Werden sie nach der Regenzeit bestellt, sind die Erträge gering, weil zur Reifezeit die Feuchte fehlt. Eine Einsaat am Ende der Trockenzeit soll einen 3–5fachen Ertrag bringen (MENAUT & CESAR 1978). Auf Feldern, die vor der Regenzeit gepflügt werden, kann bei Starkregen eine beachtliche Abspülung erfolgen. Da manche Vertisole beim Austrocknen sehr hart werden, sind sie ohne Pflug kaum zu bearbeiten. Im Sudan werden sie daher erst seit wenigen Jahrzehnten, meist mit Baumwolle bestellt (FRICKE 1972, 297).

Das Relief spielt in den Tropen ebenso wie in den Außertropen eine Rolle, wenn gepflügt werden soll. Im nördlichen Pantanal wird der Sojaanbau auf den Flächen mit Maschinen durchgeführt, während Kleinbauern in die hügeligen Gebiete abgedrängt wurden, wo neben einem Subsistenzanbau Milch produziert wird (SCHNELLER 1995). Der Anbau an steilen Hängen findet sich abgesehen von Sonderkulturen wie dem Weinbau in größerem Umfang wohl nur in den Tropen. Vorherrschend ist bei der Bestellung auf Terrassen die Handarbeit, die Wasserhaltung auf den Feldern ist aber etwas erleichtert. Der Vorteil des Terrassenanbaus in den Tropen liegt wohl nicht nur in einer besonders starken Zufuhr von Nährstoffen durch das zirkulierende Wasser, sondern auch in dessen Aufstau, so daß die Nährstoffe herausgefiltert werden können. Ferner wird eine Abspülung stark vermindert.

Der Maisanbau in Mittelamerika hat vielleicht schon in präkolonialer Zeit in den wechselfeuchten Gebieten zu beträchtlichen Bodenabspülungen geführt, aber STEVENS (1964) bezweifelt, daß dieses zur Abwanderung der Mayas von der Halbinsel Yukatan geführt hat, da hier die Böden nicht ungünstig sind. Nur teilweise scheinen in Mittelamerika Bodenverhältnisse und präkoloniale Bevölkerungsdichte zu korrelieren. Ausführlich diskutiert auch WILHELMY (1980, 1981) einen größeren Einfluß der Böden auf die Geschichte der Mayas und lehnt dieses ebenfalls ab. Seuchen, politische Unruhen oder religiöse Gründe werden heute als Gründe für diese Wanderungen diskutiert.

Abgesehen von limitierenden Faktoren wie Frost, zu geringe Wasserversorgung etc., ist der Einfluß der natürlichen Faktoren auf die Landnutzung unterschiedlich stark und ändert sich im Laufe der Zeit. In der Pionierzeit im südlichen Queensland erfolgte in regenreicheren Jahren eine Ausdehnung der Weidegebiete für die Rinder, was durch empfindliche Rückschläge bei Dürren zu einer pessimistischen Beurteilung des Potentials und zu einer Aufgabe der am weitesten gegen die Halbwüste vorgeschobenen Parzellen führte (HEATHCOTE 1965). Es sind aber nicht nur die Schwankungen in der Ausdehnung der Landnutzung an der Trokkengrenze, die von natürlichen Faktoren bestimmt werden, sondern auch die Intensivierung in bereits genutzten Gebieten. Hier sind es besonders die exportorientierten Handelsfrüchte bzw. Marktfrüchte für den lokalen Markt, für die nach den besten Anbaubedingungen gesucht wird. In besonderem Maße gilt für die Landwirtschaft in Australien, daß natürliche Gunstfaktoren ausgenutzt werden, denn dadurch können Arbeitszeit und Kapitalinvestitionen gespart werden. Je rationeller die Landwirtschaft organisiert ist, desto mehr wird das natürliche Potential beachtet. Für die Subsistenzwirtschaft kann man hingegen sagen, daß die Lage der genutzten Flächen bzw. der Siedlungen oft genug mehr zufällig zu sein scheint, was sich aber meist durch die historische Entwicklung erklären läßt. Das gilt nicht für dicht besiedelte Gebiete wie etwa alluviale Flächen, wo die Gunst der Böden ausgenutzt wird.

Ein weiteres Beispiel für den Einfluß von Geofaktoren auf die Landnutzung ist der Kaffeeanbau in Brasilien, der sich zunächst nach Süden, nach Nord Paraná ausdehnte, das zu Beginn der sechziger Jahre mit 1,32 Mrd. Bäumen das bedeutendste Anbaugebiet geworden war. Durch Fröste und unter dem Einfluß von Krisen infolge Überproduktion, verbunden mit Änderungen der Besitz- und Sozialstruktur konzentrierte sich der Anbau auf die optimalen, frostfreien Gebiete im Staat Saõ Paulo (Kohlhepp 1975, 1989). Statt dessen entwickelte sich in Paraná in sehr kurzer Zeit eine stark mechanisierte Soja-Weizen-Mais-Wirtschaft bzw. eine extensive Rinderzucht, Betriebsformen, die dem Gebiet besser angepaßt sind. Seit 1970 sind mit dieser Umstrukturierung etwa 650 000 Arbeitsplätze verloren gegangen (ebd. 1989, 59). Es erfolgte eine Abwanderung nach Paraguay, Amazonien und in die Städte, von wo Landarbeiter in Spitzenzeiten auf die Farmen pendeln.

Da Dürren das Hauptproblem der Landnutzung in den wechselfeuchten Tropen, insbesondere den Randtropen sind, seien mehrere Reaktionen auf dieses wiederkehrende Unheil aufgezeigt. Jätzold (1988) stellte am Beispiel von Kenia Zonen und Gürtel der Landnutzung auf. Bei guten Preisen und Absatzmöglichkeiten wird der Anbau besonders von Mais, aber auch von Zuckerrohr und Tee in Gebiete ausgedehnt, die von den ökologischen Bedingungen her für den Anbau nicht sicher sind. Mais bringt nach Weizen die höchsten Preise und die höchsten Erträge, vor allem gegenüber der Hirse, ist aber weniger dürreresistent und frostempfindlich. Die Regenfeldbaugrenze ist in Kenia bis zur 250 mm Jahresniederschlagslinie und 2½ humiden Monaten vorgedrungen. Zum Bodenschutz wären unter diesen extremen Bedingungen Varietäten der Kleinhirse zu empfehlen, da die hohe Hirse ein größeres Wassereinzugsgebiet gebraucht, daher weitständiger angebaut werden muß, was zu stärkeren Abspülungen führt. Bei schlechten wirtschaftlichen Bedingungen erfolgt ein Rückzug von den Anbaugrenzen. Auf Dauer wird sich wahrscheinlich eine Anpassung an agro-ökologische Zonen ergeben.

Der schnelle Wechsel der ökologischen Bedingungen in Kenia soll besondere Betriebsformen bedingen (Porter 1972). Bekannt ist die hohe Mobilität der Nomaden, dennoch können bei extremer Dürre hohe Verluste nicht vermieden werden (s.u. 13.11). Ackerbauern versuchen das Dürrerisiko zu verteilen, indem in größeren Gemeinschaften Felder in unterschiedlichen Ökotopen weit verstreut angelegt werden. Das ist aber wohl eine Ausnahme, die nur bei einem so schnellen Wechsel der natürlichen Bedingungen wie an den großen Grabenrändern möglich ist. Im Sudan sind sehr unterschiedliche Strategien entwickelt worden, um die Dürren zu überstehen: alternative Einkommen aus dem Verkauf von Wildfrüchten, Lohnarbeit, veränderte Anbaumethoden, Vergrößerung der Anbauflächen, Ressourcen werden untereinander geteilt (Binns 1994, 60f.; Thompson 1997).

Eine Untersuchung von vier Dörfern im nigerianischen Sahel (Adams & Mortimore 1997), die von nahe Kano nach Osten entlang eines Niederschlagsgradienten von 533 mm bis 301 mm/Jahr liegen, betonte besonders die Flexibilität im ökologischen Management und der ökonomischen Reaktion. Wenn auch die Intensität der Landnutzung nach Osten abnimmt, so steigen der Einfallsreichtum in der Landnutzung und dem Ausnutzen der Nebenverdienstmöglichkeiten. In allen Dörfern wird den Regenfällen entsprechend der Arbeitsanfall, die Diversität des Subsistenzanbaus und der Marktfrüchte variiert, in den Dörfern des trockenen Gebiets werden darüber hinaus die Lage der Felder, die Ausnutzung der Weiden und generell die Lebensumstände angepaßt. Noch in den 70er Jahren fanden bei Dürren umfangreiche temporäre Wanderungen nicht nur von Nomaden sondern auch von Ackerbauern statt. Wenn die ländliche Bevölkerung in Afrika weitaus mobiler ist, als wir uns das vorstellen, so hängt das einerseits mit dem Bodenrecht (s.u. 13.9) – dem Gemeineigentum –, andererseits mit den relativ geringen Kapitalinvestitionen in der Landwirtschaft zusammen.

Es ist also sowohl räumlich als auch zeitlich eine schnelle Adaption der ländlichen Bevölkerung an sich ändernde natürliche Verhältnisse möglich. Da aber das natürliche Potential nicht überall ausgeschöpft ist, kann die Abhängigkeit der Landnutzung von den natürlichen Faktoren manchmal auch weniger ausgeprägt sein als bei uns. Eine Aufstellung von Naturfaktoren, besonders der Niederschlagsvariabilität und der Landnutzung zeigt in Tansania – abgesehen von den sehr feuchten Gebieten (über 1250 mm Jahresniederschlag und den trokkensten Gebieten unter 250 mm) – eine nur geringe Relation mit der Bevölkerungsdichte (Brooke 1971), also eine nur geringe Abhängigkeit von dem wichtigsten Naturfaktor.

In Westafrika war der Sudan präkolonial dichter bevölkert als die südlichen Waldgebiete, Fricke (1972) sieht daher in Westafrika die Savannen für die Landnutzung als günstiger an. Dort haben sich die großen präkolonialen Territorialstaaten entwickelt, was allerdings wohl auch durch den Karawanenhandel mit den Außertropen zu erklären ist. Die großartigen Kulturen der Yoruba, von Ife und Benin sowie die Ashantikultur sind aber im Süden, in der Waldzone entstanden. Die Frage, ob der Wald oder die Savanne günstiger für die Landnutzung ist, kann man besonders in Ostafrika stellen, da hier auf engem Raum ein Wechsel zu beobachten ist, zum anderen eine alte Besiedlung gegeben ist. Die Frage läßt sich nicht generell beantworten, denn neben den natürlichen Voraussetzungen ist die Wirtschaftsweise bestimmend. Bei einer engen Verzahnung von Wald und Savanne kann man in vielen Fällen annehmen, daß die Waldböden fruchtbarer sind (s.o. 8.3). Das gilt besonders für Trockenwälder. Im Bokoba District, westlich des Victoria Sees in Tansania ist ein dichtes Fundnetz vorgeschichtlicher Werkzeuge im Westen entlang des Kagera Rivers (unter 250 mm Jahresniederschlag) zu verzeichnen (McMaster 1972). Offenbar lagen in dem trockenen Gebiet an den Wasserstellen im Flußbett gute Jagdgründe. Die ersten Expeditionen aus Europa berichten von großen Rinderherden in den nach Osten anschließenden Savannen mit wenig höheren Niederschlägen, deren Besatz heute aber nur noch sehr gering ist. Statt dessen liegt die dichteste Besiedlung heute in Gebieten, die an den Victoria See angrenzen, wo Ackerbau getrieben wird, da dort genügend (bis 2000 mm) Niederschläge fallen. Hier ist also in jüngerer Zeit noch eine größere Bevölkerungsverschiebung erfolgt.

Wenn in Sri Lanka im Mittelalter die Singhalesen aus den nördlichen Savannen in das bewaldete Hochland abwanderten, so hatte dieses wohl eher kriegerische Gründe. Die Inwertsetzung des immerfeuchten Gebietes im Südwesten erfolgte durch den Anbau von Exportprodukten – insbesondere Gewürzen – für die Kolonialmächte. Die Ausdehnung des Teeanbaus in der Höhe fand erst im Laufe der Zeit statt, als man erkannte, daß bei langsamerem Wachstum eine bessere Qualität erzielt wird.

Für die europäische Besiedlung im westlichen Südamerika zeigte Wilhelmy (1940), daß für Spanier und Portugiesen der Wald ein Hindernis bedeutete. Bäuerliche Siedlungen entstanden hier erst in der ersten Hälfte des 19. Jh. von Deutschen und Italienern, die den Wald dem Grasland vorzogen. Waibel (1948, 1984) sah noch 1948 den Wald als sehr viel günstiger an und betonte, daß er auf den besseren Böden stockt. Im Landesinneren ist die Besiedlung des Graslandes der des Waldes gefolgt. Für die moderne Erschließung sind dagegen die Savannen wegen des Maschineneinsatzes wieder günstiger (s.u. 13.5, 13.8.3).

13.4 Anbaufrüchte

Die wichtigste Anbaufrucht in den Tropen ist der Reis, Hauptnahrungsmittel in Süd- und Südostasien, Wilhelmy (1975, 10) bezeichnet ihn als Selbstversorgerfrucht, nur 2–3% der Welternte gehen in den Welthandel. Über 90% des Reis werden in Asien produziert, etwa 60% in Süd- und Südostasien, der Rest in den Subtropen (Stat. Jb. 1996 a, 257). In den letzten

Jahrzehnten hat der Anbau in Südamerika, insbesondere in Brasilien (4,5 Mio. ha) zugenommen und wird selbst in Afrika ausgedehnt, wo in Nigeria über 1,5 Mio. ha damit bestellt wurden. Neue Flächen werden im Binnendelta des Niger (s.u. 13.10), in Mali, dem Reis gewidmet, aber dieses sind ebenso wie die subtropischen Anbaugebiete in Europa, Nordamerika und Australien kleine Flächen gegenüber den 42 Mio. ha, die in Indien mit Reis bestellt werden und den 30 Mio. ha in China. In beiden Ländern liegt ein Großteil der Reisgebiete schon nördlich des Wendekreises, man kann sie aber wegen des Sommermonsuns den Randtropen zurechnen, da die Wuchsbedingungen ähnlich sind. Die Welternte an Reis betrug 1994 535 Mio. t, davon 178 Mio. t in China, 118 Mio. t in Indien, an dritter Stelle steht Bangladesch mit 28 Mio. t.

Während Mitte der 70er Jahre die Erträge zwischen 14 und 56 dz/ha (1 dz/ha = 0,1 t/ha = dt/ha) schwankten (Wilhelmy 1975), liegen sie heute zwischen 23 (Nigeria) und 83 dt/ha (Australien). Entscheidend ist der Anstieg des Ertrags im Mittel: in Indien von 14 auf 28 dt/ha, in ähnlicher Weise haben sich die Erträge in den anderen Staaten Süd- und Südostasiens verdoppelt. Das ist der Erfolg der „grünen Revolution" (s.u. 13.6), wodurch der Hunger wirksam bekämpft wurde. In Indonesien soll sogar eine Steigerung von 18 auf 45 dt/ha erfolgt sein, wie Chang (1993), der „Vater der Reisrevolution" (Brookfield 1993, 199), ausführt. Er betont, daß die Erfolge in den günstigsten Ökotopen am größten sind sowie in Gebieten ohne politischen und militärischen Druck.

Generell gesehen gibt es zwei Anbauarten (Abb. 13.3): Naßreis (Naßreiskultur in Asien = sawah) und Trocken- oder Bergreis. Ersterer bringt die höheren Erträge, letzterer ist leichter anzubauen. Beim Naßreis kann man unterscheiden zwischen Feldern, die entweder durch abgeleitetes Flußwasser, aus Stauseen oder durch Regen, seltener durch hochgepumptes Grundwasser überstaut werden, und Feldern am Rand von Seen oder in Flußnähe hinter Uferdämmen, wo ein schwankender Wasserstand ausgenutzt wird, was meist unsicherer ist als die künstliche Bewässerung. Sumpfreis (auch schwimmender Reis) kann mit steigenden Wasserständen bis 6 m hoch wachsen. Während man in Lateinamerika fast nur Trockenreis anbaut, bevorzugt man in Asien den Naßreis.

Nach Allen (1993) wurde Reis im südlichen China und im nördlichen Thailand schon 3000 B.P. kultiviert, Naßreis seit tausend Jahren. Die Terrassenkulturen auf Luzon (Philippinen) sind über 2000 Jahre alt, aber wo der Ursprung diese Anbauform liegt, ist weitgehend unbekannt (Kolb 1981, 242f.). Bewässerungsanlagen wurden in Sri Lanka schon im 5. Jh. errichtet. Über Traditionen und Riten beim Reisanbau berichtet Wilhelmy (1975). Am eindrucksvollsten sind wohl die Reisterrassen an steilen Hängen in Südostasien (s.u. 13.10). Ein kleinteiliges Mosaik der unterschiedlichen Anbauformen findet sich in den Kegelkarstgebieten Javas (Uhlig 1980), wo in den cockpits (Karstwannen) auch stagnierende Seen mit schwankendem Wasserspiegel anzutreffen sind. Eine weitere Sonderform ist der Reisbau auf Gezeitenstau, der nur in Süd-Kalimantan und Ost-Sumatra zu finden ist (Scholz 1995, 1996). Bei Flut werden die Felder durch Flußwasser überstaut, bei Ebbe erfolgt die Drainage. Auf diese Weise wird saures Wasser der Küstensümpfe durch neutrales Flußwasser ersetzt und mit der Zeit eine Bodenverbesserung bewirkt. 500 000 ha Anbaufläche sollen so gewonnen worden sein.

Beim Naßreis kann man ferner unterscheiden zwischen dem Pflanzreis und dem Saatreis, der vorwiegend mit der Hand ausgesät wird. Beim Pflanzreis werden etwa 10 cm große Setzlinge aus dem Saatbeet meist von Frauen in die vorbereiteten Felder (paddy – der Ausdruck wird auch für den ungeschälten Reis verwendet) mit der Hand eingesetzt. Die Bodenbearbeitung durch die Männer erfolgt entweder durch Pflügen mit dem Büffelgespann oder mit der Hacke. Vielfach wird auch heute noch mit der Sichel geerntet. Pflanzreis herrscht in Asien

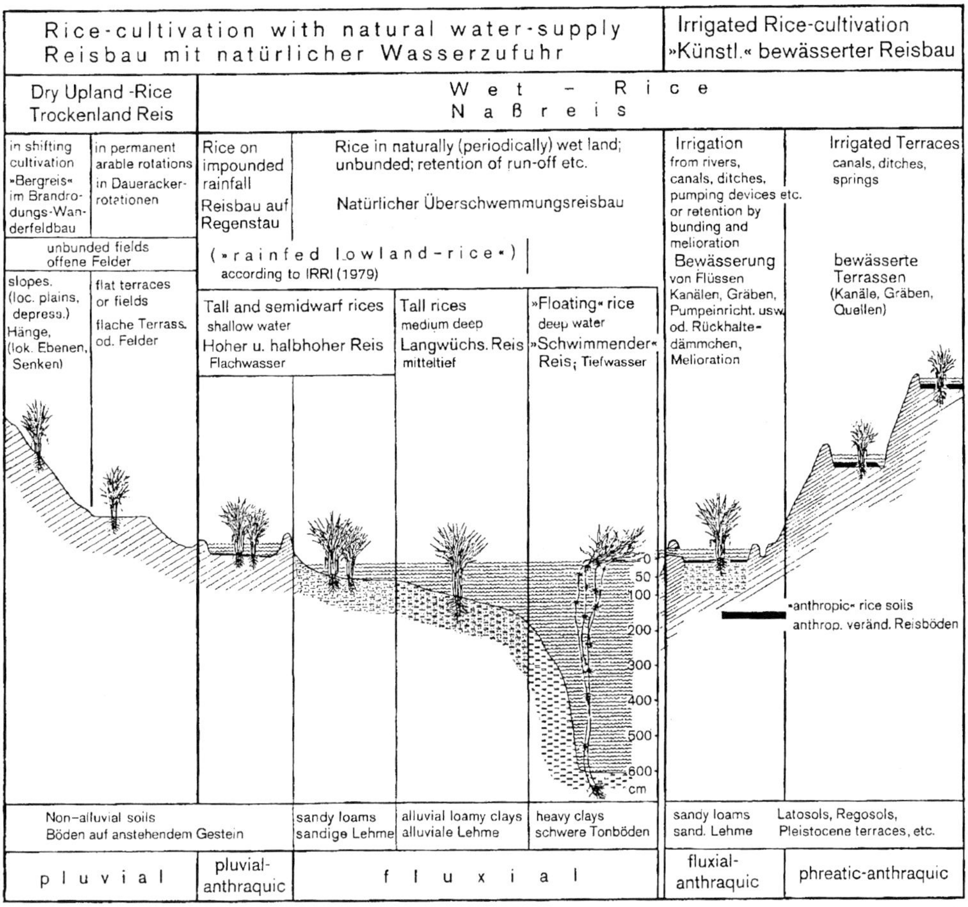

Abb. 13.3. Toposequenz der wichtigsten Reisanbau- und Standorttypen. Aus: Uhlig 1983, 272.

vor, Saatreis in Amerika und Afrika. Naßreis wird meist als Monokultur betrieben. Fruchtfolgen etwa mit Mais und Soja ergeben sich, wenn das Wasser nicht ausreicht, wenn eine kühlere Jahreszeit für den Reis ungünstig ist, wenn Unkraut und Schädlinge gravierend sind. Nach Andrae (1977, 142) sind beim Reisbau in den USA 20–30 Arbeitskraftstunden/ha notwendig, in Thailand 600–1200.

Der Trockenreis wird vor allem in den wechselfeuchten Gebieten angebaut, aber auch an Hängen, wo er entweder wie beim Dauerfeldbau vorwiegend ausgesät wird oder mit dem Pflanzstock (besonders in den Bergländern Asiens) eingebracht wird. Letzteres gilt vor allem, wenn der Reis als Unterkultur in Baumplantagen gezogen wird. Der Trockenreis hat den Nachteil, daß er stärker mit Unkräutern durchsetzt ist, die durch die Überstauung beim Naßreis verdrängt werden (Wrigley 1971, 158). Meist wird der Trockenreis in Rotation mit Mais und Maniok angebaut, während es Flächen gibt, auf denen der Naßreis seit Jahrhunderten oder gar Jahrtausenden gezogen wird.

Reis wird also sowohl in den immerfeuchten als auch den wechselfeuchten Tropen angebaut. Eine längere Sonnenscheindauer während des Wachstums und während der Reife bringt höhere Erträge, daher sind die wechselfeuchten Tropen begünstigt. Die höchsten Erträge werden in den Subtropen bei größeren Tageslängen erreicht. In den immerfeuchten Tropen steht genügend Wasser zur Verfügung, so daß mehrere Ernten pro Jahr möglich sind, allerdings kann der Schädlingsbefall wegen der gleichbleibenden Wärme und Feuchtigkeit größer sein. In den immerfeuchten Tropen wird oft die Pflanzzeit zwischen den einzelnen Feldern verschoben, was für den Arbeitsanfall günstig ist. Man sieht dann Felder mit Setzlingen, verschiedenen Wachstumsstadien und abgeerntete Parzellen nebeneinander, ein buntes Mosaik. Im Gegensatz dazu sind die Reisbaulandschaften der Randtropen bzw. der Monsungebiete einheitlicher, leuchtend grün während des Wachstums, gelb bei der Reife und grau/braun liegen die ausgetrockneten Stoppelfelder dar (ausführlichere Schilderungen in WILHELMY 1975, 35f.).

Maniok ist Grundnahrungsmittel in weiten Teilen des tropischen Lateinamerikas und Afrikas, dort auch als Cassava bezeichnet. Diese Knollenfrucht wird 30–50 cm lang und 2–4 kg schwer. Sie liefert vor allem Stärke (20–40%), etwa 9% Pektin, kaum Eiweiß und Fett. Insbesondere der bittere Maniok enthält bis 0,1% Blausäure (ESDORN 1961) und wird daher geschält, geraspelt und gewässert, bevor er gekocht wird. Industriell wird in geringem Umfang Tapioka daraus gewonnen, das auch exportiert wird. Generell aber kommt Maniok kaum in den Außenhandel, während ebenso wie beim Reis die städtische Bevölkerung mindestens zum Teil damit versorgt wird. Gegenüber dem Reis wird Maniok als Hungerreserve angesehen und bildet oft die Nahrung für die ärmere Bevölkerung. Wegen des fehlenden Eiweißgehaltes wird er gerne mit Hülsenfrüchten zusammen gegessen, wie etwa in Lateinamerika mit den schwarzen Bohnen.

Von den Anbaubedingungen her gesehen ist der Maniok recht anspruchslos, die Böden dürfen allerdings nicht übernäßt sein. Während der Reis je nach Sorte nach 3½ bis maximal 8 Monaten in Abhängigkeit von der Sonnenscheindauer und der Temperatur geerntet werden kann, braucht der Maniok 9–18 Monate vor allem abhängig von der Niederschlagsmenge. Die Hektarerträge betragen zwischen 80 und 220 dt/ha, aber der Wassergehalt ist mit bis zu 60% höher als beim Reis (12–15%), auch enthält er wenig Proteine und Vitamine (WRIGLEY 1971, 99f.). Maniok wird oft zwischen Baumkulturen eingesetzt, ist aber auch in Hausgärten zu finden. Die großen Vorteile des Maniok sind seine relative Resistenz gegen Dürre und Heuschrecken. Ein Befall mit der grünen Maniokmilbe in weiten Teilen Afrikas, die aus Südamerika eingewandert war und sich schnell verbreitete, da die natürlichen Feinde fehlten, konnte durch Forschungen im Institut für Tropische Landwirtschaft in Benin wirkungsvoll bekämpft werden, indem eine Raubmilbe aus Südamerika eingeführt wurde (GAIGL 1997).

Weitere Knollenfrüchte, die in den Tropen in größerem Umfang angebaut werden, sind Yams und Batate (Süßkartoffel), beides Kletterpflanzen, beide nicht sehr anspruchsvoll. Yams – in Asien heimisch – gedeiht am besten auf gut bearbeitetem Lehmboden, die Batate benötigt warmes, in den ersten Monaten des Wachstums feuchtes Klima. Yams hat einen Stärkegehalt von 16–33% und ebenso wie Maniok wenig Eiweiß und Fett, bei der Batate gibt es Sorten, die bis zu 34% Zucker enthalten (ESDORN 1961). In tropischen Höhenlagen wird die Kartoffel im wesentlichen nur in Südamerika angebaut, wo sie ja auch heimisch ist.

In Lateinamerika werden die Knollenfrüchte durch Mais ergänzt. Ursprünglich wohl im Hochland von Mexiko beheimatet, braucht er zur Reife- und Erntezeit Trockenheit, in den ersten Wachstumsphasen genügend Feuchtigkeit, ist also für das wechselfeuchte Klima, bzw. für Bewässerungskulturen besonders geeignet. Der Mais kann bei sehr verschiedenen Jahresniederschlagsmengen kultiviert werden und ist daher in vielen Gebieten im Vordringen. Oft findet man ihn als eingestreute Einzelpflanzen in Hausgärten. Die größten Produzenten in tropischen Ländern sind Brasilien (32 Mio. t), Mexiko (19 Mio. t) und Indien (11 Mio. t), wobei ein großer Teil wohl auf die subtropischen Provinzen dieser Länder entfällt. Von der Welternte von 570 Mio. t werden über die Hälfte in den USA (257 Mio. t) und China (104 Mio. t) geerntet. Die Erträge schwanken in den Tropen zwischen 10.8 dt/ha in Nigeria und 23.5 dt/ha in Brasilien (87 dt/ha in den USA).

Bei unsicheren Regenfällen wird Hirse angebaut, damit wird kleinkörniges Getreide unterschiedlicher Gattungen zusammenfassend bezeichnet. Rispenhirse (*Panicum miliaceum*) und Mohrenhirse (*Sorghum bicolor*) sind die wohl wichtigsten Sorten. Hirsen enthalten mehr Fett und Eiweiß als Reis. Weizen wird in den inneren Tropen höchstens in Hochlagen angebaut, da er die Feuchte nicht verträgt. Aber selbst in den wechselfeuchten Tropen ist er kaum zu finden, da er auch hier anfällig, vor allem gegen Rost und Pilze ist. In China ist die mit Weizen bebaute Fläche ebenso groß wie die mit Reis bestandene, in Indien halb so groß. Das unterstreicht die räumliche Aufteilung zwischen tropisch beeinflußten und subtropischen Anteilen der beiden Länder.

Neben den Grundnahrungsmitteln gibt es eine Fülle von Gemüsesorten und Gewürzen. Ergänzt wird die Ernährung der Subsistenzbauern durch Sammeln, Jagen und Fischen. Insgesamt kann die Ernährung sehr vielfältig sein. Die Handelsfrüchte, die zum Teil auch zur Selbstversorgung genutzt werden, kann man einteilen in: Zucker, Öl und Fett liefernde Pflanzen, Genußmittel, Gewürze, Obst und Gemüse (Esdorn 1961). Fast ausschließlich für den Handel bestimmt sind die Fasern liefernden Pflanzen sowie die Gummi, Harze und Gerbstoffe liefernden Pflanzen, von denen Kautschuk mit relativ geringen Bodenansprüchen aus den immerfeuchten Tropen, Baumwolle aus den wechselfeuchten Tropen die wichtigsten sind. Die Früchte der Ölpalmen und Zuckerrohr werden auch lokal aufbereitet und verkauft. Von den Faserpflanzen werden in den Tropen selbst vor allem Palmfasern für Matten, Körbe etc. verwendet, die Blätter dienen vielfach zum Dachdecken. Für die Weltwirtschaft bedeutend sind die Genußmittel: Tee und Kaffee werden sowohl im Hochland als auch in tieferen Lagen angebaut. Kakao und Kolanüsse (für Cola) werden im Tiefland meist von Pflanzern angebaut. In abgelegenen Teilen von Bergländern, vor allem in Grenznähe werden in Südostasien und in den nördlichen Anden Drogen angebaut. Mohn für Opium wächst über 1200 m besonders gut. Da in diesen schwer zugänglichen Gebieten meist indigene Minderheiten leben, wie die Bergstämme im Norden Thailands (Hazeldine 1982), die besonders schutzwürdig sind, andererseits die Gefahr einer kommunistischen Unterwanderung bzw. einer Guerilla groß ist, können die Regierungen kaum hart durchgreifen.

13.5 Anbaumethoden

Die Bearbeitung des Bodens erfolgt in den Tropen auf viele verschiedene Arten (Srivastava et al. 1993), von denen hier nur die einfachsten genannt werden. In den immerfeuchten Tropen wird bei der Landwechselwirtschaft mit dem Grabstock oder der Hacke ein kleines Loch für den Samen oder die Knollen gemacht. Damit wird der Boden kaum gestört, was große Vorteile hat, da einerseits das Porennetz und damit die Nährstoffversorgung nicht gestört wird, andererseits die Samenbank für den Aufwuchs bei der shifting cultivation erhalten bleibt (s.u. 13.7.1). Beim Bewässerungsbau (13.10) wird der Boden vor dem Pflanzen gepflügt, indem man entweder vor der Überflutung mit dem Ochsen- oder Büffelgespann umbricht (eher in wechselfeuchten Gebieten) oder indem Büffel durch den aufgeweichten Boden getrieben werden (in immerfeuchten Gebieten). Menschen, die sich bis zur Brusthöhe durch den Schlamm bewegen und so den Boden durcharbeiten, sind ein sehr seltener, aber erschütternder Anblick. Tiefpflügen kann in wechselfeuchten Gebieten mit anstehenden Vulkaniten günstig sein, wenn dadurch nicht nur das Unkraut bekämpft wird, sondern auch frische Minerale näher an die Oberfläche gebracht werden (UHLIG 1988a).

In semihumiden Gebieten ist die Wasserfrage für die Bodenbearbeitung entscheidend, denn die Niederschläge sind nur zum Teil effektiv, da erstens die Verdunstung bei den hohen Temperaturen sehr hoch ist, zweitens wegen der Starkregen ein schneller Oberflächenabfluß vom Feld erfolgen kann, drittens das wegen der günstigen Temperaturen rasche Wachstum viel Wasser verbraucht und viertens die Böden oft eine geringe Wasserhaltekapazität haben und der Wurzelraum nicht tief reicht. Ein Anbau auf Terrassen oder Contour (hangparalleles) Pflügen mindern nicht nur die Bodenabspülung, sondern erhöhen auch die Bodenfeuchtigkeit, so daß Erträge in Gebieten mit geringen Niederschlägen (< 800 mm/Jahr) gesteigert werden (TEJWANI 1981, SRIVASTAVA et al. 1993).

Eine Rodung ist in den Savannen leichter durchzuführen als im Wald, da die Wurzeln weniger störend sind. Daher kann auch leichter gepflügt werden und Maschinen können eingesetzt werden, was durch das weite Flachrelief begünstigt wird. Aber auch hier kann wegen der Wasserhaltung eine geringere Störung des Bodens vorteilhaft sein, in solchen Fällen wird daher nicht umbrochen sondern nur gelockert. Wenn Erntereste wenigstens zum Teil auf dem Boden bleiben, reduzieren sie Austrocknung und Abspülung sowie eine eventuelle Krustenbildung. Ferner werden Infiltration und Wasserhaltefähigkeit erhöht, der Humus wird weniger schnell abgebaut, da der Boden weniger stark erhitzt wird. Das Pflügen wird außerdem durch geringe Besitzgrößen eingeschränkt. Im Sudan muß ein Betrieb mindestens 8 ha groß sein, damit das Pflügen rentabel ist (FRICKE 1969).

Grundsätzlich kann man zwei Strategien unterscheiden, die dazu dienen, die Bodenfeuchte für eine längere Zeit zu erhalten, bzw. sie zu erhöhen. Man versucht entweder die Infiltrationswege nicht zu stören oder den Oberflächenabfluß zu verzögern, um damit der Versickerung längere Zeit zu geben. Im ersten Fall wird der Boden nicht vollständig umbrochen, sondern nur in Streifen gepflügt, oder es wird ein Stichel- oder Scheibenpflug eingesetzt. Die Saat kann mit der Hand eingebracht werden, oder es wird eine Rille angelegt. In Lateinamerika werden in manchen Kleinbetrieben Handsämaschinen verwendet (KEMPER 1987, 148). Im zweiten Fall wird der Abfluß am besten durch die Anlage von Terrassen gebremst, ähnlich wirken hangparallele Gras- oder Vegetationsstreifen. Hangparalleles Pflügen scheint dagegen bei steileren Hängen weniger erfolgreich zu sein als in den Außertropen (RICHTER et al. 1985).Vielleicht ist dieses durch die zahlreicheren Grobporen (s.o. 8.3) bedingt, in denen das Wasser schneller zirkuliert, sich sammelt und subterran abfließt. Dabei können durch Selbstverstärkung Pipes und Grabenrisse entstehen. Durch den Anbau von Zwischenfrüchten (Leguminosen, Phacelia, Rübsen) konnte die Bodenstruktur eines degradierten Oxisols im Weizen/Sojaanbaugebiet von Nordparaná (1600 mm Jahresniederschlag) so verbessert werden, daß die Infiltrationsrate um maximal 628% erhöht wurde (KEMPER 1987, 144), der Humusgehalt um 30% stieg, im Alfisol sogar um 50% (ebd. 148). Natürlich kann man im trockneren Teil der Savannen wegen der fehlenden Feuchte diese Methoden nicht anwenden.

Eine besondere, oft schon traditionell eingeführte Methode zur Erhöhung der Bodenfruchtbarkeit ist das Aufhäufeln von Oberboden in langgestreckten Ackerbeeten, das zugleich dem Wasser- und Erosionsmanagement dient. Günstig ist diese Bearbeitung bei einem Dualanbau (intercropping), bei dem Pflanzen wie etwa Erdnüsse, Baumwolle oder Gemüse mit höheren Feuchteansprüchen in der Furche, Getreide vorher auf dem Beet angebaut wird. Eine

Sonderform ist die Chitimene, die in machen Gebieten vor allem Ostafrikas durchgeführt wurde (MANSHARD 1965, 89f.). Dabei wird organisches Material von der Umgebung zusammengetragen und auf dem Feld verbrannt, also eine zusätzliche Aschedüngung durchgeführt. Läßt man die organische Substanz durch Termiten aufarbeiten, gehen weniger Nährstoffe verloren. Diese sehr große Flächen beanspruchende Form des Anbaus wird aber wohl kaum noch durchgeführt. In Äthiopien wird nach mehrjähriger Brache (10–15 Jahre) das Feld mehrmals gepflügt, dann wird der Oberboden mit den Soden zu Hügeln aufgeworfen (ca. 900/ha), die mit Kuhfladen angesteckt werden und etwa eine Woche brennen, das Material wird wieder verteilt, und man kann dann 2–3 Jahre bestellen (SAHLEMEDHIN SERTSE & WESTPHAL 1987).

Beim Reaktionsanbau (response farming) (SRIVASTAVA et al. 1993) in den Savannen wird das Saatbeet erst dann vorbereitet und gesät, wenn die ersten Regen fallen. Nach vier Wochen, wenn sich abzeichnet, wie die Regenzeit ausfällt, entscheidet der Bauer über Düngung (bei genügendem Regen) oder die Pflanzenreihen werden ausgedünnt (bei geringem Regen). Auch kann bei einer spät einsetzenden Regenzeit eine weniger anspruchsvolle Frucht gewählt werden (Abb. 13.4). Diese Form des Anbaus ist in den trockneren Savannengebieten, vor allem den Monsungebieten verbreitet, da hier die Niederschlagsvariabilität besonders groß ist.

Beim kombinierten Anbau (Agroforstwirtschaft) werden Nahrungskulturen zwischen Baumkulturen gepflanzt. Das ist besonders dann angebracht, wenn die Bäume noch jung sind und wenig Schatten werfen. Auch wird dann ein, wenn auch geringer Ertrag aus den Nahrungskulturen gezogen, solange die Bäume noch nicht genutzt werden können. Der Nachteil besteht allerdings darin, daß Düngung und Insektizide nur wenig gezielt angewendet werden können. Der Vorteil besteht darin, daß die Bäume als Nährstoffpumpe wirken. Werden sie zu groß, wird der Anbau aufgegeben, aber zwischen den Bäumen werden Leguminosen als Bodendecker eingebracht. So können auch Viehhaltung, z.B. Ziegen wie in Malaysia (MURKEN & MUKHERJEE 1988) und Baumkulturen miteinander verbunden werden. Der kombinierte Anbau kann sowohl in den immerfeuchten als auch den wechselfeuchten Tropen durchgeführt werden, wobei nicht nur unterschiedliche Nutzpflanzen eingebracht werden, sondern zu trockeneren Gebieten hin auch der Abstand der Bäume größer werden muß.

Besonders verbreitet ist die Agroforstwirtschaft in Südostasien, wo sie auch eine Form der Aufforstung mit Teak darstellt (vgl. HESMER 1970). Die ersten Anlagen wurden 1856 in Burma (heute Myanmar) von dem Bonner Botaniker BRANDIS angeregt, wobei er vorschlug, Teak im Wechsel mit Bergreis und Baumwolle anzuziehen, und zwar durch Bauern aus der shifting cultivation, die man für das Pflanzen der Bäume besonders entlohnt. Die einheimischen Karenen führten auch nach Aufgabe des Zwischenbaus Forstarbeiten durch, wobei der Lohn es ihnen ermöglichte, im Tiefland Land zu erwerben und zum Naßreisanbau überzugehen. Dieser kombinierte Anbau wurde nach Java übertragen, in die ehemals holländische Kolonie sowie später in die früher britischen Länder, nach Südafrika, Ostpakistan (heute Bangladesch), Indien, Nigeria. HESMER (ebd. 199) bezeichnet die Agroforstwirtschaft für das von ihm bekannte südliche Asien von Pakistan bis Neuguinea und Japan als erfolgreich, devastierte Böden können dadurch regeneriert werden. Da es sich bei den beteiligten Bauern vielfach um Neusiedler handelt, die vorher landlos waren, ist auch eine soziale Verbesserung gegeben.

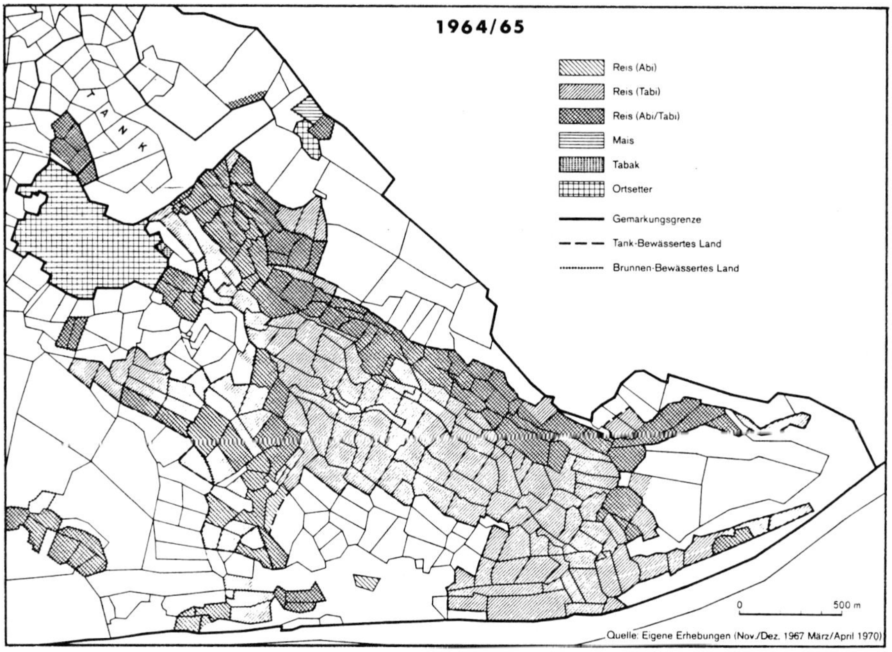
1964/65
T A N K
Reis (Abi)
Reis (Tabi)
Reis (Abi/Tabi)
Mais
Tabak
Ortsetter
Gemarkungsgrenze
Tank-Bewässertes Land
Brunnen-Bewässertes Land
0 500 m
Quelle: Eigene Erhebungen (Nov./Dez. 1967 März/April 1970)

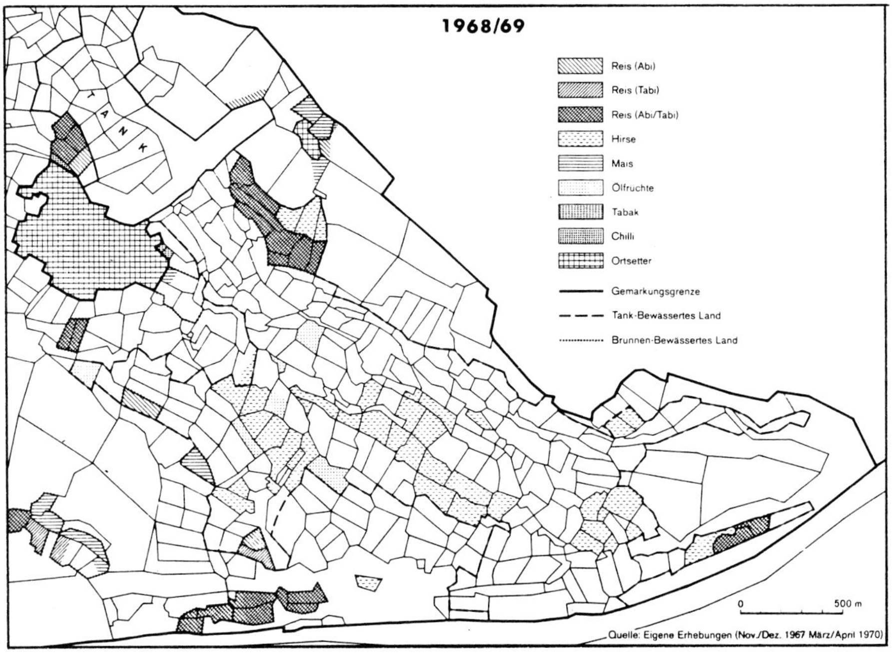
1968/69
T A N K
Reis (Abi)
Reis (Tabi)
Reis (Abi/Tabi)
Hirse
Mais
Ölfruchte
Tabak
Chilli
Ortsetter
Gemarkungsgrenze
Tank-Bewässertes Land
Brunnen-Bewässertes Land
0 500 m
Quelle: Eigene Erhebungen (Nov./Dez. 1967 März/April 1970)

13.6 Die Grüne Revolution beim Reisanbau

Die großen Erfolge beim Anbau von Reis seien hier gegenüber ähnlichen Projekten in den Vordergrund gerückt, der ‚Wunderweizen' ist für die Subtropen bedeutender. Forschungen sind aber auf fast allen Gebieten der Landwirtschaft der Tropen in den letzten Jahrzehnten intensiviert worden. Ihre Wirkung ist aber wohl beim Reis am größten. Der Reisertrag in Süd- und Südostasien ist von 1970 bis 1990 von 53,5 Mio. t auf 112,4 Mio. t gestiegen. Dadurch sind Millionen Menschen vor dem Hunger bewahrt worden. Dieser Erfolg wird zu Recht als „Grüne Revolution" bezeichnet. Er wurde durch die Einführung neuer Reissorten und verbesserte Anbaumethoden ermöglicht. Innovationen sind im Reisbau Südostasiens zwar schon vorher erfolgt (Uhlig 1980a), aber nicht mit dem gleichen schnellen und umfassenden Erfolg. Vor 1950 ist vor allem die Anbaufläche für Naßreis ausgedehnt worden, in Burma von 1,6 Mio. ha 1860 auf 5 Mio. 1931, in Thailand von 1,5 Mio. ha 1907 auf 8,6 Mio. ha 1979 (Uhlig zit. n. Allan 1993, 227).

1960 gründeten die Ford- und die Rockefeller-Stiftung zusammen mit der philippinischen Regierung das International Rice Research Institute (IRRI) in Los Banos auf den Philippinen. Die Züchtungen konzentrierten sich auf ertragreiche Sorten mit kurzem Halm, da lange Halme bei den nun schwereren Rispen umgeknickt wären. Düngung, Unkraut- und Schädlingsbekämpfung sowie verbesserte Wasserhaltung sind für den Anbau der HYV (high yielding varieties) in noch stärkerem Maße notwendig als zur Verbesserung beim Anbau der traditionellen Reissorten. Wenn gedüngt wird, müssen die Unkräuter besonders bekämpft werden, da sie sonst mehr von der Düngung profitieren als der Reis, wie Versuche in Sierra Leone zeigten (Henrich 1981).

Der Umbruch im Reisbau ist vor allem durch den Einsatz der Regierungen erfolgt. Am Beispiel von Indonesien zeigt Fox (1993) die einzelnen Maßnahmen auf: das Saatgut für die ertragreichen Sorten muß propagiert werden, Forschungen in Experimentierstationen müssen die Anpassung an die lokalen Gegebenheiten untersuchen und über längere Zeit verfolgen, ein ausgedehnter Beratungsdienst für die Bauern, eine Administration, die die nationale Politik auf die lokale Ebene überträgt. Durch große Investitionen wurden die Bewässerungsanlagen verbessert, Düngemittelfabriken gebaut, Transport- und Speichermöglichkeiten sowohl für den Input als auch für die Ernte entwickelt. Ein ländliches Bankensystem und Cooperativen wurden geschaffen. Eine Planungsbehörde kümmert sich vor allem um das Preisverhältnis von Düngemittel und Reis. In den 60er und 70er Jahren war Indonesien der große Reisimporteur. Zu Beginn der Intensivierung wurden 11 Mio. t Reis geerntet, 1989 30 Mio. t. Düngemittel werden nicht nur ausreichend produziert sondern auch exportiert. 5000 Banken geben nicht nur Kredit sondern offerieren attraktive Sparpläne. „..most indicators showed a marked improvement in the rural standard of living" (Fox 1993, 213).

Natürlich sind bei der generell erfolgreichen Entwicklung Rückschläge zu verzeichnen gewesen. Da Reis selbstbestäubend ist, können sich leicht neue Sorten bilden. Man schätzt,

Abb. 13.4. In den wechselfeuchten Gebieten wird oft bis zum Beginn der Regenzeit gewartet, bis die Felder bestellt werden, hier in einer Rotlehm Gemeinde auf dem Dekan Hochland. Bei einer früh einsetzenden Regenzeit 1964/65 kann z.B. viel Reis angebaut werden. Läßt sich aber absehen, daß die Regenzeit unterdurchschnittliche Niederschläge bringen wird (1968/69), baut man weniger Feuchtigkeit beanspruchende Getreide, wie etwa die Hirse an. Nach: R. Fahnert in Blenck et al. 1983, S. 313.

daß allein in Indonesien 8000 Sorten angebaut wurden. Für die Regenzeit 1974/75 waren 53% der bewässerten Fläche mit nur 4 Sorten bestellt. Ein vorher nur unbedeutender Schädling (brown plant hopper – *Nilaparvata lugens* – braunrückige Reiszikade) vermehrte sich und verursachte große Schäden (ebd. 215f.). In den späten 70er Jahren wurden schädlingsresistente Sorten eingebracht und der Befall ging drastisch zurück. Da man aber durch Insektizide auch die natürlichen Feinde der Zikade tötete, erfolgte Mitte der 80er Jahre eine erneute starke Vermehrung. Für die Regenzeit 1986/87 verbot der Präsident den Einsatz von Pestiziden. IRRI entwickelte ein „integral pest man (IPM) programme", das chemische und biologische Bekämpfung miteinander verbindet. Mit Hilfe der FAO wurden in Indonesien 2,5 Mio. Bauern darin unterwiesen.

Das Beispiel Indonesien soll zeigen, welche Anstrengungen die „Grüne Revolution" erforderte. Der dramatische Anstieg der Ernteerträge ist inzwischen abgelöst worden durch langsame Fortschritte. Ein Potential für eine weitere Entwicklung ist aber sicher noch gegeben, da beim IRRI schon maximale Erträge von 11 t/ha erzielt wurden, Ultra-HYV werden angesteuert, die 13–15 t/ha erbringen sollen (beim Weizen ist in Deutschland der Ertrag von 0,5 t/ha auf 8 t/ha gestiegen, allerdings dauerte dieses fast 200 Jahre). Chang (1993) nennt als Hauptprobleme: die Bewässerung ist oft nicht genügend effektiv, ein Krankheitsbefall erfolgt besonders bei 2–3 Ernten pro Jahr, bei den Düngemitteln beträgt die Effizienz oft weniger als 40%, der Preis für den Reis hängt mit dem Weizenpreis zusammen und ist in den letzten Jahren gefallen. Für die Produktionskosten kann Regierungshilfe notwendig werden, leider sind zum Teil andere Anbaufrüchte wie etwa Leguminosen aufgegeben worden, was wegen der Rotation und der Eiweißversorgung ungünstig ist. Eine weitere Steigerung der Erträge ist ferner bei intensiver Bearbeitung möglich: Atanasiu & Alkämper (1981) berichteten schon damals von Versuchen auf den Philippinen, Reis im Gartenbau kontinuierlich zu erzeugen, wobei 23,7 dt/ha erzielt wurden. Im Sorgan (indonesisch für gestreiftes Tuch) System wird im vertieften Beet Reis, auf dem Hochbeet Soja, Sorghum, Mais etc. angebaut, wobei die Reiserträge verdoppelt, die übrigen Früchte besonders in der Trockenzeit ebenfalls ertragreicher sind. Dieses System eignet sich besonders für schwere Böden.

Der Unterschied zwischen kleinen und großen Betrieben wurde in den 70er Jahren viel diskutiert, die neuere Forschung zeigt, daß dieser weniger bedeutend ist als der zwischen den Naßreis- und den Bergreisgebieten. Um ein Beispiel zu geben, sei Sumatra angeführt (nach Scholz 1984, 1988, 1992, 1996). Zu Beginn des 20. Jh. betrug das Verhältnis Naßreis zu Trockenreis 50:50, heute sind es 88:12. Der Naßreis wird zu 50% künstlich bewässert. Vorherrschend erfolgt der Anbau durch kleinbäuerliche Familien, die im Mittel 1,4 ha bewirtschaften, wovon 0,4 ha mit Reis bestellt werden. Baum- und Strauchkulturen bringen zusätzlich ein, wenn auch bescheidenes Einkommen. Die Neusiedler (Transmigrasi, s.u. 13.12.2) beginnen zumeist mit dem Anbau von Trockenreis, da dieses weniger Arbeitsaufwand erfordert. Naßreisfelder werden erst nach einigen Jahren in mühevoller Gemeinschaftsarbeit angelegt. Da der Naßreis bei zwei Ernten im Jahr den 10–20fachen Flächenertrag von Trockenkulturen bringt, werden die Kleinbauern besser gestellt. Im Zuge der „grünen Revolution" ist also eine höhere Arbeitsproduktivität eingetreten. Da der Naßreis häufig mit Dauerkulturen verbunden ist (s.u. 13.8), sieht Scholz (1995, 27) dieses als die günstigste, d.h. nachhaltigste Form der Landnutzung an, sie ist jedenfalls dem Anbau des Trockenreis im Wanderfeldbau vorzuziehen.

Es ist nicht verwunderlich, daß bei einer so dramatisch schnellen Steigerung der Erträge Probleme auftraten und sich auch weiterhin ergeben werden. Sie sind einerseits ökologisch bedingt und werden vor allem ausgelöst durch die Beschränkung des Anbaus auf wenige

Sorten, andererseits ergeben sich ökonomische und soziologische Umschichtungen bei einem solchen Umbruch, die wohl in Indien zunächst besonders gravierend waren, inzwischen aber wenigstens teilweise gemildert wurden (s.o. 12.3). Die zum Beginn vielfach geäußerte Kritik: die Investitionen für die Grüne Revolution könnten nur die Reichen leisten, daher werden die Reichen reicher, die Armen ärmer, hat sich nicht bewahrheitet, vielmehr ist für alle eine Verbesserung eingetreten (vgl. auch MANSHARD & MÄCKEL 1995, 103f.).

Im Vordergrund jeder Beurteilung sollte aber ohnehin der Erfolg im Kampf gegen den Hunger stehen (vgl. auch Abb. 12.1). Bei der schwersten Dürre in Indien im 20. Jh. , 1972, hat die Produktion nur um 8,2% gegenüber den 32,3% 1918 abgenommen, die Preise stiegen um 18%, 1918 um 53,9%, obwohl der Bedarf durch die von 251 auf 563 Mio. gewachsene Bevölkerung viel größer war (FINDLAY & FINDLAY 1987, 49). 1972 wurde der Hunger außerdem vermieden, weil die Regierung inzwischen große Getreidespeicher angelegt hatte.

13.7 Betriebsformen

13.7.1 Traditionelle Formen

Die ursprüngliche Unterscheidung von shifting cultivation, die der Selbstversorgung dient, also ein Subsistenzanbau ist, und der Pflanzung, wo Handelsfrüchte angebaut werden, löst sich zunehmend auf. An die Stelle der Plantagen sind Großbetriebe getreten, manchmal auch als Agrobusiness bezeichnet. Dennoch werden diese Betriebsformen hier geschildert, da dann die Zwischenformen leichter einzuordnen sind. Die Betriebsformen der tropischen Landwirtschaft reichen von den extrem extensiven Formen des Anbaus bei der shifting cultivation und der nomadischen Weidewirtschaft bis zur hochintensiven Form eines Gartenbaus in Teilen Asiens und der allerdings nur vereinzelt ausgebildeten Hochleistungs-Milchproduktion. Bedenkt man, daß 70–80% der Bevölkerung der Tropen auf dem Land lebt und kaum Nahrungsmittel kauft, so ist der weitaus überwiegende Teil der tropischen Landwirtschaft auf Selbstversorgung (Subsistenz) ausgerichtet. Hierbei sind sicher unterschiedliche Formen der Intensität des Anbaus zu unterscheiden, die sich zum einen an der Verfügbarkeit von Land bzw. an der Bevölkerungsdichte orientieren, zum anderen von dem mehr oder minder großen Anteil an Markt- und Handelsfrüchten gesteuert werden. In vielen Gebieten ist die Subsistenz-Landwirtschaft aber eher extensiv.

Shifting cultivation wird im deutschen Sprachgebrauch unterteilt in Wanderfeldbau und Landwechselwirtschaft mit festen Wohnstätten (vgl. MANSHARD 1968, dort auch die regional unterschiedlichen Bezeichnungen wie z.B. ladang, chena, milpa). Beides war im wesentlichen auf den Regenwald beschränkt und erhielt den Namen, weil im Abstand von 3–5 Jahren die Anbauflächen verlegt werden. Die erste Ausweitung des Begriffes erfolgte auf die Savannen, wo aber der Übergang zum Anbau mit Rotation der Früchte im Dauerfeldbau mit mehr oder minder langer Brachzeit fließend ist. Da auch im Regenwald meist das ursprüngliche Feld nach 7–15 Jahren wieder aufgesucht wird, erscheint mir der Unterschied der Anbauformen, insbesondere der Monokulturen wie beim Naßreis und des gemischten Anbaus (s.u. 13.8) heute gravierender. Die Unschärfe der Begriffe erklärt sich wohl durch die fast überall stattfindenden Umstrukturierungen. Man sollte aber den Terminus ‚shifting cultivation' nicht in der Viehzucht anwenden, wie etwa DOPPLER (1994), sondern ihn vielmehr auf die Gebiete beschränken, in denen Felder solange liegenbleiben, bis ein Sekundärwald oder -busch aufgekommen ist. In Savannen spricht man auch von Buschbrache. Nicht faßbar mit dem Begriff der shifting cultivation ist eine Sonderform: das Sammeln von Wildprodukten für den Markt wie etwa der Paranüsse oder des Wildkautschuks in Amazonien, was mit einem geringen Anbau für die Selbstversorgung verbunden ist.

Generell gesehen sind in den immerfeuchten Tropen, abgesehen vom Reisbau, in der Subsistenz-Landwirtschaft Mischkulturen vorherrschend. Diese können geregelt in Reihen angelegt sein wie etwa bei den Agroforstkulturen (s.o. 13.5). Auf kleinen Feldern im Regenwald ist aber ein regelloses Nebeneinander etwa von Knollenfrüchten, Mais, Blattfrüchten, Bananen nicht selten. Die Bearbeitung erfolgt vorwiegend mit der Hacke oder dem Pflanzstock, was nur langsam durch den Pflugbau, vor allem bei Neusiedlungen abgelöst wird. In den Savannen ist dagegen der Pflugbau auf permanent bewirtschafteten Feldern weiter verbreitet (Südasien), doch werden auch ganze Felder mit der Hacke bearbeitet (Afrika).

Ergänzend zu den Feldern werden in den Hausgärten für den Eigenbedarf Gemüse und Früchte erzeugt. Hier findet man fast immer einige Palmen, Bananen, Kochbananen, Maisstauden, Papayas, Leguminosen, Kürbis, Blattgemüse, Gewürze, vor allem Chili. Die Bäume sind zudem Schattenspender für das Gehöft. In den immerfeuchten Gebieten gibt es oft einen bunten Wechsel sowohl der Anbaufrüchte als auch der Wachstumsstadien nicht nur in den Hausgärten sondern auch auf den Feldern. Damit ist der Arbeitsanfall zeitlich versetzt, ein Klimarisiko vermindert, bzw. der Wasseranspruch der Pflanzen kann gestaffelt erfüllt werden. Schädlingsbefall und Krankheiten richten nicht so viel Schaden an wie bei einheitlichen Kulturen. Durch die Mischung der Kulturpflanzen ist der Bodenschutz größer, da sie außerdem jeweils an verschiedenen Stellen gepflanzt werden, wird der Nährstoffanspruch variiert. Dieser nachhaltige Anbau ist allerdings mit Handarbeit verbunden und vorwiegend für den Selbstverbrauch geeignet. Man kann aber zu jeder Zeit ernten, d.h. man braucht keine Vorratshaltung, die in dem Klima schwierig ist. In den Savannengebieten, wo diese Form des Anbaus wegen der Trockenheit nicht möglich ist, kann man damit rechnen, daß 25% und mehr der Ernte während der Speicherung verloren gehen. Das Hauptproblem ist die relativ hohe Luftfeuchtigkeit, die auch von den Produkten, insbesondere vom Soja und den Bohnen aufgenommen wird, und die zur Schimmelbildung und Vermehrung von Insekten und Milben führt (HEESTERMANN 1971).

Über die shifting cultivation im Regenwald bestehen vielfach falsche Vorstellungen. Es wird durchaus nicht vollständig gerodet, vielmehr werden die Bäume etwa in Kniehöhe geschlagen, Fruchtbäume bleiben stehen. Sehr große Bäume kann man umgehen (Abb. 13.5), oder man erhält sie als Schattenbäume. Unter ihnen ist die Verdunstung vermindert, durch den Blattfall wird der Humusgehalt erhöht. Nach dem Abtrocknen der Äste und der überwiegend dünnen Stämme wird gebrannt, wobei zwar im brennenden Material Temperaturen bis 600° auftreten können, in 1 cm Bodentiefe aber kaum über 100° erreicht werden, in 2 cm nicht über 50° (EWEL et al. 1981). Da dadurch und wegen der geringen Tiefe der Bearbeitung die Samen, das Bodenleben und Mycorrhiza Pilze kaum gestört werden, Nährstoffe freigesetzt werden, erfolgte ein schneller Wiederbewuchs. Die Aschedüngung wirkt meistens zwei bis drei Jahre, bei stärkerem Ertragsabfall wird das Feld gewechselt. Aus dem alten Feld werden noch mehrere Jahre die Früchte von den Bäumen und auch von mehrjährigen Pflanzen wie Chili und Maniok geerntet. Außerdem werden aus dem Brachfeld Feuerholz, Bauholz und Heilpflanzen geholt. Die Brachzeit beträgt zwischen 7 und 15 Jahren. Natürlich wachsen in dieser Zeit keine dickstämmigen Bäume heran. Wird das Feld wieder in Kultur genommen, muß man vielmehr nur die Schößlinge von den Baumstümpfen kappen und neue Sämlinge roden. Durch die Busch- und Baumbrache ist die Fruchtbarkeit des Bodens erhöht worden (Nährstoffpumpen, s.o. 11.3.5). Da es sich in der Regel um kleine Felder oft von unter 0,1 ha handelt und die Bearbeitung den Boden nur wenig stört, ist die Bodenerosion sehr gering. Die Felder liegen

Abb. 13.5. Das Vegetationsprofil einer Fläche von 8 x 40 m aus dem südwestlichen Ghana zeigt, daß auf der 0,3 ha großen Fläche nur 3 große Bäume stehen, die bei einem Anbau leicht umgangen werden können. (Bäume unter 5 m Höhe sind nicht erfaßt). Aus: MARTIN 1989, 64.

isoliert im Wald, so daß eine Besamung für den Wiederbewuchs auch von den Rändern her leicht erfolgen kann. In der Regel sind die Felder nur über einen schmalen Fußweg zu erreichen. Die Felder liegen im Primärwald, der oft für die agrare Nutzung tabu ist, der vielmehr für das Sammeln von Nahrungsmitteln, Früchten, Heilkräutern und Werkstoffen sowie für die Jagd reserviert ist.

Shifting cultivation wird sowohl zustimmend als auch ablehnend stark diskutiert. GOUROU (1965) betonte den geringen Arbeitsaufwand für diese Betriebsform. Bei der Bewertung sollte man bedenken, daß es eine seit Jahrtausenden tradierte Wirtschaftsweise ist, die offensichtlich in den meisten Gebieten nachhaltig ist und eine relativ ausgewogene Ernährung brachte, da für viele Gebiete Siedlungskontinuität und nicht periodische Entvölkerung und Wiederbesiedlung anzunehmen sind. PADOCH & VAYDA (1983) betonen, daß bei den relativ unfruchtbaren Böden der biologische Speicher ausgenutzt wird, was beim Fehlen tierischer und chemischer Düngung eine günstige Lösung darstellt. Durch das Rotieren der Felder sind Unkraut-, Schädlings- und Krankheitsbefall eingeschränkt. Dabei ist zu bedenken, daß in den Tropen die Unkräuter sehr artenreich sind (TIVY 1993), also nicht so leicht durch Pestizide zu bekämpfen sind. Der Arbeitsaufwand ist im Verhältnis zum Dauerfeldbau, wo Düngung und Unkrautbekämpfung größere Probleme darstellen, geringer. Der Boden wird bei der traditionellen Bearbeitung mehr geschont, als wenn Bulldozer zur Rodung eingesetzt werden. Der Ertrag soll doppelt bis zehnmal so hoch sein (NORTHCLIFF & DIAS 1988).

Der wesentlichste Nachteil ist der ausgedehnte Flächenbedarf, wobei die Schätzungen von 10 bis 400 Einwohner/km^2 reichen (PADOCH & VAYDA 1983, 304), das zeigt die großen Unterschiede der Bewertung. Aber shifting cultivation wird auch unterschiedlich durchgeführt, was durch die mehr oder minder starke Bindung an den Sippenverband bestimmt ist, der das Land zuteilt sowie durch zunehmende Beziehungen zur Außenwelt, was einen Anbau für den Markt mit sich bringt. GLEAVE (1996) konnte an Beispielen aus Sierra Leone zeigen, daß die Brachzeit (Abb. 13.6) sehr unterschiedlich lang ist, von 2–20 Jahren reicht, und der Anteil von wiederbestellten und erneut gerodeten Feldern schwankt. Nur 2% der Rodungen erfolgten im Primärforst.

In den wechselfeuchten Gebieten wird oft nicht genau unterschieden zwischen Dauerfeldbau mit auch mehrjähriger Brache und der Landwechselwirtschaft. Meist sind diese beiden Formen räumlich getrennt, die Flur mit dem permanenten Anbau liegt in der Nähe des Dorfes. Die Felder werden nach der Ernte beweidet, so daß eine Düngung erfolgt. Die Felder der Landwechselwirtschaft können in größerer Entfernung angelegt sein, dann werden oft auch einfache Feldhütten für Wächter errichtet, die Wildschaden verhindern sollen. In Gebieten mit Elefanten werden diese Hütten auf Stelzen gebaut und finden sich auch am Rande der Dorfflur. Mit großem Lärm sollen die Tiere verscheucht werden, die insbesondere in den Hausgärten großen Schaden anrichten. Zumeist wird die Landwechselwirtschaft ergänzend zum Dauerfeldbau in Dorfnähe oder gar zum Bewässerungsanbau betrieben, wie JOHNSON & SCRIVENOR (1981) von Sri Lanka schildern (Abb. 13.7). Dabei kann für den Arbeitskalender (Abb. 13.8) eine gute Ergänzung gegeben sein. Über die einzelnen Schritte der Bearbeitung beim Landwechselanbau mit Auswahl des Feldes, Roden, 6–8 Wochen Warten bis das Holz getrocknet ist, Brennen, Einsaat in die Asche, Umgrenzung der gerodeten Fläche gegen Wildtiere, Bewachung, Ernte informiert HAUSHERR (1971, vgl. auch SIEVERS 1982). Zu den traditionellen, wenn auch hochintensiven Formen kann man auch den Dauerfeldbau vor allem in Gebieten mit Naßreisanbau in Asien rechnen (13.4). Durch die grüne Revolution (13.6) sind hier allerdings starke Änderungen eingetreten.

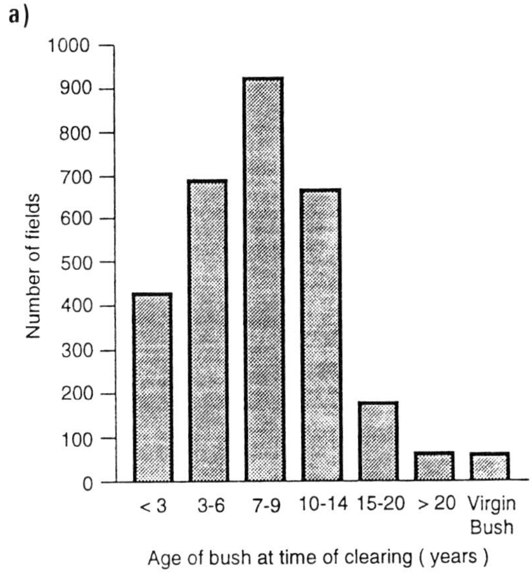

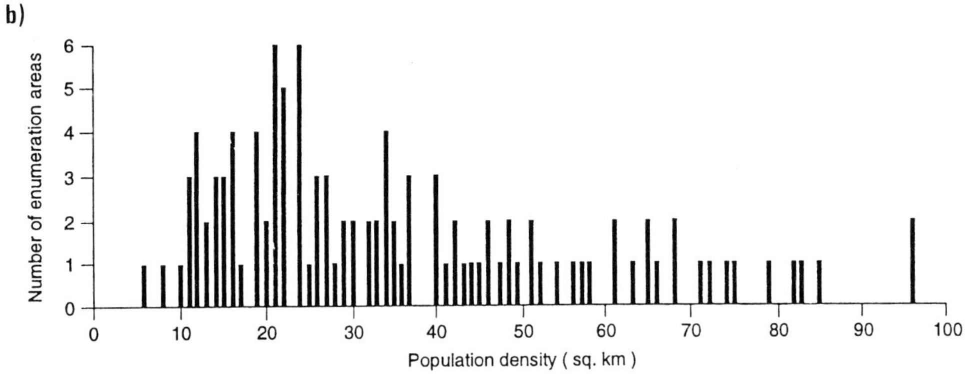

Abb. 13.6. Eine Erhebung der Brachzeiten bei der Landwechselwirtschaft ergibt eine sehr unterschiedliche Zahl von Jahren, was vor allem durch die Entscheidung des Bauern über die Art der individuellen Nutzung bestimmt wird und seinen Anteil am Gemeinschaftsland. In b) ist die Zahl der Zählbezirke (etwa 8–10 sqm = 21–26 km^2, 500–1000 Einwohner) dargestellt, in denen mindestens 1 Betrieb Parzellen mit unterschiedlich langer Brachzeit hat. Für diese Bezirke wurde die Bevölkerungsdichte berechnet. Die Brachzeit nimmt offenbar nicht mit höherer Bevölkerungsdichte ab, ferner ist keine Korrelation mit Naturräumen gegeben. Aus: Gleave 1996, 20.

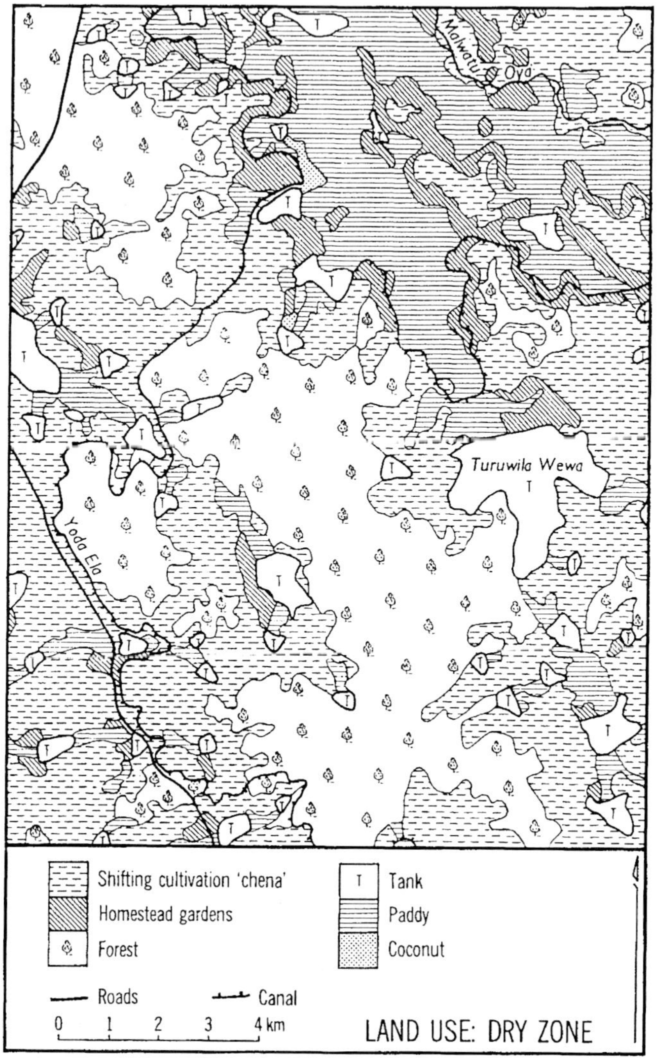

Abb. 13.7. Das Muster der Landnutzung im mittleren Sri Lanka ist durch eine vielfältige Landwirtschaft gekennzeichnet, wie sie im Arbeitskalender (Abb. 13.8) dargestellt ist. Unterhalb der Tanks liegen die ‚alten Felder', die sowohl in der großen als auch der kleinen Regenzeit mit Reis bestellt werden, die weiter abwärts gelegenen Felder werden nur in regenreichen Jahren durch Reis genutzt. Wenn die oberen Teile der Tanks trockenfallen, ist das dort schnell aufkommende Gras eine bevorzugte Viehweide. Die Siedlungen mit den Hausgärten liegen am Rand der Reisfelder. Längere Kanäle leiten ergänzend Wasser zu dem großen Anbaugebiet am oberen Bildrand. Die Straße führt durch das Gebiet der Landwechselwirtschaft (chena) bzw. den Wald. Aus: Johnson & Scrivenor 1981, 40.

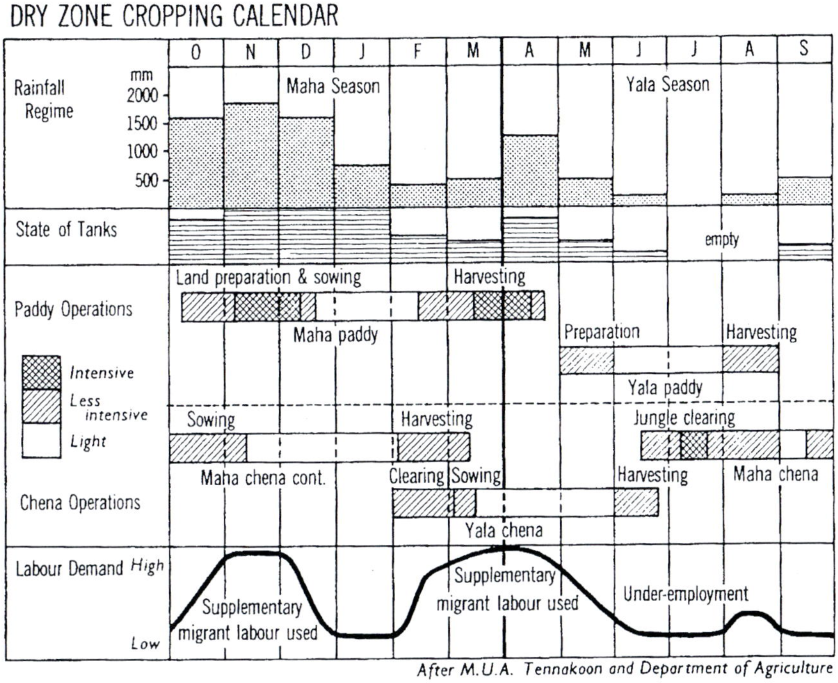

Abb. 13.8. Anbaukalender in der wechselfeuchten Zone Sri Lankas. Ergänzend zum bewässerten Reis (paddy) werden in der Landwechselwirtschaft (chena) einzelne Felder mit Hirse, Maniok o.ä. bestellt. Aus: Johnson & Scrivenor 1981, 42.

13.7.2 Pflanzungen

Pflanzer bauen eine Marktfrucht an, führen die Arbeiten im wesentlichen selber aus. Bei großen Pflanzungen werden auch Hilfskräfte eingestellt, insbesondere wenn die Ernte nicht mechanisch durchführbar ist. Am bekanntesten sind die Kaffeepflanzungen in Lateinamerika und der Anbau von Zuckerrohr in Australien. Erstere sind zum großen Teil zu Großbetrieben (Haziendas) herangewachsen, die Verwalter und Lohnarbeiter beschäftigen oder Unterpächter haben, letztere sind dagegen Familienbetriebe geblieben, weil nach einem zeitweiligen Einsatz von Kanaken (polynesisch = Menschen, Hilfskräfte, die von Pazifikinseln nach Queensland gebracht wurden und nach der australischen Unabhängigkeit 1901 repatriiert wurden) abhängige Arbeitskräfte nur schwer zu bekommen sind. Einwanderer aus Italien, die zeitweise aushalfen, sind inzwischen meist selbständig geworden. In Westafrika werden Kakao, Kolanüsse und Bananen in bäuerlichen Betrieben angebaut. Weltweit sind Kokosnuß- und Ölpalmenkulturen sowohl in bäuerlichen als auch in Großbetrieben verbreitet.

Die bäuerlichen Betriebe in Westafrika liegen meist isoliert, so daß ein Schädlingsbefall nicht so leicht sehr große Bestände wie in den Plantagen erfassen kann. Da daneben im Hausgarten, oft auch auf Feldern mindestens für die Selbstversorgung, meist ebenfalls für den Markt Nahrungsmittel angebaut werden, sind diese Betriebe Preisschwankungen auf dem Weltmarkt nicht völlig ausgeliefert (vgl. Manshard 1968, 149f.). Plantagen mit Monokulturen und enger Verflechtung mit dem Weltmarkt sind dagegen oft unsicher (PFEIFER 1952). Manche Länder sind sogar auf nur eine Plantagenkultur spezialisiert, was eine besondere Abhängigkeit vom Weltmarkt bedeutet und die Krisenanfälligkeit der Wirtschaft steigert (vgl. auch BINNS 1994, 11). Das gilt besonders für die kleinen Länder Westafrikas, deren Wirtschaft wegen ihrer geringen Größe ohnehin labil ist (s.u. 14.3.1).

Zuckerrohr und Reis werden vielfach auf den Inseln Polynesiens in Dauerkulturen, also in Pflanzungen angebaut, ebenso aber auch die Nahrungsmittel für die Subsistenz (vgl. WILHELMY 1971, WIRTHMANN 1964). Da die Bevölkerung durch den Kontakt mit den Europäern in der frühen Neuzeit infolge Infektionen, Kämpfen, Hunger (Nahrungsmittel wurden z.T. von den Schiffsleuten konfisziert), unwillentlich eingeführten Unkräutern etc. zunächst abgenommen hatte, war die Fläche der Küstenebenen und der alluvialen Talböden zunächst ausreichend. Eine Landwechselwirtschaft im Inneren der Inseln wird oft durch das extrem steile Relief (HÜSER 1987) behindert. Zuckerrohranbau und Rumproduktion auf den mittelamerikanischen Inseln haben ihre traurige Berühmtheit durch den Sklavenhandel erhalten. Generell ist die Produktion von Handelsfrüchten für den Weltmarkt auf den tropischen Inseln relativ breit gestreut, was wohl an dem verhältnismäßig leichten Absatz und an dem Kontakt mit Übersee liegt. HÜSER berichtet von Réunion von weitflächigem Anbau von Geranium für die französische Parfümindustrie. Die großen Unterschiede der kleinen tropischen Inseln zeigen, wie die Entwicklung vom Zufall oder einer Initiative Einzelner bestimmt sein kann.

In den Savannen spricht man eigentlich nicht von Pflanzungen, obwohl Baumwolle und Erdnüsse als Handelsfrüchte, Hirse, Mais, Bergreis, Hülsenfrüchte und Soja sowohl für die Eigenversorgung als auch zum Verkauf zum Teil in Familienbetrieben angebaut werden. In der Regel handelt es sich um Regenfeldbau, entsprechend ist die Flur unregelmäßig, da kleinste Feuchteunterschiede berücksichtigt werden. Bevorzugt werden im trockneren Teil der Savannen die Felder in Positionen angelegt, in denen Regenwasser zusammenläuft, wie etwa am Fuß von Rumpfstufen oder Inselbergen sowie im oberen Teil bzw. an den Seiten von Spülmulden (vgl. auch BINNS 1994, 34).

In Lateinamerika sind bäuerliche Betriebe mit Größen von 20–50 ha oft von europäischen Einwanderern bzw. deren Nachkommen angelegt worden und werden meist mit relativ modernen Methoden unter Maschineneinsatz bewirtschaftet. Hier sind viele Zwischenformen zu den unten geschilderten Großbetrieben gegeben. Von Pflanzungen, insbesondere den kleineren auf Inseln sind sie dagegen durch die geringere Handarbeit abgesetzt. In Venezuela liegen das Bauern- und Pflanzerland in einem Streifen von Caracas nach Südwesten über Merida bis San Christobal. OTREMBA (1958) betont die sehr unterschiedliche Größe der Betriebe.

13.7.3 Plantagen und Großbetriebe

In Plantagen werden auf großen, zusammenhängenden Flächen Handelsfrüchte meist in Monokultur produziert. Sie werden mindestens aufbereitet, wenn nicht schon zum Endprodukt verarbeitet. Bei der Bestellung und Bearbeitung werden Maschinen eingesetzt. Moderne Zuchtwahl, Düngung und Schädlingsbekämpfung sind auf den Plantagen häufiger als sonst zu finden. Der Transport kann mechanisiert sein (Feldbahnen), auf jeden Fall sind die Absatzwege gut organisiert (s.u. 14.9.3). Für WAIBEL (1933) gehörten zur Plantagenwirtschaft die einheimischen Lohnarbeiter und der ausländische (europäische) Manager. Auf den Plantagen des 19. Jh. und der ersten Hälfte des 20. Jh. lebten die Arbeiter meist auf dem Gebiet des Betriebes und hatten Hausgärten oder kleine Felder, so daß sie sich mindestens zum Teil selbst versorgen konnten.

Den ersten Ursprung der Plantagen sieht WAIBEL (1933) im Zuckerrohranbau, der im Mittelalter aus Chusistan (Iran) in das südliche Mittelmeergebiet gewandert war und sich von dort in der frühen Neuzeit über die westafrikanischen Inseln in die Tropen Lateinamerikas ausbreitete, wo afrikanische Sklaven unter europäischen Herren arbeiten mußten. Das dunkelste Kapitel des Kolonialismus, der Sklavenhandel, ist eng mit dem Zuckerrohr verbunden. „An der klassischen Ausprägung des Plantagenbaues in den Tropen der Neuen Welt waren somit alle Erdteile beteiligt: Europa lieferte das Kapital, Asien die Nutzpflanze, Afrika die Arbeiter und Amerika Klima und Boden" (ebd. 30). In Asien wurden etwa auf Java erste Plantagen auch schon im 17. Jh. angelegt. Eine zweite Welle von Plantagengründungen erfolgte dann Mitte des 19. Jh. , wohl angestoßen von den großen kolonialen Handelsgesellschaften, bzw. in deren Nachfolge. Die großen Teeplantagen in Indien und ab 1880 in Sri Lanka (SCHWEINFURTH 1966) entstanden damals, Holländer siedelten vor allem im Hochland von Java. Kautschuk-, Tabak- und Baumplantagen in Indonesien und Malaysia florierten in den ersten Jahrzehnten des 20. Jahrhunderts. Kautschuk kam 1910 noch zu 90% aus Südamerika, wo er meist von Wildbäumen gesammelt wurde. Nachdem 1876 Samen zum botanischen Garten in Kew (London) geschmuggelt wurden und daraus gezogene Sämlinge nach Südostasien gebracht wurden, entstanden dort große Plantagen. 1920 kamen 90% des Kautschuk von dort (ESDORN 1961, 141).

Die Entwicklung der Plantagen in Lateinamerika ist also sehr viel älter als in Asien, was PFEIFER (1966) mit der anderen historischen Situation erklärte, dem fast menschenleeren Lateinamerika im Gegensatz zu den asiatischen Großreichen, mit denen europäische Faktoreien handelten, aber auch mit dem viel längeren Seeweg von Europa nach Asien. Damit war ein zweimaliger, oft wegen der Kalmen längerer Aufenthalt der hölzernen Segelschiffe in den äquatorialen Breiten verbunden, wo unter der feuchten Hitze Mannschaft, Schiff und Ladung litten. Das änderte sich erst nach der Öffnung des Suezkanals 1869. PFEIFER unterschied daher den atlantischen und den asiatischen Typ der Plantagen. In Lateinamerika sind mit der Aufhebung der Sklaverei und damit dem Übergang zur Lohnarbeit manche Plantagen sowie Neugründungen seit Mitte des 19. Jh. in die Hände von ausländischem Kapitalgesellschaften übergegangen (KOHLHEPP 1982).

Eine weitere Art der Plantagenwirtschaft sind Betriebe, die Produkte für überseeische Kompanien anbauen. Am bekanntesten sind hier die großen Fruchtkompanien, die vor allem Bananen, aber auch andere tropische Früchte vermarkten und wie etwa Ananas auch zu Konserven verarbeiten. Diese Betriebe haben oft ein hartes Management und schlechte Arbeitsbedingungen für die indigenen Arbeiter. Sie erzielten zeitweise sehr hohe Profite, die die Investitionen weit übertrafen (LOEWENSON 1992, 6f.). Unilever begann in den ersten Jahrzehnten des 20. Jh. im Staat Kongo Ölplantagen anzulegen, dehnte diese Unternehmungen später sowohl räumlich auf West Afrika als auch auf verschiedene Genußmittel aus und ist heute einer der großen Plantagenbesitzer in Afrika. Die größte Kautschuk-Plantage in Liberia gehört Firestone (ebd.).

Die Beurteilung der Plantagen reicht von scharfer Ablehnung wegen der schlechten Arbeitsbedingungen, der Ausbeutung (vor allem LOEWENSON 1992), bis zur Anerkennung, daß die Lebensverhältnisse einer armen Bevölkerung in der Umgebung durch sie verbessert werden, die Volkswirtschaft vom Export profitiert und daher die Regierungen an der Auflösung der Plantagen nicht mehr sehr interessiert sind (BINNS 1994, 96f.). In vielen Fällen ist wohl die für die Exportprodukte gewünschte gleichbleibende Qualität eher auf den Plantagen zu erzielen als bei einer Vielzahl von kleinbäuerlichen Betrieben.

Eine besondere Form sind Großbetriebe, die von europäischen Siedlern bewirtschaftet werden. Die größte Bedeutung haben die Latifundien (=breiter Grund, i.e. ausgedehntes Grundstück) in Lateinamerika. Sie entstanden teilweise schon bei der ersten Besiedlung und blieben bis heute in vielen Gebieten beherrschend. In Brasilien waren 1940 45% des in Besitz genommenen Landes in Farmen über 1000 ha, 21% über 5000 ha in den Händen von nur 2% der Landbesitzer (PFEIFER 1952, 220). Besonders Zuckerrohr, Kaffee und Fleischrinder wurden und werden hier produziert, wobei oft der Eigentümer in der Stadt lebt (Absentismus) und sich vom Verwalter vertreten läßt. Insbesondere durch die verschiedenen Projekte der Agrarkolonisation (s.u. 13.12) haben sich seit dem letzten Weltkrieg die Besitzverhältnisse etwas geändert. 1970 waren nur noch 39% der landwirtschaftlichen Fläche in Farmen über 1000 ha, zugenommen haben vor allem die Betriebe zwischen 5–20 ha und von 20–50 ha, also die Bauern (KOHLHEPP 1982, 40).

Die ‚white highlands' in Kenia wurden in den ersten Jahrzehnten des 20. Jh. von Briten aus Südafrika, Australien, Kanada und England besiedelt. Das Land war vorher fast menschenleer, d.h. es wurde von den nomadisierenden Massai nur zeitweise durchzogen. Aus diesem Grund und wegen der etwas kühleren Temperaturen des Hochlandes wurde ca. 31 000 km^2 von der Kolonialverwaltung für Europäer ausgelegt. Neben Plantagen mit Kaffee wurden vor allem die europäischen Wirtschaftsformen des Getreideanbaus und der Viehzucht betrieben. Ergänzend wurde auch Pyrethrum als Handelsfrucht angebaut. 1961, kurz bevor Kenia 1963 unabhängig wurde, lebten hier etwa 25 000 Europäer und 580 000 Afrikaner (MORGAN 1972), also ein Verhältnis von etwa 1:24. Die europäische Besiedlung hat damit dieses Gebiet generell erschlossen. In Südrhodesien (heute Simbabwe) waren 1957 49% der Gesamtfläche in Händen von Europäern (MANSHARD 1965, 122), die aber zu den Afrikanern nur etwa im Verhältnis von 1:13 in der Gesamtbevölkerung vertreten waren (FLOYD 1972). Es bestand eine territoriale Segregation, die durch die Landvergabe der British South Africa Company entstand. Günstig für einen Anbau sind vor allem dunkelrote bis braune tonige Böden, die aber nicht in besonderem Maße für die Europäer reserviert waren.

Im tropischen Australien sind außer den Zuckerfarmen bis zum zweiten Weltkrieg kaum Betriebe mit Ackerbau zu finden gewesen. Ein hochrationalisierter Anbau mit Bewässerung hat sich in den letzten Jahrzehnten im Gebiet von Emerald (Südqueensland) und am Ord River (nördliches West Australien) entwickelt. Generell ist der tropische Norden Australiens relativ wenig erschlossen. Die Landwirtschaft hat mit höheren Kosten und schwierigeren Lebensbedingungen zu kämpfen. Das mag sich langsam ändern, da vor allem durch den Bergbau die Infrastruktur verbessert wurde (COURTENAY 1988).

In manchen Gebieten hat sich ein Nebeneinander von Plantagen und Kleinbetrieben ergeben, die zur Aufbereitung der Anbauprodukte die gleichen Fabriken benutzen. Für Kaffee und Zuckerrohr finden sich solche Betriebsformen zum Beispiel in Venezuela (OTREMBA 1958). Von Sri Lanka berichtet SCHWEINFURTH-MARBY (1981), daß die Teeplantagen im Hochland zumeist über 1200 m Höhe in der 2. Hälfte des 19. Jh. eingerichtet wurden, nachdem der Kaffeeanbau wegen Rostbefall aufgegeben wurde. Heute wird etwa ein Sechstel des Tees in Pflanzungen erzeugt, wovon über die Hälfte von Kleinbauern mit Besitzen bis 4 ha Größe betrieben werden. Teehändler bringen das frische Gut zur Fabrik. In Westafrika sind häufig Plantagen von einem bäuerlichen Anbau umgeben (HETZEL 1988). Die agro-industriellen Großbetriebe arbeiten mit ausländischem Kapital weitgehend unter europäischer Leitung recht erfolgreich, während der bäuerliche Anbau oft Schwierigkeiten hat, was vor allem für Kautschuk gilt. BLUME (1980) vergleicht die Zuckerwirtschaft auf Hawaii und Fiji – beide sind aus Plantagen hervorgegangen, haben ähnliche natürliche Bedingungen. In Hawaii entstanden kapitalintensive Großbetriebe, auf Fiji, nachdem die Kontraktarbeit aufgelöst wurde, arbeitsintensive Kleinbetriebe. Die Strukturkrise der Zuckerwirtschaft in den siebziger Jahren wurde von den Kleinbetrieben besser bewältigt. SCHOLZ (1995) sieht auf Sumatra ökologische Vorteile in den kleinbäuerlichen Baum- und Strauchkulturen. Sie sind oft wenig gepflegt und gleichen mit ihrem Unterwuchs beinahe einem Sekundärwald, was günstig für Bodenschutz und Wasserhaltung ist.

Insgesamt wird durch die Großbetriebe die Infrastruktur verbessert, durch Arbeit auf den Plantagen ergibt sich ein Nebenverdienst für die benachbarten Bauern, außerdem werden Schulen und eine medizinische Versorgung eingerichtet. Kleinbetriebe können oft flexibler reagieren.

13.8 Umbrüche in der traditionellen Landnutzung

13.8.1 Einleitung

Bevölkerungsvermehrung und Verkehrserschließung, daneben neue Bodengesetze und technische Entwicklungen sind die Hauptgründe, wenn sich in den letzten Jahrzehnten die Landnutzung stark verändert hat. Diese Prozesse sind noch nicht abgeschlossen. Es gibt kaum noch einen Wanderfeldbau, außer vielleicht in sehr abgelegenen Teilen Amazoniens, des Kongogebietes und den Gebirgen Süd- und Südostasiens. Auch die festen Siedlungen mit Landwechselwirtschaft für die Subsistenz sind in der Umwandlung begriffen, da bei einer Verbindung mit der Außenwelt eine bessere Gesundheitsfürsorge eine Bevölkerungsvermehrung bewirkt. Der gestiegene Bedarf wird vor allem durch die Ausdehnung der Hausgärten und ein Übergang zum Dauerfeldbau auf dorfnahen Parzellen gedeckt. Außenkontakte durch abgewanderte Dorfmitglieder, Besuche von Händlern und Märkten bringen steigende Ansprüche mit sich. Abgaben an den Staat werden erhoben, insbesondere wenn die Infrastruktur wie etwa durch die Einrichtung einer Schule verbessert wird. Alles dieses erfordert eine Überschußproduktion für einen, wenn auch bescheidenen Verkauf. Generell kann man sagen, daß dadurch die Flächen der Landnutzung stärker fixiert werden (vgl. auch BINNS 1994, 86).

13.8.2 Marktorientierung

Die Marktorientierung kleinbäuerlicher Betriebe ist unterschiedlich weit fortgeschritten. Ein grobes Muster ergibt sich durch die Entfernung von den großen Städten und den Hauptverkehrslinien. Das gilt wohl besonders für den Umfang der Marktproduktion, weniger für die Auswahl der Produkte. Diese werden einerseits von den natürlichen Bedingungen bestimmt wie etwa die Gemüsekulturen in Hochländern, andererseits von den Absatzmöglichkeiten, die bei Exportprodukten oft genug historisch bedingt sind. In der Nähe von Aufbereitungsanlagen der großen Plantagen wie etwa den Teefabriken in Sri Lanka hat sich auch ein kleinbäuerlicher Anbau entwickelt. In Kerala (Südwestindien) wurden bereits Anfang der achtziger Jahre 60% des Kautschuks von Betrieben bis 8 ha Größe produziert (NITZ 1982, 81). Wahrscheinlich wird mit der Ausrichtung auf den Markt auch eine stärkere Berücksichtigung der natürlichen Voraussetzungen erfolgen (s.o. 13.3).

Der Umfang der Marktproduktion schwankt sehr stark. In abgelegenen Gebieten Sri Lankas sind manchmal nur wenige Quadratmeter eines Einzelbauern mit Chili bestanden. Dieses Gewürz hält sich nicht nur lange, sondern kann auch getrocknet verkauft werden und bringt ein gutes Einkommen. Der Kakaobauer im südwestlichen Nigeria oder in Ghana hat dagegen mehrere Parzellen, die nur mit diesen Bäumen bestanden sind, die Subsistenzproduktion tritt dagegen zurück, kann aber bei Mißernten, etwa infolge von Krankheitsbefall der Dauerkulturen wieder für eine Reihe von Jahren im Vordergrund stehen. Es kann also auch ein zeitlicher Wechsel im Umfang der Marktproduktion bestehen. Wie relativ wenig der Markt die räumliche Verbreitung bestimmt, mag die von HUNTER (1972) berichtete Wanderung der Kakaobauern in Ghana zeigen, die in das Landesinnere hinein erfolgte. Dabei wurden Farmen aus einem Gebiet 40–60 km nördlich von Accra nach Krankheitsbefall der Kakaobäume im Laufe der Zeit in 150–250 km Entfernung vom Hafen verlegt. Die Wanderung erfolgte sprungweise, zunächst, d.h. vor 1922, also vor einer Motorisierung, wurde in einer Entfernung von einem Tagesmarsch ein neuer Betrieb angelegt. In einem Fall erfolgten 9 solcher Verlegungen, normal sind 3–4. Die neuen Siedlungen sind zumeist stammesmäßig gebunden, was sich auch in den Flurformen zeigt (s.u. Abb. 15.2).

Wenn DOPPLER (1994) unter subsistenz- und marktorientierten Betriebssystemen alles zusammenfaßt, was im Laufe der Jahre 10–90% der Produktion verkauft, so wird damit die breite Streuung im Umfang der Marktproduktion unterstrichen. Allerdings werden damit etwa 90% des tropischen Anbaus gefaßt, was keine sinnvolle Einteilung ergibt, zudem sollen diese Betriebssysteme mit Flächenknappheit verbunden sein. Die Unterteilung nach der Ressource: Tier, Arbeit, Wasser verbessert die Rubriken auch nicht sehr. Arbeit wird dabei mit Regenfeldbau gleichgesetzt, was insofern erstaunt, als die meiste Arbeit beim Bewässerungsanbau zu leisten ist. Will man den bäuerlichen Anbau unterteilen, kann man vielleicht Betriebe mit nur geringer Marktproduktion von solchen unterscheiden, die mehrere Parzellen mit einer Marktfrucht bewirtschaften.

13.8.3 Änderungen der Betriebsformen und Umweltbelastungen

Ebenso breit wie die Marktorientierung sind heute die Betriebsformen und die ökologische Beanspruchung des Landes gefächert. Die gängige Vorstellung verbindet mit Steigerung der landwirtschaftlichen Produktion entweder eine Verkürzung der Rotationszeit mit einer nachfolgenden Bodendegradierung oder eine Ausdehnung der Flächen durch Neurodung im Regenwald oder der Savanne, also in allen Fällen eine Verschlechterung der Umweltbedingungen. Im folgenden seien aber Beispiele genannt, wo die Umwelt deutlich verbessert wurde. Das kann vor allem entweder eine Verbesserung der Böden durch Düngung sein, aber auch eine Intensivierung durch Übergang zu arbeitsintensiveren Formen der Landwirtschaft. Diese erfolgt in der Regel auf kleineren Flächen, ist also regional gesehen umweltschonend. Generell kann man wohl sagen, daß in vielen bereits besiedelten Gebieten eine Intensivierung der Landnutzung erfolgt ist, was oft eine Verminderung in der Beanspruchung der Umwelt bedeutet. Wird der Anbau intensiviert, werden meist die Felder besser gegen Bodenerosion geschützt, wird der Schädlingsbefall schneller bekämpft und kann sich weniger ausdehnen, es besteht eine geringere Gefahr eines unkontrollierbaren Feuers, das bei der Landwechselwirtschaft entstehen kann.

BOSERUP (1965) hatte schon früh beobachtet, daß als Ausgleich für die Bevölkerungsvermehrung und die damit einher gehende Landverknappung bei bestehenden Siedlungen vielfach ein arbeitsintensiverer Anbau erfolgt, der eine Verbesserung der Landwirtschaft bringt. Ausgedehnt wurden die Nutzflächen in Neusiedlungen (13.12.2) besonders in Südostasien sowie der Anbau von Naßreis (13.6). Einschränkungen macht BOSERUP selber in bezug auf Abwanderung, ökologische Limitierungen und Besitzverhältnisse. In Nordborneo hat sich eine erstaunliche Vielfalt beim Übergang von der shifting cultivation zum Marktanbau, bzw. gemeinsam damit herausgebildet (Uhlig 1970). Bei diesen Betriebsformen besteht noch eine breite Streuung in der Produktion, was man bei relativ abgeschlossenen Gesellschaften findet, denn der Trend zur Arbeitsteilung in der Weltwirtschaft führt eher zur Spezialisierung im Anbau und damit dem Ankauf von Lebensmitteln (Findlay & Findlay 1991). Davon sind aber die meisten bäuerlichen Betriebe in den Tropen noch weit entfernt.

Erwähnt wurde bereits der Übergang von Trockenreisanbau mit Landwechsel zum Naßreis als Dauerkultur mit Bewässerung, wodurch sehr viel weniger Fläche beansprucht wird. Die begleitenden Baumkulturen sind zwar kein Wald, bilden aber ein ähnliches Milieu. Im Gebiet von Kano, Nordnigeria ging man beim Bevölkerungswachstum zum Daueranbau über. Das war durch günstige Böden möglich, die durch Aufwehung relativ mineralreich sind. Zusätzlich wird gedüngt, wobei 10–15% des Düngers (Hausabfälle und Tiermist) aus der Stadt geholt werden (Mortimer 1972). Unter Bevölkerungsdruck hat sich auf dem Jos Plateau, Nigeria, eine Intensivierung des Anbaus herausgebildet, die mit einer Bodenverbesserung verbunden war. Dabei wurde nicht nur künstlicher Dünger eingesetzt, sondern auch eine Mischung mit organischem Material und Asche durchgeführt (Phillips-Howard & Lyon 1994). Eine Innovation in dem Gebiet ist der Vertragsanbau von Braugerste durch kleinbäuerliche Betriebe, der mit vielen Schwierigkeiten zu kämpfen hat (Porter & Phillips 1994).

Im Machakos Distrikt – östlich von Nairobi, Kenia mit 700–1100 mm Jahresniederschlag, vorwiegend im hügeligen Anteil besiedelt – bestand in den dreißiger Jahren große Besorgnis wegen einer Überbevölkerung durch die damals vorherrschende Viehzucht mit ergänzendem Subsistenzanbau, die auf 75% des Landes zu schwerer Erosion geführt haben soll (English et al. 1994). Porter (1972) sah für dieses Gebiet noch eine recht gute Anpassung der Landnutzung an die Naturfaktoren, insbesondere an das Relief und den Gradienten der Niederschlagswahrscheinlichkeit als gegeben an, wobei er besonders die gleitenden Übergänge zwischen Ackerbau- und Viehzuchtgebieten betonte. Heute leben in dem Gebiet fünfmal so viel Menschen wie in den dreißiger Jahren, der Ertrag pro Kopf ist dreimal so hoch (English et al. 1994). Das wurde durch die Ausdehnung der Anbaufläche und Terrassierung der Hänge erreicht sowie durch Neusiedlungen im trockneren Teil, wo die Tsetse Fliege bekämpft wurde. Die Zahl der Rinder hat sich fast verdoppelt. Der Anbau von Marktfrüchten, zunächst Kaffee, dann Baumwolle und Gartenkulturen hat stark zugenommen. 45 Innovationen wurden gezählt, die Hälfte sind neue Anbaufrüchte, z.B. neue Maissorten. Die Neuerungen wurden teils von der Regierung unterstützt bzw. gefordert, teils von der Bevölkerung selbst eingeführt, wie z.B. das Pflügen mit dem Ochsengespann. Damit hat sich auch die Einstellung zur Rinderhaltung von der Quantität zur Qualität geändert. Die schon in den vierziger Jahren begonnene, aber vor allem nach dem Krieg erfolgte Umstrukturierung wurde ohne besondere Kapitalhilfe durchgeführt. Unterstützung war allerdings notwendig zum Ausbau der Infrastruktur, vor allem um die Vermarktung zu gewährleisten. Hilfe durch Beratung und durch landwirtschaftliche Versuchsstationen wurden ebenso gegeben, wie Straßen, Elektrizitätsnetz, Telefonnetz, Schulen gebaut oder eingerichtet wurden.

In den tieferen Gürteln des Kilimandjaro hat die Einführung der Kopf- und Hüttensteuer durch die deutsche Kolonialverwaltung den Anstoß zum Kaffeeanbau gegeben. Diese Innovation, die sich ausdehnte und bis heute weiterwirkt, trägt eine stark gewachsene Bevölkerung (Engelhard 1988). Mit Methoden der historischen Geographie und der Umweltgeschichte fand Scoones (1997) im südlichen Simbabwe in den letzten 100 Jahren eine dynamische Entwicklung in der Landnutzung, die nicht linear verlaufen ist. Dazu trugen bei: 1) neue Technologien wie der Wechsel von der Hacke zum Pflug, 2) neue Arbeitseinteilung, statt der Zuweisung vom

Vorsteher der Sippe oder des Dorfes die Aufteilung in der Familie, 3) der Wechsel des Schwerpunkts vom gepflügten Feld, das der Mann bestellt, zum Hausgarten, den die Frau bewirtschaftet, verbunden mit einer Nebentätigkeit des Mannes, 4) Einkommen von außerhalb der Farm, das z.B. in künstlichen Dünger oder Hybridmais investiert wird. Mit diesen Entwicklungen haben sich jeweils auch die Ansprüche an den Boden geändert, bzw. durch die Bearbeitung hat sich die Bodenfruchtbarkeit gewandelt. Scoones warnt daher davor, die Aussichten der afrikanischen Landwirtschaft nur nach den natürlichen Verhältnissen zu bewerten und gemessene Werte linear zu extrapolieren. Pietrowicz (1983) hält durch Baumüberbau und Gründüngung eine nachhaltige Intensivierung in seinem Untersuchungsgebiet in Ruanda für möglich.

Es ist schwer zu beurteilen, ob die Landnutzung im Amazonasgebiet, über die vor allem von deutschen Forschern berichtet wurde (u.a. Glaser 1971, Alkämper & Moll 1983, Kohlhepp & Schrader 1987, Kohlhepp, zuletzt 1995a) ungünstiger ist als in den anderen Kontinenten. Die alte Reliefentwicklung, angezeigt durch die ausgedehnten Flächen und die relativ häufigen Schwarzwasserflüsse (s.o. 3.10), könnten für eine vergleichsweise geringe Fruchtbarkeit sprechen. Fearnside (1988) sieht selbst die Nutzung von Rodungsflächen als Weiden nach 10 Jahren so eingeschränkt, daß er generell die Landwirtschaft im Amazonasgebiet als wenig erfolgreich bezeichnet. Das ist aber wohl sehr pessimistisch gesehen, denn Imperata Grasflächen wie in Südostasien sind selten (s.o. 8.5.2). Über die Versuche zur Verbesserung der Bodenfruchtbarkeit auf der Experimentierstation Yurimaguas wurde oben (11.3) bereits berichtet. Gegenüber dem dortigen „high input" durch chemische Düngung schlägt Esser (vgl. Prinz 1983) ein „ecofarming" vor, ein „low external input", d.h. ein Mehraufwand an Arbeit und zunächst auch an Kapital zur Einbeziehung von Baum- und Strauchkulturen, Anlage hangparalleler Erosionsschutzstreifen und Übergang zu Mischfruchtsystemen im Wechsel mit Intensivbrache sowie Einbeziehung von Viehhaltung und organischer Düngung. Prinz sieht eine Verbindung beider Systeme als beste Lösung an. Die Aussichten für eine erfolgreiche Anwendung der unterschiedlichen Modelle erscheinen mir im Amazonasgebiet aus zwei Gründen als unsicher: zum einen wegen der möglichen geringeren Fruchtbarkeit, zum anderen wegen der in Brasilien besonders schnell vorrückenden landwirtschaftlichen Frontier (Abb. 13.9), wobei den Kleinbauern in den Neukolonisationen meist das Geld fehlt und die Großbetriebe der Viehzucht oft mehr an einem schnellen Gewinn interessiert sind.

Durch eine Modernisierung kann sich auch ein Nachteil ergeben. Im Campo Cerrado in südlichen Mato Grosso, Brasilien, wird z.T. mit Maschinen gerodet und geackert. Dadurch wird zum einen Wurzelwerk beseitigt, die Samenbank gestört, so daß sich die Sekundärvegetation nur schwer regeneriert, zum anderen wird der Boden verdichtet, was für die Wasserhaltefähigkeit ungünstig ist und die Erosionsanfälligkeit steigert. Außerdem wird die Bodenfauna dezimiert und verändert. Vielfach werden die Äcker dann nach zwei- oder dreimaliger Rotation in Weide umgewandelt. In Großbetrieben hat man sehr stark gedüngt, gekalkt und gegen Ungeziefer gespritzt, dennoch hat eine Monokultur mit Soja seit Mitte der 70er Jahre zu einer Bodendegradierung geführt. Daher ging man zur Rotation mit Mais über oder erzeugte mit diesem zusammen sogar zwei Ernten/Jahr (Abb. 13.10) (Gutberlet 1995, Blumenschein 1995).

Mit dem Ende der Kolonialzeit wurden viele Plantagen und Großbetriebe vor allem in Afrika und Asien in ihrer Rechtsstellung geändert, oder sie wurden aufgeteilt. In wirtschaftlicher Hinsicht sind dabei zwei Gesichtspunkte zu bedenken: zum einen wird in diesen Betrieben überwiegend für den Export produziert. Für kleine, wenig industrialisierte Länder, die keine mineralischen Rohstoffe haben, kann dieses die einzige Devisenquelle sein. Eine Umstrukturierung wird also wirtschaftliche Nachteile bringen, wenn der Export zurückgeht. Ein zunächst bestehender Trend, Großbetriebe aufzuteilen, wurde daher abgelöst durch Überfüh-

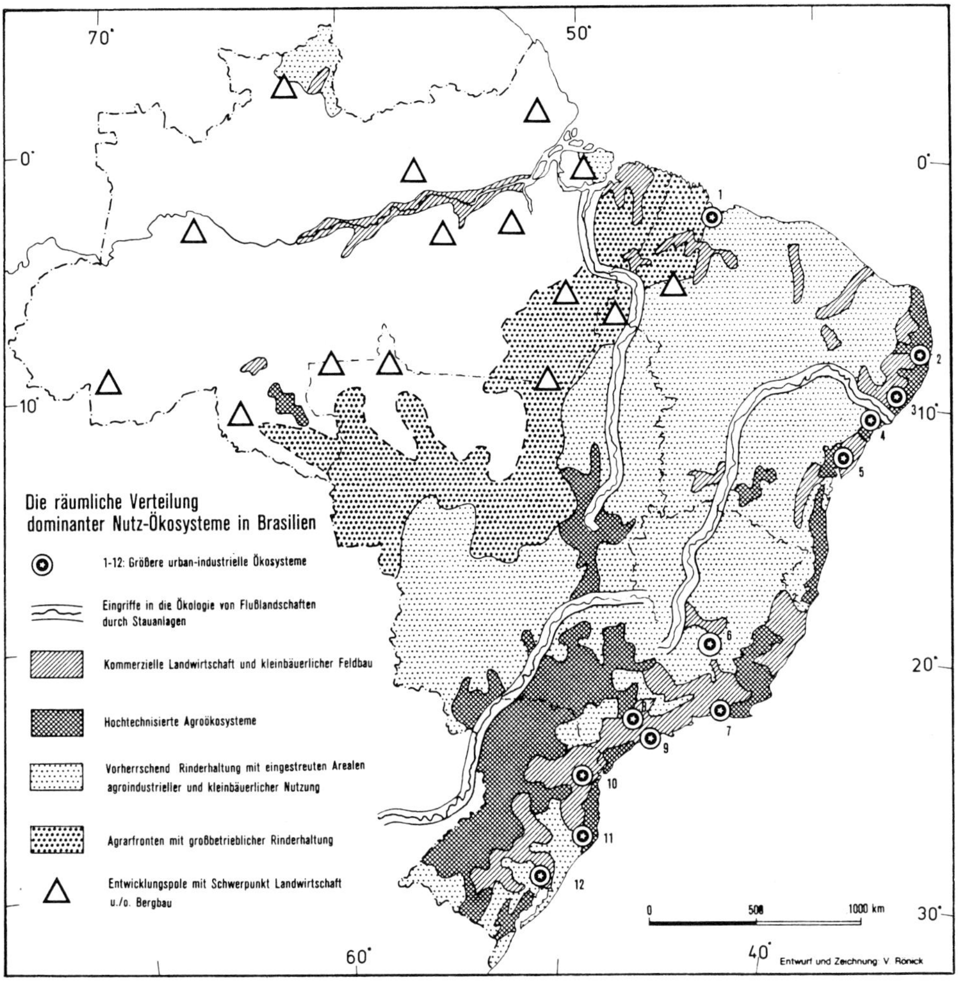

Abb. 13.9. Die Verbreitung der „Nutz-Ökosysteme" in Brasilien zeigt, wie sich die intensivsten Betriebsformen an der Küste und im Süden finden und von dort nach Norden vordringen. Die extensive Rinderzucht in Großbetrieben im südlichen Amazonasgebiet hat sich in den letzten Jahrzehnten noch weiter ausgedehnt, in einigen Entwicklungspolen hat sich auch eine kleinbäuerliche Landwirtschaft entwickelt. Aus Rönick 1987, 190.

rung in Staatseigentum. Das gilt z.B. für Plantagen, die im Besitz von Kapitalgesellschaften in Indonesien waren. Zunehmend sind einheimische Manager eingestellt worden wie etwa bei den Teeplantagen in Sri Lanka. Manchmal wurde das Management politisch besetzt und war nicht sehr effizient. Inzwischen ist aber eine meist hochmotivierte und fähige einheimische Führungsschicht herangewachsen, die vielfach versucht, den Anbau umwelt- und sozialverträglich zu gestalten. Zum anderen werden in Großbetrieben häufig Innovationen eingebracht, die auf Pflanzungen ausstrahlen können. Ferner wird die Infrastruktur – Straßen, Schulen, Gesundheitsvorsorge, Vermarktung – verbessert.

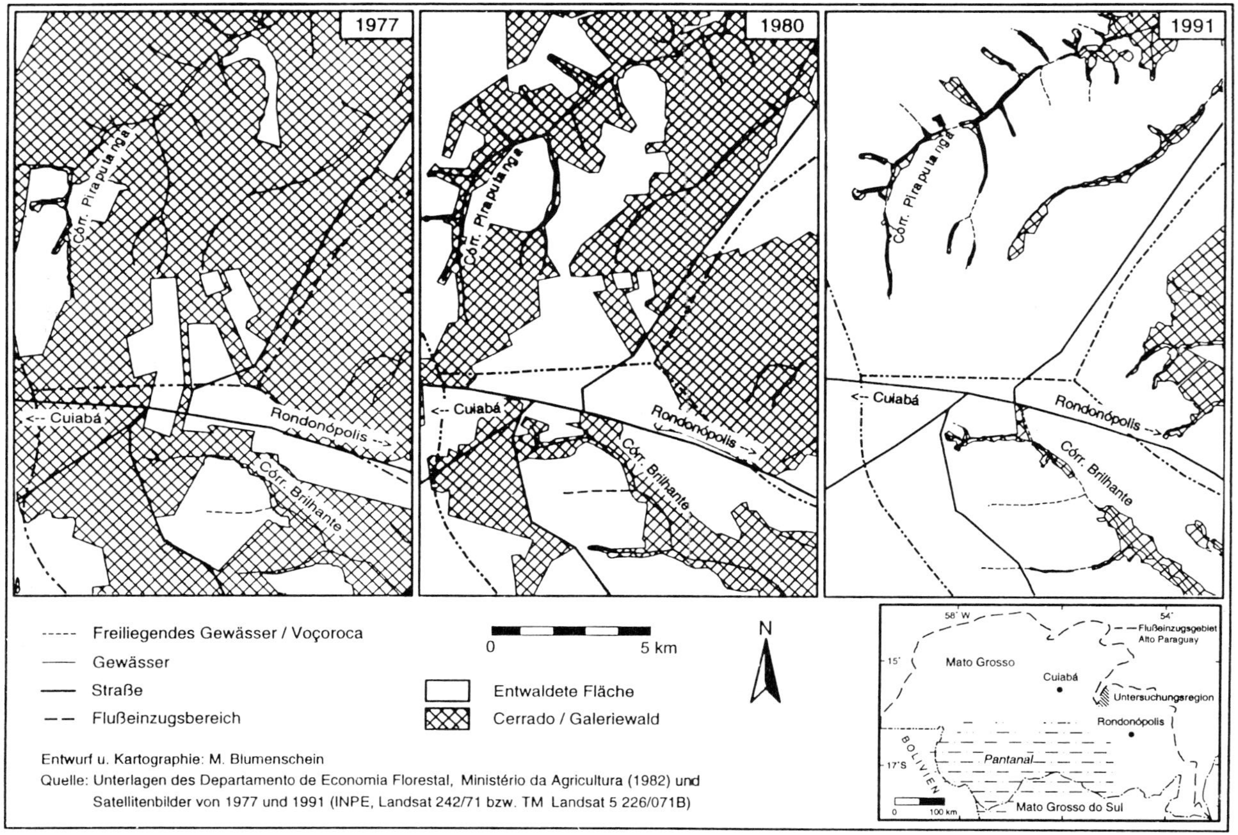

Abb. 13.10. Eine moderne, hochtechnisierte Landwirtschaft in Großbetrieben hat sich durch Siedler aus Südbrasilien, die mit ähnlichen Wirtschaftsweisen vertraut waren, im südlichen Mato Grosso seit Mitte der 70er Jahre entwickelt. Hier ist der Wald großflächig gerodet worden, so daß eine ganz andere Landschaft als bei den Kleinbetrieben (Abb. 13.7, 13.17 – anderer Maßstab) entstand. Innerhalb kurzer Zeit erfolgten dabei Änderungen des Anbaus, die durch zunehmende Anpassung an die ökologischen Bedingungen (u.a. Nematodenbefall) zu verstehen sind. Aus: Blumenschein (1995), 223.

Fast immer wird in Großbetrieben Monokultur betrieben. Dabei scheinen Probleme der Bodenerschöpfung keine besondere Rolle zu spielen. Vermutlich werden durch Bodenanalysen die Düngegaben gut dosiert. Da es sich um Baum- und Strauchkulturen handelt oder sie wie Zuckerrohr und Bananen ebenfalls bodendeckend sind, ist die Bodenerosion meist gering. Allerdings ist bei dem Überangebot an Fläche die Bodenpflege nicht übermäßig groß. Entstehende Schäden, wie etwa Risse der Grabenerosion neben Feldwegen oder Rutschungen werden oft nicht bekämpft.

13.9 Betriebsgröße, Bodenrecht und Landreform

Während in Mitteleuropa die durchschnittliche Größe der landwirtschaftlichen Betriebe 30–70 ha beträgt, ist diese Größe in den Tropen selten. In Lateinamerika können neuere Anbaubetriebe so groß sein wie in Indien die Besitze einiger Großbauern. Nur Kaffee- und Teeplantagen haben oft diese Größe. Typisch für die Tropen sind aber die Kleinbetriebe, die meist unter 2 ha, oft sogar unter 1 ha groß sind. Scholz (1991) berichtet aus dem Regenwald von Sumatra von 1,5 ha als Betriebsgröße für eine fünfköpfige Familie. Vergleicht man diese kleinen Betriebe mit Europa, so sind auch im Mittelalter unter schlechten Lebensbedingungen 2 ha nie als Ackernahrung ausreichend gewesen. Das unterstreicht meines Erachtens in eindrucksvoller Weise, daß die Tropen nicht „ökologisch benachteiligt sind“ (s.o. 11.4). Die extreme Besitzzersplitterung soll sich oft durch Erbteilungen ergeben haben. Dazu muß ein Verfügungsrecht über das Land, also ein Eigentum oder mindestens ein vererbbares Nutzungsrecht gegeben sein. Das ist aber eine vor allem in Afrika junge Rechtsform, während die Kleinbetriebe viel älter sind. Vielleicht ist die geringe Größe eher als ausreichend für eine Ackernahrung anzusehen und bei der ausschließlich durch Handarbeit vorgenommenen Bearbeitung auch als hinreichend empfunden worden.

Neben den Kleinbetrieben sind die Plantagen eine typische Betriebsform, wenngleich sie der Zahl nach sehr viel seltener sind. Sie haben meist eine Größe von mehreren hundert ha, solche im Besitz von großen Kompanien können über 1000 ha erreichen. Dabei ist zu bedenken, daß eine rationelle Aufbereitungsanlage von einer großen Fläche bedient werden muß. Die großen Viehfazendas in Südamerika sind mehrere 1000 ha groß. Rinderzuchtbetriebe im tropischen Australien wurden auf 5000 km^2 beschränkt, allerdings handelt es sich hier meist um Regierungspachtland. In Afrika liegen die Weiderechte in der Regel beim Clan, Stamm oder beim Dorf, die Naturweiden sind oft nicht deutlich begrenzt. Der Unterschied zwischen Klein- und Großbetrieb ist in Lateinamerika besonders ausgeprägt und findet in den Begriffen Mini- und Latifundium Ausdruck. Mittelgroße Betriebe liegen z.B. in den Randtropen Brasiliens, wo solche Besitztitel nach dem 2.Weltkrieg an Donauschwaben vergeben wurden (Kohlhepp 1989a).

Für einen Mitteleuropäer, der mit Gesetzen aufgewachsen ist, die bis in Einzelheiten Eigentum und Nutzung des Bodens regeln, ist schwer vorstellbar, daß dieses in den Tropen nur teilweise der Fall ist. Für abgelegene, kaum erschlossene Gebiete ist das wohl einzusehen, aber auch dort, wo die Besiedlung vordringt, sind oft weder Grundbücher noch großmaßstäbige Landkarten vorhanden, in die Besitztitel eingetragen werden könnten. Andererseits besteht in Teilen Südasiens, vor allem in Indien ein sehr kompliziertes Bodenrecht. Im folgenden können nur einige sehr allgemeine Entwicklungen genannt werden, wobei von geographischer Seite zu diesen Fragen relativ wenig Stellung genommen wird, möglicherweise weil Gesetze = Anspruch und Wirklichkeit oft auseinanderklaffen. Auf sozioökonomische Fragen der Landreform wird unten (14.6) kurz eingegangen.

In Afrika, z.T. auch in Südostasien gehörte das Land traditionell der Dorfgemeinschaft oder der Sippe (vgl. u.a. MANSHARD 1965, O'CONNOR 1971, BROOKFIELD 1993), das Land der Ahnen ist unteilbar. Der Einzelne bzw. die Familie hatte Nutzungsrechte, wobei sie aber der Aufsicht des Oberhauptes unterlagen. Fruchtbäume waren oft individuelles Eigentum. Meist war das Gebiet nicht genau begrenzt. Wenn jemand abwanderte, wurde die Rechtsstellung unsicher, bzw. verlor er alle Rechte. Persönliches Eigentum hatten präkolonial Häuptlinge, eventuell auch Priester. In den westsudanischen ehemaligen Königreichen war Eigentum an Feldern auch für herausragende Familien gegeben, daneben bestanden Nutzungsrechte und Gemeineigentum (FRICKE 1969, 53f.).

Bereits unter den Kolonialverwaltungen wurde ein individueller Landbesitz registriert. Dieses wurde zunächst für die Besitzungen der Siedler aus Übersee durchgeführt, wobei von den Briten in Kenia und Rhodesien ganze Gebiete nur für die Einwanderer reserviert wurden. Im Zuge der Bestrebungen, die einheimische Landwirtschaft zu verbessern, wurden aber auch Landtitel an Einheimische vergeben. Besonders nach Erreichen der Unabhängigkeit hat dieses stark zugenommen. Heute wird in den meisten Ländern nur unbesiedeltes Land als Staatseigentum angesehen. Grundbesitz ist im allgemeinen die Voraussetzung für Investitionen, zum einen ist dann die Motivation zur Intensivierung, zum anderen eine Basis für einen Kreditantrag gegeben. Daher wird auch in Afrika Land als Individualeigentum vergeben. Die „white highlands" in Kenia wurden weitgehend schon vor der Unabhängigkeit an Kenianer aufgeteilt. Die britischen Siedler sind durch Gelder vor allem aus England (20 Mio. £), aber auch von Deutschland und der Weltbank ausgekauft worden (CAREY JONES 1972). Das Land wurde in einzelnen Gebieten nach Stammesangehörigkeit vergeben, gleichzeitig wurde eine Flureinteilung vorgenommen, eine verbesserte Viehzucht und eine größere Vielfalt im Anbau eingeführt. Die Größe der Betriebe betrug in der Regel 7–22 ha (HECKLAU 1968), eine Umwandlung in Kleinbauernstellen geschah nur bei günstigen ökologischen Bedingungen. Die Nutzungsrechte der Nomaden wurden stark eingeschränkt, wenn sie diese durch die Einrichtung von Nationalparks nicht sogar völlig verloren.

In Südamerika wurde das Land von den Spaniern und Portugiesen in Besitz genommen und dem König im Heimatland unterstellt. Große Ländereien wurden an Mitglieder des Militärs und der Verwaltung vergeben – Grundlage der großen Latifundien, der Plantagen und Viehzuchtbetriebe (Haziendas – Fazendas). Späteren Kolonisten, etwa deutschstämmigen in Südbrasilien wurden kleinere Areale zugeteilt. In den gelenkten Agrarkolonisationen des Amazonasgebietes sind die einzelnen Siedlerstellen heute meist 50 oder 100 ha groß (COY 1987). Die Einzelsiedlungen, die dem Bau der Straßen, vor allem der Verbindung Brasilia-Belem und der Transamazonica weitgehend planlos folgten (squatter = posseiros), führten vielfach (?) infolge Bodendegradierung zur Rodung immer neuer Parzellen, deren dürftige Sekundärvegetation nur eine extensive Weide zuließ. In Amazonien gilt ein abgewandeltes squatterrecht. Wer für eine festgelegte Zeit auf dem Land ‚sitzt' (to squat = hocken, der Begriff kommt ursprünglich aus der nordamerikanischen Siedlungsbewegung) und dieses bewirtschaftet, erhält Eigentumsrechte. Oft wurden die Pioniere dann mehr oder minder gewaltsam von den Viehzüchtern vertrieben, weil die Besitzverhältnisse meist ungeklärt waren (u.a. GLASER 1971). Inzwischen haben sich in manchen Gebieten NGOs (Non Governmental Organisation) der Nöte der Kleinbauern (s.u. 13.12.3.1) angenommen (HERFORT 1995).

Landreformen sind in Lateinamerika aus wirtschaftlichen und sozialen Gründen von Politikern angestrebt und auch in Gesetze gefaßt worden. In der Realität sind sie jedoch, soweit es eine Aufteilung der Grundbesitze betrifft, kaum erfolgreich gewesen. Kuba ist die große Ausnahme, und auf einigen Inseln der Kleinen Antillen entstand ein Kleinbauerntum durch

Ankauf von meist ungünstigeren Teilen des Plantagenlands schon seit Mitte des 19. Jh. (Blume 1961, Manshard 1968, 156f. für Haiti). In den meisten Ländern nahmen die Bestrebungen für eine Landreform nach der Carta de Punta del Este 1961 zu, die einstimmig von den lateinamerikanischen Ländern beschlossen wurde. Danach sollte der Unterschied zwischen Latifundien und Minifundien gemildert werden. Das ist in Lateinamerika nur schwer mit ökonomisch erfolgreich arbeitenden Betrieben zu verbinden (Sandner & Steger 1973, 99f.): Großbetriebe produzieren oft günstiger für den Weltmarkt, Kleinbetriebe stellen den Nahrungsbedarf mindestens der ländlichen Bevölkerung sicher, sie können aber auch für den Export produzieren: in Costa Rica ernten 96% der Pflanzer weniger als 50 dt/Jahr Kaffee (Sandner & Steeger 1976, 96). Vielfach haben Kleinbauern eine Nebenbeschäftigung oder arbeiten auf einer Fazenda. Bei einer schnellen und energischen Reform wie in Kuba und Bolivien wurden zumeist Großbetriebe zunächst in kleine Besitze aufgeteilt, die aber bei Produktionsabfall oder aus ideologischen Gründen wiederum zu Staatsbetrieben zusammengefaßt wurden. In einigen Ländern entstanden Genossenschaften von Pflanzern und Kontraktbauern, deren Produkte Spezialunternehmer vermarkten (ebd. 93). Mittelgroße Betriebe bringen in Brasilien und Kolumbien etwa ein Viertel der landwirtschaftlichen Produktion ein.

Landreformen in Kolumbien sollten in sozialer Hinsicht die Besitzgrößen ausgleichen, in ökonomischer eine Ausdehnung und Verbesserung der Produktion bringen (Mertins 1988). Eine Modernisierung ist aber kaum in Kleinbetrieben möglich. Bei Neukolonisationen wurden daher größere Besitze ausgelegt. In den 60er Jahren wurden die Pachtverhältnisse durch Gesetz geregelt, was viele Kündigungen zur Folge hatte. Nur 0,9% aller Pacht- und Teilpachtbetriebe sind in Eigentum übergegangen (ebd. 299). Großbetriebe, die gezwungen werden, Land zu verkaufen, geben den ungünstigsten Teil ab. In Ecuador sollten Großbetriebe, die ungenügend oder in Abwesenheit des Eigentümers bewirtschaftet wurden, gegen Entschädigung enteignet werden, doch waren die Kriterien nicht genau definiert. Die Betriebsgrößen wurden durch Aufteilung in der Familie, Verkauf etc. manipuliert, so daß sich insgesamt wenig änderte. Kleinbauern, die vor der Reform für die Nutzung ihrer Parzelle auf der Hazienda arbeiten mußten, wurden zwar Eigentümer ihres Landes, aber zum Teil auf ungeeignetem Grund. Außerdem verloren sie Nutzungsrechte an Weiden, Holz und Wasser, d.h. sie mußten dafür bezahlen, so daß sie oft schlechter gestellt waren als vor der Reform (Sick 1988).

Im dichtbevölkerten Indien, das seit Jahrhunderten von Fürsten beherrscht und verwaltet wurde, ist seit langem die Lage der Siedlungen und der Felder fixiert. Damit entwickelte sich auch ein Bodenrecht. Die Großgrundbesitzer, die Landlords, wohnen meistens in den Städten und lassen das Land verwalten. Unabhängige Bauern und Pächter bleiben vorwiegend auf Betriebe unter 2 ha Größe beschränkt. Bei der Pacht gibt es sehr verschiedene Formen, die mit erblichen oder zeitlich festgelegten Rechten verbunden sind, die durch Geld, Naturalien oder Arbeit abgelöst werden. Die landlosen Arbeiter werden durch Geld oder Naturalien entlohnt. In dicht besiedelten Gebieten sind sie ebenso zahlreich wie die Bauern (Blenck et al. 1983, 165f, 171f.). Bodenreformen haben die Besitzverhältnisse nur teilweise verändert, da die Vorschrift, daß Großgrundbesitzer ihr Land selber bewirtschaften müssen, umgangen wird, indem Scheinpachtverträge abgeschlossen wurden oder die Pächter gekündigt wurden und als Landarbeiter wieder eingestellt wurden. Generell hat aber die Zahl der selbständigen Bauern zugenommen.

Im weniger dicht besiedelten Sumatra unterscheidet Scholz (1995) zwischen Eigentumsrechten und temporären sowie permanenten Nutzungsrechten. Sie werden variiert durch Vererbungsregelungen und Art der Bewirtschaftung. Die Unterschiede sind durch die stammesgebundenen traditionellen Rechtsformen zu erklären, durch administrative Bestimmungen und durch die Bevölkerungsdichte, d.h. ob noch Landreserven verfügbar sind. Der Wert einer Parzelle wird durch ökologische und ökonomische Kriterien bestimmt, von denen die wichtigsten die Bodenfruchtbarkeit, die Wasserverfügbarkeit, die Vermarktungsmöglichkeiten und das Anbaupotential sind. Da eine Rodung sowie die Anlage eines Bewässerungsfeldes Gemeinschaftsarbeiten sind, überwiegt auch heute noch das Sippeneigentum, nur Wohngebäude und Hausgarten sind persönliches Eigentum (Abb. 13.11).

Etwa ein Fünftel der genutzten Fläche Sumatras wird von Pächtern bewirtschaftet, obwohl Land für neue Rodungen vorhanden wäre. Aber zum einen sind diese meist nur in Gemeinschaft durchzuführen, zum anderen müßte der Wohnsitz gewechselt werden und damit lösen sich die sozialen Bindungen. Im Teilbau sieht ein Gesetz von 1960 vor, daß Ernteertrag und Einsatz von Produktionsmitteln zu je 50% angerechnet werden. Auf Sumatra gilt dieses für gutes Naßreisland, sonst kann der Pächter 2/3 und mehr von der Ernte behalten. Abstufungen sind nach den genannten Kriterien für den Wert des Landes gegeben. Ohnehin gibt es viele Zwischenformen, zeitweise kann auch eine Pfändung des Feldes erfolgen. Selbst bei Dauerkulturen wie dem Kautschukanbau kann ein Teilbau gegeben sein, indem der Vertragszapfer bis zu 2/3 des Ertrags selbst verkaufen kann. Insgesamt sieht Scholz das Bodenrecht als erstaunlich stabil an, was er auf die relativ geringe Siedlungsdichte zurückführt. Auch sei das Pachtwesen generell als fair zu bezeichnen, ausbeuterische Pachtzinsen würden nicht erhoben, die Eigeninitiative sei nicht gelähmt.

Ganz anders waren die Verhältnisse im Mekong Delta (südliches Vietnam), das im 19. und in der ersten Hälfte des 20. Jahrhunderts unter französischer Herrschaft melioriert wurde. Die liberale französische Landpolitik konnte nicht verhindern, daß einige Vietnamesen und Chinesen große Besitze erwarben, die an Pächter aufgeteilt wurden (Rentenkapitalismus). Uhlig (1975, 247f.) betont den Einfluß, den der Landbesitz auf die Auseinandersetzungen in Vietnam gehabt hat. Die Vietminh Kampagne versprach „dem Pflüger das Reisfeld". Das wurde auch im Tongking Delta in Nordvietnam durchgeführt, doch waren die Betriebe zu klein angelegt, nach kurzer Zeit erfolgte daher eine Kollektivierung.

Als Großbetriebe sind in Südostasien vor allem die Plantagen von Bedeutung. In Malaysia ist ihr Anteil an der Nutzfläche am größten. Die Deviseneinnahmen aus der Produktion sind wichtiger Teil der Volkswirtschaft. Die jüngste Entwicklung der Ausdehnung der Palmölproduktion an Stelle der Kautschukgewinnung erfolgte unter Aufsicht und mit Hilfe einer halbstaatlichen Gesellschaft. Bei einer Ausdehnung der Dauerkulturen wurden auch neue Siedler angesetzt, deren Betriebe größer und günstiger sind als die der Kleinbauern (Manshard & Mäckel 1995, 154f.). Die Besitzstruktur in Malaysia ist jetzt also sehr gemischt.

Mit den großen Unterschieden in den Besitzgrößen und den Produktionsmöglichkeiten ist naturgemäß eine sehr breite Streuung der sozialen Stellung verbunden. In Lateinamerika lebt der Großgrundbesitzer oft überwiegend in der Stadt und läßt seinen Betrieb vom Verwalter, Unterverwalter mit Hilfe von Unterpächtern und landlosen Arbeitern bewirtschaften. Bis zur Hälfte der ländlichen Bevölkerung soll landlos sein (Sandner & Steger 1973, 97f.). Generell ist die ländliche Bevölkerung unterbeschäftigt, bis zu 73% der möglichen Arbeitszeit ist Leerzeit. Manchmal wird sie durch Wanderarbeit ausgenutzt. Im Gegensatz dazu ist die Arbeit auf den Plantagen ausgeglichener. Bei diesen Arbeitsverhältnissen ist eine Abwanderung in die Stadt oder in Kolonisationsgebiete nur allzu verständlich. Landarbeiter sind naturgemäß besonders zahlreich, wo Großgrundbesitz verbreitet ist, sie sind also in Lateinamerika, aber auch in Indien besonders häufig.

Die Sozialstruktur der Kleinbauern ist sowohl in Südasien als auch in Lateinamerika vor allem in alt besiedelten Gebieten sehr komplex. Es gibt Landarbeiter, Pächter, Halbpächter,

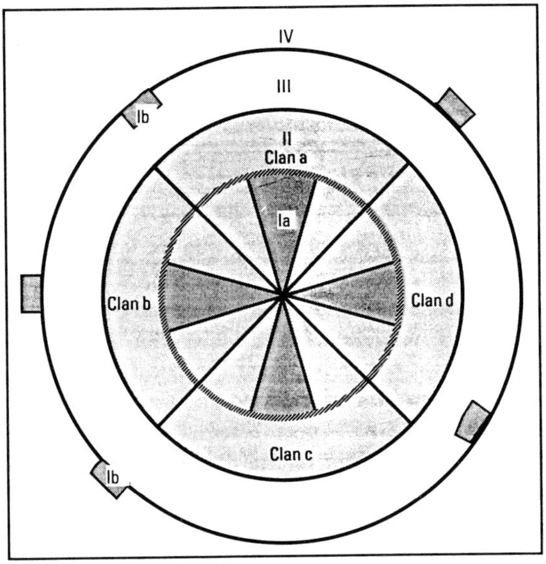

I. Privatland
II. Clanland
III. Kommunalland
IV. Staatsland
Grenze des Dorfkerns
Grenze d. Dorfgemarkung

	Land-Status	Eigentums- und Nutzungsrecht	Vererbungsform	Art und Alter der Erschließung	Allgemeine Nutzungsform
Ia	Privatland (Tanah Pencaharian)	Individuelles Eigentumsrecht	nach indiv. Gutdünken	individuell durch Kauf o. Geschenk erworben	Wohngebäude
Ib	Privatland (Tanah Pencaharian)	Individuelles Eigentumsrecht	nach indiv. Gutdünken	individuell neu erschlossen	Hausgärten
II	Clanland (Tanah Pusako)	Individuelles Nutzungsrecht; Verfügungsrecht beim Clanchef	nach tradition. Gewohnheitsrecht		landwirtschaftl. Nutzflächen
III	Kommunalland (Tanah Nagari)	Gemeinschaftl. Nutzungsrecht; Verfügungsrecht beim Rat der Clanchefs	seit mind. zwei Generationen erschlossen; indiv. Nutzung	seit mind. zwei Generationen erschlossen; gemeinschaftl. Nutzung	Brachflächen Grasland Busch Sekundärwald
IV	Staatsland (Tanah Negara)	–	–	vom Staat wieder-aufgeforstet oder noch unerschlossen	Staatsforst oder Primärwald

Abb. 13.11. In dem Modell für den Grundbesitz in einem Dorf im Hochland von Sumatra wird deutlich, daß auch heute noch der größere Teil der Gemarkung Gemeinschaftseigentum ist. Aus: Scholz 1995, 209.

Selbständige mit und ohne Nebenverdienst, Grundeigentümer und squatter. Abgesehen davon, daß es bei uns kaum noch Landarbeiter und keine squatter gibt und auch nur eine relativ einfache Geldpacht, ist die Sozialstruktur der ländlichen Bevölkerung nicht prinzipiell verschieden von uns, obwohl der Unterschied im Einkommen der Kleinbetriebe 1:10 bis 1:100 betragen mag. Das wird etwas dadurch ausgeglichen, daß abgesehen von den Großgrundbesitzern ein Subsistenzanbau nebenher betrieben wird. Außerdem wird zunehmend versucht, außerhalb der Farm einen zusätzlichen Verdienst zu erzielen. Das sind oft Saisonarbeiten, z.B. Gold- und Diamantenwäsche in den Ruhezeiten der Landwirtschaft wie in Sierra Leone und Mali. Straßenarbeiten und andere einfache Arbeiten für die Verbesserung der Infrastruktur werden in Afrika meist von lokalen Kräften ausgeführt. Für Großprojekte werden aber wohl überall Arbeiter aus einem größeren Gebiet oder aus den Städten angeworben.

Im südlichen Somalia wird neben einer Nomadenwirtschaft ein kleinbäuerlicher Subsistenzanbau fast ausschließlich mit Sorghum betrieben. Dürren werden durch eine angepaßte Vorratswirtschaft und durch Tierhaltung abgekoffert (Scholz 1990). Am Beispiel des nigerianischen Sahel wurde oben (13.3) ausgeführt, wie man abhängig von Dürren und ökonomischen Bedingungen sehr flexibel reagiert, um ein Zusatzeinkommen zu erzielen. Das ist offensichtlich nur möglich, wenn gute Kontakte nach außen bestehen, Dieses, ein gutes soziales Netzwerk sowie Organisationen sind für eine Intensivierung der Landwirtschaft in abgelegenen Gebieten entscheidend, wie Bebbington (1997) an Hand von vier benachbarten Dörfern in den ländlichen Anden zeigt.

13.10 Anbau mit Bewässerung

1984 betrug die bewässerte Fläche der Erde 220 Mio. ha, inzwischen mögen es 250 Mio. sein, also etwa eine sieben mal so große Fläche wie Deutschland. Allein auf China entfallen 20%, auf Indien 18% (Beaumont 1989, 137, vgl. auch Cantor 1967, 99f.), wobei die Hauptgebiete am Jangtsekiang und Ganges außerhalb der Wendekreise liegen, aber vom Monsun beeinflußt tropische Züge zeigen. Von den angebauten Kulturen nimmt der Naßreis die größte Fläche ein. Vom Weltbedarf an Wasser in Höhe von 4130 km^3/Jahr werden 1990 fast 70% für die Bewässerung angesetzt, 21% für die Industrie. Von dem darin enthaltenen nicht wieder gewinnbaren Wasser in Höhe von 2360 km^3/a werden für die Bewässerung sogar 89% verbraucht (Shiklomanov 1990). Insgesamt sind in Südamerika nur 0,7% der Anbaufläche bewässert, in Afrika 10,7%, in Asien 21,8%. Wenn auch die Zahlen aus Andrae (1977, 136) stammen, und die Bewässerungsfläche insgesamt zugenommen hat, so sind die Relationen wohl annähernd gleich geblieben. Afrika hat den Nachteil, daß sich dort durch stehende Gewässer Insekten verbreiten, die Krankheiten wie Bilharziose und die Schlafkrankheit übertragen. Die Tsetsefliege ist in den anderen Kontinenten unbekannt. Bei einer detaillierten Untersuchung wurden in Nordost-Thailand bei der Bevölkerung im Bewässerungsgebiet höhere Befallsraten mit Leberegeln und Hakenwürmern gefunden als bei der am benachbarten Stausee und entlang des Flusses wohnenden (Schelp & Sornmani 1984). Das ist leider ein allgemeiner Befund.

Wasserlieferanten sind vor allem die Flüsse, insbesondere natürlich die Fremdlingsflüsse, die das Wasser aus feuchteren Gebieten, meist Gebirgen in trocknere Zonen schicken. Aber auch solche, die in humide Gebiete kommen, sind günstig, da ihr Schwebstoffreichtum für eine natürliche Düngung der Felder sorgt. Bei hoher Bodenlast können allerdings Flußbett und Uferdämme erhöht werden, so daß nicht nur eine Gefahr katastrophaler Überschwemmungen entsteht, sondern auch die Wasserhaltung – insbesondere die Ableitung des Wasser vor der Ernte schwierig wird. Grundvoraussetzung jeder Bewässerung ist nicht nur die Zuleitung sondern auch die Ableitung des Wassers. Letzteres ist insbesondere in den wechselfeuchten Gebieten notwendig, um eine Versalzung des Bodens zu vermeiden. Hier sind auch verschiedene Methoden eingeführt, um den Boden durchzuspülen. In den Poldern am Tschad-See wird z.B. nach 8 Jahren Nutzung das Feld 3 Jahre überflutet, aber nicht bestellt (HAGEDORN 1982). Die Gefahr einer Versalzung ist bei höheren Niederschlägen gering, da dann eine natürliche Durchwaschung des Bodens erfolgt.

Ferner ist eine Einebnung der bewässerten Felder notwendig, da sonst das Wasser unterschiedlich lange stehenbleibt. Selbst bei nur kurzzeitiger Bewässerung würde die unterschiedliche Durchfeuchtung schnell die Böden differenzieren, vor allem Areale mit Verdichtungen und Vergleyungen entstehen lassen. Generell sollten Bewässerungsböden eine mittlere Durchlässigkeit haben und nicht zu viele Grobporen aufweisen sowie keine Verdichtungshorizonte haben. Ein toniger Horizont unter dem Wurzelraum ist ungünstig, da er das Wasser nicht ableitet, was aber notwendig ist, um die Versalzung beim kapillaren Aufstieg zu vermeiden. Aus diesem Grund darf auch die Bodentiefe nicht zu gering sein und das Grundwasser nicht zu hoch stehen (vgl. u.a. SCHÖNHALS et al. 1971).

Die Einrichtung von Bewässerungsfeldern erfordert also über die Anlage der Wasserwege, der Dämme, um das Wasser auf den Feldern zu halten sowie der Schöpfeinrichtungen hinaus sehr viel Arbeit. Das Alles muß auch unterhalten werden. Der Lohn dafür sind große Ertragssteigerungen. Bei Wasserzufuhr wird nicht nur die Sicherheit des Anbaus erhöht, sondern auch die Erntemenge um bis zum vierfachen gesteigert (SRIVASTAVA et al. 1993, 29f.). ANDRAE (1977, 138) nennt als weitere Vorteile: eine Nutzung ohne Brache ist möglich, Ernteschwankungen können ausgeglichen werden, eine höhere Elastizität der Produktionsrichtung und -intensität, eine Erhöhung der Tragfähigkeit, d.h. die Mindestgröße des Betriebes kann kleiner sein, eine Ausdehnung des Anbaus in sonst wegen einer zu großen Trockenheit nicht nutzbare Gebiete. Nach WRIGLEY (1971) wird beim Reisbau durch das Überstauen das Unkraut unterdrückt.

Die einfachste Art der Bewässerung ist die Ausnutzung der natürlichen Überschwemmungsgebiete, wobei nach dem Fallen des Wassers der Boden unterschiedlich stark durchfeuchtet ist, die Überschwemmungshöhe und damit die Ausdehnung des bestellten Landes von Jahr zu Jahr wechselt. Bei Dürren kann es zu Hungersnöten kommen. Eine solche schildert ergreifend HAMPÂTE BÂ (1993) von 1913/14, als der Niger im Binnendelta nur noch ein Rinnsal war und etwa ein Drittel der Menschen im Nigerbogen den Hungertod starb. Damals bestanden noch keine Möglichkeiten, Nahrungsmittel schnell und umfangreich anzutransportieren.

Überschwemmungsgebiete, die ‚wetlands' sind am weitesten am Amazonas und seinen Nebenflüssen verbreitet. Die brasilianische Varzea ist allein 154 400 km² groß (O'REILLY STERNBERG 1995), also so ausgedehnt wie Baden Württemberg, Bayern und Niedersachsen zusammen. Die Nutzung ist nicht nur dem Relief sondern auch den Wasserständen angepaßt. Eine extreme Form ist die Rinderzucht, bei der die Tiere beim Hochwasser in Ställen auf Flößen oder auf Stelzen (Marombas) untergebracht werden und mit Wasserpflanzen, insbesondere Eichhornia gefüttert werden, die von Booten aus geerntet werden. Eine Art Transhumance (WILHELMY 1966) ist es dagegen, wenn die Tiere vor dem Einsetzen der Flut auf die terra firme, das höhere Gelände bis zu 150 km weit getrieben werden. Das Gras ist dort aber wenig nährstoffreich und oft auch hart, so daß es von den Rindern verschmäht wird, bis zu 40–50% der Tiere können dabei verloren gehen. Mitte der siebziger Jahre wurde auf den Besitzungen des Amerikaners LUDWIG am unteren Jari Reisbau projektiert, wobei 12 700 ha mit Großmaschinen präpariert werden sollten, schließlich wurden aber nur 3500 ha kultiviert. Nach Übernahme der Besitzungen durch den brasilianischen Staat 1982 wurde das Projekt wenige Jahre später aufgegeben, da die Kosten für die Maschinenunterhaltung sowie durch Krankheits- und Schädlingsbefall zu gravierend waren. Die staatliche Kompanie schloß daraus, daß nur ein einfacher Anbau, der vor allem auf der menschlichen Arbeitskraft beruht, möglich sei (O'Reilly Sternberg 1995, 144). Gelegentlich werden in Indien kleine Felder, selbst sehr schmale Streifen bei eingeschnittenen Flüssen im Bett selber angelegt, wenn das Wasser gefallen ist. Sie dienen meist dem Gemüseanbau. Im australischen Nordterritorium ist ein großes Reisprojekt am Adelaide River an Schädlingsbefall und Schwierigkeiten der Wasserhaltung gescheitert (Bremer 1976). Da es sich um ein Einzelprojekt in einer sonst völlig der Natur belassenen Landschaft handelte, haben riesige Vogelschwärme einen großen Teil der Ernte aufgefressen. Projekte, die in der Isolierung angelegt werden, sind aber auch aus ökonomischen Gründen sehr anfällig, da die Infrastruktur nicht entwickelt ist, etwa fehlende Ersatzteile von weither geholt werden müssen.

Von größerer Bedeutung ist die regulierte Bewässerung durch ein Netz von Kanälen, die das Wasser vom Fluß auf die Felder leiten. Das ist besonders in Süd- und Südostasien weit verbreitet und dient neben der Bewässerung durch Überflutung in den feuchteren Gebieten der Gewinnung einer zweiten Ernte. In den trockneren Gebieten wird dadurch erst ein intensiverer Reisbau ermöglicht. Es sind die großen Deltas, in denen die Reisanbauflächen besonders ausgedehnt sind. Kleinste Reliefunterschiede zeichnen sich in der Nutzung ab, aber auch regional bestehen Unterschiede (Abb. 13.12). Seit Mitte des 19. Jh. sind in Asien in den Deltas zusätzlich zum Überschwemmungsbau Bewässerungsanlagen gebaut worden und damit das Reisgebiet stark ausgedehnt worden (Uhlig 1975, 96f.). Während in den tieferen, sehr flachen Teilen die Reisfelder mit ihrem Dämmen das Bild beherrschen, erfolgt in den höheren Teilen, vor allem am Rand ein Übergang zu Feldern mit Regenstau. Sie werden oft von Palmen eingefaßt. Die Dörfer mit den Hausgärten liegen immer auf dem höchsten Teil eines Gebietes, etwa einer Insel, die vor der Deltaaufschüttung bestand, oder auf einem besonders hohen Uferdamm, von dem sich der Flußarm verlegt hat. In den Randgebieten findet auch eine Rotation mit anderen Früchten statt, die hier die zur Reife notwendige Trockenheit finden. Gilt dieses lokal oder regional, so ist zonal zu den Randtropen hin ebenfalls eine Rotation häufiger. Sehr ausgedehnt sind ferner die Reisbaugebiete entlang von Flüssen und in den Küstenebenen. Letzteres ist wohl in Java am weitesten verbreitet (Abb. 13.13). Die großen Reisgebiete liegen dort entlang der Nordseite der Insel, wo die Küstenebenen besonders groß sind.

Im tropischen Afrika ist die Bewässerung weniger weit verbreitet als in Südasien, am wenigsten gibt es sie in Lateinamerika. Eines der größeren Gebiete ist das Niger Binnendelta, mit 103 000 km^2 beinahe so groß wie Baden Württemberg und Bayern zusammen. Von Juni bis Oktober wird es in normalen Jahren überflutet. Das Gebiet gehörte ursprünglich zu Französisch Westafrika, heute liegt es in Mali, dessen Wirtschaftskraft mit 9,5 Mio. Einwohnern und einem der niedrigsten BSP nicht ausreicht, diesen großen Raum zu bewirtschaften. Ursprünglich wurde nur sehr wenig von diesem Land bewässert und angebaut, am meisten wurde es vor allem nach den Überschwemmungen beweidet, auch war der Fischfang wichtig. Die Franzosen waren bestrebt, dieses Gebiet zu entwickeln und gründeten 1932 das Office du Niger. Ein Stauwehr am Westende sollte Wasser für 1 Mio. ha liefern, auf dem Baumwolle angebaut werden sollte. Man ist aber sehr schnell zum Reisanbau übergegangen. 36,5 Mio. £ wurden von den Franzosen investiert, bis 1989 weitere 73 Mio. £ von der Weltbank und verschiedenen europäischen Ländern. In Kultur genommen sind bis 1989 ca. 50 000 ha Reis und 8000 ha Zuckerrohr. Ein großes Projekt, das wenig effizient war, schließt Binns (1994, 45f.). Hollis et al. (1988) stellen für dieses Gebiet Produktion und Kosten mit und ohne

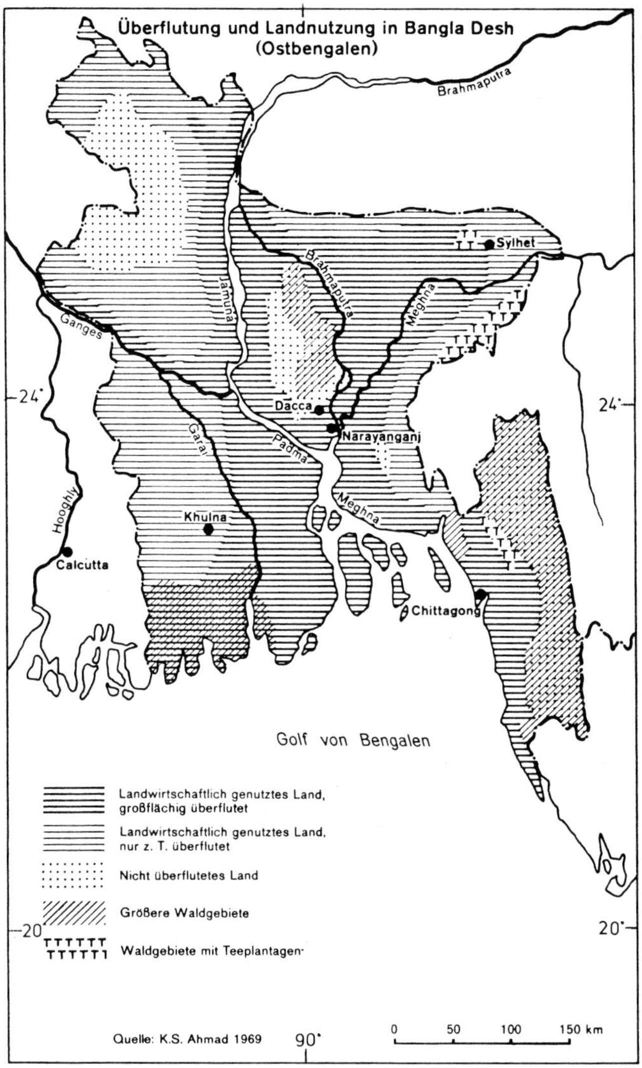

Abb. 13.12. Das große Delta des Ganges/Brahmaputra zeigt Reliefunterschiede, die zwar nur wenige Meter betragen, die aber auch großräumig zu einer Differenzierung der Nutzung führen. Aus: Blenck et al. 1983, 264.

Bewässerung gegenüber, wobei die großen Investitionen bei ersterem zwar höhere Erträge bringen, aber die Kosten so viel höher sind, daß ein negatives Endergebnis bleibt.

Binns (1994) bringt weitere Beispiele für wenig effiziente Großprojekte in Afrika wie etwa Bewässerungsvorhaben in Nordnigeria, wo zwar bewässerte Flächen entstanden sind, aber das morphologische Verhalten der Flüsse sich so veränderte, daß flußabwärts ein Einschneiden erfolgte mit dem Effekt, daß die Auen trockenfielen und damit die Weidemöglichkeiten für die Fulbe eingeschränkt wurden (ebd. 104f.). So plädiert er dafür, kleinere Bewäs-

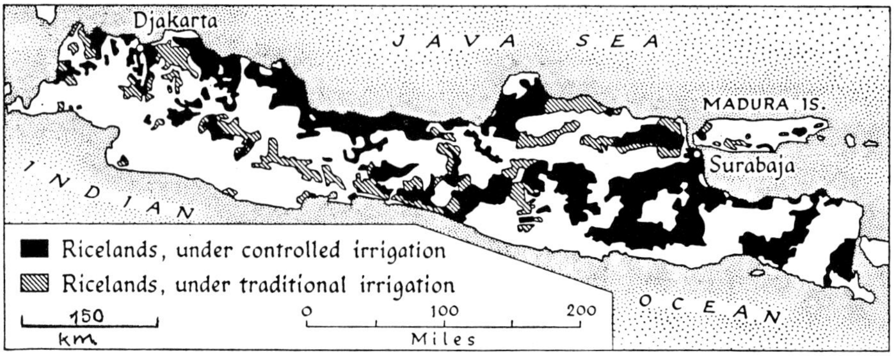

Abb. 13.13. Bei Java kann man die Frage stellen, ob es eines der am dichtesten bevölkerten tropischen Länder ist, weil der Reisanbau so weit verbreitet ist oder ob der Zusammenhang umgekehrt ist. Sicher ist die Beziehung selbstverstärkend. Aus: CANTOR 1967, 115.

serungsvorhaben durchzuführen, große Projekte erfordern ein Management für das gesamte Einzugsgebiet, sowohl oberhalb als auch unterhalb der bewässerten Flächen, wie oben (10.5.2) ausgeführt wurde. Aber selbst für kleine Areale scheinen nicht überall die Voraussetzungen gegeben zu sein, da in der Bewässerung erfahrene Bauern fehlen. MÄCKEL (1988) und HECKLAU (1970) unterstreichen, daß die Ansiedlung von Bauern, insbesondere aber von Nomaden in Bewässerungsgebieten in Kenia nur bei umfangreicher Beratung erfolgreich sein kann. Am unteren Atbara wurden die Verhältnisse durch einen Dammbau verschlechtert, da hierdurch der Abfluß so konzentriert wurde, daß nur noch in einer Jahreszeit bewässert werden konnte. Da man gleichzeitig in einer Dürreperiode die benachbarten Weide- und Regenfeldbaugebiete aufgab, wurden die Flußauen zum Problemgebiet (MENSCHING 1988).

Aber nicht überall sind in Afrika die Verhältnisse so ungünstig: Tabelle 13.1 zeigt die Unterschiede von Überschwemmungsgebieten. Das ist wohl einerseits durch die Bearbeitung bedingt, die Gebiete am Tana (Kenia) und Benue wurden erst in jüngster Zeit erschlossen, so daß man eine umfangreiche Beratung und Beaufsichtigung annehmen kann. Sudd, Niger-Binnendelta, und Logone liegen in den großen subsaharischen Depressionen und haben wohl sehr verschiedene Überschwemmungen, die z.T. klimatisch aber wahrscheinlich auch durch das Kleinrelief bedingt sind. Die Sedimentation kann durch differenzierte tektonische Absenkung variieren, wofür die Formen sprechen würden. Dann muß man mit mehr oder weniger tonigen Böden rechnen. Aber darüber ist im Einzelnen noch nichts bekannt.

Im Staat Sudan, in dem auch der Sudd liegt, scheint ein großes Potential noch nicht erschlossen zu sein (vgl. auch BARBOUR 1972). Die Flächen sollen vor allem entlang des Blauen Nil liegen, wo in der Gezira schon in den 20er Jahren 720 000 ha (MANSHARD 1968, 114) von den Briten für den Baumwollanbau erschlossen wurden. Eine Bewässerung soll auf 35 Mio. ha möglich sein. Bislang wird in dem neuen Projekt wohl nur 2 Mio. ha Fläche bewässert (BEAUMONT 1989, 259). Im Sudd scheinen die Vorfluterverhältnisse so schwierig zu sein, daß hier bislang nur randlich Felder angelegt wurden. Der Weiße Nil soll hier durch Verdunstung 31 Mrd. m^3/Jahr verlieren (ebd. 254), das ist mehr als 1/3 des gesamten Nilabflusses.

Neben den Großprojekten gibt es in Afrika aber ebenso wie in Asien eine sehr einfache Bewässerung durch die indigene Bevölkerung, die in Westafrika vor allem in kleinen Überschwemmungsgebieten durchgeführt wird, in Ostafrika besonders in Tansania, Kenia und

Tabelle 13.1. Die Produktivität auf sechs afrikanischen Überschwemmungsgebieten als Funktion der Wassernutzung in kcal/100 m^2. Als Hauptgründe für die Unterschiede werden die Wasserbewegung zwischen Oberfläche und Grundwasser, die verschieden große Bevölkerungsdichte und die Art der Anbaufrüchte genannt.

Products	Kafue	Sudd	Niger	Tana	Logone	Bénué
Meat	450	40	83	357	321	96
Milk	964	168	319	1 859	820	504
Fish	360	96	401	50	729	447
Rice	0	0	853	1 093	962	0
Other	0	0	0	1 849	1 714	19 017
Total	1 774	304	1 656	5 208	4 546	20 064

Source: Drijver & Marchand 1985 aus Hollis et al. (1988, 3).

Äthiopien durch Ableitung von Bachwasser an Hängen erfolgt. Die kleinen Rinnen verlieren manchmal Wasser, und scheinbar könnte man leicht Verbesserungen durchführen. Vielfach wurde das von staatlichen und privaten Organisationen durch Umlegungen, Neueinteilungen etc. versucht, was aber im Beispielsgebiet in Kenia selten erfolgreich war (Watson et al. 1998). Traditionelle Land- und Wasserrechte wurden zu wenig beachtet. In den letzten Jahren ist mit kleinen Schritten, vor allem durch Bereitstellen von Dichtungsmaterial geholfen worden, Planung und Ausführung lagen also bei der lokalen Bevölkerung.

Insgesamt sind die Flußauen die produktivsten Agrarräume der Tropen. Das gilt selbst dann, wenn sie nicht so intensiv bewirtschaftet werden wie in Asien. Eine natürlichen Gunst besteht in den alluvialen Böden, und zwar nicht nur ihrer Fruchtbarkeit auf Grund der jungen Ablagerungen, sondern auch in ihrem fast immer lehmigen Charakter, der die Wasserhaltung begünstigt. Das gilt auch für kleinste Mulden, in denen Tanks angelegt werden. In Indien und Sri Lanka entstanden viele große und kleine Tanks, indem nur wenige Meter hohe Erddämme durch Spülmulden gezogen werden. Diese wechseln nach abwärts mit dem Reisland (Abb. 13.14), so daß das Wasser selbst kleinster Bäche mehrfach genutzt wird. Die Tanks dienen ferner nicht nur zur Bewässerung sondern auch zum Baden, Waschen, als Tiertränke etc. Diese Tanks verlanden nicht so schnell, wie man denken sollte (Riether 1991). In Indien sind inzwischen auch sehr viele Brunnen für die Bewässerung gebaut worden (s.o. 3.9). Hier sind die Bewässerungsflächen noch kleiner als bei der Tankbewässerung. In diesem altbesiedelten Land ist wohl die Vielfalt der Bewässerungsarten am größten. Beispiele, allerdings aus dem Monsungebiet nördlich des Wendekreises, sind in Nitz (1968) zu finden.

Brunnenbewässerung kann in günstigen Gebieten abseits der Tiefenlinien erfolgen. Hier wird in Asien oft auch durch Aufstau von Regenwasser Naßreis angebaut. Dabei wird das Feld von kleinen Dämmen umgeben, und so das Wasser am Ablaufen gehindert. Der Übergang zum Feldbau auf Regenfall ist dabei fließend (Uhlig 1975, 100) und hängt nicht zuletzt von der Durchlässigkeit des Bodens ab. Am auffallendsten ist wohl die Bewässerung an steilen Hängen. Hier wird Bachwasser in kleinsten Kanälen abgeleitet oder Hangwasser gesammelt, und dann auf die terrassierten Felder geführt. Solche Anlagen sind besonders in Indonesien, Sri Lanka, Taiwan (60% des Anbaulandes) und auf den Philippinen verbreitet (Wilhelmy 1975, 37f.), während sie in den übrigen asiatischen Ländern seltener sind, weil genügend flache Gebiete vorhanden sind (ebd. 40). In den anderen Kontinenten fehlen Terrassen fast völlig, Ausnahmen sind Madagaskar, einige Hänge an den großen Vulkanen in Afrika sowie Gebiete in den nördlichen Anden in der Nähe der alten Inkasiedlungen.

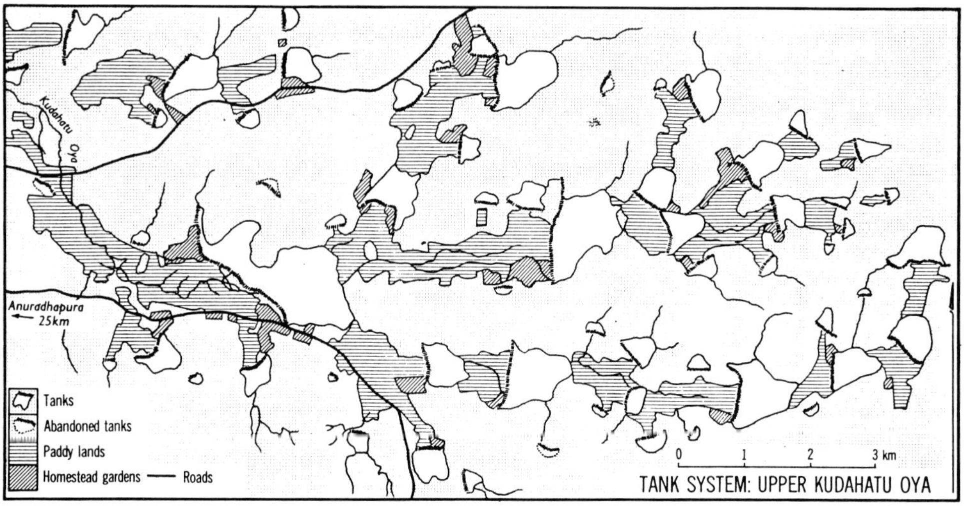

Abb. 13.14. Die Bewässerungswirtschaft hat in Sri Lanka eine sehr alte Tradition. Neben einigen großen Tanks sind manche Gebiete durch eine Vielzahl kleiner Tanks gekennzeichnet, die in flachen Spülmulden angelegt wurden. In diesem Gebiet östlich von Anuradhapura fallen etwa 1500 mm Jahresniederschlag. Die Siedlungen mit den Hausgärten liegen unterhalb der Tanks, wo genügend Feuchtigkeit für tiefer wurzelnde Pflanzen und auch für den Brunnenbau zur häuslichen Versorgung gegeben ist. Aus: JOHNSON & SCRIVENOR 1981, 12.

13.11 Viehhaltung und Eiweißproduktion

Der größte Teil der landwirtschaftlichen Fläche (60–70%) wird von der Tierhaltung genutzt. Der Beitrag zur Ernährung ist aber in den Tropen relativ gering, denn die Viehwirtschaft ist generell gesehen sehr extensiv. In vielen Gebieten handelt es sich um Naturweiden, die vielfach in Afrika, aber auch in anderen Kontinenten nicht einmal eingezäunt sind. Die Bewirtschaftung besteht in der Überwachung und eventuell Anlage von Wasserstellen. Beim Ranching werden die Tiere vielleicht nur ein- oder zweimal im Jahr zusammengetrieben. Die Bestockungsdichte kann im Mittel unter 1 Rind/km^2 betragen. Es gibt zwar vielfältige Untersuchungen zur Weideverbesserung (vgl. z.B. ALKÄMPER 1988), doch scheitern sie meist an den Kosten. Sehr umfangreich sind Versuche mit 20 000 gesammelten Futterpflanzen (90% Leguminosen) im CIAT (Centro International de Agricultura Tropical, Kolumbien), wobei nach Arten für nährstoffarme Standorte gesucht wurde. Limitierend für eine Neueinführung ist in der Regel die Krankheitsanfälligkeit, doch wurden auch einige resistente Sorten gefunden (SCHULTZE-KRAFT 1988).

Wie überall auf der Welt werden von den Bauern in den Tropen Hühner gehalten (s.Tab. 13.2), insbesondere in Süd- und Südostasien auch Enten. Die Ziege, ‚die Kuh des kleinen Mannes‘, ist eher im trockneren Teil der Savannen zu finden. Schafe werden in den Tropen aus klimatischen Gründen fast überhaupt nicht gehalten, es sei denn in Hochländern. In Südamerika werden dort aber Lama und Alpaka gezogen. Für die Volkswirtschaft sind eigentlich nur die Rinder von Bedeutung. Die großen Viehzuchtgebiete, die für den Weltmarkt produzieren, liegen allerdings in den Subtropen der Südhalbkugel (WAIBEL 1922 a). Die größte Zahl der Rinder in einem Land hat Indien zu verzeichnen, wo die Rinder aber abgesehen vom

Süden nur als Zugtiere und Milchlieferanten dienen. Generell gilt, daß die Tiere in den Tropen nicht aufgestallt werden. Ausnahmen sind die städtischen oder stadtnahen Milchbetriebe und die schon erwähnte Rinderhaltung in der Varzea Amazoniens. Entsprechend ist auch ein Anbau von Viehfutter selten, selbst eine Weideverbesserung ist nicht allzu häufig, was die extensive Form der Viehzucht unterstreicht.

Hinzu kommt, daß die tropischen Gräser im groben Durchschnitt keinen hohen Nährwert haben. Die Biomasse nimmt zwar von 2000 kg/ha bei 500 mm/a Niederschlag auf 6000 kg/a bei 1500 mm zu, zugleich nimmt aber der Proteingehalt von 12% auf 3% ab, um 7% sind aber für ein Wachstum notwendig (zit. nach FRICKE 1969, 1979a). Wenn in der Trockenzeit Rinder in Gebiete mit längerer Regenzeit getrieben werden, so ist das Futter dort von geringerer Qualität, oft ist es nur für das Überleben der Herde ausreichend. Auch wird in den Feuchtsavannen vielfach das Gras so hart, daß die Rinder es kaum noch beweiden. Meist wird hier gegen Ende der Trockenzeit gebrannt. Es kommt dann ein grüner Schuß, der als Viehfutter willkommen ist, denn er ist sehr proteinreich (18–22%). Das Verhältnis von Regenzeitweide zur Trockenzeitweide ist im Sudan etwa 1:10. Seßhafte Viehhalter können Stroh von Leguminosen und Stoppelweide als Ergänzung einsetzen. Das Schnaiteln von Bäumen, oft ebenfalls Leguminosen, hilft ebenfalls. Ziegen und Kamele verbeißen auch Büsche und Bäume, sie nutzen also mehr Pflanzen als die Rinder. Dabei selektieren sie durchaus solche Pflanzenteile, die sie gut verdauen (LECHNER-DOLL 1988). Bäume als Futterpflanzen werden vor allem im Sahel genutzt, bislang in reiner Exploitation. Sie werden dabei nicht nur vernichtet, Verbiß und Samenverbreitung sorgen auch für eine Verjüngung. Durch die Beweidung wird die Konkurrenz von Gräsern und Kräutern vermindert (MAYDELL 1988). Etwas günstiger sind die Gräser in den Tiefenlinien, den Spülflächen und Dambos etc. Wird der Ackerbau in diese Physiotope ausgedehnt, fehlen sie den Wanderherden (MÄCKEL 1988). Versuche an unterschiedlichen Standorten in Ostbolivien ergaben eine deutlich höhere Produktivität auf gebrannten Flächen gegenüber ungebrannten (HAASE & GUNNEMANN 1988).

Generell sind also die Naturweiden für die Großviehhaltung in den Tropen nicht sehr günstig. Es kommt hinzu, daß europäische Hochleistungsrassen in den Tropen krankheitsanfällig sind. Auch leisten sie bei Temperaturen über 25° deutlich weniger (WOLD & STEINBACH 1987). Kreuzungen mit dem in Südasien heimischen Zeburind haben nur mäßige Erfolge gehabt. In Afrika ist vor allem die Tsetse Fliege die große Gefahr als Überträger der Schlafkrankheit, von der auch die Menschen betroffen werden. Von der Tsetse befallene Gebiete werden daher oft verlassen, wobei hier eine Selbstverstärkung eintritt (DESHLER 1972), denn die Fliegen vermehren sich besonders in einer ungepflegten Landschaft. Vor allem leben sie in den Feuchtsavannen mit über 1000 mm Jahresniederschlag. Das ist z.B. der sogenannte „middle belt“ in Westafrika (s.o. 12.5). Doch gilt dieses nicht für alle Feuchtsavannen, da einige Rinderrassen weniger anfällig sind (LAMPE-SCHNEIDER 1985), zum anderen Vieh in gutem Futterzustand generell resistenter gegen Krankheiten ist (FRICKE 1969, 1979 a). In den verlassenen Gebieten kann sich auch die Flußblindheit ausbreiten. Die Filarien werden ebenfalls durch Fliegen übertragen, die sich in einem Streifen bis zu höchstens 20 km vom Fluß aufhalten, die aber Büsche und Bäume zum Aufenthalt benötigen und Wild als Zwischenwirt. HUNTER (1966) zeigte, für einige Gebiete am Volta in Ghana, daß ein beinahe zyklischer Verlauf von Besiedlung und Rückzug mit dem Auftreten der Blindheit zusammenhängt.

Während im tropischen Asien die Rinder oder Büffel zu den einzelnen Ackerbaubetrieben gehören, sind in Lateinamerika und Australien die großen Viehranches charakteristisch, in Afrika wandern die Viehherden mit ihren Hirten. Diese Unterschiede sind so groß, daß die folgenden Ausführungen nach Kontinenten getrennt werden.

In Afrika ist die Rinderhaltung vor allem in der Sudan/Sahel Zone sowie im Osten in Äthiopien, im Staat Sudan, in Kenia und auf Madagaskar verbreitet. Dabei bestehen große Unterschiede, die vom reinen Nomadismus über die Transhumance bis zur Haltung im bäuerlichen Betrieb mit Ackerbau reichen. Bei der Transhumance wird von einem festen Wohnsitz, meist einem Dorf, an dem wenigstens etwas Anbau betrieben wird, in der Regenzeit in der Umgebung geweidet, in der zweiten Hälfte der Trockenzeit ziehen die jungen Männer mit den Herden zu einem festliegenden Weidegebiet in größerer Ferne. Beim Nomadismus wandert die ganze Familie, bzw. der Clan mit der Herde. Die Übergänge bestehen z.B. darin, daß man mehrere Jahre in einem relativ begrenzten Gebiet bleibt, wenn die Futterverhältnisse es erlauben, oder es wandern nur die jungen Männer mit der Herde, das aber oft über weite Entfernungen. Da einerseits schon die kolonialen Regierungen aber auch die heutigen bestrebt waren, die Nomaden anzusiedeln, andererseits die Weidegründe durch die Ausdehnung des Akkerbaus und die Anlage von Nationalparks eingeengt wurden (Abb. 13.15), entstehen zunehmend feste Siedlungen, wo dann meist auch ein Anbau betrieben wird. Da aber die Weidegründe oft nicht an die Siedlungen gebunden sind, manchmal nicht genau festliegen, handelt es sich um Zwischenformen von Nomadismus und Transhumance (vgl. auch Fricke 1969, 1979 a).

Fulbe im Westen und Massai im Osten sind die bekanntesten Wanderhirten, die Herden von 20 bis über 100 Stück Vieh betreuen. Eigentümer ist in der Regel die Familie oder der Clan, bzw. der Älteste. Die Nomaden haben weitgehend nur von den Rindern gelebt (Milch,

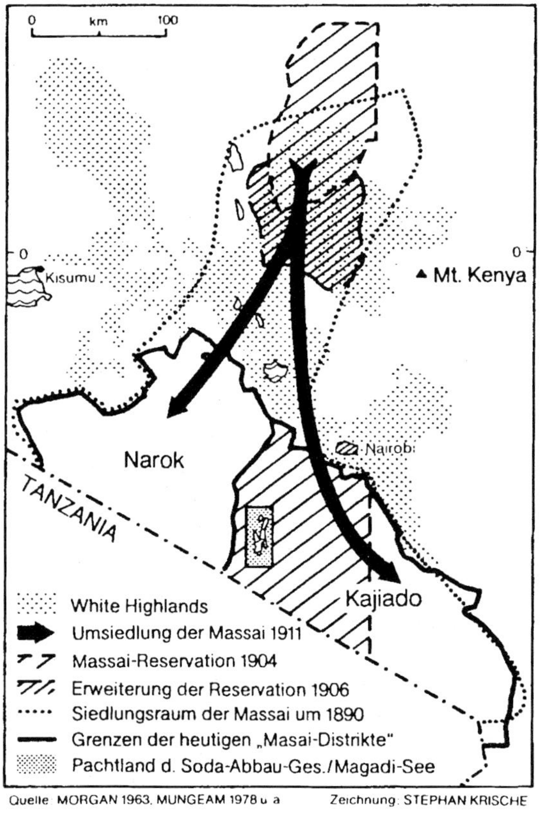

Abb. 13.15. Durch die ,White Highlands' in Kenia, die von der britischen Kolonialverwaltung angelegt wurden und nach der Unabhängigkeit von einheimischen Bauern aufgesiedelt wurden, ist das Wanderungsgebiet der Massai stark eingeschränkt worden. Die heutigen Gebiete sind noch kleiner, da zusätzlich Wildparks angelegt wurden. Aus: Vorlaufer 1988, 149.

Blut und Fleisch), aber die Zahl der wandernden Clans hat abgenommen. Die meisten bauen heute zusätzlich wenigstens etwas Hirse oder Mais an. Verkauft werden Milch, Milchprodukte sowie Bullen, Stiere und ältere Kühe. Fricke (1969) konnte zeigen, daß die Rinderherden in Westafrika nicht nur aus Statusgründen so groß sind, sondern daß Bullen und Muttertiere als Reserve für Zeiten der Seuchen und Dürren gehalten werden. Durch Verkauf kann durchaus ein überdurchschnittliches Einkommen erzielt werden (vgl. auch Bierschenk & Forster 1988). Selbst wo die Viehwirtschaft weniger günstig ist wie bei den Massai (180 000 Stammesangehörige in Kenia, 90 000 in Tansania) wird das drei- bis vierfache des normalen Bedarfs an Tieren für notwendig gehalten, um bei Dürren genügend Überlebende zu haben (Vorlaufer 1988). So werden 800 000 Rinder, 600 000 Ziegen und 840 000 Schafe gehalten. Eine 8–10 köpfige Familie braucht 125–140 Rinder, davon etwa 60% Milchkühe, daneben 150–200 Schafe und Ziegen. Porter (1972) berichtet, daß die Massai in Kenia 1961 bei einer Dürre 400 000 Rinder verloren haben. Ebenso wie im westlichen Sudan werden auch in Äthiopien von den seßhaften Bauern Rinder gehalten, sie sind aber im Vergleich zu Indien relativ wenig in die übrige Wirtschaft integriert. Bei der sehr extensiven Viehzucht in Afrika sind Verbesserungen nur schwer durchzuführen. Sie bestehen nach Fricke (1983) in einer Betreuung der Viehherden durch Veterinäre, einer verbesserten Wasserversorgung, in Zucht- und Fütterungsexperimenten, in der Einrichtung von Weidereservaten und in der Hilfe bei der Vermarktung.

Hatte man zunächst auch von deutscher Seite eine Steigerung der Produktion vor allem durch den Bau von Brunnen angestrebt, wurde schon Ende der 80er Jahre auf Schonung der Ressourcen umgeschaltet (Bayer et al. 1988). Dabei sind zunehmend auch die indigenen Kenntnisse berücksichtigt worden bzw. das traditionelle Wissen respektiert worden. In einem ILCA (International Livestock Center for Africa) Forschungsprojekt in Zentralnigeria wurde gemeinsam von Viehhaltern und Wissenschaftlern eine neue Weidetechnologie entwickelt, wodurch eine nachhaltige Steigerung der Produktion erreicht wurde. Zusätzlich zur Beweidung von Brachflächen und Natursavanne, von Ernterückständen und Flußauen, in der Trokkenzeit von Busch- und Baumweide sowie eines neuen Austriebs nach dem Brennen wurden kleine Leguminosenweiden angelegt, die immer nur von Kühen kurz (meist 2 Stunden) beweidet werden und deren Überleben ermöglichen (Waters-Bayer & Bayer 1988).

„Australiens Wirtschaft reitet auf dem Rücken der Schafe“ konnte man noch bis zum zweiten Weltkrieg sagen, inzwischen sind Industrie und Dienstleistungen bedeutender geworden. Die Schafzucht ist nur im Süden des Kontinentes wirtschaftlich. Die großen, weitgehend menschenleeren Weiten des tropischen Australiens wurden von den Rinderzüchtern erschlossen, später wurden alle möglichen anderen Kulturen versucht, aber meist nach wenigen Jahren aufgegeben. Dafür werden schlechte Böden, zerstörende Wirbelstürme oder zusammenbrechende Weltmarktpreise verantwortlich gemacht. Es sind aber hauptsächlich zwei Gründe: das Fehlen billiger Arbeitskräfte und die mangelhafte Infrastruktur zwischen den weit verstreuten Siedlungen. Unter diesen Bedingungen hat auch die Viehzucht zu leiden, die mit Bestockungsdichten von 1–5 Rindern/km^2 je nach Qualität der Weiden sehr extensiv betrieben wird. Weiden sind nur nahe der Küsten vor allem im Osten, bzw. bei höheren Niederschlägen – was in Australien außer im Nordwesten zusammenfällt – verbessert worden. Durch Ringeln werden Bäume zum Absterben gebracht und dann gerodet, Gras wird eventuell zwischengesät. Die Anlage reiner Kunstweiden durch Umbrechen und Einsaat ist jedoch selten, dazu sind die Niederschlagsverhältnisse im tropischen Norden zu unsicher.

Im Landesinneren ist die wichtigste Arbeit die Überwachung der Wasserstellen und eventuell die Anlage von Brunnen oder Tanks. Durch eine Einzäunung können unterschiedliche

Gebiete nacheinander beweidet werden und so eine Überweidung vermieden werden. Die Herden werden durch Zuchtbullen verbessert, Jungtiere werden gebrandmarkt und verschnitten. Sofern notwendig wird die ganze Herde geimpft oder durch ein Bad mit Desinfektionsmitteln oder Laugen getrieben, letzteres besonders gegen Zeckenbefall. Das Wichtigste ist das Aussondern und der Abtransport der drei-, höchstens vierjährigen Tiere zum Verkauf. Wenn sie noch keine Schlachtreife haben, werden sie wenige Wochen in der Nähe der Schlachthöfe, die fast alle an der Küste liegen, gemästet. Dennoch ist nur eine begrenzte Qualität zu erreichen, da die nahezu im Wildzustand herangewachsenen Tiere ein grobfaseriges, aber fettarmes, also relativ zähes Fleisch haben, das allerdings für „Hamburger" und andere Hackfleischprodukte gut geeignet ist. Der Vorteil der australischen Rinderwirtschaft liegt in dem gut organisierten Abtransport – heute meist mit Riesenlastern –, so daß die Tiere wenig Gewicht verlieren. Probleme bilden die Variabilität der Niederschläge und die Schwankungen der Preise auf dem Weltmarkt. Bei Dürren werden heute vielfach die Tiere in Gebiete mit günstigeren Futterverhältnissen transportiert. Viele Betriebe haben eine zweite Ranch im Südosten, sonst werden Pensionsweiden aufgesucht.

Die Rinderzucht im tropischen Südamerika hat sich in manchem ähnlich wie in Australien entwickelt, allerdings waren die Fazendas in der Regel Eigentum von Angehörigen der kolonialen Oberschicht, sie sind aber mit 50 bis 1000 km² sehr viel kleiner als die 3000 bis 5000 km² großen Betriebe im australischen Norden. Doch sind die Klimabedingungen mit 1200–1500 mm Jahresniederschlag in Südamerika im allgemeinen günstiger gegenüber den 800 bis 1200 mm oder sogar noch weniger, die in den australischen Zuchtgebieten fallen, auch die Mastgebiete sind dort nicht viel besser gestellt.

Die Fazendas sind zunächst ähnlich wie die mittelalterlichen Lehen mit weitgehender Herrschaft über die indigenen Bewohner ausgestattet gewesen (Sandner & Steeger 1976, 91f.). Natürlich hat sich dieses im Laufe der Zeit geändert, jedoch ist der Eigentümer (Gutsherr) weiterhin bestimmend geblieben, er ist allerdings oft in die Stadt gezogen, die Arbeiter befanden und befinden sich in wirtschaftlicher Abhängigkeit. Im nördlichen Pantanal sind viele Betriebe, die in traditioneller Weise vom Verwalter bewirtschaftet werden, mehr und mehr verfallen, andererseits bemühen sich aktive Besitzer erfolgreich um Innovationen (Remppis 1995). Besondere Schwierigkeiten bestehen hier in der Vermarktung, da in diesen Gebieten mit dem großen Gegensatz von langer Trockenzeit und sehr weiten Überschwemmungen und verbreiteten versumpften Arealen Straßen nur schwer anzulegen sind. Die Tiere müssen daher getrieben werden (Abb. 13.16) und werden auf Weiden in São Paulo und Minas Gerais gemästet. Gegenüber den 152 Mio. Rindern Brasiliens (s. Tab. 13.2), sind die 26 Mio. Kolumbiens, 15 Mio. Venezuelas und 12 Mio. Ecuadors für den Welthandel unbedeutend, sie dienen vor allem der Versorgung des Landes. Sie werden ebenso wie in Brasilien weitgehend auf Ranches gehalten.

In Asien sind große Viehzuchtgebiete selten, vielmehr werden vor allem Hühner, Rinder und Wasserbüffel als Haustiere gehalten. Es gibt keine besonderen Weidegebiete, die Tiere leben von Abfällen, grasen auf Feldrainen oder werden in benachbarte Waldstücke getrieben, was zu einer Degradierung der Wälder führt (Scholz 1988). Die in manchen Gebieten entstandenen Alang Alang (*Imperata cylindrica*) Grasflächen (s.o. 8.5.2) eignen sich wegen dieser Hartgräser nicht für die Beweidung. Da Hindus, vor allem der höheren Kasten, kein Fleisch verzehren sollen, wird in Indien auch kaum mit Rindern gehandelt. Eine Ausnahme sind die Zugtiere, die in Rajastan aufgezogen werden und in die Flußebenen und auf den Dekan verkauft werden. Im südlichen Indien wird etwas mehr Fleisch verzehrt, etwa von Christen aber auch von Einheimischen. Indonesien mit seiner vorherrschenden moslemischen Bevölkerung

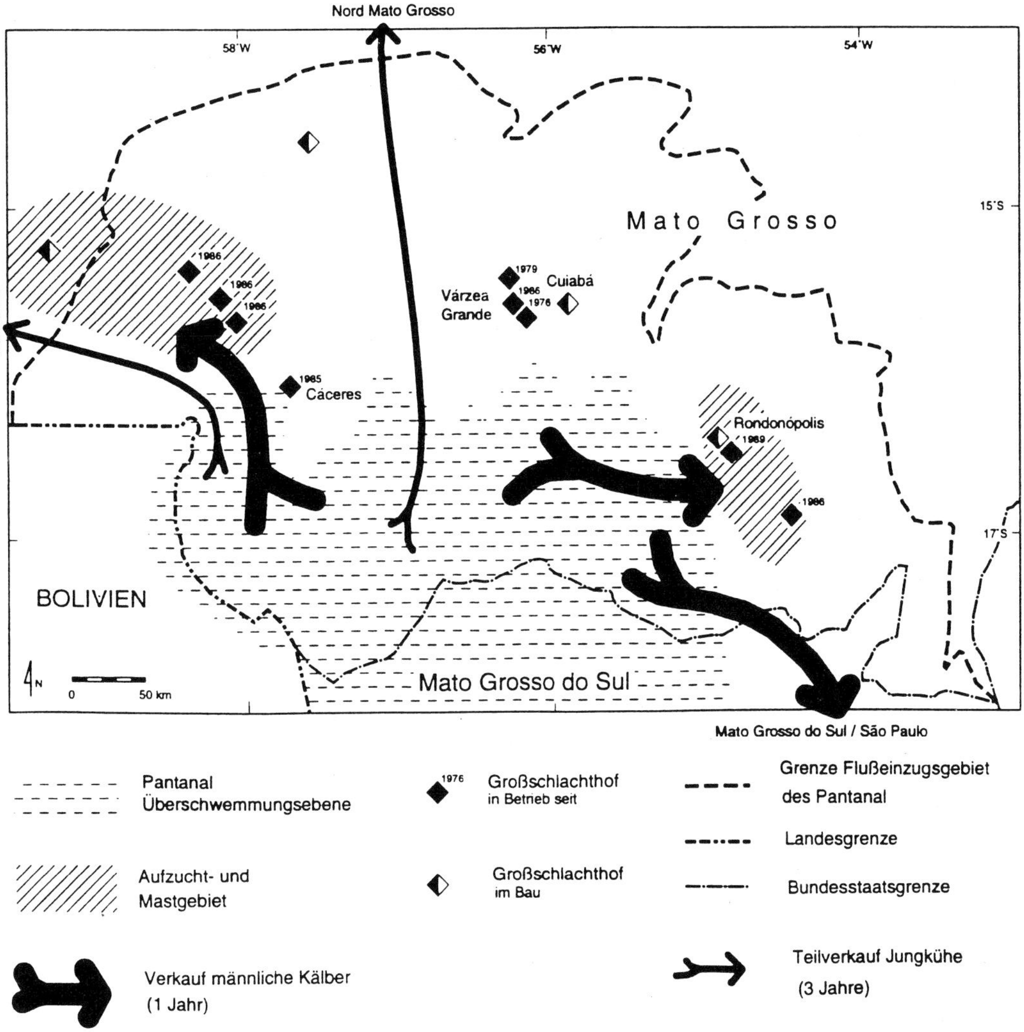

Abb. 13.16. In abgelegenen Gebieten versucht man naturgemäß zunächst die lokalen Märkte zu beschicken, wo auch bei genügender Größe des Marktes wie in Cuiabá Schlachthöfe entstehen. Darüber hinaus müssen aber die Tiere über hunderte von Kilometern zu entfernteren Gebieten gebracht werden. Wenn keine ausreichenden Straßen vorhanden sind, werden sie in langen Trecks getrieben, wobei hohe Gewichtsverluste eintreten. Aus: Remppis 1995, 11.

hat das Verbot des Schweineverzehrs. Zimmermann (1975) berichtet, daß auf etwa 3 Personen 2 Stück Geflügel kommen und auf 10 Personen eine Großvieheinheit, was einen sehr geringen Fleischverzehr ergibt. Rinder werden vor allem bei den großen Festen oder bei Totenfeiern geschlachtet, der Verkauf in die Städte ist gering. In ähnlicher Weise ist die Rinderzucht in Madagaskar ausgerichtet, wo der Totenkult eine große Rolle spielt und in traditionellen Gemeinschaften das Ansehen von der Zahl der dann geschlachteten Rinder abhängt. Hierin unterscheidet sich die Insel vom übrigen Afrika, wo die Rinder bei den Nomaden zur Bezahlung beim Brautkauf dienen.

Die Produktion von Milch und Milchprodukten ist, soweit sie über den Eigenbedarf hinausgeht, in den Tropen zu vernachlässigen, was einmal an der schnellen Verderblichkeit, zum anderen an den aufwendigen Hygienemaßnahmen liegt. Im allgemeinen werden aus den Außertropen importiertes Milchpulver und andere Milchprodukte verwendet. Eine große Ausnahme ist Indien, das in der Produktion von Butter (inclusive Ghee) an erster Stelle in der Welt steht und ungefähr so viel wie die USA und Rußland zusammen herstellt. Die andere Ausnahme ist Australien, wo Milch unter den kühleren Bedingungen des Atherton Tablelands in über 1000 m Höhe produziert wird und gekühlt über den ganzen tropischen Norden vertrieben wird (s.u. 14.3.2). Die Milchproduktion in den Tropen nimmt aber auch in den anderen Ländern langsam zu. Für Afrika wurde bereits erwähnt, daß von den Wanderhirten, bzw. ihren Frauen auch Milch verkauft wird. Das gilt vor allem für kleinere Herden, und natürlich nur in der Nähe von Märkten oder Städten. Vielfach sind in den Städten vor allem Südamerikas Melkbetriebe entstanden, die dann direkt an Molkereien liefern. Probleme bestehen darin, daß die Vorratshaltung Kühlung beim Absatz verlangt, was nur in größeren Kaufhäusern gegeben ist. All dieses rentiert sich nur bei einem genügend großen Verbrauch.

Auch die Milchproduktion durch Kleinbauern in der Nähe von Städten nimmt zu. Nahe Manaus haben Siedler aus dem brasilianischen Nordosten, die sehr aktiv sind, Zebukühe mit holländischen Zuchtbullen gekreuzt, aber die Leistung erreicht nur 2 l/d im Mittel, Schwankungen in der Ablieferung eines Betriebes von 18 Kühen betrugen 1000 bis 200 l/Monat (O'Reilly Sternberg 1966). Die geringe Leistung ist durch die Qualität des Futters und die Hitze bedingt. Der Absatz erfolgt in der Nähe von Manaus mit dem Schiff. Kleinbauern in der Nähe von Cuibá haben sich zu Genossenschaften zusammengeschlossen, die vor allem die Verarbeitung und Vermarktung vornehmen. Die Stadtagglomeration, die zusammen mit Varzea Grande etwa 650 000 Einwohner hat (Coy 1995, 28), erhält rund 40 000 l/d (Schneller 1995, 252), also 0,06 l/Person.

Von den großen Unterschieden in der Viehhaltung zeugen die Zahlen der Tab. 13.2. Die Relation der Fleischproduktion zur Zahl der Rinder ist für Australien mit 72 kg/Rind/Jahr (ein fiktiver Mittelwert, diese Zahl muß man mit 4 multiplizieren, denn in dem Alter werden ja die Tiere geschlachtet, um das Gewicht des Tieres zu erhalten, außerdem ist das reine Fleischgewicht ohne Knochen, Haut etc. gemeint) ähnlich hoch wie für Brasilien mit 74 kg/Rind/Jahr, obwohl die Niederschläge viel geringer sind und damit auch die Weiden ungünstiger. Es erklärt sich durch den höheren Stand der Rinderhaltung in Australien. Bei den übrigen Staaten steht der Eigenverbrauch im Vordergrund, so daß sich nur Werte von 25–38 ergeben, was aber auch durch die Verwendung der Rinder als Zugtiere bedingt ist. Das gilt besonders für Indien, das nur einen Faktor von 6 kg/Rind erreicht. Wenn in der Statistik die afrikanischen Länder bei der Fleischproduktion nicht aufgeführt sind, so zeigt dieses, daß der Verkauf nur einen geringen Teil ausmacht. Beachtlich ist der Verzehr an Geflügel, der im allgemeinen höher ist als der von Schweinefleisch.

Tabelle 13.2. Tierhaltung und Fleischproduktion in ausgewählten tropischen Ländern nach Fischer Weltalmanach 1997, Stat. Jb. 1996.

Land	Bevöl- kerung	Viehhaltung in Mio. Rinder	Ziegen	Schweine	Fleischproduktion in Mio. t Rind	Ziegen	Schwein	Geflügel
Brasilien	162	151	12	30	11,2	0,1	1,3	3,5
Indien	935	193	118	12	1,3	0,6	0,4	0,4
Australien	18	25	–	3	1,8	–	0,3	0,5
Indonesien	198	197	12	8	0,3	0,1	0,6	1,1
Thailand	59	8	–	5	0,3	–	0,4	0,8
Äthiopien	40	29	17	–				
Kenia	21	11	7	–				
Madagaskar	12	10	1	2				
Nigeria	89	16	25	7				
Sudan	25	21	16	–				
Tansania	23	13	10	–				

13.12 Neusiedlungen

13.12.1 Einleitung

Zu den großen Veränderungen in der Landnutzung gehören die Neusiedlungen. Diese erfolgen zum einen spontan meist durch einzelne Siedler (squatter), zum anderen in gelenkten Siedlungen (Agrarkolonisationen), die vor allem von Regierungen aber auch Privatgesellschaften geleitet werden. Uhlig (1988, 7) vergleicht diese Pioniersiedlungen in Südostasien, insbesondere in Thailand, Malaysia, Indonesien und den Philippinen in ihren Dimensionen mit der mittelalterlichen Ostkolonisation in Mitteleuropa und dem Vorrücken der Frontier in Nordamerika. Wahrscheinlich sind auch die schwierigen Lebensbedingungen eines Neuanfangs nicht allzu verschieden. Insbesondere verschlechtert sich in der Regel bei Neusiedlungen das Los der Frauen, da sie oft das Recht an Land und Einkünften verlieren, sowie die sozialen Bindungen aufgelöst werden. Bei spontanen Siedlern kommt die Einsamkeit und die starke Abhängigkeit vom Mann hinzu (Townsend 1995).

Im allgemeinen steht in den Neusiedlungen mehr Land für den Einzelnen zur Verfügung als in den altbesiedelten Gebieten. Bei staatlichen Projekten sind es in Asien 2–5 ha, in Lateinamerika 20–100 ha, wobei allerdings zu bedenken ist, daß es meistens keine Nutzungsrechte etwa in Form von Waldweide in den angrenzenden Gebieten gibt, in Lateinamerika bei größeren Farmen ein Teil der Fläche als Weide projektiert ist. In Afrika und Indien sind Neusiedlungen nicht sehr verbreitet. Zwar findet man vereinzelt an steilen Hängen squatter, wie etwa an den Hängen zwischen Küstenebene und Hochland in Kerala mit Anbau von Kautschuk (Nitz 1982). Eine Ausnahme ist auch Äthiopien, wo 1 Mio. spontane Siedler von 1950–74 die Kulturfläche um 25% ausgedehnt haben sollen (Manshard 1988). Im großen Ganzen sind aber die Besitzverhältnisse so konsolidiert, daß wenig größere neue Projekte möglich sind, es sei denn, Neusiedlungen werden etwa durch den Bau von Staudämmen notwendig. In Indien sollen in den 50 Jahren seit der Unabhängigkeit 20 Mio. DIDIs (Development induced displacement) umgesiedelt worden sein (Thompson 1997).

Zu Beginn werden in der Regel Mischkulturen oder mehrere Subsistenzfrüchte angebaut, was sowohl ein Ausprobieren – trial and error ist ein altes Frontierprinzip – als auch eine

Risikostreuung bedeutet. Dabei wird aber neben der reinen Selbstversorgung möglichst auch schon für den Markt produziert. Erst wenn der Unterhalt gesichert ist und größere Parzellen gerodet sind, erfolgt ein geregelter Anbau oder auch die Anlage von Naßreisfeldern oder Dauerkulturen. Nur bei manchen Regierungsprojekten werden Maschinen nicht nur zum Roden, sondern später auch für die Feldarbeit eingesetzt, bei Kleinbetrieben fehlt in der Regel das Geld, selbst für das Ausleihen von Maschinen.

Squatter finden sich vor allem in Südostasien und Lateinamerika, besonders Brasilien. In bereits besiedelten Gebieten lassen sie sich an bislang ungenutzten Hängen nieder. Wird durch bisher unbesiedeltes Land eine neue Straße gebaut, folgen ihr die squatter (Abb. 13.17). Sie leben oft sehr isoliert, haben aber meist die Möglichkeit, Überschüsse des Subsistenzanbaus, Marktfrüchte, gesammeltes Gut oder Früchte abzusetzen, wie etwa im Amazonasgebiet Gummi und Paranüsse. In Südostasien folgen die squatter auch den Holzkompanien, für die sie u.U. zunächst gearbeitet haben oder noch arbeiten. Scholz (1988) nennt vier Voraussetzungen der spontanen Pioniersiedlung in Thailand: 1. bislang nur extensiv für den Holzeinschlag genutzte Wälder im Übergang von den dicht besiedelten alluvialen Ebenen zum Bergland, 2. eine günstige Infrastruktur, die dünn besiedelte Gebiete erschließt, 3. Waldgesetze können und werden kaum überprüft, 4. gute Preise für Mais, Maniok und Rohrzucker. Die Neusiedlungen erfolgen im Außengebiet des Dorfes, im Anschluß an diese oder in entfernteren Regionen. Übergänge zwischen spontanen Siedlungen und Regierungsprojekten entstehen, wenn Verwandte von Siedlern in gelenkten Projekten sich in der Nähe niederlassen, wenn Bauern nahe von Regierungsplantagen spontan siedeln, wenn die Heimatgemeinde den Transport in die neuen Gebiete bezahlt und die Regierung am Ort hilft (Uhlig 1988).

Eine Verbreiterung der Produktion der Bauern, die Naßreis auf nur 1–1,5 ha kultivieren, durch Anbau von Mais, aber auch Gemüse auf benachbarten Hängen (bis zu 8 ha) schildert Riethmüller (1988) vom zentralen nördlichen Thailand im Übergang zum Khorat Plateau. Da der Arbeitsanfall größer geworden ist, werden an den Hängen Traktoren eingesetzt, die aber wegen der Steilheit nur hangabwärts pflügen können, was eine Bodenerosion auslöst. Eine Besiedlung in abgelegenen Gebieten wird oft von Unternehmern, meist chinesischer Abstammung gefördert, indem sie Traktoren, Saatgut etc. zur Verfügung stellen oder verkaufen, aber auch die Vermarktung der Erzeugnisse übernehmen. Damit sind Übergänge zu einer staatlich gelenkten Agrarkolonisation gegeben. Erstaunlicherweise ist auf diese Weise im Hinterland von Chon Buri (SE Bangkok) unter relativ ungünstigen natürlichen Bedingungen eines der produktivsten Agrargebiete entstanden. Das ist auf die gute Infrastruktur, Nähe zur Hauptstadt und den unternehmerischen Geist der thai-chinesischen Gesellschaft zurückzuführen (Scholz 1988).

13.12.2 Neusiedlungen in Südostasien

Spontane Neusiedlungen erfolgten in Südostasien zum einen in den Bergländern, die zwar schon in präkolonialer Zeit besiedelt waren und wo sich bereits vor dem 2.Weltkrieg die Nutzung ausdehnte, aber durch den Holzeinschlag ist seit 1950, besonders seit den 70er Jahren eine neue Phase der Besiedlung eingeleitet worden. Die Holzkompanien legten Wege und Schneisen an, die die squatter ausnutzten (Allen 1993). Ähnliches gilt auch für die Tiefländer, insbesondere für Kalimantan, Indonesien, wobei die Gefahr der großen Feuer entstehen kann (s.u. 13.14.3).

Neusiedlungen werden von den Regierungen aus verschiedenen Gründen initiiert (vgl. Uhlig 1988): 1. eine politisch unruhige, landlose junge Bevölkerung soll eine Chance haben.

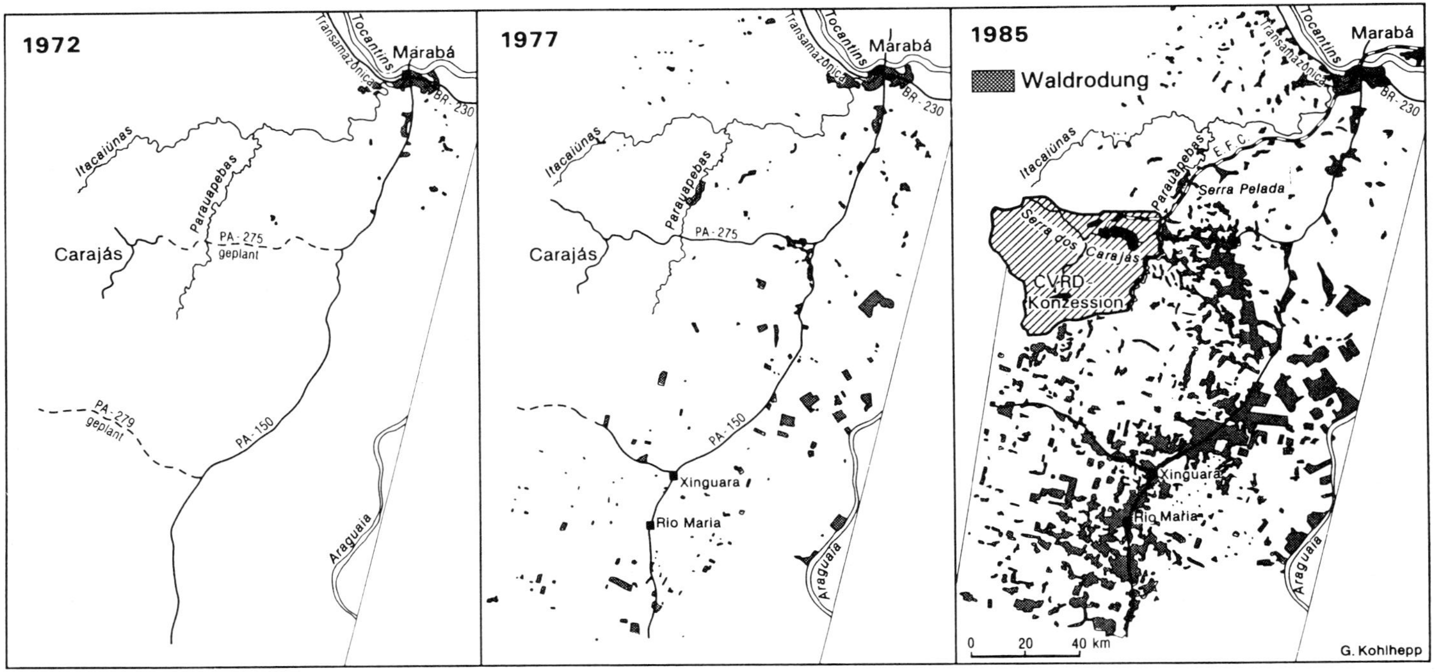

Quelle: Jornal do Brasil 3. 8. 1986 und eigene Ergänzungen

Abb. 13.17. Zunahme der Waldrodungen entlang einer neu gebauten Straße im Gebiet der Sierra dos Carajás. Aus: KOHLHEPP 1987, 233.

Damit wird auch die Abwanderung in die Städte etwas gebremst. 2. soll die Agrarproduktion erhöht werden, um mit der wachsenden Bevölkerung Schritt zu halten. 3. sollen bislang unbesiedelte Gebiete erschlossen werden, wobei strategische Gründe mitspielen. 4. wird in Ländern mit sehr verschiedenen Ethnien eine Vermischung angestrebt. 5. wohl seltener: soll der Druck einer Überbevölkerung entlastet werden wie im Falle von Java oder Luzon. 6. sind in Südostasien Programme für die Ansiedlung Vertriebener sowie für Minoritäten (Bergstämme mit shifting cultivation) durchgeführt worden. 7. haben Agrarkolonisationen für Veteranen, die aus dem Militärdienst entlassen wurden, wohl nur vereinzelt wie in Indonesien nach dem Unabhängigkeitskampf oder in Australien nach dem 2.Weltkrieg stattgefunden. 8. wurden in Thailand und wohl auch anderen Ländern Hinterindiens ‚strategic villages' (Wehrdörfer) angelegt, um befriedetes Partisanengebiet zu sichern.

Die Holländer begannen gelenkte Umsiedlungen in Indonesien schon 1905, da sie die Lage der Bevölkerung auf dem sehr dicht besiedelten Java verbessern wollten, zugleich auch die anderen Inseln erschließen wollten. Die indonesische Regierung hat die Transmigration fortgeführt, wobei vor allem Sumatra, insbesondere der Süden der Insel das Zielgebiet ist (64% der Umsiedlungen), aber auch Kalimantan (=Westborneo 22%) und Sulawesi (10%) Zuwanderer aufnehmen (Scholz 1992, 33). Insgesamt leben von den rund 200 Mio. Indonesiern 35% in Städten, von der restlichen 120 Mio. großen ländlichen Bevölkerung sind etwa 10 Mio. Transmigranten – etwa 4 Mio. in Regierungsprojekten, eine geschätzte Zahl von 6 Mio. spontane Siedler –, das sind also rund 8% der Bauern des Landes, bzw. 5% der Gesamtbevölkerung.

Schwierigkeiten ergaben sich, wenn ethnisch unterschiedliche Siedler angesetzt wurden, denn ein Zusammenhalt innerhalb der Siedlungen ist für Gemeinschaftsarbeiten wie etwa das Roden notwendig. Generell besteht in Südostasien mit seiner starken ethnischen Zersplitterung das Problem, daß Neusiedler meist zwischen anderen Ethnien einziehen. Oft werden dann Freunde oder Angehörige der ursprünglichen Dorfgemeinschaft nachgeholt. Aber auch die Ansiedlung einheitlicher Gruppen aus dem gleichen Dorf war nicht problemlos, da dann die soziale Gliederung beibehalten wurde. Man ging dazu über, eine Mischung von einem Drittel Javaner mit einem Drittel lokaler Umsiedler und einem Drittel Nachkommen beider Gruppen zu projektieren. Im einzelnen betreffen die Anforderungen an die Siedler nicht nur Kenntnisse in der Landwirtschaft, sondern auch eine ganze Reihe von gesellschaftspolitischen Forderungen: indonesische Staatsangehörigkeit, Religionsbekenntnis, Ehe, Führungszeugnis, Alter zwischen 20 und 40 Jahren etc. (Zimmermann 1975).

Bei der Transmigration erhalten die Neusiedler z.B. ein 50 x 50 m großes Gartengrundstück, 1 ha gerodetes Land, eine Option für ein 0,75 ha großes noch nicht erschlossenes Areal sowie eine kostenlose Grundausstattung an Saatgut, Dünger, Geräten und Nahrungsmittel für 1–2 Jahre. In den 85 Jahren seit 1905, schätzt Scholz (1992), sind nur etwa 1,0 Mio. ha Regenwald umgewandelt worden, weniger als 1% des gesamten Waldbestandes (ebd. 36). Da nicht nur in den Hausgärten Bäume gepflanzt werden, sondern auch auf den Feldern Baumkulturen entstehen (s.o. 13.8.3), ist die Nutzung als relativ nachhaltig zu bezeichnen.

In Thailand ist durch Ausdehnung der landwirtschaftlichen Nutzung die Waldfläche von 1961 mit 57% bis 1978 auf 25% der Gesamtfläche verkleinert worden (Uhlig 1988, 11). Die Ackerflächen sind von 1956 bis 1975 verdoppelt worden, vor allem der Anbau von Naßreis, Mais, Maniok und Rohrzucker hat zugenommen. Etwa 1 Mio. squatter mit Familien, also rund 5 Mio. Menschen stehen rund 230 000 Familien in staatlichen Neusiedlungsprojekten gegenüber (ebd. 13). Die insgesamt 6 Mio. sind im Vergleich zur Gesamtbevölkerung Thailands von rund 60 Mio. also 10%, ein doppelt so hoher Anteil wie in Indonesien. Dabei hat sich zum Teil eine Form von Saisonpendlern herausgebildet, die von dem Hauptsitz mit den zu kleinen Naßreisfeldern nach der Ernte, also saisonal über Zehner von Kilometern zum Hügelgebiet zu einem Trockenfeld pendeln.

In Malaysia trugen 1958 74% des Landes Wald, nur 16% wurden bestellt. Durch die Projekte der FELDA (Federal Land Development Authority) und ungelenkte Siedlungen wurde die Reisfläche verdoppelt, vor allem wurden die Dauerkulturen, insbesondere von Gummi und Ölpalmen stark ausgedehnt. Nordborneo wurde bei der Unabhängigkeit mit der Halbinsel Malaysia verbunden und damit im Gesamtstaat ein Übergewicht der Chinesen vermieden. Es erfolgte eine Ansiedlung durch private, meist chinesische Kompanien sowie durch staatlich geförderte Projekte. Auch ging die indigene Bevölkerung zum Marktanbau von Gemüse im Bergland, Kautschuk an den unteren Hängen, Kokospalmen, Pfeffer und Naßreis in den Ebenen über (Uhlig 1970). Auf den Philippinen ist die landwirtschaftliche Nutzfläche von 1950–73 um 3–4 Mio. ha vergrößert worden. Nur 5–8% davon sind an die staatlich gelenkten Projekte mit 14 500 Siedler (4–6 ha/Siedler) gegangen (Uhlig 1988, 24).

13.12.3 Neusiedlungen in Lateinamerika

13.12.3.1 Erschließung des brasilianischen Amazonasgebietes

Bei der Erschließung neuer Gebiete zeigen sich große Unterschiede zwischen Südostasien und Lateinamerika, was an den politischen Vorgaben, den allgemeinen wirtschaftlichen Verhältnissen und der Bevölkerungsdichte liegt. Im brasilianischen Amazonien lassen sich verschiedene Phasen der Besiedlung feststellen (Kohlhepp 1995 b). Nach der initialen Landnahme war sie bis etwa 1930 weitgehend auf die Flüsse beschränkt und bestand aus Streusiedlungen und einzelnen Städten. In den 60er Jahren begann im Rahmen des „Programms der nationalen Integration“ der Ausbau der Infrastruktur, insbesondere der Straßen. Mitte der 70er Jahre entstanden durch das „Polamazônia (Wachstumspol) Programm, das hauptsächlich durch steuerliche Anreize wirkte, große Rinderfarmen in Mato Grosso. Ab Anfang der 80er Jahre sollte mit Weltbankhilfe die regionale Bevölkerung gefördert werden, Großprojekte sollten die Stellung Brasiliens am Weltmarkt stärken. Am bedeutendsten ist die Eisen- und Aluminiumgewinnung im Grande Carajás Projekt und die damit verbundene Elektrizitätsgewinnung im Tucuruí Stausee.

Eine überstürzte Entwicklung, die teils vom Staat getragen, teils durch squatter und Goldsucher aber auch durch Bergbaukompanien, Handels- und Immobiliengesellschaften vorangetrieben wird, hat zu sozialen Konflikten und Konkurrenz in der Raumnutzung geführt. Kohlhepp zeigte auch auf, wie sich die Vorstellung der Weltbank von „nachholender Entwicklung“ durch Modernisierung, über Armutsorientierung und integrierte ländliche Entwicklung zur Sozial- und Umweltverträglichkeit und schließlich zum Konzept einer nachhaltigen Entwicklung wandelte. 1990 schlug Bundeskanzler Kohl den G 7 Ländern und der EG vor, dieses Konzept in Amazonien zu unterstützen. Das wirtschaftliche Wachstum soll an die Ökosysteme angepaßt werden, und die Entwaldung soll verringert werden. $US 291 Mio., davon 60% von Deutschland, sollen dafür aufgewendet werden. Im Einzelnen soll die wissenschaftliche Forschung intensiviert werden, eine Einbeziehung von NGOs (300 von ihnen sind in einer Dachorganisation zusammengeschlossen) soll die Beteiligung der regionalen Bevölkerung sichern, eine Abstimmung der Umweltpolitik zwischen Zentralregierung, Bundesstaaten und Kommunen soll erfolgen. Zum Management der natürlichen Ressourcen gehören inzwischen nicht nur 20 Reservate für Sammler von Kautschuk, Paranüssen etc. mit 3,8 Mio.

ha und 9200 Familien, daneben Indianerschutzgebiete (10% der Gesamtfläche, die Festlegung der Grenzen seitens der Regierung ist bisher nur für 61 der 510 Gebiete erfolgt) sowie nationale Forstgebiete, für die nicht nur eine nachhaltige Holznutzung vorgesehen ist, sondern auch Versuche, degradierte Gebiete wieder zu verbessern. KOHLHEPP betont, daß dieses das erste Projekt einer gemeinsamen Umweltpolitik zwischen Industriestaaten und Entwicklungsland ist. Haben schon seit den 60er Jahren deutsche und brasilianische Geographen eng zusammen gearbeitet, die ADLAF (Arbeitsgemeinschaft Deutscher Lateinamerika Forschung) besteht seit 1965 und hat auf den Tagungen immer eine Beteiligung von lateinamerikanischen Kollegen gehabt, so wurde durch das SHIFT (Studies on Human Impact on Forests and Floodplains in the Tropics) seit 1989 eine neue Phase der deutsch-brasilianischen Umweltforschung eingeleitet (KOHLHEPP 1995/96).

Eines der Hauptprobleme Amazoniens ist aber wohl die Größe des Raumes, die weite Entfernung zu den wirtschaftlichen und politischen Zentren und die relativ geringen Möglichkeiten einer Durchsetzung von Recht, insbesondere Bodenrecht und Planung. Viele Neusiedlungen sind spontan entstanden, mit dem Bau der Straße Brasilia-Belem kamen zunächst squatter, die Land bis zu 100 ha besetzen konnten. Sie wurden aber zu einem großen Teil bald von Viehzüchtern vertrieben (GLASER 1971). Andere Straßen sind weniger dicht aufgesiedelt worden, aber auch hier haben sich squatter niedergelassen. Selbst bei staatlich geplanten Projekten können sich die Besitzverhältnisse schnell ändern wie etwa in Rondônia (s.u. Abb. 13.18), während sie bei einer spontanen Gruppensiedlung in Mato Grosso relativ stabil erscheinen.

In der zweiten Phase, von 1970 an entstanden z.B. im Südwesten von Mato Grosso im Einzugsgebiet des Guaporé (1200–2000 mm Jahresniederschlag) und in Rondônia (1500–2000 mm) Neusiedlungen. Im Guaporé Gebiet (HERFORT 1995) haben sich Gruppen von Kleinbetrieben mit 20–50 ha, also der zehnfachen Größe der neuen Betriebe in Südostasien, zwischen Großbetrieben der Rinderzucht entwickelt. Sie liegen allerdings in der Feuchtsavanne, wo mehr Land zur Ausstattung notwendig ist. Je nach Dauer der Besiedlung beträgt der Anteil der natürlichen Vegetation auf den einzelnen Besitzen 0–50%. Neben Mais, Reis und Bohnen werden Kaffee und Bananen angebaut sowie Pferde für Transport und Feldarbeiten gehalten und einige Rinder gezogen. Eine private NGO (FASE-Federação de Assistência Social e Educational, die sich für die unteren Klassen in Brasilien einsetzt) versucht mit Unterricht und Beratung zu helfen. Diese Siedlungen erscheinen trotz relativ ungünstiger natürlicher Verhältnisse recht stabil.

In Rondônia wurden in einem staatlichen Projekt Siedlerstellen von ursprünglich 100 ha ausgelegt (COY 1987). Es ist erstaunlich, daß sich innerhalb von nur 11 Jahren eine Besitzstruktur wie in den altbesiedelten Gebieten herausbildete (Abb. 13.18). 63% der Siedler haben Land verkauft, so daß einerseits eine Besitzzersplitterung eintrat, andererseits sind 6 Großbetriebe entstanden. Zum Teil ist diese Entwicklung dadurch zu verstehen, daß der „Marsch nach Westen", den schon die Vargas Regierung 1938 propagiert hatte, in Etappen verläuft. Die Bauern ziehen weiter, wenn die Böden erschöpft sind oder die wirtschaftlichen Verhältnisse sich verschlechtern. Die Siedler waren aus dem Süden gekommen, für 41% war Rondônia die zweite Etappe, für 31% die 3. bis zur 8. Etappe. Mehrere Bauern, die aufgegeben haben, sind nach Roraima weitergezogen. Generell sind die schnellen Veränderungen durch die geringe rechtliche Absicherung, wenig strikte Auflagen, geringe Durchsetzungskraft der Organisationen und der Verwaltung bedingt, schließlich liegt es auch am wirtschaftlichen und politischen Einfluß der Großgrundbesitzer, bzw. an dem relativ geringen Interesse der Zentralregierung an den Kleinbauern (vgl. dazu KOHLHEPP 1994, 277f. und RATTNER 1988). Ferner

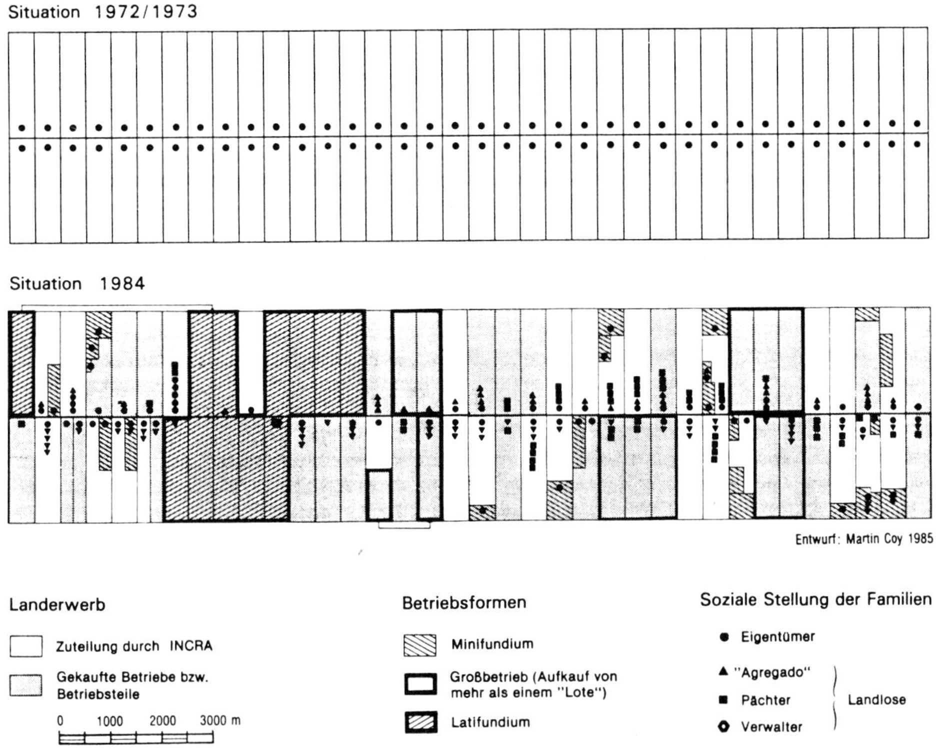

Abb. 13.18. Soziale Differenzierung entlang einer Erschließungsstraße im Projekt Ouro Preto, Rondônia. Innerhalb von nur 11 Jahren hat sich das Besitzgefüge und damit auch Nutzung und Stellung der Bauern von ursprünglich gleichen Verhältnissen zu einer Struktur geändert, wie sie den altbesiedelten Gebieten entspricht. Ein ‚agregado' ist ein mithelfender Familienangehöriger, der ein Stück Land für seine Hilfe bekommt. Aus: Coy 1987, 292.

hat Amazonien nicht die Möglichkeit, mit der Hochtechnologie des Agrobusiness im Süden zu konkurrieren, da die Kosten durch Rodung und die Entfernung von den Märkten zu groß ist, die Siedler nicht an eine solche Wirtschaftsweise gewöhnt sind.

Im Zusammenhang mit der Entwicklung des Erzabbaus von Grande Carajás erfolgte neben den Kompanie-Siedlungen eine umfangreiche spontane Landnahme (Kohlhepp 1987 b). Das waren einerseits Arbeiter, die von der Aufbauphase zurückblieben – die Beschäftigtenzahlen waren von fast 30 000 1982 schon 1984 auf 10 000 zurückgegangen, ein geplanter weiterer Abbau auf 2000 war vorauszusehen –, zum anderen Zuwanderer, die von der Infrastruktur und eventuellen Arbeitsmöglichkeiten angezogen wurden. Obwohl etwa 30 000 Menschen, darunter viele zugewanderte Prostituierte, in ungeplanten Städten unterkamen, nahmen auch die Rodungen schnell zu (s.o. Abb. 13.17). Wenn die Bevölkerung des „Nordens" (Bundesstaaten Acre, Amazonas, Roraima, Rondônia, Pará, Amapá, Tocantins) von 1970–1991 von 3,9 auf 7,0 Mio. zugenommen hat, so entfällt die Hälfte davon auf die Städte, nimmt man noch Bergbau und Holzwirtschaft hinzu, bleibt nur ein kleiner Teil für die ländliche Besiedlung. Selbst im südlichen Amazonasgebiet, wo in Mato Grosso und Rondônia von

1970–1980 eine Zunahme der Bevölkerung von über 300% zu verzeichnen ist (KOHLHEPP 1994, 58/59), bzw. wo von 1950–1980 in Rondônia die Bevölkerung um das 13fache gestiegen ist, entfällt etwa die Hälfte auf die Städte (COY 1987).

Wenn die Entwicklung im Amazonasgebiet bislang wenig vorteilhaft erscheint, so liegt das zum einen wohl an der Planung der Programme in Brasilia ohne genügende Berücksichtigung der lokalen Verhältnisse, zum anderen an dem Wunsch nach einer möglichst schnellen Entwicklung, weshalb auch Großprojekte gefördert werden. Da vieles privatwirtschaftlich erfolgt, ist es oft spekulativ, wie es typisch für eine Frontier ist. Im Gegensatz dazu ist in Südostasien eine mindestens so schnelle Entwicklung in vielen kleinen Schritten mit Rücksicht auf lokale Verhältnisse, mit Pilotprojekten und einer Auswahl der Neusiedler erfolgt. Die Hilfe von der Regierung mag geringer sein, aber die Aufsicht ist strikter.

13.12.3.2 Neusiedlungen im übrigen Lateinamerika

Im westlichen Amazonien und im Andenvorland sind von den Andenstaaten Agrarkolonisationen einmal zur räumlichen Integration, zum anderen zur Entlastung des Hochlandes durchgeführt worden. 1959 hat Kolumbien im Caquetégebiet 700 000 ha zur Agrarkolonisation ausgewiesen, aber nur 1043 Familien kamen. 1963 wurde ein neues Projekt gestartet, bis 1977 kamen 12 000 Kolonisten. Immerhin hat sich in den Tieflandgebieten von 1964–87 die Bevölkerung verdreifacht. Neben den üblichen Früchten wird auch Coca angepflanzt und Viehzucht getrieben. Generell sind aber nur ‚minimale Erfolge‘ (KOHLHEPP & WALSCHBURGER 1987, 112) zu verzeichnen. Insgesamt haben sich die Besitzverhältnisse in Kolumbien kaum verändert, wie MERTINS (1988) an Hand detaillierter Erhebungen zeigt.

In Ecuador (SICK 1988) hat die Erschließung durch die Gewinnung von Erdöl einen zusätzlichen Impuls bekommen, aber auch hier sind die Ergebnisse nicht einschneidend. 57 600 Familien haben neu erschlossenes Land erhalten, und zwar 55% im Oriente, 41% in der Costa Provinz. Im Tiefland bestehen Schwierigkeiten in der Akklimatisation der Hochlandindianer, in einer Bodenerschöpfung, in der Versorgung und bei der Vermarktung sowie in Konflikten mit den lokalen Stämmen. Auch werden die Kolonisten von Agrargesellschaften bedrängt, die vom Staat wegen ihrer Exportproduktion gefördert werden. Vielleicht wäre eine Ausdehnung der Bewässerungsoasen entlang der Flüsse zum Pazifik, die MONHEIM (1968) erwähnt, erfolgreicher, da hier eine bäuerliche Bevölkerung in Kleinbetrieben schon vorhanden ist und nicht eine Umsiedlung vom Hochland in eine völlig fremde Umgebung erfolgen muß. Das ist zum Teil erfolgreich angestrebt worden, wie die genannten Zahlen für die Costa zeigen.

In Peru begann eine planmäßige Erschließung der Waldgebiete im östlichen Tiefland schon in den 30er Jahren durch den Bau einer Straße. 1972 wurden die Zahl der Siedler auf 250 000 geschätzt, was aber wenig ist im Verhältnis zum Bevölkerungswachstum (JÜLICH 1975). Die Besiedlung erfolgte teils durch squatter, die später auch vom Staat unterstützt wurden, etwa indem Dienstleistungs- und Produktionskooperativen gegründet wurden, teils durch staatliche Agrarkolonisationen.

In Mittelamerika ist eine Ausdehnung der landwirtschaftlichen Nutzfläche vor allem durch den Anbau von Marktfrüchten erfolgt. Dieses ist in den einzelnen Ländern entsprechend dem wirtschaftlichen Potential, den politischen Verhältnissen und dem Stand der Landwirtschaft unterschiedlich verlaufen. Spontane individuelle Rodungen setzten schon in der Vorkriegszeit ein. Sie lagen oft in Gebieten, die vom Verkehr kaum erschlossen waren (SANDNER 1961). Kleinbetriebe sind dann beim Straßenanschluß vielfach in Rinderfarmen aufgegangen. Während nach dem Kriege in den meisten Ländern sowohl Kleinbetriebe als auch große Rinderfarmen neu entstanden, also die Entwicklung ähnlich wie in Südamerika verlief, hat Costa Rica in stärkerem Maße intensiviert und den Anbau diversifiziert und war damit recht erfolgreich. In den anderen Staaten scheinen Neusiedlungen oft unter zu geringer Beratung zu leiden (JONES 1988). Auf den karibischen Inseln sind im allgemeinen in den humiden Teilen kaum noch Neusiedlungen möglich, aber es ist eine Ausdehnung des Bewässerungsfeldbaus erfolgt (HAAS 1980).

Generell kann man für Lateinamerika sagen, daß in den ersten Phasen Kolonisationsprojekte positiv beurteilt werden, wie z.B. bei MONHEIM (1968) oder JÜLICH (1975), der allerdings schon den geringen Umfang vermerkt. Es besteht ja auch viel guter Wille bei den Leitern und Hoffnung bei den Teilnehmern. Nach 20–30 Jahren werden die meisten Projekte in Lateinamerika als wenig erfolgreich eingestuft (z.B. KOHLHEPP 1994, MERTINS 1988, 296, SICK 1988, 321).

13.12.4 Neusiedlungen in Afrika

In Afrika ist ebenso wie in anderen Kontinenten die landwirtschaftliche Nutzfläche mit dem Bevölkerungswachstum ausgedehnt worden. Außer den bereits erwähnten Projekten bei der Auflösung der englischen Großgrundbesitze und den Umsiedlungen bei Stauseen sind aber in neuerer Zeit kaum größere Regierungsmaßnahmen erfolgt. Noch von der französischen Kolonialmacht eingeleitete Projekte zur Ausdehnung des Bewässerungsanbaus von Baumwolle und Zuckerrohr im Niger Binnendelta haben mit £ 36,5 Mio. nur wenig Erfolg gebracht, weitere £ 73 Mio. zur Reiskultivierung von internationaler Seite waren ebenfalls nicht sehr erfolgreich. Nach BINNS (1994, 45f.) war das Management des ODN (Office Du Niger) wohl zu wenig effizient, vor allem seien die Bauern zu wenig motiviert worden und ihnen seien zu wenig selbständige Entscheidungen überlassen worden.

Regierungsfarmen, die nach dem Weltkrieg in Ghana und Guinea ähnlich wie Kolchosen angelegt wurden, haben nicht gut gearbeitet und wurden bald wieder aufgegeben (O'CONNOR 1971, 48f.). Sie sollten Grundnahrungsmittel mit modernen Methoden produzieren. Im Zusammenhang mit dem Volta Stausee durchgeführte landwirtschaftliche Umsiedlungen sind wegen ungenügender Berücksichtigung der regionalen Wirtschaftsstrukturen gescheitert, statt dessen hat die Fischwirtschaft sich gut entwickelt (THONI 1983), allerdings hat sich Bilharziose in den stehenden Gewässern ausgebreitet. Die „villagization" in Tansania (BINNS 1994, 109f.), eine von Präsident Nyerere nach der Unabhängigkeit propagierte und verfügte Erneuerung der dörflichen Gemeinschaften, die traditionelle Lebensformen und die Produktion beleben sollte, war mit großen Umlegungen und Umstrukturierungen verbunden, ohne daß die Gesamtproduktion gesteigert wurde. Diese vielleicht größte Umsiedlung in der afrikanischen Geschichte wurde zunächst freiwillig, ab 1974 zwangsweise durchgeführt, was bei den Bauern Widerstand hervorrief, so daß die Regierung viele Maßnahmen zurückzog.

Ein großer Fehlschlag war das von den Briten initiierte Erdnußprojekt in Ostafrika. 1947 wurde nach einer nur neunwöchigen Erkundung beschlossen, 1,3 Mio. ha vor allem in Tansania, aber auch in Sambia und Kenia zu roden. Das Gebiet erwies sich aber als zu trocken. Insektenbefall, Maschinenausfall, Vermarktungs- und Verschiffungsprobleme trugen alle dazu bei, daß 1951 das Projekt nach Ausgabe von £36 Mio. aufgegeben wurde (BINNS 1994, 97f.). Auch Großprojekte in Nordnigeria sind nicht so erfolgreich. BINNS meint daher, daß Entwicklungen im kleineren Maßstab mit geringerem Technologieeinsatz jetzt von den Regierungen bevorzugt werden.

13.12.5 Entwicklung der Neusiedlungen

Wenn es auch nur wenige Prozent der ländlichen Bevölkerung sind, die in Neusiedlungen auf ein besseres Leben hoffen, so ist die Wirkung wohl größer als man der reinen Zahl nach denken sollte. Zunächst einmal gibt es für die Aktivsten der Armen eine Chance, zum anderen sind die Besitze in der Regel größer als im altbesiedelten Land. Es ist aber ein harter Kampf, der nicht nur in den allerersten Jahren zu bestehen ist, sondern im Weiteren durch gutes wirtschaftliches Handeln bestanden werden muß. In älteren Neusiedlungen Asiens kann sich eine soziale Segregierung zwischen Landbesitzern und Pächtern herausbilden wie z.B. auf Mindanao (Hausherr 1969), wo nicht von Anfang an Besitztitel vergeben wurden. Eintragungen in Grundbüchern fehlen häufig in Amazonien, was zum schnellen Weiterwandern von squattern beiträgt.

Ein großes Problem ist ferner die Erziehung und die Berufsfindung der Kinder. Die Betriebe sind selten so groß, daß sie geteilt werden könnten, auch ist ein Ausbau nicht immer möglich. Ohnehin besteht nicht die Bindung zum Land oder zur Dorfgemeinschaft wie in altbesiedelten Gebieten. Besser verdienende Neusiedler, die es wohl eher in staatlichen Projekten oder bei Siedlungsgesellschaften gibt als bei squattern, schicken ihre Kinder zu weiterführenden Schulen. Für sie ist dann oft in dem Gebiet keine Beschäftigung zu finden, so daß sie in die großen Städte abwandern, wie es Bahrin et al. (1988) für ein prosperierendes Kolonisationsgebiet in Malaysia schildern. Wenn auch in größeren Kolonisationsprojekten die staatlichen Dienstleistungen und die Infrastruktur wie Schule, Hospital, Verwaltung, Verkehr eingeplant sind, kann es lange dauern, bis sich eine soziale Vielfalt des Mittelstandes mit Ärzten, Rechtsanwälten etc. herausbildet. Vor allem fehlt auch lange das Gewerbe, denn Handwerker wandern selten (Uhlig 1988). Auf Sumatra sind ältere Betriebe der Transmigration für die Kinder aufgeteilt worden, so daß im Süden von Lampung Besitze von weniger als 1 ha 40%, bis 2 ha weitere 45% ausmachen (Zimmermann 1975).

In der Diskussion betont Uhlig (1988) die Vor- und Nachteile der gelenkten und der spontanen Siedlungen, wobei erstere umweltschonender, aber sehr viel teurer und weniger flexibel sind, letztere das Bevölkerungswachstum besser auffangen. Generell sind die spontanen Siedler besser gestellt als die Kleinbauern in den altbesiedelten Gebieten, aber hierbei ist zu bedenken, daß squatter einen aktiveren Teil der bäuerlichen Bevölkerung bilden und von ihnen nur die Besten auf Dauer einen eigenen Betrieb ausbauen können. Regierungsprojekte nehmen oft die Ärmsten aus den alten Dörfern, die vorher kaum selbständig arbeiten konnten. Die FELDA Siedler sollen allerdings das Bewußtsein haben, daß sie wirtschaftlich erfolgreich sein werden (Massard 1988).

Sehr unterschiedlich ist der Anteil der Produktion von Marktfrüchten neben dem Subsistenzanbau auch in den Neusiedlungen. In West Afrika stagnierte der kommerzialisierte Anbau an der Frontier in Ghana und Nigeria, während er in Côte d'Ivoire mit Regierungsunterstützung ausgedehnt wurde (Morgan 1988). Kleinbetriebe an der Frontier in Südasien haben sich kaum verändert, während sie in Südostasien den Anbau von Marktfrüchten in größerem Umfang aufgenommen haben. Sie ergänzen den Export von Handelsfrüchten, die von Regierungsplantagen produziert werden. Wenn Morgan generell die Entwicklung an der Frontier als stärker kommerzialisiert ansieht als im altbesiedelten Land und dieses auf billige Arbeitskräfte sowie den Einsatz von Maschinen zurückführt, so kann man hinzufügen, daß sicher auch der Wirtschaftsgeist (Rühl 1938), die größere Flexibilität der Pioniere und ihre geringere Bindung an ein ererbtes Land eine Rolle spielen.

Wenn auch Neusiedlungen in Afrika und Indien weniger bedeutend sind, so hat sich doch meistens durch die Initiative von Regierungen, Kompanien oder von Helfern aus Übersee vieles verbessert. In Afrika ist dieses sowohl die Beratung bei einer Intensivierung als auch Hilfe bei der Vermarktung, in Indien wurden die Infrastruktur generell und insbesondere die ländlichen Dienstleistungen verbessert. Sehr abgelegene Gebiete werden dabei mindestens zunächst vernachlässigt, so daß sich neue Strukturen von Zentrum-Peripherie bilden, wie WANMALI & ISLAM (1997) am Beispiel von Simbabwe zeigen.

13.13 Agrarlandschaften

Die Agrarlandschaften sind in den Tropen stärker individuell geprägt als die Städte. Das liegt an drei Faktorenkomplexen: Wie dicht ist die Besiedlung und damit die Landnutzung, wie stark ist der Einfluß der Europäer gewesen, sei es, daß sie selber siedelten, sei es, daß sich ein Markt für tropische Produkte entwickelte, und schließlich, wie stark wirken natürliche Faktoren räumlich differenzierend auf die Landnutzung. Alle drei Faktorenbündel haben sich im Laufe der Zeit mehr oder minder stark gewandelt, so daß Agrarlandschaften in der historischen Tiefe betrachtet werden sollten. Zum anderen ergibt sich die Individualität aus der jeweiligen Verknüpfung der Faktoren. WAIBEL (1933) bezeichnete als Wirtschaftsformation die von einer einheitlichen Wirtschaftsform geprägte Wirtschaftslandschaft, worin die genannten Faktoren eingehen und lieferte u.a. mit der Sierra Madre de Chiapas ein Beispiel. Die Erfassung natur- und kulturgeographischer Faktoren hat nicht nur beschreibenden Wert, sondern zeigt darüber hinaus ihre Verknüpfung. Als ein Beispiel einer solchen umfassenden Analyse und Synthese sei die Arbeit „Agrarlandschaften in Queensland“ von FAUTZ (1984) genannt, wo die Faktoren außerdem in ihrer historisch-genetischen Entwicklung dargelegt wurden. Die Individualität von Landschaften wird auch deutlich, wenn man sie als „Wirtschaftsräume und Lebensformen“ schildert wie NITZ (1982), der in Kerala, Südindien, ein Profil vom Strand mit der Fischerei bis zum Bergland mit dem bäuerlichen und großbetrieblichen Anbau zog. Umfassend ist ferner der Ansatz von SANDNER (1961), der neben der Agrarlandschaft des „Valle General“ in Costa Rica die kleinen Städte mit einbezog.

Wenn auch bei einer solch umfassenden Betrachtungsweise, wie es das Konzept der Agrarlandschaft ist, jede Verallgemeinerung stark vergröbert, so zeichnen sich beim Vergleich mit Mitteleuropa doch einige Charakteristika für die Tropen ab: Große geschlossene Fluren wie in unseren Lößgebieten sind nur beim Naßreisbau und dann auch nur selten in der Ausdehnung zu beobachten. Größere Areale können außerdem beim Zuckerrohranbau, beim Tee- und Kaffeeanbau sowie bei anderen Exportkulturen wie etwa beim Ananas überblickt werden. Vorherrschend sind aber in der Landnutzung die kleinen fleckenhaft verteilten Felder des Subsistenzanbaus und die Hausgärten. Da beide meist von Bäumen durchsetzt sind, mindestens umstanden sind, heben sie sich nicht so deutlich vom Wald ab wie bei uns. Noch mehr gilt dieses für Baumkulturen, insbesondere solche in bäuerlicher Bewirtschaftung (s.o. 13.8.3). Rinderweiden in den Savannen sind oft Naturweiden, d.h. sind von benachbarten Gebieten nur mit einer genauen Vegetationsaufnahme zu unterscheiden. Insgesamt kann man wohl sagen, daß die tropischen Agrarlandschaften abgesehen von den Naßreisgebieten und z.T. den Plantagen weniger geordnet sind, was durchaus Vorteile haben kann (s.o. 13.7.1).

13.14 Nutzung der Wälder

13.14.1 Einleitung

Ebenso wie die Landnutzung befindet sich die Waldnutzung in einem schnellen Umbruch. Während es in den gemäßigten Breiten kaum noch Urwälder gibt und die Forstwirtschaft in den einzelnen Ländern mehr oder minder gleichen Prinzipien folgt, ist in den Tropen ein breiter Spielraum gegeben von der einfachen Nutzung durch Jagen und Sammeln von Früchten bis zu einer Forstwirtschaft mit Monokulturen, was oft als Baumplantagen bezeichnet wird. Bei der Diskussion über die Waldnutzung sollte man die Landwechselwirtschaft einbeziehen, denn sie bedarf ja der Aschedüngung. Man kann sie ebenso wie die Extraktion einzelner Bäume, wenn diese im räumlichen und zeitlich genügendem Abstand erfolgt, als nachhaltige Nutzung bezeichnen. Es ist sehr schwer, die Flächen der Waldrodung zu erfassen (s.o. 10.3), die Zahlen differieren stark (vgl. auch Gòmez-Pompa & Burley 1991). Ebenso kann man kaum abschätzen, wieweit der Wald durch Sammeltätigkeit genutzt wird. Für die Weltwirtschaft interessant sind Wildkautschuk, Paranüsse, Rattan und die Produkte der Babassupalme in Brasilien (Whitmore 1993, 191f.). Der Holzhandel wird unter 14.7.1 behandelt. Auswirkungen auf Bodenfruchtbarkeit, Wasserhaushalt wurden bereits oben (10.4, 10.5) an Einzelbeispielen beschrieben, diese schwierigen Wechselbeziehungen sind selbst in Europa nicht eindeutig geklärt.

13.14.2 Forstpolitik

Schutz von Waldarealen oder einzelnen Bäumen als Schattenspendern war in indigenen Gesellschaften fest verankert. Der Sultan von Zinder ließ jeden enthaupten, der einen wertvollen, fruchttragenden Baum fällte (Binns 1994, 63). Im Rio Negro Gebiet sind Bana Areale mit ihrer niederen Vegetation tabu für die ansässigen Indianer. Durch die Kommerzialisierung ergab sich aber vielfach eine ungeordnete Ausbeutung vor allem der Holzressourcen. Aus eigener Erkenntnis, unter dem Druck der Industrieländer bzw. der Entwicklungshilfe haben heute viele tropische Länder eine Forstpolitik entwickelt, deren Ziel entweder der Schutz noch bestehender natürlicher Landschaften, sowohl von Primärwäldern als auch von Savannen ist, oder die eine nachhaltige Nutzung sicherstellen sollen, aber auch Bestrebungen zur Wiederbewaldung beginnen sich abzuzeichnen. In einem dicht besiedelten Land wie Indien wird der Wald aber auch vielfältig, nicht nur als Weide genutzt (ecosystem people); solche Lebensgrundlagen müssen berücksichtigt werden (Gadgil 1991). Frühe Ansätze einer Forstwirtschaft entstanden in Südostasien (s.o. Agroforstwirtschaft, 13.5), diese wurde dort schon Mitte bis Ende des 19. Jahrhunderts begonnen und von der Kolonialzeit in die unabhängigen Staaten übernommen und ausgebaut. Dennoch ist in abgelegenen Gebieten eine Überwachung wilder Einschläge kaum möglich. In Indien soll eine ‚social forestry' für eine Aufforstung sorgen: Bauern bekommen Pflanzen frei oder subventioniert, Dörfer erhalten Hilfe, wenn sie einen Gemeindewald für die generelle Nutzung anlegen und schließlich werden staatliche Aufforstungen durchgeführt (Gupta 1988).

Schutzgebiete in tropischen Ländern umfassen an Fläche oft auch prozentual das Mehrfache unserer Naturschutzgebiete. Sie haben dabei manchmal striktere Regeln als bei uns. Schutzgebiete für Eingeborene dürfen vielfach nur mit besonderer, meist schwer zu erhaltender Genehmigung betreten werden. Das gilt für Reservate im Amazonasgebiet ebenso wie in Australien. In Naturparks ist die Jagd meist ganz verboten, da gleichzeitig für Wasserstellen und sogar für Futter gesorgt wird, resultiert ein Überbesatz an Wild wie etwa in Teilen Ostafrikas.

Neben dem fast absoluten Schutz versuchen manche Länder einen größeren Waldbestand als Wirtschaftsraum, zur Reserve, zum Schutz des Klimas, Bodens und Wasserhaushalts zu erhalten. Brasilien erließ ein Gesetz, daß von einem erworbenem oder gepachtetem Land nur jeweils die Hälfte gerodet werden darf. Das wurde zum Teil durch Weiterverkauf des ungerodeten Teils umgangen (vgl. u.a. KOHLHEPP 1989b, 1991). Private Kompanien, die eine Konzession zur Holzentnahme beantragen, müssen der Forstbehörde einen Plan vorlegen, der eine nachhaltige Nutzung vorsieht (DUBOIS 1991). Eine unkontrollierte Entnahme von *Ceiba pentandra* führte wegen Erschöpfung der Bestände 1983 zum Zusammenbruch der 1975 in Iquitos vorhandenen fünf Sägewerke, die aus diesen Bäumen Furnier- und Sperrholz herstellten (GENTRY & VASQUEZ 1988). In den meisten Ländern Südostasiens wird eine Wiederbepflanzung nach einer Rodung verlangt, wobei aber oft leicht zu ziehende Sorten eingesetzt werden und nicht die schwerer zu propagierenden *Dipterocarpus*. Für eine geordnete Nutzung ist zunächst eine Bestandsaufnahme durchzuführen, was heute durch Luftbilder oder Satellitenaufnahmen erleichtert wird.

Die Forstpolitik ist im Rahmen der Volkswirtschaft zu sehen. Für Laos machte Holz in den 80er Jahren 80% des Exports aus (POTTER 1995). Seit 1985 dürfen Baumstämme nicht mehr aus Indonesien ausgeführt, vielmehr nur Sperr- und Furnierholz exportiert werden. Das hat im Inland nicht nur Arbeitslätze geschaffen, sondern auch große Kompanien entstehen lassen, gegen die von der Forstbehörde geplante Reformen schwer durchzusetzen sind. Malaysia hat Neusiedlungen mit Baumplantagen in den 70er und 80er Jahren in großem Umfang in guten Dipterocarpuswäldern angelegt. Die verbleibenden Reste wurden zu PFE (permanent forest estates) erklärt, worin auch die Hanglagen einbezogen wurden. Auf den Philippinen sind Hänge über 18% Neigung dem Wald vorbehalten, was dem Wasserhaushalt und dem Erosionsschutz in diesen randtropischen Gebieten dient.

13.14.3 Betriebsformen der Holzgewinnung

In Malaysia sind von 2500 Baumspezies 402 als kommerziell nutzbar eingestuft worden, aber nur 30 davon werden genutzt (POTTER 1995). Werden Baumstämme der gleichen Spezies aus artenreichen Wäldern geholt, so ist zu jedem einzelnen Baum, der meist mehrere Dekameter, oft über 100 m weit vom nächsten entfernt steht, eine Schneise zu schlagen. Der fallende Baum reißt außerdem eine mehr oder minder große Lücke. Die Schneise ist beim Rücken mit dem Traktor nicht nur breiter, sondern der Boden wird auch viel stärker gestört, als wenn Elefanten eingesetzt werden, was allerdings länger dauert. Rückwege und Zugangswege sowie die Richtung des fallenden Baums sollten sorgfältig geplant werden, denn dann können die Schäden stark reduziert werden (Abb. 13.19). In Sarawak wurden die Bestandslücken von 40% auf 17% vermindert, pro Stunde konnten 36% mehr Holz bewegt werden (WHITMORE 1990, 154). Viele Dipterocarpaceenhölzer sind so ähnlich, daß sie beim Holzhandel in eine Klasse fallen. 195 Arten liegen in den oberen 5 Klassen, in Südamerika und Afrika sind es 13 (WHITMORE 1993, 215). Außerdem wird für die Camps der Waldarbeiter und die Lagerplätze des Holzes Fläche verbraucht. Die etwas trockneren Randgebiete, bzw. Wälder auf schlechteren Böden, die artenärmer sind, können für die Holzgewinnung besser geeignet sein. Vielleicht ergibt sich im Laufe der Zeit eine ähnliche Gliederung wie bei uns, daß die Forsten auf den schlechteren Standorten stehen. Ost-Kalimantan mit relativ schlechten Böden sollte daher nicht dichter besiedelt werden (POTTER 1995).

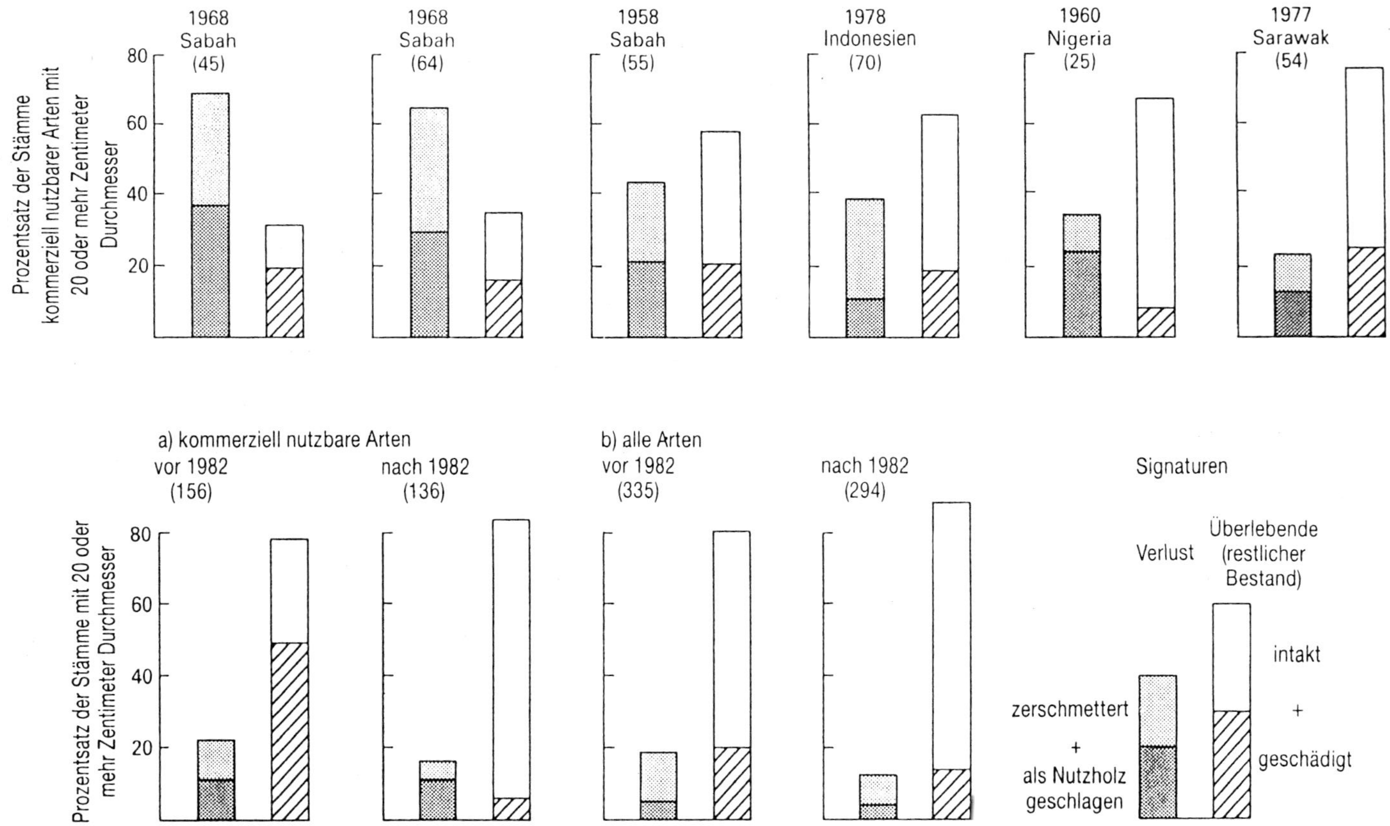

Abb. 13.19. Die Menge des Nutzholzes, das eingeschlagen werden kann, hängt natürlich von der Zusammensetzung des Bestandes ab, aber auch von der Art der Nutzung. Entsprechend groß ist der überlebende intakte Rest. Sehr unterschiedlich groß ist der Anteil der zerschmetterten Bäume, was in erster Linie an den Methoden des Fällens liegt, aber auch durch die Dichte des Waldes bestimmt wird. Aus: WHITMORE (1993), 153/154.

Es besteht eine breite Skala in der Intensität der Eingriffe. Südostasien ist wegen der ähnlichen Dipterocarpus-Spezies beim Holzeinschlag begünstigt, die nutzbaren Exemplare stehen dichter beieinander, die Wege sind verkürzt. Bei der Holznutzung wird nur der Stamm entnommen, die Baumkrone und die beim Umfallen des Stammes mitgerissenen kleineren Bäume, sowie die von Schneisen und Wegen beseitigte Vegetation bleibt liegen, alles trocknet aus und diese Art Zunder kann Brände sehr weit verbreiten. Ungeordnetes Abholzen, insbesondere in Monsungebieten, wo längere trocknere Zeiten eintreten können, lassen Schneisen mit Brandmaterial entstehen, entlang denen sich Brände schnell ausbreiten können. Es ist weniger die Brandrodung als das selektive Abholzen für die großen Brände verantwortlich. In Kalimantan wird die Brandgefahr durch Dürren verstärkt, bei denen unter natürlichen Bedingungen schon Feuer entstehen kann, das sich bei Torf im Untergrund auch immer wieder entzündet (s.o. 2.10).

Der nächste Schritt nach der einfachen Extraktion ist eine Manipulation der Wälder. Kommerzielle Arten werden frei gestellt, so daß sie besser wachsen können. Pro Hektar werden etwa 50 m^3 gefällt, also 30–40% der Basisfläche ausgedünnt. Die erwünschten Spezies gedeihen besser, da sie 50–100% mehr Licht erhalten. Der Wald ist genauso gesund wie benachbarte Kontrollflächen. Auch entstehen mehr Exemplare der nutzbaren Spezies. Generell ist zu unterscheiden zwischen den schnell wachsenden, lichtbedürftigen Arten, meist eher Weichhölzer, bzw. weiche Harthölzer, bei denen Schattenbäume zu reduzieren sind und den langsamer wachsenden Harthölzern, bei denen der Unterwuchs gelichtet werden sollte, insbesondere aber auch Lianen beseitigt werden müssen.

Whitmore (1990, 149f.) unterscheidet polyzyklische und monozyklische Nutzungssysteme. Bei ersteren werden einzelne Bäume gefällt, wenn der Zuwachs zu stagnieren beginnt. Das führt zu vielen kleinen Bestandslücken, die sich schnell wiederbesiedeln. Beim monozyklischen System werden alle kommerziell verwendbaren Bäume geschlagen, wobei größere Lichtungen entstehen, was günstiger ist für das Aufkommen lichtbedürftiger Arten. Da heute Hölzer mittlerer Härte bevorzugt werden, hat sich das monozyklische „Malaysian Uniform System (MUS)“ in Südostasien verbreitet. Dieses bietet sich für Diptorocarpaceenwälder an, da diese Bäume gleichzeitig und dann massenhaft fruchten, danach aber mehrere Jahre mit der Samenbildung aussetzen. Man läßt den Wald dann aufwachsen, wenn zahlreiche Sämlinge vorhanden sind, deren Wachstum man durch Umrinden oder Vergiften der Konkurrenten befördert. Diese Bäume erreichen zur gleichen Zeit die Schlagreife. Ein modifiziertes MUS ist das ‚shelterwood system‘, das in Teilen Afrikas, aber auch in Peru angewendet wird. Dabei werden lange, schmale Streifen komplett geschlagen, was schrittweise verlagert wird und in 30jähriger Rotation durchgeführt wird (Gòmez-Pompa & Burley 1991). In den Philippinen und in Indonesien arbeitet man dagegen nach dem ‚selctive logging cum improvement system‘ (SIS), das eher polyzyklisch ist.

Als letzten Schritt kann man das Pflanzen von Baumreihen, oft Monokulturen wie in unseren Forsten, ansehen. Dieses sind schnell wachsende, oft eingeführte Arten wie *gmelina arborea* in Jari im unteren Amazonasgebiet oder *eucalyptus deglupta* in äquatornahen Gebieten, bzw. *eucalyptus camaldulensis* oder Akazienarten in Monsunklimaten. In trockneren Gebieten eignet sich auch *pinus caribea*. In den wechselfeuchten Gebieten Südostasiens wurden zahlreiche kleine Teak-Plantagen angelegt. Der große Vorteil von Plantagen ist das leichtere Abernten. Es ist noch nicht bekannt, ob mehrere Generationen der gleichen Art auf demselben Standort wachsen können. Für die Baumplantagen besteht wie für alle Monokulturen die Gefahr eines häufigeren Schädlingsbefalls. Außerdem sind sie bei längerer trockner Zeit stärker gefährdet als der Naturwald, da alle Exemplare den gleichen Lebensrhythmus haben wie etwa einen vermehrten Blattfall. Da das Brennen bei der Landwechselwirtschaft am Ende der Trockenzeit durchgeführt wird, ist ein größerer Abstand zu den Plantagen vorgeschrieben. In Südkalimantan ist es daher zu Zwischenfällen gekommen (POTTER 1995). In Vietnam und den Philippinen sind Pflanzungen für Papiermühlen erfolgt. Vietnam, Laos und Myanmar haben umfangreiche Wiederbewaldungspläne, die zum Teil auf Gemeindeebene laufen, um Feuerholz zu bekommen. Von den Baumkulturen, die Produkte für den Export liefern, werden inzwischen die Hevea Stämme auch als Holz genutzt.

Eine nachhaltige Nutzung ist nicht nur in Plantagen sondern auch im Regenwald möglich, falls in einem Areal nur alle 20–40 Jahre geschlagen wird und nur 1–3 große Bäume von 20–40 der gleichen Art entnommen werden. Große Störungen des Waldes ergeben sich – wie gesagt – aber trotzdem bei dieser Nutzung. In Südostasien ist die Forstwirtschaft am weitesten fortgeschritten und umfaßt die größten Flächen. Versuche, in Lateinamerika, z.T. auch von der FAO unterstützt, wurden oft wieder aufgegeben, weil squatter kamen oder politische Unruhen (Kolumbien) entstanden. Im brasilianischen Amazonasgebiet war so viel leicht erreichbares Holz zu ernten, daß die Preise sanken und die Forstwirtschaft uninteressant wurde (SCHMIDT 1991). Bei der Flutung der großen Stauseen sind meistens die Wälder nicht vorher geschlagen worden. In manchen Ländern Afrikas brachte die Forstwirtschaft nicht so schnell Erfolge, daß sie als erfolgreich angesehen wurde. Neue Projekte wurden vorgeschlagen, für die dann Mittel fehlten. Solange wie im Amazonas- und Kongogebiet große Gebiete mit Primärwald bestehen, wird wohl weiterhin selektiv abgeholzt werden, wobei relativ große Schäden entstehen. Eine geordnete Forstwirtschaft erfordert aber nicht nur Geld sondern auch ausgebildete Kräfte, woran es meistens mangelt.

14 Wirtschaftsgeographie

14.1 Charakteristika

Das 20. Jahrhundert ist durch große Veränderungen gekennzeichnet, deren Geschwindigkeiten immer mehr zunehmen. Das gilt in ganz besonderem Maße für die tropischen Länder, in denen sich die verschiedenen Entwicklungen überlagern. Der Übergang von der jahrhundertealten Kultur der Landwechselwirtschaft zum modernen Großbetrieb kann in nur wenigen Jahren erfolgen, von der Subsistenzwirtschaft mit dem Austausch auf dem lokalen Markt sind es oft nur wenige Kilometer zur modernen Fabrik. In den meisten Ländern entwickeln sich alle Zweige der Wirtschaft nebeneinander weiter, wobei sie sich auch durchdringen. In der Landwechselwirtschaft erfolgt eine Intensivierung, neben einfachen Handwerksbetrieben entstehen kleine und mittelgroße Unternehmen. Großbetriebe als Investitionen aus den Industrieländern gehen zunehmend in Gemeinschaftsunternehmen (joint ventures) mit einheimischen Kräften über. Im Handel bestehen noch alle Formen nebeneinander, von der Frau, die ihre Produkte zum Markt trägt, über den fliegenden Händler zum modernen Containerverkehr. Im Personenverkehr werden noch lange Wege zu Fuß zurückgelegt, aber auch schon vergleichbar kurze Strecken mit dem Kleinflugzeug überwunden.

Diese Gegensätze treffen zwar in mehr oder minder abgewandelter Form für alle Entwicklungsländer zu. Sie sind aber in den Tropen so besonders auffallend, weil die räumliche Ordnung, abgesehen von einer starken Ausrichtung auf die Küste, noch keine festgefügten Muster zeigt. Es sind die leeren Räume, deren Potential noch nicht genutzt, zum Teil noch nicht erkannt ist. Zum anderen macht das Bevölkerungswachstum eine Umstrukturierung der Wirtschaft notwendig.

14.2 Einleitung

Der Stand der wirtschaftlichen Entwicklung in den Tropen ist mit Ausnahme von Singapur nicht mit den Industrieländern vergleichbar. Insofern könnte man denken, daß die Natur mehr zum Verständnis eines Landes beiträgt als wirtschaftsgeographische Ausführungen. Es wird aber die Bevölkerungsvermehrung nur bei schneller wirtschaftlicher Entwicklung tragbar sein; Hunger und Krieg sind die Alternativen. Daher kommt der wirtschaftlichen Entwicklung eine zentrale Stellung zu, die auch der Wirtschaftsgeographie viel Gewicht gibt. Zum anderen ist der Reisende oder sonst Interessierte aus den Außertropen mit dem Stand der Wirtschaft und den Ausbaumöglichkeiten unmittelbar konfrontiert.

Da sich die Wirtschaft der tropischen Länder in schnellem Umbruch befindet, soll weniger der Ist-Zustand aufgezeigt werden, über den man sich an Hand moderner Statistiken und Länderkunden informieren kann, als vielmehr versucht werden, einige allgemeine Fragen anzuschneiden. Wenn neueste Entwicklungen z.T. nach Beiträgen in Medien angeführt werden, so soll damit gezeigt werden, daß die wirtschaftlichen Verhältnisse sich heute so schnell ändern, daß man in einer generellen Darstellung auf diese Angaben nicht verzichten sollte. Andererseits sollten sie, wie es ja auch von den Journalisten intendiert ist, als aktuelle Analyse verstanden werden, die durch neue Berichte ergänzt und erweitert werden kann. Ebenso wie die Statistiken sind sie im allgemeinen Rahmen zu lesen und zu bewerten, sie runden aber m.E. das Bild ab.

Der Fischer Weltalmanach enthält nicht nur jährlich neue Statistiken sondern auch wirtschaftliche und politische Übersichten. Wie schnell die Entwicklung verläuft, vermag daraus hervorzugehen, daß die Verdopplung des Bruttosozialprodukts (BSP) mit der Industrialisierung in England 58 Jahre, in Deutschland 47 Jahre und in Südkorea 12 Jahre gebraucht hat (PIPER 1997, 9). Das bei der Geschwindigkeit Unruhen und Rückschläge kommen, zeichnet sich seit Herbst 1987 ab. Das BSP (englisch GNP-gross national product) ist die Summe aller Einkünfte in einer Volkswirtschaft, meist wird es umgerechnet pro Kopf der Einwohner angegeben. Darin sind weder die Produkte der Subsistenzbauern enthalten noch die Einkommen der Schattenwirtschaft. Für den internationalen Vergleich wird das BSP in $US angegeben, also nach dem Wechselkurs umgerechnet. Realistischer ist die Kaufkraftparität (KKP, englisch PPP -purchasing power parity) ebenfalls in $US, die nach einem Warenkorb umgerechnet wird.

Ferner sollen die Unterschiede zwischen den Kontinenten deutlich werden. Zum anderen wird angestrebt, die wirtschaftlichen Verflechtungen zwischen den Industrie- und Entwicklungsländern aufzuzeigen, da diese in der Öffentlichkeit stark diskutiert werden. Wenn ich versuche, geographische Bedingungen und Auswirkungen von Lage, Entfernung und natürlichen Voraussetzungen einfließen zu lassen, handelt es sich zum Teil um allgemeine Folgerungen und Vermutungen, weniger um durch Detailuntersuchungen abgesicherte Erkenntnisse.

Auf die Wirtschaftsgeschichte kann nur sehr kursorisch eingegangen werden, ebenso wie Wirtschaftstheorien nicht diskutiert werden. Abkürzungen werden zitiert und aufgelöst, um das Lesen speziellerer Abhandlungen auf diesen Gebieten etwas zu erleichtern. Vielfach werden wirtschaftliche Fragen der Entwicklungsländer – leider auch in Schulbüchern – mit Kriterien beurteilt, wie sie auf voll entwickelte Industrieländer zutreffen. Oft werden soziale Forderungen gestellt, wie sie ein reiches Industrieland kaum erfüllen kann. So ist z.B. verschiedentlich bei der Abhandlung der ‚grünen Revolution' ein eventueller Nachteil für Kleinbauern breiter dargestellt als die Tatsache, daß durch die Mehrproduktion der Hunger verringert wurde. Die Bevölkerungsvermehrung ist ein Faktum, das eine wirtschaftliche Entwicklung auf allen Sektoren notwendig macht. Wenn ich versuche, mich möglichst von Beurteilungen freizuhalten, ist doch für mich absolut vorrangig, ob die Lebensbedingungen vieler Menschen verbessert werden. Das Leben im Urwald, in der ‚reinen Natur', mit Unterernährung, Krankheit und frühem Tod halte ich nicht für optimal, abgesehen davon, daß dieses bei den jetzigen Bevölkerungszahlen nicht mehr für alle möglich wäre.

14.3 Rahmenbedingungen

14.3.1 Größe der Volkswirtschaft

Die Vielfältigkeit einer Volkswirtschaft hängt in starkem Maße von ihrer Größe ab. Die großen Staaten der Tropen vereinen in sich sehr unterschiedliche Naturräume und damit die Möglichkeit des diversifizierten Anbaus für den Bedarf des Landes und eine nicht einseitige Ausfuhr. Außerdem haben viele von ihnen eine größere Anzahl an Bodenschätzen. Noch wichtiger ist aber wohl die höhere Bevölkerungszahl, womit bei einer Industrialisierung ein größerer Markt gegeben ist. In einer größeren Bevölkerung sind absolut gesehen mehr Arbeitskräfte mit Schulbildung zu finden.

Kleinere Länder sind bei der Industrialisierung auf einzelne Sektoren beschränkt. Ein größerer Fabrikationszweig kann einen starken Einfluß auf den Arbeitsmarkt, die Exportbilanz und die Staatsfinanzen ausüben. Der Aufbau neuer Industrien ist sehr schwierig. Nicht nur kommen Innovationen und Investitionen zumeist von außen, es muß auch alles für den Aufbau hereingebracht werden. Welche Schwierigkeiten in einer kleinen Wirtschaft bei Innovationen oder Modernisierungen selbst in der Landwirtschaft auftreten, wurde am Beispiel des australischen Nordterritoriums gezeigt (BREMER 1967a).

Für kleinere tropische Länder kommt hinzu, daß Lieferanten nicht im gleichen Land, ja nicht einmal in den Nachbarländern vorhanden sind, so daß alles über weite Entfernungen herangebracht werden und die Einfuhrbarrieren passieren muß. Investitionen in tropischen Entwicklungsländern, vor allem den kleineren, sind daher oft mit besonderen Kosten belastet. Manchmal muß außerdem die Infrastruktur erst entwickelt werden. Alles dieses wird durch die billigen Arbeitskräfte kaum aufgewogen. Oft zwingt die Kleinheit der Märkte zur Ausfuhr, möglichst in das nahe Ausland, mit dem Wirtschaftsabkommen angestrebt werden. Da keine große Fertigungstiefe gegeben ist, müssen Vorprodukte eingeführt werden. Beides führt zu einer Verflechtung in der Weltwirtschaft, das heißt zu Konkurrenz und Liberalisierung. Kleine Länder sind im Export, seien dieses Agrarprodukte oder Rohstoffe beim Export auch besonders von den Preisschwankungen des Weltmarkts abhängig. Davon sind besonders Mittelamerika und Westafrika betroffen. Durch Handelsabkommen kann dieses nur wenig ausgeglichen werden. Bei Nahrungsmitteln und Konsumgütern erfolgt allerdings ein Handel über die Grenzen, der zu einem großen Teil illegal abgewickelt wird (HENKEL 1997, 122).

14.3.2 Historische Vorgaben

Weitere Faktoren, die die Entwicklung der Volkswirtschaft bestimmen, sind Geschichte und Kultur. Hier sind vor allem die Staaten Asiens, besonders Indien, Sri Lanka und Thailand zu nennen, deren Industrialisierung an alte Fertigkeiten anknüpfen konnte. In Süd- und Südostasien ist außerdem die Wirtschaft stark durch Chinesen befruchtet worden, die in mehreren Wellen einwanderten (s.o. 12.4). Nach der Schätzung eines Hongkonger Magazins sollen 55 Mio. Auslandschinesen in Südostasien rund $US 240 Mrd. besitzen (zit. n. ROHMUND 1997). Heute sind sie vor allem im Handel und Kleingewerbe tätig, bestimmend sind sie in Singapur und Hongkong, obschon diese Städte als koloniale Stützpunkte entstanden sind. In Indonesien sollen 80% aller börsennotierten Firmen in chinesischer Hand sein (SPIEWAK 1997). Eine Aufstellung für West Malaysia zeigt, daß die Chinesen die höheren Einkommen haben und vorwiegend im sekundären und tertiären Sektor arbeiten (Tab. 14.1). Minderheiten, wie auch die Libanesen und die Araber (s.o. 12.4), haben oft einen besonders engen Zusammenhalt, der bei den Chinesen noch durch genealogische oder landsmannschaftliche Bande verstärkt sein kann, so daß sich Handelsketten oder Netzwerke bilden = „kongsi" (BUCHHOLT 1997) oder „guanxi".

Im tropischen Afrika hingegen hatten die Kolonialmächte die Wirtschaft relativ wenig ausgebaut. Kupfer aus dem südlichen Kongo (Katanga) und dem nördlichen Sambia, also aus dem Kupfergürtel, Zinn vom Jos Plateau in Nigeria, Eisen aus Liberia waren die Hauptausfuhrprodukte, die auch zum Bau von Eisenbahnen führten. Weitere Buntmetalle, Diamanten und Edelmetalle sind Exportgüter, die zum Teil erst nach der Kolonialzeit erschlossen wurden. Das gilt vor allem für das Erdöl aus Nigeria, das seit einigen Jahren wichtigstes Handels-

Tabelle 14.1. Ökonomische Indikatoren verschiedener Ethnien in West Malaysia. Verkürzt nach Drakakis-Smith 1997, 83.

	Mittleres Einkommen in M$			%Arbeitskräfte 1981 in			% Beschäftigte 1980		
	1957	1970	1980	Plantagen	Bergbau	Padi	1.	2.	3.Sektor
Malaien	140	172	513	3	1	97	66	39	47
Chinesen	302	381	1094	23	92	1	20	51	42
Inder	243	301	776	74	7	2	13	9	11
Alle	215	246	763						

gut des tropischen Afrikas geworden ist. Eine Industrialisierung ist von den Kolonialmächten kaum eingeleitet worden und ist im Vergleich zu den anderen Kontinenten bis heute wenig fortgeschritten.

Südamerika hat von der früheren Unabhängigkeit und der vergleichsweise breiten Bildungsschicht profitiert. Nordamerika und Europa hatten früh Handelsbeziehungen aufgebaut und auch Investitionen getätigt. Durch diese Beziehungen ist die Wirtschaft Südamerikas und noch stärker die Mittelamerikas nach außen gerichtet worden und für die kleineren Länder bis heute geblieben. Das Gefälle vom Ballungsraum an der Küste zum wenig entwickelten Hinterland ist im tropischen Lateinamerika wohl am stärksten ausgebildet. An den Beginn mit der Aufbereitung agrarer Handelsprodukte schloß sich die Phase der Importsubstitution einfacher Konsumgüter in der ersten Hälfte des 20. Jahrhunderts an, was sich nach der Weltwirtschaftskrise verstärkte (Sandner & Steger 1973, 105) und bis heute zur Produktion auch gehobener Konsumgüter und Investitionsgüter geführt hat.

Das tropische Australien verfügt außer den Aufbereitungsanlagen für den Bergbau und der Agrarproduktion wie Zuckerfabriken und Schlachthöfe über keine nennenswerte Industrie. Diese ist im Süden, Südosten und Südwesten des Kontinents konzentriert. Wenn sie im tropischen Teil nicht entstand, so ist das einerseits Folge der geringen Bevölkerungsdichte, wodurch Markt und Arbeitskräfte fehlen, andererseits ist der Verkehr so gut organisiert, daß Güter weit transportiert werden, wie etwa Milch über 1000 km.

Die historische Entwicklung und die Einbindung in die Weltwirtschaft führten dazu, daß im allgemeinen die Hafenstädte zu Entwicklungs- und Wachstumspolen wurden. Nur dort, wo vorher schon bedeutende Städte vorhanden waren, hat sich auch eine Industrie im Inland entwickelt wie etwa in Indien, Kolumbien und weniger bedeutend in Nigeria. Bergbauorte haben dagegen selten außer den reinen Aufbereitungsanlagen weitere Industrien erhalten. Eine Ausnahme ist das Industriegebiet von Rourkela westlich von Kalkutta und der Kupfergürtel im zentralen südlichen Afrika, wo in Simbabwe auf der Basis der Bodenschätze eine Industrie entstanden ist. Eine andere Ausnahme ist ein kleines Industriegebiet in Santa Catarina, das auf deutsch/brasilianischen Arbeitskräften beruht (Kohlhepp 1971).

14.3.3 Sozio-ökonomische Bedingungen

Die Gesellschaft zeigt in Entwicklungsländern viel größere Unterschiede als bei uns, wenn man von Ausnahmen einmal absieht. Das gilt nicht nur in bezug auf Einkommen und Vermögen sondern auch für den Bildungsgrad. Daraus ergeben sich sehr verschiedene Ansprüche, was sich auf alle Lebensbereiche (Grunddaseinsfunktionen) auswirkt. Bei der Versorgung reicht die Skala vom Subsistenzanbau über den Einkauf auf dem lokalen Markt bis zum Supermarkt und Fachgeschäft, beim Wohnen von der einräumigen Hütte zum luxuriösen Einfamilienhaus, bei der Arbeit vom Subsistenzanbau ohne Lohn und Einkommen bis zur leitenden Position mit hohen Gehältern und Einkommen. Die Ausbildung – soweit sie schulisch überhaupt vorhanden ist – reicht vom Unterricht im Freien bis zum modernen College oder dem Studium im Ausland. Breit gestaffelt sind die Erholungsfunktionen von den lokalen Dorffesten bis zu den aufwendigen Familienfeiern im Nobelhotel mit oft weit über hundert Gästen, von dem mehrstündigen Fußmarsch zum nächsten Zentrum bis zu den Flugreisen nach Übersee. Nur in den Schwellenländern ist ein etwas breiterer Mittelstand vorhanden, der eine größere Zahl von Restaurants, Kinos, eventuell auch Theater und Buchhandlungen etc. trägt. Radios findet man heute in abgelegensten Gebieten, während Fernseher dort noch selten sind und eine größere Zahl von Zuschauern meist gegen Bezahlung anziehen. Kinos sind auf dem Lande unterschiedlich weit verbreitet, am stärksten wohl in Asien bei höheren Bevölkerungsdichten. In einigen Sportarten gibt es soziale Überschneidungen wie etwa beim Fußball, wo sich Arm und Reich treffen. Das gilt aber auch für religiöse Feste.

Durch die Migrationen und den wirtschaftlichen Umbruch sind soziale Bindungen wie Großfamilie und Dorfverband, häufig sogar die Kernfamilie aufgelöst worden. Damit ist die soziale Sicherung entfallen. Staatliche Unterstützungen, wie sie unser soziales Netz ausmachen, sind fast überhaupt nicht gegeben. Gall (1996) schätzt sie auf weniger als 3% des BSP. Ohnehin ist die soziale Absicherung sehr gering. Sofern Gewerkschaften überhaupt bestehen, haben sie meist wenig Einfluß. Die Arbeitssicherheit entspricht nicht unseren Standards. Das ist besonders gefährlich in der chemischen Industrie, wie der fürchterliche Unfall von Bhopal zeigte, wobei allerdings hinzukommt, daß die Risiken der modernen Technologie von einheimischen Arbeitskräften oft unterschätzt werden. Das gilt z.B. auch für die zu geringe Vorsicht bei der Anwendung von Pestiziden, was dann zu schweren Gesundheitsschäden führen kann.

Schwer faßbar sind die Auswirkungen der soziologischen Struktur auf die Modernisierung der Wirtschaft und die Industrialisierung und umgekehrt. Hamilton (1996) zeigt für Süd- und Ostasien, daß eine Entwicklung stark gehemmt wird durch traditionelle Gesellschaften, insbesondere wenn diese von großen Landbesitzern dominiert werden. Der Erfolg von Südkorea und Taiwan sei mitbedingt durch den Umbruch der gesellschaftlichen Struktur nach dem Kriege. Die meisten Chancen für eine weitere Entwicklung räumt er Thailand ein, während für die Philippinen und Nepal nur geringe Aussichten bestünden (Abb. 14.1). Wenn eine Regierung von Großgrundbesitzern und dem oft damit verbundenen Militär abhängig ist und außerdem noch eine Klientel bedienen muß, ist eine Industrialisierung kaum durchführbar. Umgekehrt werden durch die schnelle Entwicklung der Wirtschaft, insbesondere der Industrie, große soziologische Veränderungen hervorgerufen. Der Gegensatz zwischen Arbeitenden mit einem bescheidenen Wohlstand und völlig verarmten Arbeitslosen in den Städten erfaßt immer mehr Menschen. Durch die Bevölkerungsvermehrung wächst die Gruppe der Armen sehr schnell. Nur im Rahmen von wirtschaftlichem Fortschritt kann sich ein Mittelstand entwickeln. Meist sind eher Aufsteiger an einer Entwicklung beteiligt als die traditionelle Oberschicht.

	Indonesia	Philippines	Malaysia	Thailand	Nepal	Bangladesh	Pakistan	India
1. State of world economy	U	—	U	F	—	U	F	F
2. Availability of savings								
Domestic savings rate	F	F	F	F	U	U	U	F
Access to foreign loans	F	U	F	—	U	—	U	F
Financial intermediation	U	U	F	F	F	F	F	F
3. Productiveness of investments								
Quality of workforce	—	F	F	—	U	U	U	F
Control of workforce	F	U	U	F	F	F	F	U
Labour costs	U	F	U	U	F	F	U	F
Quality of management	U	F	F	—	U	U	F	F
Infrastructure	F	U	F	U	U	—	F	—
4. Sympathy of agriculture	F	F	F	F	U	U	F	F
5. Political conditions								
Dominance of unproductive classes	U	F	F	F	U	F	F	F
Independence of state	U	U	F		U	U	F	U
Strength of state	F	U	U	F	F	U	U	U
Proven commitment to growth	U	U	U	F	U	F	U	U
Overall growth prospects	2	1	4	5	1	2	3	3

Note: U = unfavourable; F = favourable; 1 = poor; 3 = doubtful; 5 = good.

Abb. 14.1. Die Entwicklungsmöglichkeiten eines Landes werden von den wirtschaftlichen Bedingungen ebenso gesteuert wie von den politischen. HAMILTON (1996, 378) bezieht in seiner Abschätzung für verschiedene Länder Süd- und Südostasiens nicht nur die finanziellen Voraussetzungen sowie die Arbeitskräfte sondern auch die gesellschaftlichen Vorgaben mit ein, wobei eine Förderung durch die Landwirtschaft ein eigener Punkt ist.

14.3.4 Staatliche Vorgaben

Ein günstiges Investitionsklima wird stark durch die staatlichen Vorgaben bedingt. Als erstes ist die politische Stabilität zu nennen, die die Sicherheit gibt, daß Startbedingungen eingehalten werden. Natürlich ist eine Währungsstabilität sehr förderlich, wenn auch selten gegeben. Langdauernde bürokratische Prozeduren wirken hemmend. Die Möglichkeiten des Eigentumerwerbs und -transfers sind ebenso wichtig wie persönliche Sicherheit und Rechtsschutz. Meist ist der Staat an einer Neuansiedlung interessiert, da eine Industrialisierung nicht nur den Lebensstandard verbessert, sondern auch das Prestige der Regierung nach innen und außen hebt. So werden Steuervergünstigungen gewährt oder Freihandelsareale – bevorzugt in Häfen – ausgewiesen. Industrieparks können angelegt werden, bei denen eine gute Infrastruktur gegeben ist. Alle diese Faktoren führen eher zu einer Konzentration auf die Hauptstadt und die Häfen als zu einer dispersen Ansiedlung. ‚Freie Produktionszonen' in Mittelamerika haben sich jedenfalls nur in diesen Städten entwickelt (ALTENBURG & WALKER 1995).

Eine wesentliche Vorgabe des Staates ist eine gut entwickelte Infrastruktur. Das betrifft die Verkehrsverbindungen, vor allem zwischen Hauptstadt und Hafen, sowie lokal eine sichere Elektrizitätsversorgung (notwendig wegen abstürzender Computer, eines gleichmäßigen Maschinenlaufs etc.) und Wasserversorgung. Umweltauflagen für Industrien sind bislang eher gering. Ausländische Investoren halten sie aber oft von sich aus ein, sei es aus Eigenverantwortung, sei es wegen des Drucks der Medien. Nicht zu unterschätzen ist der Einfluß einer sauberen, gut geordneten Verwaltung und Regierung, sowie eines funktionierenden unabhängigen Rechtssystems. Sind Politiker und Staatsbedienstete korrupt und/oder unfähig, entwikkelt sich schnell ein grauer Markt. Auf dem Land nimmt die Subsistenzwirtschaft und der direkte Tausch zu. In der Stadt können Kleinstgewerbe und Dienstleistungen unangemeldet über die Hälfte der Arbeitskräfte aufnehmen. In beiden Fällen werden kaum Steuern gezahlt (RIDELL 1996). Ferner kann eine ungerechte Gesellschaftsstruktur die Steuermoral senken. Eine Schatten- oder Parallelwirtschaft ist in den Entwicklungsländern viel weiter verbreitet als in den Industrieländern. Nach Schätzungen der Weltbank soll sie in Indien bis 50% betragen (zit. n. Fischer Weltalmanach 1996, 950f.), in Brasilien in den 80er Jahren 30–60% (RÖPER 1995, 339). In anderen Entwicklungsländern wird der informelle Anteil an der Volkswirtschaft nicht viel geringer sein, sind doch selbst in Industrieländern 8–15% zu verzeichnen. Man sollte aber nicht vergessen, daß durch das Bevölkerungswachstum Regierung und Verwaltung in den Entwicklungsländern ungleich schneller reagieren müssen als bei uns. Die große Zahl der Einspruchsmöglichkeiten und Kontrollen, wie sie bei uns existieren, könnten eine Entwicklung so stark verzögern, daß dadurch eine mangelnde Versorgung entstünde.

14.3.5 Wirtschaftspläne

Innerstaatliche Entwicklungskonzepte oder die Raumplanung haben oft zwei miteinander verbundene Ziele: Die Beseitigung oder doch mindestens Minderung räumlicher Disparitäten. Gleiche oder ähnliche Lebensverhältnisse würden nicht nur Wanderungen einschränken, sondern auch politische Stabilität (und Steuern) bringen. Damit wird außerdem dem zweiten Ziel, der nationalen Integration, gedient. Am intensivsten diskutiert werden Pläne zur Landesentwicklung in Südamerika, wo etwa in Brasilien in den sechziger und siebziger Jahren die Errichtung von Polen propagiert wurde, von denen ausstrahlend, sich eine Region entwikkeln sollte. Anspruch und Wirklichkeit klaffen allerdings meist weit auseinander (KOHLHEPP u.a. 1995). Ohnehin scheint es in vielen tropischen Ländern kaum eine ausgeprägte regionale

Identität zu geben, was sich oft durch die geringe Siedlungsdichte erklärt. Diese wäre aber wichtig als Voraussetzung für eine intensivere innerstaatliche Aktivität in Planung und Entwicklung, sowie eine Lösung vom Zentrum. Eine regionale Politik könnte ökologisch und sozial besser angepaßte Lösungen finden (KOHLHEPP 1995). Im allgemeinen werden auf gesamtstaatlicher Ebene die Entwicklungsziele festgesetzt, die dann durch Verteilung von Geldern angesteuert werden. Außerdem werden von der Zentralregierung Großprojekte konzipiert und durchgeführt, insbesondere wenn diese unter ausländischer Beteiligung ablaufen. Konkrete Entwicklungsprojekte, etwa in der Infrastruktur, sind regional wirksam und werden von lokalen Politikern und der Bürokratie gesteuert und nicht immer mit den nationalen Zielen abgestimmt. Aber das ist in allen Ländern ein Problem der Planung.

Generell gesehen ist eine Entwicklungsplanung nicht einfach. In den meist unterentwikkelten Räumen lassen sich Folgewirkungen kaum absehen. In Städten mit nur etwas Gewerbe kann man die Einflüsse einer neuen großen Fabrik nur schwer im voraus beurteilen. Wie wirken sich die meist höheren Löhne aus? Das Instrumentarium für die Entwicklungsplanung ist dürftig (vgl. auch MAHN 1980, 182). Da helfen selbst feasability studies der Weltbank meist nicht sehr viel, da die Wirtschaftswissenschaftler oft zu geringe Landeskenntnisse haben. Oft fehlen zuverlässige Basisdaten über die Bevölkerungsstruktur oder die wirtschaftlichen Verhältnisse, selbst großmaßstäbige Karten sind nicht verfügbar. Manchmal sind auch die Zielvorstellungen westlicher Mitarbeiter und einheimischer Politiker schwer zu vereinen. KRAAS (1995, 1997a) macht zu Recht geltend, daß eine Planung von außen schwierig ist, da sie die lokalen Netzwerke nicht kennt bzw. nicht genügend berücksichtigt. Am Beispiel von Bangkok kann sie zeigen, wie der hierarchische Aufbau in Institutionen und Behörden bzw. die Achtung vor dem Älteren Entscheidungen in der Planung sehr verzögern kann. Die überkommenen kulturellen Einstellungen sind nur schwer mit Planfeststellungen nach westlichem Muster zu vereinbaren. Oft wird der politische Einfluß zu wenig beachtet (SANDNER 1987, 14), der sozialen Komponente nicht genügend Rechnung getragen. Ausgezeichnet konzipierte Projekte eines Bergbaus, einer Großfabrik oder einer Plantage mit einer guten Infrastruktur müssen manchmal abgeschottet werden, da sie eine große Anziehungskraft für die Ärmsten der Armen haben. Zwar kann man Quartiere für die Arbeiter schaffen, aber am Rand bilden sich Slums heraus. Durch die Globalisierung kann außerdem eine Entwicklungsplanung sehr schnell überholt werden.

In der Realität treten Entwicklungspläne meist zurück gegenüber der Beseitigung der dringendsten Nöte, die sich durch das Bevölkerungswachstum ergeben: der Kampf gegen den Hunger, die Beseitigung der Slums durch den Bau billiger Wohnungen, die Verbesserung der Gesundheitsfürsorge durch den Ausbau der Gesundheitseinrichtungen, sowie durch Versorgung mit reinem Wasser. Der Ausbau des Schulwesens ist ebenfalls ein wichtiger Faktor. Insgesamt ist die Lebensqualität in den Entwicklungsländern durchaus gestiegen, da sich Gesundheitsindikatoren verbessert haben, die Lebenserwartung gestiegen ist, das Einkommen (BSP) zugenommen hat. Allerdings ist vielfach die Kluft zwischen Arm und Reich deutlicher geworden.

Einen schrittweisen Weg ist Indien gegangen, das neben der Bekämpfung des Hungers (s.o. Abb. 12.1) die Industrialisierung plante, die besonders unter Rajiv Ghandi vorangetrieben wurde. Sie ist relativ unabhängig von den großen Wirtschaftsmächten erfolgt, indem die jeweiligen Projekte von verschiedenen Ländern aus Ost und West gefördert wurden. Indiens Industrie hat daher einen relativ hohen Grad an Selbständigkeit.

14.4 Stand der Entwicklung und Entwicklungspolitik

14.4.1 Kriterien für den Entwicklungsstand

Bei den Entwicklungsländern ist heute zu unterscheiden zwischen den Schwellenländern, zu denen mehrere Staaten Lateinamerikas, vor allem Brasilien und Mexiko gehören, aber auch die NICs (newly industrialised countries, auch NIEs n.i.economies oder Tiger): Singapur, Hongkong, Taiwan, Südkorea, denen die Philippinen, Indonesien, Malaysia, Thailand, Brunei (DAE – Dynamic Asian Economies) nacheifern. Diese neun Staaten sind im ASEAN-Pakt (Association of South East Asian Nations) verbunden. Eine zweite Gruppe bilden die Länder mit einem mittleren Einkommen, in denen sich die Wirtschaft in einigen Sektoren rasch entwickelt, während sie in anderen stagniert. Sie sind zumeist gemeint, wenn man heute von Entwicklungsländern spricht. Dazu gehören fast alle übrigen Staaten Lateinamerikas, aber auch Indien, das trotz einer relativ hochentwickelten Industrie wegen der hohen Bevölkerungszahl ein geringes Durchschnittseinkommen aufweist. Schließlich gibt es die Armutsländer, vor allem im subsaharischen Afrika, die manchmal auch als vierte Welt oder LDC (Least Developed Countries) bezeichnet werden.

Schon diese Zusammenstellung zeigt, daß die Unterentwicklung ein vielschichtiges Problem ist, das sich nicht einfach mit dem Pro-Kopf-Einkommen (BSP) oder dem Grad der Industrialisierung etwa durch den Anteil der Beschäftigten im 2. und 3. Sektor messen läßt. Für Ersteres wurde bereits oben (14.4.1) ausgeführt, daß Subsistenzbauern nicht einbezogen sind, ferner läßt der Mittelwert für ein Land offen, wie das Einkommen verteilt ist. Ein relativ hoher Dienstleistungssektor, in Industrieländern ein Zeichen einer hochentwickelten Gesellschaft, kann in den Entwicklungsländern auch durch eine große Armeestärke bedingt sein. Zunehmend werden zur Erfassung des Entwicklungsstandes eines Landes nicht nur wirtschaftliche Kriterien sondern auch andere Faktoren wie etwa Human-Ressourcen beachtet. Sollen solche Indikatoren eine umfangreichere Vergleichbarkeit haben, müssen sie sehr einfach gehalten sein, so daß sie für möglichst viele Länder verfügbar sind.

Ein interessanter Ansatz ist der HDI; der Human Development Index für das UN Development Program, über den Gall (1996) berichtet. Die 130 Länder der UN werden von 1–130 indiziert mit Japan als 130, Niger als 1. Als Kriterien gelten Lebenserwartung, Einkommen und Alphabetismus. Eine generelle Verbesserung der Lebensverhältnisse wird dadurch angezeigt, daß im Weltmittel die Lebenserwartung von 46 Jahren 1960 auf 62 Jahre 1987 stieg, die Kindersterblichkeit wurde halbiert, der Alphabetismus stieg von 43 auf 60%. Weitere Kriterien wie die Verteilung des Einkommens in der Bevölkerung, bei der Brasilien am schlechtesten dasteht, oder die politische Stabilität können den HDI erweitern oder modifizieren. Beim Einkommen sind allerdings Subsistenzbauern und Slumbewohner nicht erfaßt. Als Kriterien für die Gesundheitsfürsorge sind die Säuglings- und Kindersterblichkeit zu nennen (s.o. 12.8), die für alle Länder bekannt sind. Oft wird auch die Zahl von Gesundheitsstationen angegeben.

Von den 35 Ländern mit dem geringsten HDI liegen 29 in den Tropen, davon 27 in Afrika, wo auch die besonders hohen Fertilitätsraten verzeichnet werden (s.o. 12.3). In Lateinamerika sind alle Länder außer Bolivien (49), Haiti (29) über 50 einzuordnen. Am höchsten von den Entwicklungsländern rangiert Costa Rica mit 103. Die Lebenserwartung beträgt dort 75 Jahre, 93% der Bevölkerung kann Lesen und Schreiben, bei den Frauen ist dieser Prozentsatz von 17% 1960 auf 65% 1980 und auf 93% 1993 angestiegen. Dieses Land hat seit 50 Jahren kein Militär! Simbabwe hat in den letzten Jahren eine schnelle Entwicklung durchlaufen, weil es das Militär abgeschafft hat (Binns 1994, 41).Wenn die Staaten des Sahel und des Sudan unter 20 eingeordnet sind, die meisten sogar unter 10, so liegt dieses auch an den ungünstigen natürlichen Verhältnissen, insbesondere an den wiederkehrenden Dürren.

Gliedert man die 130 Länder außerdem nach dem Sozialprodukt (BSP) kann man die Einstufung nach beiden Indikatoren vergleichen. Hohe Unterschiede zwischen dem HDI und dem BSP ergeben sich für Kuba, Jamaika, Sri Lanka und Thailand auf der positiven Seite (Differenz in der Einstufung der 130 Länder nach HDI und BSP über 20). Sie erklären sich durch eine relativ gute Gesundheitsfürsorge und eine geringe Zahl an Analphabeten. Wenn Myanmar, Kambodscha und Laos auch in diese Gruppe kommen, so liegt das wohl einerseits an dem relativ geringen BSP, zum anderen aber an den geringen Zahlen für Analphabeten, was für Myanmar zutreffen mag, bei den anderen beiden Ländern nach den kriegerischen Wirren nicht sehr wahrscheinlich ist. Zum Negativen (Differenz HDI 20 Stufen unter BSP) hin weichen Gabun, Kamerun, Kongo, Angola, Sierra Leone in der Einstufung ab, was sich zum Teil durch die Einnahmen aus Rohstoffen erklärt, die offenbar kaum einer breiteren Bevölkerungsschicht zugute kommen. Jedenfalls ist die Lebenserwartung gering und der Anteil der Analphabeten hoch. Da aber auch Elfenbeinküste und Senegal in dieser Gruppe liegen, ist als weiterer Grund die weite Verbreitung von Krankheiten in Westafrika (s.o. 12.8) zu nennen, was die Lebenserwartung drückt. Im Senegal ist zudem die Zahl der Ärzte sehr gering.

Für die Entwicklung eines Landes ist der Bildungsstand der Bevölkerung entscheidend. So wird weltweit die Zahl der Schüler in Grundschulen und weiterführenden Bildungseinrichtungen erhoben. Generell ist die Zahl der Schüler gestiegen, wobei natürlich die städtische Bevölkerung besser versorgt ist. Die Bevölkerungszunahme bringt einen schnell wachsenden Bedarf an Schulplätzen. Um eine Alphabetisierung zu verwirklichen, müßten in 58 von 81 untersuchten Ländern bis Ende des Jahrzehnts mehr Grundschulplätze geschaffen werden, als bisher in den letzten 35 Jahren entstanden sind. Das subsaharische Afrika müßte 3,5 mal mehr neue Plätze haben (Weltbevölkerungsbericht 1996, 21f.). Gute Bildung vermindert die Fertilitätsraten, ermöglicht einen besseren Lebensstandard und eine wirtschaftliche Entwicklung – das sind rückgekoppelte Prozesse. Das größte unerschlossene Potential für die Entwicklung eines Landes liegt fast immer in der Ausbildung der Mädchen.

Wenn auch mit der Zahl der Schüler der Standard der Bildung nicht erfaßt wird, so geben diese Zahlen doch Auskunft, welcher Wert in den einzelnen Ländern auf Erziehung und Bildung gelegt wird. Meist liegen die Ausgaben höher, wenn die politischen Verhältnisse stabil sind. Gleichzeitig mit der Verbesserung der Bildung sind mehr Demokratien entstanden, bzw. autoritäre Regimes gestürzt worden (Karl & Schmitter 1996, Fleischhacker et al. 1996). Mehr Menschen leben heute in Freiheit als je zuvor. Der Vorteil für die Entwicklung besteht darin, daß Demokratien keinen Krieg mit demokratischen Ländern führen, höchstens mit autoritären (Karl & Schmitter 1996, 179). Erschreckend sind die Ausgaben für das Militär, die in Entwicklungsländern jährlich dem Einkommen von etwa 160 Mio. Mannjahren entsprechen sollen, was dreimal so hoch ist wie in den Industrieländern (Gall 1996, 531). Ausgaben für die Bildung und die Gesundheitsfürsorge liegen in einigen Ländern unter den Kosten für das Militär (Fischer Weltalmanach 1997).

Mit einem allgemeinen Zugang zu den Bildungsmöglichkeiten wird wohl ein in den 60er und 70er Jahren bestehender Trend eingeschränkt. Seinerzeit war es für die Familien ein großes Opfer, die Kinder zur Schule zu schicken. Hatten sie diese abgeschlossen, waren die Erwartungen auf eine herausgehobene Stellung im Beruf sehr groß. Da aber nicht genügend ‚white collar jobs' vorhanden waren, entwickelte sich eine Unzufriedenheit, im Extremfall ein revolutionäres Potential. Sollte man also Bildung nicht in den Vordergrund stellen? Ohne Schulbildung werden aber die geburtenstarken Jahrgänge keine Arbeit finden, denn die Landwirtschaft kann sicher nicht alle aufnehmen, ebenfalls ein revolutionäres Potential. So ist nur zu hoffen, daß eine allgemeine Ausbildung zu einer Entwicklung führt, die mit einer Angleichung und Verbesserung der Lebensverhältnisse in der Bevölkerung, sowie mit einer Demokratisierung verbunden ist. Die Rückkehr zu einer Subsistenzwirtschaft, wie sie von der Bielefelder Schule aus propagiert wird und von BENNHOLT-THOMSEN (1989) am Beispiel von Mexiko vorgeschlagen wird, heißt auch Hungern bei Ernteausfall durch Vernässung, Dürre oder Schädlingsbefall. Auf jeden Fall ist die Lebenserwartung geringer. ROTT (1989) bezeichnet eine Rückkehr zu den einfachen Verhältnissen als eine Wunschvorstellung, da insbesondere die Migration in die Städte aus Not erfolgt ist und nicht rückgängig zu machen sei.

14.4.2 Entwicklungspolitik

Die industrialisierten Länder haben seit Ende der Kolonialzeit versucht, den Entwicklungsländern zu helfen. Der Aufwand pro Kopf der Bevölkerung war in Australien, Dänemark und den Niederlanden besonders hoch, wobei gerade diese Länder zeigen, daß humanitäre Gesichtspunkte im Vordergrund der Entwicklungshilfe stehen. Allerdings wurden manchmal auch politische Auflagen im Rahmen des Ost-West-Konfliktes damit verbunden wie etwa die deutsche Hallstein Doktrin (1955–1970, keine diplomatischen Beziehungen zu Ländern, die die DDR anerkannt haben). Von seiten der USA und der UdSSR (z.B. Kuba) ist wirtschaftliche Hilfe auch aus strategischen Gründen gewährt worden. Schließlich wird versucht, die eigene Wirtschaft zu stützen, indem bewilligte Mittel vom Entwicklungsland möglichst zum Einkauf im Geberland verwendet werden sollen. Besonders dubios ist die Ausfuhr von Agrarüberschüssen wie etwa von Rindfleisch aus der Europäischen Union nach Westafrika, da dadurch die lokale Produktion abgewertet wird und die Eigeninitiative gesenkt wird.

Auf eine Zeit der Bevormundung in der Entwicklungspolitik folgte eine Zeit der Erfüllung von Wünschen, was sich aber auf eine Zusammenarbeit einpendelt. Dieses scheint so selbstverständlich geworden zu sein, daß EZ als Kürzel für Entwicklungszusammenarbeit nicht einmal mehr erklärt wird (vgl. BETZ & BRÜNE 1997). Von nationalen Einflüssen weitgehend unabhängige Institutionen sind die Weltbank und der internationale Währungsfond (s.u. 14.5). Nicht nur die Entwicklungspolitik hatte also unterschiedliche Motivationen, sondern auch die Entwicklungsziele haben sich gewandelt (vgl. auch JAMESON & WILBER 1996). In den sechziger Jahren bestand die Hoffnung, daß die Armut der Welt durch Wachstum überwunden werden könne. In den siebziger Jahren sollte das Wachstum der Wirtschaft zu einer größeren Gleichheit in der Gesellschaft der Entwicklungsländer führen, mindestens sollten die Grundbedürfnisse für alle befriedigt werden können.

In den achtziger Jahren setzte eine Enttäuschung ein, die verbunden war mit einer Vorsicht in der Formulierung der Ziele. Man erkannte, daß die Armut nicht einfach durch wirtschaftlichen Fortschritt zu überwinden ist. Ein zunehmender Protektionismus der Industrieländer oder der Blöcke wie etwa der Europäischen Union vor allem gegen Agrareinfuhren ließen in den Entwicklungsländern die Einnahmen sinken, während die Ausgaben durch Aufrüsten sowie übermäßige Subventionen stiegen, was zu einer Schuldenkrise führte (s.u. 14.5). Suchte man in den achtziger Jahren technologische und finanztechnische Lösungen, so kamen in den neunziger Jahren wieder mehr politische Fragen in den Vordergrund, zumal nach dem Zusammenbruch des Ostblocks strategische Gründe entfielen. Gewährung der Menschenrechte, Demokratisierung und Liberalisierung der Wirtschaft wurden bei vielen bilateralen Beziehungen angemahnt und eingefordert. Das gilt jedenfalls für kleinere Länder. Dabei ist die Entwicklungshilfe auf 0,27% des BSP im Durchschnitt der OECD Länder (Organisation for Economic Cooperation and Development-Mitglieder sind 28 Industrieländer) abgesunken, das ist der tiefste Stand seit 1970 (Brüne 1997, 68).

Die Ziele der Entwicklungspolitik sollen heute weniger die wirtschaftliche Entwicklung als die Armutsbekämpfung umfassen, was nach Umfragen von der Bevölkerung der Geberländer begrüßt würde, was aber der wissenschaftliche Beirat des Bundesministeriums für die wirtschaftliche Zusammenarbeit als unrealistisch ablehnt (Betz 1997). In einer ausführlichen Diskussion der Erfolge oder Schwächen der Entwicklungshilfe kommt Betz zu dem Schluß, daß private wirtschaftliche Projekte den staatlichen vorzuziehen seien. Dieser Prozeß hat bereits eingesetzt: Die Kapitalzuflüsse in die Entwicklungsländern betrugen 1995 weltweit $US 59 Mrd. durch Entwicklungshilfe, aber $US 170 Mrd. kamen vom privatem Kapital, davon $US 70 Mrd. Direktinvestitionen und $US 75 Mrd. Bankkredite (Betz 1997, 56).

14.5 Standortfaktor Kapital?

Alfred Weber sah Kapital, Arbeit und Boden als Standortfaktoren an. Davon ist die Arbeit heute als vorrangig zu bezeichnen, da Kapital und Boden(-schätze) leicht transportiert werden können. Grunderwerb für eine Industrieansiedlung ist in den Entwicklungsländern meist kein besonderes Problem. Bundesminister Rütgers hat sicher Recht, wenn er den Faktor Wissen als Ergänzung, teilweise als Ersatz sieht (Die Zeit 1997, 8). Außerdem sind im Zuge der Globalisierung politische und sozioökonomische Bedingungen als Standortfaktoren wichtiger geworden und nicht zuletzt das schnelle Bevölkerungswachstum in den Entwicklungsländern.

Da sich bei uns die Industrialisierung über mehrere Jahrzehnte hinweg vollzog und vielfach aus Handwerk und Kleinbetrieben entwickelte, konnte das zunächst nur in geringem Umfang benötigte Kapital mitwachsen. Dagegen wird die Industrialisierung den tropischen Ländern gewissermaßen übergestülpt, das Kapital kommt zu einem guten Teil von außen, nur selten ist die agrare Wirtschaft in der Lage, dieses aufzubringen wie etwa in Australien (s.u. 14.6). Das liegt nicht zuletzt an der Struktur der Besitzverhältnisse. Großgrundbesitzer in tropischen Entwicklungsländern sind zumeist sehr konservativ, wenig bereit, sich in industriellen Neugründungen zu engagieren, eher bemühen sie sich um Macht im Staat, damit die bestehenden Verhältnisse erhalten bleiben. Hamilton (1996) nennt ihr Kapital unproduktiv, weil es meist für Pacht, Ausleihung gegen Wucherzinsen, Warenspekulation, extravaganten Verbrauch, Überseebankkonten und Stützung des Militärs verbraucht wird. Die Eigentümer mittelgroßer landwirtschaftlicher Betriebe, die für den Markt produzieren und damit Kapital ansammeln, können in Gewerbebetriebe investieren. So ist die Industrialisierung São Paulos in den ersten Phasen von den Kaffeepflanzern des Hinterlandes getragen worden. Ähnliche umfangreiche Pflanzerschichten sind aber sonst selten. Außerdem geschah dieses in einer Zeit, als der Kaffee zu einem großen Teil in Brasilien produziert wurde. Inzwischen bauen viele Länder Kaffee an, so daß infolge Überproduktion die Preise stark schwanken (Abb. 14.2). In Südostasien ist aus dem Handel Geld in das Kleingewerbe geflossen. Diese Ansätze reichten für Betriebe zur Importsubstitution einfacher Konsumgüter. Immerhin trägt sich in Süd- und Südostasien der industrielle Aufbau weitgehend durch Kredite und Gelder aus dem Ausland, so daß die Regierungen in der Lage sind, die Landwirtschaft zu unterstützen. In Afrika dagegen hat der Primärsektor die Hauptlast der Staatsaufgaben zu bewältigen.

Das Kapital für Grundstoff- und Investitionsgüterindustrien kam zumeist aus dem Ausland oder vom Staat, sei es, daß Tochtergesellschaften finanziert wurden, sei es, daß Schwerindustrie, insbesondere die Eisenindustrie gefördert wurde, insbesondere wenn Bodenschätze

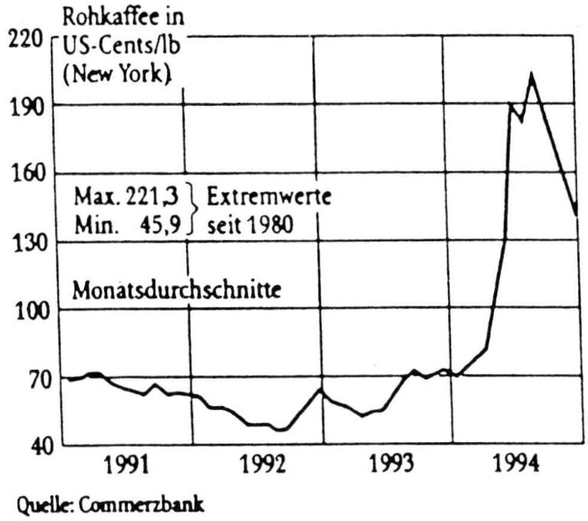

Abb. 14.2. Die Kaffeepreise schwanken besonders stark, da einerseits eine Überproduktion herrscht, deren Auswirkungen auf die Preise man durch Vereinbarungen aufzufangen sucht. Bis diese aber greifen, erfolgen große Schwankungen. Zum anderen können witterungsbedingte Ernteausfälle die Handelsabkommen umstoßen. Aus: Fischer Weltalmanach 1996, 999.

vorhanden waren. In den sechziger und siebziger Jahren schien ein Aufbruch stattzufinden, in den Gelder der Entwicklungshilfe aber auch von Banken flossen. Letztere nahmen wohl an, daß ein Staatsschuldner ähnlich wie in westlichen Industrieländern immer genügend Sicherheit böte. Auf Grund steigender Lebensansprüche stieg ja die Verschuldung der Staatshaushalte in den Industrieländern ebenfalls, so daß das Verhalten der tropischen Länder nicht anomal war. Das geliehene Geld ging in den Entwicklungsländern nur zu einem mehr oder minder geringem Teil in die Industrialisierung und dann meist in die wenig reproduktive Konsumgüterindustrie der Importsubstitution.

Staatsschulden beim Aufbau der Industrie entstanden durch übermäßige Subventionen oder Protektion, was nicht zur Wirtschaftlichkeit beitrug. Zum Teil diente das geliehene Geld dem Ausbau der Infrastruktur, allerdings manchmal mit unnützen Prestigeprojekten. Leider ist in manchen Staaten ein nicht unbedeutender Teil in einer überbesetzten Bürokratie und den Ausbau des Militärs, also unproduktiv, versickert, wenn es nicht sogar auf Bankkonten in das Ausland transferiert wurde. Ende der siebziger und Anfang der achtziger Jahre gerieten so mehr und mehr Länder in die „Schuldenkrise", indem die Schuldzinsen und Abzahlung einen immer größeren Anteil der Ausfuhrabgaben (Devisen) aufzehrten. Die Ausfuhrerlöse verminderten sich außerdem durch relativ sinkende Agrarpreise. Erst seit 1994 nähern sie sich den Preisen für Energierohstoffe (vgl. Abb. 14.3), die aber ebenfalls weniger als die Preise für Industrieprodukte angestiegen sind. Hinzu kam die Ölkrise Ende der 70er, Anfang der 80er Jahre mit der plötzlichen Steigerung der Ölpreise. Erst durch den Niedrigzins in den neunziger Jahren und Umschuldungsabkommen wurde die Schuldenkrise etwas abgeschwächt, aber neue Kredite waren sehr schwer zu beschaffen.

Werden die Abgaben für den Staat zu hoch, bricht der Handel zusammen, werden Steuern zu sehr erhöht, entwickelt sich ein grauer Markt und eine Schattenwirtschaft (s.o. 14.3.4). Einheimisches Kapital flüchtet in das Ausland. Alles dieses führte zu einer Entwertung der Inlandwährung. Vor allem in Lateinamerika und Westafrika kam es zu Abwertungen. Vielfach sprang die Weltbank (mehr kurzfristige Hilfe) oder der internationale Währungsfond (eher langfristige Anleihen) ein. Die Weltbank fordert in der Regel vier Grundelemente: eine Abwertung der Währung, einen Rückzug des Staates aus der Wirtschaft, eine Kürzung von Staatsausgaben, insbesondere von Subventionen, sowie eine Liberalisierung des Marktes. Unter dem neuen Präsidenten (Stiglitz 1997) soll aber der Staat durch das Rechtswesen und durch Aufsicht etwa über Banken, Bauvorhaben etc. wieder mehr Einfluß und Verantwortung über-

Entwicklung der Rohstoffpreise an den internationalen Warenbörsen 1992-1996
(HWWA-Rohstoffindizes auf US-$-Basis)

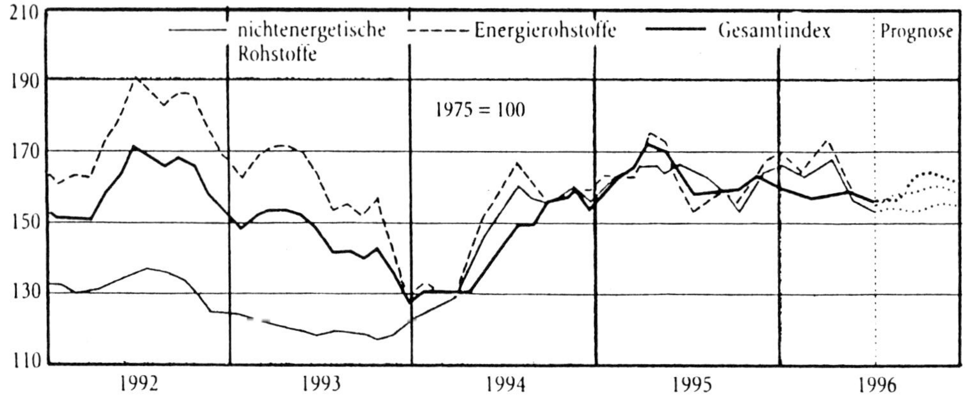

Abb. 14.3. Der Gesamtindex der Rohstoffpreise wird weitgehend von den Energierohstoffen, vor allem dem Erdöl bestimmt. Erst in den letzten Jahren haben sich die nichtenergetischen Rohstoffe den Steigerungen des Gesamtindex angepaßt. Aus: Fischer Weltalmanach 1996, 1015.

nehmen. Die Deregulierung soll also auf die Aufgaben, die der Privatsektor besser ausführen kann, eingeschränkt werden. „Viele Länder haben nicht einmal ein funktionierendes Rechtssystem, versuchen aber, staatliche Stahlwerke zu betreiben. Denen sagen wir: Vergeßt die Stahlwerke, konzentriert euch auf die Rechtsordnung" (ebd.).

Es ist anzunehmen, daß mit einer allgemeinen Liberalisierung des Marktes sich die Währungsparitäten im Laufe der Zeit einpendeln. Das BSP der Länder mit geringem und mittleren Einkommen beträgt gut 20% des BSP der Welt. Der Anteil verdoppelt sich, wenn die Kaufkraftparität auf nationaler Ebene berücksichtigt wird (World Bank Atlas 1996, 17), d.h. die Währungen der Entwicklungsländer sind im allgemeinen unterbewertet. Für den Einzelnen heißt dieses, er kann für das nationale Geld im eigenen Lande relativ mehr kaufen, muß aber Auslandsgüter, Reisen ins Ausland etc. teurer bezahlen. Der Export ist erleichtert, bringt aber einen geringeren Ertrag. Der Import ist verteuert, Schulden sind schwerer abzuzahlen.

Bei einer von außen getragenen Industrialisierung, etwa der Gründung von Tochtergesellschaften werden Kapital und/oder Güter in das Land gebracht. Wird nach der ersten Aufbauphase Gewinn erzielt, sollte dieser den Investoren bzw. Kapitaleignern zur Verfügung stehen, also in das Mutterland transferiert werden können, damit müßten Devisen ausgeführt werden können. Es müßte also ein freier Kapitalmarkt bestehen, was sich aber in vielen Ländern nur langsam durchsetzte, denn etliche Staaten erließen Devisenbeschränkungen, um eine einheimische Kapitalflucht zu verhindern. In Brasilien etwa wurden große ausländische Unternehmen wie z.B. VW gezwungen, Gewinne wieder im Lande anzulegen. So entstanden im südlichen Mato Grosso Rinderfarmen, da die Regierung zu gleicher Zeit die Erschließung des Amazonasgebietes förderte. Diese wurden aber nach Einsetzen der Regenwald-Diskussion an Einheimische weitergegeben, um nicht dem Image der Firmen zu schaden. Solche Fragen gewinnen zunehmend an Bedeutung, je stärker das Nationalbewußtsein sich auch in wirtschaftlichen Zusammenhängen entwickelte. Joint ventures, Unternehmen, bei denen Kapital und Management von Einheimischen und vom Ausland kommen, schufen hier eine Lösung. Die Investitionen unterliegen dabei einer privatwirtschaftlichen Kontrolle. So kann man sagen: Der Kapitalfluß in Entwicklungsländer unterliegt heute stärker ökonomischen Kriterien als der Nähe zum Kapitalgeber. Mit der Liberalisierung und der Globalisierung bestehen kaum Transferhemmnisse. Da das Kapital somit mobiler geworden ist, hat die Entfernung heute geringere Bedeutung bei der Standortentscheidung, wichtiger sind die Sicherheit und die Rendite.

14.6 Landwirtschaftsgeographie

Das Wort Landwirtschaft wird hier wörtlich als Produktion in ländlichen Gebieten, der Verarbeitung und des Absatzes dieser Produkte verstanden. Es wird also die Landwirtschaft als Teil der Volkswirtschaft, bzw. die Verflechtung mit der Weltwirtschaft betrachtet. Wenn auch das Bevölkerungswachstum durch die oft ungehemmte Vergrößerung der Städte besonders augenfällig ist, die stärkere Zunahme erfolgt auf dem Lande (s.o. 12.6.3). Hier sind daher die wirtschaftlichen Veränderungen am größten. Sie bestehen in einer Ausdehnung der Landnutzung und einer Intensivierung des Anbaus (s.o. 13.8). Durch die verbesserte Verkehrserschließung und den absolut steigenden Bedarf in den Städten, wächst aber auch der Handel mit Agrarprodukten überproportional.

Die Nahrungsmittel werden in den Tropen in abgelegenen Gebieten vielfach noch in der Dorfgemeinschaft erzeugt und in der Familie oder Großfamilie aufbereitet. Das ist ein Anbau für den Eigenbedarf oder die Subsistenz. In den Statistiken findet sich nur, was steuerlich erfaßt wird (s.o. 12.6.2) oder sonst – etwa durch Transportkontrollen – registriert wird, bzw. was in den überregionalen Handel gerät. Produktionsstatistiken geben also nur den Anteil an, der in die Volkswirtschaft eingeht, der also im wesentlichen zur Versorgung der Städte und zum Export zur Verfügung steht. In den am wenigsten entwickelten Ländern (LDC) leben im Mittel 78% der Bevölkerung auf dem Lande, in weniger entwickelten Ländern (den Entwicklungsländern im engeren Sinne) sind es noch 62%, in Deutschland 13% (Weltbevölkerungsbericht 1996). Man wird nicht annehmen, daß alle ländlichen Bewohner ihren gesamten Bedarf aus der eigenen Produktion decken, aber mindestens die Hälfte bis zwei Drittel und mehr dürften es sein. Hier liegt eine große Schwierigkeit für die Erstellung von Welthungerstatistiken.

Es besteht ein großer Gegensatz zwischen Deutschland, wo in einem landwirtschaftlichen Betrieb für den Markt produziert wird, und der Eigenbedarf nur noch zum Teil aus der eigenen Produktion gedeckt wird und vielen bäuerlichen Familien in den Tropen, die zunächst einmal den eigenen Bedarf decken und nur zusätzlich Einiges auf die lokalen Märkte bringen. Der Überschuß, der auf den Märkten verkauft wird, ist oft sehr gering. Selbst Handelsfrüchte (cash crops), die ebenfalls auf dem lokalen Markt oder an Aufkäufer abgesetzt werden, machen – wenn überhaupt – nur einen kleinen Teil des Anbaus aus. Der Erlös reicht nur für die notwendigsten Geräte oder einfache Kleidung. Im Gegensatz zu Lateinamerika liefern in Afrika mehr Kleinbauern Handelsfrüchte auch für den Export. Der Anbau ist daher räumlich dispers, während die Plantagen in Lateinamerika sich eher in Küstennähe konzentrieren.

In den Städten werden zum Teil die traditionellen Lebensmittel verbraucht, daneben aber dem Lebensstil der Industrieländer angepaßte, verarbeitete Nahrungsmittel und eingeführte Obst- und Gemüsesorten. Diese werden insbesondere von Ausländern nachgefragt, seien diese ansässig oder als Touristen in das Land gekommen. Wenn ein Hochland vorhanden ist, werden dort die außertropischen Gemüse- und Obstsorten angebaut wie etwa in Kenia, Sri Lanka oder in den Nilgiris in Indien. Dabei können auch längere Transportwege zu den Städten in Kauf genommen werden, der Vorteil des Klimas ist entscheidend. Da dieses die tropische Ausgeglichenheit über das Jahr aufweist, können Gemüse auch versetzt zu den Jahreszeiten der Außertropen angebaut werden, wie etwa Bohnen in Kenia. Die Produkte werden dann mit Luftfracht nach Europa gebracht.

Von den Handelsfrüchten haben die Gewürze die älteste Tradition im Handel mit außertropischen Ländern. Der Bedarf wird kaum steigen. Sie werden vielfach in Kleinbetrieben angebaut. Tee kommt dagegen auch heute noch vorwiegend aus Plantagen, obwohl Pflanzungen – bäuerlicher Anbau in mittelgroßen Betrieben – zunehmen. Vor allem wird der Kaffee in solchen mittelgroßen Betrieben produziert. Bananen und Ananas werden für den Export oft auf Plantagen gezogen, die unter amerikanischer Leitung oder Einfluß stehen (z.B. Del Monte, Dole) und die große Früchte gleichbleibender Qualität, meist mit etwas geringerem Geschmack produzieren. Sie werden unreif gepflückt, um transportabel zu sein und erst in der Nähe der Verbraucher nachgereift, was aber nie der natürlichen Reife entspricht. Für Bananen und Kaffee bestehen Quotenregelungen, d.h. Ausfuhr- oder Einfuhrbeschränkungen (s.u. 14.10.2).

Die Hauptexportgebiete für Bananen liegen in Mittelamerika und auf den karibischen Inseln. Der Absatz erfolgt über nahegelegene kleine Häfen, die von kleineren Kühlschiffen angelaufen werden können. Ein Container-Frachtverkehr läßt sich hier nur schwer einführen. Aus den immerfeuchten Tropen kommt der Kautschuk als Plantagenprodukt vor allem aus Südasien, Wildkautschuk wird noch in geringem Umfang in Amazonien gesammelt. Öl und Fett für die Herstellung von Nahrungsmitteln (Margarine, Süßwaren etc.) wird sowohl von Kokospalmen als auch von Ölpalmen gewonnen. Erdnüsse brauchen hingegen ebenso wie Sojabohnen, Zuckerrohr, Baumwolle und Tabak eine längere Trockenzeit vor und während der Ernte. Das gilt ebenso für alle Arten Körnerfrüchte, vor allem Getreide mit Ausnahme des Reis. Im einzelnen gibt es natürlich auch für die tropischen Anbauprodukte optimale Wuchsbedingungen (s.o. 13.4).

Abgesehen von den Schwellenländern und den Rohstoffländern sind die tropischen Länder Agrarländer, d.h. ein großer Teil des BSP kommt aus dem Agrarsektor bzw. sind hier die meisten Arbeitskräfte beschäftigt (Abb. 14.4). Da aber auf dem Weltmarkt – meist infolge Überproduktion – Agrarprodukte etwa in bezug auf die Arbeitszeit unterbewertet sind, entsteht ein Nachteil für die Volkswirtschaft. Wenn auch die Agrarpreise derzeit etwas steigen, bleiben sie immer noch unter denen aus den siebziger und achtziger Jahren, auch blieb der Abstand zu den Industriepreisen erhalten (Fischer Weltalmanach 1996, 973). So können – wie gesagt – weder die Schulden des Staates aus den Erträgen der Landwirtschaft bezahlt werden, noch die Anfänge der Industrialisierung getragen werden, und es kann sich kein bedeutender Markt entwickeln. Vielmehr werden oft die in den Handel gekommenen Agrarprodukte überbesteuert und selten subventioniert. So fehlt vielfach Kapital, um Modernisierungen in der Landwirtschaft selbst durchzuführen. Eine Landreform wäre hilfreich, um die Eigeninitiative zu stärken, soll maschineller Einsatz erfolgen, ist sie notwendig, um größere Betriebseinheiten zu schaffen.

Besitzverhältnisse lassen sich aber nur schwer verändern. So ist kaum irgendwo eine sehr wirksame Landreform durchgeführt worden (s.o. 13.9). Pacht- und Teilpachtverhältnisse bestehen vor allem in Asien. Sie haben neben großen Nachteilen, hohe Abgaben und Fremdbestimmung, auch einen Vorteil, daß nämlich der Bauer die Folgen einer Mißernte nicht allein tragen muß. Gegenüber der Lohnarbeit besteht aber ein größerer Antrieb zur Eigeniniative.

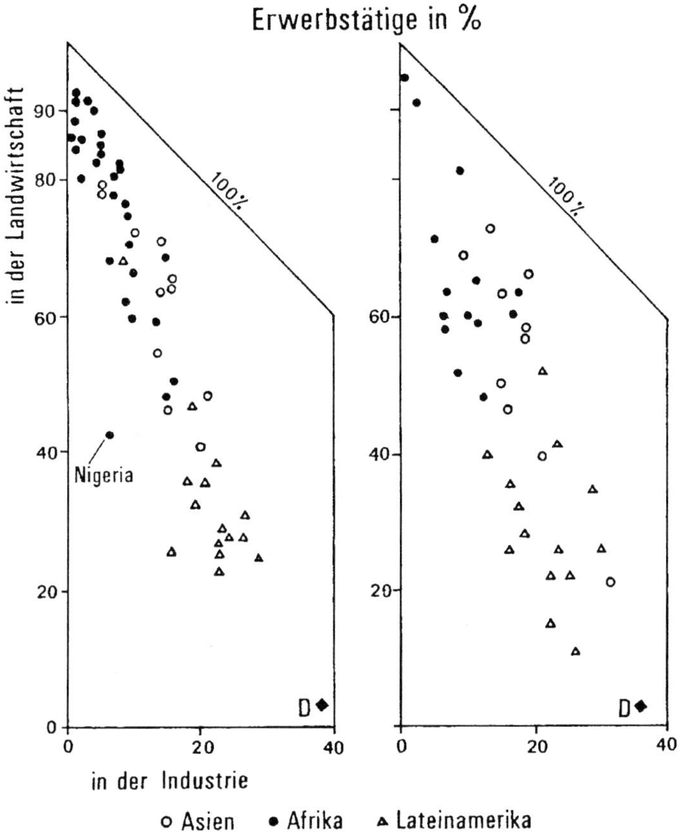

Abb. 14.4. Die Zahl der Erwerbstätigen ist ein Maß der Bedeutung der Landwirtschaft bzw. der Industrie für die Volkswirtschaft eines Landes. Der Anteil, der in diesen Sektoren für das BSP produziert wird, ist weniger geeignet, da die Erzeugung der Subsistenzbauern nicht erfaßt wird. Bei den Erwerbstätigen werden allerdings nicht die in der Schattenwirtschaft, bzw. auf dem informellen Sektor Arbeitenden gezählt. Die Darstellung links folgt Daten aus dem Weltentwicklungsbericht (1996), rechts aus den Angaben für die einzelnen Staaten im Fischer Weltalmanach (1997). Die Unterschiede ergeben sich durch verschiedene Quellen, wobei im Weltentwicklungsbericht die Werte zum Teil nach den Partizipationsraten der ILO (International Labour Organisation) geschätzt wurden, im Fischer bei einigen Ländern, insbesondere Afrikas keine Aufteilung in Industrie und Dienstleistung erfolgte (nicht dargestellt). Besonders suspekt sind die Werte für die Dienstleistungen (vertikale Ergänzung bis zur 100%-Geraden), sofern diese unter 20% liegen, was für viele Länder Afrikas so angegeben wird. Anscheinend sind hier die Zahlen für das Militär nicht einbezogen worden. Die Gegenüberstellung zeigt noch einmal deutlich, daß die Angaben einiger tropischer Entwicklungsländer wenig zuverlässig sind. Zum Beispiel ergeben sich für Malawi nach Fischer insgesamt 86%, für Nigeria 109% Erwerbstätige.

So sehr Einzelwerte kritisch betrachtet werden müssen, läßt sich im Schnitt sagen, daß die afrikanischen Staaten auf die Landwirtschaft ausgerichtet sind, daß die Industrie in Lateinamerika prozentual mehr Menschen Arbeitsplätze gibt als im tropischen Asien.

Der Verpächter kann bei Innovationen, Vermarktung und Kreditvergabe helfen (Stiglitz 1995). In Indien sind im Zuge der ‚grünen Revolution' Umstrukturierungen erfolgt, 92% der Betriebe befinden sich nun in der Hand von Eigentümern, 89% beschäftigen Landarbeiter (Hamilton 1996). Dahinter verbergen sich wohl zum Teil alte Pachtverhältnisse. Für Indonesien lauten die entsprechenden Zahlen 74% und 70%. Verglichen hiermit hat Thailand mit 85% Eigentümern und nur 29% Landarbeitern eine bessere Agrarstruktur.

In abgelegenen Gebieten Afrikas ist vielfach noch der Dorf- oder Sippenverband bestimmend für Eigentum und Anbau, was die Eigeninitiative lähmt, vielleicht auch Grund für manche Abwanderung ist. In Südamerika werden in einigen Gebieten bei der Modernisierung der Landwirtschaft, die ja einen relativ hohen Kapitaleinsatz erfordert, Kleinbauern ausgekauft. Das gilt insbesondere für solche, die im Nebenerwerb als Lohnarbeiter tätig waren und durch zunehmende Mechanisierung überflüssig wurden. In sehr abgelegenen Gebieten werden Einzelsiedler manchmal vertrieben (vgl. Kohlhepp u.a. 1994). Oft wird aber der Kleinbesitz selbst bei geringer Arbeitsproduktivität beibehalten, da er sicherer ist als Lohnarbeit oder ein Stadtleben mit Arbeitslosigkeit (Sandner 1970).

Großbetriebe für Handelsfrüchte liegen in vom Verkehr gut erreichbaren Gebieten, oft in Küstennähe. Manche haben ihre eigenen Absatzwege: Straßen, Kleinbahnen, Umschlagplätze geschaffen. Großbetriebe haben in der Regel auf günstige natürliche Verhältnisse geachtet. Diese sind bei einigen Produkten ausschlaggebend gewesen wie etwa beim Teeanbau, der in höhere Lagen zog. Dafür ist schon in kolonialer Zeit ein Verkehrsanschluß gebaut worden, wie zum Beispiel die sehr aufwendige Eisenbahn in das Hochland von Sri Lanka. Bei Großbetrieben sind oft koloniale Strukturen erhalten geblieben, sei es, daß sie bei der Verstaatlichung in ähnlicher Weise, aber unter einheimischer Leitung fortgeführt wurden, sei es, daß bei Kompanien ausländisches Kapital oder Aufsicht einfloß; das Management ist aber zunehmend einheimisch. Mittlere Betriebe gibt es seit längerem etwa im Kakao- und Kolanuß-Anbau in Westafrika, sowie im Kaffeeanbau in Brasilien und Mittelamerika. In vielen Gebieten Asiens mit seiner dichten landwirtschaftlichen Bevölkerung liegt die Mehrzahl der Betriebe aber unter 5 ha oder sogar unter 2 ha.

Staatliche Eingriffe bestehen nicht nur in Landgesetzen und Subventionen, beinahe noch wichtiger ist die Verbesserung der Infrastruktur, insbesondere die Organisation für den Absatz und die Hilfe bei Innovationen wie Beratungen, Schädlingsbekämpfung, verbessertes Saatgut und neue Methoden der Bodenbearbeitung. In einer wenig entwickelten Landwirtschaft gehen 20–30% und mehr der Ernte durch Schädlingsfraß und Fäulnis verloren (s.o. 13.7.1). Die Sicherung der Ernährung Indiens ist zu einem Teil auf den Bau der großen Getreidespeicher zurückzuführen. Die Einrichtung von Sammelstellen für die Vermarktung würde sicher vielen Kleinbetrieben helfen, allerdings auch eine genauere Besteuerung ermöglichen. Der Staat ist zumeist an einer Modernisierung interessiert, die Handelsfrüchte vor allem für den Export produziert und damit nicht nur Steuern, sondern außerdem Devisen liefert. Dieses führt zur Konzentration auf Mittel- und Großbetriebe. Dabei kann die Produktion von Grundnahrungsmitteln soweit zurückgedrängt werden, daß diese importiert werden müssen, wie Kohlhepp (1994) für Brasilien zeigt.

Der Umbruch in der Landwirtschaft (s.o. 13.8) ist wohl in den Schwellenländern am stärksten. Er besteht nicht nur in einer Modernisierung sondern auch in einer Diversifizierung. Dabei bestehen große Unterschiede von Kleinbetrieben mit Subsistenzanbau und wenigen Marktfrüchten bis zum modernen Plantagenanbau. Im Ganzen scheinen spontane Siedlungen zurückzugehen (Morgan 1988). Die Neusiedlungen nehmen einen mehr kommerziellen Charakter an, indem sie zum Teil für den Markt produzieren, was von den Regierungen gefördert wird. Mit zunehmender Industrialisierung wird die Landwirtschaft auch in den Tropen weniger bedeutend, was Brookfield (1993) für Südostasien ausführt. Aber zum einen muß die Versorgung der Bevölkerung zum überwiegenden Teil aus dem eigenen Land erfolgen, zum anderen wohnt der größte Teil der Bevölkerung auf dem Land und findet nur dort Arbeit. Die Landwirtschaft ist daher für fast alle tropischen Länder ein wichtiger, wenn nicht der wichtigste Teil der Volkswirtschaft. Aber es sind wohl weitere große Umstrukturierungen zu erwarten.

Absolut gesehen hat die Produktion an Nahrungsmitteln weltweit zugenommen und ist selbst relativ, d.h. pro Kopf gewachsen. Dabei ist die Produktion in Asien und Südamerika überdurchschnittlich gestiegen, absolut auch in Afrika, dort hat jedoch die pro Kopf Produktion wegen der starken Bevölkerungszunahme abgenommen (Fischer Weltalmanach 1997, 971). Letzteres ist aber hauptsächlich auf dem Lande erfolgt, wo die Produktion für die Subsistenz – wie gesagt – kaum erfaßt wird. Die Versorgung der Bevölkerung hat sich also nicht so stark verschlechtert, wie es die Zahlen nahelegen. Die generelle Verbesserung der Welternährungslage ist den Anstrengungen vieler Regierungen und Institutionen, der FAO mit derzeit 2500 Projekten und nicht zuletzt einzelner Berater zu verdanken. Neben dem Reisinstitut auf den Philippinen (Irri, s.o. 13.6), besteht ein Mais Institut in Mexiko, gibt es ein Zentrum für Viehzucht in Äthiopien. Fast jedes Land hat entweder ein eigenes Forschungsinstitut und/ oder betreibt eine enge Zusammenarbeit mit Wissenschaftlern aus den Industrieländern. Auch in den Außertropen wird umfangreich Forschung für die tropische Landwirtschaft betrieben wie etwa im Tropeninstitut in Gießen.

Die Ausgangslage für die Entwicklung in der Landwirtschaft ist in den einzelnen Kontinenten sehr unterschiedlich. Generell ist für einen großen Teil der Beschäftigten, nämlich die Kleinbauern, eine durchgreifende Besserung kaum möglich. In Afrika, Asien und auch in Lateinamerika überwiegen in der Betriebszahl meist aber nicht in der Fläche die Kleinbetriebe mit Größen unter 2 ha oder von 2–5 ha. Bei diesen Betrieben ist keine Mechanisierung möglich, da die Investitionen zu hoch wären. Fricke (1972) schätzt für den westafrikanischen Sudan, daß selbst für den Ochsenpflug 8 ha Land die Mindestgröße für einen rentablen Einsatz sind. In Indien sind allerdings solche Pflüge weit verbreitet, aber in dem trockneren Teil der Savannen sind die Besitze etwas größer. Maschinen lassen sich in Kleinbetrieben auch darum nicht einsetzen, weil die Betriebe meistens in viele Parzellen sehr geringer Größe aufgeteilt sind. Die Landnutzung durch Kleinbauern ruht auf der Handarbeit. Eine Hilfe für diese Betriebe ist vor allem durch besseres Saatgut und durch Beratung bei der Einführung neuer Marktfrüchte und deren Absatz möglich. Regionalentwicklungsprojekte zur Armutsbekämpfung mit einem konkreten räumlichen Bezug sind besser als punktuelle, sektorale Großprojekte (Waller 1988). Auch Hollis et al. (1988) halten kleine Projekte meist für effizienter. Eine Flurbereinigung erscheint bei den vielen Parzellen unwahrscheinlich, bei Bewässerungsanlagen ist sie wohl unmöglich, jedenfalls an steilen terrassierten Hängen.

Lateinamerika ist seit Jahren Nettoexporteur von Nahrungsmitteln, wobei allerdings ein Teil auch aus den Subtropen, vor allem Argentinien kommt. Es ist nach wie vor durch den aus kolonialer Zeit überkommenen Gegensatz von Latifundien und Minifundien gekennzeichnet. Mittelgroße Betriebe produzieren vielfach für den Export. Diese Bauern sind wohl nur wenig an einer Neusiedlung interessiert. Allerdings ist eine Ausbreitung mittelgroßer Betriebe mit schon intensiv betriebener Landwirtschaft wohl ein Weg zur Steigerung der Produktion von Marktfrüchten und Nahrungsmitteln. Dieses würde mit modernen Methoden erfolgen und sich grundsätzlich vom squatting unterscheiden. Squatter und Siedler in Agrarkolonisationen kommen vor allem aus der Schicht der Landlosen. Sie erhalten in Südamerika bis zu 100 ha

Land. Das ist von der Größe her ein Mittelbetrieb, von der Mechanisierung, den Kenntnissen, den Investitionsmöglichkeiten können sie aber eigentlich nur als Kleinbetrieb in traditioneller Weise, eventuell zusätzlich mit einigen Rindern geführt werden. Bei einer Bodenerschöpfung, Verschlechterung des Marktes oder Verschuldung ist ein Verkauf und ein Neuanfang in einem entfernteren Gebiet naheliegend. Da das tropische Lateinamerika von Ausnahmen abgesehen relativ dünn besiedelt ist, mögen Neusiedlungen noch weiter erfolgen, für die Volkswirtschaft spielen sie eine relativ geringe Rolle, politisch haben sie Alibifunktion für eine nicht energisch durchgeführte Bodenreform.

Der Anbau von Reis, insbesondere von Naßreis in Asien ist die intensivste Massenproduktion von Nahrungsmitteln. Bei gleichem Standard der Produktion liegen die Hektarerträge in der Regel über denen anderer Getreidesorten. Nur durch diese Kultur ist das hohe Bevölkerungswachstum im tropischen Asien möglich gewesen, oder ist dieses vorausgegangen und hat die Intensivierung hervorgerufen? Eine Huhn-Ei-Frage! In Südostasien ist außerdem in diesem Jahrhundert, insbesondere seit dem 2.Weltkrieg eine große Ausdehnung der Landwirtschaft in bis dahin dünn oder nicht permanent besiedelte Gebiete erfolgt. In Südasien wurde die landwirtschaftliche Nutzfläche relativ wenig ausgedehnt, die Bodenreformen haben die alten Abhängigkeiten der Pächter von den Großgrundbesitzern zwar nicht völlig beseitigt, aber den Kleinbetrieben ist durch die ‚grüne Revolution' doch eine größere Unabhängigkeit gegeben worden. In Südostasien ist die Stellung der Kleinbetriebe durch einen Anbau von Marktfrüchten zusätzlich zur Selbstversorgung verbessert worden. Das ist insbesondere in Malaysia durch die seit kolonialer Zeit bestehenden aber noch vermehrten Plantagen begünstigt worden und wurde ebenso wie in Indonesien durch die Regierung unterstützt, während in Thailand mehr eine private, spontane Ausdehnung erfolgte (Morgan 1988).

Australiens tropischer Norden ist für die Volkswirtschaft des Landes wenig relevant. Erst langsam entwickelt sich ein Anbau auf Bewässerung und von tropischen Früchten für den heimischen Konsum. Eine Ausnahme ist der Zuckerrohranbau in den Küstenhöfen von Queensland seit 1860 (Courtenay 1988). Sonst werden die Savannen des tropischen Nordens durch die Rinderzucht genutzt.

Afrikas Landwirtschaft ist nach wie vor zu einem großen Teil auf die Subsistenz ausgerichtet, wobei die Viehhaltung etwas weniger bedeutend wird, da auch Nomaden zunehmend einen Anbau betreiben. Das Land ist im Besitz von Stämmen oder Clans, was wohl ein Grund dafür ist, daß Neusiedlungen nicht weit verbreitet sind. Erst langsam entwickelt sich ein individuelles Bodenrecht, Eigentum ist aber wegen der Motivation und der Kreditfähigkeit eine der Voraussetzungen für Innovationen. Generell erscheinen die Verhältnisse noch weniger konsolidiert als in anderen Kontinenten, wie sich einerseits an größeren Wanderungen und Verlagerungen noch in der Zeit nach dem 2.Weltkrieg zeigt (s.o. 13.9., 13.12.4), was andererseits wohl auch die Ursache zahlreicher Konflikte in den letzten Jahrzehnten ist. Insgesamt kann man wohl sagen, die Landwirtschaft bringt ein relativ geringes Einkommen. Daher ist auch das Steueraufkommen gering, und es fehlt die Kapitalbildung für eine Industrialisierung. Die Lebenshaltung ist einfach, die Motorisierung nicht weit verbreitet. Afrika ist nach wie vor der Kontinent der weiten Fußwege.

Der Umbau der Agrarstruktur war wohl in Südostasien am erfolgreichsten, da sie weitgehend von der eigenen Regierung initiiert wurde und lokale Institutionen mit einbezog. Es war ein vorsichtiger Ausbau tradierter Strukturen mit kleinen Änderungen, also eine Verbesserung auf bestehender Basis mit einfachen Mitteln. Die Schicht der Besitzenden wurde durch ausgewählte Siedler verbreitert. In Lateinamerika ist der politische Einfluß der Großgrundbesitzer in den meisten Ländern nach wie vor sehr groß, Landreformen und Neusiedlungen haben daher wenig Chancen, der Gegensatz Reich Arm wird nur wenig gemildert. Ob sich das moderne Agrobusiness in den Tropen mit Maschinen und billigen Arbeitskräften bei annuellen Kulturen durchsetzen wird, ist eine Frage für die Zukunft. In Afrika sind Großprojekte nicht sehr erfolgreich, was an der fehlenden oder zu wenig berücksichtigten sozialen Struktur liegen könnte.

14.7 Rohstoffe und Energie

14.7.1 Pflanzliche Rohstoffe

Rohstoffe wie Jute und Sisal haben an Bedeutung abgenommen, weil sie durch synthetische Stoffe ersetzt wurden. Eine Ausnahme ist das Holz, das nicht nur wegen seines Aussehens und des Mangels von Astlöchern für Furniere (in Deutschland etwa 15% der importierten tropischen Hölzer, SCHREIBER 1981) sondern auch wegen der Form- und Witterungsbeständigkeit, etwa für Türen und Fenster, geschätzt wird. Leider wird die Diskussion über Tropenholz einseitig ablehnend geführt. Dabei müßte unterschieden werden zwischen seltenen Arten wie Mahagoni oder Ebenholz, deren Handel verboten ist und weltweit verhindert werden sollte, und besonders Teak, das in Südostasien in wechselfeuchten Gebieten in Plantagen angebaut wird, also zum großen Teil einer geordneten Forstwirtschaft (s.o. 13.14.3) entstammt. In bezug auf ökologische Probleme sind solche Aufforstungen tragbar. Im östlichen Amazonasgebiet wurde eine Baumplantage für Weichholz zur Papierherstellung angelegt (s.o. 13.10).

Auch wird in Diskussionen immer vergessen, daß die Waldbedeckung in Deutschland auf 30% reduziert wurde. Der Einschlag an Rundholz ist in den außertropischen Ländern mehr als viermal so hoch wie in den Tropenwäldern (Abb. 14.5). Die Einfuhr von Tropenholz ist in Deutschland bis 1994 auf weniger als 2 Mio. m^3 (2,3% des Holzverbrauchs) zurückgegangen. Bis zum Jahr 2000 soll für die Länder der EU die Einfuhr nur noch von Plantagen erfolgen. Hauptimporteure von tropischem Holz sind China, Japan, Südkorea und USA (Abb. 14.6). Insgesamt soll aber der Holzhandel nur zu einem kleinen Teil an der Zerstörung der Regenwälder Schuld sein (5% nach SCHOLZ 1988). Gravierender sind Feuerholzgewinnung und Neusiedlungen (Abb. 14.7).

Gegen eine nachhaltige Nutzung kann man wohl kaum etwas einwenden (s.o. 13.14.3). Lebt allerdings in dem Gebiet des Holzeinschlags eine indigene Bevölkerung, so wird diese gestört, meist auch erheblich eingeschränkt. Eine Untersuchung von LAMB (1991) zeigte, daß meist entweder die traditionellen Gemeinschaften zerstört werden oder die kommerzielle Holznutzung an dem Ort zusammenbricht. Da die Zyklen für die Holznutzung relativ lang sind, die Maschinen teuer sind, besteht wenig Hoffnung, daß die indigene Bevölkerung diesen Wirtschaftszweig ausbauen kann.

Anders ist es mit kürzeren Zyklen für die Nutzung weiterer Waldprodukte, die auf dem Sammeln von Früchten und Wurzeln beruht. Diese sind für die Ernährung – am bekanntesten sind wohl die Paranüsse, die bis heute nicht angebaut werden –, für die Herstellung von Arzneimitteln, Farben und Lacken etc. bedeutend. Insgesamt spielen sie aber in der Wirtschaft keine bedeutende Rolle. Eher ist das Rattan zu nennen, eine Kletterpalme, deren schlanke Stämme vor allem zur Möbelherstellung verwendet werden (Peddigrohr). Es kommt in der Paleotropis vor und wird vorwiegend in Südostasien genutzt. Der internationale Handel soll sich auf 1,5 Mrd. englische Pfund belaufen (WHITMORE 1993, 201). Zahlreich sind die Nutzungsmöglichkeiten der Babassupalme aus dem östlichen Amazonasgebiet (ebd. 197). Viele

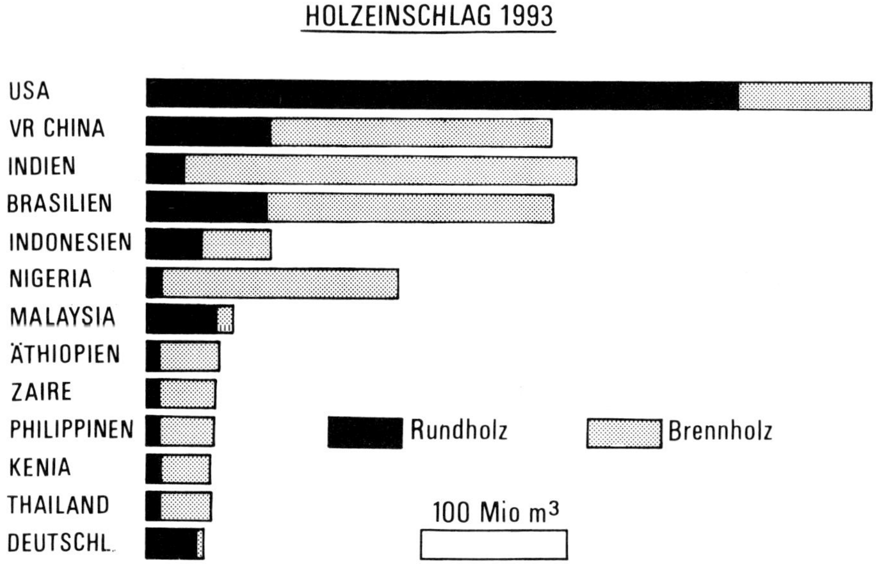

Abb. 14.5. In nur 17 Staaten werden über 95% des Weltaufkommens von Holz eingeschlagen. In den außertropischen Ländern USA, China, Rußland, Kanada, Schweden, Frankreich, Finnland ist der Einschlag mit 1,3 Mrd. m^3 zwar geringer als die 2,0 Mrd. m^3 in Indien, Brasilien, Indonesien, Nigeria, Malaysia, Äthiopien, Zaire, Philippinen, Kenia und Thailand, besteht aber dort zum großen Teil aus dem wertvollen Rundholz, das vor allem zu Papier und Bauholz industriell verarbeitet wird. In den genannten 9 tropischen Entwicklungsländern werden nur 0,21 Mrd. m^3 Rundholz geschlagen. Während in den Industrieländern das Brennholz nur ein Viertel des Holzeinschlags ausmacht, sind es in den Entwicklungsländern vier Fünftel. Nach Angaben in Fischer Weltalmanach 1997, 999. Schwer abschätzen läßt sich der Holzverbrauch in den ländlichen Gebieten, da dieses Holz nicht in den Handel gerät (s.auch 14.7.3). Dieser Anteil ist in den Tropen mindestens so groß wie das gehandelte Holz, besteht allerdings zum Teil aus Totholz.

weitere Pflanzen, die Whitmore für eine Nutzung nennt, lassen erahnen, welch Reichtum in den Regenwäldern verborgen ist. Von kommerzieller Bedeutung ist der Naturkautschuk, der etwa 35% der Gesamtproduktion ausmacht. Kautschuk ist dehnbarer und reißfester als synthetisches Gummi und wird besonders für medizinische Zwecke eingesetzt. Hauptexporteure sind Thailand, Indonesien und Malaysia, wo die Hevea-Plantagen sehr ausgedehnt sind. In Malaysia nehmen sie zusammen mit den Plantagen für Ölpalmen eine größere Fläche ein als der Wald.

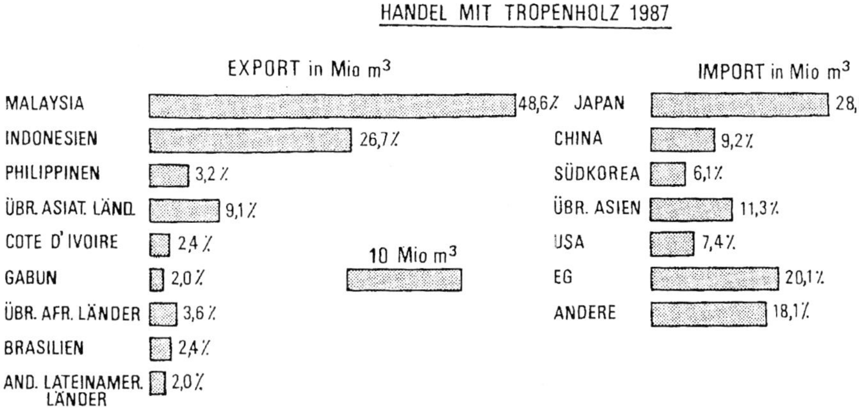

Abb. 14.6. Im Handel mit Tropenholz ist Malaysia mit fast der Hälfte des Welthandels vertreten – das Holz kommt hier überwiegend aus Plantagen. Hauptabnehmer ist Japan, Ostasien zusammen importiert über die Hälfte des Tropenholzes, das im Welthandel erfaßt wird. Gegenüber der Abb. 14.5 ist der Maßstab auf 1/10 reduziert. Angaben aus: Deutscher Bundestag 1990, 274f.

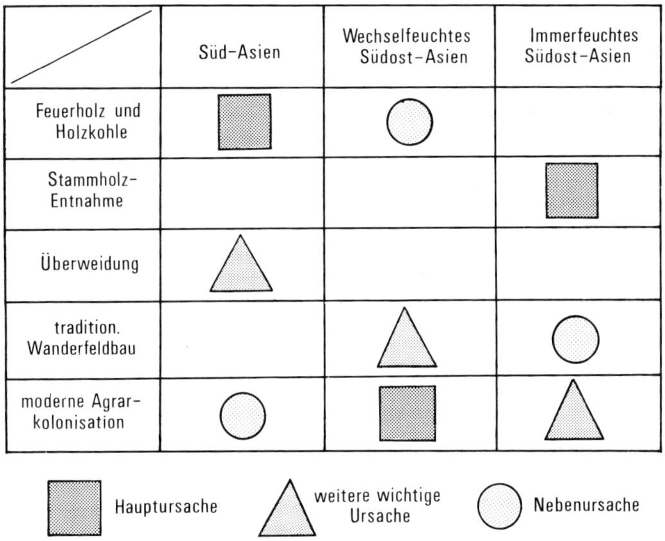

Abb. 14.7. Die Ursachen der Waldzerstörung in den Großregionen des tropischen Asiens haben verschiedene Gründe. In Indien wird Holz vor allem zum Kochen verbraucht, Malaysia und Indonesien sind die Länder in den Tropen mit dem hohen Einschlag an Stammholz, in Letzterem spielt allerdings auch die Agrarkolonisation eine größere Rolle. Für das wechselfeuchte Südostasien täuscht die Darstellung insofern etwas, als hier der Holzverbrauch insgesamt geringer ist. Es werden aber auch natürliche Faktoren deutlich, denn Stammholz läßt sich kaum in den wechselfeuchten Tropen gewinnen. Aus: SCHOLZ (1988, 216).

14.7.2 Mineralische Rohstoffe

Wie oben (4.5) ausgeführt, sind die Tropen reich an mineralischen Rohstoffen. Zahlen über Vorräte ändern sich schnell durch Entdeckung neuer Vorkommen, solche über den Verbrauch ändern sich durch zunehmenden Bedarf, Recycling oder Ersatzstoffe. Aktuelle Zahlen sind im jeweiligen Fischer Weltalmanach angeführt. Die großen Lagerstätten für Eisen in Brasilien, Venezuela und Westaustralien sind erst seit 3–4 Jahrzehnten bekannt, aber relativ schnell erschlossen worden. Als erstes wurden die Eisenbahnlinien zu den Häfen gebaut. Ebenso sind die Kupfervorkommen im südlichen Kongo und in Sambia durch Eisenbahnen mit der Küste verbunden. Für die Weltwirtschaft bedeutende Vorkommen sind außerdem die Zinnseifen in Südostasien, sie liegen z.T. auf Inseln oder im Schelf. Mangan wird in Amapa, Brasilien, im Großen abgebaut. Alle diese Vorkommen werden im Tagebau ausgebeutet, d.h. mit modernen Großraummaschinen und ausländischem Kapital. Ein kleinerer Abbau von selteneren Erzen wird z.T. mit einfachen Mitteln durchgeführt. GLASER (1969) konnte für den Zinnabbau in Rondônia, Brasilien, zeigen, daß eine stärkere Mechanisierung erst einsetzte, als die Straße (Transamazonica) das Gebiet erreichte. Gold und Diamanten werden in den Tropen vielfach noch von Einzelnen (mehrere hunderttausend garimperos im Amazonasgebiet, KOHLHEPP 1994) durch Waschen von alluvialen Ablagerungen gewonnen. Dabei entstehen in den Flüssen schwere Umweltschäden durch das Quecksilber, das bei der Goldgewinnung verwendet wird.

Die Prospektion auf neue Vorkommen ist selbst mit modernen Methoden, die z.T. durch Befliegungen angewendet werden, im Regenwald durch die dichte Vegetation sehr schwierig. In den Savannen können durch die tiefgründige Verwitterung die Gesteine verdeckt sein. Hinweise ergeben sich dann an Hängen oder in Sedimenten bzw. Flußsanden. COLE (1986) hat auf die Vegetation als Indikator verwiesen. Für viele Australier ist Prospektion im tropischen Norden bevorzugte Freizeitbeschäftigung.

Da entgegen der Vorhersage des Clubs of Rome von 1972 kein unmittelbarer Mangel an Rohstoffen besteht (BISCHOFF 1983, Fischer Weltalmanach 1997), eher wegen der Devisenknappheit vieler Entwicklungsländer ein Überschuß produziert wird, sind die Preise stabil, eher gesunken. Zugleich hat in den Industrieländern der Rohstoffverbrauch durch Recycling und Einführung von Ersatzstoffen abgenommen. Neue Vorkommen zu erschließen bedeutet in den Tropen in der Regel, daß nicht nur die Verkehrsverbindungen über meist sehr lange Strecken, d.h. von mehreren hundert Kilometern geschaffen werden müssen, sondern daß ferner die gesamte Ausrüstung, die Arbeitskräfte und alles für ihre Versorgung hereingebracht werden müssen, denn die Vorkommen liegen meist in sehr dünn besiedelten Räumen. Daher werden zunächst nur günstige Vorkommen erschlossen und abgebaut. Das gilt insbesondere für Bauxit, das in vielen tropischen Gebieten vorkommt, in größerem Umfang in Australien nahe der Küste gewonnen wird. Dieses Land steht derzeit an der Spitze der Förderung. Nicht mehr rentable Gruben werden schnell aufgegeben. Die Zinngewinnung auf Phuket, Thailand, seit Jahrhunderten betrieben, wurde mit dem Fallen der Preise fast völlig eingestellt. Statt dessen entwickelte sich der Tourismus auf dieser landschaftlich sehr schönen Insel (UTHOFF 1996b).

Große Probleme bei der Neueinrichtung eines Abbaus entstehen dadurch, daß nur in der Anfangsphase viele Arbeiter gebraucht werden, diese jedoch später in dem sonst unerschlossenen Gebiet keine Beschäftigung finden. Bei den großen Erzvorkommen in Grande Carajás, Nordbrasilien, sollte die Eisenbahn zur Küste als Entwicklungsachse dienen, was aber nur zum Teil Realität wurde (KOHLHEPP 1994).

14.7.3 Rohstoffe für die Energieerzeugung

Insgesamt ist der Energieverbrauch in den Tropen sehr viel geringer als in den Außertropen, Das liegt vor allem am geringen Grad der Motorisierung und der Industrialisierung (Abb. 14.8). Natürlich ist wegen des Klimas auch keine Heizung notwendig. Der Energieverbrauch variiert zwischen 7 kg Öläquivalent/Kopf und Jahr in Sambia und 7918 kg in den USA, in Deutschland verbrauchen wir 4170 kg (World Bank Atlas 1996, 26/27).

Erdöl und Kohle sind zwar Rohstoffe für viele chemisch erzeugte Produkte insbesondere alle Kunststoffe und synthetische Fasern, sie werden aber hauptsächlich zur Energieerzeugung verwendet. In den letzten Jahrzehnten wurden nach intensiver Prospektion neue Erdölvorkommen in den Tropen gefunden, wodurch vor allem Nigeria ein wichtiger Exporteur wurde. Ausgelöst durch die Ölpreiskrise in den siebziger Jahren wurde in Brasilien eine Umstellung auf Biotreibstoff (Pro-álcool-Program) begonnen und seit 1975 wurde Äthylalkohol aus Zuckerrohr gewonnen. Ende der achtziger Jahre stieg dort die PKW Produktion mit Alkoholmotor auf ca. 90% (KOHLHEPP 1994). Dieses ist rückläufig, weil inzwischen auch in Brasi-

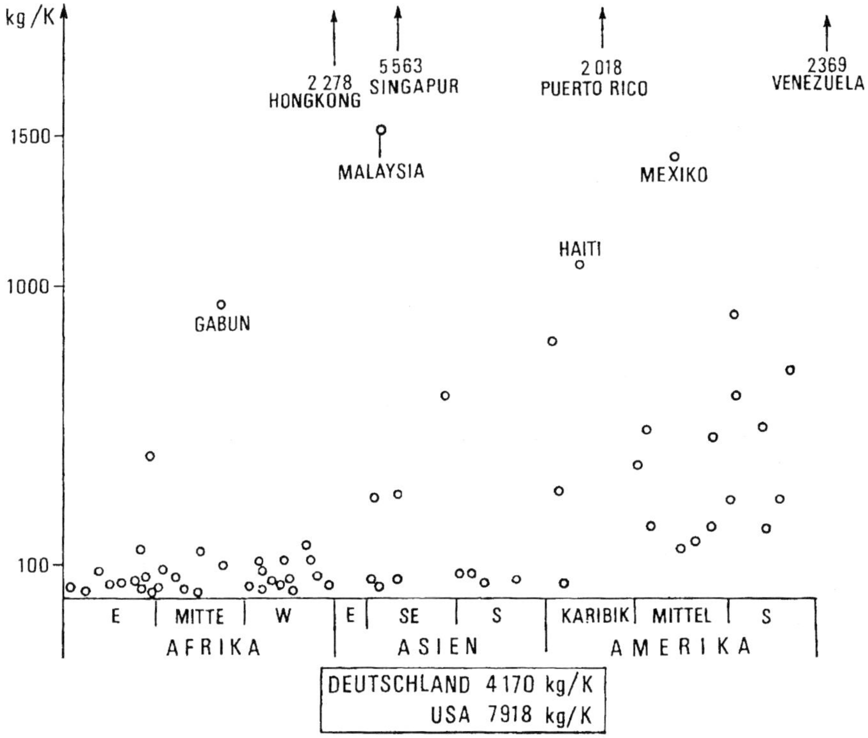

Abb. 14.8. Der Energieverbrauch/Kopf in Kilogramm Erdöleinheiten ist in den Tropen ein relativ gutes Maß für Industrialisierung und Motorisierung, da kaum geheizt wird. In Ländern die Öl fördern, ist dieses billig, so daß Energie verschwendet wird. Venezuela und Gabun haben daher einen hohen Verbrauch. Die hohen Werte für Singapur ergeben sich wohl durch die Ölraffinerien. Insgesamt ist der Energieverbrauch in den Tropen bescheiden im Vergleich zu Deutschland oder gar den USA. Daten aus: Weltbevölkerungsbericht 1996.

lien Erdöl gefunden wurde. Das Programm war außerdem auf weiter steigende Ölpreise konzipiert, die aber inzwischen wieder gefallen sind, und hätte sich erst bei $US 62/Barrel rentiert. Ferner hat Brasilien in großem Maße die Wasserkraftnutzung ausgebaut, woraus heute 94% des Stroms erzeugt werden (ebd. 298).

In den Tropen sind in den letzten Jahrzehnten mehrere sehr große Staudämme für die Elektrizitätsgewinnung gebaut worden. Das bietet sich besonders dann an, wenn ein permanenter Fluß in einer engen Schlucht relativ leicht abgedämmt werden kann. Auf Grund der Geomorphogenese sind solche Verhältnisse nicht selten. Eine besondere Vorsicht ist allerdings wegen einer möglichen tiefgründigen Verwitterung entlang von Spalten und Klüften geboten. Wird hingegen ein Staudamm in einem flachen Gebiet errichtet, werden große Areale überflutet. So nennt Kohlhepp (1994, 299f.) für Itaipú am Paraná eine Stromerzeugung von 9,3 MW/km^2 Staufläche gegenüber 1,6 MW/km^2 für Tucuruí am Tocantins. Extrem ungünstig im Flächenverbrauch ist ein kleines Kraftwerk nördlich von Manaus mit 0,05 MW/km^2. Einen großen Vorteil sieht Zoellner (1987) in der Entwicklung kleiner und kleinster Wasserkraftwerke, da sie mit einfachen Mitteln zu errichten seien und geringe Unterhaltskosten haben. Flußwehre und Ableitungskanäle werden oft ohnehin für Bewässerungsanlagen erbaut.

Die Wasserkraft wird derzeit als einzige alternative Energie angesehen, da die Errichtung von Großanlagen mit Solarzellen zu teuer ist. Klimatisch wären durch hohe Sonnenscheindauer in vielen Gebieten der Tropen sicher günstige Voraussetzungen gegeben. Andere alternative Energien wären noch ungünstiger. Bei den meisten technischen Einrichtungen in den Tropen ist zu bedenken, daß fast alles von außen hereingebracht werden muß, daß Ersatzteile nicht leicht zu beschaffen sind, daß das Personal für die Bedienung erst geschult werden muß.

Nach wie vor ist in fast allen Gebieten der Tropen Holz der Hauptenergielieferant (s.o. Abb. 14.5), vor allem zum Kochen. Nach Giessner & Mayer-Leixner (1995) sind über 2 Mrd. Menschen darauf angewiesen. Insbesondere in den Randtropen gibt es Gebiete mit einem Mangel an Brennholz, so daß sie von einer Energiekrise sprechen. Im Umkreis der Siedlungen und entlang der Straßen wird die Vegetation beeinträchtigt. Ein Teil des Brennholzes wird zur Holzkohle umgewandelt und dann verfeuert. Um 1 t/Kohle/Jahr zu gewinnen, braucht man je nach Bestandsdichte 3.3–7.2 ha Babassuwald (Kohlhepp 1987, 232). Zeitweise wurden in Brasilien einige Eisenbahnen mit Holzkohle beheizt. Der Verbrauch an Brennholz übersteigt in den Tropen bei weitem den Einschlag für Industrieholz inklusive des Exports. Während in den Industrieländern das Verhältnis von Rundholz für die industrielle Verarbeitung zum Brennholz 4–10:1 beträgt, ist das Verhältnis in Indien 1:10, in Indonesien 1:5, in Thailand mit den Baumplantagen allerdings 13:1. Dabei wird sicher ein Teil des Brennholzes statistisch nicht erfaßt. Durch Dungfeuerung wird die Bodenfruchtbarkeit vermindert, was jährlich ca. 20 Mio. t Getreide ausmachen soll. Eine erstaunliche Breite im Verbrauch verschiedener Energiearten zeigte sich bei einer Untersuchung von 7 Dörfern in Westmalaysia. Elektrizität, Feuerholz, Holzkohle, Gas, Kerosin sowie Benzin und Diesel für Motoren und Autos werden verwendet, die Ausgaben dafür betragen im Mittel 20% des Einkommens (Corvinus 1988).

14.8 Gewerbe und Industrie

14.8.1 Das Handwerk

In ländlichen Gebieten wurden und werden die für das tägliche Leben notwendigen Arbeiten von jedem Einzelnen, in Dörfern auch von der Gemeinschaft durchgeführt. Das gilt für das Errichten der Lehmhütten und das Dachdecken ebenso wie für das Anfertigen einfacher Möbel wie Betten, Tische und Stühle. Das Getreide wird von den Frauen gestampft, Gefäße werden getöpfert oder aus Kürbissen (Kalebassen) erstellt. Matten und Netze werden aus Baumfasern, insbesondere aus Palmfasern geflochten. Ferner gibt es in ländlichen Gebieten Weber, Schneider, Gerber, Färber und Schmiede. Binns (1994, 94) schätzt, daß in Afrika 6–26% der ländlichen Arbeitskräfte im Handwerk arbeiten.

Seit alters her sind Kunsthandwerker tätig gewesen. Das waren und sind vor allem Holzschnitzer, die Masken, Kultfiguren, aber auch Verzierungen an Gebrauchsgegenständen anfertigen. Schmuckstücke aus Edelmetall wurden früh vor allem in Indien, Mexiko, Kolumbien und Peru erstellt. Teppiche und Intarsienarbeiten verschönerten die Paläste der Könige und Herrscher in Süd- und Südostasien. In Westafrika entstanden beeindruckende Kunstwerke aus Bronze. Keramiken sind besonders aus Lateinamerika bekannt. Ferner sind die Steinmetze der großartigen Tempelanlagen in Südasien und Lateinamerika zu nennen. Zur Kunst wird man auch die einfallsreichen, meist abstrahierten Steinzeichnungen der Aboriginals Australiens rechnen oder z.B. die fabelhaften Malereien in den Höhlen von Ajanta in Indien. In Polynesien ist eine Fülle von Mustern auf Baumrindenpapier gemacht worden, auch die besonders farbigen Malereien aus Mexiko zeigen eine große Formenvielfalt. Die Batikkunst stammt aus Südostasien.

Mit dem Tourismus hat das Kunsthandwerk in der Produktion von Souvenirs in Form von Webereien, Schnitzereien etc. einen neuen, wachsenden Markt gefunden. Über tradierte Muster aus der Volkskunst hinaus sind Neuschöpfungen zu beobachten. Es ist also nicht nur die traditionelle Volkskunst wiederbelebt worden, sondern es sind auch neue Produkte erdacht worden. Dabei entstanden Zentren der Kunsthandwerker in Touristenorten oder deren Nähe (Gormsen 1981). Die Einkommen und damit die Entwicklung der entsprechenden Dörfer zeigen große Unterschiede nach der Kunstfertigkeit und der Qualität, aber auch nach dem Anteil von Lohnarbeit und Händlern.

Mit dem Aufkommen der Städte wurde die Arbeitsteilung immer bedeutender. Bauhandwerk, Klempner, Elektriker etc. entwickelten sich mit dem Bau westlicher Häuser. Großbauten wie Brücken, Hafenanlagen, Hochhäuser werden allerdings in Afrika und wohl auch in kleineren Ländern Lateinamerikas und Asiens meist von Unternehmen der Industrieländer ausgeführt, da solche Firmen in Entwicklungsländern einen zu seltenen Einsatz hätten, um Kenntnisstand, Organisation und Maschinen zu amortisieren.

Mit dem Import von Gütern aus den Industrieländern bzw. mit der Produktion von Geräten und Fahrzeugen ist das Reparaturgewerbe entstanden und hat sich schnell ausgedehnt. Die Betriebe liegen oft an den Ausfallstraßen, was sich in den Schwellenländern Lateinamerikas über einige Kilometer hinziehen kann, in Asien sind sie auch im älteren Teil der Städte zu finden. Kleinere Reparaturen werden außerdem auf den Märkten durchgeführt. Geschäfte für High Tech Güter und ähnliches haben meist ihren eigenen Service. Ohnehin sind in Städten mit einer größeren Bevölkerung mit westlichen Lebensansprüchen auch die entsprechenden Handwerksbetriebe vorhanden. Generell sind die Reparaturen noch häufiger und umfangreicher als in den Industrieländern, d.h. es werden weniger Teile ausgetauscht. Die Autowerkstätten mögen ein Beispiel sein: sie liegen vor allem an den Ausfallstraßen und haben meist größere Lager von Altreifen und mehrere Autowracks auf dem Grundstück, die bei Reparaturen ausgeschlachtet werden. Ersatzteile sind schwieriger zu beschaffen, statt dessen gibt es eine größere Improvisation im Zusammenbauen, was nur bei niedrigeren Löhnen möglich ist, was aber eine geringere Gewährleistung und Sicherheit mit sich bringt.

In Indien war das Handwerk in die Kasteneinteilung eingebunden, die Mitglieder einer ‚Zunft' lebten räumlich konzentriert. ‚Handwerkerstraßen' kann man aber auch sonst finden. HETZEL (1983) berichtet von einer ethnischen Aufteilung der einzelnen Zweige der Handwerker und Händler in Nordkamerun.

14.8.2 Industriegeographie

14.8.2.1 Einleitung

Der unterschiedliche Grad der Industrialisierung tropischer Länder ist evident, bei einer – allerdings starken – Generalisierung lassen sich sowohl einige Regeln als auch Unterschiede zwischen den Kontinenten herausstellen.

Die allerersten Fabriken, die in einem Land entstehen, bzw. heute kann man wohl sagen, in allen Ländern entstanden sind, dienen zur Getränkeherstellung und zur Bearbeitung von Nahrungsmitteln, außerdem erleichtern Sägereien die Holzverarbeitung. Die ländliche Herstellung von Ziegeln – früher luftgetrocknet, heute meist gebrannt – ist in den Tropen sehr alt, zumal oft Bausteine bei der tiefgründigen Verwitterung nur schwer zu erreichen sind. Da exponierte Stellen des Anstehenden, etwa an Inselbergen zusätzlich verhärtet sein können, sind Steine schwer zu gewinnen. Schotter und Kies in den Flüssen sind selten, so daß für Baustoffe der Zement fast ausschließlich mit Sand gemischt wird. Zementfabriken und andere Baustoffherstellung, z.B. Keramikrohre sind eine junge Entwicklung.

Bei Getränken, wie etwa Bier und Cola ist der Transport teuer, so daß die Produktion möglichst in der Nähe der Verbraucher erfolgt. In den Städten wird die traditionelle Zubereitung der Nahrung wie etwa das Brotbacken durch kleine Brotfabriken abgelöst, selten entstanden Bäckereien. Lokale Backwaren, von Einzelnen, meist Frauen hergestellt, werden auf den Märkten verkauft. Mit der Änderung des Lebensstils der städtischen Bevölkerung, dem Einkauf im Supermarkt, ergab sich der Bedarf an verarbeiteten Lebensmitteln. Hierzu mag beigetragen haben, daß auf Grund des Klimas frische Lebensmittel schnell verderben. Bei einem Wachstum der Städte kann außerdem die gesamte Versorgung nicht mehr über die traditionellen Märkte erfolgen.

Die Möbelindustrie kommt ebenso mit den Städten auf, während auf dem Lande noch Handwerker den Bedarf decken. Schnell werden importierte Kleidung und Schuhe von lokal produzierten mindestens zum großen Teil abgelöst, wobei einheimische handgefertigte Ware durch industrielle ersetzt wird. Die dazu nötigen Maschinen werden importiert. Danach werden Investitionsgüter wie landwirtschaftliche Maschinen und höherwertige Konsumgüter wie etwa Fahrräder produziert. Die Vorprodukte werden dabei eingeführt. Bei kleineren Ländern ist diese Produktion nur dann rentabel, wenn auch exportiert werden kann. Neben diesen einfachen Industrien, die der Importsubstitution dienen, bestehen Fabriken für die Aufarbeitung von Agrarprodukten für den Export wie etwa die Fermentierung des Tees oder die Latexherstellung. Bis hierher ist die Entwicklung in allen Ländern ähnlich verlaufen, aber ab diesem Stadium beginnen die großen Unterschiede.

14.8.2.2 Industrialisierung in Afrika

In Afrika, wo die meisten der am wenigsten entwickelten Länder (LDC) liegen, bilden sich noch weitere Betriebe im Konsumsektor sowie Ansätze im Maschinen-, Fahrzeugbau und der Geräteherstellung heraus. Schamp (1979) zeigte, daß Großfirmen von Übersee, die Vorprodukte oder Halbteile liefern, Tochterfirmen gegründet haben. Es bestehen also unternehmensinterne aber landesexterne Lieferbeziehungen. Gleichzeitig erfolgte eine Konzentration der Industrie, z.B. im Falle Kameruns auf den Hafen Duala, während die kleinen, oft einheimischen Unternehmen der ersten Phase räumlich weiter gestreut waren.

Exporte sind weitgehend auf Agrarprodukte und Rohstoffe beschränkt. Das Bestreben, diese Exporte zu steigern, um Devisen für die Bezahlung der Auslandsschulden zu bekommen, war weitgehend erfolglos: da viele Länder sich in dieser Weise bemühten, fielen die Preise. So scheinen diese Länder eine nur geringe Entwicklungsmöglichkeit auf der Basis der kleinbäuerlichen Landwirtschaft und der Abhängigkeit ihrer Ressourcen vom Weltmarkt zu haben (Rauch 1979). Zudem leidet Afrika besonders unter der Kleinheit der Staaten und damit den kleinen nationalen Märkten (s.o. 14.3.1). Allerdings wird durch Schmuggel und grenzübergreifenden Handel und damit meist einer inoffiziellen gemeinsamen Währung ein Ansatz einer Regionalisierung erkennbar.

Obasango (1994), ehemaliger Staatspräsident von Nigeria, sieht viele ungenutzte Ressourcen für Afrika: 100 Mio. ha kultivierbaren Landes – die Ackerfläche beträgt derzeit etwa 150 Mio. ha (Stat. Jb. 1996a, 251) –, 13 Mio. ha könnten zusätzlich bewässert werden, ein Viertel des hydroelektrischen Potentials der Welt liegen in Afrika, davon werden bislang nur 3% genutzt. An Bodenschätzen hat Afrika 55 Mrd. Barrel Öl, 6 Mrd. m^3 Erdgas, 1,7 t Uran, 90 Mrd. t Kohle, daneben Gold, Diamanten, Chrom, Kupfer, Aluminium etc. Aber bislang fehle den Afrikanern die nötige politische Stabilität und das Selbstvertrauen, um dieses Potential zu nutzen. Einen Vorstoß scheint Uganda zu machen, das in den letzten Jahren das BSP wieder steigern konnte. Dort wurde der öffentliche Dienst von 320 000 Angestellten auf 130 000 reduziert, das Militär halbiert, Staatsbetriebe wurden privatisiert, der Kapitalmarkt liberalisiert (Grill 1996). In einem Interview (ebd.) stellte Präsident Museveni heraus, daß am Ende der Kolonialzeit kein Mittelstand vorhanden gewesen sei. Dieser sei jedoch integrativ und bewirke den ökonomischen Fortschritt.

14.8.2.3 Industrialisierung in Lateinamerika

In den letzten zwei Jahrzehnten haben die meisten Länder außerhalb Afrikas den Sprung in Entwicklungsländer oder die Schwellenländer geschafft. Grundlagen hierzu sind generell gesehen die bessere Schulbildung und die politische Stabilität. Im Einzelnen haben oft der Export von Rohstoffen, der Tourismus oder die stärkere Spezialisierung im Anbau von Handelsfrüchten und deren Export einen Anstoß gegeben. Die Industrialisierung erfolgt zuerst sektoral auf einzelne spezielle Produktionszweige wie Landmaschinen oder Werkzeuge beschränkt.

Lateinamerika ist ein gutes Beispiel dafür, wie sehr die wirtschaftliche Entwicklung von der Größe des Landes bzw. des Marktes abhängt. Das Hauptproblem der mittelamerikanischen und entsprechender südamerikanischer Länder sind die sehr kleinen Märkte. Am weitesten entwickelt sind Mexiko und Brasilien sowie das außertropische Argentinien. Sehr früh entstand vor allem auf der Basis von Rohstoffen eine Eisen- und Stahlindustrie, aus der das Material für Eisenbahnen, Brücken, Wasserleitungen und Betonbauten stammt. Ebenso etablierte sich die Zementindustrie recht früh. Die frühe Erschließung von Bodenschätzen hat also zu einem Aufbau der Grundstoffindustrien, oft mit Exportanteil und ausländischem Kapital geführt. Die höhere Zahl von größeren und mittleren Betrieben in der Landwirtschaft konnte Agrarindustrien, wie etwa die Düngemittelproduktion tragen. In den fünfziger oder sechziger Jahren oder schon früher (Ford in Mexiko 1925) haben große Automobilfirmen Tochtergesellschaften in diesen Ländern gegründet. In den siebziger Jahren, als hohe Importzölle die Einfuhr erschwerten, kamen Zulieferfirmen hinzu, bis Mitte der neunziger Jahre die Marktöffnung neue Investitionen z.T. sogar aus Südostasien anzog.

Nuhn (1995) teilt die Wirtschaftspolitik in drei Phasen: 1) Die Importsubstitution, gefördert von der CEPAL (Wirtschaftskommission der UN für Lateinamerika, 39 Mitglieder sowie US, Can, F,GB, Niederlande, Portugal, Spanien, Italien) und den Regierungen in den sechziger und siebziger Jahren; 2) Die Weltmarktöffnung und Deregulierung – also den Neoliberalismus, gefördert von der Weltbank und dem IWF in den achtziger Jahren und als neue Bestrebung; 3) Die wirtschaftliche Transformation mit sozialem Ausgleich, von der CEPAL als Zielvorstellung aufgestellt. Letzteres versucht beide vorhergehenden Formen zu verbinden, so daß sowohl Weltmarkt- als auch Binnenmarkt-Orientierung besteht. Jedenfalls haben die großen Länder heute schon eine breite Produktpalette, sie sind zwar noch hoch verschuldet, aber die Verhältnisse scheinen sich zu stabilisieren. Da sich die Industrialisierung über einen längeren Zeitraum als in Südostasien erstreckte, ist eine bessere Infrastruktur, ein breiterer Mittelstand entstanden und damit ein größerer Binnenmarkt. Neben dem Einfluß der USA hat die kulturelle Bindung an Europa zu zahlreichen Investitionen geführt, wozu auch die Vertrautheit mit der Sprache beitrug.

Die kleinen Länder stecken noch in der Phase der Importsubstitution und einzelner meist kleiner sektoraler Unternehmen, die entweder für den lokalen Markt produzieren oder für einen Export in die USA, die den Karibik-Anrainern besondere Bedingungen gewähren. So erfolgten Investitionen aus Ostasien in dem Billiglohnland El Salvador, wo zugeschnittene Kleidungsstücke in zoll- und steuerfreien Produktionszonen angeliefert werden und von Frauen unter härtesten Bedingungen zusammengenäht werden (Maquiladora-Industrie), um in den USA verkauft zu werden. Außerdem sind Elektronik-, Schuh- und Schmuckindustrien, also arbeitsintensive Zweige hier und in Costa Rica entstanden (Altenburg & Walker 1995). Oft sind es Gründungen von Weltmarktfirmen. Sie schaffen Arbeit und Einkommen für einen kleinen Teil der Bevölkerung, sind aber darüber hinaus für die Wirtschaft des Landes wenig bedeutend, da Material und Güter kaum in den Kreislauf des Landes eingehen. Es wurde versucht, diese Betriebe in der Peripherie des Landes anzusiedeln, um eine gleichmäßigere Förderung des Landes zu erreichen, aber dieses hat sich selten durchgesetzt.

Für den regionalen Markt sind die Weltmarktbetriebe nicht allzu bedeutend, da in Mittelamerika noch ein Kleingewerbe besteht, wo meist manuell Schuhe, Bekleidung, Nahrungsmittel (Bäckereien), Getränke, Möbel (serienmäßig, nicht Einzelfertigung wie bei unseren Handwerkern), Baustoffe und Druckerzeugnisse erstellt werden (Altenburg 1995). Die Produkte dieser einfachen Industrien haben meist hohe Transportkosten, die verbrauchernahen Kleinbetriebe sind daher bei der Marktöffnung durch Liberalisierung recht resistent. In Mittelamerika hat es relativ weniger Pleiten gegeben als etwa in Brasilien. Dieses Kleingewerbe hat aber wenig Zukunft und hat sich selten zu größeren Betrieben ausgeweitet, wie dieses bei uns in den ersten Phasen der Industrialisierung erfolgte, da die Betriebsführer kaum eine Ausbildung haben, um eine Vermarktung und/oder eine Rationalisierung durchführen zu können. In den Andenländern versuchte man, die Industrie trotz der kleinen Marktgröße zu diversifizieren, indem eine Konzentration auf einzelne Sparten in jeweils einem Land und ein Austausch mit den anderen erfolgen sollte, was jedoch kaum eintrat (s.u. Abb. 14.18). Eine relativ breite Palette hat Kolumbien erreicht, wo vier industrielle Zentren entstanden sind (MERTINS 1987). Das bot sich aber auch durch die naturräumliche Gliederung dieses Staates mit seinen breiten Talungen an.

14.8.2.4 Industrialisierung in Süd- und Südostasien

In Südostasien könnte man die Entwicklung unter den Stichworten ‚billige Arbeitskräfte und moderne Technologie' beschreiben. In einer ersten Phase wurde vor allem Bekleidung produziert und bald auch exportiert. Dieses begann schon in der ersten Jahrhunderthälfte, die erste Baumwollspinnerei in Indien wurde sogar bereits 1854 errichtet. In Hongkong und Singapur als Schiffahrtsstützpunkte bestanden vor dem Krieg Werften für Reparaturen und Schiffbau. Diese Städte entwickelten sich zu Handels- und Dienstleistungszentren, Singapur hat z.B. das drittgrößte Erdölraffineriezentrum der Welt. Die eigentliche Industrialisierung begann wie in den anderen Schwellenländern während und nach dem zweiten Weltkrieg, als die Bindungen zu England abgeschnitten waren bzw. lockerer wurden. Die Bekleidungsindustrie expandierte Ende der fünfziger Jahre sehr stark und ist heute noch ein wichtiger Wirtschaftszweig. Bald schloß sich die Plastikverarbeitung an. Der eigentliche Aufschwung begann aber mit der Auslagerung von Produktionszweigen vor allem aus Japan, sowie den USA und Europa. In Singapur entstanden Tochterfirmen der Elektroindustrie und der Feinmechanik. 200 amerikanische Unternehmen sollen dort 100 000 Beschäftigte haben (REICH 1996, 138). Neben dem Handel und den Banken ist diese Stadt völlig in den Weltmarkt eingebunden und von diesem abhängig. Hongkong hat im letzten Jahrzehnt enorm vom Zwischenhandel mit China profitiert, insbesondere gilt dieses für Ausrüstungen für die Telekommunikation, für optische und elektrische Geräte. Selber hat es eine große Bekleidungsindustrie sowie andere Konsumgüterindustrien. Außerdem werden in der Feinmechanik vor allem optische Geräte und Uhren produziert.

Taiwan hat außer dem japanischen Einfluß eine Förderung durch die USA erfahren, was ebenfalls, wenn auch in geringerem Maß für die Philippinen und Thailand gilt. HAMILTON (1996) sieht das Aufbrechen der alten Agrarstrukturen durch den zweiten Weltkrieg als Vorteil von Taiwan und Südkorea an. Letzteres sei, obwohl außertropisch, erwähnt, weil es wohl das am weitesten fortgeschrittene Schwellenland ist. Die ersten großen Arbeitskämpfe im Winter 1996/97 zeigen, daß dort eine Grenze der ‚billigen Arbeitskraft' erreicht ist.

In Süd-, Südost- und Ostasien ist in vielen Industrien eine deutliche Arbeitsteilung erfolgt. Tochterfirmen erhalten Teile, die zusammengebaut werden, Halbfertigprodukte gehen in ein drittes Land, wo das Endprodukt erstellt wird. Es sind vor allem elektrische und nichtelektrische Maschinen, chemische Produkte und Plastikartikel, die erzeugt werden, wobei die Steuerung durch Chips eine große Rolle spielt. Die Routinearbeiten wandern aus den NIEs (s.o. 14.4.1) bereits ab in die anderen ASEAN Staaten, die dem wirtschaftlichen Erfolg der NIEs nachstreben. Von diesen erfolgen schon Verlagerungen einfacher Arbeiten nach China. CHOL (1996) verwendet das Bild vom Zug der Wildgänse: Japan ist der Leitvogel, dessen Industrie mit hoher Intensität und hohem technologischem Wissensstand ausgestattet ist, gefolgt von den semi-intensiven NIEs und den arbeitsintensiven Industrien mit semi-intensiven Technologien der übrigen ASEAN Länder. Mit den Güterströmen fließt auch Kapital, das Wachstum in den weniger entwickelten Staaten bewirkt. Dieser wirtschaftliche und finanzielle Austausch wird durch internationale Vereinbarungen abgesichert. PAGE (1996) nennt vier Bedingungen für einen Fortschritt der HPAEs (High Performing Asian Economies = Indonesien, Malaysia, Thailand): eine Steigerung der landwirtschaftlichen Erträge, makroökonomische Stabilität, eine bessere Ausbildung in Naturwissenschaften und Technik sowie eine abnehmende Fertilität. Rasche Fortschritte hat in den letzten Jahren Vietnam gemacht, das 1986 eine Wirtschaftsreform durchführte und die Landwirtschaft privatisierte. Diese deckt nun weitgehend den Eigenbedarf und kann sogar etwas exportieren, schafft somit Kapital für die Industrialisierung. Auslandsinvestitionen stammen zu 45% aus asiatischen Schwellenländern, aus Taiwan kommen allein 15%, aus Hongkong 13%, aus Japan nur 10% (SCHÄTZL 1997, 79).

Indien ist einen eigenen Weg gegangen, indem es zunächst unter sozialistischen Fünf-Jahresplänen vor allem die Landwirtschaft entwickelte und so den Hunger bekämpfte (s.o. Abb. 12.1). Die Industrialisierung hat zwar schon Mitte des vorigen Jahrhunderts mit der Baumwollspinnerei und -weberei begonnen. Die Baumwolle ist wohl in Indien heimisch, denn sie ist für das 3. Jt. v. Chr. in Mohenjo Daro nachgewiesen. 1874 kam die erste industrielle Eisenverarbeitung auf, jedoch begann der eigentliche Ausbau erst in den sechziger Jahren dieses Jahrhunderts. Dabei wurde durchaus Hilfe aus dem Ausland angenommen, aber die einzelnen Projekte wurden zwischen Ost und West gestreut, so daß keine Abhängigkeit entstand. Ferner wurden wie etwa bei der Stahlindustrie nach Möglichkeit mehrere Zentren gegründet. Wichtig für die Industrialisierung waren mehrere Voraussetzungen: Englisch als allgemeine Landessprache, hohe handwerkliche Fähigkeiten, eine gute Ausbildung und geschulte Intelligenz einer relativ breiten Schicht, ein verhältnismäßig gutes Verkehrsnetz, eine ausgebaute Rechtskultur und ein überschaubares Steuersystem. Allerdings hat sich eine starke Bürokratie herausgebildet.

Der Staat geriet – wohl infolge zu hoher Subventionen – in eine starke Verschuldung und Ende der achtziger Jahre zeichnete sich eine Stagnation ab. Erst eine 1991 eingeleitete neue Liberalisierung führte zu einem weiteren Wachstum. Dieses gilt besonders für Computerdienste, die sich in Bangalore auf dem Dekan Hochland etabliert haben. Die Software Industrie arbeitet für die USA aber auch für Deutschland und erreichte 1996 einen Umsatz von $US 960 Mio. bei einem Wachstum von 60% (VENZKY 1997). Die Infrastruktur ist nicht so schnell mitgewachsen, so fehlen etwa 30% Strom, das Straßennetz reicht nicht aus, zumal es vom Ochsenkarren bis zum LKW Allen dient. Besonders schwierig scheint der Weg aus der Stadtmitte Bangalores zum 18 km außerhalb gelegenen High Tech Zentrum zu sein. Banken, Versicherungen und Großindustrie sind nach wie vor in Staatshand, eine überzogene Bürokratie erschwert Investitionen. Daher betragen die Auslandsanlagen nur ein Zehntel von denen in China, obwohl beide Staaten als Zukunftsmärkte anzusehen sind.

In den einzelnen Ländern Süd- und Südostasiens erfolgt der Aufschwung also in unterschiedlicher Weise und von einer verschiedenen Basis aus. Gemeinsam ist allen Ländern das Wachstum der Bevölkerung und daraus resultierend der Zwang zur wirtschaftlichen Expansion, die vor allem auf der billigen Arbeitskraft aufbaut. Die Ansprüche steigen aber mit zunehmender Industrialisierung, d.h. mit dem langsamen Entstehen eines Mittelstandes. Wird z.B. in den ersten Phasen der Weg zum Arbeitsplatz zu Fuß oder mit dem Fahrrad, vielleicht auch schon mit dem Bus zurückgelegt, kommen bald Moped, Motorrad und Auto. Das Straßennetz vergrößert sich nicht gleichzeitig mit der schnell wachsenden Industrie. Dieses ist aber nur ein Teilgebiet, auf dem Schwierigkeiten entstanden sind. Spekulationen mit Immobilien und ein wenig solides Finanzwesen haben seit 1997 im gesamten Raum inclusive Japan zu Krisen geführt.

14.9 Verkehrsgeographie

14.9.1 Einleitung

Erst die Erschließung der Länder durch Straßen und Eisenbahnen hat die schnelle Entwicklung ermöglicht. Eine wenn auch zunächst noch bescheidene Gesundheitsfürsorge und die Möglichkeit, bei Mißernten Nahrungsmittel heranbringen zu können, sind letztlich Auslöser des Bevölkerungswachstums, mindestens haben sie es mitgetragen. Moderne Medizin, gebunden an den modernen Verkehr hat die Gesundheitsverhältnisse entscheidend verbessert, was durch die steigende Lebenserwartung angezeigt ist.

Verkehrsspannung (potentielle Nachfrage) und Bevölkerungswachstum sind miteinander verbundene Prozesse. Je mehr die Bevölkerung wächst, desto größer der Bedarf für einen Austausch, desto mehr nehmen in abgelegenen Gebieten in absoluten Zahlen Angestellte der Regierung (Verwaltung, Schule, Gesundheitsfürsorge) und der privaten Dienstleistungen zu. Es entwickelt sich also ein, wenn auch relativ kleiner Mittelstand, der außer Nahrungsmitteln einen gehobenen Bedarf hat. Damit wachsen Personen- und Frachtverkehr. Diese Prozesse haben bereits in kolonialer Zeit begonnen, wobei mit der Beherrschung eine Befriedung, Besteuerung bzw. die Erhebung von Abgaben, Rechtsprechung und Ausdehnung des Handels einher ging. Der eigentliche Sprung in der Erschließung und im Handel erfolgte aber nach dem 2.Weltkrieg mit der ungeheuren Steigerung des PKW und LKW Verkehrs.

14.9.2 Verkehrswege, natürliche Voraussetzungen

Neben den Naturschranken, wie sie auch in den Außertropen bestehen, sind in den Tropen einige weitere Hemmnisse aber ebenso Erleichterungen zu verzeichnen. Wasserfälle und Stromschnellen behindern den Boots- und Schiffsverkehr. Sie sind in den Tropen viel zahlreicher als in den Außertropen (s.o. 5.6.3). Darüber hinaus können sie bei Hochwasser einen Stau bewirken, so daß es zu größeren Überschwemmungen kommt. So folgen selbst in engen Tälern die Straßen selten den Flüssen. Das gilt noch mehr für die Rumpfflächen, wo häufig ein mehrere Kilometer breites Überschwemmungsgebiet ausgebildet ist. Aufschüttende Flüsse werden oft von einem mehrere Kilometer breitem Sumpfgebiet begleitet. So werden Verkehrslinien vor allem auf Wasserscheiden geführt oder bei sehr großen Flußgebieten wie etwa dem des Amazonas oberhalb der Binnenrias (s.o. 5.6.5) der größeren Nebenflüsse in 2–300 km Entfernung vom Hauptstrom. Die breiten Überschwemmungsgebiete machen auch den Bau von Brücken schwierig und teuer. Hinzukommt, daß die Verkehrsspannung wegen der oft geringen Bevölkerungsdichte nicht sehr hoch ist. So gibt es in den Tropen sehr viele Fähren. Das bedeutet Wartezeiten und mithin lange Fahrzeiten, die außerdem durch die schlechte Qualität der Straßen entstehen.

Ein Vorteil für die Linienführung auf den Wasserscheiden sind die ausgedehnten Flächen, die insbesondere in den Savannen gut durchgängig sind. Rumpf- oder die selteneren Schichtstufen sind nur abschnittsweise Hindernisse, da sie neben den meist gemiedenen Engtälern transversale Breittäler oder flache Sporne aufweisen. So verlaufen etwa in Südwest Nigeria Straßen über Sporne der Kreidestufe (Bremer 1971). Die Flächenpässe im Stufenverlauf bewirken eine Bündelung des Verkehrs, am bekanntesten sind die Durchlässe der großen Landstufe im Westen Vorderindiens, die ‚Ghats' in den Westghats. Bei der Erforschung und Erschließung von Australien, die von der Ostküste ausging, konnte man die Randstufe nur an wenigen Stellen durchdringen.

Wegen der heftigen und ergiebigen Regenfälle müssen Verkehrslinien in den Tropen etwas erhöht bzw. gewölbt sein, damit das Wasser vom Straßen- oder Bahnkörper schnell abfließt. Bei geneigtem Gelände können am Rand der Straße Einrisse entstehen. In der Regel wird dort ein 2–3 m breiter Streifen freigehalten. Im Regenwald ist dieses ohnehin notwendig, um ein Überwuchern des Straßenrandes und damit auch eine stärkere Durchwurzelung des Straßenkörpers zu verhindern. Durch Schotter abgekofferte Straßen sind außerordentlich selten. Der Hauptgrund ist sicher, daß eine Schotterlage sehr teuer ist. In vielen Gebieten ist es wegen der tiefgründigen Verwitterung nicht einfach, an frisches Gestein heranzukommen. Wo Pisolithe angereichert sind, werden diese abgebaut und als Deckschicht benutzt. Solche Stellen werden daher von den Straßenbauern sehr gesucht. Meist schieben Planierraupen den obersten Boden zur Seite und schaffen am Rand eine Vertiefung zur Abführung des Regenwassers. Gut gebaute Erdstraßen haben also eine Decke von Pisolithen, und sie sind auf die Ableitung der Starkregen eingerichtet. Bei einfachen Pisten wird nur die Vegetation beseitigt, und sie werden etwas gradiert. Viele Erdstraßen entwickeln nach einiger Zeit eine wellblechförmige Oberfläche, was beim Fahren nur bei einer mittelhohen Geschwindigkeit nicht allzu sehr stört. Einige Erdstraßen sind bei Regen sehr rutschig, trocknen aber relativ schnell ab. Gebiete mit echten Vertisolen (s.o. 6.6.3) sind in der Regenzeit zeitweise unpassierbar, da sich der feuchte, klebrige Boden um die Reifen wickelt. Merkwürdigerweise scheint es in den Tropen auch bei tiefgründiger Verwitterung nur selten Hohlwege zu geben wie bei uns im Löß. Manchmal ist der Untergrund nicht so gleichförmig, daß sich nicht bevorzugte Bahnen der subterranen Abfuhr (Piping, s.o.) ausbilden würden. Das kann dann selbst in Asphaltstraßen tiefe Löcher hervorrufen – und man kann dankbar sein, wenn ein auf der Straße liegender Ast auf diese hinweist. Außer in den Städten und auf wenigen, sehr gut ausgebauten Straßen gibt es kaum Verkehr nach Eintritt der Dunkelheit.

Ebenso wie der Binnenschiffsverkehr in den Tropen behindert ist, sind auch Häfen nicht leicht anzulegen. Flußmündungsgebiete haben vielfach einen breiten Mangrovesaum, also ein weiches Schwemmland, auf dem kaum größere Bauten zu grundieren sind. An offenen Küsten können Korallenriffe ausgebildet sein, die nur an wenigen Stellen Durchlässe haben. Viele offene Küsten sind von einer starken Dünung betroffen, insbesondere dann, wenn ein stetiger Passat oder Monsun auflandig weht. Beim Auflaufen der Wellen entsteht eine hohe Brandung, die für Hafenbauwerke aber auch für angelegte Schiffe gefährlich werden kann. Hurricanwellen und Tsunamis können sehr schwere Brecher bewirken. Es müssen daher lange Molen zum Schutz gebaut werden. Manche tropische Häfen liegen in Lagunen, dann muß die Einfahrt meist wiederholt freigebaggert werden.

14.9.3 Entwicklung des Verkehrs

Vor Ankunft der Europäer ist ein nennenswerter Verkehr in den Tropen nur für Asien belegt. Lateinamerika und das tropische Afrika haben das Rad nicht gekannt. Natürlich hat es überall Pfade für Menschen, Reiter und Lasttiere gegeben. Vielfach wurden und werden Lasten von Menschen getragen. Das gilt vor allem für das tropische Afrika, wo kaum Lasttiere bekannt sind, abgesehen von den Kamelen und Dromedaren im Sudan und Sahel. In Südamerika werden Lama und Alpaka in den Anden auch heute noch als Tragtiere gebraucht. Elefanten zu fangen und abzurichten ist ein großer Aufwand. Sie wurden und werden vor allem für Prozessionen, herrscherliche Umzüge und Tigerjagden sowie für die Bewegung ausnahmsweise schwerer Lasten verwendet. Heute sind sie nach wie vor für Prozessionen wichtig, manchmal werden sie noch beim Baumrücken eingesetzt. In den Savannen Asiens ist der

Ochsenkarren das eigentliche Transportmittel gewesen, besonders sie eignen sich auch für ausgefahrene Wege. Nach BLENCK et al. (1977, 232) sollen Ende der siebziger Jahre noch 70% des Transportvolumens so bewegt worden sein. Heute dient der Ochsenkarren nur noch gelegentlich dem Transport über weite Strecken, und zwar vor allem Wanderhändlern. In der Landwirtschaft sind nach wie vor Ochsen und Büffel die Zugtiere. Wollte man sie durch Traktoren ersetzen, würde dieses über 2 Mrd. Mark kosten (VENZKY 1996a). Der Aufbruch der Siedler in das Innere Australiens erfolgte mit Ochsenkarren. Einfache Boote, meist Einbäume, für den Fischfang und den lokalen Verkehr waren vor allem in den Regenwaldgebieten Amerikas und Afrikas verbreitet. Sie dienten hier, soweit möglich, auch den Entdeckungs- und Forschungsreisenden. In Afrika sind diese zum Teil mit Trägerkolonnen in das unbekannte Innere gezogen. In den Savannen sind auf Dauerflüssen und Seen außerdem Segelboote zu finden.

Waren Handelsgüter, seien es mineralische Rohstoffe oder Agrarprodukte in größerem Umfang zu transportieren, so wurden von den Kolonialmächten Eisenbahnen gebaut. Dieses waren vorzugsweise Stichbahnen von der Küste ausgehend in das Hinterland des Hafens (Abb. 14.9). Es entstanden kaum Querverbindungen. Lediglich Indien und Sri Lanka haben ein verhältnismäßig dichtes Eisenbahnnetz. In Australien kam hinzu, daß die einzelnen Kolonien unterschiedliche Spurweiten verwendet haben. Indien hat eine Breitspur für Hauptstrekken und eine 1 m Spur für Nebenstrecken. Vereinzelt wurden kurze Strecken gebaut, um Wasserfälle zu umgehen wie am Kongo und am Rio Madeira. Aus strategischen Gründen entstanden relativ selten Eisenbahnen. Eine Ausnahme ist Indien, wo die englische Kolonialmacht sowohl das Eisenbahn- als auch das Straßennetz relativ gut ausgebaut hatte (vgl. BLENCK et al. 1977, 222f.). Das war wohl zum Beenden der hier besonders zahlreichen Aufstände geschehen, gab aber Indien bei der Unabhängigkeit eine gute Infrastruktur. Wichtig war dieses nicht nur für die Wirtschaft sondern auch für die Integration des Staates (ebd. 224).

Das Eisenbahnnetz ist in der postkolonialen Zeit im allgemeinen wenig ausgebaut worden, denn der Verkehr wurde zunehmend vom LKW und PKW übernommen, Bahnkörper und rollendes Material sind schnell veraltet. Lediglich in Indien wurden im Rahmen der 5-Jahrespläne die Eisenbahnen modernisiert, dennoch ist selbst dort der Transport langwierig. BLENCK et al. (1977, 227) nennen ein besonders drastisches Beispiel zur Konkurrenz von LKW und Eisenbahn. Um Tabak von der Küstenebene im Osten quer über den Subkontinent (etwa 1000 km Luftlinie) nach Bombay zu bringen braucht der LKW 72 Stunden, die Eisenbahn 2–3 Wochen.

Der LKW hat für den Güterverkehr den Vorteil, daß er auch kleinere Mengen wirtschaftlich transportiert. Außerdem kann er direkt den Erzeuger oder Käufer anfahren, wodurch ein Umladen entfällt. Das spart nicht nur Arbeit sondern auch Zeit. Eisenbahnen sind daher nur noch für Erze und Kohle von größerer Bedeutung. Der Personenverkehr ist ebenfalls heute meist zur Straße abgewandert, wobei LKW mit Bänken auf der Ladefläche und einem festen Dach, auf dem Güter transportiert werden können, in Afrika und Südamerika verbreitet sind. Omnibusse findet man fast nur in den Städten. Eine Ausnahme ist wiederum Indien, wo Personenzüge eine größere Bedeutung haben. Sie fehlen nicht in anderen Gebieten, sind oft überfüllt, fahren dann aber meist nur einmal am Tag oder gar nur in der Woche.

Straßen sind relativ leicht anzulegen, da der Boden oft Staatseigentum ist und ohnehin nicht den hohen Wert hat wie bei uns. Außerdem erhöht eine Straße den Wert der anliegenden Grundstücke, so daß es kaum langwierige Planungs- und Einspruchsverfahren gibt, und die Linienführung vereinfacht ist. Vielfach verlaufen Straßen über viele Kilometer gradlinig, von den Hauptstraßen aus bilden sich Stichstraßen. Insgesamt sind Straßen untereinander aber

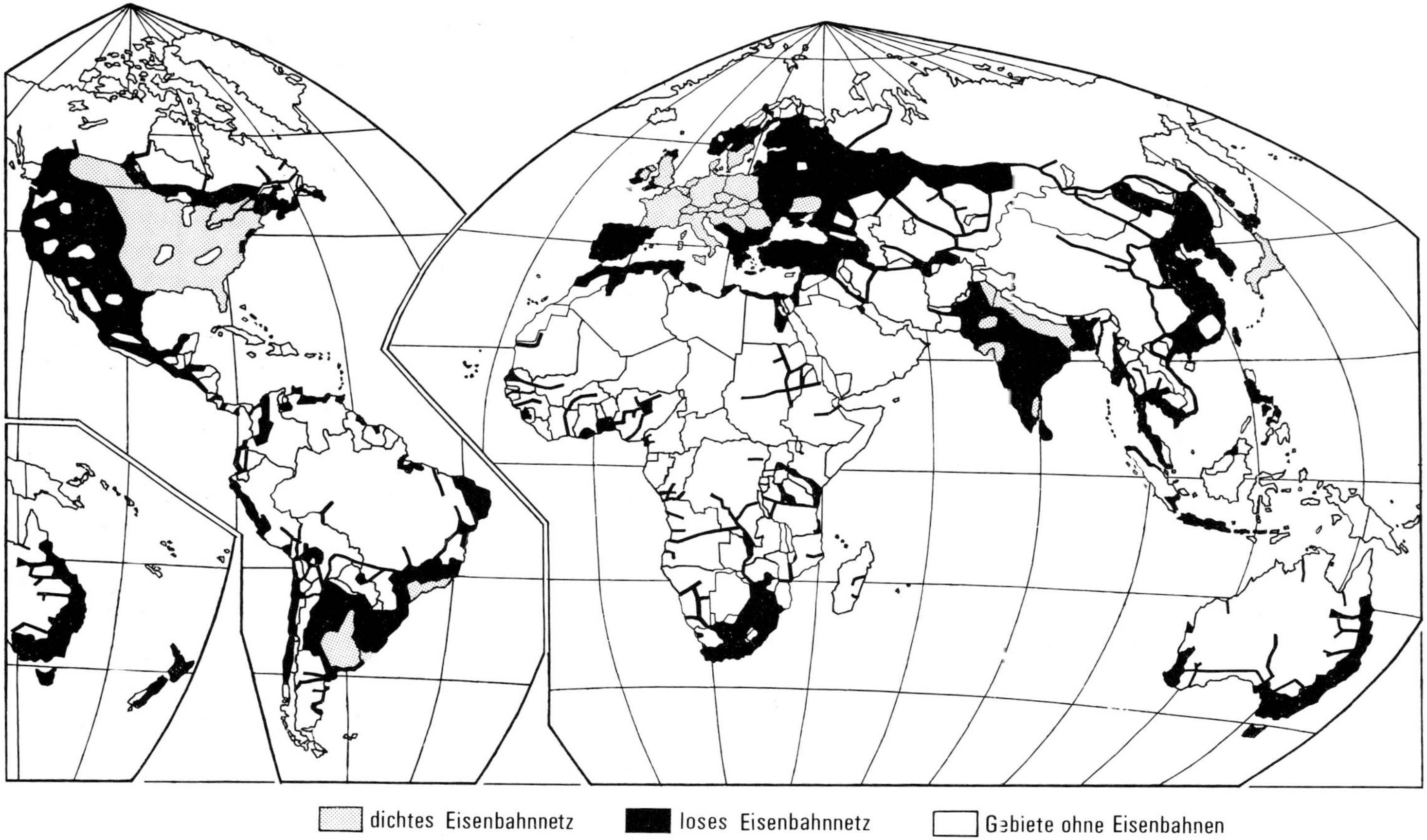

Abb. 14.9. Abgesehen von Indien ist in tropischen Ländern das Eisenbahnnetz am Ende der Kolonialzeit meist nur randlich oder durch Stichbahnen ausgebildet. Nach: BROEK & WEBB 1968, 61. Inzwischen sind aber kaum neue Linien hinzu gekommen.

stärker verbunden als die Eisenbahnen und bilden mit den Erdstraßen zusammen ein relativ dichtes Netz.

Binnenschiffe verkehren nur auf den größeren Flüssen und auf den großen Seen Ostafrikas. Vor allem gibt es kleine Passagierdampfer, die einen Personenverkehr durchführen. Für den Frachtverkehr fehlt der Bedarf am Transport von Massengütern. Außerdem wäre ein durch Stromschnellen bedingtes mehrfaches Umladen vom Schiff zum LKW sehr hinderlich. Ferner fehlt ein flußverbindendes Kanalnetz, wie wir es aus Mitteleuropa kennen. Eine Ausnahme ist der Amazonas, auf dem Manaus, an der Mündung des Rio Negro, über 1000 km vom Meer entfernt, selbst für mittelgroße Ozeanschiffe erreichbar ist. Lokaler Transport kann mit kleinen Booten zum Markt erfolgen, der oft an Fährstellen liegt. Vereinzelt gab es einen Verkehr auf den großen Zuleitungskanälen zu den Bewässerungsgebieten in Indien. Holz wird, wenngleich selten, auch heute noch geflößt. Das geht jedoch nicht mit allen Baumarten, da Harthölzer zum Teil zu schwer sind. In der ersten Phase des Überseehandels wurden viele kleinere Häfen angelegt. Diejenigen an Flußmündungen sollten den Vorteil des Anschlusses an die Binnenwasserstraßen haben, was aber wegen der Stromschnellen nicht generell der Fall ist. Mit der Vergrößerung der Schiffe konzentrierte sich der Verkehr außerdem auf die großen Häfen (s.u. 14.9.4).

Der Luftverkehr hat zunehmend an Bedeutung gewonnen. Die großen internationalen Flughäfen dienen nicht nur den Geschäftsreisenden sondern in steigendem Maße auch dem Tourismus, bzw. sind sie damit erst gewachsen. In den letzten Jahren hat der Binnenverkehr ebenfalls sehr zugenommen. Mit den Städten des Inlandes kommunizieren vor allem Regierungsangestellte, Politiker, Angehörige der Entwicklungsdienste und Firmenangehörige, die im Inneren ein neues Projekt aufbauen. Letztere bedienen sich oft kleiner Privatflugzeuge. In Australien werden diese auch von Großfarmern benutzt. Eine neue Entwicklung ist der Frachtverkehr mit Flugzeugen. Von Kolumbien aus werden Blumen (vor allem Rosen) per Luftfracht nach Europa gebracht. Wieviel billiger müssen sie dort produziert werden, um die Frachtkosten zu tragen. Das ist nur durch Klimagunst (Gewächshäuser ohne Winterruhe, d.h. ohne Heizkosten, aber als Schutz gegen Regen und Ungeziefer) und billige Arbeitskräfte möglich.

Schließlich sind noch die Leitungen zu nennen. Größere Städte haben heute eine zentrale Wasserversorgung, wobei das Wasser in vielen Fällen aus Talsperren herangeleitet wird (s.o. 3.12). In den ärmeren Vierteln gibt es allerdings meist nur zentrale Zapfstellen. Während oft ein ausgedehntes Leitungsnetz für die Wasserzufuhr besteht, sind Abwasseranlagen seltener, manchmal sind es nur offene Gräben. Die größeren Städte sind mit elektrischen Leitungen versorgt, Überlandleitungen entwickeln sich aber erst langsam. Vielmehr bestehen viele kleine Kraftwerke. Bergbauorte, Industrien, Hotels haben oft ihren eigenen Generator. Die Mehrzahl der Dörfer hat keine Elektrizitätsversorgung.

Zusammenfassend läßt sich sagen: Generell ist der Verkehr in den Entwicklungsländern nicht mit unserem zu vergleichen. Der Transport auf Überlandstraßen dauert etwa 3–4 mal so lange, auf den Eisenbahnen noch länger. Die Verkehrsdichte im Lande selbst ist sehr viel geringer. Das ergibt sich zum einen aus der im allgemeinen geringeren Bevölkerungsdichte, zum anderen aus dem geringeren Bedarf und schließlich aus den weniger anspruchsvollen Lebensverhältnissen. Eine Verbesserung der Lebens- und Wirtschaftsverhältnisse auf dem Lande ist nur möglich durch eine bessere Verkehrserschließung. Wanmali & Islam (1995) schildern von Indien, wie sich seit Ende der sechziger Jahre die Versorgung der ländlichen Gebiete mit Krediten, Saatgut, Dünger, landwirtschaftlichen Maschinen, der Aufbau der Viehhaltung und der Vermarktung nur durch Verbesserung der Infrastruktur möglich waren, den Bau von Straßen, die Telefonverbindungen, die Elektrifizierung und die Bewässerung. Damit ist auch die Bedeutung der zentralen Orte mit ihren Schulen, dem Hospital etc. gestiegen. FRICKE & KOCHENDÖRFER-LUCIUS (1988) schildern, wie sich in Westafrika die Agrarstruktur durch eine zunehmende Produktion von Handelsfrüchten ändert, wenn sich die Verkehrserschließung verbessert.

14.9.4 Seeverkehr

Die größten Umwälzungen sind wohl im Seeverkehr erfolgt, wo schon früh eine scharfe Konkurrenz der ‚billigen Flaggen' einsetzte, eine Art Vorläufer der Globalisierung. Bereits 1960 stand Liberia nach den USA und GB, den großen Schiffahrtsnationen, gleichauf mit Norwegen an dritter Stelle in der Tonnage mit 11 Mio. BRT (Bruttoregistertonnen, ein Raummaß, in dem T=2,83 m^3 ist), was etwa ein Zehntel der Welttonnage war. Diese hatte sich von 1937–1956 um etwa ein Drittel vergrößert. Seitdem ist sie bis 1995 auf 682 Mrd. tdw (tons dead weight = Gewicht der Zuladung, t =1000 kg) bzw. über 480 Mio. BRT, auf mehr als das Vierfache angewachsen. Führende Nationen sind heute Panama, Liberia, Griechenland, Japan, Zypern und erst an sechster Stelle folgt Norwegen. Die USA steht an 11. Stelle, die Flotte hat sich halbiert, GB liegt an 23. Stelle, die Tonnage beträgt nur noch ein Viertel von 1960 (Fischer Weltalmanach 1997, Stat. Jb. 1996a). Die Länder mit den Billigflaggen erheben geringere Abgaben, haben weniger strikte Arbeits- und Sicherheitsbestimmungen und niedrigere Löhne. Reedereien in den Industrieländern haben daher Schiffe ausgeflaggt, d.h. in diesen Ländern registriert. Außer dem Kapitän vom Heimatland besteht die Besatzung meist aus Seeleuten der verschiedensten Nationen.

Die Schiffe werden zunehmend größer und stärker durchrationalisiert, so daß nur noch ein Drittel bis ein Viertel der Besatzung notwendig ist. Bald wurden die Abmessungen der Schiffahrtskanäle zu klein. Der Suezkanal, ursprünglich eine entscheidende Verkürzung des Weges nach Süd- und Ostasien, war nach einer ersten Schließung 1957, von 1967–1975 blokkiert und erreichte nie mehr seine frühere Bedeutung. Inzwischen passen die größten Containerschiffe nicht mehr in den Panamakanal. Zugleich wurden die Schiffe sehr viel schneller. Eine Fahrt von Bremerhaven nach Yokohama dauerte früher zwei Monate und mehr, heute weniger als drei Wochen trotz des längeren Weges um das Kap der Guten Hoffnung.

Revolutioniert worden ist vor allem die Verladung. Unterschied man früher zwischen Massengut und Stückgut, wo beim Laden und Stauen viel Handarbeit anfiel, so wird die Fracht heute außer bei Öl, Erzen, Kohle und Weizen fast nur noch in Containern transportiert, die seit Mitte der sechziger Jahre eingeführt wurden. Die Container sind international genormte Behälter, die mechanisiert verladen und verstaut werden. Beladen werden sie zumeist schon beim Produzenten. Außerdem entstanden Spezialschiffe etwa für den Autotransport, bei denen die Autos ein- und ausgefahren werden. Dieser Transport lohnt aber nur, wenn man Autos als Rückfracht hat, also von Europa nach Japan und Korea. Vielfach werden für die Produktion heute nur noch die Einzelteile transportiert und die Wagen dann in Übersee zusammengebaut (ckd=completely knocked down). Neu ist die Entwicklung, ganze PKWs in Containern zu transportieren. Generell hat die moderne Verladung zu einer Beschleunigung geführt. Lagen die Schiffe früher mehrere Tage im Hafen, sind es heute nur noch 8 Stunden. Der Schwund durch Schäden, der früher bis zu 10% und mehr betragen konnte, ist vermindert worden.

Doppelt bis dreimal so schnelle Schiffe, die bis zum zehnfachen an Fracht transportieren und von einem Drittel der Besatzungen gefahren werden, haben die Kosten für den Seetransport gegenüber der Vorkriegszeit beachtlich, aber sogar seit 1950 noch etwas gesenkt

(Abb. 14.10), obwohl die Schiffe selbst natürlich sehr viel teurer geworden sind. Die Entfernung spielt heute fast keine Rolle mehr. Die Kosten für die Beladung der Container, dessen Transport im Binnenland und die Hafengebühren sind meist ebenso hoch wie die Frachtkosten nach Übersee. Damit sind die Eigenschaften der Produkte für die Verladung – sperrig, volumenreich, komprimierbar, geringwertig oder hochwertig – meist entscheidender als die Distanz. Das könnte man als ‚Transporteignung' bezeichnen.

Die großen Containerschiffe können allein wegen des Tiefgangs nicht jeden Hafen anlaufen. Noch wichtiger ist aber, daß sie wegen der Kosten nur solche Häfen bedienen, die ein hohes Frachtaufkommen haben. In den Tropen sind das nur wenige Häfen in den Schwellenländern, sowie Singapur und Hongkong. In den übrigen Häfen sammeln kleinere Schiffe die Container (container feeder) und bringen sie zu dem Hauptumschlagsplatz. Ein solcher Hafen kann heute ein Hinterland haben, das mehrere Länder mit Küsten umfaßt. Statt Lagerhallen müssen diese Häfen Stellplätze für die Container haben, sowie die entsprechenden Umschlagseinrichtungen und eine hervorragende Logistik. Um einen schnellen Transport mit häufigen Abfahrtsterminen zu gewährleisten und andererseits die großen Schiffe auszulasten, teilen sich die Reedereien heute unter Umständen den Frachtraum auf einem Schiff. Damit kann der Transport von Halbfertigwaren zeitlich enger kalkuliert werden, die Anlieferung erfolgt ‚just in time', was Lagerkosten und Zinsen für das investierte Kapital spart.

Der Transport von Massengütern erfolgt mit Spezialschiffen, wobei die Tanker schon Mitte der siebziger Jahre über 300 000 BRT erreichten. Hier zeichnet sich aber eine Grenze des Wachstums ab, da diese Riesenschiffe nur noch wenige Häfen anlaufen können, andererseits eine lange Pier, die in tieferes Wasser gebaut wird, sehr hohen Wellen ausgesetzt sein kann, was Anlegen und Entladen erschwert oder zeitweise unmöglich macht.

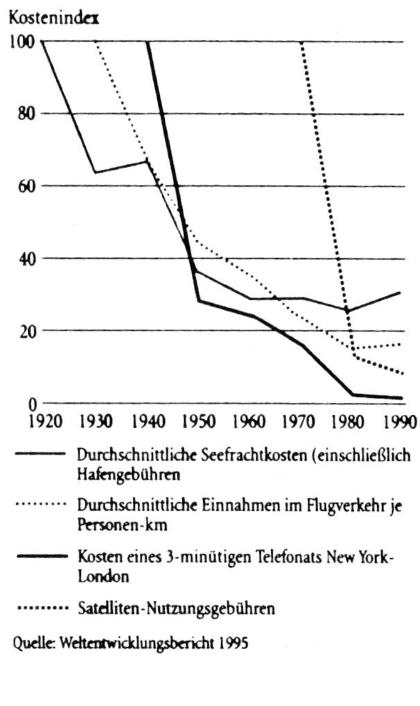

Abb. 14.10. Transport- und Kommunikationskosten sind durch die schnelle technische Entwicklung sehr stark gefallen. Nur dadurch ist die weltweite wirtschaftliche Verflechtung möglich geworden. Nach: Fischer Weltalmanach 1996, 1117. Zum Vergleich sei angeführt, daß die Verbraucherpreise in Deutschland seit 1950 etwa um das Vierfache gestiegen sind.

14.10 Geographie des Handels, der Dienstleistungen und des Tourismus

14.10.1 Binnenhandel

Beim Binnenhandel sind drei Sparten zu unterscheiden, die sich räumlich in unterschiedlicher Weise durchdringen bzw. separieren: der Großhandel, der Handel auf den Märkten, wo insbesondere auf dem Land der Bedarf an einfachen Gütern gedeckt wird, der also eine ungleich größere Rolle spielt als bei uns, und der Handel mit den Gütern des gehobenen Bedarfs, der meist in festen Geschäften abgewickelt wird. Für alle Sparten gilt, daß das Angebot weniger diversifiziert ist als bei uns, daß der Umsatz auf Bevölkerungseinheiten bezogen sehr viel geringer ist. Es sind aber relativ gesehen sehr viel mehr Menschen ganz oder in Teilzeit mit dem Handel beschäftigt. Das gilt in Afrika auch von Frauen, die selbst produzierte Güter, vor allem Nahrungsmittel und einfache Haushaltsgeräte verkaufen. In Westafrika sind sie außerdem im Zwischenhandel, z.T. im Großhandel tätig.

14.10.1.1 Großhandel

Natürlich gab es schon in vorkolonialer Zeit einen, allerdings sehr beschränkten Handel. PORTER (1990) sieht z.B. eine Kontinuität im Fernhandel im Sudan und berichtet von den vier Bornu Distrikten in Nordnigeria, daß 17 Märkte vorkolonial bestanden, daß weitere 17 hinzukamen. In Asien lief der Handel über die großen Karawanenstraßen nördlich der Gebirge, zum anderen aber auch regional über See. Die Kolonialisierung begann, indem die großen Handelskompanien ihre Faktoreien an der Küste, oft im Schutz eines Forts einrichteten. Sie kauften neben tropischen Gewürzen und Genußmitteln vor allem Rohrzucker (Rübenzucker gibt es erst seit Ende des 18. Jahrhunderts) und Edelmetalle. Dafür lieferten sie Stoffe, billigen Tand und Gewehre. Das dunkelste Kapitel ist der Sklavenhandel von Westafrika nach Amerika und von Ostafrika in die arabischen Staaten.

Aus den Handelskompanien, bzw. in deren Nachfolge entstanden Außenhandelsfirmen, die auch den binnenländischen Großhandel übernahmen. Mittelsmänner zur Belieferung von Händlern auf den Märkten waren in Westafrika vielfach Libanesen, in Ostafrika Inder, in Süd- und Südostasien Chinesen. Auf den Philippinen sollen die Chinesen 65–75% des Handels kontrolliert haben (SPEECE 1990, 148f.), in Thailand stammten 90% des im Handel investierten Kapitals von Chinesen. Vielfach ist die Kette vom Großhandel über Mittelsmänner zum Einzelhändler auch über ethnische Beziehungen gelaufen. Mit der Unabhängigkeit haben aber zunehmend Einheimische den Handel übernommen bzw. es wurden joint ventures gebildet. Daneben entstanden staatliche oder genossenschaftliche Organisationen für die Vermarktung der Agrarerzeugnisse.

Marktorganisationen wachsen oft nicht so schnell wie die Bevölkerung in den Großstädten wie etwa in Dar es Saalam (LYNCH 1994). Dort haben informelle Großhändler etwa 50% des Obst- und Gemüsehandels übernommen oder Produzenten bzw. ländliche Händler liefern direkt an Verkäufer. Nach einiger Zeit hat sich der formelle Markt mehr auf den Gemüsehandel spezialisiert, während das leichter verderbliche Obst stärker über die flexibleren informellen Möglichkeiten den Markt erreicht.

14.10.1.2 Einzelhandel

Die Farbigkeit der tropischen Märkte ist unglaublich, sie entsteht zum einen aus der Vielfalt der angebotenen Güter, resultiert zum anderen aus dem meist sehr lebhaften Treiben und nicht zu vergessen all den Gerüchen. Reklame fehlt dagegen fast völlig. Der Markt dient nicht nur dem Handel sondern ist auch sozialer Treffpunkt. Meist sind die Verkaufsstände unter offenem Himmel aufgebaut, oft liegen die Waren nur auf dem Boden. Lediglich in den Großstädten wie etwa Singapur oder Colombo gibt es überdachte Märkte. Aber selbst auf dem offenen Feld sind die Plätze für die Anbieter festgelegt, wobei zumeist die Stände für die gleichen Handelswaren nebeneinander aufgebaut sind. Der Hauptteil des Marktes wird von Nahrungsmitteln eingenommen, die z.B. nach PORTER (1990) in Nordnigeria knapp 60% ausmachen. 10% Vieh und tierische Produkte, 10% Handwerksarbeiten, 13% importierte Güter, 5% Kleidung und 3% Dienstleistungen ergeben die anderen Sparten. Darunter sind einfache Ackergeräte und Werkzeuge sowie Salz, ein wichtiges Handelsgut. Malerisch sind die Stände für Amulette und einheimische Medizinen. Getränke und fast food der traditionellen Art – Fladenbrot und Fleischspieße – werden meist von Frauen angeboten. Schreibdienste für Analphabeten können an einem Tisch unter offenem Himmel, oder in einem einfachen Büro am Rande des Marktes abgewickelt werden.

Artikel für den gehobenen Bedarf sind vorwiegend in überdachten und abschließbaren Geschäften untergebracht und werden nicht täglich abgeräumt. Damit ist nicht nur Sicherheit gegeben, sondern insbesondere in den wechselfeuchten Gebieten der Schutz vor Staub und Dreck. Im Gegensatz zu mitteleuropäischen Märkten sind vor allem in Afrika auch Handwerker, besonders Schneider und Schuster, auf den Märkten zu finden. Nur Handwerker mit speziellen Raumansprüchen wie Schmiede, Gerber, Färber, Glasbläser haben ihren Betrieb außerhalb. Am Rande der Märkte, in Afrika außerhalb des ummauerten Bezirks, findet der Viehhandel statt. Holz und Holzkohle werden hier angeboten. Manchmal erfolgt hier auch der Verkauf von Handelsgütern wie Baumwolle und Zuckerrohr von den Produzenten an die Großhändler. Das wird aber mehr und mehr abgelöst durch Händler, die mit kleinen LKW auf die Dörfer fahren. In Westafrika lag traditionell der Verkauf der Überschüsse vom Haus aus in den Händen der Frauen. HETZEL (1974) schätzte für Togo und Dahomey, heute Benin, daß 40–45% der Frauen im erwerbstätigen Alter Handel treiben, meist natürlich neben der sonstigen Arbeit. Das Verhalten von Käufern und Verkäufern ist sehr unterschiedlich. In Westafrika ist ein längeres Verhandeln mit freundlichem Austausch üblich. DAS & DAS (1990) führen die geringe Kundenorientierung, ja beinahe ein Desinteresse von Verkäufern in Indien auf Einflüsse aus dem Kastenwesen zurück.

Wenn kleinere Mengen gehandelt werden, wie es in Afrika meistens der Fall ist, sind Zwischenhändler aktiv (Abb. 14.11). Sie können mehrere Waren gleichzeitig vom Großhändler aufnehmen und an die lokalen Händler auf den Märkten weitergeben. An sich könnte in abgelegenen Gebieten der Bedarf von speziellen Gütern von einem einzelnen permanenten Händler gedeckt werden. Die Bevölkerung zieht es aber vor, eine Auswahl zwischen mehreren Händlern zu haben (HOLLIER 1990). So werden etwa Plastikwaren mehrfach angeboten, die Händler suchen dann am nächsten Tag einen anderen Platz auf. Die Rotation der Märkte ist in einem Gebiet festliegend, Entfernung der Marktplätze und Häufigkeit der Beschickung richten sich im großen Ganzen nach der Bevölkerungsdichte.

In abgelegenen Gebieten mit dünner Besiedlung wie in Teilen des Amazonasgebietes und in Australien finden sich an den Überlandstraßen ‚stores', kleine Warenhäuser, die außer dem lokalen Bedarf einen kleinen Vorrat an Konserven und Getränken für Reisende vorhalten. In

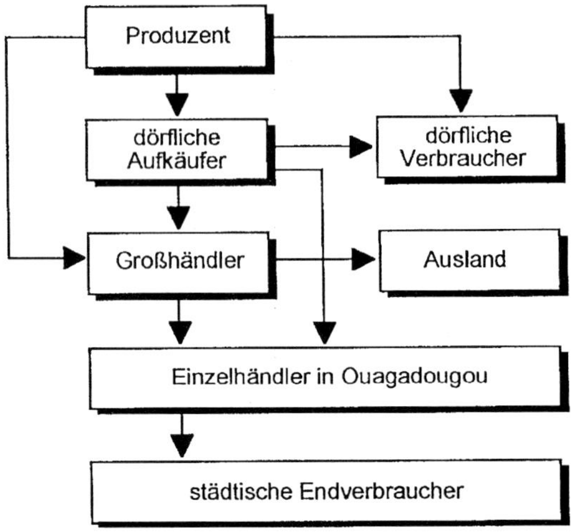

Abb. 14.11. Bei der Vermarktung in tropischen Entwicklungsländern hat der dörfliche Aufkäufer eine sehr viel größere Bedeutung als bei uns, wo wir ihn nur noch zum Teil beim Viehverkauf kennen. Ähnlich vermittelt beim Absatz oft ein Zwischenhändler zwischen Groß- und Einzelhandel. Aus: KERN & STAMM 1994, 156.

Afrika sind Märkte oft der Ansatzpunkt für kleine Städte gewesen. Die Zentralität läßt sich an Hand der Größe und der Häufigkeit der Märkte messen (MAHN 1980).

In den Städten besteht ein zentrales Geschäftsviertel (CBD = central business district), das sich mit seinen Supermärkten und Einzelhandelsgeschäften nicht prinzipiell von außertropischen Städten unterscheidet, allerdings selten deren Dichte erreicht. Meist liegt auch der Markt in diesem Viertel. Einkaufszentren außerhalb der Städte sind bislang noch kaum ausgebildet, ebenso sind kleinere Einkaufszentren für den täglichen Bedarf in oder am Rande von Wohnvierteln sehr selten. In den ärmeren Wohnvierteln oder den Slums sind Straßenverkäufer, oft Kinder anzutreffen. Dieser Handel ist für Zuwanderer vom Lande oft die erste Erwerbsmöglichkeit. PADDISON et al. (1990) schätzen, daß in den Städten 20–70% der Arbeitskräfte im informellen Sektor tätig sind, davon bis zu 35% im Handel.

14.10.2 Außenhandel

In den Tropen ist die Produktionsbreite sehr viel geringer als in den USA, Japan, Deutschland oder selbst kleineren Staaten in Europa. Die tropischen Länder sind daher auf Einfuhren angewiesen, die vor allem Investitionsgüter sowie hochwertige Konsumgüter umfassen. Dem stehen Exportgüter gegenüber, die oft auf Rohstoffe und Agrarprodukte beschränkt sind. Der Handel aus den Tropen erfolgt zu über 80% mit den Industrieländern. Aus den Schwellenländern kommen heute auch Industriegüter, doch scheint ihr Exportanteil in andere tropische Länder gering zu sein (s.u. Abb. 14.18, vgl. auch Stat. Jb. 1996 a, 280f.). Generell gilt, man kann auf Dauer nur soviel an Wert einführen, wie ausgeführt wird. Eine neue Form des Gütertransports über Landesgrenzen sind die intraindustriellen Lieferungen, die sich im Zuge der Globalisierung ergeben haben. Teile für die Fertigung werden meist nicht gehandelt, sondern nach Bestellung des Abnehmers nach dessen Bedürfnissen, oft sogar unter seiner Aufsicht gefertigt. Der Handel liegt hier vor der Produktion. Das gilt auch für den sogenannten Terminhandel bei Rohstoffen und Agrarprodukten, die zu einem Tagespreis gekauft werden und später geliefert und bezahlt werden. Dieser oft sehr spekulative Handel gibt dem Produzenten zwar eine Sicherheit, ist aber meist für ihn mit Abschlägen bei den Erlösen verbunden.

Der Handel ist durch die Globalisierung enorm gesteigert worden. Während die Produktion weltweit seit 1950 um 4% gestiegen ist, nahm der Handel um 6% zu (Piper 1997, 6). Durch den Neoliberalismus ist generell gesehen der Handel gerade in den Entwicklungsländern von vielen Schranken befreit worden, da hier vorher zum Teil hohe Schutzzölle für den Aufbau der einheimischen Industrie bestanden. Haben zunächst die Industrieländer, vor allem die USA, auf einem Zollabbau bestanden, sind heute die Entwicklungsländer an freien Einfuhren, vor allem von Agrarprodukten interessiert (s.u. 14.11). Derzeit profitieren die Schwellenländer am meisten von der Liberalisierung des Handels. Es sind vor allem lohnintensive Güter wie Bekleidung und optische Geräte, die von dort exportiert werden. Jedoch hat auch der Export der Industrieländer in die Schwellenländer zugenommen. So hat Deutschland von 1992–1995 die Ausfuhr in die ‚Tigerländer' von 17,2 Mrd. auf 27,1 Mrd. DM gesteigert (Herz 1997, 88), ein Vorteil der Globalisierung. Generell gilt, je weiter entwickelt ein Land ist, desto mehr nimmt es am Welthandel teil. Nach wie vor verlaufen die großen Handelsströme aber zwischen der Triade: Europa, USA, Japan (1994 69,3% aller Exporte), also außerhalb der Tropen.

Die Handelsbedingungen, die terms of trade, sind sowohl auf einzelne Güter als auch auf Länder bezogen. Für die Güter werden damit die Frachtkosten, Einfuhrbeschränkungen, Zölle etc. bezeichnet. Für die Länder geht man von einem Indexwert von 100 in einem festgesetzten Jahr aus und berechnet die prozentualen Veränderungen des Außenhandels. (Die Durchschnittswerte von Waren und Dienstleistungen in der Ausfuhr im Verhältnis zur Einfuhr). Diese Werte sagen etwas aus über die Wirtschaftskraft und die Möglichkeiten der Entwicklung bzw. der Kreditfähigkeit. Für viele LDC liegen sie 1994 (Basis 1987=100) unter 70, was die Verschlechterung der Handelsbedingungen für diese Länder anzeigt. Sie können aber bei Wirtschaftsreformen auch gestiegen sein, wie z.B. Mosambik mit 124 zeigt (Fischer Weltalmanach 1997, 699f.). Die terms of trade geben also einen Trend unabhängig vom absoluten Wert der Basis an.

Für Güter können entweder Zölle, meist bei der Einfuhr, oder Quotenregelungen bestehen. Diese sind oft bilateral vereinbart, wenn ein Land sich vor billigen Einfuhren schützen will. Zwischen mehreren Ländern können Handelsabkommen für einzelne Güter getroffen werden, um einigermaßen stabile Preise zu sichern. Das bekannteste dieser Abkommen ist die OPEC (organization of petroleum exporting countries), der allerdings nicht alle ölproduzierenden Länder angehören. Kaffee, Kakao und Zuckerrohr sind Beispiele für Agrarprodukte, wo Mindestpreisabsprachen eine übermäßige Ausdehnung von Anbaugebieten und einen Preisverfall verhindern sollen. Mengenbeschränkungen bei Agrarprodukten bewirken aber u.U. große Preisschwankungen, wenn in einem Hauptproduktionsland ein Ernteausfall eintritt.

Der Handel mit Grundnahrungsmitteln in den tropischen Entwicklungsländern hat in den letzten Jahren eher stagniert oder ist sogar zurückgegangen. Nahrungsmittelimporte liegen in der Regel unter 15% der Gesamtimporte. Eine Ausnahme bilden 1993 Senegal (29%), Nicaragua (23%),Togo (22%), Äthiopien und Kamerun (je 16%) (Fischer Weltalmanach 1997, 699f.). Grundnahrungsmittel können kaum in Industrieländer ausgeführt werden, da sie dort meist im Überschuß vorhanden sind; sie werden eher von dort, wenn die Speicher aufgefüllt sind, mit Hilfe von Subventionen exportiert. Zugenommen hat der Handel mit exotischen

Früchten, aber auch mit jahreszeitlich versetzt produzierten Obst- und Gemüsesorten, so werden etwa im Winter Bohnen aus Kenia, Wassermelonen aus Costa Rica geliefert. Es ist faszinierend, die breite Angebotspalette in unseren Supermärkten zu beobachten. Die leicht verderblichen Waren werden ebenso wie Blumen mit dem Flugzeug transportiert.

Die räumlichen Auswirkungen des Handels zeigen sich vor allem in den Häfen, die ebenso wie die Flughäfen erweitert wurden. Die Zunahme des Außenhandels wäre ohne Revolutionierung des Verkehrs (s.o. 14.9.3, 14.9.4) nicht möglich gewesen, sie hat diese aber auch hervorgerufen.

14.10.3 Dienstleistungen

Entsprechend dem geringen Einkommen in den Tropen sind Dienstleistungen mit Ausnahme der Verwaltung und von Hausangestellten wenig ausgeprägt. Sie sind fast ausschließlich in den Städten angesiedelt und unterscheiden sich nicht prinzipiell von unseren, da sie vorwiegend auf den westlichen Lebensstil zugeschnitten sind. Zumeist sind diese Dienstleistungen im CBD zu finden. Auf die Überbesetzung in der Verwaltung wurde oben (12.6.2) bereits hingewiesen. Da sie oft aus der Bedienung einer Klientel resultiert, kann sie nicht nur eine Belastung für den Staatshaushalt sein, sondern zudem ein Hindernis für Reformen darstellen. Zu den Dienstleistern kann man auch die nicht kleine Schar der Entwicklungshelfer und Berater zählen.

Eine neue Entwicklung ist der hohe Anteil von Beratung in der Wirtschaft. Um Probleme beim Absatz zu finden, spezielle Kundenwünsche aufzuzeigen, also eine stärkere Kundenorientierung auszumachen, bedarf es des Problemfinders, um Lösungen in der Produktion zu erzielen des Problemlösers. Beide Richtungen bringt der Vermittler zusammen (Reich 1996). Diese Dienstleistungen können von Angestellten ausländischer Firmen, von Selbständigen oder von speziellen Dienstleistungsfirmen erbracht werden. Sie sind meist nicht in den Tropen ansässig, für die industrielle Entwicklung aber notwendig. Eine gute Infrastruktur: Flugverbindungen und Hotels sind hier hilfreich. Eine völlig neue Art von Dienstleistungen geht über die Telekommunikation und betrifft Software-Leistungen. Ein Zentrum für diese Arbeiten hat sich in Bangalore auf dem Dekan Plateau gebildet.

14.10.4 Tourismus, Geschäfts- und Dienstreisen

Durch den Ferntourismus aus Europa, Nordamerika und Japan in tropische Länder treffen unterschiedliche Kulturen aufeinander. Die Nachteile durch kulturelle Dissonanzen, ökologische Belastungen, soziologische Änderungen sind ausführlich von Gormsen (1996) und Vorlaufer (1983) diskutiert worden, aber beide sehen auch die Vorteile der Deviseneinnahmen, der neu entstehenden Arbeitsplätze, des Ausbaus der Infrastruktur und von Naturschutzmaßnahmen, sowie der Erhaltung und Restaurierung von Kulturdenkmälern.

Die Deviseneinnahmen sind wichtig für die Zahlungsbilanz (Abb. 14.12). Zwar bleiben nicht die gesamten Reisekosten, ohnehin abgesehen vom Hin- und Rücktransport, im Lande, da ein Teil für Importe ausgegeben wird, um Ansprüche der Touristen zu decken. Doch ist dieser Anteil mit 20–30% jedenfalls in Südostasien kleiner als oft angenommen wird. Die Elektro- und selbst die Textilindustrie haben höhere Raten (Uthoff 1996a). Selbst Hotelketten sind weniger einflußreich als man denkt, da die unter ihrem Namen laufenden Hotels einheimisches Kapital und Management mit einschließen.

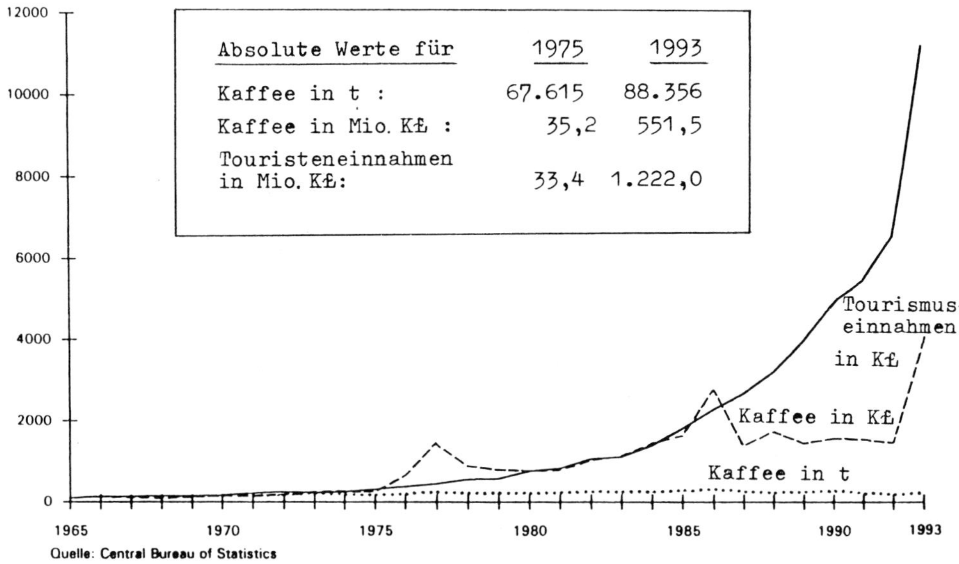

Abb. 14.12. Der Tourismus in Kenia hat seit Mitte der achtziger Jahre schnell zugenommen und ist heute der wichtigste Devisenbringer. Nach: VORLAUFER 1996, 123.

Bei den Statistiken wird leider nicht unterschieden zwischen Touristen (Erholungssuchenden und Bildungsreisenden) und Geschäfts- und Dienstreisen. Geschäfts- und Dienstreisen in der eigenen Region rechnen zum Binnentourismus. In den Tropen halten sich Binnen- und Auslandstourismus mit Ausnahme von Lateinamerika in etwa die Waage (Abb. 14.13). Für die reinen Ferienländer können allerdings die Geschäftsreisen gegenüber den Erholungsreisen zurücktreten. Die Motivation für Reisen geht aus der Übersicht hervor (Abb. 14.14). Das unterscheidet sich nicht so sehr von unseren Breiten, aber natürlich bietet die Fremdartigkeit der tropischen Länder einen besonderen Anreiz.

Der erste Ferntourismus in tropische Länder begann schon um die Jahrhundertwende, als Jäger nach Ostafrika zogen. Jagen ist auch heute noch möglich, wobei etwa 600 ausländische Jagdtouristen 1992 rund $US 14 Mio. nach Tansania brachten (MÜLLER 1996). Dem standen 500 000 ausländische und inländische Touristen gegenüber, die nur zur Beobachtung die Nationalparks besuchten und etwa $US 20 Mio. einbrachten, aber sicher die Natur sehr viel stärker belastet haben. VORLAUFER (1996) plädiert aus diesem Grunde für eine drastische Erhöhung der Eintrittsgebühren und eine striktere Überwachung in den Nationalparks, um ein Abweichen von den vorgeschriebenen Wegen zu verhindern. Eigentlich müßten die Nationalparks von den Industrieländern getragen werden. Wenn man sieht, welche Schäden Elefantenherden anrichten, wenn sie in Zeiten der Dürre die Schutzgebiete verlassen, wundert man sich über die Geduld der einheimischen Bevölkerung.

Besonders problematisch ist in trockneren Gebieten die Wasserversorgung und -entsorgung der Hotels. Das gilt vor allem auch für kleinere Inseln, die meist nur ein kleines Süßwasserreservoir haben. Ferner kann die Abfallbeseitigung das fragile System der Korallenriffe stören. Auf den Malediven werden die Abfälle von den Touristen gesammelt und die LTU fliegt diese wieder aus (IMMELMANN 1996).

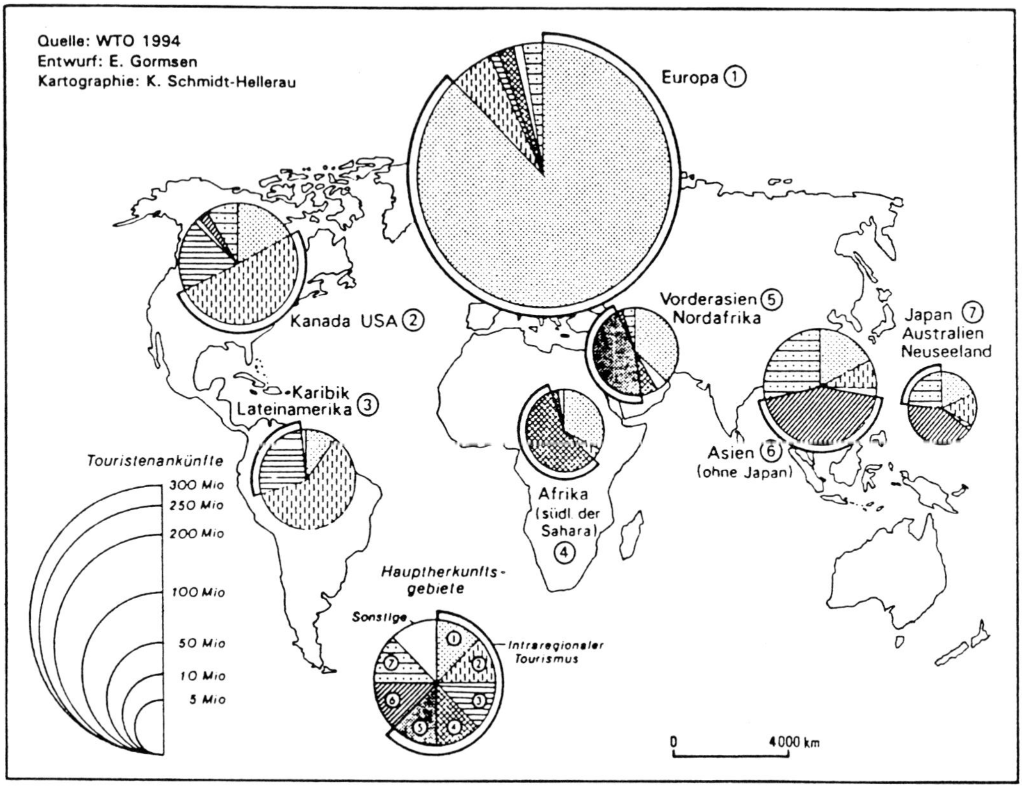

Abb. 14.13. Globaler Reiseverkehr 1992, nach: GORMSSEN 1996, 13. Ein großer Anteil der Touristen in den Tropen – etwa die Hälfte – bleibt in der eigenen Region (äußeres Kreissegment), das sind sowohl Geschäfts- als auch Erholungsreisende, die hier nicht unterschieden sind. Eine Ausnahme ist Lateinamerika (3) mit einem hohen Anteil von Nordamerikanern (2). Wenn in Japan, Australien und Neuseeland (7) Touristen aus Asien (ohne Japan) (6) überwiegen, so dürften dieses vorwiegend Geschäftsreisende sein, aber aus den Schwellenländern, vor allem Hongkong kommen auch Erholungssuchende.

14.11 Weltweite Verflechtungen: Internationalisierung, Globalisierung, Internet

Als Internationalisierung kann man die Phase der Weltwirtschaft bezeichnen, in der Stammfirmen aus Industrieländern Tochtergesellschaften in Übersee gründeten. Dieses erfolgte vor allem in den sechziger und siebziger Jahren aber auch weiterhin, wobei der Hauptgrund die Marktnähe ist. Der Terminus Globalisierung wird heute sehr unterschiedlich verwendet. In der breitesten Fassung wird damit jede weltweite Initiative bezeichnet. Die länderübergreifende Verflechtung von Produktion und Dienstleistung sowie die Verdichtung der Informationen sind etwas enger in der Bedeutung. Eingeschränkter ist der Begriff der Globalisierung, wenn Produktionsbedingungen weltweit verglichen werden, am engsten wird der Begriff gebraucht, wenn man von der Verlagerung der Arbeitsplätze spricht.

Für die Produktion ist heute vielfach die Zulieferung, der Austausch und die gemeinsame Fertigung von Teilen und Fertigprodukten in Industrie- und Schwellenländern kennzeich-

	Tourismusarten											Anzahl der Arten
	1	2	3	4	5	6	7	8	9	10	11	
Brunei	-	-	-	-	-	-	(X)	-	-	-	-	2
Indonesien	X	X	(X)	X	X	X	-	X	-	X	(X)	9
Malaysia	X	X	(X)	X	X	X	X	X	-	X	-	9
Philippinen	X	-	X	X	-	X	-	X	-	(X)	X	7
Singapur	-	-	(X)	-	-	-	X	X	X	X	-	5
Thailand	X	X	X	X	X	X	X	X	X	X	X	11
Kambodscha	-	-	X	-	-	-	-	(X)	-	-	(X)	3
Laos	-	-	X	(X)	-	-	-	(X)	-	-	-	3
Myanmar	(X)	-	X	-	-	(X)	-	(X)	-	-	-	4
Vietnam	X	-	X	X	-	-	-	X	-	-	-	4

(X) nur eingeschränkt ausgebildet
1 Küstenorientierter Erholungstourismus
2 Hochlandorientierter Erholungstourismus
3 Kulturorientierter Besichtigungstourismus
4 Naturorientierter Besichtigungstourismus
5 Ökotourismus
6 Ethnotourismus
7 Transitverkehr
8 Geschäftsreiseverkehr
9 Einkaufstourismus
10 Tagungs- und Kongreßtourismus
11 Sextourismus

Abb. 14.14. Tourismusarten in Südostasien 1994 aus: UTHOFF 1996, 81. Thailand, Indonesien und Malaysia sind die wichtigsten Reiseländer in den asiatischen Tropen.

nend. Damit sind stärkere Rückwirkungen auf die Firmen in den Industrieländern bzw. deren Volkswirtschaft insgesamt gegeben. Der Wettbewerb hat heute sehr unterschiedliche Voraussetzungen (Abb. 14.15), die sich vor allem in einer Stärkung der internationalen Zusammenarbeit auswirken. Dabei anfallenden Tätigkeiten sind zum großen Teil Dienstleistungen wie Beratung, Übersetzen, Transportlogistik etc.

Die Internationalisierung bestand zunächst darin, daß Tochtergesellschaften in den Entwicklungsländern Fertigteile der Muttergesellschaften verarbeiteten, z.T. auch nur zusammenbauten. Damit wurden einerseits Transportkosten gespart, zum anderen wurde eine größere Marktnähe erreicht. Importrestriktionen seitens der Entwicklungsländer konnten zur Bildung von Tochtergesellschaften führen, die größere Teile der Produktion übernahmen. Zunächst wurden dabei zum Teil Maschinen nach Übersee gebracht, die im Stammland durch moderne ersetzt wurden (BÜCHTEMANN & KUHLMANN 1996), wegen der Konkurrenz aus Ostasien ließ sich dieses aber nicht durchhalten, so daß bald überall modernste Prozeßtechnologie eingeführt wurde. Besonders die Japaner haben dabei die firmeneigene Organisations- und Produktionsstruktur übertragen (transplants). Finanzielle Gründe für solche Gründungen sind eine bessere Einstellung auf das lokale Kostenniveau und die Vermeidung von Wechselkursrisiken (ebd.).

Schnell ergab sich eine zunehmende Einbindung lokaler Kräfte auch in Leitungsfunktionen. Der in Entwicklungsländern stärker als bei uns ausgeprägte Nationalismus führte zu

	Quellen von Wettbewerbsvorteilen		
Entscheidungs-situationen	**Nationale Unterschiede**	**Economies of Scale**	**Economies of Scope**
Entscheidung unter Risiko: Effizienz	Ausnutzen der unterschiedlichen Faktorkosten.	In jeder Aktivität Größenersparnisse nutzen.	Investitionen und Kosten über verschiedene Produkte und Märkte teilen.
Entscheidung unter Unsicherheit: Lernen und Innovation	Von den verschiedenen kulturellen Kontexten lernen.	Erfahrungen für Kostenersparnisse und Innovationen nutzen.	Geteiltes Lernen über verschieden organisationale Einheiten, für verschiedene Produkte und Märkte.

Abb. 14.15. Quellen von Wettbewerbsvorteilen bei Risiko und Unsicherheit. Aus: Osterloh & Weibel 1996, 132.

Befürchtungen von wirtschaftlicher Überfremdung und Ausbeutung. In der Folge wurden den ausländischen Firmen Beschränkungen auferlegt, sei es, daß Gewinne nicht transferiert werden konnten, sei es, daß joint ventures (gemeinsame Unternehmensstruktur) vorgeschrieben wurden. Mit zunehmender Selbständigkeit entstanden off-springs – kleinere Firmengründungen –, die Teile der Zulieferung übernahmen, und so die Unabhängigkeit von der Stammfirma verstärkten. Inzwischen streben die Tochtergesellschaften dahin, selbst Teile der Forschung und Entwicklung (heute vielfach als F+E oder R+D =Research and Development abgekürzt) zu übernehmen. In bezug auf die speziellen Bedürfnisse des Marktes ist dieses wohl sinnvoll, das Problem ist die Vermeidung von Doppelarbeit in diesen sehr teuren Firmenzweigen.

Der neueste Trend scheint in einer weiteren Aufsplitterung zu Betrieben mit Selbstverantwortung zu bestehen, die im Unternehmensnetz miteinander verbunden sind. Reich (1996) nennt als unterschiedliche Formen: unabhängige ‚profit centers', wo die Verantwortung weitgehend an Ingenieure und Verkaufsfachleute delegiert ist, die am Profit beteiligt sind. Hewlett Packard (Elektronik, Computer) bestand 1990 aus über 50 solchen Betriebseinheiten, Johnson & Johnson (medizinische Hilfsmittel und Einrichtungen) aus 166 Einzelfirmen. Bei den Ableger-Partnerschaften wird Risikokapital und Hilfe für Neuentwicklungen von der Unternehmenszentrale gewährt, bis die Unabhängigkeit möglich ist, die Zentrale behält einen Anteil. Hitachi besteht aus 60 solchen Einzelfirmen. Die Einsteiger-Partnerschaften kommen mit neuen Ideen zur Hauptfirma. Dieses gilt vor allem für Software-Entwickler. Bei der Lizenzvergabe werden von der Stammfirma Verträge mit unabhängigen Unternehmen abgeschlossen. Für Firmen, die sich sehr schnell umstellen müssen wie etwa in der Computerbranche, ist auch die ‚reine Vermittlung', d.h. der Zukauf von Teilen und der ganzen Produktion möglich. Für diese „neue Weltwirtschaft" sind „Problemlöser" (Ingenieure), Problemfinder (Verkaufsmanager) und Vermittler, die beide zusammenführen, also eine Geschäftsleitung notwendig (s.o. 14.10.3). Damit bekommen die Dienstleistungen (symbolanalytische D. nach Reich 1996) eine immer größere Bedeutung. Für die Industrialisierung in den Tropen ergeben diese neuen Unternehmensformen die Möglichkeit einer leichteren Anpassung an die wirtschaftlichen und politischen Verhältnisse und den Entwicklungsstand in den verschiedenen

Ländern. Die große Komplexität mag aber auch die einheimischen Kräfte in den Tropen überfordern.

Für den räumlichen Aspekt heißt dieses, daß vermehrt Geschäftsreisen durchgeführt werden. Damit ist ein Gunstfaktor für Städte mit guten Flugverbindungen und Hotels gegeben. Andererseits wird in den Stammländern die Verwaltung im weitesten Sinne stärker ausgebaut, soweit nicht durch das Internet eine Dezentralisierung erfolgt. Die Aufsplitterung großer Firmen ist mit einer räumlichen Dispersität, aber auch mit einer meist nicht sehr umfangreichen Konzentration verbunden. Vor allem wenig transportgeeignete (s.o. 14.9.4) Güter werden in Marktnähe, bzw. bei Zulieferung nahe des Hauptproduktionsortes angesiedelt sein. Die Teilunternehmen oder die Zulieferer können innerhalb eines Landes oft aber in verschiedenen Ländern verteilt sein. Das VW-Werk in Mexiko erhält Vorprodukte von 297 mexikanischen, 176 europäischen Firmen und von 110 aus USA, Kanada und Lateinamerika (Fuchs 1995, 27). Diese weltweite Zulieferung (worldwide oder global outsourcing) wird ergänzt durch Ausweitung der lokalen Anlieferung insbesondere von sperrigen Gütern wie etwa der Autositze, die möglichst im VW Industriepark in Puebla angesiedelt werden sollen. Die Verbindung der weltweiten und der lokalen Produktionsverflechtungen wurde ‚glocalization' genannt (Mattelart, zit. n. Fuchs ebd.). Der Anteil am ‚outsourcing' aus tropischen Ländern, vor allem aus Singapur und Taiwan, ist bislang recht gering. Er wird aber steigen, je mehr spezielle Bauteile mit hohem Arbeitsbedarf in Schwellenländern produziert werden können. Voraussetzung ist vor allem die Ausbildung der Arbeitskräfte. Eine Verlagerung einfacher Arbeitsplätze in Billiglohnländer wird aber mehr als ausgeglichen durch neue hochqualifizierte Stellungen in den Heimatfirmen. Eine Liste der 100 größten industriellen Arbeitgeber in Deutschland (Die Zeit, August 1997) zeigt, daß der Prozentsatz der Arbeitnehmer eines Unternehmens im Ausland geringer ist als der Prozentsatz des Umsatzes, daß also das Engagement im Ausland Arbeitsplätze im Inland schafft oder sichert. Ausnahmen sind vor allem in der Bauindustrie gegeben. Als neue Dienstleistung wird der Teleservice angeboten: durch das Internet sind Betriebsdaten aus Übersee beim Hersteller abrufbar, so daß eine direkte Beratung möglich ist. Das spart sehr viel Zeit und Geld gegenüber der Entsendung eines Mechanikers oder Ingenieurs. Dadurch entstanden insbesondere in der Werkzeugmaschinenindustrie, dem Anlagenbau und z.B. bei Baukränen hochqualifizierte Arbeitsplätze in Deutshland (Lamparter 1997), zugleich wurde die Konkurrenzfähigkeit der Produkte gesteigert.

Die Konsequenzen für die geographischen Fragestellungen sind eine zunehmende Bedeutung von Handel und Verkehr und damit der Ausbau der entsprechenden Infrastrukturen. Handelsplätze werden dadurch gestärkt. So hat z.B. Singapur überragende Bedeutung für den intraregionalen Handel der ASEAN Länder, der 1989 17,7% betrug, ohne Singapur aber nur 3–4% (Altvater & Mahnkopf 1996, 419, s.u. Abb. 14.18). Zum anderen ergibt sich wohl eine zunehmende Flexibilität bei der Neugründung und Aufgabe von Betrieben in Entwicklungsländern. Je spezialisierter diese sind, desto anfälliger sind sie gegenüber Marktveränderungen. Die räumliche Ausbreitung wird sicher für die einzelnen Industriezweige unterschiedlich sein. Ein Schema (Abb. 14.16) stellt Lokalisierungs- und Globalisierungsvorteile heraus.

Durch die Globalisierung werden Handelsschranken abgebaut, denn wenn ein Produkt aus Teilen verschiedener Herkunftsländer zusammengesetzt wird, sind Importbeschränkungen nicht sinnvoll. Aber auch ein Rücktransport, also ein Export muß möglich sein. Die weltweiten Aktivitäten der Unternehmen, also die Globalisierung von der Basis wird durch politische Vorgaben unterstützt. Der Einfluß der Nationalstaaten auf die Wirtschaft vermindert sich (auch dieses wird als Deregulierung bezeichnet, u.a. ALtvater & Mahnkopf 1996, 37f.). Bedeutender werden internationale Organisationen. Eine Abstimmung der Wirtschaftspolitik der

Abb. 14.16. Typische Zuordnung von Branchen nach: OSTERLOH & WEIDEL 1996, 131. Je stärker bei der Produktion lokale Wünsche berücksichtigt werden müssen, desto größer ist der Vorteil einer Anlage der Fabrik nahe des Absatzortes. Je mehr es sich um einheitliche Produkte handelt, die weltweit benötigt werden, desto größer der Vorteil einer Globalisierung. Diese Einteilung berücksichtigt aber wenig die Frachtkosten, bzw. die „Transporteignung" (s.o. 14.9.4) einzelner Güter.

Industriestaaten erfolgt durch die OECD (Organisation for Economic Cooperation and Development), innerhalb der UNO durch die UNCTAD (UN Commission on Trade and Development). Konkreter sind die Handelsabkommen, von denen das GATT (General Agreement on Trade and Tariffs, zu Beginn 1948 23 Mitglieder), jetzt WTO (World Trade Organisation, schließt auch Dienstleistungen mit ein, jetzt 132 Mitglieder), die Zollsenkungen brachten und Handelsbeschränkungen soweit möglich aufhoben. Mit vielen kleinen Schritten seit Gründung 1947 wurde eine zunehmende Liberalisierung des Handels erreicht. War dieses zunächst günstig für den Absatz der Industrieländer in den Entwicklungsländern, besteht heute eher umgekehrt die Forderung des freien Marktzugangs zu den ‚reichen' Ländern. Damit werden aber nach Kapital und Gütern auch die Produktionsbedingungen von einfach herzustellenden Gütern globalisiert. In der Folge sind einfache Arbeitsverhältnisse (Routinearbeit n. REICH 1996) betroffen. Die Industrieländer versuchen daher möglichst im Rahmen der Handelsverträge allzu krasse Unterschiede zu bekämpfen, also Klauseln z.B. gegen Kinderarbeit, Dumping, insbesondere Ökodumping, Monopole und für Markenschutz, für die Zulassung von Gewerkschaften etc. einzubringen. Eine Weltordnung – global governance – steht aber noch in den ersten Anfängen. Ob sie zu einem weiteren Ausgleich von Gegensätzen führt oder zu einer stärkeren Regionalisierung und einer „people's economy" mit „short circuits", also einer wieder umfangreicheren regionalen Befriedigung der Bedürfnisse führt, ist offen.

Mit der Globalisierung geht eine Regionalisierung einher, nämlich die Bildung von Wirtschaftsblöcken (Abb. 14.17), die im letzten Jahrzehnt zugenommen hat. Räumlich gesehen sind es Kulturerdteile bzw. Teile davon, deren gemeinsame wirtschaftliche Ziele durch räumliche Nähe ergänzt werden. Das fördert den Austausch und/oder die Ergänzung. Kulturell können Gemeinsamkeiten aber auch Unterschiede (NAFTA) bestehen. Neben den wirtschaftlichen haben diese Pakte oft politische Ziele. Die CEPAL z.B. sollte auch einen übermächtigen Einfluß der USA abwehren. Ob sich neben den Wirtschaftsblöcken auch Zusammenschlüsse auf kultureller Basis bilden werden und dieses zu einem „clash of civilizations" (HUNTINGTON) führen wird, ist Thema der Geopolitik (vgl. EHLERS 1996, OSSENBRÜGGE 1997).

	Industrieländer	**Entwicklungsländer**	**Schwellenländer**
Industrieländer	EG/EU; EFTA	LOMÉ/APC	APEC
Entwicklungsländer		ECOWAS; CEAO; UDEAC: SACU; SADCC/SADEC; LAIA; ANDEAN; PTA; CACM; CARRICOM;	MERCOSUR
Schwellenländer	NAFTA		AFTA

FG/EU	Europäische Gemeinschaften/Europäische Union (1958)
EFTA	European Free Trade Association (1960)
NAFTA	North American Free Trade Agreement (1994)
LOMÈ	Abkommen zwischen EG und assoziierten Staaten aus Afrika, der Karibik und dem Pazifik (AKP-Staaten) (1975)
ECOWAS	Economic Community of West African States
CEAO	Communauté Économique de l'Afrique de l'ouest (1974)
UDEAC	Customs and Economic Union of Central Africa (1964)
SACU	South African Customs Union
SADCC/SADC	South African Development Coordination Conference/Southern African Development Community
LAIA	Latin American Integration Association (1980)
CARRICOM	Carribbean Common Market (1973)
AFTA	ASEAN Free Trade Area (1967/1993)
MERCOSUR	Mercado do Sur; Southern Cone Common Market (1991)
APEC	Asian-Pacific Economic Cooperation (1989)
CACM	Central American Common Market (1960)
PTA	Eastern and Southern African Preferential Trade Area (1981)
ANDEAN	The Andean Group (1969)

Abb. 14.17. Vereinbarungen über wirtschaftliche Zusammenarbeit sind zu verschiedenen Zeiten entstanden, umfassen kleinere Regionen und ganze Erdteile sowie Länder mit unterschiedlichem Entwicklungsstand. Vor allem aber sind die Bindungen mehr oder minder eng. Die Pakte sind nicht miteinander gleichzusetzen. Die Übersicht zeigt ein generelles Bestreben zur Bildung größerer Wirtschaftsräume als es die Nationalstaaten sind. Aus: ALTVATER & MAHNKOPF 1996, 419.

Zwar sind die Anteile am Außenhandel innerhalb der Blöcke, abgesehen von der EU und der NAFTA, nicht sehr hoch, denn der Haupthandel erfolgt mit den Industrieländern. Aber für MERCOSUR (Gemeinsamer Markt im Süden Südamerikas) sind sie von 1990 bis 1994 auf das Doppelte, auf 19,4% gestiegen (ALTVATER & MAHNKOPF 1996, 489). Je stärker sich die Wirtschaft diversifiziert, desto größer wird wahrscheinlich der intraregionale Handel (Abb. 14.18). Es bleibt abzuwarten, welchen Integrationsgrad die einzelnen Blöcke erreichen werden.

Gleichzeitig mit der Globalisierung erfolgte eine Vereinfachung der Kommunikation durch verbesserte Telefonübertragung, Fax und Internet. Die Kommunikation ist dadurch schneller und billiger geworden. Inwieweit sich das auf die wirtschaftliche Verflechtung auswirken wird, läßt sich noch kaum absehen. Die indirekten Wirkungen der Informationsfreiheit und der Vernetzung lassen sich kaum abschätzen. Der Medienmarkt, in dem 1989 die 20 größten

RIA	1960	1970	1980	1989
ECOWAS	1,2	2,1	3,9	9,6
CEAO	2,0	9,1	6,9	12,6
UDEAC	1,6	3,4	4,1	5,9
PTA	n.a.	n.a.	9,4	9,9*
CARICOM	4,5	7,3	6,4	4,5
CACM	7,5	26,8	22,0	13,1
LAIA	7,7	10,2	13,5	10,8
ANDEAN	0,7	2,3	3,5	4,9
ASEAN	21,7	14,7	17,8	17,7

* 1988

Abb. 14.18. Der Intrablockhandel nimmt bislang einen geringen Prozentsatz ein. Die wirtschaftlichen Verbindungen der Entwicklungsländer untereinander sind dementsprechend lose. Eine Ausnahme scheint der ASEAN Pakt zu sein, doch betrüge der Handel ohne Singapur nur 3–4%. Aus: Altvater & Mahnkopf 1996, 418.

Firmengruppen über $US 55 Mrd. umsetzten, ist vorwiegend in den USA angesiedelt. Unter den 20 größten Firmen sind lediglich Bertelsmann (3) und die ARD (12) sowie Australien (4) und 4 japanische Unternehmen vertreten (UNESCO, zit. n. Clark 1996, 129). Der Prozentsatz der importierten Television nimmt dagegen eher mit der Größe der Länder ab, so führt Indien nur 8%, Indonesien 12% ein, Simbabwe 61% und Kongo 70% (ebd. 127).

Nicht nur Nachrichten sind von autoritären Regimes kaum noch kontrollierbar, sondern auch internationale Beziehungen sind nicht vollständig zu verhindern. Global agierende NGOs (Non Governmental Organisations wie etwa der Internationale Gewerkschaftsbund, der World Wildlife Fund etc.) können leichter kommunizieren und sich stärker ausbreiten, mithin mehr Einfluß gewinnen. Internationale Verständigung kann durch private Vereinigungen wie Soroptimist International oder Rotary (Clubs für beruftstätige Frauen bzw. Männer) gefördert werden. Auf die Weltkonferenzen der UN wurde bereits verwiesen (10.7, 11.5, 11.6, 12.2, 12.8). Von globaler Bedeutung sind Abkommen zum Schutz der Ozonschicht, seltener Arten und gegen den Mülltourismus. Gegen den globalen Waffen- und Drogenhandel sind allerdings noch keine allgemein verbindlichen Vereinbarungen getroffen worden. Durch Symposien oder ähnliche Veranstaltungen der Scientific Community oder Gruppen politisch oder wirtschaftlich Interessierter erfolgt nicht nur ein Austausch und eine internationale Verständigung. Unter Umständen können bei dieser ‚second track diplomacy' erste Schritte späterer Verhandlungen gemacht werden (Dosch 1997). In allen diesen Organisationen sind die Mitglieder aus den tropischen Ländern gleichgestellt. Wie sich das auf die Wirtschaftsbeziehungen auswirken wird, ist noch nicht abzusehen.

Räumlich wird das Internet wohl eher dispers als konzentrierend wirken, es ermöglicht ja den Anschluß abgelegener Orte, kann also neue Räume erschließen. Das ist aber wohl in absehbarer Zeit soweit überhaupt nur für eine Nachrichtenübermittlung und Wissensverbreitung interessant. Ob sich im Cyberspace ein direkter Kontakt zwischen Produzent und Kunden ergeben wird, also eine ‚molekulare Wirtschaft' entstehen wird (Tapscott 1996), wird die Zukunft zeigen. Ohnehin läßt sich nicht absehen, wieweit industrielle Beziehungen ohne persönliche Kontakte vor Ort, etwa bei einer Qualitätskontrolle auszuweiten sind. Bei hochkomplexen Maschinen und Einrichtungen ist sicher ein Service vor Ort notwendig.

Die weitere Entwicklung der Globalisierung läßt sich ebenfalls schwer absehen. Es ist ja nicht nur das gegenüber der Industrialisierung langsamere Wachstum der Infrastruktur und der Ausbildungsmöglichkeiten in den Entwicklungsländern sondern auch die geringe Umweltvorsorge, die zu Schwierigkeiten führen wird. Auf dem engeren Gebiet der wirtschaftlichen Beziehungen werden sich wohl Fragen der Korruption und des Wirtschaftsrechts vermehrt ergeben. Durch die Globalisierung verliert der Nationalstaat an Einfluß, behält aber seine Aufgabe, als Mittler zwischen Kapital und Sozialforderungen tätig zu sein, Umweltvorsorge, Ausbildung und Forschung zu gewährleisten (u.a. HEIN 1997). Die Gruppe von Lissabon (HEUSER 1997), 22 alternative Wissenschaftler und Unternehmer, sieht in der globalen Wirtschaft den Wettbewerb zum Selbstzweck werden und damit als Gefahr für die Demokratie. Der Generalsekretär Schneider vom Club of Rome fürchtet den Aufstand der Armen, wobei oft bei bewaffneten Konflikten religiöse, ethnische oder ideologische Gründe vorgeschoben werden (zit. n. PINZLER 1997). Es stimmt bedenklich, wenn REICH (1996) als Zukunftsprojektion für die USA eine zunehmende auch räumliche Trennung von Arm und Reich sieht, wobei letztere in umgrenzten, bewachten Vierteln leben. Von diesen globalen Tendenzen sind die Länder in den Tropen mindestens ebenso stark wie die Industrieländer betroffen, vielleicht sogar stärker, da die politischen und rechtlichen Strukturen weniger gefestigt sind, bestehende soziale Disparitäten noch verstärkt weden können.

14.12 Diskussion

14.12.1 Vergleich der Kontinente

Der Vergleich der vier Kontinente, die Anteil an den Tropen haben, zeigt große Unterschiede. In Australien ist der tropische Norden so wenig erschlossen, daß Industrialisierung und Handel kaum eine Rolle spielen. Selbst die Landwirtschaft trägt nicht in bedeutendem Maße zum BSP bei, eher sind Bergbau und Ölförderung zu nennen. Das tropische Afrika besteht aus Agrarländern. Eine Diversifizierung der Volkswirtschaft steht in den meisten Ländern in den ersten Anfängen. Exportiert werden Rohstoffe und eventuell Nahrungsmittel, wertmäßig übertrifft der Bedarf an importierten Gütern die Exporte. Die Industrialisierung ist bislang weitgehend auf Importsubstitution beschränkt. Selbst Länder wie Nigeria und Gabun, die ein beträchtliches Einkommen aus Ölexporten erzielen, haben wirtschaftlich nur geringe Fortschritte gemacht. Das unterstreicht die Bedeutung der politischen Stabilität und der staatlichen Vorgaben. Afrika hat kein gut entwickeltes Verkehrsnetz, was sich auf die Erschließung des Kontinents ebenso negativ auswirkt, wie es Buschkriege verlängert und Hilfe erschwert.

Momentan scheint der wirtschaftliche Fortschritt in Süd- und Südostasien trotz Krisen am größten zu sein. Von 1993–94 stieg das BSP in Asien um 8,6%, Lateinamerika 4,6%, Afrika 2,7%. Der höchste Zuwachs erfolgt jeweils in den Schwellenländern. Bei den Wachstumsraten des BSP/Kopf ist aber zu bedenken, daß meistens nur Prozentzahlen angegeben werden. Wenn das BSP/Kopf von Thailand von 1993 $US 2110 auf $US 2210 1994 steigt, so sind das 5%. Wenn im gleichen Zeitraum das deutsche von $US 23980 auf $US 25580 zunimmt, so sind das 1,5%, wobei der absolute Wert 16 mal so groß ist. Vergleicht man Brasilien mit einem Zuwachs von 4% von 1991–1994 mit Indonesien, das 10% zulegte, so hat Brasilien in absoluten Zahlen mit $US 440 gegenüber $US 270 einen mehr als die Hälfte höheren Zuwachs. Es ist wohl eine größere Anstrengung, eine kleine Volkswirtschaft um $US 100 BSP/Kopf zu steigern als eine große, aber der höhere absolute Betrag heißt, daß mehr Arbeitsplätze geschaffen wurden und/oder eine höhere Wertschöpfung erfolgte. Die genannten Zahlen des Vergleichs beziehen sich auf Bevölkerungen in ähnlicher Größenordnung.

Die Struktur der Wirtschaft ist in beiden Kontinenten, abgesehen von partiellen Ähnlichkeiten in der Landwirtschaft sehr verschieden. Während in Lateinamerika entweder die Importsubstitution von Konsumgütern (kleinere Länder) oder daneben auch Investitionsgüter (Schwellenländer) produziert werden, sind in Süd- und Südostasien neben der Importsubstitution Intensivlohn-Produkte und Halbwaren für den Export vorherrschend. Vor allem Bekleidung, optische und elektronische Industrien sind auf der Grundlage der billigen Arbeitskräfte – mit einem hohen Prozentsatz von Frauen – entstanden. Das technische Wissen lieferte vor allem Japan, weniger die übrigen Industrieländer. Der intraindustrielle Handel und damit die Abhängigkeit von den Stammfirmen in Japan oder den USA ist in Südostasien sehr viel weiter verbreitet als in anderen tropischen Gebieten. Ob diese Länder den Weg Südkoreas mit seinen 43 Mio. Einwohnern schaffen werden, der von der Leichtindustrie über die Schwerindustrie (insbesondere den Schiffbau) zur Konsumgüterindustrie jeweils mit Ausbau und Steigerung der Exporte führte und der jetzt Mikroelektronik und Biotechnologie einbeziehen soll, muß die Zukunft zeigen.

Heuser (1997) und Machetzki (1996) meinen bei den NIEs erste Anzeichen einer Stagnation zu erkennen: Es mangelt an Managern und Ingenieuren, sowie an Studienplätzen für diese Berufe, die Infrastruktur wurde vernachlässigt, der eigene Markt wächst nur langsam. Seit Januar 1994 wird von Japan mehr Kapital aus Ostasien abgezogen als investiert wird. Die Finanzmärkte sind unausgeglichen, ein wesentlicher Grund für Krisen. Wichtig ist die hohe versteckte Arbeitslosigkeit, die sich durch das Bevölkerungswachstum ergeben hat. Neben der Neuordnung der sozialen Verhältnisse stehen auf Dauer die Umweltprobleme an. Offen ist die politische Entwicklung, neben der APEC (Asia-Pacific Economic Cooperation) ist die EAEC (East Asian Economic Caucus) eine regionale Wirtschaftsverbindung ohne die USA und die anderen pazifischen Staaten gegründet worden. EAEC wird auch gelesen als East Asia Except Caucasians, d.h. ohne Weiße. Welche Position wird das wirtschaftlich erstarkende China einnehmen? Eine Sonderstellung hat Indien, das früher mit der Industrialisierung begonnen hat und diese in langsameren Schritten vollzog.

Gegenüber den anderen Kontinenten scheint die politische und wirtschaftliche Entwicklung in Südamerika etwas mehr konsolidiert zu sein. Dort hat sich ein breiterer Mittelstand herausgebildet und damit ein größerer eigener Markt, die Wirtschaft ist stärker diversifiziert. Allerdings sind die asiatischen Länder weniger verschuldet und die private Sparquote ist mit 30% sehr viel höher (Heuser 1997). Das ist mindestens zum Teil durch die chinesische Einstellung zur Altersvorsorge bedingt.

14.12.2 Diskussion: die wirtschaftliche Entwicklung in den Tropen

Die wirtschaftlichen Bedingungen und die Lebensverhältnisse sind in den Tropen viel stärker differenziert als in den Außertropen. Das gilt für die Menschen innerhalb eines kleines Raumes, etwa einer Kleinstadt, für Disparitäten innerhalb eines Landes, für Länder eines Kontinentes im Vergleich und selbst für die Kontinente untereinander. Das ist bei jeder allgemeinen Aussage zu bedenken! Die wirtschaftliche Entwicklung hat also eine sehr unterschiedliche Ausgangsbasis. Zum anderen sind aber alle Länder in mehr oder minder starkem Maße in die Weltwirtschaft eingebunden und spüren den Einfluß der Globalisierung.

Generelle Regeln für die Standorte der Industrie in den Tropen bestehen m.W. noch nicht. Singapur zeigt, daß hochkomplexe Industrien dort möglich sind, daß also von den natürlichen

Voraussetzungen keine prinzipiellen Beschränkungen bestehen. Allerdings sind die industriellen Anlagen der großen Länder Indien, Mexiko, Brasilien, die Anteil an der tropischen und subtropischen Zone haben, in der letzteren oder im Hochland konzentriert. Im Einzelnen sind die Standorte nach Entwicklungsstand der Länder und nach Wirtschaftszweig differenziert, wobei die rohstofforientierte Schwerindustrie wohl in stärkerem Maße an die Vorkommen gebunden ist als bei uns. Unter einfachen wirtschaftlichen Bedingungen sind Häfen und Hauptstädte die bevorzugten Standorte vor allem der Industrien der Importsubstitution. In den Schwellenländern haben sich größere Fabriken bzw. Tochtergesellschaften größerer Unternehmen zum Teil im Landesinneren angesiedelt. Gründe dafür liegen wohl einerseits im Entgegenkommen lokaler Politiker insbesondere in bezug auf billige Grundstücke und die Infrastruktur, andererseits im neuen Arbeitsmarkt, in dem die Bedingungen weitgehend von seiten der Firmen gesetzt werden können. Allerdings sind große Firmen immer ihrem eigenen Standard verpflichtet, so daß sie in den Entwicklungsländern in der Regel höhere Löhne zahlen (Tab. 14.2) als die einheimischen Betriebe und striktere Umweltauflagen erfüllen. Ein Vorteil von Billiglöhnen besteht ohnehin nur, wenn ein größerer Anteil von ungelernten bzw. anlernbaren Arbeitern benötigt wird. Selbst dann ist die schulische Vorbildung notwendig. Industrien mit hohem Dienstleistungsanteil oder komplexen Fertigungsprozessen sind dagegen eher in den Hauptstädten bzw. den aus Hafenstädten gewachsenen wirtschaftlichen Zentren zu finden, zumal diese zumeist die Hauptuniversität des Landes haben. Planungen von Zentren, die weder die einen noch die anderen Voraussetzungen aufweisen, vielmehr eine extreme räumliche Disparität aufheben sollen, sind bislang kaum erfolgreich gewesen. Ob die Zukunft eine breitere räumliche Streuung von Industrieanlagen bringen wird?

Tabelle 14.2. Löhne und Arbeitsbedingungen in ausländischen und einheimischen Firmen auf Java. Nach: DRAKAKIS-SMITH 1997, 57.

	Weaving					Kretek cigarettes			
	Foreign	Domestic							
		Mechanized			Non-mech.				
		Large	Med.	Small		V. large	Large	Med.	Small
Number of firms	6	8	15	10	11	2	7	6	4
Average number of workers	1,022	1,068	276	62	11	19,692	2,126	299	57
Average monthly wage (Rp)*	17,000	10,000	5,300	5,300	3,700	10,000	5,100	3,800	2,100
Fringe benefits	good		poor		none	moderate		none	
Conditions of work	good		poor		very poor	poor		very poor	
Reliability of work	regular		moderate		erratic	moderate		erratic	
Labour turnover	low		low		high	low		high	
Absenteeism	low		moderate		high	moderate		high	

Note: *Rp 900 = £l.
Source: C. MANNING (1977) The Life of the Poor in Indonesian Cities, Clayton, Monash University Press.

Hauptproblem aller tropischen Länder ist die mehr oder minder schnell wachsende Bevölkerung, die ernährt werden muß. Durch Intensivierung und Ausdehnung des Anbaus erscheint dieses möglich. Das Bevölkerungswachstum hat aber auch zu einer Abwanderung in die Städte geführt, was durch Verkehrserschließung und Informationsübermittlung ausgelöst wurde. Der große Unterschied zu den Außertropen besteht aber in dem nach wie vor hohen

Prozentsatz der auf dem Lande lebenden und arbeitenden Menschen an der Gesamtbevölkerung. Die Erfüllung weiterer Grundbedürfnisse: Wohnung, Bekleidung, Gesundheit, Ausbildung, Sicherheit – brachte und bringt die Entwicklung von Wirtschaft, Handel und Verwaltung. Die Ansprüche reichen hier von den autarken, anspruchslosen kleinen Gemeinschaften in unerschlossenen Gebieten Amazoniens, des Kongo oder gebirgigen Rückzugsräumen in Asien bis zum hochentwickelten Singapur mit allen Zwischenstufen. Während Wohnen und Bekleiden in den Tropen wegen der mehr oder minder gleichbleibend hohen Temperaturen einfacher sind als in den Außertropen, würde eine vollständigere Gesundheitsvorsorge wegen der Tropenkrankheiten umfangreicherer Maßnahmen bedürfen.

15 Siedlungsgeographie

15.1 Charakteristika

Ebenso wie die Landnutzung sind die ländlichen Siedlungsformen räumlich sehr unterschiedlich, wobei kaum eine Gliederung nach dem Alter möglich ist, eher sind zusammen mit den Hausformen in Afrika, zum Teil auch in Asien ethnische Unterschiede vorhanden. Einzelhöfe sind vor allem von squattern angelegt worden, sie sind selten für ein ganzes Gebiet typisch. Gereihte Siedlungen sind an Straßen entstanden, aber auch als Kolonistendörfer. Die überwiegende Zahl ländlicher Siedlungen in den Tropen besteht aus Gehöften, die unregelmäßig um einen zentralen Platz stehen. Die Flurformen sind vor allem in Afrika nicht generell durch gerade Begrenzungen gekennzeichnet. Die Größe der Parzellen wechselt nach Erbteilung, bzw. Zukauf und Heirat sehr stark. Die einzelnen Felder werden in einem unregelmäßigen Rhythmus bestellt. Bei der shifting cultivation werden manchmal Einzelparzellen angelegt.

Die Mehrzahl der tropischen Städte sind jung, fast alle sind seit dem Zweiten Weltkrieg sehr schnell gewachsen. Das führte zur Bildung von Marginalsiedlungen (Slums), die verschiedene Standards haben können. Schnelles Wachstum und soziokulturelle Traditionen lassen Stadtplanungen oft wenig effizient werden, zumal meist Geld und Ordnungsmacht zur Durchführung der Pläne fehlen. Immerhin ist die Wasserversorgung in den letzten Jahrzehnten in sehr vielen Städten verbessert worden, aber Verkehr, Abwasser, Müll und Luftreinheit sind weiterhin problematisch. Die Segregation ist in vielen tropischen Städten vor allem Afrikas und Asiens besonders stark ausgeprägt. Die Unterschiede sind auf engstem Raum sehr groß, auf dem Lande ist meist mehr Gleichheit vorhanden, es sei denn, es gibt einen Großgrundbesitz. Abgegrenzte Stadtviertel wurden schon in der Kolonialzeit vor allem in britischen Kolonien angelegt, sie sind häufig in die Wohnviertel der gehobenen Klasse übergegangen. Der Gegensatz zu den Slums läßt den ohnehin größeren Unterschied zwischen Reich und Arm in den Tropen deutlicher werden als bei uns.

15.2 Einleitung

Die Erforschung der ländlichen Siedlungen und der Flurformen hat in Deutschland das Verständnis für das Werden der Kulturlandschaft entscheidend geprägt. Diese Forschungsrichtung ist für die Tropen in der geographischen Literatur relativ wenig behandelt worden, möglicherweise, weil eine Systematisierung schwierig ist oder weil der Unterschied zwischen gewachsenen Dörfern und regelhaften Kolonistensiedlungen evident ist.

Auf die Diskussion (vgl. u.a. Stewig 1983, Lichtenberger 1987) über Individualtät oder Universialität in der Erfassung der Städte kann hier ebenso wenig eingegangen werden wie auf die unterschiedlichen Methoden der Stadtgeographie. Sicher können im folgenden selbst die wichtigsten tropischen Städte nicht im einzelnen behandelt werden. Pläne und Angaben finden sich aber in Reiseführern und Lexika. Hier soll nur versucht werden, einige typische

Züge herauszustellen, wobei Umweltfragen (11.5), insbesondere Wasserversorgung (3.12), Migrationen (12.7), Neusiedlungen (13.12) und Märkte (14.10.1.2) schon behandelt wurden.

15.3 Ländliche Siedlungen

Vererbte Züge im Dorfgrundriß oder in der Feldeinteilung scheinen in den Tropen weniger deutlich zu sein, mindestens ist darüber kaum etwas bekannt. Die Entstehung der Siedlungen (u.a. Manshard 1970) ist nur in Ansätzen erforscht. Insofern ist eine Systematisierung tropischer Dörfer mit unseren Begriffen wie Haufendorf, Rundling etc. nicht treffend. Sie könnten auch leicht zu Fehlschlüssen führen. So sind z.B. bei den Tiv in Westafrika die Einzelhöfe nicht scheinbar regellos, sondern nach festen Regeln des Stammes angeordnet (Grenzebach 1984).

Die ländlichen Siedlungen zeigen eine starke Differenzierung, die von Streusiedlungen, oft nur Einzelhäusern, über lockere Kleinsiedlungen bis zu Großdörfern (in Indien bis zu 20 000 Einwohnern, Blenck et al. 1977, 146), von runden, gereihten bis zu unregelmäßigen Formen reicht. Oft treten mehrere Formen in einem Gebiet gemeinsam auf, was sowohl ein zeitliches Nacheinander bedeuten kann, als durch unterschiedliche Ethnien bedingt sein kann. Besonders in Afrika waren ursprünglich Dorf- und Hausformen ethnisch geprägt. Nicht wenige Dörfer sind im Anschluß an Missionsstationen entstanden (u.a. Otremba 1958, Overbeck 1975). Das gilt vor allem für Südamerika, aber auch für Afrika und die pazifischen Inseln, inclusive Neuguinea. Die Missionare haben neben der Glaubensverbreitung fast immer Schulen eingerichtet und Handwerker ausgebildet. Sie versuchen die Landwirtschaft und die Lebenshaltung zu verbessern.

Die Lage der Dörfer im Naturraum unterscheidet sich in einer Hinsicht von der in Mitteleuropa, sie liegen in den Tropen im allgemeinen nicht an Flüssen, Ausnahmen gibt es vor allem in Südostasien. Das ist in flachen Gebieten zum einen durch die weiten Überschwemmungen bedingt, zum anderen wohl auch um einen möglichst weiten Abstand von Insektenplagen zu haben. In Reisbaulandschaften ist außerdem das Land in Flußnähe den Feldern vorbehalten. Bevorzugt kann eine Lage auf einem Hügel oder am Hang sein, wo eine abendliche Brise eine Kühlung bringt (Manshard 1970, 234). ‚Hill settlements' in Nigeria hatten auch Schutzfunktion, das ist durch die Pax Britannica überflüssig geworden, und sie sind z.T. aufgegeben worden (Grenzebach 1984).

Die Lage an Straßen ist nicht nur für Dörfer im Ganzen gegeben, sondern oft auch für einzelne Häuser. Das hat nicht nur den Vorteil der guten Zugänglichkeit, sondern auch der Ableitung des Regenwassers bei Starkregen. Diesem sind ebenfalls die Dächer angepaßt, die in den feuchteren Gebieten mehr oder minder steil geneigt sind. Wenn sie mit Stroh oder Palmblättern gedeckt sind, bieten sie eine relativ gute Lüftung. Allerdings sind solche Dächer oft voller Ungeziefer. Sie halten nicht sehr lange und müssen nach 3–4 Regenzeiten geflickt oder erneuert werden. Unter diesen Umständen kann man es verstehen, wenn Wellblech vorgezogen wird, obwohl dieses schnell rostet und dann sehr häßlich ist, bei Sonneneinstrahlung wird das Haus stark aufgeheizt, aber man ist dann ohnehin draußen. Erst in der Trockensavanne vor allem im Sudan sind Flachdächer verbreitet, vielleicht unter einem Einfluß aus dem Orient. Flachdächer finden sich in den Städten bei Betonbauten, sie werden oft abends aufgesucht. In den Slums sind flache Bedeckungen als die einfachste Dachform meist etwas geneigt.

Eine andere Anpassung an das Klima sind Pfahlbauten, die eine gute Lüftung geben. Sie sind auch leichter gegen Tiere und Insekten, die am Boden leben, wie Mäuse, Schlangen,

Ameisen, Termiten etc. zu schützen. Es gibt sie vor allem in Südostasien (Uhlig 1975), vereinzelt noch in Nordaustralien. Pfahlbauten am Wasser sind im Amazonasgebiet zu finden, häufiger aber wohl an den Flüssen und Küsten in Südostasien und der Insulinde anzutreffen. Sie sind in erster Linie den Schwankungen der Wasserstände angepaßt, wobei durch den Abfluß bzw. an den Küsten durch Ebbe und Flut auch eine Reinigung erfolgt. Eine Sonderform sind die auf Pfählen gebauten Langhäuser, die besonders auf Borneo und Celebes verbreitet sind (Uhlig 1966).Vorwiegend für 10–25 Familien ausgelegt, können sie im Extremfall bis 800 m lang werden und bis zu 70 Familien beherbergen, meist sind sie durch Zwischenwände unterteilt. Wohneinheiten, die aneinander gebaut waren, gab es auch auf den Plantagen in Süd und Südost Asien. Die ‚labour lines' oder ‚coolie lines' sind auf modernen Plantagen glücklicherweise durch Einzelhäuser, oft in Palmengärten gelegen oder von Hausgärten umgeben, abgelöst worden.

Im Grundriß sind die Dörfer zumeist unregelmäßig, oft liegt in der Mitte ein zentraler Platz, auf dem vor allem das Dorfleben stattfindet, an dem auch Gemeinschaftshäuser stehen können. Vorwiegend bestehen die Dörfer aus Gehöften, da in den wechselfeuchten Gebieten kleine Hütten für die Vorratshaltung neben dem Wohnhaus zu finden sind, in Afrika auch mehrere Häuser zu einer Familie gehören (Abb. 15.1). Obwohl viele Arbeiten im Freien verrichtet werden, sind Häuser oder mindestens Vordächer für die Kochstelle als Regenschutz vorhanden. In manchen Gebieten, vor allem muslimischen, sind die Gehöfte von Zäunen oder Lehmmauern umgrenzt. In der Sudan Zone können auch mehrere Gehöfte von einer Mauer umgeben sein, z.B. Rundsiedlungen (Grenzebach 1984). Zwischen den Gehöften liegt in der Regel ein Freiraum, in dem ein Pfad ausgetreten ist, innerdörfliche Straßen sind selten. Feldhütten und spezielle Gebäude wie etwa Initiierungshütten in Afrika liegen außerhalb der Dörfer.

Im Gegensatz dazu stehen die Dörfer, die entlang von Straßen mehr oder minder regelmäßig aufgereiht sind. Auch hier ist ein Platz vorhanden, der zugleich Bushaltestelle und Markt, sowie Versammlungsort ist. Die Hausgärten liegen hier ebenfalls hinter den Gehöften. Sie weisen nicht die Regelmäßigkeit auf wie planmäßig angelegte Kolonistendörfer mit vermessenen Parzellen. Gereihte Siedlungen können auch naturbedingt sein, wenn sie z.B. auf Flußdämmen, auf Nehrungen oder an Stränden (Fischerdörfer) liegen.

Bei größeren Dörfern kann sich eine soziale Segregation entwickeln, was natürlich besonders dann der Fall ist, wenn ohnehin eine soziale Gliederung wie etwa zwischen Landbesitzern und Pächtern ausgebildet ist, oder unterschiedliche Kasten bzw. Stammesgruppen in einem Dorf leben. Je größer die Dörfer sind, desto eher haben sie nicht nur administrative Einrichtungen wie Schulen, Krankenstationen etc. sondern auch Handwerker. Die Abgrenzung zum kleinen Marktort oder zur Agrarstadt ist bei den Großdörfern fließend. Man kann dieses in der Geschlossenheit der Bebauung, einer Ummauerung oder mindestens einem umschließenden Wall und einer Regierung durch ein Oberhaupt des Clan oder einen Bürgermeister sehen. Solche Städte gab es schon ohne kolonialen Einfluß, wahrscheinlich seit dem frühen 19.Jahrhundert in Südwest Nigeria, im Yorubaland, im Westsudan wohl noch länger. Die Arbeit auf den Feldern war mit weiten Fußwegen verbunden.

Die zum Dorf gehörende Flur ist meistens ebenfalls sehr unregelmäßig, sowohl was die Größe der einzelnen Parzellen als auch die Begrenzung angeht (Abb. 15.2). Die isoliert liegenden Felder der shifting cultivation wurden schon genannt, ebenso wie die geschlossenen Fluren der Reisbauern. Bei einem permanenten Anbau kann das Land so aufgeteilt sein, daß scheinbar eine Feldmark ähnlich wie bei uns vorhanden ist. Meistens ist aber die Unregelmäßigkeit in Größe und Begrenzung ausgeprägter. In den Savannen ist die sehr unterschiedlich

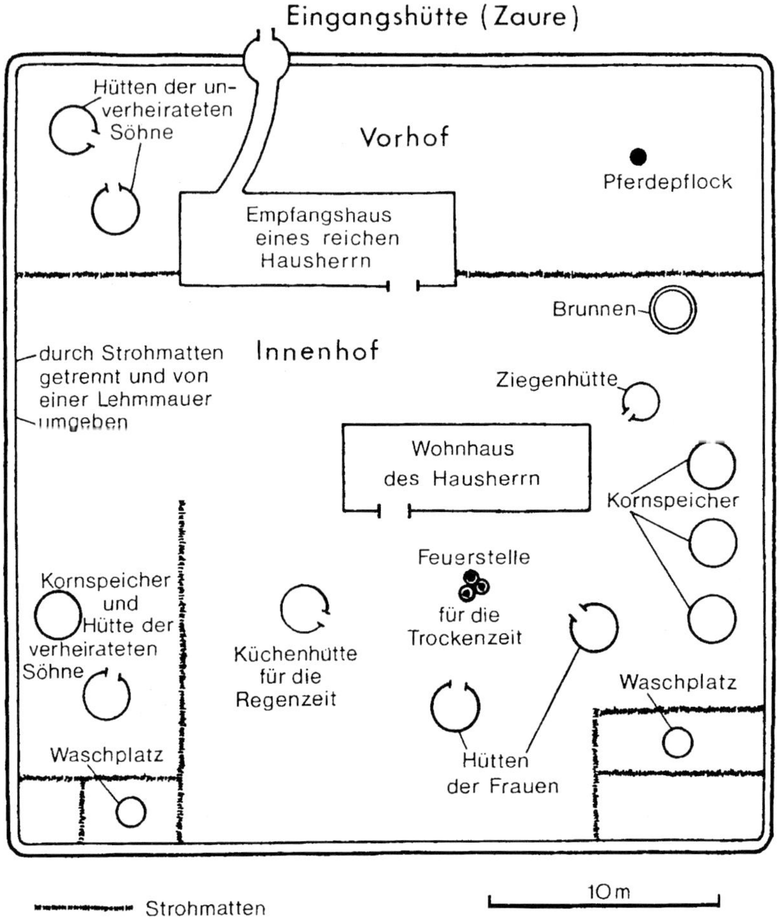

Abb. 15.1. Grundriß eines Haussa Gehöfts in Nordnigeria. Die Eingangshütte ist oft künstlerisch verziert, es ist der Empfangsraum für die Gäste, von denen die Männer zum Innenhof keinen Zutritt haben. Aus: Sievers (1982), 214.

lange, oft mehrjährige Brachzeit für die einzelnen Parzellen ein großer Unterschied zu einer bei uns ehemals bestehenden Zelgenflur.

Die Größe der einzelnen Parzellen kann in Mittelnigeria, aber wohl auch in anderen Gebieten Afrikas um das 10–20fache variieren (Abb. 15.3). Die oft mit mehr als 4 Ecken begrenzten Felder sind auch formal von einer Blockflur zu unterscheiden. Kleinste mit der Hand bearbeitete Stücke, eventuell auch von Hand bewässert, mit Gemüse bestellt, liegen neben gepflügten Hirsefeldern und zeigen neben Nutzungsunterschieden oft den (temporären?) Besitz an. Die Verantwortung für die Ernährung liegt ja in den Händen der Frauen, so daß sie die kleinen Felder bebauen, die großen Felder hingegen werden von den Männern bestellt. In anderen Kontinenten sind kleinste Parzellen meist durch Erbteilung, größere durch Aufkauf, seltener wohl durch Heirat bedingt. Auch in diesen Fällen kann sich ein sehr unruhiges Muster der Flur ergeben. Streifenförmige, etwas geregeltere Fluren können sowohl vom Relief

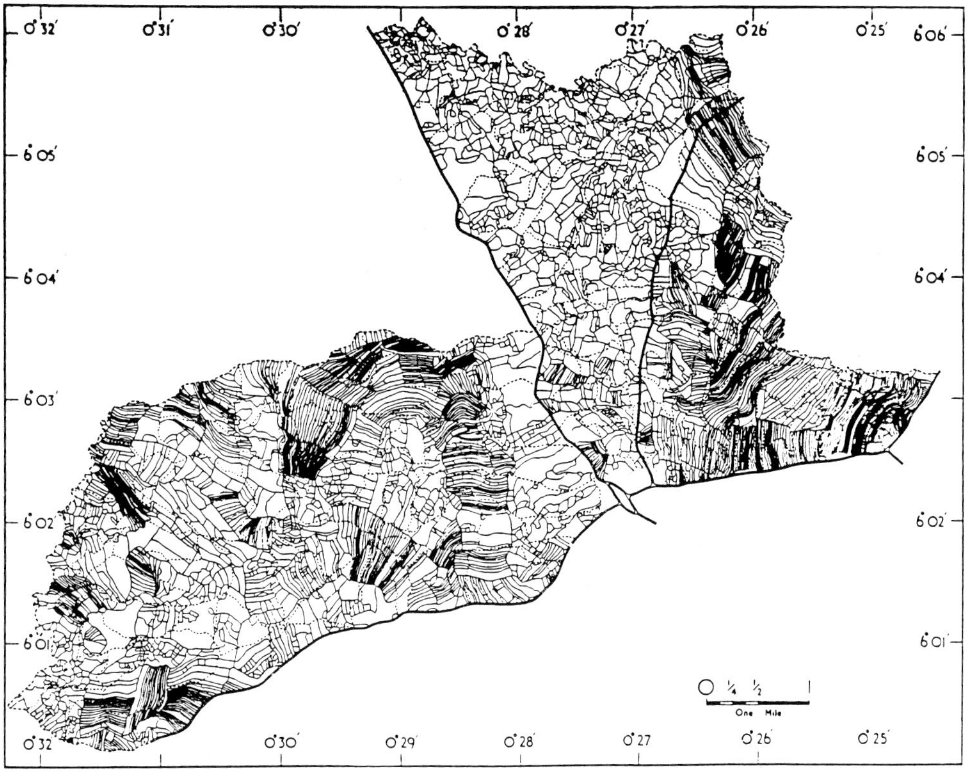

Abb. 15.2. Selbst bei relativ jungen Ansiedlungen wie den Kakaobauern in SW Ghana (s.o.) sind die Parzellen nicht gradlinig begrenzt, die Flurformen unterschiedlich, was ethnisch bedingt sein soll. Aus: HUNTER 1972, 89.

her bedingt sein, als auch bei gereihten Dörfern ausgebildet sein. Nur bei modernen Agrarkolonisationen haben sie mindestens am Beginn gleiche Größe und regelmäßige Begrenzung.

Oben (13.12) wurden einige Beispiele für die Verlagerung von ganzen Siedlungsgebieten gegeben. Aber auch ganze Dörfer sind besonders in Afrika, aber wohl auch in weniger dicht besiedelten Gebieten Asiens verlegt worden. Dieses wurde zum einen erleichtert, weil das Bodenrecht nicht individuell vorgegeben war, zum anderen, weil die relativ einfachen Lehmhäuser ohnehin nach mehreren Jahren erneuert werden müssen. Die Hofstätte hat ferner aus besitzrechtlichen Gründen nicht die Bedeutung wie bei uns. Eine Verlegung einer Siedlung konnte z.B. an eine Straße erfolgen. Durch die Pax Britannica sind sowohl – wie erwähnt – in Afrika als auch in Asien, z.B. in Sri Lanka (SIEVERS 1982) die Schutzfunktionen weniger bedeutend geworden, so daß Verlegungen, etwa für eine bessere Wasserversorgung erfolgen konnten. Viele Dörfer mögen daher eine relativ junge Lage haben. Sicher sind Missionssiedlungen relativ jung. Ebenso muß sich in den Dörfern der Agrarkolonisation erst ein Dorfleben entwickeln. Aber auch in älteren Siedlungsgebieten können sich neue Strukturen herausbilden, die alte umfassen oder überlagern, was die Definition des Begriffes ‚Dorf' verändert (Abb. 15.4, RIGG 1994). Dörfer im Sinne einer bäuerlichen Gemeinschaft, die die umgebende Flur bewirtschaftet, gibt es im tropischen Australien kaum. Dort wird das Agrobusiness ent-

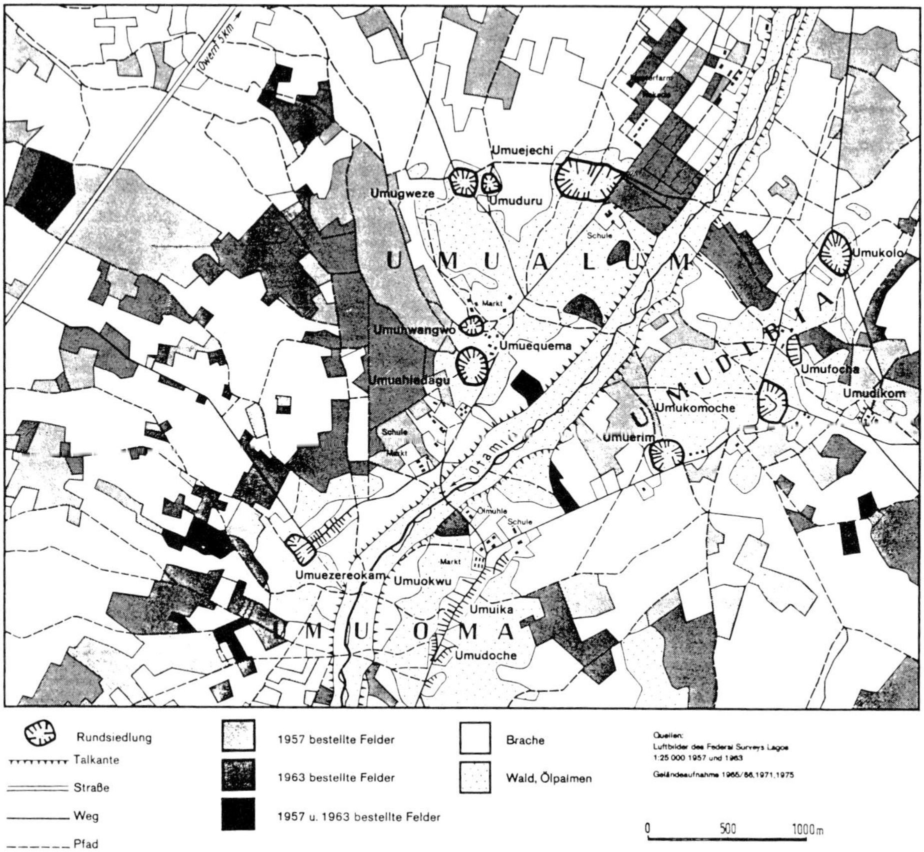

Abb. 15.3. Die Luftbildauswertung von GRENZEBACH (1984, 79) zeigt die sehr unterschiedliche Größe der Parzellen und deren zum Teil unregelmäßige Begrenzung. Einige wenige Felder sind nicht einmal an Pfade angeschlossen. Aus den Aufnahmen von 1957 und von 1963 geht hervor, daß nur wenige Felder in beiden Jahren gleichzeitig bestellt waren. Die sehr ausgedehnten Brachflächen zeugen überdies von der Unregelmäßigkeit der Bestellung und den verschieden langen Brachzeiten. Neben den Rundsiedlungen findet sich in der Mitte unten eine neuere Siedlung mit Schule und Markt.

weder von Einzelfarmen – bei der Rinderhaltung im Interior können das manchmal Siedlungen bis zu 50 Personen sein – oder von der Landstadt mit zentralen Einrichtungen und städtischen Häusern aus betrieben, wobei Maschinen in Schuppen nahe der Felder stehen.

15.4 Städte

Die Tropen sind der am wenigsten verstädterte Teil der besiedelten Welt (Abb. 15.5). Dieses wird mindestens im nächsten Jahrzehnt noch so bleiben, wenn gleich die Zuwanderung zu den Städten sehr groß ist, mit 4–7% ist sie rund doppelt so hoch wie das Bevölkerungswachstum. In vielen Ländern Asiens sind es allerdings nur 2–3%. Dieses sind Mittelwerte für alle

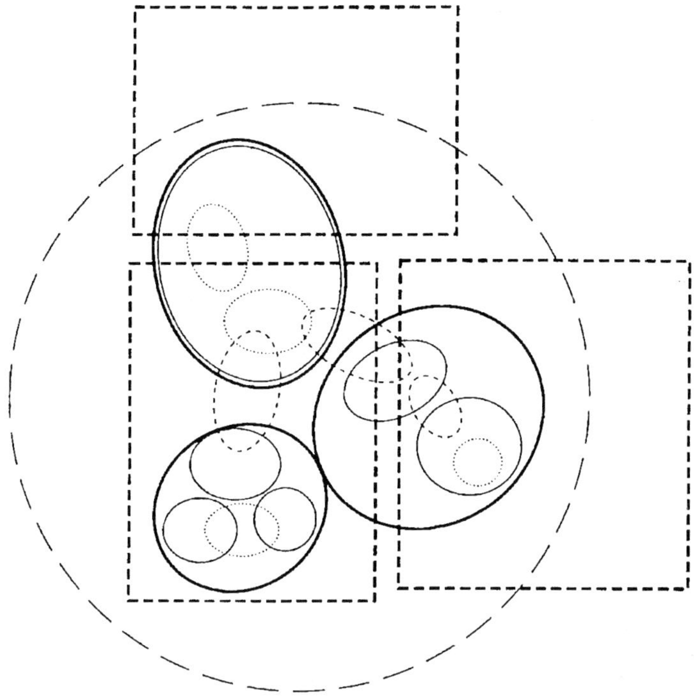

Abb. 15.4. Räumliches Muster und soziale Organisation von Dörfern in Bali. Das traditionelle Dorf konnte aus einzelnen Häusern, aber auch aus Hausgruppen (Weilern = hamlets) bestehen. Unabhängig davon sind freiwillige Zusammenschlüsse von Arbeitsgruppen und die patrilinearen Großfamilien. Die administrativen Einteilungen und die Bewässerungsgemeinschaft überlagern die gewachsenen Strukturen. Aus: Rigg (1994), 130.

Städte eines Landes, in der Regel wachsen die Hauptstädte überproportional. Das größte prozentuale Wachstum (bei kleinen Ausgangszahlen sind die absoluten Zahlen natürlich geringer) erreichen Städte in Gebieten mit dynamischer Entwicklung – Maraba im östlichen Amazonien hat als Stadt des Großprojektes des Eisenabbaus Carajás (s.o. 14.7.2) innerhalb weniger Jahre 120 000 Einwohner bekommen (Kohlhepp 1987, 242), Cuiabá, Zentrum für die Erschließung im nördlichen Pantanal ist seit 1960 mit 60 000 Einwohnern bis 1995 auf fast das Zehnfache gewachsen (Coy 1995). Das sehr schnelle, oft sprunghafte Wachstum hat bei den großen Städten im allgemeinen Mitte des Jahrhunderts begonnen, bei den kleineren Städten erst seit 20–30 Jahren. Während von den 20 größten Städten der Welt 1950 erst 4 in den Tropen lagen, sollen es bis 2 000 schon 10 sein (Drakakis-Smith 1997). Die städtische Bevöl-

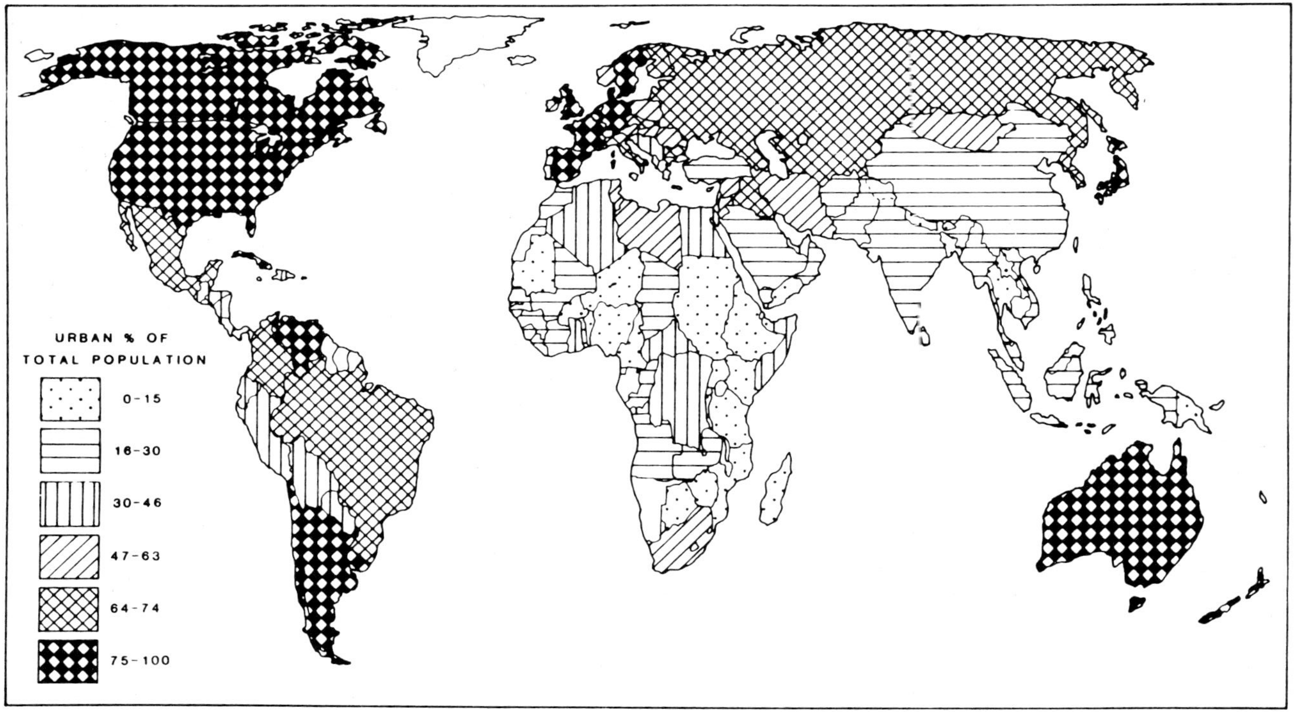

Abb. 15.5. Städtische Bevölkerung in Prozent der Gesamtbevölkerung eines Landes. In den Tropen sind lediglich einige Staaten in Lateinamerika und Nordaustralien als verstädtert zu bezeichnen. Dabei ist allerdings zu bedenken, daß abgesehen von Rio de Janeiro und Mexiko Stadt keine der Megastädte in diesen Ländern liegen, vielmehr die tropischen großen Städte in Süd und Südost Asien liegen. Aus: DRAKAKIS-SMITH 1997, Fig. 1.1, Quelle Weltbank 1985. Thailand müßte heute in der 4. Gruppe eingeordnet sein.

kerung der Welt soll bis 2010 auf 56,5% steigen, die der Entwicklungsländer bis 2025 auf 57% (FINDLAY zit. n. KRAAS 1997, 143). Insbesondere rechnet man damit, daß die Zahl der Megastädte dort zunimmt. In Afrika scheint sich aber in manchen Städten das Wachstum zu verlangsamen oder sogar eine Rückwanderung auf das Land zu beginnen. Ursache ist eine Verarmung eines Bevölkerungsteils, vor allem ehemaliger Regierungsangestellter, die als Folge von Strukturmaßnahmen, die vom Internationalen Währungsfond gefordert wurden, arbeitslos wurden (POTTS 1995).

Selbst in Regionen mit schnellem Wachstum ist bislang die ländliche Bevölkerung zahlreicher als die städtische. Auf die Schwierigkeiten bei der Abgrenzung wurde oben (12.6.3) bereits hingewiesen. Die Definition der ‚Stadt' nach der Größe ist weltweit nicht einheitlich, was durch die funktionale Bedeutung, aber auch die rechtliche Stellung bedingt sein kann. In Australien haben kleine Landstädte alle wichtigen Dienstleistungsfunktionen sowie Handwerker und Geschäfte, bestehen unter Umständen aber nur aus mehreren hundert bis wenigen tausend Einwohnern, was der reinen Zahl nach in vielen Ländern Afrikas und Asiens von Dörfern erreicht und überschritten wird. Die UN bezeichnet Siedlungen über 20 000 Einwohner als urban, über 100 000 als cities (Großstädte), über 5 000 000 als big cities (Megastädte).

Die Größe ist aber nur ein sehr allgemeines Kriterium zur Unterscheidung von Städten, obwohl in einigen Charakteristika wie etwa Verkehrsproblemen, internationaler Verflechtung oder Zentralität unter den Megastädten (KRAAS 1997) weltweit mehr Ähnlichkeiten bestehen als zur benachbarten Klein- oder Mittelstadt. In vielem unterscheiden tropische Städte sich auch nicht von den außertropischen, insbesondere wenn man sie in bezug auf die Viertelsbildung mit mitteleuropäischen Städten der beginnenden Industrialisierung vergleicht (STEWIG 1983, 307f.). Selbst eine soziale Herabstufung frühneuzeitlicher Stadtzentren wurde beobachtet (BROMLEY & GARETH 1996). Andererseits sind die modernen Geschäfts- und Bankenviertel der großen Städte mit ihren breiten Straßen und den Hochhäusern neben den kleinen Wohnhäusern oder öffentlichen Gebäuden mit schützenswerter Bausubstanz heute weltweit sehr ähnlich geworden. In den Tropen zeigen letztere vor allem in ehemals britischen Gebieten häufig noch den kolonialen Stil. Der derzeit höchste Wolkenkratzer der Welt mit 450 m liegt in Kuala Lumpur, Malaysia. Was ist dann noch typisch tropisch? Für den Reisenden am auffallendsten sind die Elendsviertel! Slums „kennzeichnen eine Lebensform-Gruppe, deren Wohnsituation durch den täglichen Kampf gegen Unrat, Gestank, Ungeziefer, Ratten, Seuchen und Witterungseinflüsse, durch eine bedrückend hohe Wohndichte und durch Unsicherheit der Wohnbesitzverhältnisse charakterisiert ist. Am untersten Ende dieser Skala rangieren die ‚pavement dwellers',..."(BLENCK et al. 1983, 377).

Vielleicht kann man die Slums aus mehreren Gründen als typisch für die Tropen bezeichnen. 1) Durch das seit Mitte des Jahrhunderts sehr schnelle Wachstum der großen Städte (Tab. 15.1) sind Wohnungen nicht in ausreichendem Maße vorhanden, sie sind daher sehr teuer. In manchen Städten sind selbst Angehörige der unteren Mittelklasse nicht in der Lage, eine Wohnung zu bezahlen, und sie ziehen in eine Hütte in den Slums, die sie dann etwas besser ausstatten. 2) Die Zuwanderung zu den Städten erfolgt in den Tropen besonders schnell, weil bislang der Anteil der ländlichen Bevölkerung für eine moderne Gesellschaft unverhältnismäßig groß ist. 3) Das wirtschaftliche Wachstum ist meist auf die Hauptstadt, mindestens die großen Städte konzentriert, die daher neue Arbeitsplätze bieten. Zwar finden die Zuwanderer selten sofort Arbeit, aber die Aussicht darauf macht die Städte anziehend. Meist findet sich eine Beschäftigung durch (zwar oft nur temporäre) Hilfs- und Dienstleistungen, die ein Überleben ermöglicht. 4) Außerdem ist das Leben in der Stadt in der Regel gesünder (s.o., vgl. auch KRAAS 1997, 145). 5) Ferner gibt es in den Tropen kaum eine seit langer Zeit gewachse-

Tabelle 15.1. Bevölkerungsentwicklung der indischen Megastädte (CLEMENS 1997, 112, Bevölkerungsploetz 1965)

	Einwohner in Mio.			
	1981	1991	1941	1951
Bombay	8,243	12,596	1,490	2,839
Kalkutta	9,194	11,022	2,109	2,549
Delhi	5,729	8,419	522	915
Madras	4,289	5,422	777	1,416

ne urbane Gesellschaft, daher sind städtische Strukturen der Verwaltung, Planung, Steuerung und Aufsicht mindestens in den jüngeren Städten nicht sehr ausgeprägt. Aber selbst bestehende Institutionen wären wohl durch die Geschwindigkeit des Wachstums überfordert. 6) Abgesehen von größeren Höhen ist in den Tropen kein Kälteschutz notwendig, vielmehr wird in den Slums zunächst mit dem einfachsten Material nur ein Regenschutz errichtet. Ein Großteil des Lebens und Arbeitens findet im Freien statt. Die tropischen Slums sehen daher besonders desolat aus, sind z.B. nicht mit den Geçekondu Siedlungen in türkischen Städten zu vergleichen (u.a. DRAKAKIS-SMITH 1997).

Die ungeordneten Siedlungen der squatter entstanden an den Rändern der Städte, aber auch im Stadtinneren in Hinterhöfen, aufgelassenen Gewerbeflächen etc. (Abb. 15.6). Parks und die wenigen Grünflächen werden meist freigehalten. Ältere Wohnblöcke, die völlig überbelegt sind, können den Slums zugerechnet werden. In Hongkong haben sich squatter auf Dächern niedergelassen (roof squatter, EICHLER 1997). Auch können sich Slums in der Nähe von Betrieben bilden, die etwas außerhalb der Städte liegen wie Schlachthöfe oder Ziegeleien. Hier leben nicht nur einfache Arbeiter sondern auch Zuwanderer, die hoffen, durch Hilfsarbeiten, Müllsammeln etc. etwas Geld zu verdienen. Bestehen diese Marginalsiedlungen zum Beginn aus sehr einfachen Unterkünften, manchmal nur aus einem Schutz aus Abfallholz oder gar Pappe, so können im Laufe der Zeit festere Holzhütten daraus werden. Ist zunächst keinerlei Versorgung gegeben, errichtet die Verwaltung zuerst Wasserzapfstellen und auch Toiletten, elektrische Leitungen werden zunächst oft illegal angezapft. Bei älteren Siedlungen kann man manchmal Fernsehantennen auf den Dächern sehen. In solchen älteren Siedlungen können Besitzstrukturen entstanden sein, wo zwar Miete oder Pacht gezahlt werden muß, aber auch ein gewisser Schutz gegeben ist. Schulen und karitative Institutionen versuchen für die Kinder zu sorgen, Selbsthilfe-Einrichtungen und NGOs kümmern sich um generelle Verbesserungen.

Slumviertel sind seit Beginn des 20. Jahrhunderts, in dicht besiedelten Ländern auch schon vorher entstanden. Die englische Verwaltung hat bereits 1897 und 1911 für Bombay und Kalkutta Verbesserungsverordnungen erlassen, 1956 wurde in Indien ein nationales Programm zur Slumbeseitigung als Gesetz verabschiedet (BLENCK 1974). Weltweit waren Slums wohl in den 70er Jahren am weitesten ausgedehnt, da sich damals die Zuwanderung sprunghaft vergrößerte und die Stadtverwaltungen darauf nicht vorbereitet waren. Anfang der 80er Jahre lebte fast ein Drittel der städtischen Bevölkerung der Entwicklungsländer in Marginalsiedlungen, in Addis Abeba (2500 m hoch, ca. 9° N) sollen es 80%, in Kalkutta 67% gewesen sein, um 60% in Bogotá (2600 m hoch, ca. 5°N) und Kinshasa (zit.n. KRAAS 1997, 147). Hiervon heben sich Manila mit 35%, Jakarta mit 26% und Bangkok mit 16% als wenig belastet ab. Inzwischen sind in vielen Städten die Slums in Areale verlegt worden, wo sie weniger auffallen, oder sie wurden abgerissen, wobei die Bevölkerung manchmal, wie etwa in Brasilia in

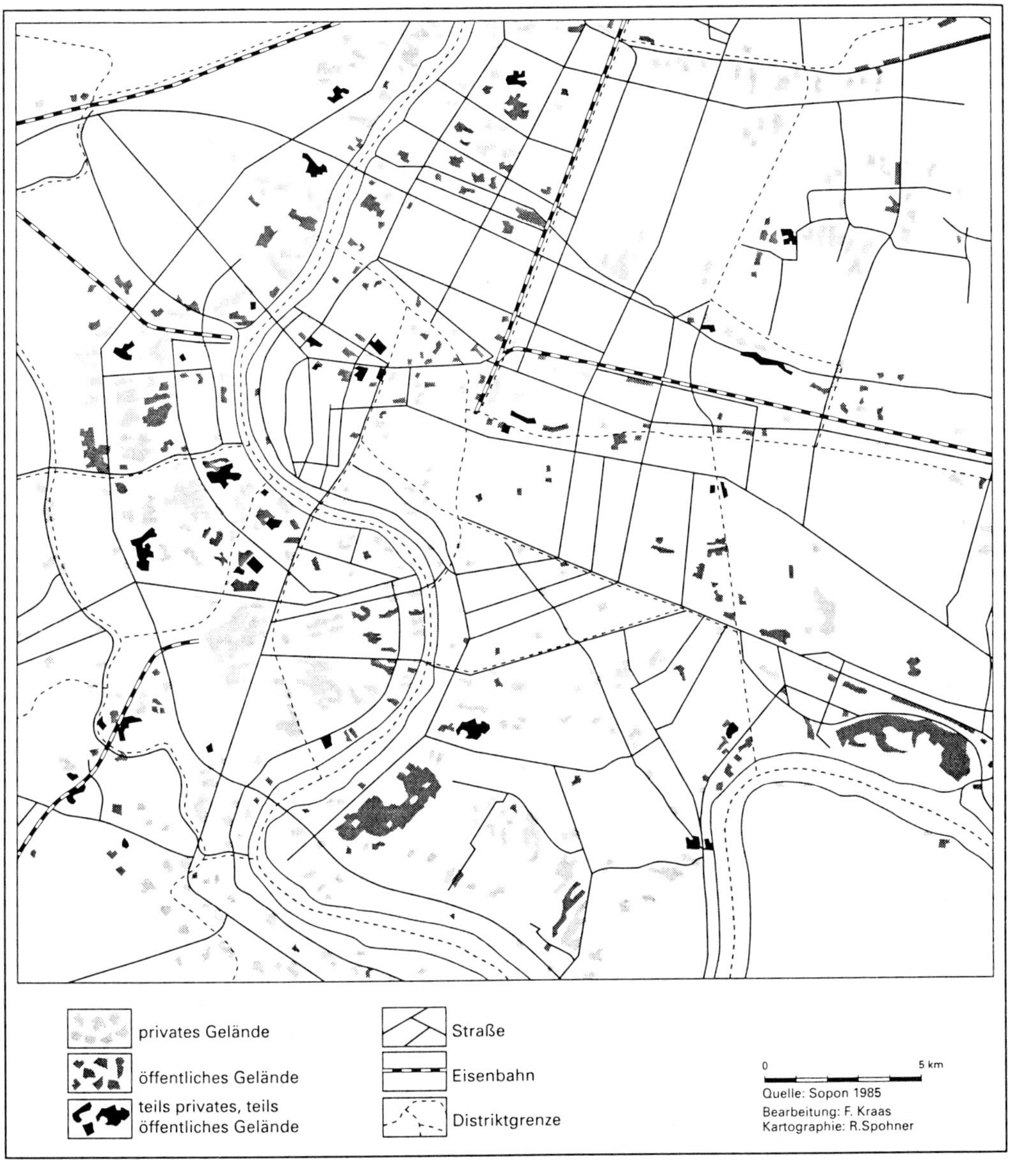

Abb. 15.6. Verbreitung der Marginalsiedlungen und Slums in Bangkok 1985. Wenn sich auch westlich des Flusses die Slums häufen, so sind sie auf kleinen Flächen doch in fast allen Stadtvierteln zu finden. Das liegt in Bangkok zum einen daran, daß hier eine nur sehr geringe Bauaufsicht und -planung herrscht, wie Kraas mehrfach dargelegt hat, zum anderen wird vielfach privates Gelände in Parzellen aufgeteilt und befristet verpachtet. Insgesamt hat Bangkok 981 Slums, 755 haben einen Gemeinschafts-Wasseranschluß, 83% haben Strom. In Indien oder Brasilien, aber auch in Nairobi sind die Slumviertel geschlossener. Aus: Kraas 1995, 24.

soziale Wohnbauten eingewiesen wurde. In Bombay (Mumbai) sollen 1,5 Mio. Menschen auf den Straßen vor allem der City leben (CLEMENS 1997, 116), zum Teil wurden sie wohl vertrieben, als Slums abgerissen wurden. Andererseits sind Slumgebiete mit Gewerbe entstanden, sie haben also Arbeitsplätze (Tab. 15.2). Immerhin liegen in den Vorstädten 19,4% der Arbeitsplätze, da dort der Anteil der Slumbevölkerung sehr hoch ist, kann man annehmen, daß mindestens ein Teil der Arbeiter aus den Slums kommt.

Tabelle 15.2. Bevölkerungsverteilung in Bombays Elendsvierteln 1976, aus CLEMENS 1997, 116, in Prozent.

	Gesamt-bevölkerung	Slumbevölkerung	Arbeitsplätze
Bombay-City	46,7	21,1	73,7
Vorstädte	38,9	51,4	19,4
vorgelagerte Vorstädte	14,4	27,5	6,9

In Dharavi, einer Vorstadt von Bombay, wo heute 3–600 000 Menschen in 50 000 Hütten leben, kamen zuerst Gerbereien, die in der Nähe der Schlachthöfe lagen und andere Gewerbe nach sich zogen, dann siedelten sich Töpfer, Schrottsammler, Recyclingbetriebe der einfachsten Art etc. an (ebd. 117). Eine Sanierung solcher Slums durch Wohnblöcke würde manche Arbeitsstätte vernichten, da viele Gewerbe nicht in einer Wohnung ausgeführt werden können. So haben sich im Laufe der Zeit unterschiedliche Standards in den Slums entwickelt, worauf SANDNER (1970a) schon frühzeitig am Beispiel von Panama aufmerksam machte. Dadurch ergeben sich innerstädtische Migrationen zwischen diesen Marginalsiedlungen (MERTINS 1984, COY 1995). Auch die Hilfsmaßnahmen sind breit gefächert: manchmal bauen große Industrieunternehmen einfache Wohnungen für ihre Arbeiter (company towns), oder ein Eigenheimbau wird unterstützt, Wohnblöcke werden errichtet (BLENCK 1974). In Lateinamerika werden manchmal Flächen erschlossen und Baumaterial zur Verfügung gestellt.

Tropische Städte sind junge Städte, mit wenigen Ausnahmen im Sudan und im tropischen Asien sind keine präkolonialen Reste in den heutigen Städten zu erkennen, nur selten liegen sie am gleichen Ort wie etwa Mexiko-Stadt. In Cuzco (Peru) sind Mauern aus der Inkazeit in spanische Häuser eingebaut worden. In den westafrikanischen Städten lebten Ackerbürger, einige wie Kumasi (MANSHARD 1997) wurden in diesem Jahrhundert zu Handelszentren, andere wie Timbuktu sind bedeutungslos geworden. Die meisten tropischen Städte sind erst in der Kolonialzeit angelegt worden, sei es als Verwaltungssitz oder als Hafen. In Lateinamerika geschah dieses schon im 16. Jahrhundert, da die Spanier und Portugiesen nicht nur Handel trieben, sondern schon früh selber siedelten und ihren Missionsauftrag zu erfüllen suchten. Bis Anfang des 18. Jahrhunderts waren im spanischen Amerika die meisten der heutigen Städte gegründet worden, nur wenige in der Karibik wurden schnell wieder aufgegeben (WILHELMY 1952, 48). Während die spanischen Gründungen als Verwaltungszentren zum Teil im Landesinneren angelegt wurden, haben die Portugiesen als das Handelsvolk die Küstenstädte angelegt. Die spanischen Kolonialstädte zeigen das typische quadratische Muster mit dem zentralen Platz, an dem die Hauptkirche und das Regierungsgebäude bzw. das Rathaus stehen; im portugiesischen Gebiet, also in Brasilien ist die Regelmäßigkeit etwas weniger ausgeprägt, es gibt Diagonalstraßen und Dreiecksplätze (PFEIFFER 1962). In der Regel wurden schon in der Kolonialzeit relativ breite Straßen gebaut, mit Ausnahme muslimischer und z.T. auch chinesischer Viertel sind sehr enge, verwinkelte Straßen in tropischen Städten selten. Das gilt allerdings nicht für wilde Stadtrandsiedlungen, wo die Hütten oft nur durch Pfade getrennt sind. Trotz ehemals großer Breite reichen die Straßen heute nicht aus, um den Hauptverkehr zu bewältigen. In einigen Städten wurden daher große Durchgangsstraßen ohne Rücksicht auf die vorhandene Bausubstanz angelegt.

Im allgemeinen hatten die kolonialen Städte ein Verwaltungs- und Geschäftsviertel mit einem größeren Platz meist vor dem Hauptregierungsgebäude. Die europäisch geprägten Geschäfte waren an ein oder zwei Straßen aufgereiht. Am Rande dieses Viertels lag der einheimische Markt, wo im Zentrum oder an den Hauptwegen Gewerbe ihren Platz haben, die am selben Ort produzieren und verkaufen. Nach außen schließen Stände für Nahrungsmittel, Gewürze, indigene Heilmittel etc. an. Am Rand finden sich kleine Lagerflächen und eventuell Platz für den Aufkauf von Handelsfrüchten, etwa von Zuckerrohr oder Baumwolle oder ein Viehmarkt. Das Wohnviertel der Europäer unterschied sich von dem der Einheimischen durch die weitständigere Bebauung, die größeren Häuser und die gepflegten Gärten. Besonders in den britischen Kolonien waren diese Wohnviertel räumlich separiert. Befestigungsanlagen – Forts – konnten sowohl isoliert von der Stadt liegen oder mit Kasernen, Offizierswohnungen, Lagerhallen etc. ein Stadtviertel bilden (vgl. auch Blenck et al. 1973, Abb. 1, idealtypische indische Großstadt). Da die Eisenbahn die größeren Städte relativ früh miteinander verbunden hat, liegen die Bahnhöfe heute oft recht zentral, denn als sie gebaut wurden, waren die Städte noch klein. Die Gleiskörper wurden später manchmal Trennlinien zwischen den Vierteln. Während kleinere Industriebetriebe ebenso wie Gewerbe randlich zum zentralen Viertel liegen können, sind größere Anlagen an den Ausfallstraßen oder in der Nähe der Eisenbahn entstanden. Gleichzeitig mit der Entstehung der wilden Stadtrandsiedlungen sind Häuser im Zentrum von den Besserverdienenden verlassen worden, sie ziehen in die mehr oder minder abgeschlossenen Villenviertel um. Büro- und Geschäftshäuser im Zentrum haben sich ausgedehnt, oder es ist ein neuer, zweiter CBD (central business district) entstanden.

In den meisten tropischen Ländern haben die Hauptstädte eine überragende Bedeutung, weil sie nicht nur Regierungssitz sind, sondern auch Zentrum der Industrialisierung, des Handels, der Schulen und Universitäten, sowie aller anderen Dienstleistungen sind. Viele sind Primatstädte, d.h. mehr als 10% der Bevölkerung des Staates leben hier, vor allem haben sie überragende Bedeutung gegenüber den anderen Städten (functional primacy, Kraas 1997, 148). Daneben besteht eine breite Schicht von Kleinstädten (etwa 20 000–50 000 Einwohner), deren Funktion im lokalen Markt und einfachen Dienstleistungen liegt. Sie bestehen vorwiegend aus einstöckigen, einfachen Lehmziegelhäusern. Nur die öffentlichen Gebäude und einige Wohnhäuser, sowie die religiösen Bauten sind größer und besser ausgestattet.

Wegen der relativ geringen Bevölkerungsdichte zur Kolonialzeit hat sich kein dichtes Städtenetz entwickelt. Inzwischen ist durch den motorisierten Verkehr der Einzugsbereich der Städte größer geworden, so daß auch keine Verdichtung erfolgte. Mittelstädte und auch Großstädte außer der Hauptstadt sind in den kleinen Staaten der Tropen relativ selten, was auch durch das Fehlen eines Mittelstandes zu erklären ist. Bei einer armen ländlichen Bevölkerung von Subsistenzbauern mit geringer Marktproduktion entwickelt sich die Nachfrage nach den Leistungen eines Mittelzentrums nur langsam. Hier sind aber Änderungen vorauszusehen, denn mit zunehmendem Anbau von Marktfrüchten und damit steigendem Einkommen werden Güter des gehobenen Bedarfs und Leistungen nachgefragt werden. Vor allem werden Schulen, Krankenhaus, Ärzte etc. in verstärktem Maß aufgesucht. Damit wird sich in den mittelgroßen Städten eine Mittelschicht herausbilden. Coy (1987, 282) berichtet von einer Zuwanderung arbeitsloser Akademiker nach Rôndonia (Amazonien), die versuchen, in der Verwaltung eine Erstanstellung zu bekommen.

Die Mittelzentren in den Tropen hängen in besonderem Maße von ihrem Umland ab, weil Zu- und Abwanderung schneller erfolgen als in Europa. Das Wachstum kann mit der allgemeinen wirtschaftlichen Entwicklung Phasen der Stadterweiterung, des Stadtverfalls und der Stadterneuerung (Lichtenberger 1991) aufweisen, die in kürzerer Zeit ablaufen als bei uns. Cuiabá ist in zwei Jahrzehnten nicht nur von 100 000 auf 600 000 Einwohner gewachsen, sondern es hat sich eine Segregation in unterschiedliche Viertel herausgebildet, Slums sind in den Randgebieten entstanden, im Zentrum Hochhäuser, die Infrastruktur ist nicht mitgewachsen, die Umwelt wird viel stärker belastet (Coy 1995). Besonders anfällig sind Mittelzentren, in deren Einzugsgebiet Bergbau betrieben wird, sie können explosionsartig wachsen und ebenso schnell ihre Bedeutung verlieren, wenn der Bergbau eingestellt wird.

In der Bauweise der städtischen Häuser hat sich in den letzten Jahrzehnten durch Einführung der Klimaanlagen ein Wandel vollzogen. Wurde früher versucht, einen Durchzug oder eine gute Lüftung zu erreichen, ergab sich die erste Verschlechterung schon durch die Verwendung des Betons, denn dieser leitet Temperaturen schneller als Holz. Haben Gebäude ohnehin oft höhere Temperaturschwankungen als die Umgebung, so gilt dieses besonders für Betonhäuser. Die Temperaturen sind im Inneren gegenüber den Außenwänden kaum gedämpft (Greenwood & Hill 1968). Die Klimaanlagen erfordern eine möglichst gute Abdichtung der Räume. Beim Kühlvorgang kondensiert das Wasser der zugeführten Luft, bei der Mischung mit der Innenluft ergeben sich dann oft geringe Werte für die relative Feuchte in den Räumen. Mertins (1984) gibt eine Aufstellung der Infrastruktur von Wasseranschlüssen in Häusern, Toiletten mit und ohne Wasserspülung und elektrischem Licht im Vergleich von verschiedenen Städten Lateinamerikas, was die großen Unterschiede zeigt.

Der natürliche Luftaustausch in den Straßen kann jahreszeitlich sehr gering sein. Bei hoher Verkehrsdichte entwickelt sich dann eine starke Belastung mit Schadstoffen. Hinzukommt, daß die tropischen Städte wegen der mangelhaften Planung meist nur sehr kleine Grünflächen haben. Auch wird die Luft durch die offenen Feuer der Kochstellen in den Slums belastet. Offene Abwasserableitungen stellen eine hohe Geruchsbelästigung dar, viele freie Wasserflächen sind durch eingeleitete Abwässer verseucht. Während die Wasserversorgung in den Städten sich in den letzten Jahren verbessert hat (s.o. 3.12), sind Abwasseranlagen, wenn überhaupt, nur in einzelnen Stadtteilen vorhanden, und selbst dann ist das einwandfreie Funktionieren oft nicht gegeben. Das Problem sind nicht allein die Kosten, sondern oft auch das Fehlen der zum Betrieb notwendigen Kenntnisse. In den besseren Wohnvierteln haben die Häuser Sickergruben, aus denen bei der hohen Porosität tropischer Böden die Abwässer oft wenig gereinigt in den Vorfluter gelangen. Vielfach werden sie aber auch direkt in offene Wasserflächen geleitet. Selbst in modernen Städten wie Bangalore gibt es offene, ausbetonierte Abwassergräben. Einfache Gruben, Container, Eimer nehmen Exkremente ohne Wasserspülung auf, sie werden abgeholt und meist ungeordnet entsorgt. Die „pavement dweller“ nutzen den Straßenrand. Man wundert sich, daß bei diesen schlechten hygienischen Verhältnissen nicht öfter schwere Seuchen ausbrechen.

Ebenso ist die Müllbeseitigung kaum mit unseren Standards zu messen. Wenn der Müll nicht auf benachbarten, ungenutzten Flächen oder in Wasserläufe geworfen wird, sondern eingesammelt wird, landet er unsortiert auf meist ungeordneten Deponien. Hier sind Müllsammler, vor allem Frauen und Kinder aktiv. Sie suchen organische Reste für Schweinefutter, sowie Kleidung, Plastik, Glas, Eisen und Buntmetalle, die von Kleinhändlern aufgekauft werden und dem Recycling zugeführt werden. Diese oft gesundheitschädliche Arbeit kann ein

Einkommen bringen, das ein Überleben ermöglicht. In Cuiabá kann man durch Müllsammeln bis zum 2,5fachen des brasilianischen Mindestlohns erzielen (Röper 1995).

Das Hauptproblem der Städte in den Tropen ist die mangelnde Einrichtung und Durchführung der Stadtplanung. Man macht sich meist nicht klar, daß eine erfolgreiche Planung eingespielte demokratische Strukturen verlangt, die nicht nur die gewählten Gremien sondern auch die Betroffenen mit einbezieht. Das ist in den Tropen nur selten gegeben, bei dem schnellen Wachstum auch kaum möglich. Man muß aber anerkennen, daß in fast allen Städten in den letzten Jahrzehnten eine zentrale Wasserversorgung eingerichtet wurde. Manchmal stehen einer Planung tradierte, soziokulturelle Verhaltensweisen entgegen, wie Kraas (1996, 1997) am Beispiel von Bangkok schildert, wo das Senioritätsprinzip Absprachen zwischen Behörden ebenso behindert wie Entscheidungen vor Ort. Für manchen Machthaber besteht Stadtentwicklung in der Anlage von Prestigeprojekten, aber eine Befreiunghalle wie in Colombo dient auch der nationalen Identität.

1976 wurde in Manila für US$ 150 Mio. zur Weltbankkonferenz ein Kongresszentrum errichtet. Weitere US$ 360 Mio. wurden von der Regierung ausgeliehen, um 14 neue Hotels für die Delegierten zu bauen. Dagegen wurden nur US$ 13 Mio. für den sozialen Wohnungsbau ausgegeben (Drakakis-Smith 1997, 47). Die Probleme dieser Megastadt liegen neben Wohnungsnot und Arbeitsplatzmangel in der ungenügenden Erschließung durch öffentliche Verkehrsmittel, in der nicht ausreichenden Infrastruktur in bezug auf Wasserversorgung, Abwasser, Müllbeseitigung und Umweltverschmutzung (Kolb 1978). Außerdem hat die Stadt unter Überschwemmungen zu leiden, die durch Verbauung natürlicher Wasserflächen häufiger wurden. Bei Starkregen sind viele Straßen überflutet, und der Verkehr bricht zusammen.

Die Untersuchungen von Kraas (1995, 1996) in Bangkok zeigen, daß diese Probleme durchaus auch auf andere tropische Großstädte zutreffen. Das generelle Problem liegt in ihrem besonders schnellen Wachstum. Auch sind diese Megastädte in stärkerem Umfang vom Weltmarkt abhängig als die der Industrieländer, da ihre Industrie weniger differenziert ist und stark auf den Export angewiesen ist. Auch dieses trägt zu ihrer ‚Unregierbarkeit' bei (Kraas 1997).

Wie bereits in der Einleitung gesagt, kann hier nicht auf die individuellen Züge der Städte eingegangen werden. Grob verallgemeinernd kann man die spanische und portugiesische von der englischen und französischen Stadt unterscheiden, indem in Lateinamerika die Segregation ursprünglich weniger scharf war, am ausgeprägtesten haben sich wohl die Engländer abgeschottet. Durch die postkoloniale Entwicklung sind heute überall die Viertel durch soziale und wirtschaftliche Unterschiede abgegrenzt. Ethnische Unterschiede, wie sie ehemals besonders in Afrika bestanden, sind zunehmend ausgeglichen worden, nur in einigen Städten Südostasiens finden sie sich noch als „Chinatown".

16 Die Tropen, fremde Welt im Umbruch

Unter diesem Titel sind zwei Anliegen des vorstehenden Buches genannt: Die Andersartigkeit vieler Naturerscheinungen, die uns so manches fremd erscheinen lassen, und die schnellen Entwicklungsprozesse in der Kulturlandschaft. Beides gilt in verschiedenen Maßstäben: lokal, regional und zonal in der physischen Geographie, sowohl auf dem Land wie in der Stadt, der Region und den Staaten, den zwischenstaatlichen Beziehungen und der globalen Verflechtung, wo viele Umbrüche zu beobachten sind. Für die einzelnen Geofaktoren und Teilgebiete der Kulturgeographie wurden Zusammenfassungen in Form der ‚Charakteristika' jedem einzelnen Kapitel vorangestellt. Hier werden die von den Außertropen abweichenden Faktoren nochmals herausgestellt, um das „Fremde" deutlicher werden zu lassen. Ferner sollen die Beziehungen zwischen verschiedenen Erscheinungen, insbesondere in Relation zum Menschen aufgezeigt werden. Mit zunehmender Kenntnis mehren sich die Stimmen, die differenziertere, für die Tropen typische Urteile fordern. Prognosen haben bei dem schnellen Umbruch kaum Bestand, sind aber bei der weltweiten Verflechtung oft notwendig. Es wäre schon viel geholfen, wenn nicht ausschließlich Kriterien und Vorstellungen aus den Industrieländern in Wertungen einfließen, sondern die tropische Natur und die gewachsenen ethnischen und politischen Strukturen berücksichtigt würden.

Motor der Naturerscheinungen ist die Strahlung, deren Bilanz innerhalb der Wendekreise positiv ist, so daß mehr Energie als in den Außertropen zur Verfügung steht. Zum Ausgleich wird Wärme durch Transport von Luftmassen und durch Meeresströmungen an die Außertropen abgegeben. Die generell höheren Temperaturen bewirken eine höhere Verdunstung, damit eine größere Geschwindigkeit des Wasserkreislaufes. Da das Wasser Träger der biotischen Kreisläufe ist, verlaufen auch diese zügiger als in den Außertropen, was sich z.B. im schnelleren Wachstum und rascherer Verwesung äußert. Der Lebensrhythmus auch des Menschen ist durch die mit 12 Stunden mehr oder minder gleiche Länge von Tag und Nacht ebenso beeinflußt wie durch die hohen Temperaturen und die Isothermie. Deutliche Jahreszeiten gibt es nur in den äußeren Tropen, sie sind vom Niederschlag bestimmt und in den Savannen als Trockenzeiten und Regenzeiten ausgeprägt.

Zu den Trockengebieten hin nimmt die Variabilität der Niederschläge zu und erreicht mit 40% im Mittel die höchsten Werte. Dürren sind am tropischen Rand der Wüsten eine größere Gefahr als in den Außertropen, wozu auch die wegen der höheren Temperaturen schnellere aktuelle Verdunstung und die höhere potentielle Verdunstung beitragen. In den inneren Tropen sind die Änderungen des Klimas im Laufe des Jahres sehr viel geringer, aber dennoch merkbar, da sich der Körper nach kurzer Zeit darauf einstellt und sensibler reagiert. Die Luftfeuchtigkeit schwankt während des Tages sehr stark in Abhängigkeit von der Einstrahlung, aber auch von einer (vorwiegend? konvektiven) Luftbewegung, entsprechend ändert sich die Schwüle. Da sich die Sonne im Laufe des Jahres vom Äquator scheinbar sowohl nach Norden als auch nach Süden bewegt, bestehen kaum Unterschiede der Exposition in den inneren Tropen. Bei den hohen Einfallswinkeln der Sonnenstrahlen um die Mittagszeit sind die Schatten sehr klein.

Die mehr oder minder gleichmäßige Verteilung der Niederschläge in der immerfeuchten Zone bedingt nur geringe Schwankungen des Wasserhaushalts und seiner Komponenten. In den wechselfeuchten Tropen ist hingegen die ausgesprochene Periodizität der Regen- und Trockenzeit auch im Abfluß gegeben, wobei je nach der Größe des Einzugsgebietes und der Länge der Trockenzeit Verschiebungen eintreten, da zunächst Boden- und Grundwasser aufgefüllt werden müssen. Der Anstieg des Abflusses kann sich flußabwärts besonders stark verzögern, wenn in den nicht selten ausgedehnten, flachen Gebieten große Überschwemmungen eintreten.

Besonders wichtig scheint mir die gegenüber den Außertropen schnellere Bewegung des Bodenwassers, wie sie am raschen Anstieg kleiner Bäche im Regenwald deutlich wird. Sie ist durch die hohe Porosität alter Böden bedingt, die intensiv verwittert sind. Das zirkulierende Wasser kann daher Nährstoffe transportieren, die bei der Wärme und der hohen Feuchte an der Verwitterungsfront schneller als in den Außertropen freigesetzt werden. Die hohe Porosität bewirkt ferner eine schnellere Versickerung, inwieweit dadurch auch das Grundwasser beeinflußt wird, ist noch relativ wenig bekannt (schnellere Auffüllung und Entleerung der Grundwasserkörper, leichtere Verschmutzung?). In kristallinen Gebieten kann man oft in den Tropen eine höhere Schüttung bekommen als in den Außertropen, nicht nur weil der Verwitterungsmantel mächtiger ist, sondern auch die Klüfte durch die Verwitterung geweitet sind. Anscheinend ist wegen der schnelleren Versickerung ein Oberflächenabfluß in den Savannen geringer als unter sonst gleichen Bedingungen in außertropischen wechselfeuchten Gebieten. Offenes Wasser ist selbst in Naturlandschaften nicht hygienisch rein, am günstigsten sind in der Hinsicht Schwarzwasserflüsse, die aber Oligotrophie des Einzugsgebietes anzeigen.

Weißwasser-, Klarwasser- und Schwarzwasserflüsse sind vor allem im Amazonasgebiet, aber auch in anderen Regenwaldgebieten deutlicher als in der gemäßigten Zone zu unterscheiden, und die beiden letzteren sind vergleichsweise sehr viel weiter verbreitet. Das liegt zum Teil daran, daß in den Außertropen die Sedimentbelastung der Flüsse durch den siedelnden Menschen stark erhöht wurde, bzw. daß in den Tropen Naturlandschaften in größerer Verbreitung erhalten sind. Zum anderen sind aber in den Tropen Altlandschaften, in denen nur noch wenig abgetragen wird, weiter ausgedehnt, weil die Kaltzeiten weniger wirkungsvoll in der Umgestaltung der Landschaft waren.

Die geringeren Auswirkungen der Kaltzeiten in den Tropen sind auch ein entscheidender Unterschied für die Reliefgenese. Flächen und Inselberge sind eigenständige tropische Landformen, die in den Außertropen höchstens als Vorzeitformen auftreten können, dann aber meist durch Täler gegliedert sind. Herausgehobene Rumpfflächen sind in den Tropen ebenfalls umgestaltet worden, jedoch sind auch die eingetieften Formen wie Flächenstreifen, Spülmulden etc. eigenständig für die Tropen. Durch sie können als Abtragungsformen neue, räumlich weniger ausgedehnte Flächen entstehen. Klimamorphologische Umgestaltungen der Altflächen sind in den Tropen ebenfalls zu erkennen, sie sind aber weniger deutlich als in den Außertropen.

Die Prägekraft einzelner Prozesse in Abhängigkeit vom Klima, Tektonik und zeitlicher Andauer bzw. Alter auf die Entwicklung bedarf noch weiterer Forschungen. Durch die subterrane Abfuhr von Material können geschlossene Hohlformen entstehen, sie können aber auch syngenetisch aufgefüllt werden, wodurch manchmal Lagerstätten von z.B. Cassiterit (Rondônia), Edelsteinen (Sri Lanka) oder Gold (Mali) angereichert wurden. Hänge als passive Formen können sehr stabil sein, da das Divergieren von Verwitterung und Abtragung offenbar nicht nur auf freigespülte Gesteinsflächen beschränkt ist, sondern bei guter Wasserzügigkeit auch intern erfolgen kann. Wird allerdings die Wasserbewegung künstlich, etwa durch den

Bau von Straßen verändert, kann es zu Rutschungen kommen. Diese sind außerdem in jungen Hebungsgebieten weit verbreitet und gefährden dort häufig Straßen. Die Flußarbeit in den Tropen ist durch ein Ausspülen vorverwitterten Materials gekennzeichnet und ist nur wenig durch mechanische Arbeit (Erosion) gekennzeichnet wie in den Außertropen.

Während die Flächen für den Verkehr sehr durchgängig sind und sich meist an Flußbänken und Stromschnellen auch Übergänge finden, können Rumpfstufen in den Tropen geschlossen, wie eine Mauer wirken, so daß sie nur an wenigen Stellen zu überwinden sind, im Gegensatz zu den Außertropen eher an Spornen als in Flächenbuchten. Enge Täler sind günstig für die Anlage von Staumauern, die Stauseen reichen dann allerdings sehr weit flußaufwärts. Kleine Spülmulden in den Savannen eignen sich für kleinere Tanks zur Bewässerung und Wasserversorgung von Mensch und Tier. Sie können fast überall angelegt werden, da sich offenbar die Bodenporen schnell zusetzen. Bei uns sind dagegen Fischteiche nur bei tonreichem Untergrund möglich. Mindestens für die menschliche Wasserversorgung werden Tanks aber zunehmend durch Brunnen ersetzt, eine sicher sehr viel effizientere Wassernutzung, da Verdunstung und Verschmutzung viel geringer sind.

Generell sind Verwitterungstiefe und -intensität in den Tropen höher als in den Außertropen. Viele tropische Böden haben ein hohes Porenvolumen und eine große Aggregatstabilität. Damit erklärt sich, warum die Wasserbewegung im Boden sehr begünstigt ist und der interne Transport von Gelöstem und Feinmaterial größer ist. Nährstoffe können von weiteren Entfernungen herangebracht werden, so daß die Versorgung der Pflanzen günstiger ist, als die vertikale Profilanalyse vermuten läßt. Zugleich ist oft eine gute, nämlich eine lockere Bodenstruktur gegeben, so daß solche Böden nicht vernäßt sind. Eine Ausnahme sind in dieser Hinsicht die Vertisole, sowie manche Böden in der wechselfeuchten Zone, bei denen ein tonreicherer Unterboden durch Kappung des Oberbodens näher an der Oberfläche liegt. Für manche Böden in den Tropen kann man eine sehr hohes Alter – einige Millionen Jahre annehmen. Dabei kann durch die subterrane Abfuhr eine relative Anreicherung von Sand und Pisolithen im Oberboden erfolgt sein oder durch Abspülung eine Kappung des Oberbodens stattgefunden haben. Vorzeitböden, Reliktböden (gekappte Vorzeitböden), an der Basis weitergebildete Böden, im Oberboden umgeformte Böden, in die Tiefe wachsende Böden sind unterschiedliche Ausprägungen. Sie bewirken ein buntes Mosaik der Bodenverbreitung, das sich am ehesten durch die Reliefentwicklung verstehen läßt.

Der Boden ist oft durch das Alter des Reliefelements bestimmt, das gilt vor allem für die immerfeuchten Tropen. In den wechselfeuchten Tropen sind naturgemäß die tieferen Reliefteile durch den Zudrang von Bodenwasser bei der rezenten Bodenbildung begünstigt. Aber nicht jede Catena wird von der Durchfeuchtung gesteuert. Viele Spülmulden zeigen Reliktböden nahe der Wasserscheide und am Oberhang, braune, sandig/lehmige Böden am Unterhang und grau/schwarze Böden im Muldentiefsten. Aus dieser Abfolge kann man schließen, daß solche Spülmulden Formen der Eintiefung in einer Altfläche sind. In diesen Gebieten ist abgesehen vom Muldentiefsten mit einer relativ starken Bodenerosion durch Abspülung zu rechnen, die sonst wegen der schnellen Versickerung relativ gering ist.

Wo in den Savannen wenig abgetragen wurde, können Vorzeitböden die größte Ausdehnung haben. Hier entstehen Schwierigkeiten für ein Konzept, bei dem ein Boden als zonal bezeichnet wird, wenn er am weitesten verbreitet ist und rezent gebildet wird. In Zentralaustralien zum Beispiel wäre der Ultisol nach dem ersten Kriterium der zonale Boden, aber er ist sicher eine Vorzeitbildung. Eine bessere Kenntnis der Bodengenese würde das Verständnis für die Bodeneigenschaften und damit für die Landnutzung erhöhen, aber hier stehen wir noch am Anfang. Wenn etwa in den Randtropen Bewässerungsböden weniger versalzen sind als in den Subtropen, so liegt das zum einen daran, daß Regenzeit und Vegetationsperiode zusammenfallen, zum anderen ist es abhängig von der Menge des zugeführten Wassers, also von der Durchspülung des Bodens. Möglicherweise liegt es aber auch an der günstigeren Bodenstruktur, der schnelleren Wasserbewegung durch das hohe Porenvolumen vieler Vorzeitböden, was ein schnelleres Durchspülen ermöglicht.

Die höhere Energie im Landschaftshaushalt der Tropen erzeugt eine höhere Biomasse im tropischen Regenwald im Vergleich zu den außertropischen Wäldern, insbesondere der Taiga. Sie bedingt auch einen schnelleren Umsatz, ein rascheres Wachsen, einen zügigen Zersatz, sowie eine schnellere Regeneration nach Störungen. Ob damit auch eine höhere Mutationsrate und eine schnelle Bildung neuer Arten verbunden ist, kann bislang nur vermutet werden. Die vergleichsweise geringen Klimaänderungen der Erdgeschichte mindestens in den Kerngebieten des Regenwaldes sind wohl der Hauptgrund für die hohe Artenvielfalt der Vegetation und der Fauna, besonders der Insekten. Die Savannen zeigen vor allem in Abhängigkeit von der Niederschlagsmenge, aber auch vom Boden vielfältige Erscheinungsformen der Vegetation. In der Regel sind es Offenlandschaften, die man entweder als großzügig oder als eintönig empfindet. Der Wald hingegen zeigt einen dichteren Bewuchs als die außertropischen Wälder. Unterschiede auf Grund des Klimas, des Bodens, der Vegetationsentwicklung und des Konkurrenzdrucks sind in den Tropen noch wenig bekannt.

Die Veränderungen der Naturlandschaft sind generell gesehen in den Tropen weniger umfassend als in den Außertropen, in erster Linie ist dieses eine Folge der in vielen Gebieten geringeren Bevölkerungsdichte. Da Maschinen erst langsam Einzug in die Tropen gehalten haben, in vielen Gebieten auch heute noch fehlen, sind Eingriffe des Menschen in die Natur auch weniger gravierend. Häufiger wird der tropische Regenwald als empfindliches Ökosystem bezeichnet, was wohl vor allem auf einer Fehlinterpretation der Bodenfruchtbarkeit beruht, bzw. auf einer viel zu starken Verallgemeinerung. Besonders die schnelle Regeneration spricht gegen einschneidende, andauernde Veränderungen, gegen eine „Versteppung". Die Vorstellung vom geschlossenen Kreislauf der Nährstoffe läßt sich nicht halten, denn erstens sind meistens ebenso viel Nährstoffe im Boden wie in der Biomasse vorhanden, zum anderen zeigen Schweb und gelöste Substanzen im Flußwasser eine Ausfuhr, die ersetzt werden muß. Der laterale Transport im Bodenwasser, besonders in den tieferen Schichten ist anscheinend größer als es die Bodenproben im Labor zeigen. Offenbar erfolgt unter Mangelbedingungen auch eine besonders gute Ausnutzung der Nährstoffe. Viele Lebensformen im Regenwald und in der Savanne zeigen eine sehr gute Anpassung an die ökologischen Bedingungen. Offenbar sind die Waldböden oft günstiger als die des Offenlandes, die Bäume wirken als Nährstoffpumpen.

Da die quartären Klimaänderungen graduell waren und mindestens in den Regenwaldgebieten keine völlige Änderung der Vegetation hervorriefen, die etwa mit der postglazialen mitteleuropäischen Waldgeschichte vergleichbar wäre, sollte man annehmen, daß die Vegetation besonders stabil ist und kleinere Klimaschwankungen nur eine geringe Auswirkung haben. Wieweit die Artenvielfalt von Störungen betroffen ist, läßt sich bislang noch kaum absehen. Bei diesen Fragen sollte man auch bedenken, daß Hazards, also Naturkatastrophen vor allem in den äußeren Tropen sehr gravierend sein können. Das gilt vor allem für Überschwemmungen und Dürren, Wirbelstürme sind regional begrenzter. Die Auswirkungen von Dürren können selbst in Monsunwäldern katastrophal werden, wenn durch das Holzfällen zusätzliche abgestorbene organische Substanz herumliegt. Das gibt den Feuern viel Nahrung, wie die großen Brände auf Borneo im Herbst 1997 gezeigt haben. Hier hat der Eingriff des Menschen eine sehr starke Auswirkung gehabt, die wohl aus klimatischen Gründen – schnelleres Austrocknen als in den Außertropen – auch bedeutender ist als bei uns. Inwieweit Ökosysteme in den Tropen Selbstheilungskräfte aufweisen, etwa bei einer Verschmutzung von Wasserläufen, ist noch unbekannt. Ebenso werden Umweltfragen bislang weitgehend nach außertropischen Kriterien beurteilt. Eine Bodenerosion, die die obersten Profilteile erfaßt, könnte aber unter Umständen sogar günstig sein, wenn dadurch nährstoffreichere Horizonte näher zur Oberfläche kommen.

Welches sind die Gunst- und Ungunstfaktoren der Tropen? Die hohe Einstrahlung erlaubt vier oder gar fünf Ernten, sofern genügend Wasser vorhanden ist. Gleichbleibende Temperaturen erfordern keine Heizung, der Aufwand für Kleidung kann sehr gering sein. Die Hitze ist für den Menschen nicht limitierend, sofern er genügend Flüssigkeit zu sich nimmt. Der größere Energieumsatz fördert aber auch Zersetzung und Fäulnis. Günstig ist die höhere Energie für ein schnelleres Wachstum der Pflanzen, so daß sich die Vegetation rasch regenerieren kann. Zwar wird die Artenvielfalt nicht sofort wieder erreicht, aber die Biomasse nimmt schnell wieder zu. Insbesondere ist der jährliche Zuwachs und damit die Bindung von Kohlenstoff in einem jungem Bestand meist größer als in einem Altbestand. Der Einfluß von Rodungen im Regenwald auf den CO_2-Haushalt ist daher viel geringer als oft angenommen wird. Jedenfalls gilt dieses für die Landwechselwirtschaft (shifting cultivation), die als nachhaltig zu bezeichnen ist. Möglicherweise sind die Selbstheilungskräfte der Natur in den Tropen größer oder wirken rascher, dann ist auch eine Nachhaltigkeit leichter zu erreichen. Unter ländlichen Bedingungen ist das Leben jedenfalls einfacher zu betreiben – in vielen Gebieten reichen 2 ha für eine Familie aus, sind also eine Ackernahrung. Das ist in den Außertropen selbst beim Gartenbau kaum genügend und zeigt eindrucksvoll die ökologische Gunst in weiten Teilen der Tropen.

Ökologisches Gleichgewicht, Stabilität, Instabilität sind Begriffe, die heute vielfach verwendet werden, ohne daß sie definiert sind. Es gibt kaum eine Ökobilanz und wir wissen noch sehr wenig über Stofftransporte und -flüsse, insbesondere gilt das für die Tropen. Generell ist mit Gleichgewicht wohl die Vorstellung verbunden, daß sich möglichst wenig ändert, bzw. in der Bilanz gleich bleibt. Dieses Konzept unterliegt auch der Nachhaltigkeit. Vielleicht besteht hier aber auch eine Gefahr, daß wir uns im Denken und Forschen festlegen. Wenn wir Veränderungen ablehnen, sind wir dann noch genügend offen für Verbesserungen? Was wissen wir über die Selbstregulierung der Natur? Wie sind Ökologie und Versorgung der Menschen in Einklang zu bringen – eine Minimalversorgung – ein maximaler Luxus?

Sind schon Umweltverträglichkeitsprüfungen – UVP – in den Außertropen trotz guter Kenntnisse der Ökosysteme nicht einfach, so gilt dieses um so mehr für die Tropen, deren ökologische Wechselbeziehungen noch kaum untersucht sind. Zwar findet man sehr viele Aussagen über Zerstörung oder Vernichtung des Regenwaldes, über Bodenerosion und -degradierung, aber wenig konkrete Angaben. Am ehesten kann man Zahlenangaben über die betroffenen Flächen erhalten, aber sie schwanken z.T. um 50% und mehr. Das liegt einmal daran, wie die natürliche Vegetation definiert wird (z.B. Grenze Wald/Savanne), zum anderen ob man nur neu gerodete Areale erfaßt oder Sekundärvegetation (in welchem Status?) mit einbezieht.

Für die „Verletzlichkeit" der Ökosysteme ist zwar ein ganzes Vokabular insbesondere in den Sozialwissenschaften entwickelt worden, aber es ist wenig Konkretes bekannt. Ökologische Schäden sind bislang vor allem in marginalen Räumen zu bemerken. Das kann eine übermäßige Nutzung an der Trockengrenze sein, die durch Überweidung zur Schädigung der Vegetation, durch Regenfeldbau zur Bodendegradierung führen kann. Schwere Umweltbelastungen sind vor allem in den Städten zu beobachten.

Die bessere Kenntnis der quartären und älteren Klimaänderungen würde zur Beurteilung der Ökosysteme bzw. des Naturhaushaltes und insbesondere eines Einflusses des Menschen auf das Klima beitragen. Für ihre Ableitung in den Tropen sind z.T. andere Methoden wie die Analyse von Seespiegelständen und Korallenbauten erfolgreich. Die Ausdeutung der Befunde hat in zweifacher Hinsicht Bedingungen der Tropen zu berücksichtigen: zum einen folgen Temperaturgradient und Niederschlagsverteilung mit der Höhe nicht überall den gleichen Regeln wie in den Außertropen, zum anderen sind regionale Unterschiede des Klimas in ihren Besonderheiten und Ursachen noch wenig bekannt. Es scheint sich aber abzuzeichnen, daß die Temperaturerniedrigung in den Kaltzeiten in geringer Höhenlage auf dem Festland und in weiten Teilen der Ozeane geringer war als in den Außertropen. Das Hochglazial war offenbar weithin trockener, die Passate und damit das El Niño Phänomen waren anscheinend häufig stärker ausgebildet. Für das frühe Holozän kann man wahrscheinlich weltweit eine wärmere und feuchtere Phase annehmen.

Der Umbruch in den Tropen hat zwei Hauptkomponenten: das schnelle Bevölkerungswachstum und die große Steigerung des Verkehrs und der Kommunikation. Beides hängt unmittelbar zusammen, denn erst die Erschließung auch abgelegener Gebiete hat eine bessere Gesundheitsfürsorge und damit das Bevölkerungswachstum ermöglicht, andererseits ist mit der Zunahme auch eine gesteigerte Mobilität der Bevölkerung eingetreten. Die vermehrten Kontakte haben eine stärkere Bindung an Verwaltungsorte und Märkte gebracht mit der entsprechenden Verkehrsspannung, die sich besonders bei größeren Entfernungen durch die teilweise geringe Siedlungsdichte ergibt. Generell kann man wohl sagen, daß die räumliche Ordnung in den meisten tropischen Ländern weniger ausgeglichen ist als bei uns. Die Städte sind meist an der Küste konzentriert, ein Netz von zentralen Orten ist oft nur undeutlich ausgebildet.

Die schnelle Entwicklung resultiert in einer verhältnismäßig geringen räumlichen Ordnung. In der Landnutzung besteht eine vergleichsweise geringe Ausrichtung auf naturräumliche Gegebenheiten. Vielleicht sind aber auch die Unterschiede, abgesehen von Flußauen und anderen Gebieten mit jungen Aufschüttungen untereinander weniger verschieden als in den Außertropen. Aber selbst anscheinend sehr günstige Gebiete sind nicht überall dicht besiedelt wie etwa die Überschwemmungsgebiete am Niger in Nigeria, oder Gebiete im basaltischen Teil des Dekan. Hanglagen sind offenbar sehr viel günstiger als bei uns, da hier beim Terrassenbau die Wasserhaltung erleichtert ist, die Nährstoffzufuhr besonders gut ist, die Hangstabilität größer ist als in den Außertropen. Ob der Wald oder die Savanne besser für einen Anbau geeignet ist, hängt nicht nur von der Bodenfruchtbarkeit sondern auch vom Stand der Technik ab, die Bewertung eines Gebietes kann sich also im Laufe der Zeit ändern.

Sehr viele Erscheinungen weisen in den Tropen eine größere Spannweite auf, als das bei uns der Fall ist. Der Verkehr reicht vom Fußmarsch über viele Kilometer bis zum Einsatz des Kleinflugzeuges, der Handel wird von der Marktfrau ebenso durchgeführt wie durch hochmoderne Einrichtungen im Rahmen des Welthandels, der Handwerker auf dem Lande produziert mit sehr einfachen Mitteln, welch ein Gegensatz zur Herstellung moderner Chips! Die sozialen Gegensätze werden besonders in den Städten deutlich, bei den Wohnungen reichen sie von dem Bretterverschlag in den Slums bis zur Luxusvilla.

Das Wachstum der Bevölkerung resultiert aus der Abnahme der Sterbefälle besonders bei Säuglingen und Kindern und den hohen mittleren Geburtenzahlen. Die Fertilitätsraten lagen in den Tropen im oberen Teil der Bevölkerungsschere vielfach um 2–3 Geborene höher als zum entsprechenden Beginn der Bevölkerungszunahme (um 1870) in Deutschland. Man kann über die Gründe spekulieren: Kinder sind ohne die räumliche Enge einer winterlichen Unterkunft leichter aufzuziehen. Bei hohen Sterberaten gerade von Kindern infolge tropischer Krankheiten insbesondere Malaria werden mehr Kinder geboren, um im Alter auf alle Fälle versorgt zu sein. Im ländlichen Raum werden Kinder früh in die Nahrungsbeschaffung durch Sammeln, Fischen und Jagen eingebunden.

Da die moderne Medizin die Sterberaten in vielen Ländern schnell gesenkt hat, wie an der gestiegenen Lebensdauer zu erkennen ist, war das Wachstum der Bevölkerung in der ersten Phase des Übergangs besonders hoch. Das Verhältnis Fertilitätsraten zu Sterberaten wird sich allein aus statistischen Gründen vermindern, denn die heute generell geringen Sterberaten in den Tropen ergeben sich durch die überproportional vertretenen jungen Jahrgänge. Das Leben in den Tropen ist ja keinesfalls gesünder als in den Außertropen. Auf Grund der Wärme und Feuchte sind Krankheitserreger besonders zahlreich und weit verbreitet. Der ländliche Raum ist in Hinsicht auf das Wasser mit der Verbreitung von Insekten, Würmern, Amöben etc. mehr davon betroffen als die Städte.

Generell ist aber die mittlere Lebenserwartung in fast allen Ländern in den letzten Jahrzehnten angestiegen. Das ist der wohl beste Indikator für die Verbesserung der Lebensverhältnisse, denn eine höhere Lebenserwartung heißt auch weniger Krankheit, geringere Anfälligkeit gegen Krankheit auf Grund von Unterernährung und Hunger, eine bessere medizinische Versorgung, weniger Not.

Die heute sehr geringe Zahl der Alten gegenüber den Berufsanfängern ist vor allem für akademische und sonstige besonders ausgebildete junge Menschen bislang wohl noch kein großes Problem, da die rasch wachsende Wirtschaft und Verwaltung viele von ihnen aufnimmt. Alters- und Berufsstruktur werden aber in den nächsten Jahrzehnten andersartige, vielleicht auch größere Veränderungen erfahren als in den Industrieländern. Es ist zu hoffen, daß sich vor allem die Stellung der Frau verbessert, denn bislang muß die Mehrzahl von ihnen schwer arbeiten, hat wenig Rechte, kaum Eigentum, nur geringe Bildungsmöglichkeiten und kaum Aufstiegschancen.

Die wichtigste Zukunftsfrage ist das zahlenmäßige Verhältnis der Land- zur Stadtbevölkerung, bzw. der Anteil der Beschäftigten im primären oder im sekundären und tertiären Sektor. Die Bewertungskriterien zu dieser Frage reichen für den ländlichen Raum vom einfachen, gesunden Leben mit ausreichender, ökologisch verträglicher, nachhaltiger Subsistenzproduktion bis zu ärmlichen, primitiven Verhältnissen mit Hunger, Krankheit, starker Umweltbelastung. Für die Städte reichen die Vorstellungen vom Angestellten oder Arbeiter, der nach einfachem westlichen Lebensstandard lebt, arbeitet, sich versorgt und erholt, dabei möglichst die Umwelt nicht belastet, weil sein Umfeld von der Stadtverwaltung vorzüglich gemanagt wird bis zum Vegetieren in dreckigen Slums mit Unterhalt durch Müllsammeln, Stehlen, Kriminalität. Es sind hier bewußt die Extreme aufgezeigt worden, um einerseits die unterschiedlichen Möglichkeiten anzudeuten, die je nach Land oder Großraum eintreten werden, um andererseits zu verdeutlichen, daß in Diskussionen über Zukunftsfragen oft nur der persönliche Standpunkt offenbar wird. Eine Prognose, die über mehr als 10 Jahre hinausreicht, ist meines Erachtens unrealistisch.

Das Verhältnis Stadt-Landbevölkerung wird einerseits von der Entwicklung in den Städten, andererseits von der auf dem Land gesteuert. Der Ausbau von Industrie und Dienstleistungen läßt ein weiteres Wachstum der Städte möglich erscheinen, wobei man wohl mehr oder minder an die Vorbilder aus den Industriestaaten denkt, was noch durch die globalen wirtschaftlichen Verflechtungen unterstützt wird. Bei der Entwicklungshilfe werden z.T. Auflagen gemacht, die der Wirtschaft des Westens entsprechen. Bedeutet dieses auch eine Anpassung an die politischen und gesellschaftlichen Strukturen? Generell erscheint mir die Entwicklung in den Städten und in der Industrialisierung nicht grundsätzlich durch besondere tropische Bedingungen gesteuert. Es gibt kaum Güter, die speziell für die Tropen entwickelt wurden, abgesehen von Arzneimitteln. Aber schon Herbizide, Pestizide, Düngemittel sind bislang noch kaum für tropische Verhältnisse entwickelt worden. Die Züchtung neuer Reis- und Weizensorten kommt nicht nur den Tropen sondern ebenso den Subtropen zugute.

Spezielle tropische Güter wie die Genußmittel Tee, Kaffee, Kakao werden hingegen immer von den Industrieländern nachgefragt werden. Vielleicht werden auch nachwachsende Rohstoffe, vor allem Kautschuk und Baumwolle und selbst andere Faserpflanzen wieder größere Bedeutung erhalten. Die Stellung der Tropen als Ergänzungsraum für die Industrieländer im ursprünglichen Sinne, d.h. als Lieferant für Rohstoffe und als Abnehmer für industrielle Güter wird aber zunehmend an Bedeutung verlieren. Eine Arbeitsteilung in der Produktion mag im nächsten Jahrzehnt erhalten bleiben oder gar noch ausgebaut werden, die weitere Entwicklung über längere Zeiträume läßt sich kaum absehen.

Die größten Umbrüche in der Wirtschaft der tropischen Länder vollziehen sich derzeit auf dem Land. Durch die „grüne Revolution" und andere Intensivierungen ist es gelungen, die stark gewachsene Bevölkerung weitgehend, oft zwar nur notdürftig zu ernähren. Die Landwirtschaft ist in vielen Ländern Asiens von den Regierungen unterstützt worden, wenn auch keineswegs in dem Maße subventioniert worden wie in der Europäischen Union. Dieses war möglich, weil sich die Industrialisierung selbst getragen hat, bzw. Investitionen aus den Industrieländern kamen. In Afrika ist dagegen die Landwirtschaft der Hauptproduktionszweig und ist daher mit Steuern und Abgaben stärker belastet. In Südamerika und Nordaustralien ist die Landwirtschaft volkswirtschaftlich relativ unbedeutend.

Durch den zunehmenden Verkehr sind nicht nur Leistungen wie Schulen, Gesundheitsstationen, Straßenanschlüsse in die Dörfer gekommen, sondern auch die Notwendigkeit, wenigstens etwas Geld zu verdienen, um einerseits Abgaben und Steuern zu bedienen, andererseits einen gestiegenen Bedarf zu decken. Ein Anbau für den Markt kann einerseits Nahrungsmittel für die wachsende Stadtbevölkerung bringen, andererseits auf Handelsfrüchte und nachwachsende Rohstoffe ausgerichtet sein. Eine Betriebsgröße von 2 ha ist in den immerfeuchten Tropen oft ausreichend, die scheinbar ungeordneten Mischkulturen haben den Vorteil von geringer Schädlingsanfälligkeit und unterschiedlicher Ansprüche an den Boden auf kleinem Raum und damit einem Ausgleich. Außerdem kann dadurch die Vorratshaltung überflüssig sein oder doch stark eingeschränkt werden. Diese Betriebsgröße erlaubt aber kaum einen Maschineneinsatz, beruht also auf Handarbeit, Verbesserungen sind bei einer Vergrößerung der Fläche vor allem durch den Ausbau von Dauerkulturen für den Markt zu erreichen, da sie einen relativ geringen Arbeitsaufwand nach der Anlage erfordern. Diese Kleinbetriebe können aber nicht unter mehrere Kinder aufgeteilt werden, eine Neuanlage in der Nachbarschaft ist aus bodenrechtlichen Gründen meist nicht möglich, wenn das Gemeineigentum durch die Anlage der Felder und den Ergänzungsraum Wald ausgeschöpft ist. Ein permanenter Anbau ist auf manchen Flächen wohl nur mit Düngung möglich, gegenüber der Landwechselwirtschaft bedeutet diese Intensivierung eine geringere Belastung der Umwelt.

Vielfach erfolgt eine Abwanderung, entweder in die Städte oder in Neusiedlungen. Dadurch wird zwar eine größere Selbstbestimmung erreicht, aber auch der Schutz der Familie und des Clan aufgegeben. Neusiedlungen betragen bislang nur 5% bis maximal 20% der landwirtschaftlichen Betriebe, ihre politische Bedeutung ist aber wohl größer, weil sie eine Chance für aktive junge Menschen bieten. Neusiedlungen sind in den Außertropen kaum noch möglich, es sei denn, man denkt an die Weiten Kanadas oder Sibiriens, sie sind aber meist auch ökonomisch wenig versprechend. Wenn Neusiedlungen in den Tropen eine größere Bedeutung haben, so liegt das einmal an der geringeren Siedlungsdichte, zum anderen an dem weniger fixierten Bodenrecht, aber auch an dem steigenden Bedarf einer wachsenden Bevölkerung. Mit einer Verdichtung der Besiedlung wird eine Festlegung des Bodenrechts erfolgen, das ist eine Voraussetzung für Eigentum, das wiederum Grundlage für Innovationen und Kredite ist. Mit einer größeren Erschließung wird eine verstärkte Kontrolle durch den Staat möglich. In vielen tropischen Gebieten sind die Grenzen kaum zu überwachen, das kann zu spontanen Migrationen und Neusiedlungen führen. Einwanderungen und Flüchtlingsbewegungen sind nicht zu kontrollieren. Drogenhandel und Partisanenkrieg gehen oft über die Grenzen hinweg.

Wenn man die einzelnen tropischen Kontinente bzw. Länder vergleichend betrachtet, werden Gemeinsamkeiten (Normen?) und Abweichungen deutlicher. In der Klimatologie ist dieses seit langem eingeführt, in der Vegetationsgeographie durch die Unterscheidung der Florenreiche bekannt, in der Geomorphologie, Bodenkunde und Hydrogeographie wird das Vergleichen zunehmend bedeutender. Kontinentale und überregionale Vergleiche sind aber noch zu wenig mit Detailuntersuchungen verbunden. Sie erlauben nicht nur neue Fragestellungen sondern bilden auch eine Grundlage für Bewertungen. Diese Vergleiche sollten durch Untersuchungen über die Genese und/oder das Alter ergänzt werden. Rezente und vorzeitliche Böden sind in ihren Eigenschaften und ihrer Verbreitung über die Landschaftsentwicklung am ehesten zu verstehen. Diese wiederum läßt sich durch die Morphogenese im interregionalen Vergleich und, soweit Hebungen einbezogen sind, im kontinentalen Maßstab in den Grundzügen klären. Lokal bis regional können z.B. in situ und umgelagerte Material unterschieden werden und eine erneute Verwitterung in umgelagertes Material oder auch Formen der Petrovarianz.

Eine Verallgemeinerung kann in den einzelnen Teilgebieten der Geographie in unterschiedlichem Ausmaß erfolgen. Das liegt zum einen an der Datenlage. So können z.B. Unterschiede in der Bevölkerungsentwicklung recht gut herausgearbeitet werden. Im Gegensatz dazu sind Aussagen über die Verbreitung des Hungers in einzelnen Gebieten fast nicht möglich, da die Subsistenzproduktion statistisch kaum faßbar ist. Auch sind Statistiken über die Bevölkerung relativ zuverlässig. In anderen Fällen wäre eine Verallgemeinerung unsinnig, da die Unterschiede prinzipiell sind. Der hochintensive Naßreisanbau mit ergänzenden Kulturen in Hausgärten ist nur in Asien heimisch. Liegt das an besonders günstigen Böden? Sicherlich ist Java davon begünstigt, aber auch der Dekan? Ist Amazonien in weiten Teilen besonders unfruchtbar? Durch solche kontinentalen Vergleiche ergeben sich neue Fragestellungen. Sind Ernteausfälle, Vegetationsschädigungen (imperata-Grasflächen) in Südostasien besonders weit verbreitet? Sind sie Folge des Monsunklimas mit längerer Trockenzeit? Generell sind unsere Kenntnisse von den Tropen noch relativ gering, von den Geographen in Deutschland sind wohl nur 10–15% dort forschend engagiert.

Die unterschiedliche Entwicklung der Kontinente, etwa der hohe Grad der Verstädterung in Südamerika und der geringe in Afrika, oder der Ablauf der Industrialisierung von der Importsubstitution, der Konsumgüterindustrie, der Schwerindustrie zur Zulieferindustrie und Hochtechnologie, hat in Südamerika zuerst begonnen, ist er heute in Asien am weitesten fortgeschritten? Warum gibt es dort, abgesehen von Indien kaum eine Schwerindustrie, warum ist die Zulieferung aus Südamerika nach dem Norden oder nach Europa relativ gering? Ist dieses bedingt durch den Zeitpunkt der Entwicklung, dem damit verbundenen technischen Fortschritt, dem unterschiedlich starkem Einfluß und Anspruch aus den Industrieländern oder durch die indigenen Anlagen und Reaktionen, die asiatische Kultur in der Organisation, Finanzierung und den Handfertigkeiten etc.?

In bezug auf die wirtschaftliche Entwicklung scheinen mir Prognosen besonders unsicher. Das mit dem wirtschaftlichen Fortschritt verbundene Entstehen eines Mittelstandes und die dafür notwendige Ausbildung und Bildung werden die gesellschaftlichen und politischen Strukturen ändern, nach westlichem Vorbild? Das Verhältnis von der Stadt- zur Landbevölkerung ist in Südamerika höher als in Afrika und Asien, wird dieses so bleiben? Wird sich damit auch die Landwirtschaft in Südamerika anders, d.h. stärker motorisiert entwickeln? Wird die Globalisierung sich noch weiter ausbreiten oder werden neben nationalen auch regionale Tendenzen wieder deutlicher werden? Das sind viele Fragen, die erst in der Zukunft beantwortet werden können.

Bringt der Vergleich der tropischen Gebiete in verschiedenen Kontinenten neue Erkenntnisse und Bewertungsmaßstäbe, so gilt dieses wohl ebenso von einer Verknüpfung natur- und kulturgeographischer Untersuchungen. Zwei Richtungen zeigen, daß das Verständnis für die Tropen und die Forschung im Aufbruch zu neuen Wegen sind: Untersuchungen zur Nachhaltigkeit und zur Umweltproblematik ergeben eine wieder stärkere Betonung der gegenseitigen Abhängigkeit von Natur und Mensch, die zunehmende Berücksichtigung indigener Traditionen und Erfahrungen liefert neue Einsichten in ökologische Zusammenhänge.

Der Physiogeograph kann die Waldnutzung nicht einfach nur beklagen, sondern sollte versuchen, die besten Wege für eine nachhaltige Nutzung zu finden. Entwicklungshelfer planen nach manchen Fehlschlägen zunehmend Projekte mit den lokalen Partnern. In der Landnutzung wurde ausgeführt, daß vieles besser den ökologischen und ökonomischen Bedingungen angepaßt ist, als man auf den ersten Blick denkt: die Hausgärten mit ihrem Mischanbau, die Bestellung selbst sehr steiler Hänge, die scheinbar übergroßen Rinderherden in Afrika als Vorsorge gegen Dürren.

Konkrete Beispiele über Fehleinschätzungen von Forschern oder Entwicklungshelfern aus den Industrieländern wie etwa Bewässerungsprojekte in Kenia oder die Entwicklung des Gebietes von Machakos wurden oben genannt. Sie haben vielfältige Ursachen: die Übertragung außertropischer ökologischer Regeln oder rationaler Denkweisen, manchmal auch eine falsche Einschätzung der indigenen Mentalität und Verhaltensweisen. Werden z.B. in Afrika lange Diskussionen geführt, um einen Ausgleich zu finden, wird dieses als Palaver bezeichnet, was abwertend gemeint ist. Als Mediation findet dieser Vorgang wahrscheinlich in unser Rechtswesen Eingang.

Mit zunehmender Kenntnis der Eigenständigkeit der Tropen ergibt sich die Auffassung, daß Denkmuster und Beurteilungen der westlichen Zivilisation insbesondere in der Kulturgeographie in den Tropen nicht ungeprüft anwendbar sind. Die wichtigste Folgerung ergab sich wohl in der Demographie, daß nämlich die Frauen zunehmend Einfluß auf die Fertilitätsraten nehmen und diese nicht in erster Linie durch die Höhe des Bruttosozialproduktes gesteuert werden. Migrationen werden bislang fast immer einseitig als Wanderungen vom Land in die Stadt betrachtet, wobei meist eine fast völlige Lösung vorausgesetzt wird. Erste Ansätze zeigen einen Rückfluß etwa von Geld, das für Investitionen auf dem Land genutzt wird. In der landwirtschaftlichen Planung und Entwicklung werden zunehmend indigene Kenntnisse berücksichtigt, statt großer Projekte besteht der Trend, viele kleine Verbesserungen unter Beteiligung der lokalen Bevölkerung durchzuführen. Insbesondere beim Naturschutz, sei es zum Schutz des Waldes gegen ungeplante Holzentnahme, sei es gegen Wilderer in den Naturparks, stützt man sich zunehmend auf die lokale Bevölkerung, denn nur so ist eine Überwachung möglich, bzw. wird eine Unterstützung des Raubbaus verhindert. Auch die Entwicklungshilfe geht – wie gesagt – neue Wege, um Prestigeobjekte und Fehlinvestitionen zu vermeiden. In der Planung zielen westliche Maßstäbe oft zu hoch, westliche Technik sollte zur Verfügung stehen, aber sie muß angepaßt werden. Andererseits dürfen indigene Vorstellungen auch nicht romantisiert werden.

Wir stehen vor einem Aufbruch im Verständnis und in der Forschung in den tropischen Ländern, indem ihre Eigenständigkeit zunehmend erkannt wird. Das kann in der Geographie einmal durch den Vergleich mit den Außertropen zur Ableitung allgemeiner Regeln führen, zum anderen aber durch den Vergleich der Kontinente untereinander die regionalen Besonderheiten ergeben.

Literaturverzeichnis

ABBOTT, M. (1998): Lake-level records of Holocene climatic change from the Tropical Andes. – In: PAGES (1998), 34.

AB'SABER, A. N. (1982): The paleoclimate and paleoecology of Brazilian Amazonia. – In: PRANCE (1982), 1–59.

ABSY, M. L. (1982): Quaternary palynological studies in the Amazon basin. – In: PRANCE (1982), 67–73.

ADAMS, W. M. & MORTIMORE, M. J. (1997): Agricultural intensification and flexibility in the Nigerian Sahel. – Geogr. J. 163, 150–160.

ADEJUWON, J. O. & ADESINA, F. A. (1992): The nature and the dynamics of the forest-savanna boundary in south-western Nigeria. – In: FURLEY et al. (1992), 331–352.

ALAM, M. S., HUS, J. & KEPPENS, E. (1998): Holocene climatic changes as inferred from the bulk magnetic susceptibility and organic content of paleosols, North Western part of Bangladesh. – In: PAGES (1998), 35.

ALEXANDER, I. (1989): Mycorrhizas in tropical forests. – In: PROCTOR (1989a), 169–188.

ALEXANDRE, J. & SYMOENS, J. J. (eds.) (1989): Stone-lines. –Académie Royale des Sciences d' Outre-Mer. – Geo-Eco-Trop. 11.

ALKÄMPER, J. (ed.) (1988): Tropische Weiden und Futterressourcen. – Giessener Beitr. zur Entwicklungsforsch. Reihe 1, Bd. 17.

ALKÄMPER, J. & MOLL, W. (eds.) (1983): Möglichkeiten und Probleme intensiver Bodennutzung in den Tropen und Subtropen. – Giessener Beitr. zur Entwicklungsforsch. Reihe 1, Bd. 9.

ALLEN, B. J. (1993): The Problems of upland land management. – In: BROOKFIELD & BYRON (1993), 225–237.

ALTENBURG, T. (1995): Vom Protektionismus zum Freihandel: Industrie und Kleingewerbe in Honduras und Costa Rica. – Z. Wirtschaftsgeogr. 39, 113–123.

ALTENBURG, T. & WALKER, I. (1995): Entwicklungsimpulse durch Weltmarktfabriken. – Z. Wirtschaftsgeogr. 39, 113–123.

ALTVATER, E. & MAHNKOPF, B. (1996): Grenzen der Globalisierung. – Münster.

AN, Z. (1998): The history and variability of East Asian monsoon climate. – In: PAGES (1998), 9.

ANDERSON, D. M., WEBB, R. S. & OVERPECK, J. T. (1998): The PAGES data and information system. – In: PAGES (1998), 38.

ANDRADE-LIMA, D. de (1982): Present-day forest refuges in northeastern Brazil. – In: PRANCE (1982), 245–251.

ANDREAE, B. (1977): Agrargeographie. – Berlin.

ANHUF, D. & FRANKENBERG, P. (1991): Die naturnahen Vegetationszonen Westafrikas. – Die Erde 122, 243–265.

– (eds.) (1994): Beiträge zu globalen Umweltproblemen. – Akad. Wiss. Lit. Mainz, Abh. math.-nat. Kl. 1994, 2.

ANON (1984): Climate, drought and desertification. – Nature and resources 20, 2–8.

ARGOLLO, J. & MOURGUIART, P. (1998): 25, 000 yr BP paleoclimatology of the Bolivian Andes. – In: PAGES (1998), 39.

ATANASIU, N. & ALKÄMPER, J. (1981): Needs and possibilities of improving rice production. – Giessener Beiträge zur Entwicklungsforschung, Reihe 1, 7, 27–48.

AUTY, R. M. (1997): Pollution patterns during the industrial transition. – Geogr. J. 163, 206–215.

Aweto, A. O. (1981): Secondary succession and soil fertility restoration in south-western Nigeria. 1. Succession. – J. Ecology 69, 601–607.

– (1981a): Secondary succession and soil fertilty restoration in south-western Nigeria. 2. Soil fertility restoration. – J. Ecology 69, 609–614.

– (1981b): Secondary succession and soil fertility restoration in south-western Nigeria. 3. Soil and vegetation interrelationships. – J. Ecology 69, 957–963.

Bähr, J. (1983): Bevölkerungsgeographie. – Stuttgart.

Bähr, J. & Mertins, G. (1992): Verstädterung in Lateinamerika. – Geogr. Rundschau 44, 360–370.

Bahrin, T. S. (1988): A survey of government pioneer settlement programmes. – In: Manshard & Morgan (1988), 170–193.

Bahrin, T. S., Thong, L. B. & Dorall, R. F. (1988): The Jangka Triangle: a report on research in progress. – In: Manshard & Morgan (1988), 106–116.

Bakker, J. P. (1960): Some observations in connection with recent Dutch investigations about granite weathering and slope development in different climates and climate changes. – Z. Geomorph. N.F., Suppl. 1, 69–92.

Balek, J. (1983): Hydrology and water resources in tropical regions. – Dev. Water Sci. 18. Amsterdam.

Barbour, K. M. (1972): Irrigation in the Sudan: its growth, distribution and potential extension. – In: Prothero (1972), 121–139.

Bard, E., Rostek, F., Sonzogni, C., Rahmstorf, S. & Ganopolski, A. (1998): Comparing temperatures of the glacial ocean quantified with the alkenone method and simulated by numerical models. – In: PAGES (1998), 20.

Barthlott, W., Gröger, A. & Porembski, S. (1993): Some remarks on the vegetation of tropical inselbergs: diversity and ecological differentiation. – Biogeographica 69, 105–124.

Batterbury, S., Forsyth, T. & Thomson, K. (1997): Environmental transformations in developing countries: hybrid research and democratic policy. – Geogr. J. 163, 126–132.

Bawa, K. S. & Hadley, M. (eds.) (1990): Reproductive ecology of tropical forest plans. – Man and Biosphere 7.

Bawa, K. S., Ashton, P. S. & Nor, S. M. (1990): Reproductive ecology of tropical forest plants: management issues. – In: Bawa & Hadley (1990), 3–13.

Bawa, K. S. & Ng, F. S. P. (1990): Phenology-commentary. – In: Bawa & Hadley (1990), 17–20.

Bayer, W., Steinacker, G. & Grell, H. (1988): Möglichkeiten und Grenzen der technischen Zusammenarbeit bei der Entwicklung und Bewirtschaftung tropischer Weiden und Futterressourcen. – In: Alkämper (1988), 51–62.

Beaumont, P. (1989): Drylands. – London.

Bebbington, A. (1997): Social capital and rural intensification: local organizations and islands of sustainability in the rural Andes. – Geogr. J. 163, 189–197.

Beck, L., Höfer, H., Martins, C., Römbke, J. & Verhaagh, M. (1997): Bodenbiologie tropischer Regenwälder. – Geogr. Rundschau 49, 4–10.

Bederke, E. & Wunderlich, H.-G. (1968): Atlas zur Geologie. – Mannheim.

Behling, H. & Hooghiemstra, H. (1998): Late Quaternary paleoecology and paleoclimatologay from pollen records of the savannas of the Llanos Orientales in Columbia. – In: PAGES (1998), 45.

Behrmann, W. (1917): Der Sepik (Kaiserin-Augusta-Fluß) und sein Stromgebiet. – Mitt. Dt. Schutzgeb., Erg.-H. 22.

Belsky, A. J. & Amundson, R. G. (1992): Effects of trees on understorey vegetation and soils at forest-savanna boundaries in East Africa. – In: Furley et al. (1992), 353–366.

Benda, L. (ed.) (1995): Das Quartär Deutschlands. Stuttgart.

Bengtsson, L. (1997): Modelling and prediction of the climate system. – Alexander von Humboldt Stiftung Mitteilungen 69, 3–14.

Bennholt-Thomsen, V. (1989): Überleben in der Wirtschaftkrise und die Würde des Menschen – zwei Beispiele aus Mexiko. – In: Grohs (1989), 49–80.

Bernard-Reversat, F. (1975): Nutrients in throughfall and their quantitative importance in rain forest mineral cycles. – In: Golley & Medina (1975), 153–159.

BERRY, L. & RUXTON, B. P. (1960): The evolution of Hong Kong harbour basin. – Z. Geomorph. N.F. 4, 97–115.
BESLER, H. (1992): Geomorphologie der ariden Gebiete. – Darmstadt.
BETZ, J. (1997): Entwicklungshilfe: An Einsichten mangelt es nicht. – In: BETZ & BRÜNE (1997), 56–66.
BETZ, J. & BRÜNE, S. (1997): Jahrbuch Dritte Welt 1997. – München.
Bevölkerungsploetz (1965): Bd. 4, Bevölkerung und Raum in Neuerer und Neuester Zeit. – Würzburg.
BIERSCHENK, T. & FORSTER, R. (1988): Die Produktionsrationalität der agro-pastoralen Fulbe in Nordbenin. – In: ALKÄMPER (1988), 199–212.
BINNS, T. (1994):Tropical Africa. – London.
BIRG, H. (1996): Die Weltbevölkerung. – Beck Wissen 2050.
BISCHOFF, G. (1983): Möglichkeiten der Weltrohstoffversorgung zwischen Euphorie und Pessimismus. – Glückauf 119, 2–8.
BLANCKENBURG, P. V. & CREMER, H. D. (1971): Pflanzliche und tierische Produktion in den Tropen und Subtropen. – Stuttgart.
BLEICH, K. E. (1992): Rezension Moll & Höfner (1990): Bodenfruchtbarkeit und Pflanzenernährung. Gießener Beiträge zur Entwicklungsforschung, Reihe 1, 18. – In: Z. Geomorph. N.F. 1992, 509–511.
BLENCK, J. (1974): Slums und Slumsanierung in Indien. – Tagungsber. u. wiss. Abh. Dt. Geographentag Kassel 1973, 310–337.
BLENCK, J., BRONGER, D. & UHLIG, H. (1977): Südasien. – Fischer Länderkunde 2.
BLONG, R. J. (1992): Some perspectives on geological hazards. – In: MCCALL et al. (1992), 209–216.
BLÜMEL, W. D. (1981): Pedologische und geomorphologische Aspekte der Kalkkrustenbildung in Südwestafrika und Südostspanien. – Karlsruher Geogr. H. 10.
BLÜTHGEN, J. (1964): Allgemeine Klimageographie. – Berlin.
BLUME, H. (1961): Die britischen Inseln über dem Winde (Kleine Antillen). – Erdkunde 15, 265–286.
– (1980): Die Zuckerwirtschaft von Fiji und Hawaii. – Geogr. Z. 68, 284–304.
BLUMENSCHEIN, M. (1995): Die modernisierte Landwirtschaft des Cerrado und ihre Bedeutung für eine nachhaltige Entwicklung der Pantanal-Region. – In: KOHLHEPP (1995a), 221–246.
BOER, N. P. DE, V. D. HAMMEN, TH. & WYMSTRA, T. A. (1965): A palynological study on the age of some borehole samples from the Amazon delta area, NW Brazil. – Geol. en Mijnbouw 44e, 254–258.
BOHLE, H.-G. (1986): Von der Nothilfe zur Entwicklungshilfe. – Geogr. Rundschau 38, 96–103.
– (1986 a): Internationales ‚Hunger-Management' und lokale Gesellschaft. – Geogr. Rundschau 38, 565–574
BOLTE, K. M., KAPPE, D. & SCHMID, J. (1980): Bevölkerung. – Opladen.
BONELL, M. & GILMOUR, D. A. (1978): The development of overland flow in a tropical rainforest catchment. – J. Hydrol. 39, 365–382.
BONGERS, F., ENGELEN, D. & KLINGE, H. (1985): Phytomass structure of natural plant communities on spodosols in southern Venezuela: the Bana woodland. – Vegetatio 63, 13–34.
BORCHERT, G. (1986): Die Wasserversorgungsprobleme Afrikas. – Berliner Geogr. Stud. 20, 165–172.
BORNHARDT, W. (1900): Zur Geologie und Oberflächengestaltung Deutsch-Ostafrikas. – Berlin.
BORNEMISZA, E. & ALVARADO, A. (1975): Soil Management in tropical America. – N. C. State Univ., Raleigh, NC.
BORGER, H. (1990): Bohnerze und Quarzsande als Indikatoren paläogeographischer Verwitterungsprozesse und der Altreliefgenese östlich von Albstadt (Schwäbische Alb). – Kölner Geograph. Arb. 52.
– (1995): Verwitterungsstufen der Quarzverwitterung. – In: BREMER (1995), 268–269.
BOSERUP, E. (1965): The conditions of agricultural growth. – London.
BRASELL, H. M., UNWIN, G. L. & STOCKER, G. C. (1980): The quantity, temporal distribution and mineral-element content of litterfall in two forest types at two sites in tropical Australia. – J. Ecology 68, 123–139.
BRAUN, G. (ed.) (1972): Räumliche und zeitliche Bewegungen. – Würzburger Geogr. Arbeiten 37.
BRAUNS, T. & SCHOLZ, U. (1997): Shifting cultivation – Krebsschaden aller Tropenländer? – Geogr. Rsch. 49, 4–10.
BREMER, H. (1963): Der Einfluß von Vorzeitformen auf die rezente Formung in einem Trockengebiet – Zentralaustralien. – Tagungsber. u. wiss. Abh. Dt. Geographentag Heidelberg 1963, Wiesbaden 1965, 184–196. Nachgedruckt m. Nachtrag in: MENSCHING (1982), 192–209.

BREMER, H. (1965): Ayers Rock, ein Beispiel für klimagenetische Morphologie. – Z. Geomorph. N.F. 9, 249–284.
– (1965a): Klima und Vegetation im australischen Nordterritorium. – Petermanns Geogr. Mitt. 109, 183–193.
– (1967): Zur Morphologie von Zentralaustralien. – Heidelberger Geogr. Arb. 17.
– (1967a): Das Nordterritorium Australiens, eine Frontier Provinz. – Geogr. Z. 53, 261–293.
– (1971): Flüsse, Flächen- und Stufenbildung in den feuchten Tropen. – Würzburger Geogr. Arb. 35.
– (1973): Der Formungsmechanismus im tropischen Regenwald Amazoniens. – Z. Geomorph. N.F., Suppl. 17, 195–222.
– (1975): Intramontane Ebenen, Prozesse der Flächenbildung. – Z. Geomorph. N.F., Suppl. 23, 26–48.
– (1977): Reliefgenerationen in den feuchten Tropen. – In: BÜDEL (1977a), 25–38.
– (1981): Relief und reliefformende Prozesse in Sri Lanka. – Relief, Boden, Paläoklima 1, 7–183.
– (1981 a): Inselberge – Beispiele für eine ökologische Geomorphologie. – Geogr. Z. 69, 199–216.
– (1982): Abtragungsgeschwindigkeiten in den feuchten Tropen. – Z. Geomorph. N.F., Suppl. 43, 19–27.
– (1985): Randschwellen, a link between plate tectonics and climatic geomorphology. – Z. Geomorph. N.F. Suppl. 54, 11–21.
– (1989): Das Naturpotential in den feuchten Tropen. – Geogr. Rdsch. 41, 382–390.
– (1989a): Das natürliche Potential im westlichen Amazonas-Gebiet und im südlichen Venezuela. – In: HARTMANN (1989), 43–55.
– (1989b): Allgemeine Geomorphologie. – Berlin.
– (1993): Etchplanation, review and comments of BÜDEL's model. – Z. Geomorph. N.F., Suppl. 92, 189–200.
– (1995): Boden und Relief in den Tropen: Grundvorstellungen und Datenbank. – Relief, Boden, Paläoklima 11. – Berlin.
BREMER, H. & SCHNÜTGEN, A. (1984): Relief-, Bodenentwicklung und Vegetationsverbreitung in der Gran Sabana (Südost-Venezuela). – Biogeographica 19, 21–40.
– (1987) Relief-/Bodenentwicklung und Wasserqualität im mittleren und nördlichen Amazonasgebiet. – Tübinger Geogr. Studien 96, 21–37.
BREMER, H. & SPÄTH, H. (1981): Die glaziale Überprägung eines Gebirges. – Sonderveröff. Geol. Inst. Univ. Köln 41, 43–57.
– (1989): Geomorphological observations concerning stone-lines. – In: ALEXANDER & SYMOENS (1989), 185–195.
BRISEMEISTER, D., KOHLHEPP, G., MERTIN, R.-G., SANGMEISTER, H. & SCHRADER, A. (1994): Brasilien Heute. Politik, Wirtschaft, Kultur. – Franfurt/Main.
BROEK, J. O. M. & WEBB, J. W. (1968): A geography of mankind. – New York.
BROMLEY, R. D. F. & JONES, A. G. (1996): Identifying the inner city in Latin America. – Geogr. J. 162, 179–190.
BROWN, S. & LUGO, A. E. (1982): The storage and production of organic matter in tropical forests and their role in the global carbon cycle. – Biotropica 14, 161–187.
– (1984): Biomass of tropical forests: a new estimate based on forest volumes. – Science 223, 1290–93.
BROOKE, C. (1972): Types of food shortages in Tanzania. – In: PROTHERO (1972), 173–190.
BROOKFIELD, H. (1993): The dimensions of environmental change and management in the south-east Asian region. – In: BROOKFIELD & BYRON (1993), 5–32.
– (1993 a): Conclusions and recommendations. – In: BROOKFIELD & BYRON (1993), 363–373.
BROOKFIELD, H. & BYRON, Y. (ed.) (1993): South-East Asia's future. – The search for sustainability. – UN Univ. Press, Tokyo.
BRUCHHAUS, E.-M. (1989): Frauenselbsthilfegruppen: Schlüssel zur Entwicklung aus eigener Kraft oder Mobilisierung der letzten Reserve? – In: GROHS (1989), 1–18.
BRÜNE, S. (1997): Neuer Realismus oder das Unbehagen an der Entwicklungspolitik. – In: BETZ & BRÜNE (1997), 67–77.
BRÜNIG, E. F. (1984): Nutzbarmachung des tropischen Regenwaldes. – Geogr. Rdsch. 36, 352–358.

BRÜNIG, E. F. (1991): Pattern and structure along gradients in natural forests in Borneo and in Amazonia: their significance for the interpretation of stand dynamics and functioning. – In: GOMEZ-POMPA et al. (1991), 235–243.

BRUHN, N. (1990): Substratgenese-Rumpfflächendynamik. Bodenbildung und Tiefenverwitterung in saprolitisch zersetzten granitischen Gneisen aus Südindien. – Kieler Geogr. Schr. 74.

BRUIJNZEEL, L. A. (1983): Evaluation of runoff sources in a wet monsoonal environment: a combined hydrological and hydrochemical approach. – In: Hydrology of humid tropical regions; IAHS Publ. 140, 165–174.

– (1989): Nutrient cycling in moist tropical forests: the hydrological framework. – In: PROCTOR (1989), 383–415.

– (1991): Hydrological impacts of tropical forest conversion. – Nature & Resources 27, 36–46.

BRUNSDEN, D., DOORNKAMP, J. C. & INGLE-SMITH, D. (eds.) (1977): The unquiet landscapes. – Newton Abbot.

BRYANT, R. L. (1996): Romancing colonial forestry: the discourse of ‚forestry as progress‘ in British Burma. – Geogr. J. 162, 169–178.

BUCHANAN, F. (1807): „A journey from Madras through the Countries of Mysore, Kanara and Malabar“. – Vol. 2, 436–461, 559; Vol. 3, 66, 89, 251, 258, 378. East India Co., London. Zit. n. MCFARLANE (1976).

BUCHHOLT, H. (1994): Sangley, Intsik und Sino: die chinesische Händlerminorität in den Philippinen. – Z. Wirtschaftsgeogr. 38, 141–151.

– (1997): Chinesen im Entwicklungsprozeß Südostasiens. – In: Globalisierung und Lokalisierung, Vorträge Univ. Mainz, 31.1.–1.2.97.

BÜCHTEMANN, C. F. & KUHLMANN, U.-W. (1996): Internationalisierungsstrategien deutscher Unternehmen: Am Beispiel Mercedes-Benz. – In: MEIL (1996), 57–100.

BÜDEL, J. (1948): Das System der klimatischen Geomorphologie. – Dt. Geographentag München 1948, 65–100.

– (1957): Die „Doppelten Einebnungsflächen“ in den feuchten Tropen. – Z. Geomorph. N.F. 1, 201–228.

– (1970): Das Dritte Entdeckungs-Zeitalter – Geographie und Planung in der Welt von heute. – In: WILHELMY (1970), 13–28.

– (1977): Klima-Geomorphologie. – Berlin. Translated by L. FISCHER & D. BUSCHE (1982): Climatic geomorphology. – Princeton Univ. Press.

– (1977a) (ed.): Beiträge zur Reliefgenese in verschiedenen Klimazonen. – Würzburger Geogr. Arb. 45.

BUOL, S. W., SANCHEZ, P. A., CATE, R. B. & GRANGER, M. A. (1975): Soil fertility capability classification: a technical soil classification system for fertility management. – In: BORNEMISZA & ALVARADO (1975), 126–145.

BURNHAM, C. P. (1989): Pedological processes and nutrient supply from parent material in tropical soils. – In: PROCTOR (1989a), 27–42.

BYERLEE, D. (1996): The political economy of third world food imports: the case of wheat. – In: JAMESON & WILBER (1996), 261–280.

CALCAGNOTTO, G. (1987): Brasilianischer Industrialisierungsstil und Folgen für die Umwelt: Die Beispiele Cubatao, Rio de Janeiro und Agrarmodernisierung. – In: KOHLHEPP & SCHRADER (1987), 199–211.

CANSIER, D. (1996): Ökonomische Indikatoren für eine nachhaltige Umweltnutzung. – In: KASTENHOLZ et al. (1996), 61–78.

CANTOR, L. M. (1967): A world geography of irrigation. – Edinburgh.

CAREY JONES, N. S. (1972): The decolonization of the white highlands of Kenya. – In: PROTHERO (1972), 268–283.

CARNAHAN, J. A. (1978): Vegetation. – In: JEANS (1978), 175–195.

CHADWICK, A. C. & SUTTON, S. L. (eds.) (1984): Tropical rain-forest. The Leeds symposium. – Leeds.

CHANG, T.-T. (1993): Sustaining and expanding the ‚green revolution‘ in rice. – In: BROOKFIELD & BYRON (1993), 201–210.

CHAZDON, R. L. & FETCHER, N. (1984): Photosynthetic light environments in a lowland tropical rain forest in Costa Rica. – J. Ecology 72, 553–564.
CHOL, D. W. (1996): The Pacific basin and Latin America. – In: JAMESON & WILBER (1996), 380–404.
CLARK, A. L. (1993): Energy and mineral development: environment and economics. – In: BROOKFIELD & BYRON (1993), 75–102.
CLARK, D. (1996): Urban world, global city. – London.
CLARKE, W. C. & STREET, J. M. (1967): Soil fertility and cultivation practices in New Guinea. – J. Trop. Geogr. 24, 7–11.
CLEMENS, J. (1997): Bombay: Polarisierung in Indiens größter Stadt. – Der Bürger im Staat 47, 112–118.
COELHO NETTO, A. L. (1987): Overlandflow production in a tropical rainforest catchment: the role of litter cover. – Catena 14, 213–231.
COLE, M. M. (1986): The savannas. – London.
– (1992): Influence of physical factors on the nature and dynamics of forest-savanna boundaries. – In: FURLEY et al. (1992), 63–76.
COLINVAUX, P. (1998): Response of Amazonian and other tropical plant communities to climate changes of glacial cycles. – In: PAGES (1998), 12.
COLLINS, N. M. (1989): Termites. – In: LIETH & WERGER (1989), 455–471.
CONRAD, V. (1936): Die klimatologischen Elemente und ihre Abhängigkeit von terrestrischen Einflüssen. – Berlin.
CORRÈGE, T., QUINN, T. M., CABIOCH, G., CROWLEY, T. J., LECORNEC, F., RÉCY, J. & TAYLOR, F. T. (1998): Combined trace elements and stable isotopes study of massive corals from New Caledonia: a window on sea surface environmental variability over the last three centuries. – In: PAGES (1998), 56.
CORTIJO, E., LABEYRIE, L., ELLIOT, M., TISNERAT, N., BALBOUN, E. & ATKINS, J. (1998): Rapid climatic variability of the Atlantic Ocean and global climate: a focus of the IMAGES program. – In: PAGES (1998), 14.
CORVINUS, F. (1978): Regionale Analyse von Volkszählungen in Südnigeria. – Gießener Geogr. Schr. 42.
– (1988): Energy use in West Malaysian rural villages with special reference to FELDA villages. – In: MANSHARD & MORGAN (1988), 117–129.
COURTENAY, P. P. (1988): The tropical experience. – In: HEATHCOTE (1988), 85–95.
COUTINHO, L. M. (1982): Ecological effects of fire in Brazilian cerrado. – In: HUNTLEY & WALKER (1982), 273–291.
COX, C. B. & MOORE, P. D. (1987): Einführung in die Biogeographie. – Stuttgart. UTB 1408.
COY, M. (1987): Junge Pionierfrontentwicklung in Amazonien. Rondônia: Ursachen und Konsequenzen des „Marcha para Oeste". – In: KOHLHEPP (1987), 275–302.
– (1995): Von der Interiorstadt zur Regionalmetropole. Stadtverfall, Stadterweiterung und Konzepte einer Stadterneuerung in Cuiabá. – In: KOHLHEPP (1995), 279–314.
CULLING, W. E. H. (1986): Highly erratic spatial variability of soil-pH on Ipping Common, West Sussex. – Catena 13, 81–98.
CUMMING, D. H. M. (1982): The influence of large herbivores on savanna structure in Africa. – In: HUNTLEY & WALKER (1982), 217–245.
CZAJKA, W. (1968): Geo-ecology of the mountainous regions of the tropical Americas. – Coll. Geogr. 9, 117–121 u. Karte.
DAS, H. & DAS, M. (1990): The Indian retail environment: a look at some socio-cultural impediments to the development of customer orientation among Indian retailers. – In: FINDLAY et al. (1990), 243–258.
DAVIDSON, O. & KAREKEZI, S. (1993): A new, environmentally sound energy strategy for the development of Sub-Saharan Africa. – In: KAREKEZI & MACKENZIE (1993), 8–22.
DELOS REYES, P. J. (1992): Volunteer observers program: a tool for monitoring volcanic and seismic events in the Philippines. – In: MCCALL (1992), 13–24.
DESHLER, W. (1972): Livestock Trypanosomiasis and human settlement in northeastern Uganda. – PROTHERO (1972), 51–57.
DETWILER, R. P. (1986): Land use change and the global carbon cycle: the role of tropical soils. – Biogeochemistry 2, 67–93.

DETWILER, R. P. & HALL, A. S. (1988): Tropical forests and the global carbon cycle. – Science 239, 41–47.

Deutscher Bundestag (ed.) (1990): Schutz der Tropenwälder: eine internationale Schwerpunktaufgabe. – Bonn.

DIETRICH, G. (ed.) (1970): Erforschung des Meeres. – Frankfurt.

DIJON, R. (1985): Groundwater in hard rocks. – Nature and Resources 21, 2–11.

DOMRÖS, M. (1984): Indien: Bevölkerungsexplosion und demographischer Wandel. – Geogr. Rundschau 36, 48–55.

DOPPLER, W. (1994): Landwirtschaftliche Betriebssysteme in den Tropen und Subtropen. – Geogr. Rundschau 46, 65–71.

DOSCH, J. & FAUST, J. (1997): Transnationale Netzwerke und politische Verklammerung im asiatisch-pazifischen Raum. – In: Globalisierung und Lokalisierung, Vorträge Univ. Mainz 31.1.–1.2.97.

DOSSO, H., GUILLAUMET, J. L. & HADLEY, M. (1981): The Tai project: land use problems in a tropical rain forest. – Ambio 10, 120–125.

DOUGLAS, I. & SPENCER, T. (eds.) (1985): Environmental change and tropical geomorphology. – London.

DRAKAKIS-SMITH, D. (1997): The third world city. – London.

DREGNE, H. E. (1976): Soils of arid regions. – Amsterdam.

DRIJVER, C. A. & MARCHAND, M. (1986): Taming the floods: environmental aspects of floodplain development in Africa. – Nature and Resources 22, 13–22.

DUBOIS, J. C. L. (1991): The present status of research into management of the rain forests of Amazonian Brazil. – In: GOMEZ-POMPA et al. (1991), 431–436.

DUEÑAS, H. (1998): Paleoclimates in the Lower Magdalena Basin (Columbia) since 8, 000 BP based on pollen and lake-level records. – In: PAGES (1998), 59.

DUIVENVOORDEN, J. F. & LIPS, J. M. (1995): A land-ecological study of soils, vegetation, and plant diversity in Colombian Amazonia. – Tropenbos Ser. 12, Wageningen.

DUNNE, T. (1979): Sediment yield and land use in tropical catchments – J. Hydrol. 42, 281–300.

Ecofit Members (1998): Paleoecology of intertropical forests. – In: PAGES (1998), 61.

EDEN, M. J., FURLEY, P. A., MCGREGOR, D. F. M., MILLIKEN, W. & RATTER, J. A. (1991): Effect of forest clearance and burning on soil properties in northern Roraima, Brazil. – Forest ecology and management 38, 238–290.

EDEN, M. J. & MCGREGOR, D. F. M. (1992): Dynamics of the forest-savanna boundary in the Rio Branco-Rupununi region of northern Amazonia. – In: FURLEY et al. (1992), 77–90.

EDWARDS, K. A. & BLACKIE, J. R. (1981): Results of the East African catchment experiences 1958–1974. – In: LAL & RUSSEL (1981), 163–188.

EDWARDS, P. J. (1982): Studies of mineral cycling in a montane rain forest in New Guinea. V. Rates of cycling in throughfall and litter fall. – J. Ecology 70, 807–827.

EHLERS, E. (1996): Kulturkreise – Kulturerdteile – clash of civilizations. – Geogr. Rundschau 48, 338–345.

EICHLER, H. (1997): Hongkong vor und nach der Stunde Null. – Heidelberger Geogr. Ges. J. 11, 87–96.

ELLENBERG, H. (1985): Auswirkungen von Umweltfaktoren und Nutzungsweisen auf das Artengefüge und die Regeneration tropischer Regenwälder. – Entwicklung und ländlicher Raum 19, 6–12.

ENDLER, J. A. (1982): Pleistocene forest refuges: fact or fancy? In: PRANCE (1982), 641–658.

ENGELHARD, K. (1988): Natürliche Ressourcen, Bevölkerungsentwicklung und kulturlandschaftliche Veränderungsprozesse am Kilimanjaro. – In: MÄCKEL & SICK (1988), 90–104.

ENGLISH, J., TIFFEN, M. & MORTIMORE, M. (1994): Land Resource management in Machakos District, Kenya 1930–1990. – World Bank Environment Papers 5, Washington.

ERDELEN, W., ISHWARAN, N. & MÜLLER, P. (eds.) (1991): Tropical ecosystems. – Weikersheim.

ESCHER, A. (1997): Drusen, Christen und Alawiten in Venezuela und Syrien. – In: Globalisierung und Lokalisierung, Vorträge Univ. Mainz 31.1.–1.2.97.

ESDORN, I. (1961): Die Nutzpflanzen der Tropen und Subtropen der Weltwirtschaft. – Stuttgart.

ESSER, G. & LIETH, H. (1989): Decomposition in tropical rain forests compared with other parts of the world. – In: LIETH & WERGER (1989), 571–580.

ESWARAN, H., BEINROTH, F. H., KIMBLE, J. & COOK, T. (1992): Soil diversity in the tropics: implications for agricultural development. – In: LAL & SANCHEZ (1992), 1–16.
EWEL, J. (1983): Succession. – In: GOLLEY (1983), 217–223.
EWEL, J. C., BERISH, B., BROWN, B., PRICE, N. & RAICH, J. (1981): Slash and burn impacts on a Costa Rican wet forest site. – Ecology 62, 816–829.
FAIRBRIDGE, R. W. (1980): The estuary: its definition and geodynamic cycle. – In: OLAUSSON & CATO (1980), 1–35.
FAUTZ, B. (1984): Agrarlandschaften in Queensland. – Erdkundliches Wissen, Geogr. Z. Beihefte 65.
FAO-UNESCO (1974): Soil map of the World. Vol 1: Legend. – Paris.
FEARNSIDE, P. M. (1985): Brazil's Amazon forest and the global carbon problem. – Intercientcia 10, 179–186.
– (1986): Brazil's Amazon forest and the global carbon problem: reply to LUGO and BROWN, a letter to the editor. – Interciencia 11, 58–66.
– (1988): An ecological analysis of predominant land uses in the Brazilian Amazon. – The Environmentalist 8, 281–300.
FEARNSIDE, P. M. & RANKIN, J. M. (1985): Jari revisited: changes and the outlook for sustainability in Amazonia's largest silvicultural estate. – Interciencia 10, 121–129.
FINDLAY, A. & FINDLAY, A. (1991): Population and development in the third world. – London.
FINDLAY, A. M., PADDISON, R. & DAWSON, J. A. (ed.) (1990): Retailing environments in developing countries. – London.
FINCK, A. (1971): Fruchtbarkeit tropischer Böden. – In: BLANCKENBURG & CREMER (1971), 99–142.
FINK, A., RÜCKERT, S., SCHUR, U. & VORHOLZ, F. (1996): Körner oder Keule. – Die Zeit 25, Juni 1996.
FISCHER, A. B. & HAURI, A. M. (1997): Hygiene und Krankheiten in Tropenländern. – Geogr. Rundschau 1/97, 44–48.
Fischer Weltalmanach 1996, 1997. – Frankfurt.
FISHER, M. J., RAO, I. M., AYARZA, M. A., LASCANO, C. E., SANZ, J. I., THOMAS, R. J. & VERA, R. R. (1994): Carbon storage by introduced deep-rooted grasses in the South American savannas. – Nature 371, 236–238.
FITTKAU, E. J. (1971): Ökologische Gliederung des Amazonas-Gebietes auf geochemischer Grundlage. – Münster. Forsch. Geol. Paläont. 20/21, 35–50.
FITTKAU, E. J., IRMLER, U., JUNK, W. J., REISS, F. & SCHMIDT, G. W. (1975): Productivity, biomass, and population dynamics in Amazon water bodies. – In: GOLLEY & MEDINA (1975), 289–311.
FLEMMING, H. W. (1967): Energie für die Welt. Große Talsperren in fünf Kontinenten. – München.
FLENLEY, J. (1979): The equatorial rain forest. – London.
– (1985): Relevance of Quaternary palynology to geomorphology in the tropics and subtropics. – In: DOUGLAS & SPENCER (1985), 153–164.
FLEISCHHACKER, H., KRENNERICH, M. & THIBAUT, B. (1997): Demokratie und Wahlen in Afrika und Lateinamerika: Bilanz der neunziger Jahre. – In: BETZ & BRÜNE (1997), 93–107.
FLOHN, H. (1969): Climate and weather. – London.
– (1984): Climate evolution in the southern hemisphere and the equatorial region during the late Cenozoic. – In: VOGEL (1984), 5–20.
– (1985): Das Problem der Klimaänderungen in Vergangenheit und Zukunft. – Erträge d. Forsch. 220, Darmstadt.
FLOYD, B. N. (1972): Land apportionment in southern Rhodesia. – In: PROTHERO (1972), 225–238.
FOX, J. J. (1993): Ecological policies for sustaining high production in rice: observations on rice intensification in Indonesia. – In: BROOKFIELD & BYRON (1993), 211–224.
FRANKENBERG, P. (1979): Zur Vegetation des Niltals zwischen der Mittelmeerküste und Khartoum. – Ein Beitrag zu dem Problem Steppe/Savanne. – Die Erde 110, 127–133.
– (1985): Zum Problem der Trockengrenze. – Geogr. Rundschau 37, 350–358.
– (1985 a): Vegetationskundliche Grundlagen zur Sahelproblematik. – Erde 116, 121–135.
– (1990): Prognosen in der Klimatologie. – Akad. d. Wiss. u. Lit., Mainz, Abh. Math.-nat. Kl. 1990, 1.
FRICKE, W. (1967): Nordnigeria-Probleme der Bevölkerungsbewegung eines sudanischen Entwicklungslandes. – Tagungsber. u. wiss. Abh. Dt. Geographentag Bad Godesberg, Wiesbaden 1967, 316–331.

FRICKE, W. (1969): Die Rinderhaltung in Nordnigeria und ihre natur- und sozialräumlichen Grundlagen. – Frankfurter Geogr. Hefte 46.
– (1972): Geographische Faktoren der agraren Produktion in Entwicklungsländern, dargestellt am Beispiel Westafrikas. – Bad Wildunger Beiträge zur Gemeinschaftskunde 4, 282–329.
– (1975): Die Tragfähigkeit von natürlichem Weideland und ihre Kartierung. – Erdkunde 29, 234–237.
– (1978): Man-made lakes in Africa – their benefits and problems. – Geo-Journal 2, 382–384.
– (1979): Bevölkerungs- und Siedlungsstruktur als Ausdruck landschaftsökologischer Anpassung? – Geomethodica 4, 17–44.
– (1979 a): Cattle husbandry in Nigeria. – Heidelberger Geogr. Arbeiten 52.
– (1983): Westafrika: Moderne Großbetriebe als Alternative zur traditionellen Rinderzucht? – Z. Wirtschaftsgeographie 27, 2–9.
– (1989): Die Rinderhaltung in Westafrika und ihre anthropo- und physiogeographischen Umweltbedingungen. – In: HEMANN & NEBELSIECK (1989), 83–128.
FRICKE, W. & KOCHENDÖRFER-LUCIUS (1988): Der Einfluß der Verkehrslage auf die regionale Agrarstruktur in Westafrika – überprüft an der Wirkung ländlicher Nebenstraßen in den Monts des Dan (Elfenbeinküste). – In: MÄCKEL & SICK (1988), 76–89.
FRICKE, W. & MALCHAU, G. (1994): Die Volkszählung in Nigerien 1991 – Geographische Aspekte eines politischen Pokers. – Z. Wirtschaftsgeogr. 38, 163–178.
– (1995): Neue Aspekte zur erweiterten Tragfähigkeit im dichtbesiedelten Umland von Uyo, SE-Nigeria. – In: LEISCH (1995), 115–123.
FUCHS, M. (1995): Veränderungen im Produktionssystem ‚Automobil'. Das Beispiel Puebla (Mexiko). – Z. Wirtschaftsgeogr. 39, 124–132.
FURCH, K. (1976): Haupt- und Spurenmetallgehalte zentralamazonischer Gewässertypen (erste Ergebnisse). – Biogeographica 7, 27–43.
FURCH, K., JUNK, W. J. & KLINGE, H. (1982): Unusual chemistry of natural waters from the Amazon region. – Acta Cient. Venezolana 33, 269–273.
FURCH, K. & KLINGE, H. (1989): Chemical relationships between vegetation, soil and water in contrasting inundation areas of Amazonia. – In: PROCTOR (1989a), 189–204.
FURLEY, P. A., PROCTOR, J., RATTER, J. A. (eds.) (1992): Nature and dynamics of forest-savanna boundaries. – London.
GADGIL, M. (1991): Restoring India's forest wealth. – Nature & Resources 7, 12–20.
GAIGL, A. (1997): Nützlicher Wüterich. – Eine Raubmilbe aus Südamerika rettet die afrikanische Maniokernte. – Die Zeit 41.
GALL, P. (1996): What really matters-human development. – In: JAMESON & WILBER (1996), 530–538.
GELBERT, M. (1988): Chena (shifting) cultivation and land transformation in the dry zone of Sri Lanka. – Sri Lanka Studies, Dept. Geogr. Univ. Zürich.
GENTRY, A. H. & VASQUEZ, R. (1988): Where have all the *Ceibas* gone? A case history of mismanagement of a tropical forest resource. – Forest ecology and management 23, 73–76.
GEROLD, G. (1987): Vegetationsdegredation und fluviale Bodenerosionsgefährdung in den Äußeren Tropen. – In: KOHLHEPP & SCHRADER (1987), 157–174.
– (1991): Nutzungseingriffe in tropischen Waldgesellschaften und deren pedo-ökologische Folgen (Bolivien). – In: SCHOLZ (1991), 25–40.
GHUMAN, B. S. & LAL, R. (1987): Effects of partial clearing on microclimate in a humid tropical forest. – Agricultural and Forest Meteorology 40, 17–29.
GIESSNER, K. (1985): Hydrologische Aspekte zur Sahel-Problematik. – Die Erde 116, 137–157.
– (1988): Die subtropisch-randtropische Trockenzone. – Geoökodynamik 9, 135–183.
– (1988a): VIII. Naturresourcen und Unterentwicklung: Ökologische Aspekte als Rahmenbedingungen für Entwicklung vor dem Hintergrund der Dependenztheorie. – In: Armut im Süden durch Wohlstand im Norden, 143–166.
GIESSNER, K. & MAYER-LEIXNER, G. (1995): Die Feuerholzproblematik in den Subsahara-Staaten Schwarzafrikas. – In: LEISCH (1995), 125–144.

GILMOUR, D. A. & BONELL, M. (1979): Runoff processes in tropical rainforests with special reference to a study in north-east Australia. – In: PITTY (1979), 73–92.
GLADWELL, J. S. & BONELL, M. (1990): Water-related problems of the humid tropics. – Nature and Res. 26, 24–28.
GLASER, G. (1969): Der Zinnstein-Abbau in Rondonia. – Geogr. Z. 57, 241–267.
– (1971): Neue Aspekte der Rinderweidewirtschaft in Zentralbrasilien. – In: Beiträge zur Geographie Brasiliens,.Heidelberger Geographische Arbeiten 34, 19–42.
GLASS, C. (1978): Bevölkerungswachstum als Katastrophe. – Campus Verlag Forschung 52.
GLEAVE, M. B. (1996): The length of the fallow period in tropical fallow farming systems: a discussion with evidence from Sierra Leone. – Geogr. J. 162, 14–24.
GOERDELER, C. D. (1996): Reservate ohne Schutz. – Die Zeit 13.
GOLDAMMER, J. G. (ed.) (1990): Fire in the tropical biota. – Ecol. Stud. 84.
GOLDAMMER, J. G. & SEIBERT, B. (1990): The impact of droughts and forest fires on tropical lowland rain forest of East Kalimantan. – In: GOLDAMMER (1990), 11–31.
GOLDMANN, S., NAGEL, R., PREISS, K. & WARNECKE, H.-J. (1996): Agil im Wettbewerb. – Berlin.
GOLLEY, F. B. (ed.) (1983): Tropical rain forest ecosystems. – Amsterdam.
GOLLEY, F. B. & MEDINA, E. (eds.) (1975): Tropical ecological systems. – Berlin.
GOMEZ-POMPA, A. & BURLEY, F. W. (1991): The management of natural tropical forests. – In: GOMEZ-POMPA et al. (1991), 3–18.
GOMEZ-POMPA, A., WHITMORE, T. C. & HADLEY, M. (eds.) (1991): Rain forest regeneration and management. – Paris, UNESCO.
GORMSEN, E. (1981): Das mexikanische Kunsthandwerk unter dem Einfluß des internationalen Tourismus: Entwicklungen und regionale Auswirkungen. – Ibero-Amerikanisches Archiv, N. F. 7, 77–110.
– (1987): Der Tourismus und seine Folgen für Mensch und Umwelt in Lateinamerika. – In: KOHLHEPP & SCHRADER (1987), 241–252.
– (1993): Internationale Migration. Begriffe – Hintergründe – Folgen. Ein weltweiter Vergleich. – In: GORMSEN & THIMM (1993), 7–56.
– (1996): Tourismus in der Dritten Welt – Ein Überblick über drei Jahrzehnte kontroverser Diskussion. – In: MEYER & THIMM (1996), 11–46.
GORMSEN, E. & THIMM, A. (1993): Migration in der Dritten Welt. – Univ. Mainz, Interdisziplinärer Arbeitskreis Dritte Welt, 7. – Mainz.
GOUDIE, A. S. (1994): Mensch und Umwelt. – Heidelberg.
GOUDIE, A. S. & THOMAS, D. S. G. (1985): Pans in southern Africa with particular reference to South Africa and Zimbabwe. – Z. Geomorph. N.F. 29, 1–19.
GOUROU, P. (19613): The tropical world. – London.
GRACE, J. (1992): Modelling energy flows and surface temperatures over forest and savanna. – In: FURLEY et al. (1992), 551–568.
GRAINGER, A. (1996): An evaluation of the FAO tropical forest resource assessment, 1990. – Geogr. J. 162, 73–79.
GREENWOOD, P. G. & HILL, R. D. (1968): Buildings and climate in Singapore. – J. Trop. Geogr. 26, 36–47.
GREGORY, K. J. & WALLING, D. E. (1973): Drainage basin, form and process. – London.
GRENZEBACH, K. (1984): Siedlungsgeographie Westafrika. – Afrika-Kartenwerk, Beiheft W 9.
GRILL, B. (1996): Raus aus der Steinzeit. – Die Zeit 27, Juni 1996.
– (1997): Zahn um Zahn. – Die Zeit 27, Juni 1997.
GROHS, E. (1989): Fraueniniativen und staatliche Intervention in Tanzania. – In: GROHS (1989), 19–38.
– (ed.) (1989): Frauen in der Entwicklung Afrikas und Lateinamerikas. – Univ. Mainz, Interdisziplinärer Arbeitskreis Dritte Welt, 3. Mainz.
GROVE, A. T. (1977): Desertification. – Progress Phys. Geogr. 1, 296–309.
GUPTA, A. (19932): Ecology and development in the third world. – London.
GUTBERLET, J. (1987): Industrialisierung in der Dritten Welt im ökologisch-sozioökonomischen Spannungsfeld. Das Beispiel Cubataõ Brasilien. – In: KOHLHEPP (1987 a), 117–143.

GUTBERLET, J. (1995): Traditionelle kleinbäuerliche Landnutzung im Cerrado. Entwicklungsprozesse und sozio-ökologische Konflikte am Beispiel Acorizal. – In: KOHLHEPP (1995a), 189–220.
GWATKIN, D. R. & BRANDEL, S. K. (1982): Bevölkerungsexplosion – ein Ende in Sicht?– Spektrum d. Wissenschaft, Heft Juli 1982, 16–24.
HAANTJENS, H. A., MABBUTT, J. A. & PULLEN, R. (1965): Environmental influences in anthropogenic grasslands in the Sepik Plains, New Guinea. – Reprint from: Pacific Viewpoint 67, No. 2.
HAAS, H.-D. (1980): Die Bewässerungswirtschaft als Mittel einer wirtschaftlichen Inwertsetzung arider und semiarider Gebiete im karibischen Raum. – Tübinger Geogr. Studien 80, 321–352.
HAASE, R. & GUNNEMANN, H. (1988): Beispiele natürlicher Weiden im tropischen Bolivien. – In: ALKÄMPER (1988), 87–94.
HADLEY, M. (1991): Rain forest regeneration and management: strengthening the research-management connection. – In: GOMEZ-POMPA et al. (1991), 443–449.
HADLEY, M. & LANLY, J.-P. (1983): Tropical forest ecosystems: identifying differences seeking similarities. – Nature and Res. 19, 2–19.
HAFFER, J. (1989): Vögel Amazoniens: Ökologie und Artenreichtum. – In: HARTMANN (1989), 107–122.
HAFFNER, W. & MÜLLER-BÖKER (ed.) (1988): Forschungsansätze und Forschungsergebnisse aus Agrarökologie, Geographie und Völkerkunde. – Giessener Beiträge zur Entwicklungsforschuung, Reihe 1, 16.
HAGEDORN, H. (1972): Die Polder am Tschad-See. – In: BRAUN (1972), 403–428.
HALL, M. L. (1992): The 1985 Nevado del Ruiz eruption: scientific, social and governmental response and interaction before the event. – In: MCCALL et al. (1962), 43–52.
HAMPÂTE BÂ, A. (1991: Jäger des Wortes. – Wuppertal.
HAMILTON, C. (1996): Can the rest of Asia emulate the NIEs? – In: JAMESON & WILBER (1996), 355–379.
HAMMEN, T. van der (1982): Paleoecology of tropical south America. – In: PRANCE (1982), 60–66.
HANSEN, F. (1998): Kampf im Fiebergürtel. – Die Zeit 15.
HARIDASAN, M. (1992): Observations on soils, foliar nutrient concentrations and floristic composition of cerrado sensu stricto and ceradao communities in central Brazil. – In: FURLEY et al. (1992), 171–184.
HARRISON, S. P., METCALFE, S. E., STREET-PERROTT, F. A., PITTOCK, A. B., ROBERTS, C. N., SALINGER, N. J. (1984): A climatic model of the last glacial/interglacial transition based on paleotemperature and paleohydrological evidence. – In: VOGEL (1984), 21–34.
HARTGE, K. H. (1978): Einführung in die Bodenphysik. – Stuttgart.
HARTMANN, G. (ed.) (1989): Amazonien im Umbruch. – Berlin.
HAZELDINE, N. (1982): Six tribes of the golden triangle. – Geogr. Mag. 56, 84–93.
HAUSER, J. (1982): Bevölkerungslehre. – Stuttgart, UTB 1164.
HAUSHERR, K. (1969): Agricultural colonization in the Kapatagan Basin, Lanao del Norte, Philippines. – Jahrbuch des Südasien-Instituts Universiät Heidelberg 3, 100–116.
– (1971): Traditioneller Brandrodungsfeldbau (chena) und moderne Erschließungsprojekte in der „Trokkenzone" im Südosten Ceylons. – Geogr. Zt., Beihefte 27, 167–204.
HEATHCOTE, R. L. (1965): Back of Bourke. – Melbourne.
– (ed.) (1988): The Australian experience. Essays in Australian land settlement and resource management. – Melbourne.
HECKLAU, H. (1968): Die agrarlandschaftlichen Auswirkungen der Bodenbesitzreform in den ehemalgen White Highlands von Kenya. – Die Erde 98, 236–264.
– (1970): Bewässerungsfeldbau in Kenya. – Abh. 1. Geogr. Inst. FU Berlin 13, 475–492.
HEGNER, R. (1979): Nichtimmergrüne Waldformationen der Tropen. – Kölner Geogr. Arb. 37.
HEIN, W. (1997): Globalisierung und die Krise des Fordismus. – In: Globalisierung und Lokalisierung, Vorträge Univ. Mainz 31.1.–1.2.97.
HEINE, K. (1991): Paläoklima und Reliefentwicklung der Namibwüste im überregionalen Vergleich. – Geomethodica 16, 53–92.
– (1994): The Mera site revisited: ice-age Amazon in the light of new evidence. – Quaternary International 21, 113–119.
– (1994 a): Bodenzerstörung – ein globales Umweltproblem. – In: ANHUF & FRANKENBERG (1994), 65–91.

Heine, K. (1994 b): Eis am Äquator, Wasser in der Wüste. – Blick in die Wissenschaft 3, 45–61.
Heine, K., Strunk, H. & Völkel J. (eds.) (1995): Erträge geomorphologischer Forschung. – Regensburger Geogr. Schr. 25.
Hemann, H. & Nebelsieck (1989) (ed.): Berichte aus der Praxis des Berufsfeldes Internationale Agrarentwicklung. – Der Tropenlandwirt, Beiheft 35.
Hempel, G. (1970): Die Weltmeere als Nahrungsquelle. – In: Dietrich 1970, 179–186.
Henkel, K. (1987): Agrarräumliche Entwicklungen im östlichen Pará (Amazonien), unter besonderer Berücksichtigung kleinbäuerlicher Landwirtschaft. – In: Kohlhepp (1987a), 213–255.
Henkel, R. (1997): Afrika – Kontinent der Stammeskonflikte? – Heidelberger Geogr. Ges. Journal 11, 121–136.
Henrich, J. (1981): Interaction between weed control and fertilizer use in rice cultivation in Sierra Leone. – Giessener Beitr. Entwicklungsforschung, Reihe 1, 7, 139–150.
Henshall Momsen, J. (1991): Women and development in the Third World. – London.
Herfort, J. (1995): Agroforstwirtschaft als Versuch einer nachhaltigen kleinbäuerlichen Landwirtschaft. Am Beispiel der FASE in Pontes e Lacerda. – In: Kohlhepp (1995 a), 157–188.
Herkendell, J. & Koch, E. (1991): Bodenzerstörung in den Tropen. – München.
Herresthal, M. (1976): Die landschaftsräumliche Gliederung des indischen Subkontinents. – Arb. Geogr. Inst. Saarbrücken 23.
Herrmann, R. (1967): Die Wasserversorgung Ost-Nigerias. Ein Beispiel für die humiden Tropen. – Wasser u. Boden 5, 133–138.
– (1968): Methoden und Ergebnisse einer hydrogeographischen Landesaufnahme von Ostnigeria. – Erdkunde 22, 89–100.
– (1970): Vertically differentiated water balance in tropical high mountains – with special reference to the Sierra Nevada de Santa Marta/Columbia. – IASH, Proc. Reading Symposion 262–273.
Herz, W. (1997): Die große Ausrede. – In: Zeitpunkte 1/97, 86–89.
Hesmer, H. (1970): Der kombinierte land- und forstwirtschaftliche Anbau. – Tropisches und subtropisches Asien. – Stuttgart.
Heesterman, J. E. (1971): Lagerung, Be- und Verarbeitung landwirtschaftlicher Produkte. – In: Blanckenburg & Cremer (1971), 969–987.
Hetzel, W. (1974): Handel in Togo und Dahomey. Kölner Geogr. Arb., Sonderf. Beiträge zur Länderkunde Afrikas 7.
– (1983): N'Gaoundere. – Kölner Geogr. Arb., Sonderf., Beiträge zur Länderkunde Afrikas 12.
– (1988): Neue Plantagen im Südwesten der Elfenbeinküste. – In: Mäckel & Sick (1988), 53–75.
Heuser, U. J. (1997): Die Tiger werden erwachsen. – Die Zeit 3/1997. (1997 a): Dämme gegen das Kapital. Rezension: Die Gruppe von Lissabon: Grenzen des Wettbewerbs. – München. Die Zeit 9/97.
Hinz, E. (1984): Geomedizin-Westafrika. – Afrika-Kartenwerk, Beiheft W 14.
Hirsch-Kreinsen, H. &Wilhelm, K.-J. (1996): Internationalisierung eines Elektrotechnischen Unternehmens – Das Beispiel ABB. – In: Meil (1996), 101–122.
Högberg, P. (1989): Root symbioses of trees in savannas. – In: Proctor (1989a), 121–136.
Höllermann, P. (1990): Morphodynamik und Morphogenese von Rumpfflächen. – Erdkunde 44, 149–152.
Hodder, B. W. (1968): Economic development in the tropics. – London.
Hollier, G. (1990): Rural distribution channels in West Africa. – In: Findlay et al. (1990), 52–65.
Hollis, G. E., Holland, M. M., Maltby, E. & Larson, J. S. (1988): Wise use of wetlands. – Nature and resources 14, 2–13.
Holmes, J. A., Street-Perrott, F. A., Perrott, R. A., Allen, M. J., Barber, N., Fothergill, P., Ivanovich, M. & Waller, M. (1998): Paleolimnological records of Holocene draught variability in the West African Sahel. – In: PAGES (1998), 75.
Holtz, U. (ed.) (1997): Probleme der Entwicklungspolitik. – Cicero-Schriftenreihe 2.
Hoffmann, T. (ed.) (1997): Wasser in Asien – Elementare Konflikte. Osnabrück.
Hopkins, B. (1962): Vegetation of the Olokemeji forest reserve, Nigeria. 1. General features of the reserve and the research sites. – J. Ecol. 50, 559–598.

HOPKINS, B. (1965a) 2. The climate with special reference to its seasonal changes. – J. Ecol. 53, 109–124.
– (1965b) 3. The microclimates with special reference to their seasonal changes. – J. Ecol. 53, 125–138.
– (1966): 4. The litter and soil with special reference to their seasonal changes. – J. Ecol. 54, 687–703.
HOSSAIN, M. M. (1998): Cyclone hazard in the coastal area of Bangladesh. – In: PAGES (1998), 77.
HOTTES, K. H. (Hrsg.) (1979): Geographische Beiträge zur Entwicklungsländer-Forschung. – Dt. Ges. f. Friedens- und Konfliktforschung 12.
HUBER, O. (1982): Significance of savanna vegetation in the Amazon Territory of Venezuela. – In: PRANCE (1982), 221–244.
HUNTER, J. M. (1966): River blindness in Nangodi, Northern Ghana. – Geogr. Rev. 56, 398–416.
– (1972): Cocoa migration and patterns of land ownership in the Densu Valley near Suhum, Ghana. – In: PROTHERO (1972), 85–109.
HUNTLEY, B. J. & WALKER, B. H. (eds.) (1982): Ecology of tropical savannas. – Ecological Stud. Ser. 42. – Berlin.
HUPFER, P. (1991): Das Klimasystem der Erde. – Berlin.
HURNI, H. (1978): Soil erosion forms in the Simen Mountains-Ethiopia, with map 1:25000. – In MESSERLI & AERNI (1978), 93–100.
HUTJES, R. W. A., WIERDA, A. & VEEN, A. W. L. (1990): Rainfall interception in the Tai Forest, Ivory Coast: application of two simulation models to a humid tropical system. – J. Hydrology 114, 259–275.
HÜSER, K. & REINL, T. (1985): Abtragungsgeschwindigkeit unter exzessivem tropischen Klima – das Beispiel der Vulkaninsel La Réunion im südindischen Ozean. – Geoökodynamik 6, 21–34.
– (1987): Landnutzung tropischer Inseln. – Geogr. Rundschau 39, 44–52.
IBRAHIM, F. N. (1984): Savannen- Ökosysteme. – Geowissenschaften in unserer Zeit 2, 145–159.
IMMELMANN, T. (1996): Der lange Weg zum sustainable management: Umwelt und Tourismus in der Dritten Welt am Beispiel der Malediven. – In: MEYER & THIMM (1996), 155–172.
IRMLER, U. (1989): Die Fauna der Überschwemmungswälder des Amazonas; Bedeutung, Anpassung und Verbreitung. – In: HARTMANN (1989), 227–244.
JACOBEIT, J. (1989): Zirkulationsdynamische Analyse rezenter Konvektions- und Niederschlagsanomalien in den Tropen. – Augsburger Geogr. Hefte 9.
– (1991): Climatic impacts of tropical land use practices. – In: ERDELEN et al. (1991), 69–89.
– (1993): Regionale Unterschiede im atmosphärischen Zirkulationsgeschehen bei globalen Klimaveränderungen. – Die Erde 124, 63–77.
JÄTZOLD, R. (1967): Aktuelle Probleme der Europäersiedlungen in Ostafrika. – Geogr. Z. 55, 42–51.
– (1988): Agro-ökonomische Dynamik in den agro-ökologischen Zonen der Tropen (mit Preisentwicklungsbeispielen aus Kenia). – In MÄCKEL & SICK (1988), 135–143.
JAMESON, K. P. & WILBER, C. K. (ed.) (1996): The political economy of development and underdevelopment. – New York.
JARRETT, H. R. (1977): Tropical geography. – Plymouth.
JEANS, D. N. (ed.) (1978): Australia: a geography. – London.
JESSEN, O. (1943): Die Randschwellen der Kontinente. – Petermanns Geogr. Mitt. Erg. H. 241.
JOHNSON, B. L. C. & SCRIVENOR, M. L. M. (1981): Sri Lanka, land, people and economy. – London.
JOHNSON, T. C., KELTS, K., BEUNING, K., VERSCHUREN, D., NGOBI, I. SSEMMANDA, I. & SCHOLZ, C. A. (1998): IDEAL results on Lake Victoria: life on the edge. – In: PAGES (1998), 79.
JONES, J. A. (1992): Soil formation and nutrient dynamics at the woodland-savanna boundary in east Africa. – In: FURLEY et al. (1992), 185–212.
JONES, J. R. (1988): Colonization in central America. – In: MANSHARD & MORGAN (1988), 241–266.
JORDAN, C. F. (1989): An Amazonian rain forest: the structure and function of a nutrient stressed ecosystem and the impact of slash- and -burn agriculture. – London.
– (1991): Nutrient cycling processes and tropical forest management. – In: GOMEZ-POMPA et al. (1991), 159–180.

JORDAN, C. F. & HEUVELDORP, J. (1981): The water budget of an Amazonian rain-forest. – Acta Amazonica 11, 87–92.

JORDAN, E. (1996): Umweltrisiken in den tropischen Anden. – Heidelberger Geogr. Ges. J. 10, 68–96.

JORDAN, E., CUELLAR, P. V. & PEREZ, A. (1987): Alternative Energien und ökologische Probleme ihrer Nutzung in Bolivien. – In: KOHLHEPP & SCHRADER (1987), 225–240.

JÜLICH, V. (1975): Die Agrarkolonisation im Regenwald des mittleren Río Huallaga (Peru). – Marburger Geogr. Schriften 63.

JUNGFER, E. (o. J.): Gibt es eine ökologische Benachteiligung der Entwicklungsländer? – Reihe d. Forschungen im Schäuble Verlag 8, 28–35.

JUNK, W. J. (1982): Zur Entwicklung aquatischer Makrophyten in Curuá-Una, dem ersten Stausee in Zentralamazonien. – Arch. Hydrobiol. 95, 169–180.

– (1989): Wasserstandsschwankungen und Ökologie im tropischen Überschwemmungsgebiet. – In: HARTMANN (1989), 181–189.

JUNK, W. J. & FURCH, K. (1985): The physical and chemical properties of Amazonian waters and their relationships with the biota. – In: PRANCE & LOVEJOY (1985), 3–17.

JUO, A. S. R. & KANG, B. T. (1989): Nutrient effects of modification of shifting cultivation in West Africa. – In: PROCTOR (1989), 289–300.

JUSATZ, H. J. (1984): Grundlagen und Grundbegriffe der Geomedizin. – Geogr. Z., Erdkundliches Wissen 70, 11–24.

KAM-BIU, L. & COLINVAUX, P. A. (1988): A 5200-year history of Amazon rain forest. – J. Biogeogr. 15, 231–248.

KAMPEN, J., HARI KRISHNA, J. & PATHAK, P. (1981): Rainy season cropping on deep vertisols in the semiarid tropics – effects on hydrology and soil erosion. – In: LAL & RUSSEL (1981), 257–271.

KAREKEZI, S. & MACKENZIE, G. A. (1993a): Introduction. – In: KAREKEZI & MACKENZIE (1993), 3–7.

– (ed.) (1993): Energy options for Africa. – Zed Books.

KARL, T. L. & SCHMITTER, P. C. (1996): Democratisation around the globe: opportunities and risks. – In: JAMESON & WILBER 1996, 166–183.

KARLÉN, W. (1998): Mount Kenyan glacier advances. – In: PAGES (1998), 81.

KASTENHOLZ, H. G., ERDMANN, K. H. & WOLFF, M. (eds.) (1996): Nachhaltige Entwicklung. – Heidelberg.

KAYSER, K. (1957): Zur Flächenbildung, Stufen- und Inselberg-Entwicklung in den wechselfeuchten Tropen auf der Ostseite Süd-Rhodesiens. – Tagungsber. Wiss. Abh. Dt. Geographentag Würzburg, 165–172, Wiesbaden 1958.

KELLER, R. (ed.) (1983): Hydrology of humid tropical regions. – IAHS Publ. 140.

KELLMAN, M. (1984): Synergistic relationships between fire and low soil fertility in neotropical forests: a hypothesis. – Biotropica 16, 158–160.

KEMPER, B. (1987): Erosionsprobleme in Lateinamerika. Beispiele aus Südbrasilien und Bolivien. – In: KOHLHEPP & SCHRADER (1987), 143–156.

KEMPER, B. & DERPSCH, R. (1980/81): Results of studies made in 1978 and 1979 to control erosion by cover crops and no-tillage techniques in Paraná, Brazil. – In: Soil & tillage research (1980/81), 253–267.

KENWORTHY, J. B. (1971): Water and nutrient cycling in a tropical rain forest. – In: Univ. Hull, Dept. Geogr. Misc. Ser. 11, 49–65.

KERSHAW, A. P. (1992): The development of rainforest-savanna boundaries in tropical Australia. – In: FURLEY et al. (1992), 255–272.

KESEL, R. H. (1977): Slope runoff and denudation in the Rupununi Savanna Guyana. – J. Trop. Geogr. 44, 33–42.

KESSLER, A. (1991): Zur Frage der Änderung der allgemeinen atmosphärischen Zirkulation auf dem Altiplano seit dem Spätglazial. – Bamberger Geogr. Schriften 11, 351–357.

KING, L. C. (1962): The morphology of the earth. – Edinburgh.

KLAUS, D. (1986): Desertifikation im Sahel. – Geogr. Rdsch. 38, 577–583.

KLAUS, D. & FRANKENBERG, P. (1980): Pflanzengeographische Grenzen der Sahara und ihre Beeinflussung durch Desertifikationsprozesse. – Geomethodica 5, 109–137.

KLINGE, H. (1976): Bilanzierung von Hauptnährstoffen im Ökosystem tropischer Regenwald (Manaus) – vorläufige Daten. – Biogeographica 7, 59–77.
– (1976 a): Nährstoffe, Wasser und Durchwurzelung von Podsolen und Latosolen unter tropischem Regenwald bei Manaus/Amazonien. – Biogeographica 7, 45–57.
– (1978): Biomass studies in Amazon caatinga forest in southern Venezuela. 1. Standing crop of composite root mass in selected stands. – Trop. Ecol. 19, 93–110.
KLINGE, H. & HERRERA, R. (1978): Biomass studies in Amazon caatinga forest in southern Venezuela. Standing crop of composite root mass in selected stands. – Trop. Ecol. 19, 93–110.
KLINGE H. & MEDINA, E. (1979): Rio Negro caatingas and campinas, Amazonas States of Venezuela and Brazil. – In: SPECHT (1979), 483–488.
KLINK, H.-J. & MAYER, E. (1983): Vegetationsgeographie. – Braunschweig.
KÖPPEN, W. (1900): Versuch einer Klassifikation der Klimate vorzugsweise nach ihren Beziehungen zur Pflanzenwelt. – Geogr. Z. 6, 593–611, 657–679.
– (1931): Grundriß der Klimakunde. – Berlin.
KOHLHEPP, G. (1971): Industriestandorte im brasilianischen Santa Catarina. – Geogr. Rundschau 1–71, 10–23.
– (1975): Agrarkolonisation in Nord-Paraná. – Heidelberger Geogr. Arbeiten 41.
– (1982): Landwirtschaft und Agrarreformen. – Bürger im Staat 32, 38–47.
– (1987): Itaipu. – Braunschweig.
– (1987a) (ed.): Brasilien. – Tübinger Geogr. Studien 93.
– (1987b): Wirtschafts- und sozialräumliche Auswirkungen der Weltmarktintegration Ost-Amazoniens. Zur Bewertung der regionalen Entwicklungsplanung im Grande Carajás-Programm in Pará und Maranhão. – In: KOHLHEPP (1987a), 213–254.
– (1989): Strukturwandlungen in der Landwirtschaft und Mobilität der ländlichen Bevölkerung in Nord-Paraná (Südbrasilien). – Geogr. Z. 77, 42–62.
– (1989a): Donauschwaben in Brasilien. – Tübinger Geogr. Studien 102, 353–386.
– (1989b): Verkehrs-, Siedlungs- und Wirtschaftsentwicklung und Probleme der regionalen Entwicklungsplanung im brasilianischen Amazonien. – In: HARTMANN (1989), 157–180.
– (1991): Umweltpolitik zum Schutz tropischer Regenwälder in Brasilien. – KAS Auslandsinformationen 1991, 1–23.
– (1992): Tragfähige Schutz- und Nutzungskonzepte für tropische Regenwälder in Amazonien aus ökologischer, sozioökonomischer und umweltpolitischer Sicht. – In: REINHARD & WALDMANN (1992), 49–63.
– (1994): Brasilien heute. Raum und Bevölkerung. – In: BRISEMEISTER et al. 1994. 9–107, Strukturprobleme des brasilianischen Agrarsektors 277–292, Bergbau und Energiewirtschaft 293–303.
– (1995): Raumwirksame Staatstätigkeit in Lateinamerika. Am Beispiel der Sukzessionen staatlicher Regionalpolitik in Brasilien. – In: MOLS & THESING 1995, 195–210.
– (1995 a) (ed.): Mensch-Umwelt-Beziehungen in der Pantanal-Region von Mato Grosso/Brasilien. – Tübingen Geogr. Studien 114.
– (1995 b): Amazonien im Spannungsfeld von Umweltpolitik und Regionalentwicklung. – In: SEVILLA & RIBEIRO (1995), 27–43.
– (1995/96): Die deutsch-brasilianische wissenschaftliche Zusammenarbeit. – Staden-Jahrbuch 43/44, 131–142.
– (1997): Regional policies in Brazil: the spatial impact of state activity in Amazonia. – In: NAERSEN et al. (1997), 231–240.
KOHLHEPP, G. & SCHRADER, A. (eds.) (1987): Ökologische Probleme in Lateinamerika. – Tübinger Geogr. Stud. 96.
KOHLHEPP, G. & WALSCHBURGER, A. CH. (1987): Agrarkolonisation in Kolumbien und Ecuador. – Geogr. Rundschau 39, 107–113.
KOLB, A. (1962): Die Geographie und die Kulturerdteile. – Hermann v. Wissmann-Festschrift. Tübingen, 42–49.
– (1978): Gross-Manila. – Die Individualität einer tropischen Millionenstadt. – Hamburger Geogr. Studien 34.

KOLB, A. (1981): Die Pazifische Welt. – Kleine Geogr. Schriften 3, Berlin.
KRAAS, F. (1995): Bangkok. Probleme einer Megastadt in den Tropen Südostasiens. – Problemräume der Welt 16, Köln.
– (1996): Bangkok. – Geogr. Rundschau 48, 89–96.
– (1997): Megastädte: Urbanisierung der Erde und Probleme der Regierbarkeit von Metropolen in Entwicklungsländern. – In: HOLTZ (1997), 139–177.
– (1997 a): Ressourcenmanagement in der Megastadt: Wasser als Engpaß in Bangkok. – In: HOFFMANN (1997), 174–182.
– (1997 b): Unruhen in Myanmar/Birma. – Geogr. Rundschau 49, 315–318.
KRUSE-GRAUMANN, L. (1996): Psychologische Ansätze zur Entwicklung einer zukunftsfähigen Gesellschaft. – In: KASTENHOLZ et al. (1996), 119–140.
KUBITZKI, K. (1985): The dispersal of forest plants. – In: PRANCE & LOVEJOY (1989), 192–206.
KUBITZKI, K. (1985a): Die tropischen Regenwälder: Probleme ihrer Genese aus botanischer Sicht. – Verh. Dt. Zool. Ges. 78, 147–158.
KUBINIOK, J. (1991): Soil degradation in the mountain areas of northern Thailand. – In: Jeomorpholoji Dergisi Özel Sayi 19, 73–82.
– (1994): Geoökologische Probleme agrarischer Nutzung im Bergland Nordthailands. – In: Giessener Beiträge zur Entwicklungsforschung Reihe I (Symposien), Bd. 21, 185–197.
KÜNG, H. (1996): Das eine Ethos in der einen Welt– Ethische Begründung einer nachhaltigen Entwicklung. – In: KASTENHOLZ et al. (1996), 235–253.
KULS, W. (1980): Bevölkerungsgeographie. – Teubner Studienbücher Geographie.
LAL, R. (1981): Deforestation of tropical rainforest and hydrological problems. – In: LAL & RUSSELL (1981), 131–140.
LAL, R. & GREENLAND, D. J. (eds.) (1979): Soil physical properties and crop production in the tropics. – Chichester.
LAL, R. & RUSSEL, E. W. (eds.) (1981): Tropical agricultural hydrology. – Chichester.
LAL, R. & SANCHEZ, P. A. (ed.) (1992): Myths and science of soils of the tropics. – SSSA Spec. Publ. 29
LAMB, D. (1991): Combining traditional and commercial uses of rain forests. – Nature and Resources 27, 3–11.
LAMPARTER, D. H. (1997): Vorsprung durch service. – Die Zeit 1997/37.
LAMPE-SCHNEIDER, G. (1985): The significance of complement in the so-called Trypanotolerance of Taurine, authochtonous, West African Cattle. – Animal research and development 22, 70–105.
LANGE, O. L., NOBEL, P. S., OSMOND, C. B. & ZIEGLER, H. (eds.) (1983): Physiological plant ecology IV. – Berlin.
LANLY, J.-P., SINGH, K. D. & JANZ, K. (1991): FAO's 1990 reassessment of tropical forest cover. – Nature and resources 27, 21–26.
LARCHER, W. (1980): Ökologie der Pflanzen. – Stuttgart. UTB 232.
LAUER, W. (1952): Humide und aride Jahreszeiten in Afrika und Südamerika und ihre Beziehungen zu den Vegetationsgürteln. – Bonner Geogr. Abh. 9.
– (1971): Nature process, ecological balance and cultural landscape in the tropics: Central America as an example. – In: THOMAN (1974), 473–500.
– (1978): Ökologische Klimatypen am Ostabfall der mexikanischen Meseta. – Erdkunde 32, 101–110.
– (1989): Climate and weather. – In: LIETH & WERGER (1989), 7–53.
LAUER, W. & FRANKENBERG, P. (1979): Der Jahresgang der Trockengrenze in Afrika. – Erdkunde 33, 249–257.
LAUFENBERG, M. (1995): Tongehalte und Toncutanen in tropischen Böden. – In: HEINE et al. (1995), 65–74.
LAUTENSACH, H. (1952): Der geographische Formenwandel. – Coll. Geogr. 3, Bonn.
LECHNER-DOLL, M., RUTAGWENDA, T., SCHWARTZ, H. J., V. ENGELHARDT, W. (1988): Fressverhalten und Anpassung von Haustierarten in der Dornbuschsavanne Nordkenias. – In: ALKÄMPER (1988), 249–254.
LEDGER, D. C. (1964): Some hydrological characteristics of West African rivers. – Trans. Inst. Brit. Geogr. 35, 73–90.

LEHMANN, H. (1936): Morphologische Studien auf Java. – Geogr. Abh., R. 3, H. 9.
– (1953): Der tropische Kegelkarst in Westindien. – Tagungsber. u. Wiss. Abh. Dt. Geographentag, Essen, 126–131, Wiesbaden 1955.
LEISCH, H. (ed.) (1995): Perspektiven der Entwicklungsländerforschung. – Trierer Geographische Studien 11.
LICHTENBERGER, E. (1987): Stadtgeographie – Perspektiven. – Geogr. Rundschau Sonderheft, 54–60.
– (1986, 1991, 2): Stadtgeographie. Begriffe, Konzepte, Modelle, Prozesse. – Stuttgart.
LIEDTKE, H. (1990): Eiszeitforschung. – Darmstadt.
LIETH, H. & WERGER, M. J. A. (1989): Tropical rain forest ecosystems. – Ecosystems of the world, Vol. 14B. Amsterdam.
LIETH, H. & WHITTAKER, R. H. (1975): Primary productivity of the biosphere. – Berlin.
LINDH, G. (1990): The need for integrated water management in large urban areas. – Nature and Res. 26, 29–33.
LIVINGSTONE, D. A. (1971): A 22 000-year pollen record from the plateau of Zambia. – Limnol. Oceanogr. 16, 349–356.
– (1982): Quaternary geography of Africa and the refuge theory. – In: PRANCE (1982), 523–537.
LÖFFLER, E. (1974): High-altitude forests and grasslands of Mt. Albert Edward, New Guinea. – J. Trop. Geogr. 34, 58–64.
– (1974a): Röhrenerosion und Pseudokarsterscheinungen im tropischen Tiefland von Neuguinea. – Erdkunde 28, 13–18.
– (1977): Geomorphology of Papua New Guinea. – Canberra.
– (1996): Bioturbation als Faktor der Reliefgenese in den wechselfeuchten Tropen. – Pet. Geogr. Mitt. 140, 301–313.
LÖFFLER, E. & KUBINIOK, J. (1996): Landform development and bioturbation on the Khorat plateau, northeast Thailand. – Nat. Hist. Bull. Siam Soc. 44, 199–216.
LOEWENSON, R. (1992): Modern Plantation agriculture. – Corporate wealth and labour squalor. – London.
LOUIS, H. (1979)[4]: Allgemeine Geomorphologie. – Berlin. 1979 unter Mitarbeit von K. FISCHER.
LUGO, A. E. (1991): Cities in the sustainable development of tropical landscapes. – Nature & Resources 27, 27–35.
LUGO, A. E. & BROWN, S. (1986): Comments on the article by P. M. FEARNSIDE on Brazil's Amazon forest and the global carbon problem. Interciencia 11–58.
LUNDGREN, L. (1981): Soil and vegetation development on fresh landslide scars in the Mgeta Valley, Western Uluguru Mountains, Tanzania. – In: LAL & RUSSEL (1981), 227–236.
LUSIGI, W. J. & GLASER, G. (1984): Desertification and nomadism: a pilot approach in eastern Africa. – Nature and Resources 20, 21–31.
LYNCH, K. (1994): Urban fruit and vegetable supply in Dar es Salaam. – Geogr. J. 160, 307–318.
MABOGUNJE, A. (1970): Systems approach to a theory of rural-urban migration. – Geogr. Analysis 2, 1–18. Zit. n. FINDLAY & FINDLAY (1987), 81.
MACHETZKI, R. (1996): Kein Kampf der Kulturen. – Die Zeit 1996/10.
MÄCKEL, R. (1976): Ist die Röhrenbildung (Piping) klima- und/oder substratbedingt? Ein Diskussionsbeitrag zu C. RATHJENS Aufsatz „Subterrane Abtragung (Piping)“ – Z. Geomorph. N.F. 20, 476–483.
– (1985): Dambos and related landforms in Africa – an example for the ecological approach to tropical geomorphology. – Z. Geomorph. N.F., Suppl. Bd. 52, 1–25.
MÄCKEL, R. & SICK, W. D. (ed.) (1988): Natürliche Ressourcen und ländliche Entwicklungsprobleme der Tropen. Festschrift Walter Manshard. – Geogr. Z., Erdkundliches Wissen 90.
MAGADZA, C. H. D. (1986): Conflicts of resource use on the Lake Kariba environs. – Nature and Resources 22, 2–12.
MAHN, C. (1980): Periodische Märkte und zentrale Orte – Raumstrukturen und Verflechtungsbereiche in Nord-Ghana. – Heidelberger Geogr. Arb. 59.
MAÎTRE, H. F. (1991): Silviculture interventions and their effects on forest dynamics and production in some rain forests of Côte d'Ivoire. – In: GOMEZ-POMPA et al. (1991), 383–392.

MANI, M. A. (ed.) (1974): Ecology and biogeography in India. – Herzogenbosch.
MANSHARD, W. (1960): Ein Vorschlag zur Gliederung und Benennung von Vegetaionsformen in Afrika südlich der Sahara. – Geogr. Taschenbuch, 454–463.
– (1965): Landbesitz in Tropisch-Afrika. – Nachr. Giessener Hochschulgesellschaft 34, 115–138.
– (1966): Wanderfeldbau und Landwechselwirtschaft in den Tropen. – In: Heidelberger Studien zur Kulturgeographie, Heidelberger Geogr. Arbeiten 15, 245–264.
– (1968): Einführung in die Agrargeographie der Tropen. Mannheim, BI Hochschultaschenbuch 356/356a.
– (1970): Afrika – südlich der Sahara. – Fischer Länderkunde 5.
– (1978): Bevölkerungswachstum und Ernährungsspielraum. – Geogr. Rundschau 30, 42–47.
– (1988): Entwicklungsprobleme in den Agrarräumen des tropischen Afrika. – Darmstadt.
– (1997): Kumasi: traditionelles Großzentrum in Aschanti. – Der Bürger im Staat 47, 125–128.
MANSHARD, W. & MÄCKEL, R. (1995): Umwelt und Entwicklung in den Tropen. – Darmstadt.
MANSHARD, W. & MORGAN, W. B. (eds.) (1988): Agricultural expansion and pioneer settlements in the humid tropics. – Tokio.
MARGOT, J. & SAAD, K. F. (1984): Deep-lying aquifers: water mines under the desert? – Nature & Resources 20, 7–13.
MARTENS, E. (1997): Das Gold in den Köpfen heben. Gespräch mit dem amerikanischen Philosophen Frithjof Bergmann. – Die Zeit 11/97.
MARTIN, C. (1989): Die Regenwälder Westafrikas. – Berlin.
MARTINEZ-RAMOS, M., ALVAREZ-BUYALLA, E., SARUKHAN, J. & PINERO, D. (1988): Treefall age determination and gap dynamics in a tropical forest. – J. Ecol. 76, 700–716.
MASSARD, J. L. (1988): Are Malaysian land settlers (new) peasants? Anthropological observations of a nascent community. – In: MANSHARD & MORGAN (1988), 130–140.
MATTER, H. E. & WESTPHAL, A. (1987) (ed:): 20 Jahre Agrarforschung des Tropeninstituts in Äthiopien. – Giessener Beiträge zur Entwicklungsforschung Reihe 1, Bd. 14.
MATZEK, R. (1981): Wenn wir das Holz nicht gehabt hätten. – Holz Aktuell 3/1981, 72–78.
MAYDELL, H. J. v. (1988): Bäume und Sträucher des Sahel als Futterlieferanten. – In: ALKÄMPER (1988), 105–112.
MCCALL, G. J. H., LAMING, D. J. C. & SCOTT, S. C. (1992): Geohazards, natural and man-made. – London.
MCFARLANE, M. J. (1976): Laterite and landscape. – London.
MCINTYRE-CLIMAP (1990): The surface of the Ice-age earth. – In: LIEDTKE (1990), 338–354.
MCMASTER, D. N. (1972): Change of regional balance in the Bukoba District of Tanganyika. – In: PROTHERO (1972), 9–19.
MEDINA, E. & CUEVAS, E. (1989): Patterns of nutrient release in Amazonian forests of the upper Rio Negro basin. – In: PROCTOR (1989a), 217–240.
MEDINA, E. & KLINGE, H. (1983): Productivity of tropical forests and tropical woodlands. – In: LANGE et al. (1983), 281–305.
MEIL, P. (ed.) (1996): Globalisierung industrieller Produktion. – Frankfurt.
MEINARDUS, W. (1893): Beiträge zur Kenntnis der klimatischen Verhältnisse des nordöstlichen Teils des Indischen Ozeans. – Arch. Seewarte 13, H. 7.
MEIS, M. R. M. DE & MOURA, J. R. S. DE (1984): Upper Quaternary sedimentation and hillslope evolution: Southeastern Brazilian Plateau. – Amer. J. Sci. 284, 241–254.
MENAUT, J. C. & CESAR, J. (1979): Savanna structure and primary productivity of Lamto savannas, Ivory Coast. – Ecology 60, 1197–1210.
MENSCHING, H. (ed.) (1982): Physische Geographie der Trockengebiete. – Wege d. Forsch. 536, 192–209.
– (1978): Die Wüste schreitet voran. – Umschau 78, 99–106.
– (1980): Desertification. – Geomethodica 5, 17–41.
– (1986): Das Naturpotential und seine Nutzung in Trockengebieten. – Berliner Geogr. Stud. 20, 47–58.

MENSCHING, H. (1987): Die Grenzen der Sahara in Raum und Zeit: Geomorphologische Bemerkungen zum Paläoklima der nordafrikanischen Wüste vom Tertiär bis heute. – Nova acta Leopoldina 53, 169–184.
– (1988): Untersuchungen zum Kulturlandschaftswandel am unteren Atbara (Republik Sudan). – Erde 119, 193–202.
– (1996): Rezension v. THOMAS & MIDDLETON (1994). – Z. Geomorph. N.F. 40, 414.
MENSCHING, H. & IBRAHIM, F. (1977): The problem of desertification in and around arid lands. – Appl. sci. and development 10, 7–43.
MERZ, E. (1996): Fit durch Veränderungen – strategische Neuausrichtungen in Europa durch Kundenorientierung und Dezentralisierung. – In: MEIL (1996), 149–166.
MERTINS, G. (1984): Marginalsiedlungen in Großstädten der Dritten Welt. – Geogr. Rundschau 36, 434–442.
– (1987): Jüngere industrielle Entwicklung in den Andenländern. – Geogr. Rundschau 39, 74–81.
– (1988): Phasen der Agrar"reform"in Kolumbien, 196l–1986. – In: MÄCKEL & SICK (1988), 296–313.
MESSERLI, B. & AERNI, K. (ed.) (1978): Simen Mountains – Ethiopia. Vol 1: Cartography and its application for geographical and ecological problems. Geographica Bernensia G 8.
MESSERLI, B., IVES, J. D., HOFER, T., LAUTERBURG, A. & WYSS, M. (1988): Erosion und Abfluss als Zeugen ländlicher Entwicklung und natürlicher Ressourcen. – In: MÄCKEL & SICK (1988), 218–236.
MEYER, G. & THIMM, A. (ed.) (1996): Tourismus in der Dritten Welt. – Univ. Mainz, Interdisziplinärer Arbeitskreis Dritte Welt, Veröff. Bd. 10.
MILNE, G. (1935): Some suggested units of classification and mapping, particularly for East African soils. – Soil Res. 4, 183–198.
MIKUS, W. (1987): Aktuelle Tendenzen in der Bewertung von Entwicklungs- und Umweltproblemen – Zwischenergebnisse mit Beispielen zu Befragungsprofilen in einzelnen Institutionen Lateinamerikas. – In: KOHLHEPP & SCHRADER (1987), 253–265.
MOEYERSONS, J. (1989): The concentration of stones into a stone-line, as a result from subsurface movements in fine and loose soils in the tropics. – In: ALEXANDER & SYMOENS (1989), 11–22.
MOLS, M. & THESING, J. (ed.) (1995): Der Staat in Lateinamerika. – Mainz.
MONHEIM, F. (1968): Agrarreform und Kolonisation in Peru und Bolivien. – Ergebnisse einer Reise von 1966. – Erdkundliches Wissen: Beiträge zur Landeskunde von Peru und Bolivien. – Beihefte Geogr. Z. 20, 1–53.
MOON, B. P. & DARDIS, G. F. (1988): The geomorphology of southern Africa. – Johannesburg.
MORGAN, J. (1993): Natural and human hazards. – In: BROOKFIELD & BYRON (1993), 286–301.
MORGAN, W. B. (1988): Agricultural production frontiers in the humid tropics: aspects of spontaneous and planned settlement. – In: MÄCKEL & SICK (1988), 9–28.
MORGAN, W. B. & MOSS, R. P. (1972): Savanna and forest in Western Nigeria. – In: PROTHERO (1972), 20–27.
MORGAN, W. T. W. (1972): The „White Highlands" of Kenya. – In: PROTHERO (1972), 208–224.
MORTIMORE, M. J. (1972): Land and population pressure in the Kano close-settled zone, northern Nigeria. – In: PROTHERO (1972), 60–70.
MOTHES, P. A. (1992): Lahars of the Cotopaxi Volcano, Ecuador: Hazard and risk evaluation. – In: MCCALL (1992), 53–64.
MÜLLER, B. (1996): Naturschutz durch Tourismus? – Probleme und Perspektiven des Ökotourismus in Entwicklungsländern. – In: MEYER & THIMM (1996), 47–72.
MÜLLER, M. J. (1979): Handbuch ausgewählter Klimastationen der Erde. – Universität Trier, Forschungstelle Bodenerosion 5.
MÜLLER, P. (1973): The dispersal centres of terrestrial vertebrates in the neotropical realm. – Biogeographica 2, 1–244.
– (1980): Biogeographie. – Stuttgart. UTB 731.
MÜLLER, P. & SCHMITHÜSEN, J. (1970): Probleme der Genese südamerikanischer Biota. – In: WILHELMY (1970), 109–122.
MÜLLER-BÖKER, U. (1988): Umweltkenntnis und Umweltbewertung in traditionellen Gesellschaften Nepals. – In: HAFFNER & MÜLLER-BÖKER (1988), 101–124.

Müller-Hohenstein, K. (1979): Die Landschaftsgürtel der Erde. – Stuttgart.

Murken, A. & Mukherjee, T. K. (1988): Weideverhalten und selektive Futteraufnahme von malaysischen Ziegen unter Dauerkulturen. – In: Alkämper (1988), 267–274.

Naersen, T. V., Rutten, M. & Zoomers, A. (eds.) (1997): The diversity of development. Essays in honour of Jan Kleinpenning. – Van Gorcum.

Nägeli, R. (1978): Debark (Simen) – a market town in the highland of Ethiopia. – In: Messerli & Aerni (1978), 73–92.

Nepstad, D. C., De Carvalho, C. R., Davidson, E. A., Jipp, P. H., Lefebvre, P. A., Negreiros, G. H., Da Silva, E. D., Stone, T. A., Trumbore, Sw. E. & Vleira, S. (1994): The role of deep roots in the hydrological and carbon cycles of Amazonian forests and pastures. – Nature 372, 666–669.

Neumeister, H. & Peres-Pereiras, R. (1992): Zur Wirkung extremer hydrometeorologischer Ereignisse an der Küste Kubas. – Geoökodynamik 13, 29–40.

Nieuwolt, S. (1969): Klimageographie der malaiischen Halbinsel. – Mainzer geogr. Studien 2.

Nigam, R. & Khare, N. (1998): The appeal of morpho-groups of benthic foraminifera for high resolution paleomonsoonal reconstructions: a study from the western continental margins of India. – In: PAGES (1998), 98.

Nik, A. R. (1989): Water yield changes after forest conversion to agricultural landuse in Peninsular Malaysia. – J. Trop. Forest Sci. 1, 67–84.

Nishizawa, T. & Uitto, J. I. (1995): The fragile tropics of Latin America: Sustainable management of changing environments. – UN Univ. Press.

Nitz, H. J. (1968): Zur Geographie der künstlichen Bewässerung im mittleren Nordindien. – Geogr. Z. 56, 307–326.

– (1982): Kerala, Wirtschaftsräume und Lebensformen im übervölkerten tropischen Südwestindien. – Geoökodynamik 3, 55–88.

Nortcliff, S. & Dias, A. C. P. (1988): The change in soil physical conditions resulting from forest clearence in the humid tropics. – J. Biogeography 15, 61–66.

Nortcliff, S. & Thornes, J. B. (1978): Water and cation movement in a tropical rainforest environment. I. Objectives, experimental design and preliminary results. – Acta Amazonica 8(2), 245–258.

– (1989): Variations in soil nutrients in relation to soil moisture status in a tropical forested ecosystem. – In: Proctor (1989a), 43–54.

Nortcliff, S., Thornes, J. B. & Waylen, M. J. (1979): Tropical forest systems: A hydrological approach. – Amazonia 6, 4, 557–568.

Nuhn, H. (1995): Weltmarktöffnung und Deregulierung. – Z. Wirtschaftsgeogr. 39, 65–67.

Nyoike, P. M. (1993): National industral energy conservation – perspectives from Kenya. – In: Karekezi & Mackenzie (1993), 128–138.

Obasanjo, O. (1994): Wie ein Schaf auf der Schlachtbank. – Die Zeit 39.

O'Connor, A. M. (1971): The Geography of tropical African development. – Oxford.

Odzuck, W. (1982): Umweltbelastungen. – UTB 1182.

Oeschger, H. (1998): Perspectives on global change science; Isotopes in the past and present Earth system. – In: PAGES (1998), 25.

Olausson, E. & Cato, I. (1980): Chemistry and Biogeochemistry of estuaries. – Wiley.

Omorinbola, E. O. (1983): Deep weathering of interfluves in the basement complex of south-western Nigeria: its geomorphological and geohydrological implications. – Trans. Inst. Brit. Geogr. N. S. 8, 342–360.

O'Reilly Sternberg, H. (1960): Radiocarbon dating as applied to a problem of Amazonian morphology. – Reprinted from: Comptes Rendus du XVIII Congres International de Geographie, Rio de Janeiro, Bd. 2, 399–424.

– (1966): Die Viehzucht im Careiro-Cambixegebiet. – Ein Beitrag zur Kulturgeographie der Amazonasniederung. – Heidelberger Geogr. Arbeiten 15, 171–197.

– (1973): Development and Conservation. – Erdkunde 27, 253–265.

– (1995): Waters and wetlands of Brazilian Amazonia: An uncertain future. – In: Nishizawa & Uitto (1995), 113–179.

O'REILLY STERNBERG, H. & RUSSELL, R. J. (1952): Fracture patterns in the Amazon and Mississippi Valleys. – Reprinted from Proceedings, 8th General Assembly, XVIIIth Congress International Geographical Union.
OSSENBRÜGGE, J. (1997): Die Renaissance der politischen Geographie: Aufgaben und Probleme. – Heidelberger Geogr. Ges., Journal 11, 1–18.
OSTERHAMMEL, J. (1995): Kolonialismus. – München.
OSTERLOH, M. & WEIBEL, A. (1996): Handlungsspielräume eines multinationalen Unternehmens – Das Beispiel ABB. – In: MEIL (1996), 123–148.
OTREMBA, E. (1958): Die landwirtschaftlichen Betriebsformen in Venezuela und das Problem der Agrarkolonisation durch Europäer. – Wiss. Veröff. Dt. Inst. Länderkunde, N. F. 15/16, 5–50.
OVERBECK, G. (1975): Die siedlungs-, verkehrs- und wirtschaftsgeographische Struktur Kameruns. – Arbeiten Deutsches Institut für Afrika-Forschung Hamburg 2.
OYEBANDE, L. (1981): Sediment transport and river basin management in Nigeria. – In: LAL & RUSSEL (1981), 201–225.
PADDISON, R., FINDLAY, A. M. & DAWSON, J. (1990): Retailing in less developed countries: an introduction. – In: FINDLAY et al. (1990), 3–15.
PADOCH, C. & VAYDA, A. P. (1983): Patterns of resource use and human settlement in tropical forests. – In: GOLLEY (1983), 301–313.
PAGE, J. (1996): The East Asian miracle: building a basis for growth. – In: JAMESON & WILBER (1996), 205–213.
PAGES (ed.) (1998): Past global changes and their significance for the future. – 1st IGBP Open science meeting April 20–23, 1998, Univ. London. Abstracts.
PAGES-CAPE (1998): Circumarctic Holocene paleoenvironmental change: comparison of paleodata and climate model simulations for 6ka and 10ka. – In: PAGES (1998), 100.
PALMER, J. R. (1991): Jari: Lessons for land managers in the tropics. – In: GOMEZ-POMPA (1991), 419–429.
PARK, C. C. (1992): Tropical rainforests. – London.
PAIJMANS, K. & LÖFFLER, E. (1972): High-altitude forests and grasslands of Mt. Albert Edward, NEW Guinea. – J. Trop. Geogr. 34, 58–64.
PEDERSEN, T. F. & BERTRAND, P. (1998): Influences of oceanic rheostats and amplifiers on atmospheric CO_2-content during the late Quaternary. – In: PAGES (1998), 28.
PENCK, A. (1910): Versuch einer Klimaklassifikation auf physiogeographischer Grundlage. – Sitz. Ber. Preuß. Akad. Wiss. Berlin, Phys. – Math. Kl. 1, 236–246.
PEREIRA, H. C. (1973): Landuse and water resources in temperate and tropical climates. – Cambridge.
PFEIFER, G. (1952): Brasiliens Stellung in der kulturgeographischen Entwicklung der Neuen Welt. – Erdkunde 6, 85–103.
– (1962): Brasilia. – In: Hermann v. Wissmann Festschrift, Tübingen, 289–320.
– (1966): Atlantische Welt. – Würzburger Geogr. Arbeiten 18.
– (1981): Beiträge zur Kulturgeographie der Neuen Welt. – Kleine Geogr. Schriften 2, Berlin.
PHILLIPS-HOWARD, K. D. & LYON, F. (1994): Agricultural intensification and the threat to soil fertility in Africa: evidence from Jos Plateau, Nigeria. – Geogr. J. 160, 252–265.
PIETROWICZ, P. (1983): Ausgewählte Methoden zur Nutzungsoptimierung im Rahmen des standortgerechten Landbaus in Rwanda. – In: ALKÄMPER & MOLL (1963), 143–162.
PINZLER, P. (1997): Im Süden geht die Sonne auf. Neue Chancen für die dritte Welt. – In: Zeitpunkte 97/1, 70–73.
– (1997 a): Gott meint es gut mit mir. – Die Zeit 6.
PIRAZZOLI, P. A., DELIBRIAS, G., MONTAGGIONI, L. F., SALIEGE, J. F. & VERGNAUD-GRAZZINI, C. (1987): Vitesse de croissance latérale des platiers et évolution morphologique récente de l'atoll de Reao, isle Tuamotu, Polynesie Francaise. – Ann. Inst. océanographique 63, 57–68.
PIRAZZOLI, P. A., RADTKE, U., HANTORO, W. S., JOUANNI, C, HOANG, C. T., CAISSE, C. & BOREL BEST, M. (1991): Quaternary raised coral-reef terraces on Sumba Island, Indonesia. – Science 252, 1834–1836.

PIRAZZOLI, P. A., RADTKE, U., HANTORO, W. S., JOUANNI, C, HOANG, C. T., CAISSE, C. & BOREL BEST, M. (1993): A million-year-long sequence of marine terraces on Sumba Island, Indonesia. – Marine geology 109, 221–236.

PIPER, N. (1997): Angstfaktor Weltmarkt. Der globale Wettbewerb wird härter. – In: Zeitpunkte 1/97, 6–13.

PITTY, A. F. (ed.) (1979): A geographical approach to fluvial processes. – Norwich.

PLOETZ (1965): Raum und Bevölkerung in der Weltgeschichte, Bd. 4. – Würzburg.

POREMBSKI, S. (1991): Beiträge zur Pflanzenwelt des Comoé– Nationalparks (Elfenbeinküste). – Natur und Museum 121, 61–83.

POREMBSKI, S. & BARTHLOTT, W. (1992): Struktur und Diversität der Vegetation westafrikanischer Inselberge. – Geobot. Kolloq. 8, 69–80.

PORTER, G. (1990): Retailing in northern Nigeria: patterns of continuity and change. – In: FINDLAY et al. (1990) 66–86.

PORTER, G. & PHILLIPS-HOWARD (1994): Outgrower barley cultivation on the Jos Plateau, Nigeria: a case study of agricultural innovation. – Geogr. J. 160, 319–327.

PORTER, P. W. (1972): Environmental potentials and economic opportunities – a background for cultural adaptation. – In: PROTHERO (1972), 28–37.

POTTER, L. (1993): The onslaught on the forests in south-east Asia. – In: BROOKFIELD & BYRON (1993), 103–123.

POTTS, D. (1995): Shall we go home? Increasing urban poverty in African cities and migration processes. – Geogr. J. 161, 245–264.

POUYLLAU, M. & SEURIN, M. (1985): Pseudo-Karst dans des roches gréso-quartzitiques de la formation Roraima. – Karstologia 5, 45–52.

PRANCE, G. T. (ed.) (1982): Biological diversification in the tropics. New York.

– (1992): The phytogeography of savanna species of neotropical Chrysobalanaceae. – In: FURLEY et al. (1992), 295–330.

PRANCE, G. T. & LOVEJOY, T. E. (eds.) (1985): Key environments: Amazonia. – Oxford.

PRIMACK, R. B. (1990): Regeneration-commentary. – In: BAWA & HADLEY (1990), 285–289.

PRINZ, D. (1983): Erhöhung der landwirtschaftlichen Produktivität in den humiden Tropen. Vergleich der Konzepte „high input“ und „ecofarming“. – In: ALKÄMPER & MOLL (1983), 129–141.

PROCTOR, J. (1983): Mineral nutrients in tropical forests. – Progr. Phys. Geogr. 7, 422–431.

– (1985): Tropical rain forest: ecology and physiology. – Progr. Phys. Geogr. 9, 402–413.

– (1989): Tropical rain forests. – Progr. Phys. Geogr. 13, 409–430.

– (ed.) (1989 a): Mineral nutrients in tropical forest and savanna ecosystems. – Spec. Publ 9, British Ecol. Soc., Oxford.

PROTHERO, R. M. (1972) (ed.): People and land in Africa south of the Sahara. – Oxford.

RADKAU, J. (1996): Beweist die Geschichte die Aussichtslosigkeit von Umweltpolitik? – In: KASTENHOLZ et al. (1996), 23–44.

RAPP, A., AXELSSON, V., BERRY, L. & MURRAY-RUST, D. H. (1972): Soil erosion and sediment transport in the Morogoro River catchment, Tanzania. – Geogr. Ann. 54A, 125–156.

RATHJENS, C. (1968): Ein Rundgespräch über Flächenbildung in Saarbrücken. – Z. Geomorph. N.F., 12, 470–489.

– (1971): Subterrane Abtragung (Piping). – Z. Geomorph. N.F., Suppl. 17, 168–176.

RADTKE, U. (1990): Entstehung, Gliederung und Alter pleistozäner Meeresspiegelschwankungen und Küstenterrassen. – In: LIEDTKE (1990), 285–298.

RATTER, J. A. (1992): Transitions between cerrado and forest vegetation in Brazil. – In: FURLEY et al. (1992), 417–430.

RATTNER, H. (1988): The colonization and occupation of Brazilian Amazonia. – In: MANSHARD & MORGAN (1988), 280–303.

RAUCH, T. (1979): Probleme der Entwicklung kleinbäuerlicher Agrarproduktion im peripheren Kapitalismus – Thesen, erörtert am Beispiel Sambias. – In: HOTTES (1979), 55–80.

READING, A. J., THOMPSON, R. D. & MILLINGTON, A. C. (1995): Humid tropical environments. – Oxford.

REHM, S. (1986): Grundlagen des Pflanzenbaus in den Tropen und Subtropen. – Handbuch der Landwirtschaft und Ernährung in den Entwicklungsländern, Bd. 3. Stuttgart.
REICH, R. B. (1996): Die neue Weltwirtschaft. – Fischer Taschenbuch.
REICHHOLF, J. (1989): Die Säugetiere Amazoniens. – In: HARTMANN (1989), 83–106.
REINER, E. J. & ROBBINS, R. G. (1964): The middle Sepik Plains, New Guinea. – Geogr. Rev. 54, 20–44.
REINHARD, W. & WALDMANN, P. (1992): Nord und Süd in Amerika. – Freiburg.
REISS, F. (1973): Zur Hydrographie und Makrobenthosfauna tropischer Lagunen in den Savannen des Território de Roraima, Nordbrasilien. – Amazoniana 4, 367–378.
REMPPIS, M. (1995): Fazendas zwischen Tradition und Fortschritt. Umweltauswirkungen der Rinderweidewirtschaft im nördlichen Pantanal. – In: KOHLHEPP (1995), 1–30.
RENN, O. (1996): Ökologisch denken-sozial handeln: Die Realisierbarkeit einer nachhaltigen Entwicklung und die Rolle der Kultur- und Sozialwissenschaften. – In: KASTENHOLZ et al. (1996), 79–118.
REULER, H. V. & JANSSEN, B. H. (1989): Nutritional constraints in secondary vegetation and upland rice in south-west Ivory Coast. – In: PROCTOR (1989), 371–382.
REYNOLDS, J. M. (1992): The identification and mitigation of glacier-related hazards: examples from the Cordillera Blanka, Peru. – In: MCCALL et al. (1992), 143–157.
RICHARDS, K. S., ARNETT, R. R. & ELLIS, S. (1984): Geomorphology and soils. – London.
RICHTER, D. D., SAPLACO, S. R. & NOWAK, P. F. (1985): Watershed management problems in humid tropical uplands. – Nature and Resources 21, 10–21.
RIDELL, J. B. (1996): Things fall apart again: structural adjustment programmes in sub-saharan Africa. – In: JAMESON & WILBER (1996), 214–227.
RIETHER, N. (1991): Geomorphologische Prozesse im Lichte von Sedimenten aus dem westlichen Sri Lanka. – Kölner Geogr. Arb. 55.
RIETTI-SHATI, M., SHEMESH, A. & KARLEN, W. (1998): A 3000 year climatic record of biogenic silica oxygen isotopes in Equatorial high-altitude lake sediments. – In: PAGES (1998), 108.
RIGG, J. (1994): Redefining the village and rural life: lessons from South East Asia. – Geogr. J. 160, 123–135.
RIETHMÜLLER, R. (1988): Differentiation and dynamics of land-use systems in a mountain-valley environment: a case study of new colonization areas in the upper Mae Nam Pa Sak catchment area, Thailand. – In: MANSHARD & MORGAN (1988), 74–94.
RIVERA, B., VERA, R. R. & WENIGER, J. H. (1988): Möglichkeiten für eine verbesserte Nutzung der Savanne in den kolumbianischen Llanos zur Rinderproduktion. – In: ALKÄMPER (1988), 243–248.
ROBEY, B., RUTSTEIN, S. O. & MORRIS, L. (1994): Familienplanung in Entwicklungsländern. – Spektrum der Wissenschaft, Heft 2, 1994, 32–39.
RODENWALDT, E. & JUSATZ, H. J. (eds.) (1952–1961): Welt-Seuchen-Atlas. – 3 Bd., Hamburg.
RÖNICK, V. (1987): Die Beeinflussung der Umwelt durch die dominanten Nutz-Ökosysteme in Brasilien. – In: KOHLHEPP & SCHRADER (1987), 189–198.
RÖPER, M. (1995): Die MüllsammlerInnen von Cuiabá im Spannungsfeld zwischen Überlebensökonomie und „ökologischer“ Abfallwirtschaft. – In: KOHLHEPP (1995), 337–366.
ROHMUND, S. (1997): Der Clan der Superreichen. – Die Zeit 12/97.
ROSS, S. M. (1992): Soil and litter nutrient losses in forest clearings close to a forest-savanna boundary on Maracá Island, Roraima, Brazil. – In: FURLEY et al. (1992), 119–144.
ROTT, R. (1989): Strukturen der Frauenerwerbsarbeit im urbanen Bereich am Beispiel Brasiliens. Eine Fallstudie aus dem Nordosten (Fortaleza. CE). – In: GROHS (1989), 81–109.
RÜHL, A. (1938): Einführung in die allgemeine Wirtschaftsgeographie. – Leiden.
RUPPERT, H. (1988): Die Rolle des Trinkwassers für die Migration von Bevölkerungsgruppen in der Sahelzone der Republik Sudan. – Die Erde 119, 171–177.
RUST, U. (1989): (Paläo)-Klima und Relief: Das Reliefgefüge der südwestafrikanischen Namibwüste. – Münchener Geogr. Abh. B 7.
RUTHENBERG, H. (19803): Farming systems in the tropics. – Oxford.
SAHLEMEDHIN SERTSU & WESTPHAL, A. (1987): Effect of „Guie“ (burning) on soil properties and barley yield. – In: MATTER & WESTPHAL (1987), 67–94.

SALATI, E., DALL'OLIO, A., MATSUI, E. & GAT, J. R. (1979): Recycling of water in the Amazon basin: An isotopic study. – Water Research 15, 1250–1258.

SALATI, E. & VOSE, P. D. (1984): Amazon basin: a system in equilibrium. – Science 225, 129–138.

SALDARRIAGA, J. G., WEST, D. C., THARP, M. L. & UHL, C. (1988): Long-term chronosequence of forest succession in the upper Rio Negro of Columbia and Venezuela. – J. Ecol. 76, 938–958.

SALGADO-LABOURIAU, M. L. (1982): Climatic change at the Pleistocene-Holocene boundary. – In: PRANCE (1982), 74–77.

SANCHEZ, P. A. (1989): Soils. – In: Tropical rain forest ecosystems. – In: LIETH & WERGER (1989), 73–88.

SANCHEZ, P. A., BANDY, D. E., VILLACHIA, J. H. & NICHOLAIDES, J. J. (1982): Amazon basin soils: management for continuous crop production. – Science 216, 821–827.

SANCHEZ, P. A., COUTO, W. & BUOL, S. W. (1982): The fertility capability soil classification system: interpretation, applicability and modification. – In: Geoderma 27, 283–309.

SANCHEZ, P. A. & LOGAN, T. J. (1992): Myths and science about the chemistry and fertility of soils in the tropics. – In: LAL & SANCHEZ (1992), 35–46.

SANDER, H. (1993): Boden und Relief in Nordost- und Zentralaustralien. Verwitterungsintensität und Mehrphasigkeit in Abhängigkeit vom Niederschlag. – Inaugural-Diss. Phil. Fak. Uni Köln. Erschienen als Band 12 in Relief Boden Paläoklima 1996.

– (1993a): Studie zur Porosität tropischer Böden als Teil des Projekts ‚Relief und Boden in den Tropen'. – In: SANDER (1993), Anhang 4.

– (1996): Boden und Relief in Nordost- und Zentralaustralien. – Relief, Boden, Paläoklima 12.

SANDNER, G. (1961): Das Valle General. Eine landeskundliche Skizze eines jungen Rodungsgebietes in Costa Rica. – Schriften Geogr. Inst. Kiel 20, 125–165.

– (1970): Ursachen und Konsequenzen wachsenden Bevölkerungsdrucks im zentralamerikanischen Agrarraum. – Tübinger Grogr. Studien 34, 279–292.

– (1970a): Panamá-Strukturmerkmale und Leitlinien der sozialräumlichen Desintegration einer lateinamerikanischen Großstadt. – Die Erde 101, 265–283.

– (1985): Zentralamerika und der ferne karibische Westen. – Stuttgart.

– (1987): Begriff und Stellenwert des „Medio Ambiente" in der nationalen und übernationalen Entwicklungsplanung in Lateinamerika. – In: KOHLHEPP & SCHRADER (1987), 7–18.

SANDNER, G. & STEGER, H. A. (1973): Lateinamerika. – Fischer Länderkunde 7.

SANDSTRÖM, K. (1996): Global water partnership. – Splash 12, 2, 11–13.

SANI, S. (1993): Urban environmental issues in south-east Asian cities: an overview. – In: BROOKFIELD & BYRON (1993), 341–360.

SAN JOSÉ, J. J. & MEDINA, E. (1975): Effect of fire on organic matter production and water balance in a tropical savanna. – In: GOLLEY & MEDINA (1975), 251–264.

SANFORD, R. L. (1987): Apogeotropic roots in an Amazon rain forest. – Science 235, 1062–1064.

SANFORD, R. I., SALDARRIAGA, J., CLARK, K. P., UHL, C. & HERRERA, R. (1985): Amazon rainforest fires. – Science 227, 53–55.

SANFORD, W. & WANGARI, E. (1985): Tropical grasslands: dynamics and utilisation. – Nature and Resources 21, 12–27.

SARMIENTO, G. (1992): A conceptual model relating environmental factors and vegetation formations in the lowlands of tropical South America. – In: FURLEY et al. (1992), 583–601.

SARMIENTO, G. & MONASTERIO, M. (1975): A critical consideration of the environmental conditions associated with the occurence of savanna ecosystems in tropical America. – In: GOLLEY & MEDINA (1975), 223–250.

SCATENA, F. N. (1990): Watershed scale rainfall interception on two forested watersheds in the Luquillo Mountains of Puerto Rico. – J. Hydrol. 113, 89–102.

SCHÄTZL, L. (1997): Vietnam – Auf dem Weg zu einem neuen Tiger? – Heidelberger Geogr. Ges. J. 11, 59–72.

SCHÄTZL, L. & PIENING, B. (1988): Zur Strategie einer ressourcen-orientierten Industrialisierung für Sarawak, Ost-Malaysia. – In: MÄCKEL & SICK (1988), 247–260.

SCHAMP, E. W. (1979): Die modernisierungs- und dependenztheoretische Bedeutung von Abhängigkeiten im Industrialisierungsprozeß Schwarzafrikas am Beispiel frankophoner Staaten. – In: HOTTES (1979), 109–122.

SCHARLAU, K. (1952): Die Schwülezonen der Erde. – Ber. Dt. Wetterdienst in der US-Zone 42, 246–249.

SCHELP, F. P. & SORNMANI, S. (1984): Auswirkungen von Staudammbau und Bewässerungsvorhaben auf die Parasitenbefallszahlen und den Ernährungszustand in Nordost-Thailand. – Geogr. Z., Erdkundliches Wissen 70, 55–61.

SCHERRER, C. P. (1997): Ethno-Nationalismus als globale Herausforderung. – In: BETZ & BRÜNE (1997), 35–55.

SCHLÜTER, H. (1987): Umweltrecht in Lateinamerika. Ein erster Überblick. – In: KOHLHEPP & SCHRADER (1987), 293–305.

SCHMIDT, R. C. (1991): Tropical rain forest management: a status report. – In: GOMEZ-POMPA et al. (1991), 181–207.

SCHMIDT-LORENZ, R. (1986): Die Böden der Tropen und Subtropen. – Zweite, völlig veränderte Fassung. – In: REHM (1986), 47–92.

SCHMIEDECKEN, W. (1979): Humidität und Kulturpflanzen. Ein Versuch zur Parallelisierung von Feuchtezonen und optimalen Standorten ausgewählter Kulturpflanzen in den Tropen. – Erdkunde 33, 266–274.

SCHMITHÜSEN, J. (ed.) (1976): Neotropische Ökosysteme. – Biogeographica 7.

SCHNELLER, T. (1995): Kleinbauern und Genossenschaften. Auswirkungen einer kleinbäuerlichen Milchkooperative auf Stadt-Land-Verflechtungen in der Umgebung Cuiabás. – In: KOHLHEPP (1995), 247–278.

SCHNÜTGEN, A. (1981): Analysen zur Verwitterung und Bodenbildung in den Tropen an Proben von Sri Lanka. – In: BREMER et al. (1981), 239–275.

– (1981a): Der Aufbau der Sedimente des Oberen Rio Negro am Beispiel eines Profils bei San Carlos (Venezuela). – Sonderveröff. Geol. Inst. Univ. Köln 41, 331–339.

SCHNÜTGEN, A. & BREMER, H. (1985): Die Entstehung von Decksanden im oberen Rio Negro-Gebiet. – Z. Geomorph. N.F., Suppl. 56, 55–67.

SCHNÜTGEN, A. & SPÄTH, H. (1983): Mikromorphologische Sprengung von Quarzkörnern durch Eisenverbindungen in tropischen Böden. – Z. Geomorph. N.F., Suppl. 48, 17–34.

SCHÖNWIESE, C. D. (1994): Klima im Wandel. – Reinbek.

SCHÖNINGH, E. (1985): Die Wirkung von Mulch auf Ertrag und Faktoren der Bodenfruchtbarkeit im östlichen Amazonasgebiet Brasiliens. – Gießener Beiträge zur Entwicklungsforschung, Reihe 2, 6.

SCHOLZ, U. (1984): Ist die Agrarproduktion der Tropen ökologisch benachteiligt? – Geogr. Rundschau 36, 360–366.

– (1988): Types of spontaneous pioneer settlement in Thailand. – In: MANSHARD & MORGAN (1988), 44–61.

– (1988a): Ursachen der Waldzerstörung in den Tropen Asiens. – In: MÄCKEL & SICK (1988), 204–217.

– (1989): Ökonomie und Ökologie im Einklang: Kleinbäuerliche Produktionssysteme auf Sumatra. – Geogr. Rundschau 41, 424–430.

– (1990): Problems of rainfed agriculture in southern Somalia. – Geomethodica 15, 47–70.

– (1991a): Überlegungen zum Agrarpotential und zur Tragfähigkeit tropischer Regenwaldgebiete. – In: SCHOLZ (1991), 42–53.

– (ed.) (1991): Tropischer Regenwald als Ökosystem. – Gießener Beiträge zur Entwicklungsforschung. Reihe 1, Band 19.

– (1992): Transmigrasi – ein Desaster? – Geogr. Rundschau 44, 32–39.

– (1995): Agrarwirtschaftlicher Strukturwandel auf Sumatra und dessen Auswirkungen auf die Umwelt. – Heidelberger Geogr. Ges. J. 9, 21–30.

– (1995a): Agrare Grundbesitzverfassungen auf Sumatra. – In: WERLEN & WÄLTY (1995), 203–218.

– (1996): Formen und Potentiale der Nassreisproduktion in den dauerfeuchten Tropen Südost-Asiens – dargestellt am Beispiel Sumatras. – Giessener Beiträge zur Entwicklungsforschung, Reihe 1, 21, 31–46.

SCHÖNHALS, E., SCHENDEL, U. & LÜKEN, H. (1971): Bewässerung. – In: BLANCKENBURG & CREMER (1971), 143–184.

SCHREIBER, A. (1981): Tropenhölzer am Holz- und Furniermarkt der Bundesrepublik Deutschland. – Holz Aktuell 1981, 3, 87–95.

SCHULTZE-KRAFT, R. (1988): Tropische Weideleguminosen für saure Böden. – In: ALKÄMPER (1988), 63–74.

SCHWARZ, T. (1993): Migrationssysteme in Ostasien. – In: GORMSEN & THIMM (1993), 105–128.

SCHWEIINFURTH, U. (1966): Die Teelandschaft im Hochland der Insel Ceylon als Beispiel für den Landschaftswandel. – Heidelberger Geogr. Arb. 15, 297–310.

– (ed.) (1981): Forschungen auf Ceylon II. – Geogr. Z., Erdkundliches Wissen 54.

SCHWEINFURTH-MARBY, H. (1981): Die ‚tea small holders' auf der Insel Ceylon. – In: SCHWEINFURTH 1981, 117–142.

SCOONES, I. (1997): The dynamics of soil fertility change: historical perspectives on environmental transformation from Zimbabwe. – Geogr. J. 163, 161–169.

SENTKER, A. (1996): Die Blinden vom Fluß. – Die Zeit 10, März 1996.

SEUFFERT, O. (1985): Naturkatastrophen – Umweltkatastrophen – Hungerkatastrophen. Die Ökonomie des Menschen und mögliche ökologische Folgen. – Geoökodynamik 6, 149–228.

SEVILLA, R. & RIBEIRO, D. (eds.) (1995): Brasilien, Land der Zukunft? – Bad Honnef.

SHAW, P. A. (1988): Lakes and pans. – In: MOON & DARDIS (1988), 120–140.

SHIKLOMANOV, I. A. (1990): Global water resources. – Nature and Resources 26, 34–43.

SHUTTLEWORTH, W. J. (1988): Evaporation from Amazonian rain forest. – Proc. Royal Soc. London B 233, 321–346.

SICK, W. D. (1988): Aktuelle Landnutzungskonflikte in Ecuador. – In: MÄCKEL & SICK (1988), 314–325.

SIEGENTHALER, U. & SARMIENTO, J. L. (1993): Atmospheric carbon dioxide and the ocean. – Nature 365, 119–125.

SIEVERS, A. (1964): Ceylon. – Wiesbaden.

– (1982): Südasien. – Kleine Geogr. Schriften 4. Berlin

SIMONIS, U. E. (1996): Elemente einer globalen Umweltpolitik – Eine institutionell-ökonomische Perspektive. – In: KASTENHOLZ et al. (1996), 173–186.

SINGH, K. P. (1989): Mineral nutrients in tropical dry deciduous forest and savanna ecosystems in India. – In: PROCTOR (1989a), 153–168.

SIOLI, H. (1950): Das Wasser im Amazonasgebiet. – Forsch. u. Fortschr. 26, 274–280.

– (1967): Studies in Amazonian waters. – Atas do Simposio Biota Amazonica 3, 9–50.

– (1983): Amazonien. Grundlagen der Ökologie des größten tropischen Waldlandes. – Stuttgart.

– (1984a): Unifying principles of Amazonian landscape ecology and their implications. – In: SIOLI (1984), 615–625.

– (ed.) (1984): The Amazon. – Dordrecht.

SIOLI, H. & KLINGE, H. (1966): Anthropogene Vegetation im brasilianischen Amazonasgebiet. – In: TÜXEN (1966), 357–367.

SIROCKO, F., STAUBWASSER, M., LEUSCHNER, D., SARNTHEIN, M. & WANG, L. (1998): Decadal-scale evolution of the Asian Monsoon during high frequency climate oscillations of the last 70 000 years. – In: PAGES (1998), 10.

SIVAKUMAR, M. V. K., MANU, A., VIRMANI, S. M. & KANEMASU, E. T. (1992): Relation between climate and soil productivity in the tropics. – In: LAL & SANCHEZ (1992), 91–119.

SKOLE, D. L. & TUCKER, C. J. (1993): Tropical deforestation and habitat fragmentation in the Amazon: Satellite data from 1978 to 1988. – Science 260, 1905–1910.

SKOURI, M. (1984): Regional development and desertification in arid zones around the Sahara. – Nature and Resources 20, 10–20.

SNEAD, R. E. (1980): World atlas of geomorphic features. – New York.

SOLLINS, P. (1989): Factors affecting nutrient cycling in tropical soils. – In: PROCTOR (1989a), 85–95.

SPÄTH, H. (1981): Bodenbildung und Reliefentwicklung in Sri Lanka. – In: BREMER et al. (1981), 185–238.

– (1985): Relief generation and soil in the dry zone of Sri Lanka. – In: DOUGLAS & SPENCER (1985), 303–318.

SPECHT, R. L. (ed.) (1979): Heathlands and related scrublands, descriptive studies. – Amsterdam.
SPEECE, M. (1990): Ethnodomination of marketing channels revisited. – In: FINDLAY et al. (1990), 138–155.
SPENCER, T. & DOUGLAS, I. (1985) : The significance of environmental change: diversity, disturbance and tropical ecosystems. – In: DOUGLAS & SPENCER (1985), 13–35.
SPIEWAK, M. (1997): Wirtschaftsmacht ohne Grenzen. – Die Zeit 1/98.
SRIVASTAVA, J. P., TAMBOLI, P. M., ENGLISH, J. C., LAL, R. & STEWART, B. A. (1993): Conserving soil moisture and fertility in the warm seasonally dry tropics. – World Bank Technical Paper 221.
Stat. Jb. (1996): Statistisches Jahrbuch für die Bundesrepublik Deutschland. – Wiesbaden.
Stat. Jb. (1996a): Statistisches Jahrbuch 1996 für das Ausland. – Wiesbaden.
STEVENS, R. L. (1964): The soils of middle America and their relation to Indian peoples and cultures. – Sddr. aus Handbook of Middle American Indians. Vol 1, Austin.
STIGLITZ, J. E. (1996): The new development economics. – In: JAMESON & WILBER (1996), 281–293.
STIGLITZ, J. (1997): „Heilsame Krise“. Die Währungsunruhen in Asien zeigen: Markt ohne Regulierung ist kein Erfolgsrezept. Zeit– Gespräch mit dem Chefvolkswirt der Weltbank geführt von T. HANKE. – Die Zeit 43.
STRAHLER, A. N. (19602, 19683): Physical geography. – New York.
STREET-PERROTT, F. A., ROBERTS, N. & METCALFE, S. (1985): Geomorphic implications of late Quaternary hydrological and climatic changes in the Northern Hemisphere tropics. – In: DOUGLAS & SPENCER (1985), 165–183.
STRÖMQUIST, L. (1981): Recent studies on soil erosion, sediment transport, and reservoir sedimentation in semi-arid Central Tanzania. – In: LAL & RUSSEL (1981), 189–199.
STOLL, H. L. (1988): Ein Boykott von Tropenholz rettet keinen Quadratmeter Urwald. – Holz-Zentralblatt 114, 100.
SWIFT, M. J. & SANCHEZ, P. A. (1984): Biological management of tropical soil fertility for sustained productivity. – Nature and Resources 20, 2–10.
SYLVESTRE, F., SERVANT-VILDARY, M., SERVANT, M. (1998): Were the South American Tropics wet or dry during the Last Glacial Maximum? An answer based on diatom studies. – In: PAGES (1998), 123.
SYLVESTRE, F., SERVANT-VILDARY, M., SERVANT, M. & CAUSSE, C. (1998): Late glacial and early Holocene lake-level changes in the South Tropical Andes (Bolivia): evidence for an interhemispheric link between Northern Atlantic Ocean circulation and atmospheric circulation on the South Tropical Highlands. – In: PAGES (1998), 123.
TAPSCOTT, D. (1996): Die digitale Revolution. – Wiesbaden.
TARDY, Y. (1971): Characterization of the principal weathering types by the geochemistry of waters from some European and African massifs. – Chem. Geol. 7, 253–271.
TEFERRA, M. (1993): Maintaining Ethiopia's power sector. – In: KAREKEZI & MACKENZIE (1993), 51–67.
TEJWANI, K. G. (1981): Watershed management as a basis for land development and management in India. – In: LAL & RUSSEL (1981), 239–255.
TERBORGH, J. (1990): Seed and fruit dispersal-commentary. – In: BAWA & HADLEY (1990), 181–190.
TISCHLER, W. (1990): Ökologie der Lebensräume. – Stuttgart, UTB 1535.
TIVY, J. (1993): Landwirtschaft und Umwelt. – Heidelberg.
THOMAN, R. S. (ed.) (1974): Methodology and case studies. – Proc. Comm. Reg. Aspects of Development. IGU, Vol. I
THOMAS, D. B., EDWARDS, K. A., BARBER, R. G. & HOGG, I. G. G. (1981): Runoff, erosion and conservation in a representative catchment in Machakos District, Kenya. – In: LAL & RUSSEL (1981), 395–417.
THOMAS, D. S. G. & MIDDLETON, N. J. (1994): Desertification: exploding the myth. – Chichester.
THOMAS, M. F. (1977): Landforms in savanna areas. – In: BRUNDSEN DOORNKAMP & INGLE-SMITH (1977), 131–136.
– (1994): Geomorphology in the tropics. – Chichester
THOMAS, M. F. & GOUDIE, A. S. (eds.) (1985): Dambos: small channelless valleys in the tropics. Characteristics, formation, utilisation. – Z. Geomorph. N.F., Suppl. 52.

THOMAS, M. F. & THORP, M. B. (1992): Landscape dynamics and surface deposits arising from late Quaternary fluctuations in the forest-savanna boundary. – In FURLEY et al. (1992), 213–254.

THOMPSON, M. (1997): Security and solidarity: an anti-reductionist framework for thinking about the relationship between us and the rest of nature. – Geogr. J. 163, 141–149.

THONI, W. (1983): Lebensraum Stausee: Die Herausbildung neuer wirtschafts- und sozialräumlicher Strukturen im Bereich des Volta-Stausees in Ghana/Westafrika. – Z. f. Wirtschaftsgeographie 27, 20–32.

THORBECKE, F. (ed.) (1927): Morphologie der Klimazonen. – Düsseldorfer Geogr. Vortr. u. Erört. 3. Morphologie der Klimazonen. – Breslau.

TISCHLER, W. (1990): Ökologie der Lebensräume. – Stuttgart. UTB 1535.

TRENBATH, B. R. (1984): Decline of soil fertility and the collapse of shifting cultivation systems under intensification. – In: CHADWICK & SUTTON (1984), 279–292.

TREWARTHA, G. T. (1961): The earth's problem climates. – Madison.

– (1968[4]): An introduction to climate. – New York.

TROLL, C. (1943): Thermische Klimatypen der Erde. – Peterm. Geogr. Mitt. 89, 81–89.

– (1944): Strukturböden, Solifluktion und Frostklimate der Erde. – Geol. Rdsch. 34, 545–694.

– (1948): Der asymmetrische Vegetations- und Landschaftsbau der Nord- und Südhalbkugel. Göttinger Geogr. Abh. 1, 11–27.

– (1956): Forschungen in Zentralmexiko 1954. – Tagungsber. u. wiss. Abh. Dt. Geographentag Hamburg 1955, 191–213.

– (1960): Die Physionomik der Gewächse als Ausdruck der ökologischen Lebensbedingungen. – Tagungsber. u. wiss. Abh. Dt. Geographentag Berlin 1959, Wiesbaden 1960, 97–122.

– (1961): Klima und Pflanzenkleid der Erde in dreidimensionaler Sicht. – Naturwissenschaften 48, 332–348.

– (1969): Die räumliche und zeitliche Verteilung der Schwüle und ihre graphische Darstellung (mit besonderer Berücksichtigung Afrikas). – Erdkunde 23, 183–192.

TROLL, C. & PAFFEN, K. H. (1964): Karte der Jahreszeitenklimate der Erde. – Erdkunde 18, 5–28.

TROPPMAIR, H. (1984): Galeriewälder der Randtropen in Brasilien. – Biogeographica 19, 137–144.

TOWNSEND, J. G. (1995): Women's voices from the rainforest. – London.

TUDHOPE, A. W., MCCULLOCH, M. T., CHILCOTT, C. P., SHIMMIELD, G. B., LEA, D. W. & CHAPPELL, J. (1998): ENSO-style climatic variability during interglacial and glacial climate regimes: evidence from living and Late Quaternary annually banded massive corals in Papua New Guinea. – In: PAGES (1998), 126.

TÜXEN, R. (ed.) (1966): Anthropogene Vegetation. – Den Haag.

TURCQ, B., COLINVAUX, P., CORDEIRO, R. C., MARTIN, L., SINNES FILHO, F. F. L. SIFELDINE, A. & SUGUIO, K. (1998): Perspectives for environmental studies in Amazonia: the LBA paleo-component. – In: PAGES (1998), 127.

TURNER, B. L. (1997): The sustainability principle in global agendas: implications for understanding land-use/cover change. – Geogr. J. 163, 1333–140.

TURYAREEBA, P. (1993): Mobilizing local financial resources – the case of Uganda. – In: KAREKEZI & MACKENZIE (1993), 68–85.

UHLIG, H. (1966): Bevölkerungsgruppen und Kulturlandschaften in Nord-Borneo. – Heidelberger Geogr. Arbeiten 15, 265–296.

– (1970): Die Ablösung des Brandrodungs-Wanderfeldbaues. – In: WILHELMY (1970), 85–102.

– (1975): Südostasien-Australien. – Fischer Länderkunde 3.

– (1980): Man and tropical karst in Southeast Asia. – GeoJournal 4, 31–44.

– (1980a): Innovation im Reisbau als Träger der ländlichen Entwicklung in Südostasien. – Giessener Geogr. Schr. 48, 29–71.

– (1983): Reisbausysteme und -ökotope in Südostasien. – Erdkunde 37, 269–281.

– (1984): Reisbauökosysteme mit künstlicher Berwässerung und mit pluvialer Wasserzufuhr. – Erdkunde 38, 16–28.

– (1988): Spontaneus and planned settlement in South East Asia. – In: MANSHARD & MORGAN (1988), 7–43.

Uhlig, H. (1988a): Die Ausbreitung der Innovationen im Reisbau Tropisch-Asiens: Indonesien und Malaysia als Beispiele ihrer Differenzierung. – In: Mäckel & Sick (1988), 261–279.
UNESCO (1971): Discharge of selected rivers of the world. – New York.
UNHCR (1995): Zur Lage der Flüchtlinge in der Welt. Die Suche nach Lösungen. – Bonn.
US Soil Taxonomy (1975): A basic system of soil classification for making and interpreting soil surveys. – Agric. Handb. No. 436. Washington, D. C.
Uthoff, D. (1995): Marine Aquakultur: Ernährungswirtschaftliche Bedeutung und räumliche Differenzierung ihrer globalen Verbreitung. – In: Kölner Geogr. Arbeiten 66, 191–210.
– (1996): Marine aquaculture in Thailand – results and problems of an export oriented intensive culture. – Animal research and development 43/44, 119–139.
– (1996 a): Tourismus in Südostasien – Klischees und Realitäten. Ein Versuch zur Korrektur eurozentristischer Vorstellungen. – In: Meyer & Thimm (1996), 73–114.
– (1996 b): Aus der Zinnkrise in den Tourismusboom – Die Transformation der Tropeninsel Phuket durch den internationalen Tourismus. – Thailand-Rundschau 9, 7– 20.
Uzo Mokwunye, A. U. & Hammond, L. L. (1992): Myths and science of fertilizer use in the tropics. – In: Lal & Sanchez (1992), 121–133.
Valeton, I. (1983): Klimaperioden lateritischer Verwitterung und ihr Abbild in den synchronen Sedimentationsräumen. – Z. Dt. Geol. Ges. 134, 413–452.
Vareschi, V. (1980): Vegetationsökologie der Tropen. – Stuttgart.
Venzky, G. (1996): Nichts schlimmer als ein Mädchen. – Die Zeit 4, Jan. 1996. Vgl. auch 18/95, 24/95.
– (1996 a): Wunder für Wenige. – Die Zeit 9, Febr. 1996.
– (1997): Alter Schlendrian. Indien als kommende Wirtschaftsmacht? – Die Zeit 1997/11.
– (1997): Geld statt Ghandi. – Die Zeit 1997/46.
Verschuren, D. (1998): A 1800-year record of lake level and climate from equatorial East Afrika with tropical equivalents of the ‚Medival Warm Period‘ and ‚Little Ice Age‘.
Verstappen, H. Th. (1992): Volcanic hazards in Colombia and Indonesia: lahars and related phenomena. – In: McCall et al. (1992), 33–42.
Vogel, J. C. (ed.) (1984): Late Cainozoic palaeoclimates of the southern hemisphere. – Rotterdam.
Vorholz, F. (1996): Hehre Worte, leere Mägen. – Die Zeit 46, November 1996.
Vorlaufer, K. (1983): Der Tourismus in Kenya. – Z. Wirtschaftsgeographie 27, 33–58.
– (1996): Tourismus in Kenya – Klischees und Realität. – In: Meyer & Thimm (1996), 115–114.
Waibel, L. (1922): Die periodisch-trockenen Vegetationsgebiete des tropischen Afrika. – Deutscher Geographentag Leipzig, 148–158.
– (1922a): Die Viehzuchtgebiete der Südhalbkugel. – Geogr. Z. 28, 54–74.
– (1928): Vom Urwald zur Wüste. – Breslau.
– (1933): Probleme der Landwirtschaftsgeographie. – Breslau.
– (1948): Vegetation and land use in the Planalto central of Brazil. – Geogr. Rev. 38, 529–554.
– (1948–1984): Vegetation und Landnutzung auf dem Planalto Central. – Erdkundliches Wissen 71, 9–32. – Übersetzung von Revista Brasileira de Geografia 10, 1948, 335–380.
Walker, D. (1982): Speculations on the origin and evolution of Sunda-Sahul rain forests. – In: Prance (1982), 554–575.
Waller, P. P. (1988): Armutsbekämpfung durch ländliche Regionalentwicklungsprojekte? Erfahrungen aus Tropisch-Afrika. – In: Mäckel & Sick (1988), 29–41.
Walter, H. (1955): Die Klimadiagramme als Mittel zur Beurteilung der Klimaverhältnisse für ökologische, vegetationskundliche und landwirtschaftliche Zwecke. – Ber. d. dtsch. Botan. Gesellschaft 68.
– (19642): Die Vegetation der Erde in ökologischer Betrachtung. Band I: Die tropischen und subtropischen Zonen. – Jena.
– (1973): Allgemeine Geobotanik. – Stuttgart. UTB 284
– (1977): Vegetationszonen und Klima. – Stuttgart. UTB 14.
Walter, H. & Lieth, H. (1967): Klimadiagramm-Weltatlas. – Jena.
Wambeke, A. van (1992): Soils of the tropics: properties and appraisal. – New York.
Wanmali, S. & Islam, Y. (1995): Rural services, rural infrastructure and regional development in India. – Geogr. J. 161, 149–166.

WANMALI, S. & ISLAM, Y. (1997): Rural infrastructure and agricultural development in southern Africa: a centre-periphery perspective. – Geogr. Journ 163, 259–269.

WATERS-BAYER, A. & BAYER, W. (1988): Weideversuche in Zusammenarbeit mit Tierhaltern zur Entwicklung neuer Technologien in der subhumiden Zone Westafrikas. – In: ALKÄMPER (1988), 193–198.

WATSON, E. E., ADAMS, W. M. & MUTISO, S. K. (1998): Indigeneous irrigation, agriculture and development, Marakwet, Kenya. – Geogr. J. 164, 67–84.

WEIDENBACH, T. (1997): Graue Riesen im Visier. – Die Woche 12. 6. 97.,

WEISCHET, W. (1969): Klimatologische Regeln zur Vertikalverteilung der Niederschläge in Tropengebirgen. – Die Erde 100, 287–306.

– (1977): Die ökologische Benachteiligung der Tropen. – Stuttgart.

– (1977a): Einführung in die allgemeine Klimatologie. – Stuttgart.

– (1984): Schwierigkeiten tropischer Bodenkultur. – Spektrum d. Wissenschaft 1984, 112–122.

– (1995): Ackerland aus Tropenwald, eine Illusion? – Heidelberger Geogr. Ges. J. 9, 7–20.

WEISCHET, W. & CAVIEDES, C. N. (1993): The persisting ecological constraints of tropical agriculture. – Harlow.

WEISS, D., SHOTYK, W., SCHLÜCHTER, C., GLOOR, M., CHEBURKIN, A. K. & REESE, S. (1998): Geochemical indicators (AL, Ti, Zr) of the Younger Dryas in Kalimantan (Borneo), Indonesia, from a peat swamp forest. – In: PAGES (1998), 133.

WELTE, E. (1963): Fruchtbarkeit und Leistung tropischer Böden. – In: Afrika-Heute, Jahrb. dt. Afrika-Ges. Köln 1963, 221–230.

WEREKO-BROBBY, C. (1993): Innovative energy policy instruments and institutional reform – the case of Ghana. – In: KAREKEZI & MACKENZIE (1993), 23–38.

WERLEN, B. & WÄLTY, S. (eds.) (1995): Kulturen und Raum. Bd. 10 der Reihe Konkrete Fremde. Chur.

WERNER, G. (1985): Volcanic ash soils and erosion. – In: Natural Resources and Development 22, 35–45.

WERNICKE, C. (1996): Wächst und wächst und wächst. – Die Zeit 38, Sept. 1996.

WHITMORE, T. C. (1989): Tropical forest nutrients, where do we stand? A tour de horizon. – In: PROCTOR (1989a), 1–13.

– (1991): Tropical forest dynamics and its implications for management. – In: GOMEZ-POMPA et al. (1991), 67–89.

– (1993): Tropische Regenwälder – Eine Einführung. – Heidelberg.

WHITMORE, T. C. & PRANCE, G. T. (eds.) (1987): Biogeography and Quaternary history in tropical America. – Oxford.

WIESE, B. (1993): Wanderungsbewegungen in Westafrika. – In: GORMSEN & THIMM (1993), 57–84.

WILHELMY, H. (1940): Probleme der Urwaldkolonisation in Südamerika. – Z. Ges. f. Erdk. zu Berlin 303–314. Zit n. WILHELMY (1980).

– (1952): Südamerika im Spiegel seiner Städte. – Hamburg.

– (1958): Umlaufseen und Dammuferseen tropischerTieflandsflüsse. – Z. Geomorph. N.F. 2, 27–54.

– (1958a): Das große Pantanal in Mato Grosso. – Tagungsber. u. wiss. Abh. Dt. Geographentag Würzburg 1957, Wiesbaden 1958, 45–71.

– (1958b): Klimamorphologie der Massengesteine. – Braunschweig.

– (1966): Tropische Transhumance. – Heidelberger Geogr. Arbeiten 15, 198–207.

– (ed.) (1970): Deutsche Geographische Forschung in der Welt von heute. – Festschrift für Erwin Gentz. Kiel.

– (1971): Wandlungen der Kulturlandschaft in der Südsee. – Hamburger Geogr. Stud. 24, 299–310.

– (1975): Reisanbau und Nahrungsspielraum in Südostasien. – Geocolleg. Kiel.

– (1977): Südostasien: Reis bleibt nach wie vor die Lebensgrundlage. – Umschau 77, 669–671.

– (1980): Geographische Forschungen in Südamerika. – Kleine Geogr. Schriften 1, Berlin.

– (1981): Welt und Umwelt der Maya. – München.

WILLIAMSON, G. & PAYNE, W. J. A. (19783): An introduction to animal husbandry in the tropics. – Trop. Agric. Ser.

WINKLER, W. (1960): Mehrsprachiges demographisches Wörterbuch. – Dt. Akad. Bevölkerungswissenschaft, Hamburg.
WIRTHMANN, A. (1964): Inseltypen in Polynesien. – Würzburger Geogr. Arb. 12, 177–190.
– (1965): Die Reliefentwicklung von Neukaledonien. – Dt. Geographentag Bochum 1965, 323–335, Wiesbaden 1966.
– (1970): Zur Geomorphologie der Peridotite auf Neukaledonien. – Tübinger Geogr. Studien 34, 191–201.
– (1987): Geomorphologie der Tropen. – Erträge d. Forsch. 248, Darmstadt.
WMO (1983): Operational hydrology in the humid tropical regions. Review paper. – In: KELLER (1983), 3–26.
WOLD, A. G. & STEIBACH, J. (1987): Bioklimatische Untersuchungen an äthiopischen Rindern. – In: MATTER & WESTPHAL (1987), 127–144.
World Bank Atlas (1996) – Washington.
World Tables 1992. (1992): World Bank.
WRIGLEY, G. (1971): Tropical Agriculture. – London.
ZIMMERMANN, G. R. (1975): Stockbreeding in Indonesia. – Geogr. Rundschau 75, 162–168.
– (1975a): Transmigration in Indonesien. – Geogr. Z. 63, 104–122.
ZOELLNER, D. R. (1987): Smal-scale hydropower: needs, barriers and opportunities. – Nature and Resources 23, 10–19.

Register

Auf den Seiten mit fett gedruckten Zahlen sind etwas ausführlichere Anmerkungen zu finden, kursive Zahlen beziehen sich auf Abbildungen, unterstrichene auf Tabellen. Bei der Erwähnung eines Begriffes auf fortlaufenden Seiten ist nur die erste Nennung verzeichnet. Eine einzelne fett gedruckte Zahl bezieht sich auf ein Unterkapitel. Bei sehr vielen Eintragungen wurden für naturgeographische Stichworte Untergruppen: Humanfaktoren und Ökofaktoren gebildet. Im ersten Fall sind Beziehungen zum oder Auswirkungen auf den Menschen angesprochen worden, im zweiten Fall sind weitere Geofaktoren betroffen.